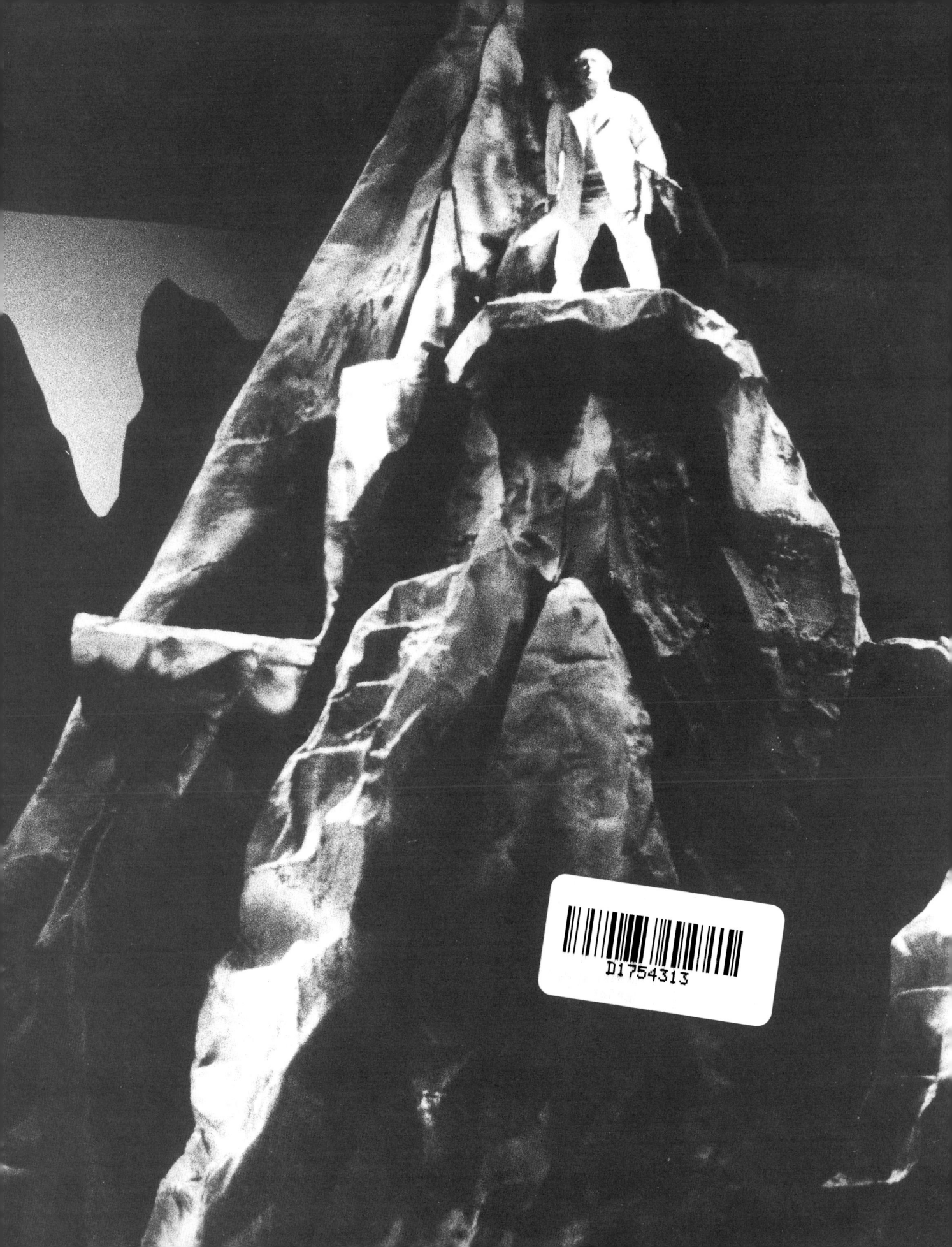

Zum Beitrag von Seite 183 bis 195

Oben: Bilder der Jahreszeiten und Torwächter (darüber) an buddhistischem Tempel im Sorak Sang (Korea)

Fotos: Hermann Huber

Alpenvereinsjahrbuch

(„Zeitschrift" Band 113)

Redaktionsbeirat:

Peter Baumgartner
Dr. Fritz März DAV
Dr. Gert Mayer AVS
Prof. Dr. Christian Smekal ÖAV

Redaktion:

Marianne und Elmar Landes

Herausgegeben vom
Deutschen und Österreichischen Alpenverein
und vom Alpenverein Südtirol
München, Innsbruck, Bozen

Schutzumschlag: Der Crozzon di Brenta
Foto: Pepi Stückl

Vorsatz (schwarzweiß): Szenenbild aus Ferrucio Busoni: „Doktor Faust" (Bologna 1985;
Inszenierung: Werner Herzog; Bühnenbild: Henning von Gierke; Sänger der Titelrolle: James Johnson).
„Herzog hat Faust" – Sucher von Mineralien im Gebirge, Abenteurer im arktischen Eis, Höhlenbefahrer –
„ein bißchen gesehen wie Messner: Bergfahrt als Selbsterfahrung" (Dietmar Polaczek).
Zu den Beiträgen von Seite 207–221.
Foto: Archiv Teatro Communale Bologna

ISSN 0179-1419   ISBN 3-7633-8052-3
Nachdrucke, auch auszugsweise, aus diesem Jahrbuch sind nur mit vorheriger Genehmigung durch
die Herausgeber gestattet. Alle Rechte bezüglich Beilagen und Übersetzungen bleiben vorbehalten.
Die Verfasser tragen die Verantwortung für Form und Inhalt ihrer Angaben.
Drucktechnische Gesamtausführung: Rother Druck GmbH

Alleinvertrieb für Wiederverkäufer: Bergverlag Rudolf Rother GmbH
Postfach 19 01 62, 8000 München 19

Inhalt

Kartengebiet Brenta	Richard Goedeke:	Brenta – Aus der alpinen Geschichte und von eigenen Erlebnissen	7
	Wolftraud de Concini:	Im „Departement des Bären" Eine geistige Reise durch die kulturelle Umwelt der Brenta	27
	Helmuth Zebhauser:	Pathetisch in der Brenta	35
	Horst Höfler:	Klettersteige – Wege? Irrwege?	39
	Heinz Mariacher:	Arco – ein Spiegel für Wandlungen Über die klettersportliche Entwicklung im Sarcatal	47
Bergsteigen allgemein	Elmar Landes:	Der große Swing Bewegendes und Bewegtes im Bergsteigen	55
	Etienne Gross:	Spitzensport Bergsteigen Ursachen, Entwicklungen, Folgen	63
	Hanspeter Sigrist:	„Auch wir haben einmal wenig nach der Meinung der anderen gefragt" Zur Entwicklung des extremen Alpinismus und des Sportkletterns in den Westalpen	81
	Wolfgang Güllich:	Ohne Kreativität gibt es keinen Sport Zur Suche nach denkbaren Weiterwegen im Sport- und „Frei-"klettern	91
	Sepp Gschwendtner/ Judith Huber-Tillmann:	Mit Gleitschirm und Mountainbike	107
	Joëlle Kirch:	Wie die Bergsteiger reden Linguistik und Thematik der achtziger Jahre	117
	Ulrich Aufmuth:	Übergänge – Rhythmen – Glück Was mir das Bergsteigen wertvoll macht	125
	Ulrike Kaletsch:	Verknüpfungen Ein Versuch, Zusammenhänge zwischen Bergsteigen und Partnerschaft aufzuzeigen	135
	Fritz März:	Alpinismus und Leistung Auffassungen und Entwicklung	141
	Klaus Umbach:	Bergsteigen und Jugendarbeit heute	149
Ausland/ Expeditionen	Peter Grimm:	1869: Wie alles angefangen hat	157
	Hermann Wolf:	Neuland in der Cordillera Quimsa Cruz Bayreuther Andenexpedition 1987	167
	Rainer Bolesch:	Namaste Nepal – Eindrücke von der Deutschen Pumori-Expedition 1987	175
	Hermann Huber:	Korea Bergsteigen im „Land der Morgenstille"	183
	Dieter Elsner:	Alpinismus international Bedeutende Unternehmungen 1987	197
Kunst/Kultur	Dietmar Polaczek:	Kein schöner Land – keine Alpensinfonie Wie musikalisch ist der Ruf der Berge?	207
	Stefan König:	Die Geschichte des Herrn K. Von einem, der auszog, um im Theater den Alpinismus zu entdecken	215
Umwelt/ Naturschutz	Alois Glück:	Erhaltung der Berglandwirtschaft Herausforderung für eine gemeinsame Umwelt- und Agrarpolitik im Alpenraum	223
	Louis Oberwalder:	Die letzten dort oben? Bergbauern und Alpenverein	231
	Walter Danz:	Alpenkonvention: Eckpfeiler einer Zukunftsstrategie für den Alpenraum	247
Anhang Sicherheit am Berg	Pit Schubert:	Traue keinem herkömmlichen Haken	259
		Autorinnen und Autoren in diesem Buch	272

Linke Seite:
Die Guglia di Brenta

Foto: Jürgen Winkler

Rechts unten:
Exlibris Hans Barth
Grafik Otto Barth

„Turm aller Türme" nannten Otto Ampferer und Karl Berger die Guglia di Brenta, deren Gipfel sie 1899 als erste erkletterten. Die Italiener allerdings – sonst Superlativen keineswegs abhold – nennen den Turm lakonisch nur Campanile Basso: den niedrigeren Turm also – zur Unterscheidung vom höheren Nachbarn, dem Campanile Alto; dem die „Guglia" indessen, ihrer ungleich eleganteren Gestalt wegen, doch deutlich „die Schau stiehlt".

Aufsehenerregende Berge beflügeln die Menschen zu fantasievoll-bezugsreicher Benennung. Die „steingewordenen Flammen" oder die „Welträtsel aus Stein" pathetischerer Generationen bezeugen das, doch genauso die „Phallussymbole" der Achtundsechziger- und Folgegenerationen unseres Jahrhunderts. Derart bild- und symbolhafte Benennungen verraten viel auch vom Nimbus gewisser Berge, in den gebannt ist, wer solche Bilder prägt.

Zwar steht auch in der Brenta nur eine Guglia, doch nicht allein diese umgibt dort ein besonderer Nimbus. Bannender noch wirkt – zumindest auf Bergsteiger – was an hochragender Wucht ein Crozzon di Brenta ausstrahlt. Die höchsten Brentagipfel erheben sich deutlich über die Dreitausendmeter-Grenze. Das verleiht den Anstiegen zu ihnen entsprechend ernsthaften Charakter – und fördert zusätzlich den Nimbus des Besonderen, der die ganze Gruppe umfängt: in den Augen und Sinnen der Bergsteiger insonderheit. Darauf mag auch der verhältnismäßig späte Beginn der bergsteigerischen Erschließungsgeschichte der Brentaberge – 1865 mit der ersten Ersteigung der Cima Tosa, des höchsten Brentagipfels – zurückzuführen sein. Ebenso hängt damit wohl zusammen, daß die Kletterer für Unternehmungen, die als Meilensteine der Entwicklungsgeschichte ihres Tuns gelten, meist andere Ziele bevorzugt haben.

Fast unvermeidbar bereits von diesem Punkt unserer Betrachtungsfolge aus ist ein Seitenblick auf das Thema, das uns im vorliegenden Jahrbuch gehörig noch des weiteren beschäftigen wird: Die Richtung hin zum Wettkampfsport, der eine Entwicklungslinie des Kletterns derzeit mit gleich atemberaubender Unbeirrbarkeit wie Eile folgt. Für die Eleven dieser Disziplin kann freilich die Frage nach dem naturgegebenen, den menschlichen Tatendrang eher beflügelnden oder hemmenden Nimbus eines Kletterziels keine mehr von sonderlichem Gewicht sein. Denn sportliche Erfüllung nach ihrem Verständnis anzustreben, erlauben, wie den Skirennläufern, so auch den Wettkampfkletterern, ja nur den Regeln des Wettkampfs – und der Sicherheit – entsprechend präparierte Strecken –; in letzter und – was das Klettern jedenfalls betrifft – durchaus wünschenswerter Konsequenz künstliche Anlagen...

Doch selbst das Sportklettern folgt heute nicht mehr nur einer Entwicklungslinie. Zwar dominiert – auch wegen des Publikumsinteresses, das sie aufrührt – die Linie hin zum direkten Vergleichskampf. Nach wie vor aber sind dem Leistungswillen vieler Kletterer ein stärkerer Ansporn als der Wettkampf die naturgegebenen „Linien" an Mittelgebirgsfelsen zum Beispiel, „die einfach geklettert werden wollen" (Wolfgang Güllich). Überdies ist zu beobachten, daß mancher hervorragende Sportkletterer vor allem der ersten Generation sein Betätigungsfeld aus den Mittelgebirgen wieder mehr ins Hochgebirge verlagert – sich jedenfalls Zielen zuwendet, die anzugehen heißt, sich abermals mit einem gewissen Mehr des vorweg nicht gänzlich Abwägbaren auseinanderzusetzen – sich also im selben Maß aufs Abenteuer einzulassen...

Dies läßt den Schluß zu, daß Berge wie die der Brenta Bergsteigern und Kletterern Herausforderung bleiben werden; auch den stark leistungsbetonten unter diesen : ja, denen ganz besonders, welchen Können, Trainingszustand, Intelligenz und Psyche es erlauben, ein kalkuliertes Risiko einzugehen mit dem Unwägbaren, das mit am Nimbus solcher Berge wirkt.

Eben die werden, was sie zum Beispiel in der Brenta unternehmen, wohl weiterhin wie vor ihnen ein Ampferer, Berger, Pooli, Schulze, Preuß, Videsott, Castiglioni, Stenico, Detassis, Aste, Maestri, Steinkötter... als was Besonderes, nicht Alltägliches erleben: nicht zuletzt wegen der Nähe des Unwägbaren, das solche Unternehmungen begleitet. Und vermutlich werden einige immer wieder auch auszudrücken versuchen – übertreibend, untertreibend, vielleicht auch zutreffend – was diese Nähe angerührt hat in ihnen...

Nicht nur unterschiedlich wortgewaltigen Bergsteigern aber sind der Berg, das Gebirge seit eh Metaphern für Erhoben-, Ausgesetztsein, für Ausnahme- und Grenzsituationen. Das sind sie in den Religionen und Mythen nahezu aller Bergvölker als Throne der Götter oder Heimstatt der Dämonen. Und das sind sie auch Poeten von unangefochtenem Ruf – etwa einem Thomas Mann, ebenso bildenden Künstlern, Musikern...

Die Frage stellt sich da, inwieweit mit den Bergen auch das Bergsteigen Kunstschaffenden als Vorwurf dient. Einige interessante Aspekte dazu sind in den Beiträgen von Stefan König und Dietmar Polaczek in diesem Buch zu finden. *Elmar Landes*

Brenta

Aus der alpinen Geschichte und von eigenen Erlebnissen

Richard Goedeke

Man kann dieses Gebirge ganz kurz beschreiben:
    Brenta wie breite Wandfluchten und brodelnde Nebel
  oder wie Bänderquerungen
  oder wie Braunellen und Braunbären
  oder wie Beinahedreitausender aus graugelbem Gestein
          über gleißenden Gletscherchen.

Man kann auch im Hektik-Info-Tourenplaner-Stil
nichtssagend sagen,
daß es dort einige relativ leichte Normalwege auf Hauptgipfel gibt,
und ein Netz von beliebten und intelligent gebauten Klettersteigen
und in der Saison überfüllten Hütten,
und jede Menge rassige Genußklettereien in bestem Dolomit.

Man kann von eigenen Erlebnissen in diesem Gebirge erzählen.

Man kann aber auch in der alpinen Geschichte stöbern
und damit einem Besuch dieses Gebirges
zusätzliche Dimensionen und die Voraussetzung
für tieferes Verständnis geben.

Ich möchte besonders das Letztgenannte
und ein wenig vom davor Erwähnten tun.

Seite 6:
Am Bocchetteweg

Foto: Jürgen Winkler

Superlative

Die Brenta-Gruppe bietet, auf verhältnismässig kleinem Raume zusammengedrängt, für Jedermann, gleichviel, ob er sich mit dem Durchstreifen der herrlichen Thäler und dem Ueberschreiten der Pässe begnügt, oder sich die Erklimmung der drohend herabsehenden Mauern und Felszinnen zum Ziele gesteckt hat, eine Fülle landschaftlicher und alpiner Schönheiten, wie solche in anderen Gebirgsgruppen – die mit ihr rivalisirenden Dolomiten nicht ausgenommen – kaum zu finden sind.

Wenn auch Superlative immer etwas fragwürdig bleiben, weil die Vergleiche meist hinken – in der Grundaussage hat der alte Johann Pemsel selbst heute, nach fast hundert Jahren, noch recht. Das gilt auch für seine Beschreibung des Gebirges:

... anscheinend unvermittelt (steigen) aus den tief eingeschnittenen Thälern terrassenförmig aufgebaute Felsenwälle in mächtigen Stufen und Wänden steil empor, gekrönt von malerisch schön geformten Spitzen, bizarren Zacken und Graten. Keine weithin leuchtenden, blinkenden Eisdome und eleganten Firnspitzen mit dazwischen gebetteten imposanten Gletscherströmen, nur dunkles Gemäuer, stellenweise durchsetzt mit kleinen, unbedeutend erscheinenden Firnfeldern, hat das Auge zu schauen; aber da überstrahlt doch eine breite, flach gewölbte, weisse Kuppe das Felsengewirr; es ist die Firnhaube der Cima Tosa, der höchsten Spitze und Beherrscherin der Brenta-Gruppe... Ueppige Thäler mit zahlreichen Ortschaften, durchströmt von den klaren, rauschenden Wassern des Noce und der Sarca mit ihren zahlreichen Zuflüssen, erfüllt mit dem herrlichen Dufte der an den Thalwandungen sich hinausziehenden prächtigen Tannen-, Lärchen- und Laubwälder und den milden Lüften des Südens, vermitteln vielseitig angenehme Zugänge in das Herz dieses Gebirgsstocks, in dem sich auf kaum 50 qkm grossem Raume eine stattliche Anzahl wunderbar geformter Spitzen kühn emporschwingen, die Bewunderung des Thalbummlers wie des Hochtouristen erregend. So sehr die Gruppe, aus grösserer Entfernung gesehen, den Eindruck eines festgefügten Ganzen erregt, so mannichfaltig und complizirt ist die Gliederung. Kulissenartig in einander geschoben erscheinen die zahlreichen, aus steilen Geröllhalden oder kleinen Gletschern jäh emporsteigenden, grossentheils unersteiglichen

Wände; zahlreiche tiefe Einsenkungen und Bocche unterbrechen den Lauf der langgestreckten Felsenkämme, zu denen meistens steile Kamine und Eisrinnen hinaufführen, an die Thatkraft, Umsicht und Ausdauer des Ersteigers bedeutende Anforderungen stellend.

Vor Pemsel hatte allerdings schon Edward T. Compton im Jahrbuch 1884 unter deutschsprachigen Lesern mit detaillierten Schilderungen seiner Besteigungen und einer Kartenskizze dafür geworben, „seine Lenden (zu) gürten zu einer mehrtägigen Tour..."

Noch gründlicher wurde die klassische, sich über drei Alpenvereinsjahrbücher (1906 – 1908) wälzende Monographie der Brenta von Hanns Barth und Alfred Radio-Radiis, der auch die erste genaue Karte des Gebiets beigegeben war. Über das von Urgestein eingerahmte Dolomitgebirge schwärmt Barth:

Dieses Ideal, welches der einzelne im Besonderen also verstreut sucht und findet, das bietet alles vereint die Brentakette; und darum steht sie wohl auch, durch das breite Etschtal von dem monumentalen Wirrwarr der Dolomiten getrennt, allseits frei und unbeeinflußt von jeglicher Nachbarschaft da, wie ein Modell, das sich die Schöpferin Natur als gewissenhafte Künstlerin entwarf, ehe sie an die Schaffung ihres Zauberwerks im Großen sich machte.

Rundherum, sei es vom Sarcatale im Süden und Westen, von der Furche des Meledriobachs jenseits des sanften Wald- und Wiesensattels ob Campiglio, oder nördlich vom Sulzberg- oder Nonsbergtale aus, immer weist diese Mustervorlage entzückende Reize auf einem Linienschwung, der stets den volkstümlich-einfachen Charakter des Kettenbergzugs sofort erkennen läßt. Und darum betone ich nochmals: das Gebirge der Brenta dünkt mich das einfache, klare Thema, dessen schönster Teil sich in dem auf einer östlich anliegenden Terrasse blinkenden, lieblichen Molvenosee ausklingend widerspiegelt, wie in einer verhallenden Fermate. Dann kommt die große Pause der Etscheinsenkung. Und nun setzen die üppigen, bunten, verschlungenen Variationen der Dolomitenwunder ein. Stockförmig gegliedert und maßlos verziert, wirken sie wie ein gewaltiger Chor mit blendenden Virtuosen-Soli, während die Brentakette wie ein klares, einfaches Lied anmutet, denn sie ist Urmelodie, Form gewordener erster Gedanke, sozusagen: klassischer Dolomit!

... Deutlich gliedert sich an den Mittelbau der Brentakette nach der breiten Senke der Karrenwüste des Grostésattels ein Nordzug und nach der schmalen Bresche der Bocca di Brenta die Südgruppe. Unser Gebirge teilt sich demnach in I. Die zentrale Brentagruppe, II. den Nordzug, III. die südliche Brentagruppe. Diese Trinität setzt sich sogar bis ins Herz der Brentagruppe fort, indem der Mittelbau nochmals klar und natürlich in drei Teile zerfällt und zwar in: A) den Stock der Cima di Brenta, als Kern zwischen Tuckettpaß und Bocca dei Massodi, B) den Fulminizug, der sich an den erstgenannten südlich anschließt, C) den Vallesinellastock, als der von dem Angelmassiv nördlich gelegene Teil. Betrachtet man nun diese Bestandteile der scheinbar einheitlich sich hinziehenden Felskette der Brenta, so merkt man, wie grundverschieden diese Glieder beschaffen sind. Im Mittelbau erhebt sich nämlich, coulissenartig quergestellt, Berg hinter Berg, so daß sie mit ihren, die Kammlinie rechtwinklig schneidenden Durchmessern ihrer Grundrisse förmlich auf dieser Längsachse zu reiten scheinen, während gegen die beiden Flügel des Brentazugs immer stärker eine Schrägstellung sich geltend macht, die schließlich im Nordkamm sowohl wie in der Gabelung der Südgruppe bis zur tatsächlichen Nebeneinanderreihung der Gipfel, Schulter an Schulter, sich steigert.

Dieses, durch geologische Verschiedenheit bedingte, reiche Mienenspiel der bunten Berggestalten, setzt sich auch in den zwischen ihren Ausstrahlungen abstreichenden kurzen Quertälern fort, in denen Schnee und Eisgeschmeide schimmert, im Zusammenklang mit der grünen, üppigen Vegetation ein Landschaftsbild schaffend von sinnberückenden Zierden und Reizen, die immer aufs neue locken und fesseln, das einzig dasteht in der herrlichen Alpenschöpfung.

Solche Begeisterung beflügelt die Phantasie und macht neugierig, und ich gestehe, daß diese Schilderungen, an einem Regentage in verschlissenen Jahrbüchern in einer Hütte gelesen, wesentlich dazu beigetragen haben, mich selbst in die Brenta zu locken.

Oben: Das Eiscouloir zwischen Cima Tosa (links) und Crozzon di Brenta

Foto:
Jürgen Winkler

Seite 9:
Die Brennteihütte unterm Crozzon di Brenta

Foto:
Rudolf Lindner

Brentahütten und -wege

Rechts: Tiefblick vom SOSAT-Weg zur Brenteihütte.
Foto: Pepi Stückl

Oben: Pedrottihütte (Tosahütte) mit Hüttenturm
Foto: Rolf Lindel

Untere Bildleiste: Zwölf-Apostel-Hütte, Tuckethütte, Alimontahütte (von links)
Fotos: Rainer Köfferlein (2); Klaus Puntschuh

Unten: Vor der Biwakschachtel
auf dem Crozzon di Brenta
Darunter: Resteverwerter
bei der Brenteihütte

Fotos: Karl Schrag

Rechts: Cima Brenta Alta,
Campanile Basso (Guglia),
Campanile Alto,
Torre di Brenta (v. r.)

Foto:
Max Heldwein

Oben: An der
Westkante des
Campanile Alto

Fotos:
Karl Schrag

Im Brentafels

Oben: In der Südwestwand (Führe Meade-Blanc) des Campanile Basso (Guglia)

Fotos: Karl Schrag

Winter in der Brenta

Unten, von links:
Torre di Brenta, Sfulmini,
Campanile Alto und
Campanile Basso
(Guglia)

Foto: Flavio Faganello

Oben:
Bergkapelle bei der
Brenteihütte

Foto:
Heinz Steinkötter

Seite 16:
Tuckett-Paß,
Cima Sella und
Castelletto Superiore
(von rechts)

Foto: Klaus Puntschuh

Jäger, Siedler, erste Reisende

Aber schon lange vor diesen Schilderungen hatten Menschen sich diesem Gebirge genähert. Erste Spuren ihrer Anwesenheit sind nachgewiesen in Form von Lagerplätzen steinzeitlicher Jäger bei Viote und am Passo di Carlomagno. Ihre Relikte wurden vom Museo di Scienza Naturali di Trento auf ca. 8000 v.Chr. datiert. Damals konnte man noch über die vom Gletschereis gefüllten Täler hinweg die eisfreien Talschultern wie Paganella, Monte Tov, Durmont und auch den Sockel der Brenta erreichen und bejagen. Die spätere Besiedlung, nach Schmelzen der eiszeitlichen Talgletscher, konzentrierte sich auf die wesentlich tieferen Talböden. Die Hochregion rückte noch weiter aus dem Blickfeld der Menschen, die im übrigen mit der Mühsal, dort ihren Lebensunterhalt zu erschuften, hinreichend gefordert waren. So konnte Freshfield 1875 über das Verhältnis der einheimischen Bevölkerung zu dem geheimnisumwobenen Brentagebirge schreiben: „Alles, was sie wußten, war, daß es dort einen Gletscher gab, irgendwo oberhalb der Sommeralm. Für sie war er so fern und unzugänglich wie irgendeine andere weiße Wolke..."

Der uralte Name Brenta wird zurückgeführt auf „brenta" (=Holztrog) und könnte auf trogförmige Talformen zurückgehen, aber auch auf „brent" (=Horn), was sowohl Anspielung auf markante Bergformen (wie etwa den Crozzon) sein als auch mit dem Ausgangsmaterial für Röhren (Horn, Geweih) in Richtung der erstgenannten Wortbedeutung zusammenhängen könnte.

Als erster an dem Gebirge interessierter Reisender hatte 1830–40 der Deutsche Adolf Schaubach die Brenta durchstreift. Er war inspiriert von Goethes romantischer Weltsicht und beschrieb in seinem Buch „Die Deutschen Alpen" (Jena 1845) unter anderem die Sarcaschlucht, das Val Redena und die Bocca di Brenta, immer im Bemühen um exakte Erkundung und mit spürbarer Liebe zu diesem Gebirge und seinen Bewohnern.

Die Pioniere

1864 tauchte der Engländer John Ball auf, erkannte in Bonifacio und Matteo Nicolussi ihre Fähigkeiten als Führer und überschritt mit ihnen die Bocca di Brenta – ebenso wie wenig später Albert Wachtler und Julius von Payer. Ein Jahr später ließ er sich als Erstbesteiger der Cima Tosa feiern, allerdings zu unrecht; denn die erste Besteigung des höchsten Brentagipfels (3173 m) war kurz vorher dem aus dem Trentino stammenden Giuseppe Loss und sechs Begleitern gelungen. Auch Loss unternahm botanische und geologische Studien, und er führte sorgfältig Tagebuch, in dem er die erste Besteigung der Cima Tosa lebendig und anschaulich beschrieb:

...von dort kamen wir in einer knappen Stunde zum Fuß der Wand. Dieser gewaltige Säulenstumpf, der zwei Meilen Umfang mißt, hat senkrechte Wände von 400 Fuß. Auf der weichen Oberfläche des Gletschers am Fuß eines kleinen Wasserfalles gestand der Führer, daß entgegen seinen vorherigen Erzählungen der Gipfel der Tosa noch von niemandem bestiegen war, daß er auch von allen Seiten unzugänglich sei und man den Aufstieg höchstens durch die oberhalb befindliche Schlucht versuchen könne.

Die Rinne ist auf 60 Fuß senkrecht, ein Riß aus Fels, entstanden durch Erschütterungen vergangener Zeit, gab einige große vorstehende Felsschuppen als unsichere Haltepunkte, an denen man klettern konnte, du setzt die Füße oberhalb einer Platte und richtest dich auf, ein höherer Vorsprung weist dich mit einem Stoß vor die Brust zurück, das Wasser des Gletschers durchnäßt dich und macht die unsicheren Stufen rutschig. Aber Wollen ist Können. Ohne Seil, ohne gymnastische Schulung, allein mit der Kraft der Muskeln, klettert der erste von Vorsprung zu Vorsprung, folgt ihm der zweite und unterstützt ihn. Und auf einer Kette von Menschen, die einander umschlingen und erdrücken, und mit einer Anfeuerung der Mutigen, und einer Klage der Ängstlichen, und einem Zugreifen der Hände, und einem Hintreten der Füße und einem Hinhalten breiter Schultern... Nach einer halben Stunde klammert sich der erste an das Ende der Rinne, steht fest, sitzt, umarmt eine Felsrippe, bringt einen nach dem anderen dazu heraufzusteigen. Ich keuche vor Freude, aber als ich in den Abgrund blicke, kann ich meine Angst nicht zügeln vor dem sicher schwierigen Abstieg über der Luft, die den Blick nicht stützt, über einem Gletscher mit bläulichen Spalten, die sich von unten öffnen, gierig, die Frevler zu verschlingen, die ihre Stille gestört haben. Aber jene Augenblicke waren zu düster. Nachdem wir uns von dem Gefährten verabschiedet hatten, der unten am Gletscher zurückgeblieben war, stiegen wir leicht über die Stufen des Hanges empor und erreichten den höchsten Gipfel der Tosa um zehn Uhr.

Wir saßen auf dem höchsten, vereisten Gipfel mit dem Herzen voll Rührung, den Augen voller Tränen der Bewunderung, vergaßen die Abgründe, über denen wir uns befanden, vor dem Meer von gleißender Pracht, das sich ringsum in weitem Bogen dehnte und uns blendete...

Die anderen Hauptgipfel der Gruppe wurden wenig später bestiegen, so die Cima Brenta, 3155 m, 1871 durch D.W. Freshfield und M.C. Tuckett mit H. Devouassould, die Brenta Alta, 2960 m, 1880 durch A. Apollonio und G. Rossaro mit B. und M. Nicolussi. 1881 wurde das Rifugio Tosa errichtet. Die Zeit der eigentlichen Pioniere, mit Biwak- und Zwanzigstundentouren vom Tale aus, begann zu Ende zu gehen. Die Phase der Erschließung hatte begonnen.

Erschließung der Gipfel, Wände und Kanten

Zunächst wurden die restlichen Gipfel bestiegen, der Torre di Brenta, 3024 m, 1882 durch den englischen Alpenmaler und -zeichner E.T. Compton mit M. Nicolussi, die Cima Falkner, 2999 m, 1882 durch E.T. Compton und A. und O. Falkner mit M. Nicolussi und A. Dallagiacoma, der Crozzon di Brenta, 3135 m, 1884 durch K. Schulz mit M. Nicolussi, die Cima d'Ambiez, 3102 m, 1889 durch Gaskell und Holzmann mit dem Führer Kaufmann. Zur größten Herausforderung wurde jedoch der atemberaubende Campanile Basso (von deutschen Bergsteigern auch unhistorisch und wenig treffend „Guglia di Brenta" genannt):

"...ein kühner, phantastischer Felsobelisk von erschreckend schlanker Form und verblüffend mageren Dimensionen" (Radio-Radiis), ein Objekt der „Besessenheit der Heroen" (de Battaglia), zur Deutung von dessen Attraktivität letzterer sogar andeutungsweise Freudsche Interpretationsmuster bemüht… Bei einem 1897 unternommenen Versuch gelangten Carlo Garbari mit den Führern Nino Pooli und Antonio Tavernaro bis 15 Meter unter den Gipfel, wurden dort jedoch von einer gelben Wandstufe zurückgewiesen. Die Innsbrucker Otto Ampferer und Karl Berger stiegen zwei Jahre später ohne Kenntnis dieses Versuches ein, waren zuerst enttäuscht über die vorgefundenen Begehungsspuren, nach Lesen der von Garbari hinterlassenen Notiz jedoch wie elektrisiert vor Begeisterung – was ihnen dann den Einfallsreichtum gab, auch einmal auf der Nordseite um die Ecke zu gucken und eine passable Aufstiegsmöglichkeit zum Gipfel zu finden. Der wurde dann rasch erreicht und „seine Gloriole der Unnahbarkeit herabgeholt und dafür ein steinernes Sklavenmal auf sein Haupt gedrückt" (Barth)…

Nach der Ersteigung der Gipfel ging es in ebenso heroischer Grundstimmung an die Bezwingung der Wände und Kanten. Die von Madonna di Campiglio ungemein auffallende Nordkante des Crozzon wurde 1905 von F. Schneider und A. Schulze erklettert. Die gleichfalls 900 Meter hohe Südwestwand des Croz dell'Altissimo (heute noch mit V+ eingestuft) erhielt 1910 durch den berühmten Dolomitenführer Angelo Dibona und seinen Kollegen Luigi Rizzi mit ihren bewährten „Herren" Guido und Max Mayer ihre erste Route. Am Campanile Basso hatte Nino Pooli bereits 1904 seine Scharte von 1897 ausgewetzt, indem er die gelbe Gipfelwand, an der er damals abgeblitzt war, nun doch direkt erkletterte. 1908 eröffneten die Elbsandsteinkletterer Rudolf Fehrmann und Oliver Perry-Smith den eleganten Anstieg durch die Südwestverschneidung. Und Paul Preuß machte 1911 noch intensiver Freiklettergeschichte mit seiner neuen Route durch die Ostwand („free solo on sight chalkless" würde man das heute nennen) und seinem zusammen mit Paul Relly neu begangenen Anstieg durch die Nordostwand des Crozzon.

Nach der deprimierenden Erfahrung des Krieges begann das Spiel Alpinismus nur allmählich wieder. Zu Beginn der 20er Jahre prägte Pino Prati die Szene und verfaßte auch den ersten Brentaführer. In den 30er Jahren trat dann eine ganze Reihe von durchwegs italienischen Kletterern mit neuen kühnen Anstiegen hervor: u.a. Silvio Agostini, Ettore Castiglioni, Giorgio und Paolo Graffer, Gino Pisoni, Pino Fox, Marino Stenico und vor allem der inzwischen zur lebenden Legende gewordene Bruno Detassis und seine Brüder Catullo und Giordano. Unter den im Laufe von 50(!) Jahren eröffneten über 300 Neutouren von Bruno Detassis sind eine ganze Reihe der absoluten Paraderouten der Brenta wie Crozzon Nordostwand „Via delle Guide", Brenta Alta Nordostwand, Cima Margherita Detassisriß, Croz dell'Altissimo Südsüdwestwand u.a. (siehe Kasten nebenan).

Das Bergsteigen gewann neue Spielformen, in der Brenta besonders am Campanile Basso aufmerksam registriert – etwa die erste Wiederholung, die erste italienische Besteigung, die erste Damenbesteigung, die erste Damenseilschaft, die erste Winterbegehung, die erste Nachtbesteigung (am Campanile Basso Bruno

Unten:
Bruno Detassis

Foto:
Reinhard Karl

Bruno Detassis – Begegnung mit einer Legende

Wer im Brenta-Kletterführer blättert, dem fällt rasch ein Name auf, der ihm immer wieder als Erstbegeher begegnet: Bruno Detassis. In den sechziger Jahren war er noch Hüttenwirt des Rifugio Brentei, und dort hatten wir Gelegenheit, ihn kennenzulernen. Zuerst wirkte er mürrisch, fast unzugänglich, wenn er uns auch, als er merkte, daß wir auf Selbstkochen angewiesen waren, gleich von sich aus seinen gar nicht ungemütlichen Holzschuppen als Küche anbot.

Von seiner „Via delle Guide" am Crozzon kamen wir begeistert zurück und sahen den Mann mit neuen Augen. Aber er blieb verschlossen. Wir verwirklichten weiter unser geplantes Tourenprogramm. Und nach unserer Neutour durch die Plattenwand der Fracingli nickte er anerkennend über das Finden des Problems, fragte jedoch zweifelnd, ob der Fels denn wirklich gut gewesen sei. Was wir tatsächlich nicht für alle Seillängen behaupten konnten. Aber er hatte natürlich die Brenta mit einer Fülle von logischen Problemen in prächtigem Fels vorgefunden. Und als er eines Tages von einer Tour zurückkam, lernten wir, daß er immer noch solche Probleme fand, an jenem Tag zum Beispiel an der Cima degli Armi.

Als wir von einem Abstecher zur Cima d'Ambiez zurückkehrten, war in der Hütte ein drahtiger Franzose mit glänzender Glatze angekommen, auf der meist eine Pudelmütze herumrutschte. Jochen identifizierte ihn rasch als Lionel Terray, und wir beobachteten ehrfurchtsvoll, wie die beiden sich mit offensichtlicher gegenseitiger Wertschätzuung gestikulierend unterhielten. Uns wurde klar, daß dieser Mann nicht immer so wortkarg ist.

Dann kam der Tag, an dem wir in die Brenta-Alta-Nordostwand gingen und umkehrten, weil Nebel um uns zog und wir gleich zu Beginn Schwierigkeiten hatten und vielleicht auch marode waren von all den hintereinander durchgezogenen Touren. Wir fragten ihn hinterher nach Einzelheiten über die Route und ließen

Links: Die Cima Brenta Alta mit der markanten Oggioniverschneidung; die Detassisführe verläuft im Wandteil rechts daneben.

Foto: Jürgen Winkler

Bruno Detassis ist am 24. Juni 1910 in Trient geboren. Mit 25 wird er Bergführer und zieht nach Madonna di Campiglio.
Von da an gelingen ihm in der Brenta – und nicht nur da – zahllose Begehungen schwierigster Routen, darunter viele Erstbegehungen, die bis heute einen großen Namen haben.
Von 1949 an ist er Hüttenwirt des Rifugio Brentei. Bis heute ist Bruno Detassis aktiv – als Bergsteiger und als ständige Hilfe seines Sohnes, des Wirtes der Brenteihütte...

nebenbei anklingen, daß wir sie ausgesucht hatten, weil wir uns die Oggioni-Verschneidung nicht zutrauten.
Davon hatten wir nämlich Schauergeschichten gehört, von einem Dach, unter dem man entlangpiazen müßte, und wir hatten eine Skizze mit belgischer Bewertung VI gesehen. Er brach in Gelächter aus, und dann taute er auf. „Die Nordostwand ist schwerer als die Verschneidung. In der kommen alle rauf, in meiner Route gibt es viele Rückzüge." Und Stolz schwang in seiner Stimme. Wir duckten uns. Um Himmels willen, dann konnten wir die Nordostwand doch nicht machen. Aber da merkten wir, daß er unsere Aktivitäten sehr wohl registriert hatte. „Ihr schafft das. Zeigt mal eure Hände!" Und auf unsere durchgekletterten Fingerspitzen deutend: „Drei Tage ausruhen, dann geht es."
Wir folgten seinem Rat und dann seinen Spuren durch die rassige Wand. Und wir erlebten eine große klassische Freikletterroute der dreißiger Jahre fast so, wie sie die Erstbegeher hinterlassen hatten.
Als wir mit enormem Respekt erst im Finstern zurückkamen, wurden wir von Bruno warm begrüßt. „Ja, das ist eine Tour wie die Vinatzer an der Marmolada oder die Punta Civetta." Er sagte es wie die Verleihung einer Auszeichnung. Und zwei Tage später, nachdem wir mit Heinz Steinkötter als aufgelesenem Passagier zu dritt trotz gestaffelten Gehens in nur neun Stunden die „Oggioni" durchstiegen hatten und Brunos Schwierigkeitsvergleich nur zu gut bestätigen konnten, da kam er am Abend ins Erzählen: Wie er vor dem Krieg noch in der Marmolada-Südwestwand bis über die große überhängende Verschneidung vorgestoßen war und ihm dann der Soldà die Tour weggeschnappt hatte. Mehr noch als die Enttäuschung darüber spürten wir jedoch die Bitterkeit über die durch den Krieg gestohlenen Jahre. Jetzt müsse er mit seiner Fingerkraft haushalten, aber vor dem Krieg, ja, da hatte er „molto forza negli mani". Pfeilgerade war er hochgestiegen, zum Beispiel an der „Via delle guide", ohne erst zu suchen, wo es im einzelnen am leichtesten ging. Die Direttissima, die hatte er schon damals verinnerlicht. Und kurz vor dem Krieg, da war er an der Brenta Alta etwas rechts der heutigen Oggioni-Führe in der Verschneidungswand mit nur drei Haken bis in die Höhe des dreieckigen Daches gelangt. Wir hatten bis dorthin in der Oggioni entschieden mehr Haken in Erinnerung und wußten aus dem Führer, daß Oggioni und Aiazzi viermal so viele geschlagen hatten wie jetzt noch steckten. Aber er zuckte die Achseln, zu vornehm, die Jungen zu kritisieren, die da ihren Respekt vor dem Berg mit Material zu erschlagen gesucht hatten und denen vor lauter Gepäck und Pocherei gar keine Kraft zum Freiklettern mehr bleiben konnte. Jedoch er wußte, wieviel kühner und souveräner man steigen kann. Und er freute sich sichtlich, daß wir es spürten.
Wir schieden tief beeindruckt von diesem Mann, von Bruno Detassis, einem der Pioniere der alpinen Freikletterei... *r.g.*

Seite 21: Der Gipfelaufbau des Crozzon di Brenta (rechts) mit dem oberen Teil der Nordostwand; links daneben die gepfeilerten Wandfluchten der Cima Tosa.

Foto: Jürgen Winkler

Detassis u. Gef. 1933). Und weil es bei allem Bemühen nicht beliebige Vermehrung von Erstleistungen geben kann, gab es runde Zahlen zu feiern, etwa die 100. Besteigung des Berges (überhaupt oder persönlich, wie es etwa Bruno Detassis 1949 tun konnte), oder die 1000. Besteigung (die am Campanile Basso 1940 an Gino Pisoni, Paolo Graffer und Marcello Friedrichsen ging)...

Neue Spielformen

Bei der in den 50er Jahren dazukommenden Generation mit Josve Ajazzi, Armando Aste, Andrea Oggioni usw. wurde der Einsatz von Haken oft exzessiv, und das nicht nur, weil gelbe Überhänge modern waren. Eine Reihe der großen Erstbegehungen dieser Jahre (wie z.B. Brenta Alta Nordostverschneidung oder Crozzon Nordwestverschneidung) haben ihre heutige Freikletterschwierigkeit erst erhalten, nachdem die ursprüngliche Hakenzahl auf für die Erstbegeher gar nicht schmeichelhafte Bruchteile reduziert wurde. Immerhin, wer deswegen ernsthaft zetert, nehme auch zur Kenntnis, daß damals meist völlig ohne Bohrhaken gegangen wurde und daß man schwer beladen und mit Hakenigeln eingewickelt und mit den Füßen in klobigen Stiefeln nicht so locker klettern kann wie heutzutage mit Patschen und Leichtausrüstung und bei steckenden Haken. Jede Zeit hat ihre eigenen Koordinaten...

Immerhin gab es damals mit Cesare Maestri einen Kletterer, der nicht nur in Hakenrasseln, sondern auch in großen Anstiegen der 30er Jahre gesichtet wurde – und das solo. Und immerhin wurden in einigen Gastspielen auswärtiger Besucher auch einige der schönsten heutigen Brentarouten gefunden, so etwa der Franzosenpfeiler am Crozzon durch Jean Trehel und Dominique Leprince-Ringuet, die Ostüberhänge an der Cima d'Ambiez durch Claudio Barbier, Dieter Hasse und Heinz Steinkötter und weitere Anstiege des letztgenannten Wahl-Trientiners, der in der Brenta auch bedeutende Winterbegehungen unternahm und dem wir inzwischen einen ausgezeichneten UIAA-Alpenvereinsführer in deutscher Sprache verdanken.

Rechts: An den „unmittelbaren Ostwandüberhängen" der Cima d'Ambiez; Aufstieg am Fixseil während der Erstbegehung dieser Route durch Barbier, Hasse und Steinkötter 1966 (Wandfoto Seite 23).

Foto: Heinz Steinkötter

„Alpinismo protetivo"

Carlo de Battaglia, der Chronist der Brenta, sieht nach der Pionierzeit (bis 1881), der Zeit der jeweils für ihr Land Berge erobernden Patrioten (1882 – 1914) und der Zeit der stärker individualistisch geprägten Erschließung (1920 – 1968) eine vierte Phase im Verhältnis zwischen Menschen und Gebirge. In dieser breitet sich, besonders als Folge des Ausbaus der Klettersteige, z.T. Massentourismus aus. Jedoch zugleich gewinnt ein neues Bewußtsein von der Kostbarkeit unverbauter Hochgebirgslandschaft Macht und ermöglicht auch Siege gegen Seilbahn- und Straßenprojekte. Anders als bei dem Brenta-Wasserkraftprojekt der 50er Jahre, das einige Talstrecken verödete und den idyllischen Molvenosee in einen Wasserspeicher mit variablem Wasserstand umwandelte, gab es 1968 einen Sieg über das Seilbahnprojekt zur Bocca di Brenta und über ein Straßenprojekt im Val Flavona – Siege, die sicher noch sinnvoller gefeiert werden können als Erstbesteigungen und Erstbegehungen. Siege, die allerdings nicht von allein kamen, sondern denen ausgiebige Vor-Ort-Erkundungen der Planungssituation und -folgen vorausgingen und dann viel Überzeugungsarbeit: „Alpinismo protetivo". Menschen nicht mehr vorrangig im Gebirge als Eroberer sondern als Bewahrer...

Unterwegs in der Brenta

Als mein Freund Jochen und ich aufbrachen, um erstmals die Wunder der Brenta kennenzulernen, da hatten wir uns zwar in deutlich jugendlicher Einseitigkeit die – um mit Johann Pemsel zu sprechen – „Erklimmung der drohend herabsehenden Mauern und Felszinnen" zum Ziele gesetzt. Aber derlei Betätigung ist bei der Auswahl alpiner Objekte immer mit hinreichend Bewegung durch die Täler und über die Scharten verbunden, um sich auch über diese ein Bild zu machen. Wir hatten uns auch reichlich Vorräte mitgebracht und das Wichtigste, drei Wochen Zeit.

Unten: In der Crozzon-Nordostwand („Via delle Guide") mit der Ausrüstung von 1964.

Fotos: Richard Goedeke

Crozzon di Brenta – Nordostwand Detassisführe „Via delle Guide"

Wem diese Worte etwas sagen, dem sagen sie viel. Da lag nach dreijähriger Abwesenheit von den Dolomiten alles drin an jenem klaren Tagesanbruch: Der wuchtige Berg, die hohe, senkrechte Wand in der Morgensonne, verschwenderisch griffiger, felsenfester Fels, Luft unter den Sohlen, Sanduhren und einige Haken für sichere Verankerungen als Balsam für die Nerven. Und dann ging es immer hinauf, in eleganter, fast nie anstrengender Kletterei, hinauf, dem rechten Wasserstreifen nach, hinauf, höher, hinauf.

Diese unsere erste Brentatour war eine Eroberung und eine Heimkehr zugleich. Wir genossen es, uns wieder rasch auf den Dolomit umstellen zu können. Wir genossen es, der gar nicht geringen Schwierigkeit gewachsen zu sein, genossen es, die Route treffsicherer zu finden als eine andere Seilschaft, die wir überholten, als sie sich verhauten, und der wir davonkletterten, genossen die Tiefe und die Höhe und den Tag.

In Gipfelnähe machte uns Vereisung zu schaffen, und über die Länge des Schrofengeländes stöhnten wir zuletzt sogar. Und das Rauf-Runter-Quer-Rauf-Runter-Quer-Schräg-Runter-Rauf-Zurück-Links-Rechts-Drüber-Drunter des Überganges zur Cima Tosa dehnte sich, und der übrige Abstieg auch. Aber am Abend drehten wir wieder im Rifugio Brentei unsere selbstgekochten Spaghetti und am nächsten Morgen guckten wir fassungslos-zufrieden in die Flockenwirbel eines mittelprächtigen Wettersturzes...

Seite 23: Südost- und Ostabstürze der Cima d'Ambiez
Foto: Heinz Steinkötter

Torrione Comici Westwandriß

Solche kleinen, unbedeutenden Routen muß es auch geben, weil es auch kleine, unbedeutende Tage gibt. Dieser war voller Handicaps, weil Jochen sich beim Brotschneiden einen Finger angeschnitten hatte, und wegen des trüben Nebels, und durch unsere Runde über den halben Bocchette-Weg, die wir schon hinter uns hatten, als wir auf den Gedanken kamen, den Torrione zu erklettern.

Es ging dann ganz zügig, auch wenn Jochen sein Pflaster verlor und den Verschneidungsriß rot markierte, als ob der Bocchette-Weg hierhin verlegt werden solle. Und auch, wenn wir den Abstieg aus zu viel Führergläubigkeit unnötig umständlich gestalteten.

Tosa – Eisrinne

Mit einem beschädigten Finger ist eine Eistour verlockend. Da haben ohnehin vor allem die Beine etwas zu tun. Und immerhin war die Tosa-Eisrinne mit ihren 800 Höhenmetern wohl die ernsthafteste Eistour der Dolomiten. Sie war dann allerdings so ernsthaft, daß wir dem Sumpf von unverfestigtem Schnee nicht trauten und wieder umkehrten. Es gab Sonderlob von Bruno Detassis für diese vernünftige Entscheidung. Keine Eisrinne.

Fracingli – Ostwand

Diese pralle Wand aus Rätdolomit ist neben dem unschlagbaren Hauptdolomit der zentralen Brenta vom Fels her zweite Wahl. Aber sie war noch undurchstiegen. Und die Qualitäten Neuland und Einsamkeit wogen uns einiges an anderen Mängeln auf.

Wir stiegen früh ein, an einem strahlenden Morgen, wurden bezüglich der Schwierigkeiten der kaiserfelssilbergrauen Platten so angenehm überrascht, daß es uns schon fast wieder unangenehm war (denn eigentlich hätten wir lieber einen Sechser erstbegangen als einen unteren Fünfer). Wir entstiegen dem gelben Schlußkamin schon gegen Mittag auf einen romantisch einsamen Schuttgipfel und zu öden Karen am Ende der Welt. Nach Hatsch und Zivilisationsschock am elektronisch schnulzenbrüllenden Rifugio 12 Apostoli und bilderbuchbilderwürdigen Klettersteigpanoramen schrieben wir am Abend stolz eine akribische Routenbeschreibung in das von Bruno herbeigeschleppte Tourenbuch der Brenteihütte.

Campanile Basso – Foxkante

Normalwege im Aufstieg erschienen uns damals im üblichen Snobismus junger Extremer etwas anrüchig – auch am Campanile. Die Preußroute fiel aus ähnlichen Gründen, aber die Foxkante, die sollte es sein. So stiegen wir in etwas bemühter Linie der Kantenschneide nach, in prächtiger Kletterei bei unschlagbarer Luftigkeit, empor über Henkelgriffüberhänge aus Traumfels. Am Gipfel wehten Nebelfetzen um uns und im Angesicht von Brockengespenstern buchten wir die 3443. Besteigung dieses populären Turmes, den wir an diesem Tage ganz unverdientermaßen als einzige Seilschaft besaßen. Und wir waren beim Abseilen beeindruckt, wie steil auch der Normalweg ist.

Cima d'Ambiez Südostwand

Wegen ihr waren wir quer durch das halbe Gebirge gepilgert, und dann sahen wir sie nicht vor lauter Nebel. Aber wir sahen zuletzt das Rifugio Agostini und den ebenso großen Felsblock, der als harter Kern des nach einem Gewitter weit oben im Kar eingestürzten Torre Jandl erst wenige Meter oberhalb zum Stehen gekommen war, und uns gruselte. Immerhin beruhigte, daß eventuelle weitere Bergstürze nun erst diesen Turm wegschieben müßten, ehe sie die Hütte zermalmen könnten.

Die Wand gingen wir am nächsten Morgen nur zögernd an, weil das Wetter nichts taugte. Aber die Möglichkeit eines Rückzugs per Abseilen blieb offen und so stiegen wir hinein in die Idealfelsplatten. Bald hüllte uns Nebel ein, verbreitete düstere Stimmung, raubte die Proportionen. Wir kletterten wie außerhalb von Raum und Zeit. Im oberen Wandteil folgten wir einem einschüchternd überhängenden Rißkamin unterhalb einer gewaltigen Wandschuppe. Ich startete von Jochens Schulter aus, spreizte und stemmte mit weit nach innen durchhängenden Seilen, aber ohne ernsthaft kämpfen zu müssen. Und es gelang uns tatsächlich, noch vor Beginn des großen Regens wieder in der Hütte zu sitzen. Sehen konnten wir die Wand allerdings erst am nächsten Tage, als wir zurückbummelten gen Brentei.

Rechts: Im Detassisriß der Cima Margherita

Foto: Richard Goedeke

Cima Margherita Detassisriß

Es war eine Einlage bei unserem Rückmarsch, und wir fühlten uns marode von all den Touren der letzten Tage und dem Mangel an Schlaf und Ruhe. Aber jetzt standen wir vor dieser hochgerühmten Genußtour, und es war Zeit, und das Wetter war brauchbar. So stiegen wir ein und kamen trotz allem in Stimmung, denn diesen Riß hinaufzuspreizen mit frei hängenden Seilen und festen Griffen, das gab uns wieder das Gefühl, wir seien Könige...

Unten: In der
Fracingli-Ostwand
während der ersten
Begehung 1964

Foto:
Richard Goedeke

Brenta Alta Nordostwand Detassisführe

Das ist in der Brenta, was in der Civetta die Punta Civetta Andrich/Faé und an der Marmolada die Soldà ist. Und doch gibt es Unterschiede, denn hier ist weniger Kraft gefordert und mehr Kletterintelligenz. Sowohl der allgemeine Routenverlauf als auch die günstigsten Griff- und Trittkombinationen sind weniger offensichtlich. Und es kann viel ausmachen, ob man in einer Plattenwand die günstigste Linie um zwei Meter verpaßt oder an einem Überhang einen Untergriff übersieht.

Wir kletterten die Wand erst, nachdem wir einmal umgekehrt waren und die uns von Bruno verordneten drei Tage zur Regeneration von Fingerspitzen und sonstigen Körperteilen brav vergammelt hatten. Und wir kletterten dann so locker wie selten zuvor. Wir fanden die Route und bewunderten die Nonchalance des großen Detassis, der vorher noch nicht einmal eine Fernglaserkundung aufgewendet hatte, sondern einfach drauflosgestiegen war. Die langen Run-outs in schwierigem Gelände (damals noch vor der Erfindung des Klemmkeils!) und die Orientierungsprobleme beeindruckten uns, und die gelegentlichen Gehbloßweitersonstfliegstdu-Stellen sind mir unvergessen. In der Schlüsselseillänge fanden wir drei statt einen Haken, und die nur dort, wo man sowieso gut stand. Ansonsten war die Route im Originalzustand – im Gegensatz zu heute, wo man sich fragt, warum denn immer noch niemand die bei der Winterbegehung verdoppelte Hakenzahl wieder bereinigt hat. Leistungsfortschritt?

Im oberen Wandteil hatten wir sogar noch Reserven genug, den direkten Ausstieg zu wählen. Und nach zwölf Stunden sortierten wir am Gipfel unsere Seile, mit Vorfreude auf das Leuchten in den Augen des Altmeisters Detassis.

Brenta Alta Nordostverschneidung

Hatte Bruno geflunkert, als er gesagt hatte, seine Nordostwandroute sei schwieriger als die im Führer mit VI+ bewertete, schrecklich gelbe Verschneidung? So ganz mochten wir es noch nicht glauben. Schon gar nicht, als wir in der ersten Dämmerung vor dem ersten gelbweißschwarzen Krümelriß standen und mit mulmigem Gefühl in der Magengegend zur Dächertreppe hinaufschielten. Wir waren diesmal zu dritt, denn wir hatten den

Seite 25: „... Brenta wie Bänderquerungen". Auf dem Orsiweg

Foto: Horst Höfler

Oggoniverschneidung: Am Ende der Hauptschwierigkeiten

Quergang in der Detassisführe der Brenta Alta-Nordostwand (siehe auch Seite 19)

Fotos: Richard Goedeke

HeinzSteinkötter mitgenommen, der in der Hütte ohne Gefährten herumlungerte und der auch mit bloßem Nachsteigen zufrieden sein wollte.

Es ließ sich dann nicht halb so wild an, wie es von unten ausgesehen hatte. Die Krümel backten irgendwie zusammen, die Dächer ließen sich passabel umgehen, die Risse waren offen, und ansonsten steckten immer noch reichlich Haken, obwohl wir nur ein Drittel der von den Ersten angegebenen Zahl vorfanden. Und wo es steil wurde, da hängten wir auch unsere Leitern ein (was damals noch nicht als unfein galt). Rückblickend frage ich mich, ob wohl heute schon Rotpunktbegehungen der Verschneidung vorliegen und ob sie dann doch schwieriger ist als die Detassis. Aber wenn noch nicht, dann ist es sicher auch nur eine Frage der Zeit. Und es bleibt eine Leistung, die ebenso auf den Schultern der Altvorderen erbracht wird und ebenso von deren Vorarbeiten schmarotzt wie unsere Wiederholung.

Obwohl wir zu dritt waren und alles gestaffelt ging, lagen wir bereits nach neun Stunden auf der Gratschulter des Ausstiegs, zufrieden, gelöst, satt. Der Himmel war spätsommerklar mit einer schmutzdunklen Dunstschicht am Horizont, in die wir in den nächsten Tagen wieder eintauchen würden. Denn unsere drei Wochen waren um.

Die Erlebnisdichte jener Brentawochen gab mir damals das Gefühl, diese Berge zu kennen, nicht mehr dorthin zu „müssen". Und es waren andere Gebiete, wo ich mich gefühlsmäßig stärker festgehakt habe – vielleicht, weil mir dort die wesentlichen Ziele nicht gleich erreichbar waren. Aber natürlich „kenne" ich die Brenta mit diesen Einblicken nicht wirklich. Das ist mir beim Schmökern und Kramen zu diesem Artikel wieder sehr bewußt geworden. Und das hat mir auch neue Wünsche geweckt, dort wieder einmal herumzusteigen.

Ich hatte zuerst vor, hier zu nennen, wie ich jetzt, aus dem Rückblick und vor dem Hintergrund von mehr Kenntnis der Natur und der Menschen und der Geschichte dieser Berge meine Ziele wählen würde. Aber ich weiß, daß das anderen nicht die Wahl abnehmen kann. Und daß es nicht für die Erhaltung eines jeden dieser Ziele gut wäre.

Ich werde es deshalb nicht tun.

Literatur

Ampferer, Otto: Große Bergsteiger, München 1930
Barth, Hanns u. Radio-Radiis, Alfred: Die Brentagruppe, in Jahrbuch DÖAV 1906, 1907, 1908
de Battaglia, Franco: il gruppo di brenta, Trento 1982
(darin auch weitere Literaturangaben)
Compton, E. T.: Topographisches und Touristisches über die Brentagruppe in: Jahrbuch DÖAV 1884
Freshfield, D. W.: Italian Alps. London 1875
Loss, Giuseppe: La Valle di Non, Trento 1872
Pemsel, Johann: Wanderungen in der Brentagruppe, Jahrbuch DÖAV 1892
Prati, Pino: Dolomiti di Brenta, Trento 1926
Preuß, Paul: in Deutsche Alpen Zeitung 1913, 89-94
Steinkötter, Heinz: Brentagruppe AVF (UIAA-Führer), Rother, München 1987

Im „Departement des Bären"

Eine geistige Reise durch die kulturelle Umwelt der Brenta

Wolftraud de Concini

**Links: San Vigilio
in Pinzolo mit den
Totentanz-Fresken
von Simone Baschenis**

**Foto: Wolftraud
de Concini**

Im frühen 15. Jahrhundert stellt ein Maler auf einem Fresko im Adlerturm von Trient eine Bärenjagd dar. Im 16. Jahrhundert gibt ein anonymer italienischer Maler auf einer riesigen Karte des Nons- und des Soletals eine vage Andeutung der Brentagruppe: mit dichten Wäldern und zwei Bären. Im 17. Jahrhundert gehört – wie Michelangelo Mariani, ein präziser Chronist der Trentiner Geschichte, vermerkt – eine Begegnung mit Bären im Brentagebiet durchaus zur Tagesordnung. Im 18. Jahrhundert fühlen sich Beamte, die unter französischer Verwaltung ins Trentino versetzt werden, ins „Departement des Bären" verbannt. Im 19. Jahrhundert werden im Trentino noch Dutzende von Bären erlegt, allein 77 zwischen 1886 und 1912. Und im 20. Jahrhundert? Fünf, sechs Braunbären, vielleicht sogar zehn bis zwölf leben bis heute noch in den verlassenen Gegenden der Brenta-Nordkette und an ihrer Ostseite: Der Monte Peller, das Gebiet um die Malga Flavona, die Campa-Untergruppe und die Valle dello Sporeggio stellen – außer den dichten Wäldern im jugoslawischen Slowenien – heute in den Alpen das letzte Refugium dieses großen Raubtiers dar.

Solange in einem Gebiet der Bär lebt, sagen die Wissenschaftler, bedeutet dies, daß der Mensch die Natur dort noch nicht unterworfen, noch nicht vergewaltigt hat. Davon zeugen auch die über 2000 Gemsen, die mehr als 1500 Rehe, die gegen 300 Füchse, die etwa 40 Hirsche, die bis heute in der Brenta heimisch sind.

Tribut an den Moloch Fortschritt

Doch auch die Brenta hat nicht überall ihr ökologisches Gleichgewicht bewahren können. Den Tribut an den Moloch Fortschritt haben hier vor allem zwei Seen zahlen müssen: der Molvenosee und der Tovelsee. Der Molvenosee hatte sich vor rund 3000 Jahren gebildet, als während der Eisenzeit ein riesiger Bergsturz das Tal versperrt und das Wasser der Gebirgsbäche zu einem See aufgestaut hatte – zu einem wunderschönen See mit klarem, tiefblauem Wasser, der im vorigen Jahrhundert die ersten englischen Reisenden zu schmeichelhaften Vergleichen mit den schönsten Seen der Schweiz veranlaßte. Das 1905 an seinem Ufer errichtete Grand Hotel war in den dreißiger Jahren Treffpunkt von Geld- und Blutadel, von Künstlern, Sängern und Tänzerinnen aus Italien, Österreich, Deutschland und England, die sich hier mondäner Muße hingaben. Im Jahr 1951 wurde der See zum Bau einer Druckwasserleitung trockengelegt. Dabei kam ein nacheiszeitlicher Mischwald zutage, der seit dem Bergsturz und der Bildung des Molvenosees versunken im Wasser gelegen hatte. Für die Wissenschaft eine erregende Entdeckung: ein Wald aus Buchen, Tannen, Lärchen, Fichten, Eichen, Eiben und Erlen trat erstmals nach rund 3000 Jahren wieder ans Tageslicht. Der Stamm einer Silbertanne, an dem deutlich sichtbare Axthiebe zu erkennen waren, mit denen ein vorgeschichtlicher Holzfäller den Baum bearbeitet hatte, wurde zu einem der Prachtstücke des Naturgeschichtlichen Museums in Trient. Aber mit der Schönheit des Molvenosees ist es seit dieser seiner Umwandlung in ein Staubecken unwiderruflich vorbei: Er wird jetzt vom trüben Schmelzwasser der Adamellogletscher gespeist, die ihm durch eine Leitung zugeführt werden, und er speist seinerseits ein mächtiges Elektrizitätswerk am Santa-Massenza-See.

Für seine sommerliche Rotfärbung war dagegen der Tovelsee berühmt, der zweitgrößte, ebenfalls im Osten gelegene Brentasee. Eine winzige, etwa 20 tausendstel Millimeter große, einzellige Alge, von der in einem einzigen Kubikzentimeter Wasser bis zu 3000 Exemplare anzutreffen waren, verursachte eine intensive Rotfärbung des Wassers – zum letzten Male im Jahr 1964. Seitdem ist dieses *Glenodinium sanguineum Marchesoni* aus dem Tovelsee verschwunden, vielleicht zusammen mit dem Wasser abgeflossen, das die Nonstaler Bauern dem See entnommen hatten, um im heißen, trockenen Sommer 1964 ihre kostbaren Obstgärten zu bewässern, nach Ansicht der Forscher aber eher vom Menschen vertrieben: mit den Abwässern der Wochenendhäuser, mit dem Abfall der Sonntagsausflügler, mit dem Lärm und den Abgasen von Autos und Motorrädern.

Daß die Rotfärbung des Tovelsees auf eine Alge zurückzuführen war, hatten die Wissenschaftler erstmals im frühen 20. Jahrhundert vermutet. Früher hatte man sie verwesenden Baumstämmen zugeschrieben – und auch Douglas W. Freshfield, der englische Alpinist und Weltreisende, fiel diesem Irrtum anheim: „In der Mitte ist dieser einsame See dunkelblau wie die ägyptischen Nächte", schrieb er 1873, „ringsum dagegen liegen Fichtenstämme durcheinander auf dem Seegrund und verleihen dem Wasser eine tiefrote Farbe". Noch phantasiereicher war allerdings die Erklärung, die die einheimische Bevölkerung in der Vergangenheit für diese überraschende, einzigartige Erscheinung gefunden hatte: Die Bewohner von Tuenno, einem Dorf im Nordosten der Brenta,

Oben und links:
Die sehr malerisch gelegene und sehr originell konstruierte Wallfahrtskirche San Romedio bei Sanzeno im Nonstal. Sie erhebt sich an der Stelle, wo der heilige Romedius, ein angeblich aus Thaur in Tirol stammender Adeliger, als Einsiedler gelebt, mit dem Kirchenbau auf der Spitze des Hügels begonnen und – einen Bären gezähmt haben soll.

Kulturland um die Brenta

Fresken an der Eingangshalle der Pfarrkirche in Pelizzano (Soletal); auf dem Giebel die Verkündigung von Simone Baschenis.

Außenfresko an der Kirche Santo Stefano bei Carisolo; rechtes Bild: Totentanz an der südlichen Außenwand der Kirche in Pinzolo.

Fotos: Wolftraud de Concini

und die von Ragoli, einem Ort am Brentasüdrand, machten sich den Besitz der ausgedehnten Brentawälder streitig, bis es – so erzählt die Legende – am Tovelsee zu einer fürchterlichen Schlacht kam. Die ortskundige Bevölkerung von Tuenno stellte dem Feind eine Falle und metzelte alle Krieger nieder. Und das Blut der getöteten Feinde färbte den Tovelsee tiefrot…

Die Entstehung der Brentagruppe

Der Tovelsee dürfte sich – ähnlich dem Molvenosee als Folge eines Bergsturzes – erst im Mittelalter gebildet haben, zwischen 1280 und 1500. Auf das Mesozoikum, das „Mittelalter" unserer mehr als 400 Millionen Jahre alten Erdgeschichte, ist dagegen die Entstehung der Brentagruppe zurückzuführen. In den Lagunen des weltweiten Thetismeeres kam es vor etwa 65 bis 225 Millionen Jahren, noch vor Beginn der Kontinentalverschiebung, zu Ablagerungen von unterschiedlichen Schichten, die dann vor 60 bis 100 Millionen Jahren, an der Schwelle zum Tertiär, durch immense Schübe von Süden her verworfen wurden – längs der judikarischen Frakturlinie, die sich vom Gardasee bis Meran hinzieht. Während sich die elastischeren Schichten unter der Einwirkung dieses riesigen Drucks aufbäumten, zerbarst der kompakte Hauptdolomit in Platten und Wände: Dies ganz knapp zusammengefaßt und simplifiziert die geologische Geschichte der Brenta.

Und eben diese mächtigen, hohen Dolomitwände machen die Brenta für den Kletterer interessant, der allerdings lernen sollte, zwischen dem älteren Hauptdolomit des Norikums und dem jüngeren geschichteten Dolomit des Rätikums zu unterscheiden: Während der Hauptdolomit, der an äußerst steilen, überhängenden Wänden anzutreffen ist, viele Griffe aufweist, ist der rätische Dolomitkalk glatter und weniger griffig. Das je nach Ablagerungszeit unterschiedlich feste Kalkgestein wurde dann von den Witterungseinflüssen unterschiedlich stark angegriffen. So sind die für die Brenta charakteristischen Felsbänder quer durch die senkrechten Felswände entstanden, als die Voraussetzung für die faszinierenden Brenta-Höhenwege.

Frühe Darstellungen

An einem solchen Felsband ist auch die früheste Darstellung eines Brentagipfels zu erkennen: Dionisio Baschenis schmückte 1493 die Südwand der Kirche Sant'Antonio bei Pelugo (Rendenatal) mit Szenen aus dem Leben des hl. Abts Antonius. Im Hintergrund eines dieser Bilder ragt ein Felsen auf – ein Brentafelsen, wie dieser Wandermaler ihn bei seiner Arbeit ständig vor Augen gehabt hatte.

Diese Baschenis waren Angehörige einer Malerdynastie, die im 15. Jahrhundert aus dem bergamaskischen Dorf Averara ausgezogen war und sich in generationslangem, ruhelosem Wanderleben etwa 200 Jahre lang durch norditalienische Gebirgstäler vorgearbeitet hatte, von Dorf zu Dorf und von Kirche zu Kirche – bis sie auch ins Trentino gelangte, in die Täler rund um die Brenta: ins Soletal, ins Nonstal, in die Judikarien.

In den Trentiner Tälern waren vor allem Dionisio, Giovanni, Battista, Cristoforo und Simone Baschenis tätig – fünf Künstler, deren Verwandtschaftsverhältnisse noch nicht geklärt sind und die von der „großen" Kunstgeschichte nur wenig beachtet werden. Dennoch möchte keine Dorfkirche hier im westlichen Trentino auf „ihren" Baschenis verzichten, auf diese Wandmalereien, die gerade in ihrer schlicht-naiven Darstellung so faszinierend sind. Um die Entwicklung der Kunst außerhalb der norditalienischen Alpentäler scherten sich die Baschenis wenig – wie sie auch auf die zeitgenössische Kunst keinen Einfluß hatten. Ihnen genügte es, Kirchen- und Kapellenwände mit ihren farbigen, lebhaften, heiteren Werken zu bedecken. Ein beredtes Zeugnis von ihrem unwiderstehlichen Drang, Flächen auszufüllen, ist die Burgkapelle Valer im Nonstal, an der Brentaostseite: Wände und Gewölbe sind mit dicht aneinandergefügten, bunten Szenen bedeckt, platte Figuren ohne plastische Wirkung, ohne architektonisch-kompositorische Beziehung zueinander, und das Ganze hat die reizvolle Wirkung eines riesigen, bunten Wandteppichs mit summierten Heiligenbildern.

Simone Baschenis und Fra Dolcino

Stilistisch von seinen Verwandten abzusetzen ist Simone Baschenis, dessen Tätigkeit zwischen 1513 und 1547 belegt ist. Im Soletal hinterließ er Fresken in der Kirche Sant'Agata bei Piano, wahrscheinlich ein Jugendwerk, und an der Pfarrkirche von Pellizzano eine „Verkündigung" aus späterer Zeit. Die eleganten Friese, die naturalistischen Landschaftshintergründe, die architektonische Perspektive und die räumliche Tiefe weisen darauf hin, daß Simone Baschenis die neue Ausrichtung der italienischen Renaissancekunst zur Kenntnis genommen und zu einem gewissen Grad auch verarbeitet hatte. Seinen Ruhm verdankt dieser Maler aber vor allem zwei „Totentänzen" im Rendenatal: in Carisolo und in Pinzolo.

„Io sonte la Morte che porta corona / sonte Signora de ognia persona", hebt der Tod in den italienischsprachigen Didaskalien an, mit denen die einzelnen Szenen des Totentanzes kommentiert werden, den Simone Baschenis 1519 an der Außenwand der Kirche Santo Stefano in Carisolo angebracht hat: „Ich bin der Tod und trage die Kron' / ich bin der Herr über jede Person". Ein Skelett führt die lange Reihe der Personen an, die dem Ruf des Todes folgen müssen: Papst, Kardinal, Bischof und Priester, Kaiser, König, Herzog und Krieger, ein Geiziger, ein Ritter, ein Lahmer, ein Kind, die Nonne wie die Edelfrau und die Bäuerin.

Einen ganz ähnlichen „Makabertanz"-Zyklus schuf Simone Baschenis zwanzig Jahre später an der Kirche San Vigilio in Pinzolo. Mitten im schönsten Renaissanceklima diesseitigen Lebensgenusses, wie es in dieser Zeit in den Städten und an den Höfen Italiens herrschte, hielt der Maler den Menschen dieses Gebirgstales ihre Vergänglichkeit und Nichtigkeit vor Augen. Mit seiner Anklage gegen den Moralverfall der Kirche und seinem Ruf nach sozialer Gerechtigkeit griff Simone Baschenis in einem gewissen Sinn auf Ideen und Wirken von Fra Dolcino zurück, der 250 Jahre zuvor hier durch diese Gegend gezogen war. Er hatte die Rückkehr der Kirche zu Armut und Demut gepredigt, hatte es

Detail aus dem Totentanz-Zyklus von Simone Baschenis an der Kirche San Vigilio in Pinzolo.

Foto: Wolftraud de Concini

mit seinen Träumen von Gleichheit und Gütergemeinschaft zu einer großen Anhängerschaft gebracht. Doch das religiöse Klima seiner Zeit war für derlei Gedanken noch nicht reif: Während Simone Baschenis seine von bissigen Begleitversen kommentierten Werke an Kirchenwänden anbringen durfte, wurde Fra Dolcino 1307 als Ketzer auf dem Scheiterhaufen verbrannt. Doch die mittelalterlichen Geißelbruderschaften lebten im Rendenatal fort. Mit groben Gewändern bekleidet und kapuzenverhüllt zogen die Flagellanten durch das Land, sangen dabei lange, litanierend-monotone Laudes. Von diesen mystisch-frommen Bitt- und Bußgesängen sind die der „Fradaje de li battuy", der „Bruderschaft der Geschlagenen", im Rendenatal entdeckt worden, in einem Manuskript aus dem 14. Jahrhundert. Sie sind zwar stark von lombardischen und venetischen Dialekteinflüssen durchsetzt, stellen aber dennoch das bisher älteste Vulgärdokument des Trentino dar.

Simone Baschenis oder ein anderer Künstler des 16. Jahrhunderts hat in der schon erwähnten Kirche Santo Stefano in Carisolo auch die Legende vom Zug Karls des Großen durch das Rendenatal künstlerisch ausgestaltet. Im Jahr 787 soll der Frankenkönig durch das Sole- und das Rendenatal nach Süden gezogen sein, auf dem Weg nach Pavia, das er 774 dem Langobardenherzog entrissen hatte. Dabei sollen ihn 4000 Bewaffnete begleitet haben, sieben Bischöfe und der Legende nach sogar Papst Stefan II., der die Alpen zwar tatsächlich überquert hatte, aber schon 20 Jahre zuvor. In seinem heftigen Bekehrungseifer soll Karl der Große alles zerstört haben, was gegen den christlichen Glauben verstieß, soll andererseits aber auf seinem Zug durch diese Gebirgstäler auch viele Kirchen gegründet haben.

Campiglio – mondäner Treffpunkt des Adels

Die Legende vom guten, frommen Frankenkaiser ist schön und bildhaft, aber auch das nach ihm benannte Campo Carlo Magno nördlich von Campiglio, dieses 1682 m hohe „Feld Karls des Großen", dürfte den fränkischen Kaiser nie gesehen haben. Seinen geschichtsträchtigen Namen hat der Paß im übrigen erst 1909 erhalten, als das nahe Madonna di Campiglio schon zum mondänen Treffpunkt des mitteleuropäischen Adels geworden und dem benachbarten Übergang der althergebrachte Name „Moscheria" („Fliegenplatz") nicht mehr zuzumuten war. Der war zu realistisch, stank zu sehr nach Kühen und Mist, hätte womöglich den eben begonnenen Aufschwung Campiglios zu einer Metropole des internationalen Fremdenverkehrs beeinträchtigen können. Auf diesem seinem Weg zum elegant-noblen Luftkurort wurde Campiglio von einem Mann angeleitet, der sich auf Adel und schicke Exklusivität verstehen mußte: von Franz Joseph Österreicher, einem natürlichen Sohn des österreichisch-ungarischen Kaisers Franz Joseph, der sich in Campiglio immer gern aufgehalten hatte.

Franz Joseph Österreicher war aber nicht der erste gewesen, der die touristischen Entwicklungsmöglichkeiten dieser Gegend erkannt hatte. Vor ihm hatte schon Giovanni Battista Righi, der Sohn einheimischer Gastronomen, Unsummen in die Zukunft von Madonna di Campiglio investiert: Er hatte 1868 das hier bestehende Hospiz aufgekauft und zu einem anspruchsvollen Hotel ausgebaut. Das Hospiz hatte damals schon eine lange, bewegte Geschichte hinter sich. Es war 1188 zu Ehren der Jungfrau Maria gegründet worden, zu Füßen des „Monte Campilium", um die Wanderer in dieser damals unwegsamen, verlassenen Gegend vor Wegelagerern zu schützen, die die Durchreisenden gerne überfielen und ausraubten. Im frühen 16. Jahrhundert wurde das Hospiz von einem Orden betreut, um dessen zweifelhaften Lebenswandel sich so boshafter Klatsch zog, daß der Trentiner Fürstbischof Bernhard von Cles diesen Orden entließ – entlassen mußte. Denn zu dieser vorwiegend politischen Entscheidung war der sonst in Fragen des Glaubens und der Sitten nicht übermäßig rigorose Fürstbischof gezwungen, da er ein Exempel zu statuieren hatte: Er mußte dem Protestantismus, der in den Tälern um die Brentagruppe zunehmend Anhänger fand, einen auch unter moralischem Gesichtspunkt gesunden Katholizismus entgegensetzen. Mit dem liberalen Gedankengut des Protestantismus und seinen mehr oder weniger direkten Folgen mußte sich der Bischof Cles im Laufe seiner Regierungszeit im übrigen mehrmals auseinandersetzen: Als im Mai 1525 die Wellen des deutschen Bauernkriegs, der von den religiösen Reformatoren eindeutig ideologisch begünstigt worden war, bis nach Tirol vordrangen und die Empörung auch in den Trentiner Tälern auflorderte, wagten die aufständischen Bauern, vom armen Landklerus unterstützt, ihren Angriff auf mehrere Burgen und Schlösser des Nonstals, und auch Burg Cles, der Stammsitz des Trentiner Fürstbischofs, wurde von ihrer zornigen Verbitterung nicht ausgespart. Bernhard von Cles, der sich vorsorglich in die Burg von Riva zurückgezogen hatte, reagierte auf diese heftige Attacke mit einer nicht minder heftigen Gegenattacke: Die Revolte wurde mit Waffengewalt niedergeschlagen, die Rebellenführer wurden gefoltert, geschunden, geblendet und gehenkt.

Die Auswanderer

Neben den Nonstaler Obstgärten, die mit ihren köstlichen Delicious-Äpfeln einen großen Teil der italienischen, österreichischen und deutschen Märkte beliefern, bildet heute eindeutig der Frem-

Vor rund 3000 Jahren
durch einen Bergsturz entstanden;
1951 trockengelegt und in ein
Staubecken umgewandelt: der
Molvenosee. Im Hintergrund
die Ostabstürze der Brenta.

Foto: Rolf Lindel

denverkehr den wichtigsten Stützpfeiler der Wirtschaft in den Ortschaften und Tälern um die Brenta. Jahrhundertelang aber waren die Bewohner des Nonstales, des Soletals, des Rendenatals von Not und Mangel zur Auswanderung gezwungen worden. Nonstaler Gastarbeiter zogen als Kaminkehrer, Holzfäller, Glaser und Landarbeiter in verschiedene Länder Europas. Die Soletaler Auswanderer verdingten sich vorwiegend als Holzfäller, Sägewerker und Sennen, und während des Winters kamen sie als Kesselschmiede in die Lombardei und bis in die Toskana hinunter. Diese „paролòt", wie die Soletaler Kesselflicker von den Trentinern genannt wurden, bedienten sich unterwegs eines „tarom" genannten Jargons, einer für Außenstehende absolut unverständlichen Geheimsprache. Einige der „tarom"-Wörter stammen aus verschiedenen italienischen Dialekten, andere aus fremden Sprachen – so aus dem Deutschen *esli* für Esel, *snaider* für Schneider und *slonz* für Land. Und die Bezeichnung „gaìn", die ebenfalls für diese einstige Geheimsprache der Soletaler Kesselflicker verwendet wird, soll auf das deutsche Wort *Gauner* zurückgehen.

Auch der Bevölkerung des Rendenatals blieb in der Vergangenheit zum Überleben kein anderer Ausweg als die Auswanderung. In Pinzolo zeigt das Denkmal für den Scherenschleifer, auf welche handwerkliche Tätigkeit sich die ausgewanderten Rendenataler besonders spezialisiert hatten, und zwei Kirchenfenster im Rendenataler Dorf Giustino, die von Auswanderern in Chicago und in New York gestiftet worden sind, bezeugen, daß die „rendenesi" weit in der Welt herumgekommen sind. Amerika war oft das Ziel, in dem sie Wohlstand, Reichtum und Glück zu finden hofften. Von dem fernen Land, von dem Leben, das sie dort erwartete, hatten sie nur sehr vage Vorstellungen. Und von den Opfern und Entbehrungen, die die Auswanderer auch dort, fern der Heimat und der Familie, auf sich nehmen mußten, erzählen heute noch viele Trentiner Berglieder: „E nell'America che siamo arrivati / non abbiamo trovato né paglia né fieno / abbiam' dormito sul duro terreno / come le bestie al campo d'esta'" heißt es in einem dieser Lieder: „Und in Amerika, wo wir angekommen sind / haben wir weder Stroh noch Heu gefunden / wir haben auf dem harten Boden geschlafen / wie das Vieh im Sommer auf dem Felde". Mit diesen Worten beginnt ein Trentiner Volkslied, das zum Repertoire vieler Trentiner Bergchöre gehört.

Sangesfreudige, stimmbegabte Trentiner

Als „Bergsteigerchöre", „Brentachöre", „Montanara-Chöre" oder unter anderen Phantasienamen gastieren diese stämmigen Männerchöre nunmehr seit Jahrzehnten vor allem in deutschsprachigen Ländern, ziehen ihr Publikum mit den manchmal fröhlichen, meist aber melancholischen Trentiner Bergliedern in Bann. Im Trentino gibt es insgesamt rund 85 Bergchöre, Laienchöre aus sangesfreudigen, stimmbegabten Männern: Einige sind hervorragend, viele sind gut, doch auch die restlichen sind noch durchaus in der Lage, mit der gefühlsträchtigen „Montanara" die Herzen der Zuhörer zum Schmelzen zu bringen. Als erster war in den zwanziger Jahren der „Coro della SAT" gegründet worden, der

Chor des Trentiner Alpenvereins SAT, der sich im Laufe seiner jahrzehntelangen Tätigkeit allergrößte Verdienste um die Erhaltung alter Trentiner Volkslieder erworben hat, die sonst längst in Vergessenheit geraten wären. Ohne diese „Brentachöre", von denen längst nicht alle aus den Orten um die Brenta stammen, würde dem Trentiner Volksgut seine vielleicht charakteristischste, kongenialste Ausdrucksform fehlen.

Auch Wissenschaftler sind aus den Tälern rings um die Brenta hervorgegangen. Aus dem Soletal stammte der Abt Giacomo Bresadola, ein berühmter Pilzforscher, der 1929 im Alter von 82 Jahren in Trient starb. Er hatte sich sein Leben lang mit der Pilzforschung beschäftigt, und sein Werk besteht in einer *Iconographia mycologica* in 26 Bänden, die durch 1250 Tafeln mit eigenhändigen, präzisen Zeichnungen des Autors illustriert wird. Der Nonstaler Jesuitenpater Martino Martini kam im 17. Jahrhundert als Missionar nach China, verfaßte eine chinesische Grammatik und arbeitete den ersten Atlas des Landes aus, der über ein Jahrhundert lang Gültigkeit behalten sollte. Ebenfalls Jesuitenpater war der Nonstaler Eusebio Chini, der im 17. Jahrhundert als erster nachwies, daß Kalifornien keine Insel, sondern eine Halbinsel war, und als er später nach Mexiko geschickt wurde, instruierte er dort die Eingeborenen im Obstbau.
Von allerhöchster Bedeutung für die wissenschaftliche, faktenorientierte Geschichtsschreibung ist die „Tavola Clesiana", eine einen halben Meter hohe Bronzeplatte, die 1869 bei Aushubarbeiten auf einem Feld bei Cles ans Tageslicht gekommen ist. Mit dem auf ihr eingemeißelten, im Jahr 46 n. Chr. erlassenen Edikt verleiht Kaiser Claudius den „Anaunen" (= Nonstalern) die römische Staatsbürgerschaft – was nichts anderes war als die offizielle Bestätigung eines inoffiziellen Tatbestands; denn die Anaunen waren illegal in Trentiner (d.h. damals römisches) Gebiet eingewandert, wo sie den Wald nutzten und die Felder bebauten.

Hier oben im Nonstal noch einmal ein Hinweis auf den Braunbären, der in der Brenta sein letztes Refugium gefunden hat: Die sehr malerisch gelegene und sehr originell konstruierte Wallfahrtskirche San Romedio erhebt sich an der Stelle, wo der heilige Romedius, ein angeblich aus Thaur in Tirol stammender Adeliger, als Einsiedler gelebt, mit dem Kirchenbau auf der Spitze des Felshügels begonnen – und einen Bären gezähmt haben soll. Und in den „Orden von St. Romedius", der vor 30 Jahren vom italienischen Grafen und Naturschützer Gian Giacomo Gallarati Scotti gegründet worden ist, werden all die Personen aufgenommen, die sich die Erhaltung des Bären und seines Habitats zu einer Lebensaufgabe gemacht haben.
Dann unten in Trient, das durch die bergsteigerische Erschließungsgeschichte wie durch die heutigen Sonntagsausflügler aufs engste der Brenta verbunden ist, noch einmal ein Hinweis auf dieses einzigartige Gebirge und seine kulturelle Umwelt: Im Adlerturm des Schlosses, wo wir diese geistige Reise begonnen haben, ist auf dem Januar-Fresko im Hintergrund die Burg Stenico abgebildet. Sie ragt bis heute, und zudem in jüngster Zeit vorbildlich restauriert, wehrhaft und erhaben auf einem Hügel vor den steilen Südabfällen der Brentagruppe auf.

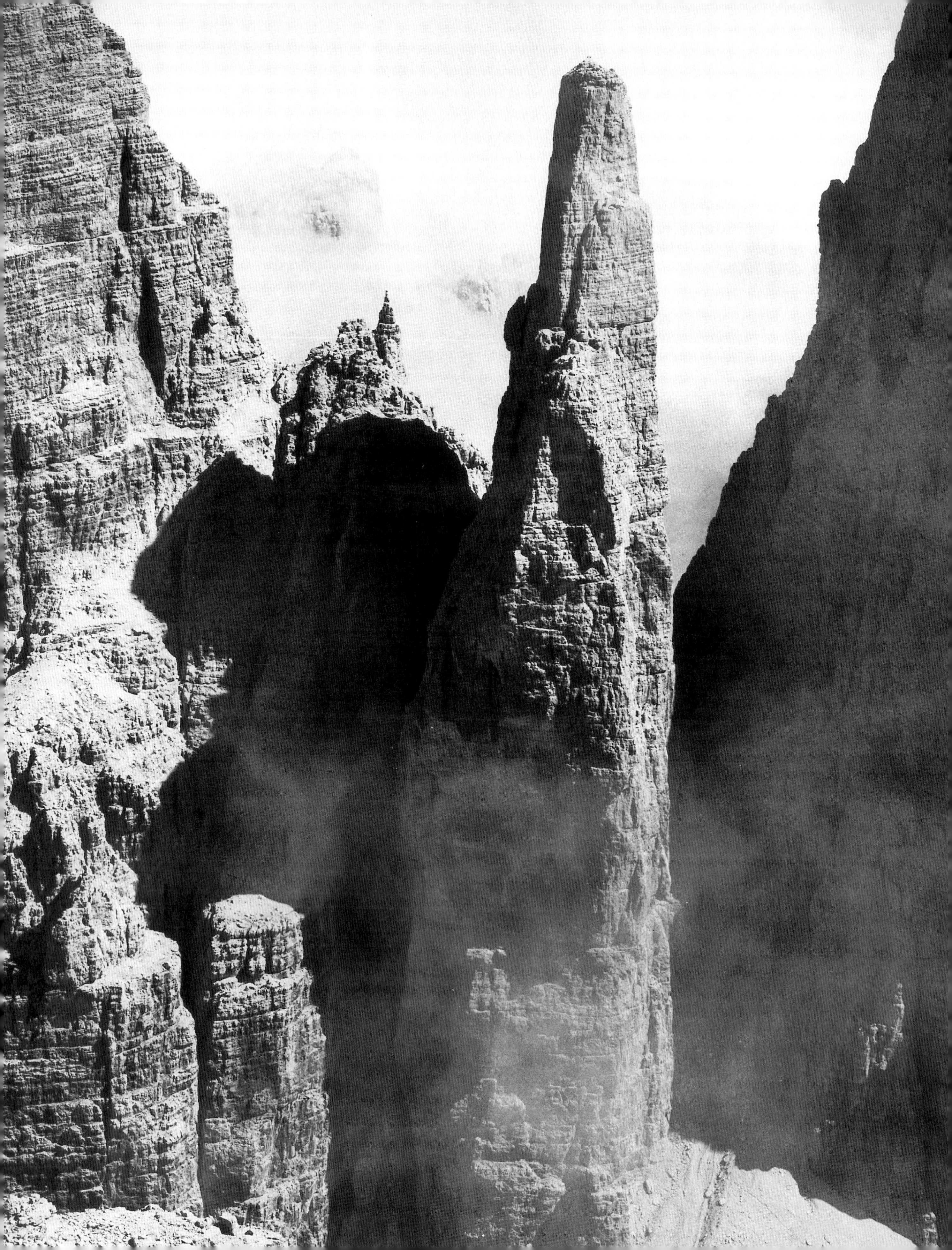

Pathetisch in der Brenta

Helmuth Zebhauser

Links: Campanile Basso (Guglia di Brenta). Seit 1899 haben laut Brentaführer etwa 12 000 Seilschaften diesen Turm über eine der insgesamt 14 Routen erreicht.

Foto: Jürgen Winkler

„Mit wenigen Schritten eilten wir nun aus dem steilen Abbruch auf das breite Feld des Gipfels... Innig drückten wir uns die Hände. Dann sangen wir, noch durchs Seil verbunden, die Wacht am Rhein so mächtig als wir konnten. Das war gleichsam der laute Ausbruch unserer Siegesfreude." 18. August 1899. Otto Ampferer berichtet von der ersten Ersteigung der Guglia di Brenta. Die Guglia war lang und viel umworben worden und stand als einer der letzten unbestiegenen Gipfel der Alpen auf der Wunschliste der meisten extremen Bergsteiger. Schließlich wurde sie für unersteigbar erklärt. Aber Otto Ampferer und Karl Berger ist dann die Ersteigung gelungen.

Warum brach am Gipfel ihre Begeisterung mit Sangesfreude aus? Die alpine Tat, die Leistung dieser Besteigung bedarf keiner Diskussion; sie erfordert keine Analyse. Sie war aus damaliger wie heutiger Sicht eine alpine Großtat. Aber die „Wacht am Rhein" verlockt zu kritischer Betrachtung. Zweierlei: Erstens, daß man ein vaterländisches Lied gesungen hat. Zweitens, daß Ampferer darüber berichtet. Er hat sich des Begeisterungsausbruches nicht geschämt. Die Innsbrucker Bergsteiger hatten keine Scheu, ein deutschnationales Lied zu singen und dann allen davon zu berichten.

„Wen drängt es nicht, ein trutzig Lied zu schmettern,
Wenn es umwallt der Freiheit Götterhauch,
Wo das Erhabne schmucklos unvergänglich,
Das Herz begeistert und den Sinn erhebt".

1907 las voller Rührung Hermann Uhde-Bernays, ein Bergsteiger und Literat, der gewiß nicht des Pathos und des Kitsches verdächtig ist, diese Zeilen, die Ludwig Purtscheller ins Hüttenbuch der Hanauer Hütte in den Lechtaler Alpen geschrieben hatte. Er verstand den Wortblust aus den Komponenten seiner Zeit.

Lieder von Heimat und Vaterland drängten sich damals den jungen Menschen auf die Lippen – ihre Ideale. Um 1900 waren Heimat und Vaterland Vokabeln, die ähnlich im Schwange waren wie heute Ökologie und Umwelt. Überdies: junge Menschen sangen seinerzeit öfter als heute. Damit wäre die Pathetik in der Brenta schon fast erklärt. Aber doch nur oberflächlich.

Otto Ampferer (oben) und Karl Berger, die Erstbesteiger der Guglia.

Fotos: Archiv

Nationale Ehrensache

Das Brentapathos zeigt Zeichen der Zeit. Das Reich war wieder nominiert. Deutschland schwelgte in Kaiserzeit. Italien hatte seine Einheit und den König. Vaterländer waren wieder installiert. „Nation" war ein hehrer Begriff. Die Bewunderung der Italiener über die Besteigung des Winklerturms war verbunden mit dem Bedauern, daß es nicht ein italienischer Jüngling war, der diese kühne Tat vollbracht hatte. Die Ersteigung der Dent du Géant aus dem Jahre 1882 wurde noch 1893 in der Zeitschrift des D. u. Oe. AV auf heute seltsam anmutende Weise gewürdigt. Am 29. Juli war den italienischen Bergsteigern die Ersteigung geglückt. Am nächsten Tag erfolgte „der feierliche Einzug der Sieger in Courmayeur, dessen Einwohner mit lebhaftem Interesse, viele Damen auch mit gelindem Schauer, die Bezwingung der stolzen Zinne in ihrem obersten Teil beobachtet hatten. Ein allgemeines Freudenfest wurde gefeiert. Man betrachtete es als eine nationale Ehrensache, daß Italiener zuerst die vielumworbene Spitze bestiegen hatten. Die Hochs auf Maquinaz, die Herren Sella und vor allem Italien wollten kein Ende nehmen."

Das Ereignis auf der Guglia war kein Einzelfall. Aus ihm spricht tatsächlich der Zeitgeist.

Der Bergsteiger neigt zum Pathos. Er steigert sein Tun ins Große. Die Tat wird national bedeutend. Das Erlebnis wird religiös. Vaterländische Gefühle oder metaphysische Gedanken überkommen ihn. Zusätzlich übermannt ihn Schönheit. Aber vor allem kommt ihm die eigene Psyche und die Leistung des eigenen Körpers großartig vor. Der Bergsteiger gibt der bloßen Tat einen Hintersinn. Er will nämlich nicht nur eine gewaltige körperliche Anstrengung, eine starke psychische Leistung als bloße Tat ohne tieferen Sinn abtun. Singt er deshalb ein hymnisches Lied? Oder nur weil hymnische Lieder Mode sind? Ist das ganze nur Ausbruch von Freude in üblichen Formen? Lieder singen, Wimpel aufstecken, Fahne hissen. Eine Madonna auf dem Gipfel deponieren. „Deutschland, Deutschland über alles". „Großer Gott wir loben Dich". Die Ehrlichkeit der Gefühle ist nicht anzuzweifeln. Ob ehrlich oder verlogen, das ist hier nicht die Frage. Jedenfalls ist es ein starker Ausdruck von tiefem Gefühl. Ein Überschwang des Gemüts.

Gemüt dominiert

Das griechische Wort Pathos bedeutet das „Leiden". Insofern können vielleicht die Pathografischen Notizen des Psychiaters Karl Jaspers mehr Aufschluß über pathetische Ausbrüche geben als die Literaturwissenschaft oder die Alpingeschichte. Pathos ist getragen von Leidenschaft. In der Ästhetik oder Rhetorik ist Pathos das Ergriffensein von leidenschaftlichen Erschütterungen des Gemüts, im Gegensatz zum Ethos, der bleibenden Charakteranlage.

Der Bergsteiger steht auf dem erstmals bestiegenen Gipfel und singt. Sein Herz stürmt. Und er zähmt es nicht. Er erlaubt seinem Gemüt, die Würde hintan zu stellen, zu jubeln, zu weinen oder eben zu singen. Er gerät außer sich. Außer sich geraten ist allemal ein Verlust an Würde, Würde heißt nämlich in sich selbst ruhen. „Aristoteles hat eine hinreißende Darstellung des Würdevollen unter dem Titel der megalopsychia gegeben. Als äußere Kennzeichen gibt er an: Tiefe Stimme, langsamer Gang, weniges und langsames Sprechen. Der Großgesinnte hat nur wenige große und darum wenige Ziele... Er echauffiert sich nicht. Er rennt nicht, um einen Zug zu erreichen. Er singt nicht. Er gerät nicht außer sich," (Spaemann). Würde gebietet Distanz. Auch Distanz zur Situation. Der Träger der Würde hat zu sich selbst als natürliches Wesen Distanz genommen.

Denaturierter Umgang mit Natur

Der das Lied am Gipfel schmettert, erlaubt sich einen merkwürdigen Umgang mit der Natur. Er gibt sich als Sieger. Er gibt sich vertraut. Das sieht nach Kumpanei mit der Natur aus. Der kulturelle Mensch aber ist nie ein Komplize der Natur. Er ist immer Feind. Selbst wenn er sie liebt, zerstört er sie. Der Mensch hat die Gebirge erobert als Sportler – wie ein Krieger. Er tut mit Handel und Wirtschaft der Natur Gewalt an. Selbst wenn der Mensch in „Zwiesprache" mit der Natur gerät, enthüllt er nicht ihre Natur. Sein Verstand tritt in Diskurs mit der Natur. „Der Diskurs ist die Fortsetzung des Krieges mit anderen Mitteln." (Rolf Dahrendorf in „Lob des Thrasymachos"). Der Mensch steht der Natur des Gebirges gegenüber. Er ist ein Eindringling. Er schaut die Natur an. Wie erscheint sie ihm? Wie ist sie? Sie ist immer ein Schaubild. Weiß ja keiner, welches nun das rechte Bild ist. Das im Spiegel oder das angeschaute. Was ist rechts, was ist links?

Psychologie oder Metaphysik

Um und nach 1900 zeigen sich zwei Strömungen des Denkens im Alpinismus, gleichwenn sie sich zunächst noch befruchtend zu berühren scheinen: die psychologische und die philosophische Haltung. Eugen Guido Lammer und Oskar Erich Meyer treten als Fahnenträger hervor. Sie kristallisieren den Gegensatz heraus. In „Geist und Kleid" (zur Psychologie des Alpinismus und des Alpinen Stiles) hat Oskar Erich Meyer in der Österreichischen Alpenzeitung 1907 von den Bergen als einem Symbol für die große ziellose Sehnsucht geschrieben, die, bewußt oder unbewußt, in uns allen wirkt, die nach den Sternen greifen möchte... Der metaphysische Drang von Oskar Erich Meyer klingt durch diesen der Psychologie zugewendeten Aufsatz. Viel deutlicher wird wenig später das metaphysische Anliegen in einem Privatbrief, den Meyer am 17. 10. 1907 an Lammer schrieb: „Die Berge sind ein von meiner Sehnsucht gekröntes Sinnbild für das ewig ferne Ziel, aber nicht das Ziel selbst, so wird meine Sehnsucht sich ungläubig von diesem Sinnbild abwenden und ein größeres höheres Sinnbild suchen, vor dem sie wieder gläubig knien kann". Meyer scheut sich nicht, auch von Gott zu reden. Eugen Guido Lammer sucht zur gleichen Zeit zielbewußt die „unendliche Harmonie aller Kräfte und Triebe und Seiten meines Inneren". Sie verschmelzen sich in ihm mit allen Kräften und Elementen des Äußeren zur Einheit. In seinem Ego verkörpert sich Kosmos.

Diese Postkarte schrieb Otto Ampferer nach der Erstbesteigung der Guglia di Brenta.

Archiv Schmitt

Heimat

Es war die Zeit des ausklingenden Naturlyrismus. Im Tatbergsteigen wurden die Sensorien für Naturlyrismus verändert. Heimatstimmigkeit der Bergbilder tauchten aus einem Gemenge von Jugendbewegtheit, Jugendstilformalismus, Wanderseligkeit, Landschaftstrunkenheit und aus einer unbestimmbaren Abart des vaterländischen Gefühls auf. An der Schwelle zu dieser breiten Bewegung der Gesellschaft steht auch der Gesang der beiden Jünglinge auf dem Brentaturm.

Wie sehr später Heimatverständnis auseinanderfiel, zeigen einerseits der Weg zum nationalsozialistischen Blut- und Bodenkult und andererseits die Gottorientierung des marianischen Predigers Josef Kentenich. Er formulierte das Heimatverständnis aus seiner jugendbewegten Frühzeit heraus ins Prinzipielle:

„Das Wesen der Hölle besteht in vollendeter Heimatlosigkeit... Das Heimatproblem dürfte letzten Endes *das* Kulturproblem der heutigen Zeit sein. Deswegen ist Heimatlosigkeit das Kernstück der heutigen Kulturkrise."

Die Urheimat des Menschen, psychologisch betrachtet, ist der Mensch selber. J. Kentenich fügt allerdings hinzu: „Meine Urheimat, theologisch betrachtet, ist Gott. Wenn das Ich sich so hineinfügt in Gott, daß beide Heimatbegriffe ineinanderfließen, dann hat der Mensch im wahren Sinn des Wortes eine Heimat gefunden". Zu diesem Denken kann man O. E. Meyers spezielles Pathos gesellen. Ampferers Pathos liegt anderswo.

Gott ist tot – und Stilwende

Um 1900 begann sich die geistige Situation zu verändern. Der Jugendstil war nicht ein isoliertes Symbol. Der Beginn des Funktionalismus in der Architektur, z. B. bei Loos, war ein Reinigungsprozeß, wie in der Aufklärung die Abkehr vom Rokoko und die Zuwendung zu einem Frühklassizismus. Veränderungen der geistigen Situation im Abendland. Das Liedersingen war nicht nur nationalistischer Umtrieb, sondern auch Ausdrucksform einer Innerlichkeit der Jugendbewegung. Wie vaterländisch deren Beweggründe auch gewesen sein mögen, sie war inmitten der Kaiserzeit Aufbruch aus Eklektizismus und Bürgerlichkeit.

Nietzsche (Gott ist tot) und Kierkegaard (Die Krankheit zum Tod) sind Repräsentanten der neuen geistigen Lage. Sie sind Denker in einer Zeit des Endes der Metaphysik, vielleicht auch der letzten Vollendung der Aufklärung. Kierkegaard breitet die Dialektik von Vernunft und Existenz aus.

Ich weiß nicht, ob Lammer Kierkegaard studiert hat. Man möchte es fast meinen. Kierkegaard entwickelt eine „Dialektik der Innerlichkeit". Ihre Aufgabe ist es, „alle Existenzverhältnisse so zu durchdringen, daß das Selbstverständnis des Individuums, welches das Handeln bestimmt, rein hervorkommt und, daß im Verhältnis zu dem – scheinbar Subjektiven – sich in Wahrheit die Wahrheit des Allgemeinen in Gesellschaft, Staat und Kirche entscheidet." (Wilhelm Anz 1986).

Bergsteiger wie Lammer waren von solchem Denken beeinflußt. Ampferer und sein Pathos in der Brenta stehen inmitten dieser Entwicklung.

Es ist Husserlzeit – Phänomenologie. Die Grundlegung für eine neue Metaphysik wird geschaffen. Die Seinsphilosophie des frühen 20. Jahrhunderts sollte bald daraus wachsen.

Selbstdefinition

Der Mensch definiert sich durch sein Tun. Ampferer und Berger sind nicht nur in die alpine Geschichte durch ihre alpine Tat eingegangen, sondern sie haben sich auch selbst definiert als die Sieger über den dreihundert Meter hohen lotrechten Turm. Auch Winkler, Dülfer, Maestri, Hillary haben sich durch ihr Tun definiert. Der Mensch definiert sich mehr noch als durch sein Tun dadurch, wie er sein Tun verinnert und veräußert. In den Tagebuchaufzeichnungen von Winkler verbirgt sich der Mensch völlig. Nur Daten der Tat sind notiert. Keine pathographischen Notizen. Vielmehr Stenogramm von Fakten. Das Geschehen bleibt pur. Nicht Winkler, sondern Erich König hat voller Pathos „Hoch Empor" geschrieben.

So bleibt dem Analysierenden eine merkwürdige Zusammenfassung. Der singende Bergsteiger am Gipfel gerät außer sich. Seine pathetische Äußerung ist ein Zeichen von Verlust an Würde. Sein Lied ist der Triumph des Kriegers über eine Natur der Erde, die er in diesem Augenblick mißachtet, die er nicht versteht. Er denaturiert sich und die Natur. Dadurch kommt er auch auf die verrückte Idee, von einer Rache der Berge zu reden, wenn er sieht wie das Matterhorn die Ersteiger abwirft und vernichtet.

Pathos in der Brenta – ich will nicht behaupten, daß hier eine zwingende Denkspur aufgezeigt ist. Aber es soll signalisiert sein, daß man u. a. auch so über das Bergsteigen und Gipfelsiegen nachdenken kann. Und daß, falls man dies täte, mancher hymnische Ausbruch fragwürdig würde. In Fortfolge würde überhaupt das Anzielen von Gipfeln zur Verleugnung von Vernunft gleichwie von Natur erklärt werden. Ampferer auf der Guglia di Brenta. Lammer in der Großvenediger NW-Wand. Messner am Everest. Singen. Oder seinem eigenen Keuchen lauschen – wie auch immer. Der Krieger in seiner vulgärpsychologischen Rüstung. „Die Wacht am Rhein" als Pop Art des Alpinismus.

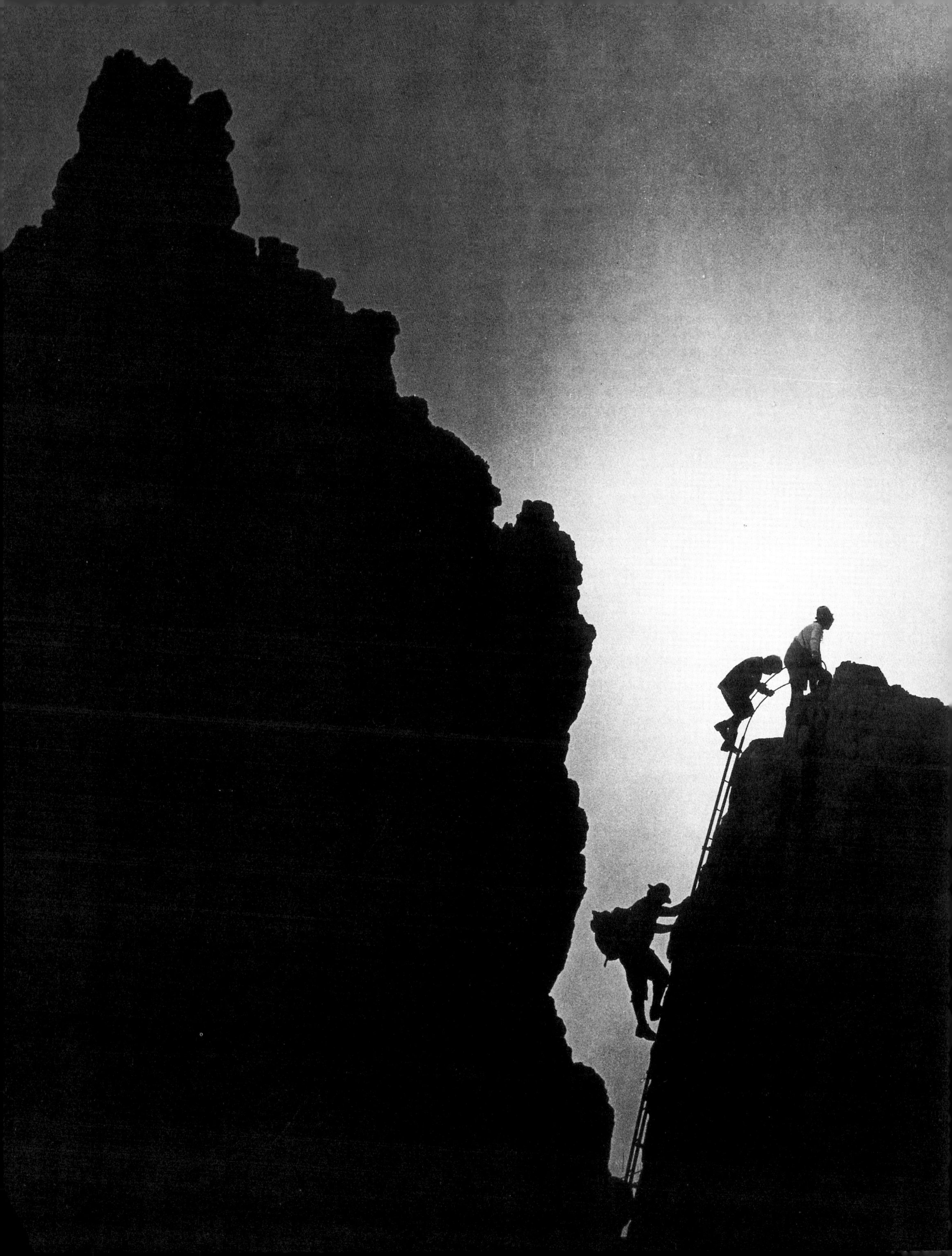

Klettersteige – Wege? Irrwege?

Von der Brenta in die Sackgasse der Vie-Ferrate-Erschließung

Horst Höfler

Links: Brenta-Klettersteige, alljährlich Magnet für Tausende von Bergfreunden.
Foto: Reinhard Karl

Die Brenta-Höhenwege, unter dem Sammelbegriff „Bocchetteweg" berühmt geworden, entsprechen dem Ideal gesicherter Steige in steilem Felsgelände. Zuerst, 1936, gab es tatsächlich nur den Bocchetteweg, den heutigen „Sentiero delle Bocchette Centrale". Er führt an oder neben so namhaften Gipfeln wie Brenta Alta, Campanile Basso (Guglia di Brenta), Campanile Alto, Sfulmini und Torre di Brenta entlang und verbindet die Bocca di Brenta mit der Bocca degli Armi. Nach wie vor das „Aushängeschild" der Brenta schlechthin! Eine Höhenroute durch ihr Herzstück, alljährlich Magnet für Tausende von Bergfreunden.

Als wesentlich einfachere Alternative wurde der Orsiweg, der östlich unterhalb der genannten Gipfel von der Bocca di Tuckett zur Pedrotti-/Tosahütte leitet, gangbar gemacht. Im deutschsprachigen Raum unterschied man lange Zeit, zumindest bei Bergsteigern schärferer Richtung, scherzhalber zwischen einem unteren und einem oberen „Radfahrweg".

Heute dürfte das Brenta-Höhenwegenetz vervollständigt sein: Von der Bocca degli Armi führt der Sentiero S.O.S.A.T. über die Alimonta- zur Tuckett-Hütte, und im Tuckett-Paß münden, neben dem schon erwähnten Orsiweg, der Sentiero Alfredo Benini und der Sentiero delle Bocchette Alte. Sentiero Brentari und Sentiero dell' Ideale verbinden Pedrotti-/Tosahütte und Zwölf-Apostel-Hütte beziehungsweise Agostini-Hütte miteinander, und zwischen den beiden letztgenannten Stützpunkten verläuft der Sentiero Ettore Castiglioni als einfachere Variante zum Sentiero dell' Ideale.

Die Nördliche Brentagruppe, zwischen Passo del Grostè und Nuovo Rifugio Peller, gilt nach wie vor als touristisches Abseits, wenngleich auch diese Region von langen, jedoch verhältnismäßig wenig schwierigen Höhenwegen – dem Sentiero Gustavo Vidi und dem Sentiero Claudio Costanzi – durchzogen wird. Insgesamt neun Schutzhütten dienen als Ausgangs- beziehungsweise Endpunkte der gesamten Höhenwegetappen.

Der Sentiero delle Bocchette Alte, der Hohe Bocchetteweg, ist der bergsteigerisch anspruchsvollste Abschnitt. Eine steile, steinschlaggefährdete Firnrinne, die gequert werden muß, bildet dort die Schlüsselstelle. Auch am Sentiero delle Bocchette Centrale kann, besonders im Spätsommer, harter Schnee den ansonsten kaum problematischen Höhenweg erheblich erschweren. Wir haben die Querung zur Bocchetta del Campanile Basso schon spiegelblank vereist vorgefunden. Mit nur leichtem Schuhwerk und bar von Eispickel und Steigeisen für uns ein Grund zur Umkehr.

Natürlich sind die Leiternserien des Bocchetteweges technisch unschwierig. Aber manche von ihnen, die „Scala degli Amici" im Bereich des Sentiero delle Bocchette Alte, oder gar eine 300-Sprossen-Leiterreihe am Sentiero Ettore Castiglioni, weisen beachtliche Längen und Höhenunterschiede auf. Sie fordern absolute Schwindelfreiheit und Trittsicherheit. Wie man überhaupt auf den teilweise durchaus schmalen Bändern viel Luft um sich hat. Eben das aber vermittelt ja gerade den Reiz der Brenta-Höhenwege.

Die kleinen Gletscher, die Vedrette, welche man allenthalben überschreiten muß, sind zwar nicht besonders steil, können aber bei Blankeis gefährlich werden. Steigeisen und ein kurzer Pickel helfen hier im Spätsommer aus der Misere. Der Pickelschaft sollte nicht zu lang bemessen sein, weil man sonst an den teilweise überdachten Bändern alle Augenblicke hängenbleibt. Wiederum eine eigene Erfahrung, die von unserem ersten Brentabesuch herrührt...

Die Brentagruppe, nicht eben als Ursprungstätte der Klettersteige, aber doch als jenes Gebiet anzusehen, von dem der Via-Ferrata-Funke auf die außerdolomitischen Gebirge der Ostalpen übersprang, ist denn auch Ausgangspunkt der folgenden Betrachtungen. Sie nehmen ganz allgemein auf das Thema „Gesicherte Steige" Bezug, beschäftigen sich insbesondere aber mit der Sinnfrage im Hinblick auf spezielle Entwicklungen der Klettersteigerschließung.

Fasziniert schaut der Pfarrer den beiden Kletterern am Croz del Rifugio zu. Immer wieder schüttelt er den Kopf. „Das ist eine andere Welt". Aber da ist kein Ton des Bedauerns in diesem Satz. Nein, er freut sich über das in seinen Augen unerhört kühne Tun der beiden am Hüttenberg des Rifugio Tosa. Anderntags wandert er auf dem Sentiero delle Bocchette Centrale und dem Sentiero S.O.S.A.T. zur Tuckett-Hütte weiter.

An eben diesem SOSAT-Weg hat Otto Guggenbichler in seinem stimmungsvollen Brentafilm eine herrliche Begegnung festgehalten. Dort, wo der gesicherte Steig auf einem Band an den Südwänden der Punte di Campiglio verläuft, treffen eine Seilschaft und eine Wandergruppe aufeinander. Man grüßt sich, freut sich über der anderen Anwesenheit und geht seiner Wege. Die

Rechts: Blick vom
Campanile Basso (Guglia)
auf den Bocchetteweg.

Foto:
Rainer Köfferlein

Seilschaft vertikal, die Wandergruppe horizontal. Kletterer und Wanderer im gleichen Gelände. Der Pfarrer und die beiden vom Tosa-Hütten-Kletterberg in ein und derselben Wand! Eine andere Welt? Ein anderes Tun. Klettern das eine, Wandern das andere. Der günstig geschichtete Fels, die langen, waagrecht verlaufenden Bänder haben sich in idealer Weise für die gesicherten Brenta-Höhenwege angeboten. Allerdings galten sie zunächst nicht als Klettersteige im heutigen Sinn. Die S.A.T. (Società Alpinistica Trentina) begann zwar in den dreißiger Jahren mit ihrem Bau, jedoch nur, um die langwierigen Anmarschwege zu den Einstiegen der Kletterrouten zu erleichtern. Erst nach dem Zweiten Weltkrieg wurden die Arbeiten zugunsten der Bergwanderer fortgeführt, bis schließlich die klassischen Teilstücke des Bocchetteweges, des heutigen „Sentiero delle Bocchette Centrale", fertiggestellt waren. An das Prinzip, Seile, Klammern oder Leitern nicht auf die Gipfel zu führen, hat man sich in der Brentagruppe bis in unsere Tage gehalten. Bergfreunde verschiedener Neigungen scheinen damit auch ganz gut zurecht zu kommen, denn der Beliebtheitsgrad der wilden Brenta ist ungebrochen. Sie wird von manchen Begeisterten gar als „Mekka der Klettersteiggeher" bezeichnet.

Die ersten Klettersteigführer

Vor zwanzig Jahren, als wir zum ersten Mal den Bocchetteweg begangen hatten, war der Begriff „Klettersteiggehen" noch nicht „in". Uns fielen lediglich Schilder auf, die eine Selbstsicherung mittels Reepschnur und Karabiner empfahlen. So etwas kannten wir nicht und hatten es bis dahin auch nicht für notwendig gehalten. Weder in der Brenta, noch am Höllentalanstieg auf die Zugspitze oder wo immer es auch Seile, Klammern und Leitern gab.
Im ersten deutschsprachigen Klettersteigführer, jenem von Hilde Frass über die „Klettersteige der Dolomiten", wurde diese Selbstsicherungsmethode auch bei uns publiziert. Und exakt mit diesem Büchlein, das 1969 erschien, begann ein „Klettersteigfieber" aus den Dolomiten in die Nordalpen überzuschwappen.
Auch wir waren neugierig geworden, und ich kann mich gut daran erinnern, daß wir eines Tages eigens deswegen übers Wochenende in die Dolomiten fuhren, um den damals schwierigsten Klettersteig, die Via Cesco Tomaselli, kennenzulernen. Weil aber das ganze letztlich mehr einer Kletterei als einer anspruchsvollen Bergtour glich, gingen und sicherten wir mit dem langen Seil.
Die Via Tomaselli beeindruckte zugegebenermaßen, und wir begannen, uns für diese Klettersteige ganz allgemein zu interessieren. Dabei stellte sich heraus, daß es manche von ihnen schon sehr lange gab. Die ältesten Dolomiten-Eisenwege, etwa der Pößnecker Steig am Piz Selva, wurden bereits vor dem Ersten Weltkrieg gebaut. Der Gamsecksteig an der Raxalpe gar schon 1876. Die ersten künstlichen Steighilfen an einem Ostalpenberg sind jedoch viel früher gesetzt worden. 1843 veranlaßte Friedrich Simony das Anbringen von Sicherungen in der Gipfelrinne des Nordostanstiegs auf den Hohen Dachstein. Am gleichen Berg wurde 1863 der Westgrat, die Route der Ersterssteiger, gesichert.

1973 bot Paul Werner einem bekannten alpinen Fachverlag ein Manuskript über die „Klettersteige der Nördlichen Kalkalpen" an. Aus den maschinengeschriebenen Blättern wurde ein Führer und damit die Zugspitze zum Klettersteigberg. Man fand aber auch das Ettaler Manndl oder den in den Fels gesprengten Promenadeweg auf die Mittagscharte am Untersberg in den „Klettersteigen der Nördlichen Kalkalpen". Ein Sammelsurium von Touren unterschiedlichsten Charakters. Ein Mischmasch. Das hat sich bis heute, auch bei den Dolomiten-Klettersteigführern, nicht geändert. Denn mittlerweile gibt es über ein und dasselbe Gebiet mindestens zwei Klettersteigführerwerke, und der Konkurrenzdruck verlangt offenbar ein aberwitziges Vollständigkeitsprinzip. So ist in einem solchen Führer vom harmlosen Geröllsteig mit insgesamt 20 Meter Stahlseilsicherung bis zum senkrecht verlaufenden Führungsseil an glatter Wand alles enthalten…

Die Klettersteig-Sackgasse

Eine Differenzierung zwischen „Gesicherter Steig" und „Klettersteig" scheint zunächst einmal fällig zu sein. Denn die Klettersteigbaukunst hat seltsame Blüten getrieben. Da gibt es zum Beispiel Steiganlagen mit Klammern im 30-cm-Abstand, die ich aber noch als das kleinere Übel empfinde. Schlimmer ist, daß man alles daransetzt, immer schwierigere Klettersteige zu bauen. Erst war es die Via Cesco Tomaselli, dann die Via ferrata Gianni Costantini, der die „Krone" gehörte. Plötzlich galt die Stahlseilroute „Monte Albano" an einem häßlichen Felsabbruch bei Mori als anspruchsvollste Via ferrata, bald der Rino-Pisetta-Weg am Kleinen Dain unweit des Castel Toblin. Heute teilen sich sehr wahrscheinlich die Via attrezzata Cesare Piazzetta am Piz Boè und die Via ferrata Giulio Segata am Dos d'Abramo im Monte-Bondone-Massiv den zweifelhaften Ruhm, als schwierigste gesicherte Steige, als anspruchsvollste Klettersteige in den Alpen zu gelten.
Warum zweifelhaft? Ganz einfach: Weil solche Steiganlagen keinen Sinn haben! So sinnvoll die Brenta-Klettersteige (besser: Brenta-Höhenwege) sind, so sinnlos empfinde ich diese Stahlseil-Superrouten. Erstere erfüllen den Zweck gesicherter Steige in idealer Weise: Nämlich Bergwanderern in etwa die Faszination der Senkrechten – der „anderen Welt" – zu vermitteln, ohne dort unterwegs sein zu müssen. An den schwierigsten gesicherten Steigen aber sind sie überfordert oder kommen erst gar nicht hinauf. Oder nur mit einem sehr aufmerksamen Schutzengel. Wenn aber mitten in einer solchen Ferrata Sicherungen fehlen, was dann? Wenn es regnet, die Stahlseile naß sind und kaum noch festgehalten werden können? Wenn ein Gewitter aufzieht, bei dem man Eisen entfliehen sollte; wenn ein Wettersturz die Sicherungen mit Eis überzieht? Fragen. Schwere Unfälle wären keine gute Antwort.
Wer ausschließlich Klettersteige begeht, verwehrt sich seine Entwicklung zum selbständigen Bergsteiger. Klammern und Seile egalisieren die natürlichen Schwierigkeiten einer Route und leiten narrensicher durch Wandlandschaften, die üblicherweise das Orientierungsvermögen fordern würden. Die technischen Schwierigkeiten scheinen dagegen gefragt zu sein. Nur wer die

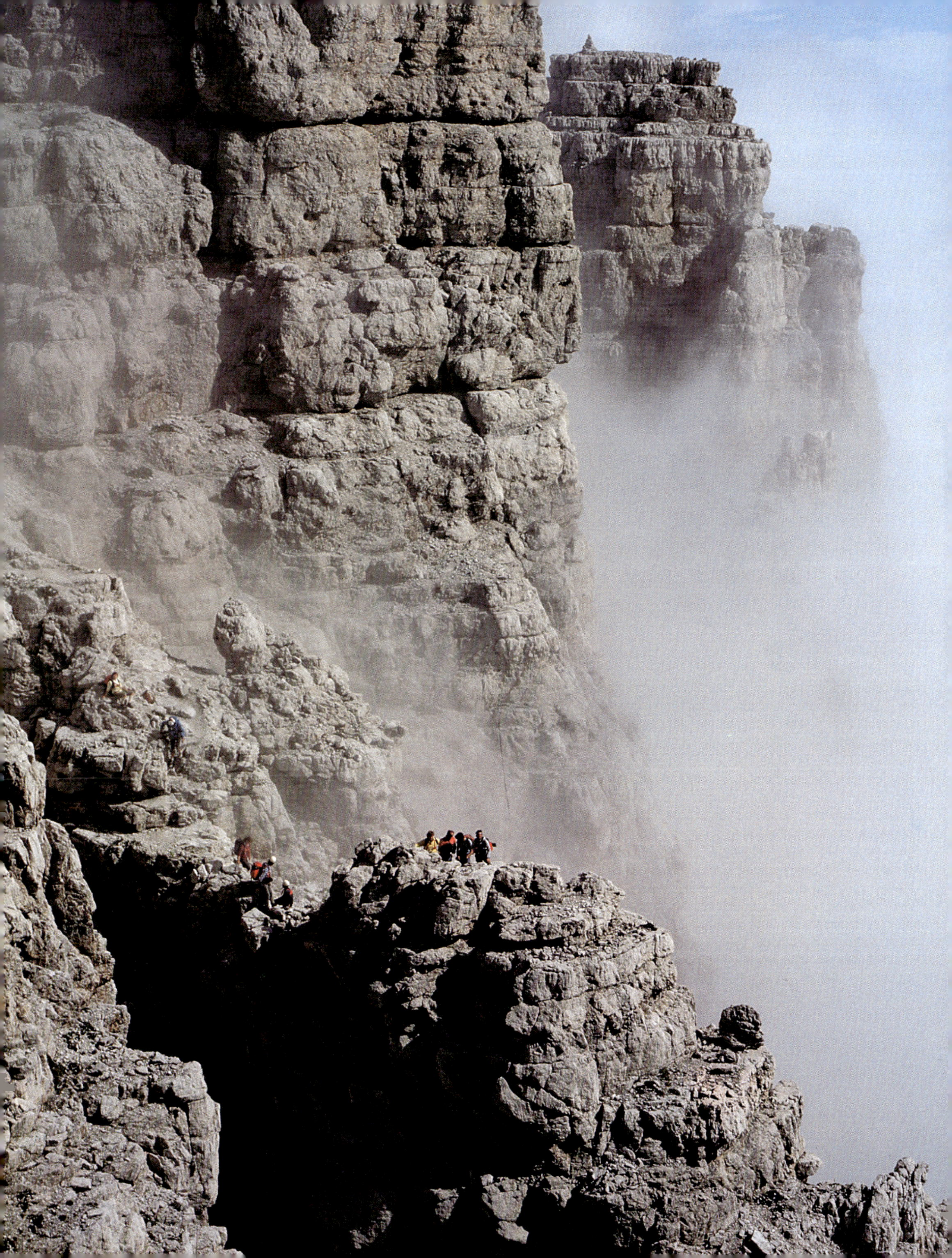

Unten: Klettersteig auf das Mitterhorn, Loferer Steinberge; ohne künstliche Steighilfen wäre hier sehr schwierige Kletterei nötig. Rechts unten: Alpspitz-Ferrata. Kommentar überflüssig.

Fotos: Horst Höfler; Bernd Heckmair

anspruchsvollste Eisenroute gemacht hat, kann mitreden. Sogar Klettersteig-Enchaînements (das Aneinanderreihen mehrerer Klettersteige in möglichst kurzer Zeit) werden zunehmend beliebter. Das Frappierende dabei ist: Klettern wollen die meisten nicht. Dabei hätten Leute, die eine Via attrezzata Piazzetta, eine Via ferrata Costantini oder eine Via ferrata Segata sicher schaffen, auch im III. Schwierigkeitsgrad des freien Kletterns ihre Chance. Und der körperliche Einsatz an den anspruchsvollsten gesicherten Steigen entspricht durchaus dem für eine IVer-Route.

Franz Hauleitner, Wiener Bergsteiger, Buch- und Führerautor, charakterisiert den Pittentalersteig am Türkensturz in der Buckligen Welt wie folgt: „Rassiger, nur geübten Bergsteigern zu empfehlender Steig mit einigen äußerst exponierten Passagen. Neben genügendem Klettekönnen sind absolute Trittsicherheit und Schwindelfreiheit unbedingte Voraussetzung. Vor allem an der Schlußverschneidung ist entsprechende Armkraft unerläßlich (sonst Absturzgefahr!). Gehen in Zweierseilschaft auch für Geübte ratsam. Wegen nur sporadisch angebrachter Drahtseile begrenzte Selbstsicherungsmöglichkeit für Alleingänger."

Nur *ein* Beleg dafür, daß der Bau immer schwieriger gesicherter Steiganlagen in eine Sackgasse leitet. Denn wenn man, um einen Klettersteig zu begehen, klettern können muß, führt dies doch den ganzen Sinn der Vie ferrate ad absurdum!

Klettersteige im Spiegel der Meinungen

Im Vorwort der Auflage 1983 des Klettersteigführers Dolomiten, den ich seit dem Tod von Hilde Frass, zusammen mit Paul Werner, weiterbearbeite, habe ich geschrieben: „Ich stimme mit Hermann Magerer überein, der die Auffassung vertritt, daß der Costantini-Weg schwerster Klettersteig bleiben und man nicht einen noch schwierigeren bauen sollte. Ein Schlußstrich für den Bau neuer Eisenwege tut not."

Wer hätte sich an diesen Appell halten sollen? Immerhin können die Klettersteigprotagonisten auf prominente Bergsteiger verweisen, die sich für Eisenwege aussprechen. Aber solche Bekenntnisse sind teilweise schon jahrzehntealt und deswegen hervorragend zum Mißbrauch geeignet. Wie das eines Reinhold Messner, selbst Klettersteig-Buchautor, der einst dafür war, weil er so viele begeisterte Menschen auf den gesicherten Steigen getroffen hatte. Der Sportkletterer Sepp Gschwendtner lehnt sie, da schwerwiegende technische Eingriffe in den Fels unabdingbar sind, kompromißlos ab. Ein weiterer Sepp, der Schnürer, unter anderem ebenfalls Klettersteig-Buchautor, sieht das Vie-Ferrate-Gehen als eigenständige Variante des Bergsteigens und plädiert sogar für eine separate Schwierigkeitsbewertung. Aber, siehe da, er schreibt auch:

„Es gilt, der unkontrollierten Installierung von weiteren, zunehmend immer schwierigeren, Klettersteigen entgegenzutreten. Eine Übererschließung kann nicht im Interesse des auf Umwelt bedachten Bergsteigers sein, nur ein verantwortungsvoll angelegter Eisenweg nützt letztlich der großen Gemeinde der Klettersteiggeher. Extremrouten dienen nur dem Ehrgeiz einer Minderheit, verführen durchschnittliche Geher zu waghalsigen Abenteuern mit vorprogrammierter Unfallgefahr." (Klettersteige Dolomiten-Mendelkamm-Gardaseeberge-Brenta, BLV Verlagsgesellschaft, München 1984).

Ein wahres Wort! Ich habe mir im Laufe der Zeit sogar eine noch radikalere Meinung gebildet: Die neuen, schwierigen Klettersteige sollten weg! Rigoros. Baut sie ab! Sie sind überflüssig. Nur die haben noch eine Berechtigung, an denen sich geübte Bergwanderer bewegen können. Für sie wurden die gesicherten Steige erdacht. Klettersteiggehen in seiner „sportlichen" Art aber ist keine eigenständige Spielform des Alpinismus, sondern eine Pervertierung.

Nein. Von Naturzerstörung, wie Schnürer andeutet, kann kaum

**Rechts: An der Einstiegswand zur Via attrezzata Cesare Piazetta am Biz Boè, eine der Super-Stahlseilrouten, deren Sinn in Frage gestellt werden muß.
Unten: Gegenbeispiel: die anspruchsvolle Via ferrata Bolver Lugli am Cimone della Pala.**

Fotos: Eugen Hüsler; Gert Dähne

die Rede sein. Graues Seil an grauer Wand. Selbst Klammernreihen sieht man nur aus relativer Nähe. Es geht um etwas anderes. Um die Sinnfrage. Der Pfarrer dort oben auf der Tosahütte hat das ganz richtig empfunden. Obwohl er auf dem Bocchetteweg gleichsam die Faszination der Senkrechten erlebte, sah er das Klettern als eine „andere Welt" an. Das Begehen der schwierigsten Klettersteige dagegen ist „nicht Fisch und nicht Fleisch"!

Um nicht mißverstanden zu werden: Dies ist keine Hetzschrift gegen Klettersteige! Viele von ihnen mag ich und gehe sie immer wieder. Und warum denn nicht anspruchsvolle Steige, wie etwa die stahlseilgesicherte Route vom Mathaisenkar auf die Alpspitze, als das Höchste, was ein geübter Bergwanderer zu meistern vermag? Oder ganz einfach als Tour für den bergsteigerischen Alltag? Oder als „Durchgangsstation" zum freien Klettern? Es muß ja nicht immer der sechste bis zehnte Schwierigkeitsgrad sein. Viele sind schon im II. und III. Grad selig. Auf den gesicherten Steigen kann man sich zum Beispiel gut an die Ausgesetztheit gewöhnen. Für das freie Klettern trainieren oder gar qualifizieren vermag man sich dort jedoch kaum. Denn das Stahlseil macht „blind" für die Möglichkeiten (sprich: Griffe), die der Fels bietet. Man hält nicht nach den logischsten Fortbewegungshilfen Ausschau, sondern folgt im Zug der Lemminge, ohne im Nächstbereich nach links und rechts zu schauen, den Sicherungen und Markierungen.

Bei einem 1986 erbauten Steig, der, von der Schwierigkeit her gesehen, eigentlich dem Ideal einer gesicherten Route nahe käme, wird dies besonders augenfällig. Ich meine den „Kaiserschützensteig" am Haltstock im Kaisergebirge. Hier hat die Gefahrensituation, im Vergleich zu den extrem schwierigen italienischen Klettersteigen, einen anderen Nenner. Der „Kaiserschützensteig" verläuft exakt entlang des Normalweges über die Haltplatte der Kleinen Halt und in der Folge auf der üblichen Route durch die Gamshalt-Westflanke bis zum Gipfel der Ellmauer Halt. Früher forderte dieser Anstieg „ein Auge" für die richtige Route und Kletterkönnen bis zum III. Schwierigkeitsgrad. Jetzt weisen üppige rote Farbkleckse unfehlbar den Einstieg, und an der ersten etwas luftigeren Stelle beginnt das griffige Stahlseil.

Nicht zu Ende gedacht

Ohne Zweifel hat der „Klettersteig" über die Haltplatte auch sein Gutes. Wer etwa die lange „Plattendirettissima" oder auch nur den Enzensperger-Weg an der Nordwestwand der Kleinen Halt geklettert hat, wird, im Abstieg müde und vielleicht nicht mehr ganz so konzentriert, um die Sicherungen an den ausgesetzten Passagen vor der Haltplatte froh sein. Aber jede Medaille hat bekanntlich zwei Seiten. Die Problemstelle am „Kaiserschützensteig" ist nicht der seilgesicherte Abschnitt, sondern die sogenannte „Grüne Rinne" zwischen Beginn beziehungsweise Ende der Stahlseile und dem Gipfelgrat der Kleinen Halt: steiles, grasdurchsetztes Schrofengelände mit viel lockerem Gestein. Für die vergleichsweise Wenigen, die schwierige Routen an diesem Gipfel klettern, sicherlich nicht allzu problematisch. „Bergsteigerischer Alltag" eben. Jetzt aber mühen sich Leute an dieser Schrofenflanke herum, die vor dem Klettersteigausbau die Kleine Halt niemals als Ziel für sich erwogen hätten. Geübt zwar im Entlanghanteln an fix verankerten Stahlseilen, ungeübt aber im Begehen von brüchigem und grasigem Felsgelände des I. Schwierigkeitsgrades. Diese Leute gehen oft nicht „sauber", das heißt, sie lösen Steine aus, die weiter unten Steigende auf das Extremste gefährden. An dieser Flanke gibt es praktisch keine Deckungsmöglichkeit vor Steinschlag. Ich habe das selbst zu spüren bekommen, an einem Wochentag! Hier haben die Klettersteigbauer nicht zu Ende

Brenta-Klettersteige

Oben: Einsame Brenta: die Gipfel über dem Val Perse, gesehen vom Sentiero Benini. Rechts: Leiter am Bocchetteweg und Kriechband am SOSAT-Weg.

Oben und ganz
links unten:
Am Sentiero delle
Bocchette Centrale
Links: Die lange
Leiter am Sentiero
SOSAT.

Fotos:
Eugen Hüsler (3);
Pepi Stückl (3)

gedacht. Es hätte vollends genügt, die Sicherungen im Bereich der Roten-Rinn-Scharte wieder instandzusetzen und den von der Kleinen Halt Absteigenden die schwierigsten Stellen vor der Haltplatte mit kurzen Drahtseilen zu erleichtern!

Dem Jubiläumsweg „die Zähne gezogen"

„...Durch Versicherungen wird den Bergen, soweit es sich nicht um reine Aussichtsgipfel handle, gerade das genommen, was zu ihrer Besteigung anreize, die Schwierigkeit. Die große Masse aber sei auch den Klettersteigen nicht gewachsen; der Ungeübte werde durch sie auf ein Gelände gelockt, das ihm gefährlich werden könne, Unfälle seien die Folge. Demgegenüber wurde – was zweifellos richtig war – betont, daß gerade der Grat von der Zugspitze zum Hochblassen an hübschen Kletterstellen arm sei... Wenn auch bindende Beschlüsse über die zum Bau eines ‚Jubiläumsweges' gesammelten Gelder nicht vorlagen, so war es doch stillschweigende Übereinkunft, daß dieser Jubiläumsweg über die Höllentalspitzen gebaut werden müsse." (Aus: Geschichte der Alpenvereinssektion München, Band 2, von Georg Leuchs; München 1934).

Pro und contra Klettersteige – das gab es auch Anfang unseres Jahrhunderts schon. Nun konnte der gesamte Jubiläumsweg damals, als die Diskussion um ihn entbrannte, nicht fertiggestellt werden. An seiner wichtigsten Strecke, dem zwei Kilometer langen Grat zwischen Innerer Höllentalspitze und Zugspitze, wurden bis zum Ausbruch des Ersten Weltkriegs nur einige spärliche Drahtseilsicherungen und Klammern installiert. Nach Kriegsende beschloß die Sektion, den Steig nicht weiter- und die Seilsicherungen zwischen den genannten Gipfeln wieder abzubauen.

Seit 1986 aber gibt es sie erneut. Für immer? „Nun sind ihm auch noch die letzten Zähne gezogen worden, dem Jubiläumsgrat!", schreibt Eugen E. Hüsler in seinem Klettersteigbuch. Auf die Frage nach dem Warum erklärte die verantwortliche Sektion, die örtliche Bergwacht habe hinsichtlich dieses Ausbaus erheblichen Druck ausgeübt. Wobei es nun sehr fragwürdig erscheint, ob ein solcher gerechtfertigt war. Bergwachtleute haben zwar des öfteren am „Jubigrat" ihr Leben für andere riskiert und verloren, und es ist nur zu verständlich, daß hier Überlegungen angestellt wurden, wie diese (freiwilligen) Risiken verringert werden können; durch das weitere Entschärfen der hochalpinen Route wäre es jedoch auch denkbar, daß sich genau das Gegenteil dessen einstellt, was sich die Befürworter oder Betreiber des Ausbaus versprechen. Die Winterbegehungsversuche etwa dürften sich im Laufe der Zeit vervielfachen. Wie überhaupt Klettersteig-Winterbegehungen mehr und mehr in Mode kommen werden. Hoffentlich führt jemand eine Chronik darüber!!

Ein weiterer Aspekt, warum ich den „Klettersteigausbau" des Höllentalgrates nicht für gut heiße, ist der, daß man hier im Grunde an eine „klassische Route" Hand (sprich: Eisen) angelegt hat. Man kennt zu gut das Prinzip der „Salamitaktik". Ist erst einmal in dieser Führe ein kleines Drahtseil, so stecken plötzlich an der oder jener Tour ein paar Klammern, und eines Tages kommt vielleicht jemand auf die Idee, einen gesicherten Steig durch die Watzmann-Ostwand zu bauen. Ich weiß, daß Klettersteigfanatiker von so etwas träumen.

So weit soll und darf es nicht kommen. Denn: „Jeder Berg bietet leichte und schwere Möglichkeiten, um seinen Gipfel zu erreichen. Wem eine Sechser-Route zu schwer ist, der sucht sich einen Vierer, ein anderer wählt den Normalanstieg. Deshalb sollten wir die Berge so lassen, wie sie sind, die Möglichkeiten, die die Natur uns bietet, akzeptieren und uns nicht neue, künstliche Erleichterungen schaffen. Wer Lust zum Klettern hat, soll klettern – etwas Übung vorausgesetzt, kann es jeder Bergsteiger lernen. Ich halte es für unsportlich, die Gegebenheiten des Berges entsprechend den eigenen Fähigkeiten zu verändern. Ist es nicht besser, unsere eigenen Fähigkeiten durch Training und Vorbereitung den natürlichen Gegebenheiten des Berges anzupassen?" (Andrea Eisenhut, Alpin-Magazin 5/84).

Eine Meinung, der mich anzuschließen ich geneigt wäre. Aber Klettersteige sind nun einmal da. Es gibt sie, und es gibt genug davon. Es gibt landschaftlich herrliche und von der Schwierigkeit her so sinnvoll konstruierte Anlagen, daß geübte Bergwanderer und Normalbergsteiger Freude und Genuß an ihnen erleben. Aber es gibt auch sinnlose. Und die, so meine ich, sollte man abmontieren und als Alteisen verscherbeln!

Zum guten Schluß...

möchte ich nun aber nicht mehr provozieren, sondern mich vielmehr jener Tage erinnern, die mir unvergeßlich schöne Stunden am Klettersteig geschenkt hatten. Da war es schon leer geworden im Gebirge, und man konnte jedes einzelne Blatt fallen hören. Spätherbst! Warmleuchtende Dolomitenwände und prächtig gefärbte Lärchen davor. Eisige Kälte in Alleghe, wo man schon den Winter ahnte. Von Bastiani aus stiegen wir durch raschelndes Laub den hellen Felsen entgegen. Dort oben, auf dem Palazza Alta, gab es noch Sonne, Wärme, blauen Himmel. Bald führte ein Stahlseil an steiler Wand empor. An festen Griffen und Tritten erkletterten wir die einzelnen Aufschwünge der „Via ferrata Fiamme Gialle". Ideal eines anspruchsvollen, nicht extrem schwierigen Klettersteigs? Wir mochten es glauben, weil sich dort auch ein Normalbergsteiger noch vorstellen könnte, ohne Stahlseil einen Ausweg zu finden.

Die Gipfelrast wurde bis zur Neige ausgekostet, denn der Rundblick von diesem südwestlichen Vorposten der Civettagruppe ist unbeschreiblich schön. Im Gegenlicht der kühne Monte Agnèr, und im Nordosten Civetta, Busazza und Torre Trieste. Wir redeten nicht und schauten nur; schauten so lange, bis uns für den Abstieg nur noch zwei Stunden Tageslicht blieben. So wählten wir den kürzesten Weg zurück: brüchige Schrofen, ein schikanöser Gegenanstieg, kurze Kletterstellen und kleine Pfade durch dichte Latschen. In Cencenighe brannten schon die Laternen. So einsam wie am Palazza Alta, so leer war es dann auch auf den Bergstraßen, über die sich die Autoscheinwerfer zur Höhe des Falzaregopasses hinaufsuchten. An der großen, dunkel-geheimnisvollen Wand der Tofana di Rozes entlang fuhren wir dem Lichtermeer von Cortina entgegen.

Arco – ein Spiegel für Wandlungen

Über die klettersportliche Entwicklung im Sarcatal

Heinz Mariacher

„Wenn ihr ein Jahrbuch über die Brenta macht, müßt ihr unbedingt auch was über Arco bringen; sofern euch daran gelegen ist, daß sich auch Jüngere für den Band interessieren." Diese Aussage hörten wir während der Vorbereitungszeit für dieses Buch unabhängig voneinander von vielen orts- und szenekundigen Gesprächspartnern. Lediglich darin, weswegen diese so einmütig für das Klettergebiet am Gardasee plädierten, waren Meinungsnuancen zu bemerken: den einen war das ein Thema von ungebrochener Aktualität, den anderen eher eins für einen Rückblick in leiser Wehmut.
Obzwar schon Arco etwas außerhalb des Gebiets liegt, das die Kartenbeilage zu diesem Buch abdeckt –: die von Norden kommen, haben dorthin denselben Weg wie in die Brenta. Also ließen wir uns gesagt sein, was die erwähnten Gesprächspartner meinten. Dies zumal, als wir uns gerne an Heinz Mariacher als bewährten Mitarbeiter am Jahrbuch erinnerten. Dessen Beitrag bestätigt im folgenden nicht nur die Authentizität, die wir uns davon erhofften. Exemplarisch und wie in einem Brennspiegel gebündelt erscheinen darin zudem all die Linien und Tendenzen, denen die von Anfang an virulente Entwicklung des sportlich motivierten Kletterns in die gegenwärtige Phase kritischer Neuorientierung gefolgt ist. Soweit sich diese Neuorientierung bereits abzeichnet, signalisiert sie eine an Heftigkeit eher zunehmende Virulenz der Entwicklung. Diese wird, wie bisher schon, auch weiterhin auf andere Sparten und Erscheinungen des Bergsteigens – und am Rand des Bergsteigens – einwirken. Weshalb wir uns sehr eingehend damit noch in diesem Jahrbuch werden auseinanderzusetzen haben. Also schlägt Heinz Mariacher mit seinen Ausführungen zugleich eine Brücke aus der Brenta über Arco hinweg, hinein in den nächstfolgenden Themenbereich „Bergsteigen allgemein". (d.Red).

Dieser Artikel ist zum Teil eine Rückkehr in eine Entwicklungsperiode, die sich viele junge Kletterer heute nicht mehr vorstellen können, weil schwieriges Klettern zu etwas alltäglichem geworden ist. Wer heute nach Arco klettern fährt, sollte aber einmal versuchen, Routen wie „Swing" oder „Indiana Jones" mit unseren damaligen Augen zu sehen. Wir tasteten uns mit einer fast alpinistischen Mentalität an unsere absolute Leistungsgrenze heran, und es ist ein Unterschied, ob man zwischen zwanzig anderen den 9. Grad klettert oder ganz allein nach neuen Dimensionen sucht. Das allgemeine Leistungsniveau war vor fünf Jahren extrem niedrig und niemand wagte sich damals an Routen heran, wo man heute Schlange steht. Ich hoffe, es gelingt dem einen oder anderen, zu verstehen, daß die folgenden Schilderungen keine maßlosen Übertreibungen sind, und daß diese noch etwas heroischen Zeiten auch ihre Reize hatten.

Ich möchte mich auch dafür entschuldigen, daß ich vielleicht allzuoft die eigene Person in den Vordergrund stelle, aber es gelingt mir so am Besten einen Eindruck über die Klettergeschichte des Sarcatales zu vermitteln. Aus diesem Grund finde ich es auch interessant, meinen aktuellen Standpunkt gegenüber dem Klettersport zu erläutern und ich hoffe, daß das niemand als unnötige Wichtigtuerei auffaßt: Als einem von wenigen gelingt es mir, seit einigen Jahren vom Klettern zu leben und dabei trotzdem meinen eigenen Weg zu gehen. Heute sprechen viele Anzeichen dafür, daß so etwas in Zukunft nicht mehr möglich sein wird. Dennoch glaube ich nach wie vor daran, daß es auch weiterhin dem Ideenreichtum des Einzelnen überlassen bleiben wird, ob er die Marionette von Trainern und Funktionären macht oder seine eigene Persönlichkeit entfaltet. Natürlich hab' auch ich Kompromisse akzeptieren und mich damit abfinden müssen, nicht nur ausschließlich fürs Klettern dazusein. Mein Kompromiß heißt heute im Endeffekt: Ein halbes Jahr Klettern und ein halbes Jahr Arbeit. Das Schöne dabei ist, daß ich die Arbeitszeit nicht in der Fischfabrik absolviere, sondern daß sie eigentlich nur eine Auswertung der Kletterzeit ist. Mancher wird sich vielleicht fragen, wie das funktioniert und ich kann nur antworten, daß auch heute beim Klettern nicht nur der Bizeps, sondern auch etwas Hirn gefragt ist (ohne damit sagen zu wollen, selbst damit in besonderem Maß gesegnet zu sein).

Sportklettern im Sarcatal – früher und heute, Beispiel einer Entwicklung.

Vor einigen Jahren war ich vor der Entscheidung Sportklettern oder Himalaya gestanden.
Wie viele andere hatte auch ich oft genug von riesigen Himalayawänden geträumt. Doch immer, wenn ich nahe dran war, meine Träume in die Tat umzusetzen, war irgend etwas dazwischen gekommen.

Klettern am Gardasee:
Rechts: Luisa Iovane und Bruno Pederiva in „Non Seguitemi mi sono perso" (1983, 8+)

Oben: „Spiaggia delle Lucertole" – Torbole

Rechts: Luisa Iovane in „Non Seguitemi ..."

Ganz rechts: Ron Fawcett über den blauen Wellen des Gardasees

Fotos: Heinz Mariacher

Im Sarcatal das sportliche Klettern entdeckt

Blick aus der Colodriwand auf das Sarcatal

Ein Teil der Colodri (Rossi bis Barbara) bei Arco

Fotos:
Helmut Mägdefrau

Das mit Abstand größte Hindernis war sicher die Entdeckung des Sarcatales gewesen. Das mag vielleicht übertrieben klingen, aber nur bei oberflächlicher Betrachtung. Klar, daß ich rein landschaftlich gesehen, niemals das Sarcatal den Trangotürmen vorziehen würde. Der springende Punkt ist, daß ich im Sarcatal das sportliche Klettern entdeckt hatte und damit das dringende Bedürfnis, mein Kletterkönnen zu steigern und ein Leistungsniveau zu erreichen, das in alpinen Wänden völlig neue Voraussetzungen schaffen konnte.

Inzwischen hab' ich das Sarcatal wieder verlassen, aber nicht, um endlich doch in den Himalaya aufzubrechen. Ich bin in die Dolomiten zurückgekehrt, weil es logischer ist, erst mal dort die Entwicklung weiter zu treiben. Vor allem aber, weil es dort eine Unmenge unbedeutender Felsblöcke und Wände gibt, die bisher niemand beachtet hat. Denn nach wie vor steht bei mir das Sportklettern an erster Stelle, weil es eine Basis ist, auf die in Zukunft auch Alpinisten nicht verzichten können werden, wenn sie sich auf die Suche nach neuen Grenzbereichen machen wollen. Die Riesen im Himalaya können warten, und zwar solange, bis ich endlich die Kletterstelle finde, von der ich von Anfang an geträumt hatte, eine Kletterstelle, in der ich meine letztbeste Form zum Ausdruck bringen kann, wo ich meine äußerste Leistungsfähigkeit für immer an den Fels bannen kann.

Diese eine Kletterstelle ist mir vorerst wichtiger, als jede noch so große Wand, weil ich nicht eine Entwicklung abbrechen möchte, bevor ich mein Bestes gegeben habe. Manchmal hatte ich geglaubt, nahe dran zu sein. Vor allem in den drei Jahren, als ich das Sarcatal frequentierte. Doch die eigene Leistungssteigerung hatte diesen Eindruck jedesmal als Irrtum bloßgestellt.

„Spieglein an der Wand"

Unter wenigen Eingeweihten war das Sarcatal schon in früheren Zeiten bekannt gewesen. Doch bis in die frühen achtziger Jahre waren alle Unternehmungen von alpiner Mentalität geprägt gewesen. Am bekanntesten waren die klassischen Routen an den „Colodri" neben Arco. Zusammen mit Roberto Bassi hatte ich dort den entscheidenden Schritt getan: „Specchio delle mie brame" („Spieglein an der Wand"), eine Variante im oberen Wandteil der „Renata Rossi", ist heute eine Genußkletterei für Anfänger. Damals war es unsere absolute Leistungsgrenze und lange Zeit fanden sich keine Wiederholer. Der heute historischen Entscheidung, die Route von oben her mit Bohrhaken abzusichern, waren viele Zweifel vorausgegangen. Schließlich war ich bis dahin strikter Bohrhakengegner gewesen. Doch aus welchem Grund sollten wir jedesmal tausend Kilometer ins Verdon fahren, wenn wir an schönen Platten klettern wollten? Ganz davon abgesehen, daß wir uns im Verdon auch an Bohrhaken sicherten, mußte man ja die Kletterethik im Sarcatal nicht unbedingt mit den Augen des Alpenkletterers messen.

Der „Specchio" war der Startschuß für das neuzeitliche Klettern in dem von unzähligen Felsen gesäumten Tal. Der dritte im Bunde wurde Manolo, dem es allein an seinem Hausberg, dem Monte Totoga, langweilig geworden war. Lange Zeit blieben wir die einzigen „ernsthaften" Kletterer im Sarcatal. Ernsthaft – das bezieht sich auf die obersten Schwierigkeitsgrade. Die Wenigen, die sich außer uns noch nach Arco verirrten, waren vom schlechten Wetter vertriebene Dolomitenkletterer, die sich in den Colodriwänden gegenseitig Steine auf den Kopf warfen.

Es war wie einst an der Marmolada. Wir hatten ein riesiges Klettergebiet ganz für uns allein, eine Unmenge an herrlichen Klettermetern, die nur darauf warteten, entdeckt zu werden.

„Swing" und „Superswing"

Manolo, der große Meister des Plattenkletterns, bohrte gemeinsam mit Roberto am „Bip-Bip-Pfeiler" herum. Es war klar, daß das Ergebnis alles bisherige im Sarcatal übertreffen würde. Wenn ich nicht total an Boden verlieren wollte, mußte ich mich schleunigst an die Arbeit machen. Das hatte nichts mit einem direkten Konkurrenzkampf zu tun. Ich fühlte ganz einfach die Herausforderung, an einer neuen Entwicklung selbst etwas beizutragen. Die Faszination des Kletterns hatte für mich immer schon in der Suche nach neuen Wegen und Grenzbereichen bestanden. Es hätte mich nie befriedigt, anderen zu folgen und sie nachzuahmen. Im Gegensatz zu den späteren Entwicklungen, galt es vor allem psychologische Barrieren zu überwinden. Wir bohrten die Routen zwar von oben her ein, entschieden uns aber nach wenigen, anfänglichen Ausnahmen, sie nicht von oben zu probieren. Außerdem beurteilten wir die Qualität einer Route mehr nach den Hakenabständen als nach der reinen Kletterschwierigkeit. Die moralischen Anforderungen standen daher immer an erster Stelle. Dadurch war das Klettern in Arco und Umgebung für uns genauso anspruchsvoll wie jede alpine Wand.

Für Luisa, die mir mehr oder weniger geduldig durchs dichte Gestrüpp zu den Einstiegen folgte, traf das vorerst nicht zu. Sie hatte sich in unseren alpinen Zeiten an die Rolle der schnellen Seilzweiten gewöhnt (Was nicht heißt, daß sie nie vorausgestiegen war – sie hatte sogar schwierige Alleinbegehungen gemacht). Im Sportklettern gab es diese Rolle nicht mehr. Da gab es nur einen Vorsteiger und einen Sicherer. Klettern mit Seil von oben war so gut wie wertlos. Daß sich die arme Luisa trotzdem stundenlang als Sicherungsmaschine zu Tode langweilte und mich nicht zum Teufel schickte, ist wohl ein deutlicher Liebesbeweis.

Aber zurück zu Manolo und Roberto, die mit ihren Arbeiten am „Bip-Bip-Pfeiler" alle bisherigen Grenzen zu sprengen drohten. Wenn ich mich weit genug hinaus lehnte, konnte ich ihre Fortschritte mitverfolgen. Ich hing nämlich auch an einer Wand und hatte die Arbeiten an einem neuen Projekt aufgenommen: Es erinnerte an eine Hausmauer und die einzig nennenswerte Gliederung war ein Riß, der sich bei genauerem Hinsehen als seichte Delle entpuppte. Schon während ich einbohrte, graute mir vor der eigenen Courage. Die Haken schienen so weit auseinander, daß ich nicht hinunterzuschauen wagte, als ich mich einen Tag später mit klopfendem Herzen der Schlüsselstelle näherte! Insgeheim hoffte ich, daß ich noch vor dem langen Hakenabstand, der natürlich genau an der schwersten Stelle war, stürzen würde. Ich hätte auch freiwillig loslassen können, doch diesmal stand

**Unten:
Torbole am Gardasee**

**Foto:
Heinz Mariacher**

nicht wie gewöhnlich Luisa unten, sondern Aldo Leviti, ein Bergführer aus Predazzo. Er hatte das Sportklettern vielleicht schon vor uns im Yosemite entdeckt und sein „Pioneer-Dach" gehörte mit zu den ersten Zeichen des Sportkletterns in Arco. Das, was ihn aber deutlich von uns distanzierte, war seine Vernunft. Als Familienvater akzeptierte er unsere Hakenabstände nur mit Seil von oben und sagte uns ganz offen, daß wir nicht ganz richtig im Kopf seien, unsere Gesundheit derart leichtfertig auf's Spiel zu setzen. Natürlich fanden wir seine Vernunft mehr als übertrieben und die logische Reaktion war, die Haken in noch größeren Abständen zu schlagen. Schließlich sollte man den Unterschied zwischen den „Leviti-Routen" und unseren deutlich genug sehen. Der Begriff „Leviti-Route" war nämlich in unseren Kreisen bevorzugter Mittelpunkt boshafter Scherze.

Und genau dieser Leviti stand jetzt da unten und verfolgte jede meiner Bewegungen, sah, wie ich krampfhaft höher zitterte. Eine peinliche Situation! Ich mußte einfach weiterklettern und den gefürchteten Sturz riskieren. Wenn ich gezeigt hätte, daß ich eine tierische Angst hatte, wäre ich für immer der Blamierte gewesen. Mein Herz flatterte wie das einer Maus und die anfängliche Versuchung, einfach loszulassen, hatte sich Schritt um Schritt, den ich mich vom Haken entfernte, in ein verzweifeltes Festklammern verwandelt.

Das klingt heute alles sehr dramatisch und übertrieben, aber man muß bedenken, daß damals das Stürzen für uns noch keine alltägliche Sache war. Das Schlimmste war das Wissen, daß der nächste Haken nur äußerst schwierig einzuhängen war. Beim Einbohren hatte ich mir jedenfalls nicht vorstellen können, wie ich das schaffen sollte. Aber ich war sicher gewesen, daß ich so weit über der unteren Sicherung Wunder vollbringen konnte. Das Wunder geschah tatsächlich und irgendwie schlug ich mich schließlich doch bis zum Stand durch, klinkte meinen ausgelaugten Körper in die Standhaken und versprach hoch und heilig, nie mehr über „Leviti-Routen" zu scherzen! Natürlich hinderte mich das nicht daran, den am straff gespannten Seil nachkletternden, ungläubig den Kopf schüttelnden Leviti mit einem boshaft triumphierenden Grinsen zu empfangen.

„Swing" blieb für ein Jahr die gefürchteste Route Arcos, was nicht zuletzt auf ein Mißgeschick Manolos zurückzuführen war: Genau beim kritischen Einhänger mit dem langen Hakenabstand rutschte er vom Tritt und schlug einen gewaltigen Purzelbaum über die Wand hinunter. Erst knapp über dem Einstieg fing ihn das Seil! Der Sturz war deshalb so lang geworden, weil er gerade das Seil zum Einhängen hochgezogen hatte, es aber nicht mehr einklinken konnte. Die Folgen: Ein gebrochener Finger und böse Prellungen! Kein Wunder also, daß die Route von Spinnenweben zugedeckt wurde, während die jetzt schon merklich zunehmenden Arcobesucher an den Einstiegen der „Leviti-Routen" Schlange standen. Und während der gute Leviti ihre volle Sympathie genoß, war die allgemeine Ansicht über unsere „Werke" nicht gerade die beste.

Als wir kurz nach Manolos Flug unseren Freund Leviti trafen, konnte ich mich des Eindrucks nicht erwehren, daß er ein hämisches Grinsen zu verstecken suchte. Vielleicht war es aber auch nur eine Einbildung und der arme Leviti hatte zum Schluß gar nie etwas von unseren Lästerungen über seine Routen mitgekriegt.

„Swing" und „Gri-Grill" (Manolos neue Route am „Bip-Bip-Pfeiler") waren nur der Auftakt für eine Serie schwierigster Plattenschleicher. Nach einigen neuen, schwierigen Routen am Gardasee wurde es Zeit für „Superswing". Es handelte sich um die Verlängerung von „Swing" und das hieß, der glattesten Mauer Arcos den Kampf anzusagen.

Zusammen mit Roberto machte ich mich an die mit großer Wahrscheinlichkeit sinnlose Arbeit. Die Überzeugung, diese Route jemals klettern zu können, schwand mit jedem Bohrhaken, den wir schlugen. Tatsächlich verging fast ein halbes Jahr, bis ich endlich den Mut fand, es wenigstens zu versuchen. Das nötige Selbstvertrauen hatte ich mir inzwischen am Gardasee geholt, wo vor allem Manolo die Entwicklung mit erschreckender Geschwindigkeit vorantrieb. Mit „Signora degli appigli" war er schon sehr nah an die Grenzen des Plattenkletterns herangekommen. Erst kurz vor Wintereinbruch war es mir gelungen, mit „Tom & Jerry" so halbwegs nachzuziehen. In der neuen Klettersaison wollte ich voran sein, und „Superswing" bot die Gelegenheit dazu. Wieder hatte ich dem Sicherer einen unerwartet schnellen Erfolg zu verdanken. Bruno Pederiva war das genaue Gegenstück von Aldo Leviti. Man erzählte sich eine Menge Schauermärchen über ihn und seine Alleingänge in brüchigstem Dolomitengemäuer. Sein Äußeres ließ nicht die geringsten Zweifel an der Wahrheit dieser Gerüchte aufkommen: Er hatte einen unheimlich wilden Blick, eine Stehfrisur und ein satanisches Gelächter!

Heute erinnere ich mich an keine Einzelheiten mehr, ich weiß nur noch, daß es viel schlimmer war, als mit Leviti bei der „Swing". Leviti hätte ein Zeichen der Angst sicher viel besser verstehen können und es war nur um meinen übertriebenen Stolz gegangen. Mit Bruno hingegen ging es wirklich um meine Ehre! Ich war überzeugt, daß er gierig darauf lauerte, in schallendes Gelächter auszubrechen, falls ich das geringste Zögern zeigte und es mich herunterschmiß. Erst später, als wir uns näher kennenlernten, entdeckte ich, daß Bruno ein sehr gutmütiger Teufel war, und heute sind wir immer noch die besten Freunde – auch wenn ich ihm inzwischen oft genug gezeigt habe, daß ich nur zu gut weiß, was Angst ist.

Rechts: Der prächtige Fels des Sarcatales. Unten: Manolo in „Signora degli appigli" (1983, 9)
Fotos: Heinz Mariacher

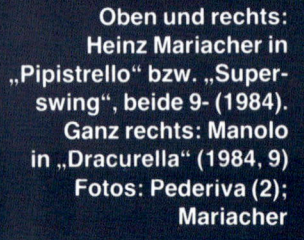

Oben und rechts: Heinz Mariacher in „Pipistrello" bzw. „Superswing", beide 9- (1984). Ganz rechts: Manolo in „Dracurella" (1984, 9)
Fotos: Pederiva (2); Mariacher

Auf der Suche nach neuen Wegen und Grenzbereichen

Unten: Stefan Glowacz, Sieger des in Arco ausgetragenen Kletterwettbewerbs „Rock Master '87" (10-)

Pech hatte Heinz Mariacher (Bild unten), der am 2. Tag durch einen ausgebrochenen künstlichen Griff stürzte.

Links: Bruno Pederiva in „Tom Tom club" (1983, 8+)

Fotos links und oben: Mariacher (2); Luisa Iovane

Ende des ersten Zeitalters

Manolos Antworten auf „Superswing" ließen keine Zweifel mehr offen: „Nisida", „Indiana Jones" und „Dracurella" brachten ihn eindeutig wieder in Führung.
Ich machte noch einen verzweifelten Versuch in der „Toblinoschlucht", wo ich mit „007" eine Mauer wie „Superswing" entdeckt hatte. Nur war sie bei gleicher Griffgröße um 20 Grad steiler!
Doch Manolos Reaktion kam schon im voraus: Fünf Meter links von „007" zog er die Superroute „Tursen" hoch. Noch einmal konterte ich mit „Pipistrello", dann verloren wir uns beide in anderen Klettergebieten. Damit endete das erste Zeitalter des Sportkletterns im Sarcatal, das am Ende doch noch zu einem direkten Vergleichskampf zwischen Manolo und mir geführt hatte. Daß ich der Verlierer war, veranlaßte mich nicht dazu, das Klettern aufzugeben, und schon bald sollte ich in einem anderen Klettergebiet, wo wir das gleiche Spiel wiederholten, Gelegenheit für eine Revanche erhalten. Die weitere Entwicklung im Sarcatal war zunächst vom unaufhaltsamen Näherrücken unserer Verfolger geprägt. Schon seit einiger Zeit hatten wir uns damit abfinden müssen, daß es nicht möglich war, im gleichen Maß zuzulegen, wie sie aufholten. Sogar Luisa hatte damit begonnen, uns zu bedrängen. Innerhalb kürzester Zeit hatte sie einige der Spitzenrouten im Vorstieg geklettert, Routen, die uns noch vor einem halben Jahr das Äußerste abverlangt hatten! Die allgemeine Leistungssteigerung war aber nicht zuletzt darauf zurückzuführen, daß psychische Hemmungen von nun an völlig ausgeschaltet wurden. Es war zu einer Selbstverständlichkeit geworden, schwere Routen mit Seil von oben auswendig zu lernen, bevor man sich von unten an sie heranwagte. Damit waren die einstigen Tabus gebrochen und jeder Anfänger zappelte respektlos in den früher gefürchteten Routen herum. Lange Hakenabstände hatten so keinen Sinn mehr, das Einzige, was zählte, war nur noch die reine Schwierigkeit.
Mit diesen Erkenntnissen zeichnete sich auch schon das Ende unserer Aktivitäten im Sarcatal ab. Die Verlagerung des Klettersports in Richtung Kraft war eine logische Konsequenz. Unsere Begeisterung für technisch anspruchsvolles Plattenklettern hatte zu wanken begonnen, als wir erkannt hatten, daß nur Überhänge den nötigen Spielraum boten, uns noch einmal deutlich abzusetzen. Daß wir uns diese Überhänge in anderen Klettergebieten suchten, war in erster Linie auf die Felsstruktur zurückzuführen, nicht zuletzt aber auch darauf, daß aus dem einst ruhigen Sarcatal ein populäres Klettergebiet geworden war.

Die „Profis"

Daß sich der Klettersport auch wirtschaftlich nutzen ließ, hatte in der Folge vor allem die Gemeinde Arco erkannt. Auch wenn die Kletterer nicht mit den zahlungskräftigeren Surfern der Sommersaison vergleichbar waren, konnten sie doch ein wenig die Löcher der Winter- und Frühjahrsmonate stopfen helfen. Das bedeutete, daß die jüngsten Entwicklungen zum Teil auch politisch geprägt sein sollten. Man investierte enorme Geldbeträge in die Veranstaltung von Kletterwettbewerben, um noch mehr Leute auf Arcos einst wertlose Felsen aufmerksam zu machen. Großräumige Rodungs- und Planierungsarbeiten, die deutschen Umweltschützern die Haare hätten zu Berge stehen lassen, sorgten für den nötigen Platz. Da die Felsen ausgerechnet dort, wo man die Zuschauer haben wollte, zu glatt zum Klettern waren, wurden Griffe gebohrt oder mit einer polyesterähnlichen Klebemasse an die Wand modelliert. Hat uns Arco den Weg in die Zukunft gewiesen? Mehrere tausend Zuschauer scheinen eine deutliche Antwort zu geben, und auch die Reaktionen lokaler Kletterer: Kurz nach dem Wettbewerb wurde Arcos erste Überhangkletterei „modelliert". Auf 25 Meter hat die "Gravity Games" einen einzigen natürlichen Griff, die restlichen waren mit dem Kompressor in den Fels gehämmert worden! Das alles erinnert sehr stark an die „Direttissimazeit". Auch damals stand der Wunsch, mit allen Mitteln das Aufsehen der Öffentlichkeit zu erregen, über jeder Ethik.
Heute steckt aber mehr dahinter, als nur der Exhibitionismus einiger Außenseiter. Die Zahl der Kletterer nimmt ständig zu und damit auch das Interesse der Ausrüstungshersteller. Aus einem Sport für Außenseiter ist ein akzeptables Geschäft geworden und zwar endlich auch für Sportkletterer. Reich werden kann man mit Klettern zwar immer noch nicht, doch allein die Siegesprämien bei den ersten Wettbewerben lassen aufhorchen. Immerhin belaufen sie sich in Höhe eines Kleinwagens. Wenn man diverse Verträge mit Ausrüstungsfirmen hinzuzählt, läßt es sich als Spitzenkletterer schon einige Jahre ganz gut leben. An die Zukunft darf man dabei natürlich nicht denken, denn sobald man nicht mehr zu den Siegern zählt, ist man draußen! Für die nächste Zeit sind noch viel mehr Wettbewerbe geplant und damit wird das Klettern früher oder später wirklich den Einzug in die Massenmedien schaffen.
Die Auswirkungen auf uns Kletterer merkt man schon heute: In den Klettergebieten herrscht allgemein Wettkampfstimmung, und nicht nur die sogenannten „Profis" sind einem unglaublichen Leistungsdruck ausgesetzt. Das beginnt schon ganz unten bei den Anfängern und das allgemeine Ziel scheint nicht mehr das Klettern selbst zu sein, sondern der Vertrag mit dem „Sponsor". Was viele aber noch nicht begriffen haben ist, daß „Sponsoren" keine Wohltäter, sondern Geschäftsleute sind. Um ihren Anforderungen gerecht zu werden, wird man persönliche Freiheiten immer mehr einschränken müssen. Die zukünftige Entwicklung des Kletterns wird nicht mehr unter Kletterern ausgemacht werden, sondern unter denen, die bezahlen. Trainer und Funktionäre werden bestimmen, wann und wo und wie man klettern darf! Aus allen diesen Gründen wird das Klettern dieses Mal wirklich in eine Sackgasse geraten, nur wird es nicht dort enden wie die „Direttissima". Aber es wird auch einen Ausweg aus dieser „Sackgasse der Fantasie" geben, und man kann ihn im Sarcatal genauso finden wie in den Dolomiten oder im Himalaya. Natürlich ist er mit dem Risiko verbunden, am Rande des Geschehens dahinzuvegetieren. Wer den Wettbewerben fern bleibt, wird damit rechnen müssen, daß er leer ausgeht. Aber nur, was die finanzielle Seite anbelangt. Das, was er dafür gewinnen wird, ist all das, was Bergsteiger und Kletterer seit Jahrhunderten gesucht und gefunden haben – und das war bestimmt nicht Geld.

Der große Swing

Bewegendes und Bewegtes im Bergsteigen von heute – und gestern

Elmar Landes

Kennen Sie den Kiene-Swing? Nein? Kein Grund zur Verlegenheit! Das beweist nur, daß Ihnen eine Blüte alpinistischer Subkultur fremdgeblieben ist bisher.
Zwischen dem Genfer See und Annecy führen zwei Brücken, eine alte und eine neue, über die 150 m tiefe Cailles-Schlucht; und dies in einem Abstand zueinander von annähernd 50 m. Es ist somit möglich, wenngleich einigermaßen umständlich, von der alten Brücke ein Kletterseil zur neuen zu spannen, von dort, angeseilt natürlich, in die Tiefe zu springen, einen Pendelschwung von 50 m Radiuslänge auszukosten, diesen 100 m über dem Schluchtgrund auspendeln zu lassen und sodann sich mittels Steigklemmen wieder hochzuschaffen zur alten Brücke: Eben das ist der Kiene-Swing. Kreiert hat ihn Helmut Kiene, derselbe, der mit den Pumprissen im Kaiser 1977 auch dem 7. Grad in den Alpen den Weg gebahnt hat.

high durch Hormone

Psychisch erheblich mehr abverlangt allerdings als diese Pumprisse hat Kiene und seinem damaligen Partner Hans-Peter Croce einige Jahre früher ganz offensichtlich eine andere Neutour: die über den Rätschenfluh-Westpfeiler im Rätikon! Sein Bericht darüber, geschrieben für „Jugend am Berg", endet so: „Wissenschaftler behaupten, in gefährlichen Situationen sowie bei großer Anstrengung würden im Körper Hormone ausgeschüttet, um weitere Kräfte zu mobilisieren. Ist die Gefahr überwunden und die kräfteraubende Tätigkeit beendet, bleibt der Einfluß der Hormone weiterhin bestehen. Wie Drogen machen sie uns ‚high', vermitteln sie ein Gefühl des Angenehmen. Durch eigene Betätigung haben wir natürliche Trunkenheit erzeugt...zufrieden verbringen wir den Rausch der Gipfelstunde."
Während jener erfolgreichsten Jahre seiner Kletterer- und Alpinistenlaufbahn fuchsten Helmut Kienes Vorstellungskraft die beiden Brücken über die Cailles-Schlucht, so oft ihn sein Weg zu den südfranzösischen Klettergebieten daran vorbeiführte. Schließlich mußte ihm ein befreundeter Mathematicus ausrechnen, welchen Energien Seil, Anseilgurte und die Seilverankerung an der Brücke standzuhalten hätten, wenn ... Der Mathematicus hatte richtig gerechnet. Helmut Kiene jedoch wirkte noch immer recht „high", als er mir Tage später von seinem in Praxis erbrachten Vertrauensbeweis in diese Berechnungen erzählte. Er meinte, der Widerstreit gegensätzlichster Gefühle, dem er sich dabei auszusetzen hatte, sei intensiver gewesen als der vorm Einstieg in eine schwierige Wand. Und er ist nicht nur in schwierige Felswände eingestiegen: Bereits als knapp Achtzehnjähriger durchstieg er mit seinem gleichaltrigen Vetter Immo Engelhardt Dru-Nordwand und Walkerpfeiler an den Jorasses. Als dritter Alleingänger schaffte er den gesamten Peutereygrat. Doch wertete er diesen Gang eher als „klettergartenähnlich" im Vergleich zu seiner Solobegehung des gesamten Verte- und Jorasseskammes, beginnend mit dem Aufstieg über den Montets-Grat zur Aig. Verte, gewürzt dazwischen – unter anderem – mit der Route über den Hirondellesgrat zur Pointe Walker der Jorasses, ausklingend mit dem Rochefortgrat bei der Turiner Hütte: ein Unternehmen, das ihn wegen wiederholter Schlechtwettereinbrüche mehrere Tage in Bann hielt.
Doch zurück zum Kiene-Swing: Einmal auch diesen zu absolvieren, zum Beispiel im Verlauf eines Besuchs der Verdonschlucht, gehört heute fast schon zum festen Programm der Kletterer. Das ist zwar verboten, auf gut (amts-)deutsch gesagt, doch auch behutsamer ausgedrückt nicht gerade erlaubt. Darum waren Informationen über den Swing, seine Ausführungsbestimmungen sowie Erfahrungsanalysen darüber lange nur mündlich und innerhalb der „Szene" verbreitet. Unterdessen allerdings hat eine Münchner Alpinzeitschrift längst ganz offiziell berichtet über das Riesenpendel; und ein cleverer Franzose hat es sogar als Sensation an eine Illustrierte verkauft, dazu sich selbst als den Helden, der das als erster gewagt habe – an die zehn Jahre nach Helmut Kienes Premiere!

think narziss-like

Doch im Verlauf dieser zehn Jahre hat sich ja vieles bewegt – auch in der Bergsteigerszene. Das Sportklettern – zu seinen Anfängen (die Kiene als Aktiver noch mitgeprägt hat) milde oder auch hämisch belächelt – ist gesellschaftsfähig geworden. Ja, die Sportkletterer haben es geschafft, bereits in der Startausgabe einer neuen Sportillustrierten Beachtung zu finden – noch vor dem Reinhold Messner! Von den in der täglichen Sportberichterstattung nicht aufscheinenden Hintergründen aber, die aufzuhellen die Illustriertenmacher sich vorgenommen haben, fanden sie an

swing time

Oben:
Swingphasen

Rechts:
Klettern
im Verdon
(Süd-
frankreich)

Fotos:
Jochen
Hacker

„… bedeutet,
in eine neue Art
von Wirklichkeit einzutreten,
in der Grazie und Präzision
die Welt bestimmen."

Isabelle Patissier
klettert im Gebiet von
Jogasaki seacliff
(Japan)

Fotos:
Uli
Wiesmeier

den Sportkletterern sichtlich am bemerkenswertesten den zünftigen Disco-Look ihrer Tracht – auch der Haare mitunter. Das ist zwar einseitig gesehen, doch nicht falsch. Sie sind schon eine paradiesvogelbunte Schar, die das Sportklettern betreiben; und wie sie aussehen dabei ist vielen von ihnen nicht weniger wichtig als die Sportausübung selbst. In seiner Erwiderung auf die Kritik eines erbosten Leserbriefschreibers ob solch unwürdiger Maskerade bekennt sich (in den DAV-Mitteilungen) einer der Angesprochenen ganz ausdrücklich zu „unserem internationalen Esprit von ‚think narziss-like'". Und die in der Szene zunehmend bevorzugten „Skin-over-clothes" verteidigt er als Mittel zum Zweck, „Ausstrahlung" zu erzielen „in der Kombination von harten Klettermoves und erotischer Bewegungsästhetik". Sehr verwandt dazu klingt, wie in „high life", dem jüngst bei Rother erschienenen exzellenten Sportkletterband, der Amerikaner John Gill ausdrückt, was er beim Klettern erreichen will: „Den Geist mit kinästhetischem Bewußtsein zu durchdringen bedeutet, in eine neue Art von Wirklichkeit einzutreten, in der Grazie und Präzision die Welt bestimmen."

Eine durchaus „neue Art von Wirklichkeit" – für Bergsteiger jedenfalls – ist zudem, daß in dieser Szene der „harten Klettermoves" und „erotischen Bewegungsästhetik" selbstverständlich auch Frauen „Ausstrahlung" erzielen. Und wie! Das beleuchtet am besten vielleicht eine Episode, die jüngst einem wackeren, himalayaerprobten Alpinisten widerfahren ist. Der, bestimmt kein schlechter Kletterer, schaute sich erstmals um in einem sehr reizvollen – in vieler Hinsicht, wie sich noch erweisen sollte, reizvollen französischen Klettergebiet. Da sah er denn alsbald eine luftig bekleidete Schöne vorbeikommen und, wie im Vorübergehen, eine der nächstgelegenen Kletterrouten „mitnehmen". Auch die Bewegungsästhetik, die die Schöne an dieser allem Anschein nach nicht übermäßig schwierigen Route zelebrierte, war eine Augenweide. Das verlockte den Alpinisten dazu, sich sogleich selber zu erproben an der Route. Daran schaffte er's, wenngleich mit erheblicher Mühe schon, an die acht Meter hochzukommen. Dann allerdings, hoch genug also, daß ein Sturz sehr unangenehme Folgen haben konnte, ließen ihn Können und Kräfte im Stich: es half dem Wackeren nichts, er mußte um Hilfe rufen.

Die Frauen mögen mir meinen eigenen Mangel an Emanzipation verzeihen, aber ich kann sehr lebhaft mit dem Armen fühlen und den Knacks nachempfinden, den ihm diese Erfahrung versetzt haben mußte. Wieder etwas „aufgebaut" aber hat es ihn hoffentlich, als er erfuhr, wer jene Schöne gewesen ist: Isabelle Patissier, eine der französischen Spitzenkletterinnen, von der die Fama wissen will, zu ihrem Troß zählten zwei Männer zum Betreuen, ein weiterer zum Sichern und einige andere mehr zum Anfeuern. Die allerdings fehlten bei der geschilderten Solovorstellung der schönen Isabelle. Aber da „spielte" sich die ja so nebenbei in einer Route nur achten Grades etwa...

Dornröschens neue Rolle

Wie das wohl einer der brillantesten Alpinkletterer und selbstkritisch-witzigsten Alpinschreiber, Hias Rebitsch, aufnehmen wird, wenn er es liest? Hias Rebitsch, der einmal in die Schilderung eines seiner Bergabenteuer eingeflochten hat, was noch vor wenigen Jahrzehnten als eher unerhört zu gelten hatte innerhalb der Bergheldenepik: „...Und auch Dornröschen spielt natürlich mit eine Rolle. Vielleicht ließ es sich leichter von einem kühnen Berghelden erlösen, wenn man ihm zu Ehren – statt einen der leider nicht mehr greifbaren Drachen zu erlegen – eine ebenso gefährliche Wand bezwang..." Wie ich Hias Rebitsch kenne, wird er etwas nachdenklich vielleicht, doch weise-verschmitzt schmunzeln über diesen Wandel in der Rollenauffassung von Dornröschen und ihren Rittern. Mir aber, der ich mich ja berufshalber mit der Geschichte, somit auch der (Psycho-)Sozialgeschichte des Bergsteigens zu befassen habe, mir kommt im selben Zusammenhang Karl Greitbauer in den Sinn. Ist es doch keine vierzig Jahre noch her, daß der – in seinem Buch: „Die Gestalt des Bergsteigers im Licht der Psychologie" – ein Motiv (unter anderen) fürs Extremklettern in der „intrapsychischen Widerstandsaktion" sieht gegen Insuffizienz- (also Unzulänglichkeits-)Gefühle aller, darunter ausdrücklich auch solcher sexueller Art. Mit dieser Auffassung korrespondiert immerhin auf recht vielsagende Weise die eines sehr bekannten Alpinisten der Zwischenkriegszeit, der Ära also auch eines Hias Rebitsch. Jener bedeutende Alpinist erklärt nämlich in einem Lehrbuch zum Thema bergsteigerische Härte: Bei den Germanen habe es als besonderer Vorzug für einen Mann gegolten, bis zum 20. Lebensjahr als Hagestolz durchs Leben gegangen zu sein. Dieses Beispiel sei jungen Bergsteigern ebenfalls zur Nachahmung, wider mögliche Anwandlungen in dieser Hinsicht aber kalte Bäder zu empfehlen. Was der wohl und ein Karl Greitbauer zum heutigen Rollenverständnis von kletternden jungen Frauen und Männern sagten? Zu einem Rollenverständnis, das sich auch in den Namen ausdrückt, die sie manchen ihrer Routen geben – wie „Plan d'Eros"? Vermutlich argumentierten Greitbauer & Co. dahingehend, daß sich ihre Aussagen ausschließlich auf das alpinistische, also gefahrenträchtige Bergsteigen bezogen hätten. Das stimmt. Nur: So ganz ungefährlich ist's, wie berichtet, ja auch nicht, den Spuren einer Isabelle Patissier zu folgen im Fels. Vor allem aber: Auch außerhalb der Sportkletterszene lösen sich die Bergsteigerinnen zunehmend aus der Dornröschenrolle. Selbständige Frauenseilschaften sind

Seit dem 9. Juni 1988 gibt es eine erste staatlich geprüfte Bergführerin auch in Bayern; nämlich Gudrun Weikert (siehe Bild Seite 59), die an diesem Tag ihre letzte Prüfung ablegte.

Foto: Uli Wiesmeier

heute keine Sensation mehr, noch weniger „gemischte", worin sich Partnerin und Partner von Seillänge zu Seillänge die Führung teilen. Ausgerechnet in den alpinistisch mit den strengsten Anforderungen aufwartenden Westalpen haben sich die ersten Bergführerinnen zu behaupten vermocht neben ihren männlichen Kollegen, und längst stehen an den Achttausendern des Himalaya ebenfalls Bergsteigerinnen ihre Frau. Kein Zweifel, auch in dieser Beziehung färbt auf die Bergsteigerszene mehr und mehr ab, was weitgehend von Anfang an Sitte gewesen ist beim Sportklettern.

Verlust an Kreativität?

Hintergründe des weltweiten Sportkletterbetriebs der letzen Jahre indessen erhellt eine internationale Autorenschaft tatsächlich in „high life", dem erwähnten Buch der Felsenfreaks. Dabei klingt auch (Selbst-)Kritisches an. So bedauert Bernd Arnold, der gegenwärtig leistungsstärkste Elbsandsteinkletterer „...daß sich das Interesse vieler Kletterer ausschließlich auf den Schwierigkeitsgrad einer Route beschränkt. Dabei bleibt der Weg in seiner Gesamtheit, als Kunstwerk vielleicht, und die Stilform der eigenen Begehung einschließlich des möglichen Erlebnisses unbeachtet." Wolfgang Güllich und Kurt Albert diagnostizieren einen Verlust an Kreativität im heutigen Sportkletterbetrieb, der sich auch in „phantasielos" erschlossenen Erstbegehungen äußert. Ein besonders umstrittenes Thema aber spricht Sepp Gschwendtner so an: „Da gibt es eigentlich gegen Wettklettern nichts zu sagen. Höchstens, daß man als Teilnehmer eigentlich alles aufgibt, was das heutige Sportklettern auszeichnet: Frei zu sein! Frei zu sein in der Routenwahl, frei zu sein, wann und ob man klettert, auch frei zu sein von Entscheidungen von Funktionären und Schiedsrichtern..." Kurt Albert wird wissen warum, wenn er resümiert: „Freiklettern heute hungert geradezu nach neuen Perspektiven." Zunehmend zahlreicher aber glauben junge Kletterinnen und Kletterer ihre Perspektiven offensichtlich doch im Wettklettern gefunden zu haben. Es gibt bereits internationale, sogar, wenngleich noch inoffizielle, Weltmeisterschaften, und ab 1989 werden auch UIAA-Weltcuppunkte vergeben im Wettklettern. Sepp Gschwendtners Aussage ergänzend ist dazu vielleicht anzumerken, daß eigentlich auch ein orthodoxer Alpinist, wenn's ihn schon nicht interessiert, dagegen nichts zu sagen hat, solange solche Konkurrenzen in der Halle oder im Stadion an künstlichen, oft sehr phantasievollen Felsarchitekturen stattfinden. Tabu bleiben aber, zumindest in dicht besiedelten Gebieten wie der Bundesrepublik, wo die Reste mehr oder weniger intakter Landschaft ohnehin erheblichem Druck der Freizeitgesellschaft ausgesetzt sind – tabu bleiben für derartige Konkurrenzen müssen zumindest dort die natürlichen Klettergebiete. Und dies nicht allein, ja nicht einmal zuerst sperrwütiger Behörden wegen, denen dadurch weitere Argumente zugespielt würden, dem zu frönen, worin sie ihre Mission sehen. Derartigen, heute schon beachtliche Zuschauermassen mobilisierenden Großkonkurrenzen wäre die sehr empfindliche Natur unserer Mittelgebirge mit „tödlicher" Sicherheit nicht mehr „gewachsen", deren Verlust somit programmiert – selbst oder gerade dann, wenn's ihre Zerstörung schließlich erübrigte, über Sperrmaßnahmen nachzudenken...

Klettern Bergsteigen Sensation Kräftemessen Inspiration?

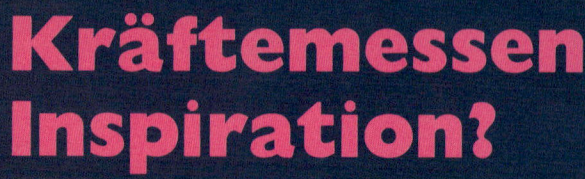

Rechts und oben:
Akteure, Schiedsrichter
und Zuschauer
während eines inter-
nationalen Wettbewerbs

Ganz oben links:
Neuland
für Kletterer

Fotos:
Lorenz Radlinger;
Jochen Hacker

Links:
In der
Wildspitze-
Nordwand
(Ötztaler)

Foto:
Andreas
Fritzsche

Impulse von oben?
Oben: Start im Hochgebirge
Links: Flug über Planpraz
(Chamonix); im Hintergrund
die Montblanc-Gruppe

Fotos:
Oliver Guenay

In der Halle aber und im Stadion sollen schon gänzlich unbescholtene Alpinisten sich unter die Zuschauer solcher Konkurrenzen gemengt und der „Ausstrahlung" hingegeben haben, die im besonderen Maß gerade dabei die „Kombination von harten Klettermoves und erotischer Bewegungsästhetik" vermittelt.

Fördernde Impulse?

Gewiß indessen ist es nicht auf mangelnden Sinn für Ästhetik und sonstiges zurückzuführen, wenn namhafte Kletterer heute „belebende Anreize" für ihren Sport doch anderswoher erwarten. Sepp Gschwendtner: „...die Stilart wird an Bedeutung gewinnen. Der Unterschied einer On-sight-Begehung zur lange eingeübten Wiederholung ist – unter sportlichem Aspekt – riesengroß. Nicht nur für die Muskeln, auch für den Kopf ist es ein Riesenunterschied..." Kurt Albert aber sieht „vor allem in der Psyche ...ein weites Betätigungsfeld" und plädiert für eine „veränderte Problemstellung... die Gefahr impliziert, welche durch überlegtes taktisches Vorgehen zum kalkulierbaren Risiko reduziert wird".

Womit wir in unseren Betrachtungen zurückgependelt wären zum „Kiene-Swing" respektive zur Ausschüttung von Hormonen der Art, die laut Helmut Kiene „natürliche Trunkenheit" am Gipfel – ganz oben – erzeugt. „Adrenalinfreaks" nennen sich heute die, denen nach solcher Trunkenheit ist. Und danach ist sichtlich nicht wenigen. So gibt's neben x anderen landauf landab längst auch einen „Bavarian-Swing" – die Eingeweihten wissen, wo. Freilich ist die Maßregelung, die Swingerinnen und Swingern droht, die sich dort erwischen lassen, so strikt wie die der Sprache hierzulande. Aber solchen Adrenalinfreaks, die sich lieber doch nicht in die Sphäre der „alpinistischen Subkultur" begeben wollen, erlauben es unterdessen ja Sports, denen solcher Geruch nicht – oder nicht mehr anhaftet, ebenfalls Gefühlswallungen auszukosten, die denen beim Swingen vermutlich sehr verwandt sind: Drachenfliegen, Schirmgleiten. Daß diese auf Kletterer und Alpinisten besondere Faszination ausüben, kommt sicher nicht von ungefähr. Dies umso weniger, als neben der Aussicht auf Hormonausschüttung besonders das Schirmgleiten verwegene Kombinationsmöglichkeiten für Berg- und Über-Tal-Flugtouren verspricht...

Vielleicht sind von daher sogar kreativitätsfördernde Impulse auch für die Entwicklung des Extremalpinismus zu erhoffen. Wie beim Sportklettern, wenngleich in ganz anderer Weise als dort, ist Wettbewerb auch im Alpinismus im Gange – in den Westalpen vor allem, doch ebenfalls schon im Himalaya. Dabei geht es zumeist um eine Höchstzahl zu absolvierender Solobegehungen großer Wände pro Tag; dies tunlichst freilich über Routen, die die Bewerber von möglichst vielen früheren Wiederholungen her entsprechend gut schon kennen. Da es aus begreiflichen Gründen schwierig ist, dergestaltige Konkurrenzen unmittelbar großem Publikum vorzuführen, muß das über die Medien geschehen. Dazu bedarf es einer clever aufgezogenen Organisation, die – in der Regel durch Hubschraubereinsatz – eine möglichst um- und eingehende Versorgung der Medien mit den Vorgängen in den „Arenen der Einsamkeit" gewährleistet. Das bedeutet unter anderem, daß der Wettbewerbserfolg mehr oder minder mittelbar auch davon abhängt, wie die Übermittlungsorganisation funktioniert. Doch abgesehen davon, daß ein Vergleichskampf unmittelbar vorm Publikum, wie beim Wettklettern im Stadion, auch nach unmittelbar einsichtigen, darum jedenfalls weniger zweifelhaften Vergleichskriterien abläuft – ein Nonplusultra an Kreativität scheint sich in solchen „Enchaînements" denn doch nicht auszudrücken. Dürfen wir also darauf hoffen, daß die bunten Gleitsegel auch die Inspiration der heutigen Spitzenalpinisten beflügeln? Zugegeben, als vor wenigen Jahren zwei Franzosen zuerst die Südwand der Aiguille du Fou an den Nadeln von Chamonix erkletterten, von deren Gipfel sodann mit einem Doppelflugdrachen hinübersegelten zum Einstieg der Dru-Westwand, woran sie ihr Tagewerk mit einem „Quick-step" über die Harlin-Hemmingführe vollendeten, da schien mir das noch wie vielen anderen biederen Altalpinisten hierzulande ein ziemlich überdrehtes Stück. Allein – tempora mutantur: Die neuen Gleitsegel sind entschieden handlicher als ein Drachen. Sie müssen also nicht in einer aufwendigen Extratour erst zum Startplatz befördert und dort deponiert werden wie damals der Drachen auf die Fou. Und eleganter gelöst sehe ich die Beförderungsprobleme der Alpinisten von Wand zu Wand schon mit Hilfe solcher Gleitsegel, als wenn die Avantgardisten ausgerechnet der „Natursportart" Bergsteigen dazu obendrein auf einen gut funktionierenden Helikopter-Taxidienst angewiesen sind *(eingehend befassen sich mit dem aktuellen Stand der Entwicklung des Bergsteigens und Kletterns im westalpinen Raum Etienne Gross und Hanspeter Sigrist auf den folgenden Seiten)*.

Zwischen Gestern und Morgen

Alles ist in Bewegung – auch, wie deutlich zu sehen, beim Bergsteigen. Da so sehr, meinen manche, daß das Bergsteigen von heute mit dem von gestern nichts mehr gemein habe. Die in ihrem Urteil diesbezüglich so sicher sind, sollten sich immerhin an den mitunter recht gnadenlos geführten Wettbewerb um erste Gipfelersteigungen im „goldenen Zeitalter" des Alpinismus erinnern – an den „Kampf ums Matterhorn" zum Beispiel. Wie andererseits sind die literarischen Kränze zu werten, die Alt-Adrenalinfreak Eugen Guido Lammer (1869 – 1945) dem „herrlichen Nervenpfeffer" gewunden hat? Oder was sollen wir von der Anekdote halten, die Karl Lukan über Paul Preuß (1886 – 1913) erzählt: „Paul Preuß war kein Bergzigeuner. Er ließ sich seine Kletteranzüge von erstklassigen Schneidern anfertigen. Und er trug auch auf schwierigsten Fahrten Seidenkrawatten, deren Farben der jeweiligen Jahreszeit angepaßt waren... also grüne und blaue Krawatten im Frühling, gelbe und rote im Sommer, braune und graue Krawatten im Herbst... Als man Preuß einmal wegen seines Krawattenfimmels ansprach, antwortete er: ‚Diese steigern mein Wohlbefinden, und wenn ich mich wohl fühle am Berg, fühle ich mich auch sicher!'".

Das wenigstens scheint klar: der Lammer kannte noch nicht den Kiene-Swing und der Preuß keine Skin-over-clothes.

Spitzensport Bergsteigen

Ursachen, Entwicklungen, Folgen

Etienne Gross

**Rechts unten:
In der Halbfinalroute
des Wettkampfes von
Marseille, Juni '88.
Foto: Hanspeter Sigrist**

Etienne Gross übersandte uns den folgenden Beitrag mit dem ausdrücklichen Wunsch, bei Veröffentlichung ausreichend deutlich auf einige Punkte hinzuweisen, nämlich: „daß es sich dabei um eine persönliche Meinungsäußerung handelt, daß die (stark auf die französischen Verhältnisse sich abstützenden) Schlußfolgerungen als eine von mehreren möglichen Entwicklungsvarianten zu sehen sind, wobei aus Platzgründen nur eine herausgegriffen und dargestellt werden konnte, daß die verschiedenen Thesen primär unter der Zielsetzung formuliert wurden, neue Diskussionsanstöße zu liefern, und somit auch keineswegs den im Rahmen der verschiedenen alpinen Vereinen heute vertretenen Vorstellungen zu entsprechen brauchen".
Bewogen dazu, Etienne Gross um diesen Beitrag zu bitten, hatten uns hauptsächlich zwei Gründe. Zum einen schien es uns richtig, Horizont und Fluchtpunkt für die Betrachtungsperspektiven in diesem Jahrbuch nicht beschränkt auf den südtirolerisch-österreichisch-deutschen Standpunkt anzusetzen. Zum anderen redeten wir uns ein, mit der Entwicklung des Sportkletterns stets gute Tuchfühlung behalten und unsere Leser entsprechend aktuell informiert zu haben. Dies nicht von ungefähr, denn schließlich geschah's in besonderem Maß hierzulande (vor allem im Frankenjura und Zentren wie Prunn), daß die Entwicklung auch auf dem europäischen Kontinent Fuß gefaßt und Schritt für Schritt zum internationalen Niveau aufgeschlossen hat. Die ersten „Zehner" auf dem Kontinent wurden hier geklettert. „Elfer"-Projekte sind verwirklicht. Auch über das internationale Expeditionsgeschehen glaubten wir, in großen Zügen die Übersicht behalten und zutreffend vermittelt zu haben. Hingegen verdächtigten wir uns selbst, zunehmend die Entwicklung des eigentlichen Alpinismus, besonders in den Westalpen und in seiner extremen Ausprägung aus den Augen zu verlieren. Und eben dazu, diese Blickverengung auszugleichen, schien uns Etienne Gross, Schweizer, Alpinist, vor allem aber scharfsinnig wie kaum ein zweiter derzeit seines Fachs beobachtender und analysierender Alpinredakteur, der richtige Autor. Dessen Anregung, seinen Beitrag zu ergänzen durch einen seines jüngeren Landsmanns Hanspeter Sigrist, der als Aktiver gegenwärtig noch „voll im Geschehen drinsteckt", entsprachen wir gerne. Daß das extreme Bergsteigen in den Westalpen ebenfalls stark vom Sportklettern beeinflußt sei, schien uns auch von hier aus einsichtig. Überrascht hat uns dennoch, welches Maß an Dominanz beide Autoren dem Sportklettern zumessen. Und zwar im Besonderen einer neuen Entwicklung des Sportkletterns, deren offenkundige Unabweichlichkeit und furoregleiche Dynamik überkommenen Vorstellungen zufolge womöglich als nicht ganz untypisch gälte, ginge sie von hierzulande aus: Wettkampfklettern.
Doch hierzulande hat man ja mitunter auch beliebt, die UIAA als honorigen, aber zeitlos über der Hektik aktueller Entwicklungen schwebenden Zirkel zu sehen. Umso verblüffender der jüngste Beschluß gerade dieses „Zirkels", einen Weltcup, Landes-, Europa- und Weltmeisterschaften auszurichten im Wettklettern und die Landesverbände, sprich Alpenvereine als Ausrichter in die Pflicht zu nehmen!
Umdenk- und Lernprozesse scheinen angesagt – in mannigfacher Hinsicht. (d.Red.)

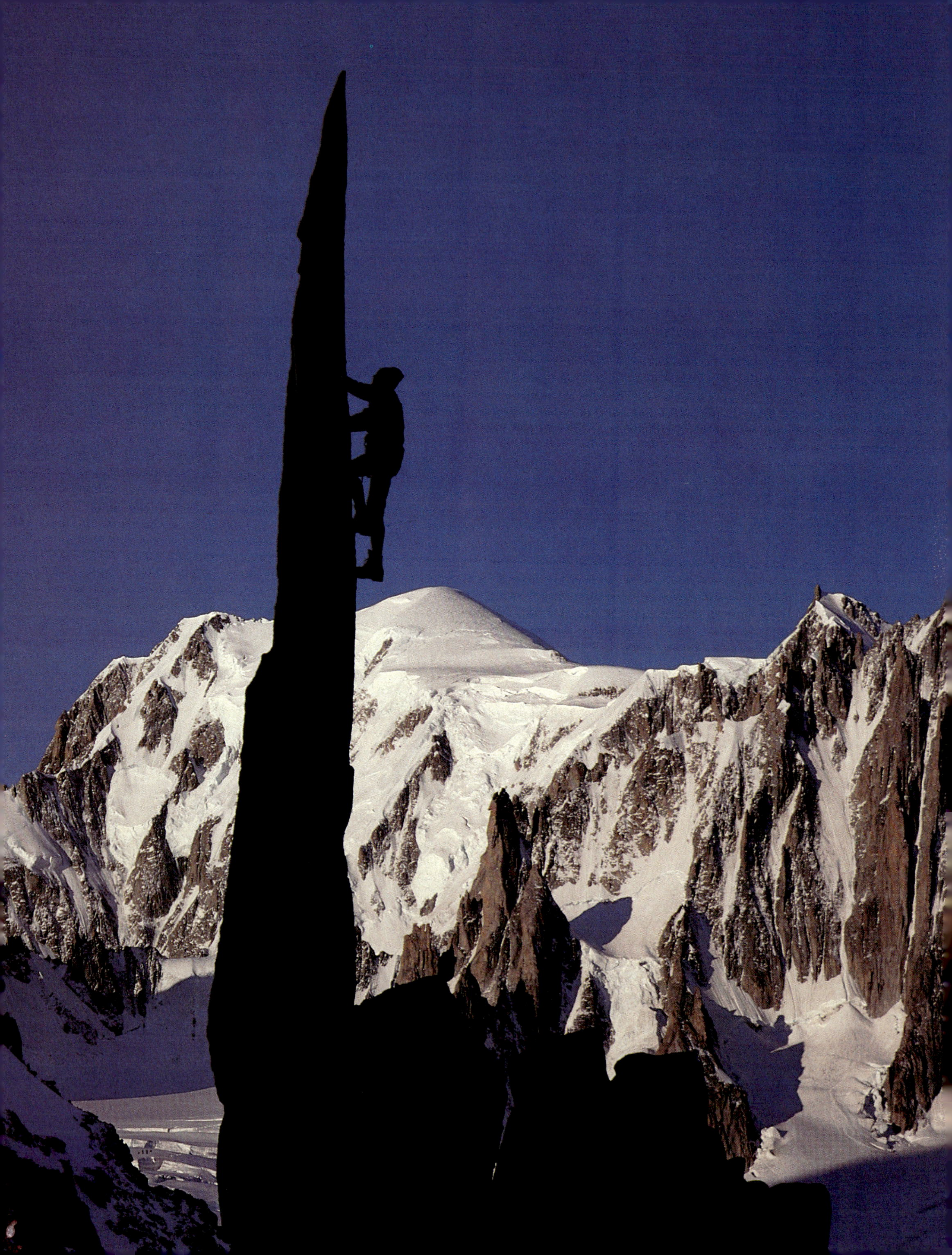

Seite 64:
Kletterei am Schwert des Tacul, im Hintergrund der Montblanc.

Foto: Jürgen Winkler

Einleitung

Bergsteigen hat sich heute zum Spitzen- und Wettkampfsport entwickelt, wobei Wettkämpfe im Moment noch auf das Klettern beschränkt sind. Betrachtet man aber den Alpenraum als Ganzes, so läßt sich feststellen, daß diese Entwicklung nicht überall gleich rasch vor sich gegangen ist und dementsprechend auch nicht überall denselben Stand erreicht hat. So hat sich die spitzensportlich organisierte Ausübung des Bergsteigens [1] in Frankreich klar durchgesetzt, während man im deutschsprachigen Bereich erst allmählich Kenntnis zu nehmen bereit ist.

Ausgehend von der nicht ganz überzeugenden, weil zu stark schematisierenden Einteilung des Alpenraumes in einen „ostalpinen" und einen „westalpinen" Bereich, stellt man fest, daß letzterer im spitzensportlich-wettkampfmäßig betriebenen Bergsteigen über eine Vorsprung von vermutlich 3 bis 5 Jahren verfügt. Die Entstehung eines derartigen Gefälles in einer Zeit intensiver internationaler bersteigerischer Kontakte wirft sofort die Frage nach den Ursachen wie auch nach den Folgen auf. Im Rahmen einer relativ beschränkten Analyse kann nun allerdings bloß versucht werden, anhand der unterschiedlichen Erscheinungsformen einer sich noch stark im Fluß befindlichen Entwicklung einerseits jene Grundmuster herauszuarbeiten, die für diese Situation verantwortlich sein könnten, und andererseits die sich möglicherweise daraus ergebenden Konsequenzen aufzuzeichnen. Hier sind dann vordringlich die nationalen alpinen Vereine angesprochen. Denn diese werden sich heute vor die Entscheidung gestellt sehen, entweder gemäß ihrer selbstgewählten Rolle als Vertreter aller Formen des Bergsteigens auch in dessen spitzensportlichen Spielarten aktiv zu werden und entsprechende Führungsaufgaben zu übernehmen, oder aber auf diesen Anspruch endgültig zu verzichten und sich auf die Pflege bisheriger bergsteigerischer Traditionen zu beschränken.

Es kann nun nicht erstaunen, daß sich in der Haltung der einzelnen alpinen Vereine zur spitzensportlichen Ausrichtung des Bergsteigens auch ihr eigener unterschiedlicher Entwicklungsstand, allerdings mit einer zusätzlichen Zeitverzögerung, widerspiegelt. Zur besseren Übersichtlichkeit, und weil die beiden nachstehenden Begriffe ohnehin schon thematisch vorgegeben waren, könnten deshalb auch die alpinen Vereine unter dem Gesichtspunkt „ostalpin" und „westalpin" betrachtet und einander gegenübergestellt werden. Doch nur, wenn hier „ostalpin" pauschalisierend und nicht den geographischen Vorstellungen entsprechend mit dem deutschen (d.h. inkl. dem schweizerischen) und „westalpin" mit dem französischen Sprachgebiet (sowie dem italienisch-piemontesischen) gleichgesetzt wird, gelangt man zu brauchbaren Schlußfolgerungen. Denn dann läßt sich tatsächlich feststellen, daß die bisherigen prinzipiellen Grundstömungen sowie die sich daraus ableitenden Reaktionsweisen bei den alpinen Vereinen innerhalb jeder dieser beiden Regionen eindeutige Parallelen aufweisen. Hier muß aber nochmals auf die notwendige Vereinfachung von an sich komplexer angelegten Zusammenhängen und Gegensätzen hingewiesen werden. Der vorliegende Überblick beschränkt sich deshalb bewußt darauf, einerseits jene charakteristischen Züge herauszukristallieren, die die heutige Haltung der alpinen Vereine gegenüber den spitzensportlich ausgerichteten Anforderungen prägen, und andererseits die Unterschiede zu zeigen, die sich im Rahmen des Gefälles zwischen dem „französischen" und dem „deutschen" Entwicklungsstand ergeben. Dementsprechend treffen die dabei hervorgehobenen Verhaltensmerkmale auch nicht alle auf einen einzelnen alpinen Verein zu. Zudem ist die Optik teilweise noch durch die ohnehin kleinräumiger angelegten schweizerischen Verhältnisse geprägt.

„Westalpines" Bergsteigen?

Will man die bergsteigerische Entwicklung im Westalpenraum überblicken, definieren und schließlich darstellen, so hat man sich mit vielfältigen Fragen und Problemen auseinanderzusetzen. Dies nicht zuletzt, weil die verschiedenartigen Kultur- und Sprachregionen mit ihren besonderen nationalen Ausrichtungen und Verknüpfungen selbst innerhalb der einzelnen Sparten des Bergsteigens kaum eine einheitliche und geschlossene „westalpine" Entwicklung haben entstehen lassen.

Wenn im ostalpinen Raum deshalb früher von „westalpin" die Rede war, so hat es sich eher um eine nähere Umschreibung für große hochalpine Bergfahrten gehandelt, die eine besondere Angewöhnung an Eis, Schnee und kombiniertes Gelände sowie an etwas andere meteorologische Verhältnisse erforderten, als sie im Ostalpengebiet üblicherweise anzutreffen waren. Etwas vereinfachend läßt sich deshalb sagen, daß im östlichen Teil des Alpenbogens das Schwergewicht auf dem Felsklettern und auf Hochtouren lag, bei denen das Engagement infolge geringerer Höhen und Distanzen im allgemeinen kleiner war, als in dessen westlichem Bereich, wo überwiegend kombinierte Touren großen Stils im Zentrum des Interesses standen.

Dabei handelt es sich allerdings um eine Unterscheidung, die schon im Beginn einer ziemlich undifferenzierten Betrachtungsweise entsprang. Und heute, da nun allen die verschiedenen Formen des Bergsportes gleichermaßen zugänglich geworden sind, verwischen sich derartige geographisch-topographische Besonderheiten und Grenzen zusehends. So hat sich ja gezeigt, daß die Entwicklung des Bergsteigens in Frankreich vor allem in jüngster Zeit stärker von sportlich-spielerischen und damit vermehrt wettkampforientierten Elementen bestimmt wird. Das gilt in vielleicht etwas abgeschwächter Form auch für Italien. Demgegenüber scheint im deutschsprachigen Raum die ideologische Betrachtungsweise, bei der Bergsteigen immer noch gerne in einem etwas mystischen Licht gesehen wird, ungleich mehr Gewicht zu haben. Inwieweit die wohl notgedrungen damit verbundene Distanzierung von sport- und wettkampfbejahenden Ausdrucksformen des Bergsteigens auch durch vorgegebene historische Strukturen und den Aufbau der in diesen Gebieten bestimmenden Alpenvereine beeinflußt wird, ist schwer abzuschätzen. Sicher ist jedoch, daß das hier zum Ausdruck kommende Spannungsfeld zwischen Ideologie und Sport kaum mehr in eine Beziehung zur ursprünglichen Unterscheidung von westalpinem und ostalpinem Bergsteigen gebracht werden kann.

Die Entwicklung zum Wettkampf

Diese hat sich im französischen[2] Bereich, nach einer relativ kurzen Anlaufzeit, heute weitgehend durchzusetzen vermocht. Die Führungsrolle fiel dabei dem Freiklettern zu, das sich für den sportlichen Vergleich wohl am besten eignet.

Natürlich ist das Bestehen von wettkampfbezogenen Elementen im Bergsteigen nichts Neues. Auch nach der Zeit, in der die Alpengipfel erschlossen wurden und die verschiedenenorts stark sportliche und teils sogar wettbewerbsbetonte Züge aufwies, kam das Bedürfnis nach einem direkten Leistungsvergleich immer wieder zum Ausdruck. Und schließlich hat der eigentliche reglementierte Wettkampf dann dort eingesetzt, wo durch Schaffung weitgehend identischer Voraussetzungen am ehesten meß- und vergleichbare Ergebnisse erzielt werden können – nämlich im Sportklettern. Hier haben nun für Westeuropa Frankreich, Italien und Spanien rasch eine führende Position eingenommen.

Zugleich hat der Wettkampfgedanke aber auch in anderen Sparten des Bergsteigens eine deutliche Bedeutungssteigerung erfahren. Die Aneinanderreihung von Routen innerhalb einer selbstgesetzten Zeitspanne (sog. Enchaînements), Mannschaftswettkämpfe im Rahmen einer Hochgebirgstour mit mehreren Etappen („Raid Blanc"), Rekordläufe auf den Montblanc u.a.m. können hierfür als symptomatisch gelten. Jedoch muß der Kletterwettkampf immer noch als die offensichtlichste Form des bergsportlichen Leistungsvergleichs betrachtet werden. Da in der Einstellung gegenüber dieser an Bedeutung rasch zunehmenden Erscheinung des heutigen Bergsteigens die Auffassungen in den verschiedenen Ländern wohl am meisten auseinanderstreben, werden wir uns im folgenden primär dem Klettern und seinen aktuellen Entwicklungstendenzen sowie den sich für die betroffenen alpinen Vereine daraus ergebenden Fragen und Problemen zuwenden.

Der spitzensportliche Gesichtspunkt

Spitzensport verlangt einen Aufwand, der längerfristig nur zu erbringen ist, wenn er für den Ausübenden zu einer sportlichen Eliteposition führt, die sich entsprechend verwerten läßt (Prestige, Verdienstmöglichkeiten, berufliche Aussichten usw.). Damit werden nicht nur das als Voraussetzung für Spitzenleistungen notwendige Umfeld und das hohe Motivationsniveau geschaffen, sondern auch die Grundlage zur Existenzsicherung (als Sportler) gelegt. Leistungssport führt zum Spitzensport, und dieser kann nur bei gleichzeitiger Ausrichtung auf den Wettkampf bestehen. Spitzensport setzt Vergleichbarkeit der Leistung voraus. Das bedingt, daß diese meßbar sein muß. Im Bereich des Bergsteigens fehlten jedoch bis vor kurzem die für eine Quantifizierung der Leistung notwendigen Kriterien.

Versuche, die eigene Leistung von derjenigen anderer abzuheben – sei es durch Begehung alpiner Routen in möglichst kurzer Zeit oder im (kalendermäßig definierten) Winter – , hat es schon lange gegeben, doch war der damit gewonnene „Raster" nicht eng (bzw. präzis) genug, um eine Einstufung vornehmen zu können, die einen aussagekräftigen Vergleich ermöglicht hätte. Erst die selbstauferlegten Freikletterregeln haben die dazu notwendigen Voraussetzungen geschaffen. Und mit den spitzensportlichen Leistungen hat dann auch sehr bald der organisierte Wettkampf im Bergsport Einzug gehalten. *Im Gegensatz zu der entsprechenden Entwicklung in den allermeisten anderen Sportarten, in denen der Wettkampf rasch als selbstverständlicher und fester Bestandteil akzeptiert wurde, hat dieselbe Erscheinung in Bergsteigerkreisen interessanterweise zu teils heftigen emotionellen und ablehnenden Reaktionen geführt.*

Die doppelte Verwurzelung des Bergsteigens

Die sehr zwiespältige Aufnahme der modernen Formen des Bergsteigens durch die Anhänger der traditionellen Zweige erklärt sich nicht zuletzt aus der Tatsache, daß die beiden aus zwei ganz verschiedenen, sich unter Umständen sogar ausschließenden Vorstellungswelten entstanden sind, nämlich die eine in einer sportlich-wettkampforientierten Vorstellungswelt, während die andere in einer geistig-ideologischen Sphäre verwurzelt ist. Beide Betrachtungsweisen finden sich im gesamten Bereich des Bergsteigens vertreten, doch wird je nach Gruppe und Kulturkreis der einen oder der anderen mehr Gewicht beigemessen.

Die ideologische Sicht des Bergsteigens ist besonders bei den älteren Alpinisten, den Trägern traditionsverbundenen Denkens und damit natürlich auch bei den allein schon wegen ihrer Größe und ihres Ursprungs mehr geschichts- als zukunftsorientiert handelnden alpinen Vereinen verbreitet. Ebenso läßt sich – verallgemeinernd – sagen, daß im deutschen Sprachraum die ideologische Komponente (wegen eines bei uns verbreitet anzutreffenden Hangs zur Mystifizierung und Heroisierung des Bergsteigens?) heute stärker zu sein scheint als im französischen.

Vom traditionellen, weltanschaulich bestimmten, zum sportlichen Bergsteigen

Heute läßt sich in allen Bereichen des Bergsteigens eine deutliche Verschiebung zugunsten einer sportlichen Betrachtungsweise feststellen, was zugleich bedeutet, daß die weltanschauliche Komponente zurückgedrängt wird. Dabei sind es in erster Linie die neuen Formen, die sich durch ihren besonders sportorientierten Charakter auszeichnen. Die hiervon ausgehenden Impulse haben inzwischen aber auch die konventionellen Bereiche des Bergsteigens erreicht und entsprechend beeinflußt. Möglicherweise haben – neben der Vorbildwirkung – noch weitere Faktoren mitgespielt. So etwa der Umstand, daß man sich jetzt offener zum sportlichen Aspekt des Bergsteigens bekennen darf oder daß Bergsteigen jetzt plötzlich für andere Interessengruppen attraktiv wird.

Bergsteigen als sportlich verstandene Betätigung zeigt ein Erscheinungsbild, das sich vom weltanschaulich geprägten in einigen Punkten deutlich unterscheidet. Zunächst äußert sich diese Haltung in einer Infragestellung und Distanzierung von bestehenden Verhaltenformen und -normen (mit oft ritual-ähnlichem Charakter). Ebenso fördert sie die Kritik an jenen – von Vertretern des traditionellen Bergsteigens häufig beanspruchten –

besonderen Wertmaßstäben, die – verbunden mit einem oft sogar elitäre Züge annehmenden Ausschließlichkeitsanspruch – als Mittel dienen, sich gegen abweichende Vorstellungen und Ausübungsweisen zu wenden. (Die Aufnahme in den Kreis der „echten", der „zünftigen" Bergsteiger erhält hier gegebenenfalls den Anstrich einer „Weihe", die erst verliehen wird, wenn das Verhalten des Kandidaten den geforderten Kriterien entspricht.) Sportliche Ausübung kommt demgegenüber in Form einer generellen Öffnung zum Ausdruck, indem unterschiedslos und ohne vorherige „Gesinnungsprüfung" jeder einbezogen und aufgenommen wird, der diesen Sport – aus Freude an der ihn hier besonders ansprechenden sportlichen Betätigungsform – betreiben möchte. Zugleich äußert sie sich auch in der Einführung von Regeln, die – sofern sie befolgt werden (was letztlich nur im Wettkampf zwingend ist) – den Leistungsvergleich erlauben. Sportliches Denken unterscheidet sich hier in dem Sinne vom weltanschaulich begründeten Bergsteigen, als es dessen freie Ausübung (mit geeigneter Ausrüstung) nach den persönlichen Gesichtspunkten, Bedürfnissen und Motivationen voraussetzt, sich somit nicht in ein vorgegebenes ideologisches Schema ein- oder unterordnen läßt.

Infolge verschiedener Faktoren beanspruchte die weltanschauliche Komponente im Bergsteigen schon immer einen ungleich höheren Stellenwert als in anderen Sportarten – und sie hat auch viel länger einen bestimmten Einfluß ausgeübt. Somit konnte Bergsteigen nicht mit der generellen sportlichen Entwicklung Schritt halten. *Der Gegensatz zwischen den beiden Betrachtungsweisen (der „sportlichen" und der „ideologischen") ist deshalb im Laufe der Zeit nicht kleiner, sondern stets noch größer geworden.* Diese Kluft deckt sich dabei mit dem für den Bereich des Bergsteigens ebenfalls typischen Auseinanderbrechen von „Theorie" und „Praxis"; was in dem Sinne zu verstehen ist, daß die „Praxis" sich schon immer viel stärker an sportlichen Kriterien orientiert hat, während bei der „Theorie" die weltanschaulichen Elemente dominierten. Deshalb hat die "Theorie" im Bergsteigen kaum je eine zukunftsgerichtete, sondern eine primär auf tradierte Wertvorstellungen fixierte bremsende Rolle gespielt. Dementsprechend mußten sich praktisch alle Neuorientierungen in der bergsteigerischen Praxis gegen die Theoretiker eines weltanschaulich begründeten und verstandenen Bergsteigens durchsetzen. Somit ist die „Praxis" jeweils der „Theorie" vorangegangen; d.h. das „gelebte" aktive Bergsteigen und seine sportliche Weiterentwicklung wurden von der „Theorie" nicht unterstützt, sondern mußten sich stets noch gegen die geltenden Prinzipienkonstruktionen durchsetzen. *Und wenn Bergsteigen dann schließlich den pragmatischen Weg gegangen ist* (die Elite hat sich um die Grundsatzdiskussionen im allgemeinen wenig gekümmert), *so mußte dies mit dem Verzicht auf eine Steuerung der Entwicklung erkauft werden.* Damit lief die „Theorie" – ohne die Wandlung im Bergsteigen verhindern, sondern sie höchstens nur verzögern zu können – stets der „Praxis" hintendrein. Und statt daß die geistigen Energien zur Planung der bergsteigerischen Zukunft eingesetzt werden konnten, mußten sie für die theoretische Bewältigung einer ohnehin schon längst Wirklichkeit gewordenen Praxis aufgewendet werden. Diese reaktive Handlungsweise, die allem Neuen, das nicht in den vorgegebenen Rahmen paßte, teils ignorierend, teils ablehnend begegnete, hat schließlich dazu geführt, daß die heutigen sportlichen Formen des Bergsteigens weder in ihrem Umfang noch in ihren Konsequenzen zur Kenntnis genommen wurden. Man hat sie so lange verdrängt, bis man von der Breite und der Wucht der Bewegung derart überrascht war, daß man den Anschluß gleich nochmals verpaßte!

Heute wird nun immer deutlicher, daß die sportorientierte Betrachtungsweise eine Eigendynamik entwickelt, die es ihr erlaubt, sich über die ohnehin zunehmend an Bedeutung verlierende weltanschauliche Richtung hinwegzusetzen. Aber selbst diese Erkenntnis hat vielerorts nicht genügt, um den notwendigen Umdenkprozeß in Gang zu bringen. Im Gegenteil. Die Tendenz zum Rückzug auf sich selbst, zur „stolzen" Resignation, zum „Verzicht" auf den Einbezug der (sportlich-wettkampforientierten) Entwicklungsrichtungen im Bergsteigen wird zum Vorwand, um die eigene – gefährdete – Position nicht grundsätzlich in Frage stellen zu müssen.

Unterschiedliche Haltungen zur bergsportlichen Entwicklung

Wenn hier im folgenden unterschieden wird zwischen dem Verhältnis zu den modernen bergsportlichen Entwicklungen, das im französischen und das im deutschen Sprachraum anzutreffen ist, so handelt es sich dabei notgedrungen um eine Verallgemeinerung, die höchstens Tendenzen, Strömungen aufzeigen kann. Zudem ist in diesem Zusammenhang vorauszuschicken, daß die sportliche Sicht des Bergsteigens ohnehin viel stärker von den alpenfernen Regionen ausgegangen ist.[3] Deshalb haben Länder, die über keine geographische Beziehung zum alpinen Gebiet verfügen, bisweilen sogar größeren Einfluß auf die Weiterentwicklung diverser Sparten des Bergsteigens gehabt (z.B. England, Schottland, DDR bzw. das Elbsandsteingebiet) als einzelne Alpenländer. Auf die bergsteigerische Bedeutung dieser europäischen und außereuropäischen Staaten soll hier allerdings nicht weiter eingegangen werden.

Der Stellenwert des bergsteigerischen Sportverständnisses im französischen Sprachraum

Frankreich hat eine führende Rolle in der spitzensportlich- und wettkampforientierten Entwicklung übernommen. Besonders deutlich kommt dies heute im Freiklettern zum Ausdruck, wo der organisierte Wettkampf inzwischen bereits zu einem festen Bestandteil des Bergsteigens geworden ist. Die Ursachen für diesen Entwicklungsvorgang sind vielfältig und an sich schwer faßbar, da die Interpretation stark von subjektiven Kriterien abhängig bleibt. Immerhin läßt sich zunächst einmal eine Unterscheidung in mehr praktische und mehr theoretische Gründe vornehmen. Zu den ersteren gehört ein ideales Angebot an kleinen Felsen und Blöcken in der Nähre großer städtischer Zentren (Fontainebleau, Saussois, Calanques – um nur einige der besonders klassischen Gebiete zu nennen). Derartige Möglichkeiten erlauben es einerseits, sich ohne besonderen zeitlichen und materiellen Aufwand dem Klettern zu widmen, andererseits sind sie aber doch so weit vom Gebirge entfernt, daß sich daraus die Notwendigkeit ergibt, eine Kletterdisziplin zu entwickeln, die sich weitgehend selbst zu genügen vermag. Klettern wird hier zum Selbstzweck, womit auch der sportliche Aspekt zunehmend in den Vordergrund tritt. Im weiteren wirkt sich ebenfalls ein mildes und eher trockenes Klima fördernd aus, indem (z.B. in Südfrankreich) Klettern sich unter angenehmen äußeren Bedingungen als Ganzjahressport betreiben läßt.[4]

Einen wohl ebenso entscheidenden Einfluß auf die Bestimmung der bergsportlichen Entwicklungsrichtung übt jedoch die sich aus divergierenden Vorstellungswelten ergebende unterschiedliche Betrachtungsweise des Bergsteigens aus. Denn je nach Standpunkt verändern sich sowohl der Stellenwert, der den Ausdrucksformen und Zielsetzungen im Bereich des Bergsteigens zugemessen wird, als auch die hauptsächlichen Motive zu dessen praktischer Ausübung.

In Frankreich ist man stets schon mit mehr spielerisch-sportlichen als ideologisch ausgerichteten Vorstellungen vor allem an das Klettern herangegangen. Geklettert wurde aus Freude an der Bewegung – in Fontainebleau versuchen sich oft ganze Familien an den dort zahlreich herumliegenden Blöcken. Der alpinorientierte, stark gefühlsbetonte Aspekt, der im deutschprachigen Raum oft Anlaß zu langatmigen Auseinandersetzungen um den höheren (oder tieferen) Sinn des Bergsteigens gab, und immer noch gibt, wird unter diesen Voraussetzungen praktisch ad absurdum geführt. Einem hiervon weit weniger belasteten, viel stärker spielerischen Kletterverständnis öffnen sich die Türen zu neuen Entwicklungen naturgemäß leichter.

Einen ebenfalls nicht zu unterschätzenden Einfluß mag die Tatsache haben, daß im CAF (Club Alpin Francais) das Schwergewicht der Aktivitäten seiner Mitglieder viel stärker auf das Klettern ausgerichtet zu sein scheint (wobei in diesem Zusammenhang der Anteil der primär am Klettern Interessierten schon auf 80 % geschätzt wurde). Dann spielen sicher die Strukturen des Clubs und vor allem auch dessen viel stärkere Einbettung in das gesamtsportliche, staatlich geförderte Umfeld eine wesentliche Rolle. Das führt zu einer ganz anderen Ausrichtung, da das angestrebte Ziel nun darin besteht, die verschiedenen Disziplinen des Bergsteigens den übrigen Sportarten gleichzustellen und in den allgemeinen Sportbetrieb zu integrieren. Damit zeigt sich auch ein deutlicher Unterschied zum deutschsprachigen Raum, in dem doch noch heute das Bestreben vorherrscht, sich als Bergsteiger von den „Niederungen" der sportlichen Welt möglichst abzuheben und abzukapseln – was meist durch Berufung auf die „höheren geistigen Werte" des Bergsteigens geschieht.

In diesem Zusammenhang ist noch auf die unterschiedliche vereinspolitische Lage des CAF hinzuweisen, die es – aus ihrer engeren organisatorischen Verknüpfung mit anderen Institutionen – gar nicht zur Ausbildung einer letztlich sportfeindlichen Sonderstellung hat kommen lassen. Der CAF ist in einen Dachverband (die frühere FFM: Fédération Française de la Montagne; heute: FFME: Fédération Française de la Montagne et d'Escalade) integriert, in dem er wohl über ein großes Gewicht verfügt, der aber den Weg auf horizontaler wie vertikaler Ebene für sportorientierte Einflüsse öffnete.

Dann sollte ebenfalls die Bedeutung einer zentralistischen und mehr staats- und prestigeverbundenen Denkweise nicht vergessen werden, denn auch daraus ergeben sich Anstöße und Möglichkeiten, die den sportlichen Komponenten im Bergsteigen zusätzliche Durchschlagskraft verleihen. So erhalten während der Militärdienstzeit Spitzenleute auch der bergsteigerischen Diszilinen Gelegenheit, einem spezifischen Training nachzugehen.

Immer mehr beteiligen sich in Frankreich Städte und Gemeinden auf eigene Initiative an den Erschließungs- und Ausrüstungskosten von Routen oder ganzen Klettergebieten. Dies, weil sie erkannt haben, daß sie damit ihr sportlich-touristisches Angebot vergrößern und ihren touristischen „Marktwert" steigern können. Daraus hat sich bereits eine ziemlich ausgedehnte Subventionspraxis entwickelt.

Zusammenfassende Betrachtung der (berg-)sportlichen Entwicklung im französichen Sprachraum

Hier läßt sich sagen, daß zumindest in Frankreich die Entwicklung der sportlichen Elemente heute in allen Bereichen des Bergsteigens allgemein unterstützt und aktiv gefördert wird. Die den Trägerorganisationen damit zuwachsenden Sportverbandsfunktionen (im Trainings- und Wettkampfbereich, in Wirtschaft und Werbung usw.) werden mehr und mehr als Bestandteil ihres Aufgabenkreises betrachtet. Der sportliche Charakter und die sportliche Bedeutung des Bergsteigens (insbesondere des Kletterns) wie auch der Wettkampf sind anerkannt. Das bedeutet allerdings nicht, daß die damit einhergehenden Funktionen auch schon vollumfänglich erfüllt werden können. Vieles wirkt noch improvisiert, noch zu wenig durchdacht und ausgereift. Für den Außenstehenden kam dies jeweils am deutlichsten anläßlich der bisherigen Kletterwettkämpfe zum Ausdruck, wo die ungenügenden reglementarischen Grundlagen und die teils mangelhafte organisatorische Durchführung deutlich werden ließen, daß man zumindest diese Bereiche des sportbezogenen Bergsteigens noch nicht vollständig in den Griff bekommen hat. Immerhin haben die Veranstaltungen Ende 1987/Anfang 1988 – die (inoffiziellen) Hallen-Kletterweltmeisterschaften von Grenoble und das „Masters" von Paris-Bercy – bereits gezeigt, daß die „chaotische Phase" im Wettkampfbereich sich ihrem Ende zuneigt und sich jetzt allmählich Regeln und Strukturen herauskristallisieren, die einen geordneten Ablauf derartiger Veranstaltungen ermöglichen sollten.

Das damit gezeichnete Bild vermittelt allerdings etwas zu stark den Eindruck einer über längere Zeit laufenden, kontinuierlichen Entwicklung zum primär sportlichen Bergsteigen. Denn auch in Frankreich hat sich dieser Wandel nicht ohne Zäsuren, Sprünge und innere Auseinandersetzungen vollzogen. Dazu nur ein paar Beispiele. So wurden 1984 die ersten Vorausscheidungen für die damals noch als reine Schnellkletterwettkämpfe durchgeführten Meisterschaften auf der Krim (UdSSR) im Rahmen der FFM (die hier die „sportliche" Führungsrolle übernahm) gegen einigen Widerstand, selbst aus Kreisen der Kletterer in aller Stille organisiert. Ebenfalls hatten sich 1985 namhafte Kletterer in einer gemeinsamen, in der Bergsteigerzeitschrift „Alpi-Rando" publizierten Resolution gegen eine Beteiligung an Kletterwettkämpfen ausgesprochen.[5]

Dann jedoch beschleunigte sich die Entwicklung derart, daß die aktiven jungen Kletterer sich von der FFM (und dem hier integrierten Club Alpin Français, CAF) im Sinne ihrer sportorientierten Vorstellungen und Bedürfnisse nicht mehr ausreichend vertreten fühlten. Dies führte im Herbst 1985 schließlich zu einer Abspaltung innerhalb der FFM und zur Gründung einer eigenen Klettererorganisation (der FFE: Fédération Française de l'Escalade), die sich von nun an besonders dem Wettkampfbereich widmete. Nach längeren Bemühungen gelang es, die Spaltung zu überwinden.[6] Es entstand als erweiterter Dachverband die FFME (Fédération Française de la Montagne et d'Escalade), in welcher der Wettkampfgedanke sich nun auch besser Gehör zu schaffen vermag, umsomehr als die FFME jetzt über ein besonderes Komitee für den Klettersport verfügt.

Der CAF ist inzwischen ebenfalls ganz auf die sportbezogene Linie eingeschwenkt und hat sich seit den (inoffiziellen) Hallen-Kletterweltmeisterschaften in Grenoble (25.-29. Nov. 1987) aktiv an der Organisation der Wettkämpfe zu beteiligen begonnen – andernfalls wäre er von der Entwicklung überrollt und ins Abseits gestellt worden.

Der Stellenwert des bergsteigerischen Sportverständnisses im deutschen Sprachraum

Ist Bergsteigen „mehr als Sport"?

Im Gegensatz zur aktuellen Situation im französischen Sprachbereich stößt die sportbezogene Betrachtungsweise des Bergsteigens im deutschsprachigen Raum auf hinhaltenden Widerstand. So sind all jene Disziplinen des Bergsteigens, die sich aufgrund ihres Erscheinungsbildes und ihrer Ausübungsart nicht in die traditionell vorgegebenen Vorstellungs- und Erlebnismuster einfügen, noch heute bei weitem nicht allgemein anerkannt und sogar vielfach nur widerwillig geduldet. Und was für das Sportklettern gilt, gilt natürlich in gesteigertem Maße für dessen wettkampfmäßige Ausübung. *Es zeichnet sich hier ein gebrochenes Verhältnis zum Sportbegriff ab,* denn stets, wenn dieser für das Bergsteigen definiert werden soll, besteht die Tendenz, sich davon zu distanzieren – z.B. indem man sich auf den Standpunkt stellt, Bergsteigen sei mehr als Sport. Was aber bedeutet „mehr als Sport?" Wird Bergsteigen hier zur „Weltanschauung", zur „Ideologie", die den Anspruch erhebt, allein über das Wissen um den Weg, die Mittel und das Ziel zu verfügen? Oder sollte damit nur gemeint sein, daß sich allein schon aus der Verbindung von körperlicher Tätigkeit und Naturerleben eine Sonderstellung für das Bergsteigen ableiten läßt? Beide der aufgeführten Komponenten finden sich jedoch auch in vielen anderen Sportarten, ohne daß sich diese deswegen über den Sportbegriff zu erheben suchen. Wobei sich in diesem Zusammenhang ebenfalls noch die Frage aufdrängt, warum im Bereich des – traditionellen – Bergsteigens dessen Verbindung mit dem Begriff „Sport" eigentlich als eine Art von „Sündenfall" betrachtet wird. Warum verleiht man dem Begriff „Sport" eine negative Besetzung? Etwa deswegen, weil das Bergsteigen sich dann leichter in positivem Sinne davon abheben läßt?

Das führt zur letzten und wohl entscheidenden Frage: Welches sind die Gründe und Motive, die Vertreter des Bergsteigens bewegen können, sich gegen dessen sportlichen Charakter zu wenden, indem sie es gleichzeitig in eine gefühlsbestimmte geistige Dimension heben? Was stört sie derart an den spitzensportlich-wettkampforientierten bergsteigerischen Disziplinen, daß sie sich vielfach sogar persönlich herausgefordert und in ihrem Selbstverständnis angegriffen sehen?

Die Opposition gegen das spitzensportlich-wettkampforientierte Bergsteigen und deren grundsätzliche Problematik

Die Tatsache, daß diese Formen der sportlich-bergsteigerischen Entwicklung vielerorts immer noch auf heftige Abwehrreflexe stoßen, deutet darauf hin, daß der Widerstand nicht aus einem einzigen Lager kommt und zugleich auch mehrere Motive beteiligt sein müssen. Generell lassen sich nun drei Bereiche oder „Ebenen" unterscheiden, in denen die Opposition haupsächlich zum Tragen kommt:

- Zum einen wenden sich jene Kreise gegen die modernen Formen, für die Bergsteigen „mehr ist als Sport", wobei die Abwehrhaltung hier von einem stark ideologisch geprägten – und letztlich elitären – Selbstverständnis ausgeht.
- Zum zweiten ergibt sich eine gewisse Unvereinbarkeit aus der historisch gewachsenen Struktur und dem besonderen Charakter der Zielsetzungen innerhalb der alpinen Vereine.
- Zum dritten nehmen „arrivierte" Sportkletterer, die ihr spitzensportliches Prestige primär noch nicht Wettkampferfolgen zu verdanken haben, z.T. ebenfalls eine ablehnende Haltung ein.

In der Realität lassen sich allerdings die drei Oppositionsebenen kaum je derart klar voneinander trennen. Dies nicht nur weil sie vielfach verflochten sind und sich somit ständig gegenseitig beeinflussen, sondern auch weil sie zusätzlich noch in einem gewissen Abhängigkeitsverhältnis zu den alpinen Vereinen und ihrer jeweiligen Haltung stehen. Deren tatsächliche Bedeutung ist aber schwer einzuschätzen, denn der Ablauf der Entscheidungsbildung innerhalb der alpinen Vereine bleibt infolge der internen, oft noch strukturell bedingten und gestützten Beziehungsgeflechte unübersichtlich.

Die neuen Formen des Bergsteigens bringen zusätzlich noch weitere Faktoren ins Spiel, die weitgehend außerhalb des Einflußbereiches und der Einflußmöglichkeiten der alpinen Vereine liegen. Dazu gehören nicht nur Wirtschaft, Medien und evtl. sogar initiativere Sportorganisationen, sondern auch der bergsportliche Entwicklungsrückstand (oder -vorsprung) im internationalen Maßstab. Denn im Moment, in dem in einigen Ländern Spitzensport

„... die Aura des Besonderen ..."

Foto: Wilhelm Dietrich

und Wettkampf in einzelnen bergsteigerischen Disziplinen gefördert und allgemein unterstützt werden, kommen die übrigen alpinen Vereine praktisch in Zugzwang. Dabei sieht sich die Gesamtvereinsleitung stets als erste mit den entsprechenden Problemen konfrontiert, und zwar zu einem Zeitpunkt, in dem die große Mehrheit der Mitglieder diese noch gar nicht einmal realisiert hat. Damit vergrößert sich aber der Abstand zwischen Basis und Spitze zusehends, was wiederum neuen Konfliktstoff schafft. *Statt daß sich die alpinen Vereine (bzw. deren Leitung) deshalb auf neue Aufgaben konzentrieren, die sich aus den heutigen Entwicklungen im Bergsport ergeben und sich den dadurch unumgänglich gewordenen Strukturbereinigungen zuwenden können, werden sie durch die jetzt verstärkt aufbrechenden inneren Gegensätze noch zusätzlich paralysiert.* Und nur wenn es den alpinen Vereinen gelingt, diese so rasch wie möglich zu beseitigen, werden sie die von ihnen beanspruchte, schon jetzt nicht mehr ganz unangefochtene Stellung als Vertreter aller Formen des Bergsteigens behaupten können. Das aber wird von ihnen verlangen, daß sie nicht nur in den sportbezogenen Sektoren neue – dem heutigen Stand angepaßte – Aktivitäten entwickeln, sondern daß sie bewußt auch jene Bereiche auszubauen beginnen, die einerseits die Voraussetzung für eine baldige Effizienzsteigerung schaffen und andererseits den innovationsorientierten Kräften den unbedingt notwendigen Rückhalt geben. Dies erfordert allerdings die Bereitschaft zur Einleitung eines tiefgreifenden Objektivierungsprozesses und damit – wenigstens im landesweiten Rahmen der alpinen Vereine – eine ebenso offene wie kritische Auseinandersetzung mit der hier immer noch kursbestimmenden weltanschaulichen Argumentationsbasis.

Die erste Oppositionsebene – die Ablehnung des Sportbegriffes [7]

Sich auf eine als höherwertig eingestufte weltanschauliche Betrachtungsweise im Alpinismus stützend, versuchen hier Vertreter der konventionell-traditionalistischen Richtung das Bergsteigen gegen jede Form sportlicher Ausrichtung abzuschotten. Das emotionale Engagement, mit dem das geschieht, deutet darauf hin, daß sich diese Haltung aus einer Art von existentiellem Bedrohungsgefühl ergibt, dem u.a. die nachstehend summarisch aufgeführten Faktoren zugrunde liegen könnten.

■ *Die Entmystifizierung des Bergsteigens*
Mit der sportlichen Ausübung verblaßt zusehends die Aura des Besonderen, in die der Bergsteiger und seine Betätigung noch bis vor relativ kurzer Zeit gehüllt waren und die seine Leistung romantisch zu überhöhen half. Der Alpinist sinkt – so betrachtet – zum gewöhnlichen Menschen herab, der einen gewöhnlichen Sport betreibt.

■ *Die Relativierung der eigenen alpinistischen Vergangenheit*
Die spitzensportliche Leistungsexplosion in allen Disziplinen des Bergsteigens hat, zusammen mit den enormen Fortschritten im Materialsektor, die früher allgemein anerkannte und viel beständigere Rangordnung der Prestigetouren völlig über den Haufen geworfen. Es gibt deshalb Bergsteiger, die sich dadurch um ihre ehemaligen alpinistischen Erfolge gewissermaßen „betrogen" und damit auch in ihrem Ruf und in ihrer Stellung als „Kapazitäten" gefährdet fühlen.

■ *Vom Verdienst- zum Leistungsprinzip*
Richtung und Ideologie in den politischen Bereichen des Bergsteigens wurden bisher weitgehend von jenen Kreisen bestimmt, deren meist schon bejahrte Vertreter sich aufgrund diverser Verdienste und einer ausgedehnten ehrenamtlichen Tätigkeit in der alpinen Gesellschaftshierarchie etabliert hatten. Hier konnten sie dank der Unterstützung durch die im Alpinismus klassischer Prägung ohnehin starken traditionalistischen Kräfte ihre Führungsfunktion unangefochten und somit praktisch auf beliebige Zeit behaupten. *Dieses System hat sich jedoch in dem Moment überlebt, in dem Bergsteigen sich mit Spitzensport und Wettkampf verbindet.* In diesem neuen Umfeld (das mehr und mehr auch den Breitensport bestimmen wird) können sich längerfristig nur jene Organisationen durchsetzen, in denen die Bereitschaft besteht, bei der Übertragung von Funktionen und der Festlegung des Kurses nach den Gesichtspunkten eines moderneren Managements vorzugehen. Ein derartiger *Wechsel vom Verdienst- zum Leistungsprinzip* beschränkt, selbst wenn nicht alle Sektoren davon betroffen sein sollten, die Einflußmöglichkeiten der traditionell tonangebenden Gruppe nicht nur direkt, sondern – durch die notwendige Tendenz zur Zentralisierung – auch indirekt.

■ *Die Verlagerung des Gemeinschaftserlebnisses*
Im Bergsteigen kommt u.a. ein Gemeinschaftsgefühl zum Ausdruck, dessen Wurzeln bis zur verschworenen bruderschaftlichen Verbindung zurückreichen. Das große Ziel – der Berg – und die hier drohenden, gemeinsam zu überwindenden Gefahren haben von alters her eine Art zünftischen Geist entstehen lassen (davon zeugen auch die früher oft verwendeten Ausdrücke Bergsteigerzunft, Gilde der Bergsteiger). Damit verband sich jeweils auch eine Abschirmung gegenüber den Nichteingeweihten. Dieses zünftische Gemeinschaftsempfinden begegnet der heutigen, ganz anders gepolten, sportlichen Vorstellungswelt naturgemäß mit einem gewissen Mißtrauen, bisweilen sogar mit Ablehnung. Solche Gegensätze können sich zusätzlich verschärfen, wenn seitens der spitzensportlichen Kletterer (ebenfalls) eine elitäre Haltung eingenommen wird.

■ *Die Nichtbeherrschbarkeit der Entwicklung*
Im Bereich des Spitzensports steigt der Aufwand an Zeit, Training, sportmedizinischer Betreuung usw. ständig. Das setzt die Beschaffung beträchtlicher Mittel sowie den Aufbau der notwendigen sportlichen Infrastruktur voraus. Deshalb wird der spitzensportliche Bergsteiger dort, wo keine andere nennenswerte Unterstützung als diejenige aus dem Sektor Wirtschaft und Medien zu erwarten ist, versuchen (müssen), seine Leistung in den Dienst der Werbung zu stellen. Und dasselbe gilt für den Bereich der Wettkampftätigkeit. Soll nun diese Entwicklung in geordnete und den Bedürfnissen des (Berg-)Sportlers entsprechende Bahnen

71

Vereinsziele wie Jugendarbeit (links), Naturschutz (unten) oder Ausbildung (S. 73) sind historisch gewachsene Aufgaben ...

Fotos: Lothar Bendix; Karl Partsch; Rainer Köfferlein

sionalismus und modernem Management in den Rahmen einer weltanschaulich verstandenen Auseinandersetzung um prinzipielle „Degenerationserscheinungen" im Bergsteigen stellen.

Die zweite Oppositionsebene – Gegensätze zwischen Anspruch und Wirklichkeit

Hier erwächst der Widerstand gegen das spitzensportlich-wettkampforientierte Bergsteigen aus einem doppelten Spannungsverhältnis. Das eine ergibt sich aus den widersprüchlichen Zielsetzungen innerhalb der alpinen Vereine, das zweite aus der Erkenntnis, daß die Übernahme neuer, einem Sportverband entsprechenden Aufgaben letztlich eine grundlegende Modernisierung der historisch gewachsenen und oft auch sonst nicht mehr ganz zeitgemäßen Strukturen mit sich bringen wird. Da derartige Veränderungen aber nicht nur Bestehendes und Gewohntes, sondern auch deren Träger und Verfechter in Frage stellen, fühlen sich diese veranlaßt, sich gegen die ihre Position gefährdende Neuerungen zu wenden.

■ *Vereinsziele im Spannungsverhältnis*
Der Zusammenschluß in einem Verein geschieht, um einen bestimmten, in den Statuten jeweils genauer umschriebenen Zweck zu verfolgen. Eine derartige Ausrichtung auf ein oder mehrere gemeinsame Ziele übt gegen innen eine einigende Wirkung aus und dient gegen außen zur Konzentration der Kräfte. Werden deshalb im Zweckartikel eines Vereins verschiedene Ziele aufgeführt, so sollten zwischen diesen nicht nur keine Widersprüche bestehen, sondern sie sollten auch so eindeutig formuliert sein, daß sich einzelne Zielsetzungen nicht gegeneinander ausspielen lassen. Nun können aber Zielsetzungen, die bei der Vereinsgründung (oder auch noch später) nach allgemeinem Empfinden durchaus als kohärent betrachtet wurden, im Laufe der Zeit infolge einer veränderten Optik und neuer Wertmaßstäbe Inhalt und Gewicht stark verändern. Das kann so weit gehen, daß sich einzelne Teilziele in einen Gegensatz zu anderen Teilzielen bringen lassen.

gelenkt werden, so erfordert das eine Organisation, die professionellen Kriterien standhält. Mit den damit einhergehenden Anforderungen trifft man aber auf eine Welt, in der Begriffe wie Organisation, Werbung, Wirtschaft, Mode und vor allem auch Professionalismus noch kaum Eingang gefunden haben. Um so mehr sperrt man sich in ihr gegen Neuerungen, die Veränderungen bringen, von denen man sich überfordert und in seinem ideologischen Besitzstand („Bergsteigen ist mehr als Sport") bedroht fühlt.

■ *Die Gefährdung tradierter Ordnungsvorstellungen*
Die Hinwendung zum sportlichen Bergsteigen führt zu einem Erscheinungsbild, das sich nicht mehr mit den gewohnten Verhaltensnormen in Einklang bringen läßt. Damit wird für die Träger konventioneller Formen des Bergsteigens nicht nur die Ordnung, die bisher durch eine bestimmte Art sich zu kleiden und sich zu geben zum Ausdruck kam, in Frage gestellt, sondern auch die letztlich darauf basierende Vorstellung von der richtigen Form des Bergsteigens.

Zusammenfassende Betrachtung
Die erste Oppositionsebene wird von jenen Alpinistenkreisen aus den eher oberen Altersklassen bestimmt, die sich meist auch im Vereinsleben Verdienste erworben haben und sich nun durch den überraschend erfolgenden Einbruch sportlicher Formen und Gesetzmäßigkeiten in den ganzen Bereich des Bergsteigens *verunsichert sowie in ihrer wohlerworbenen Stellung gefährdet fühlen*. Dabei sehen sie sich als Hüter und Wahrer der bisherigen bergsteigerischen Traditionen, weshalb sie ihre grundsätzliche Ablehnung von Spitzensport und Wettkampf wie auch von Profes-

„... Spitzensport und Wettkampf bringen nun eine neue Dimension in die alpinen Vereine, die sich mit den bisherigen Strukturen kaum befriedigend bewältigen läßt."

Statt als verbindendes Element zu wirken, entwickeln derart aus dem Gesamtrahmen herausgebrochene und von einer interessierten Gruppe verabsolutierend interpretierte Teilziele nun eine den inneren Vereinszusammenhang gefährdende Sprengkraft.
Diese Problematik scheint sich nun in ganz besonderem Maße zu einem Kennzeichen der alpinen Vereine zu entwickeln, da die ihnen zugewiesenen Zielsetzungen sehr breit gefächert sind. So beziehen sich diese u. a. auf gesellschaftliche, sportliche, wissenschaftliche, kulturelle, naturschützerische, patriotische – z. T. aber auch wirtschaftliche und touristische Komponenten enthaltende – Aufgabenkreise. Bis vor relativ kurzer Zeit konnte diese ganze Zielsetzungspalette unter dem Blickwinkel eines umfassenden alpinistischen Weltverständnisses als Einheit betrachtet werden, in der die einzelnen Bereiche sich gegenseitig ergänzten. Mit einer solchen Vielfalt an Zielsetzungen konnten die alpinen Vereine ein breites Identifikationsspektrum abdecken – was sich noch in dem Sinne als Vorteil erwies, daß sich dadurch die unterschiedlichsten Interessenrichtungen ansprechen ließen. Wer sich nur im entferntesten und auf irgend eine Weise mit der Alpenwelt verbunden fühlte, konnte sich so den alpinen Vereinen anschließen und sich von ihnen vertreten fühlen. Das funktionierte aber nur so lange, als nicht eine der ursprünglichen Teilzielsetzungen herausgegriffen und mit der kategorischen Forderung verbunden wurde, alle anderen Zielsetzungen seien dieser einen unterzuordnen. Welche Probleme den alpinen Vereinen damit erwachsen, zeigt sich wohl am deutlichsten im *heutigen Zielkonflikt zwischen Schutz und Nutzung der Natur.* Hier läßt sich unter Berufung auf einen absolut angelegten Schutzgedanken in letzter Konsequenz sogar das gesamte Spektrum bergsteigerischer Aktivitäten in Frage stellen – jener Tätigkeitsbereich also, zu dessen Verbreitung die alpinen Vereine doch eigentlich gegründet wurden! Das könnte durchaus der Anfang eines Prozesses sein, der die Gefahr der Selbstzerstörung in sich trägt.
In Zusammenhang mit dem Ausbau der vielen eher nur indirekt mit

dem Bergsteigen verbundenen Aufgabenkreise haben diese in den alpinen Vereinen nun ständig an Bedeutung, Gewicht und Einfluß gewonnen. Selbst dort, wo das Bergsteigen in engerem Sinne gefördert werden sollte, geschah dies bis anhin kaum nach besonders sportbezogenen Gesichtspunkten. Der sportliche Sektor verfügte deshalb – wenigstens in den alpinen Vereinen der deutschsprachigen Gebiete – schon von Anfang an nur über einen sehr geringen Freiraum. Dessen Erweiterung muß notgedrungen in anderen Bereichen eine gewisse Bedeutungs- und Einflußeinbuße mit sich bringen. Dies aber wurde von deren Exponenten bald realisiert und mit Widerstand gegen die als Bedrohung der eigenen Position empfundene Entwicklung quittiert. Aus dem Umstand, daß die Opposition von sehr unterschiedlichen Lagern ausgeht, ergibt sich zudem, daß die hier gegen die sportliche Entwicklung vorgebrachten Gründe ein wenig einheitliches Erscheinungsbild zeigen.

■ *Strukturelle Defizite*
Dank ihres historisch begründeten Prestiges und ihrer Zurückhaltung gegenüber einer Verflechtung mit Politik, Wirtschaft und Medien (die allerdings vielfach das Ergebnis eines beidseitigen Desinteresses war) konnten die alpinen Vereine ihre Strukturen ohne größeren äußeren Zeit- und Erfolgsdruck anpassen. Dies geschah im Rahmen der wachsenden Anzahl von Aufgabenkreisen und erfolgte angesichts einer generell absehbaren sowie wenig entscheidend neue Elemente einbringenden Entwicklung relativ langsam. *Die Funktionen innerhalb der alpinen Vereine ebenso wie das Wirken ihrer Träger wurden dabei weniger nach Effizienz- und Leistungskriterien beurteilt, als nach ihrer alpintraditionalistischen Ausrichtung.* Dies warf keine Probleme auf, da die alpinen Vereine einerseits in ihrem zwischen Sport, Kultur und Bergromantik anzusiedelnden und damit schwierig zu erfassenden Bereich über eine weitgehend unangefochtene Stellung verfügten und andererseits vereinsinterne Kritik kaum aufkam, weil sie als unkameradschaftlich galt. Identifikation war gefragt, weshalb die alpinen Vereine stets die Tendenz zeigten, sich eine eigene Welt zu schaffen, die Kommunikation und Bezug zur Gegenwart nach Möglichkeit mied. Sicher gilt diese Aussage nicht in gleichem Maße für alle alpinen Vereine im deutschen Sprachraum. Denn je größer der Verein ist und das Land, in dem er sich zu behaupten hat, desto stärker wurde er von allen Seiten gefordert und desto mehr mußte er sich auch öffnen.
Spitzensport und Wettkampf bringen nun eine neue Dimension in die alpinen Vereine, die sich mit den bisherigen Strukturen kaum befriedigend bewältigen läßt. Kontakte zu Wirtschaft und Medien, Organisation von Sportveranstaltungen (kurz: Sportsverbandsfunktionen) verlangen imperativ, daß andere Auswahlkriterien an die erste Stelle gesetzt werden. *Identifikation allein genügt nicht mehr.* Eine Veranstaltung, an der die breite Öffentlichkeit teilnimmt[8], wird nach ihrem organisatorischen Ablauf, ihrem Erscheinungsbild (Show-Effekt) und ihrem sportlichen Erfolg beurteilt. Das fordert vermehrten Professionalismus, Straffung der Strukturen, rasche Handlungsfähigkeit mit gleichzeitiger Steigerung der Durchschlagskraft – und damit auch eine vermehrte Zentralisierung. Das wiederum erfordert ein Umdenken und verlangt, daß

man sich mit den entsprechenden Konsequenzen objektiv (emotionsfrei) auseinandersetzt und dann jene strukturellen Maßnahmen ins Auge faßt, die notwendig sind, um die spitzensportliche Entwicklung in den Griff zu bekommen. Das bringt Unruhe und Unsicherheit, weil damit bestehende Kräfteverhältnisse und deren Träger in Frage gestellt werden. Widerstand gegen die neuen Formen des Bergsteigens ist deshalb auch von dieser Seite vorprogrammiert.

Zusammenfassende Betrachtung
Die zweite Oppositionsebene wird von jenen Kräften bestimmt, die sich gegen eine neue sportorientierte Präzisierung und Abgrenzung der Vereinsziele wenden und/oder befürchten, daß die wettkampfmäßige Entwicklung den Rahmen der traditionellen Vereinsstrukturen zumindest in einzelnen Bereichen sprengen könnte. Die sich hier abzeichnende Neuorientierung wird nun mit Maßnahmen und Argumenten abzublocken versucht, die aufgrund ihrer tendenziellen Ausrichtung in verschiedene Gruppen unterteilt werden können. Ein paar der wichtigsten derartigen Tendenzen sollen nachstehend aufgeführt werden.

■ Die Tendenz zur Selbstbindung
Hier wird versucht, die alpinen Vereine zu bewegen, sich zuerst im Rahmen eines inneren Entscheidungsprozesses und anschließend in einer offiziellen Verlautbarung definitiv gegen den Einbezug bestimmter neuer Formen (z. B. Spitzensport und/oder Wettkampf) auszusprechen und sich somit *gegen innen und außen selber zu binden.* Die alpinen Vereine sollen also jene Aktivitäten verdammen und ausstoßen, die man persönlich ablehnt. Dabei scheint allerdings vergessen zu werden, daß ein derartiges Vorgehen Ausdruck einer Schwäche ist. Denn nur wer sich unsicher fühlt, hat es nötig, sich selber Schranken zu setzen, die es ihm unmöglich machen sollen, die Grenze zum Neuen zu überschreiten. Genügend starke alpine Vereine werden sich deshalb in ihrer Entwicklung nicht auf diese Weise blockieren lassen..

■ Die Abspaltungstendenz
Diese äußert sich in der Forderung, die neuen sportlichen Formen sollten von den alpinen Vereinen abgespalten werden bzw. diese sollten derartigen „Ballast" abwerfen. Da das zu praktisch unübersehbaren Konsequenzen – vor allem hinsichtlich des Nachwuchses – führen müßte, wird dann oft versucht, zwischen Sportklettern und Wettkampf eine Grenze zu ziehen. Die Unterscheidung nach dem Motto „Sportklettern ja, Wettkampf nein" ist in der Praxis aber nicht durchführbar, da Sportklettern und Wettkampf sich gegenseitig bedingen. Denn beide sind nur äußere Erscheinungsformen ein- und derselben Grundhaltung.

■ Die Tendenz zur Ideologisierung
Hier wird davon ausgegangen, daß nicht mehr die Tätigkeit Bergsteigen – in welcher Form sie auch immer ausgeübt wird –, sondern allein die Motivation, die als Triebkraft für diese Betätigung wirkt, entscheidet, ob es sich überhaupt noch um Bersteigen handelt. Damit werden die Ideale, der „richtige Geist", in welchem

Bergsteigen betrieben wird, zum alleinigen Beurteilungskriterium. Eine sportbezogene Entwicklung degradiert – so heißt es dann etwa – den Berg, den Fels zum „Turngerät". Je nach Motivation läßt sich hier die selbe Begehung entweder als Bergsteigen im wahren, ursprünglichen Sinne oder aber nur als Sport-Kletterleistung betrachten. Damit verliert Bergsteigen jedoch jede objektive Bestimmbarkeit. Praktisch käme es jetzt nur noch darauf an, wer wem welche Motivation zuordnet bzw. wer welche Motivation zur einzig bergsteigerischen erklärt. Bergsteigen wird hier schließlich zum bloßen Spielball einer ideologischen Betrachtungsweise.

■ Die Tendenz zum Rückzug

Hier kommen zum Teil ähnliche Vorstellungen zum Ausdruck wie im vorangehenden Abschnitt. Jedoch wird das Hauptgewicht mehr auf den strukturellen Aspekt gelegt. Dies äußert sich u.a. darin, daß Professionalismus als solcher abgelehnt wird und man selbst in jenen Bereichen, wo er bereits eingeführt worden ist, wieder zum alten ehrenamtlichen System zurückkehren möchte. Neue Aufgaben, wie sie Spitzensport und Wettkampf, aber auch der damit einhergehende Breitensport mit sich bringen, widersprechen diesem streng traditionalistischen Konzept ohnehin. Ziel dieser nostalgisch geprägten Kräfte ist es, sich von allen modernen Entwicklungen abzuwenden und zu den früheren Inhalten und Strukturen zurückzukehren, die in der verklärenden Erinnerung noch ein in sich geschlossenes und weitgehend problemfreies Vereinsleben ermöglicht haben.

Die dritte Oppositionsebene – die Sportkletterszene und ihr gespaltenes Verhältnis zum Leistungsprinzip

Verschiedentlich wenden sich auch einzelne bekannte Vertreter der Sportkletterbewegung gegen die Veranstaltung von Wettkämpfen. Sie lehnen sie mit dem Argument ab, daß dabei den Teilnehmern keine Möglichkeit zur kreativen Entfaltung geboten werde. Außerdem möchte man sich einen Freiraum erhalten, der nicht so offensichtlich und terminlich fixiert vom direkten Leistungsvergleich diktiert wird. Das spitzensportliche Klettern an sich wird verständlicherweise nicht bekämpft, doch wird der Anspruch erhoben, der Kletterer solle sich auch weiterhin nach seiner Stimmung und seinen persönlichen Bedürfnissen und Zielsetzungen mit dem Fels und seinen Schwierigkeiten auseinandersetzen können. Um nun diesen (romantisch-idealisierenden) Zustand nicht zu gefährden, dürfe der Wettkampf gar nicht erst Fuß fassen. Abgelehnt wird deshalb jener Bereich, in dem es gilt, die eigenen Fähigkeiten mit jenen der andern Teilnehmer im offenen Wettkampf einem objektiven Vergleich zu unterziehen; das bringe neue Faktoren mit sich, die die bisher ungezwungene und locker-kameradschaftliche Atmosphäre (zer-)stören.

In dem Zusammenhang stellt sich nun die Frage, warum auch von seiten einzelner bekannter Sportkletterer versucht wird, spitzensportliches Klettern und Wettkampf zu trennen, indem ersteres diskussionslos akzeptiert, letzteres aber verworfen wird. Hier gilt es zunächst vorauszuschicken, daß es sich dabei stets um persönliche Stellungnahmen gehandelt hat, die keine Allgemeingültigkeit beanspruchen. *Trotzdem bleibt diese Haltung inkonsequent, denn alle entscheidenden Wettkampfelemente haben im Sportklettern ohnehin längst Eingang gefunden.* Dies äußert sich heute u.a. in einer höchst leistungsbetonten Konkurrenz um die Eröffnung und (Rotpunkt-)Begehung der prestigeträchtigsten Spitzenrouten. Daß es sich dabei nicht um einen offenen, organisierten Wettkampf handelt, an welchem alle gleichzeitig mit denselben Voraussetzungen und Chancen teilnehmen können, verschärft den Leistungsdruck und die permanente Konkurrenzsituation eher noch, als daß sie diese mindern würde!

Ebenfalls zu berücksichtigen ist hier, daß selbst *das Sportklettern ideologische und nicht primär sportliche Wurzeln hat.* Dies zeigt sich bei einer genaueren Betrachtung des ursprünglichen Erscheinungs- und Charakterbildes des Frei- oder Sportkletterers deutlich. Dieser verstand sich nämlich vielfach als „Aussteiger", der sich von den Zwängen der Gesellschaft und des Leistungsprinzips befreien und so ein möglichst ungebundenes Leben führen wollte. Zum Ausdruck kam diese Einstellung wohl am offensichtlichsten in den Routennamen, die zum Teil Anklänge an die anarchistische Gedankenwelt enthielten. Da derartige Fluchtreaktionen aber nie das Privileg eines einzelnen bleiben, entstanden bald wieder Gruppen von Kletter-„Aussteigern", eine sog. Szene, in der das Leistungsprinzip dann auch sofort erneut zu spielen begann. So lange aber der Wettkampf nicht zum festen Bestandteil geworden ist, läßt sich wenigstens noch der äußere Schein einer leistungsungebundenen Freiheit wahren. Die Wendung gegen die Einführung des Wettkampfes ist somit als letztes Rückzugsgefecht einer ursprünglich nicht spitzensportorientierten, inzwischen aber bereits „arrivierten" Sportklettergeneration zu verstehen.

Daß deren Exponenten ihre Position so lange unangefochten behaupten konnten, ist an sich erstaunlich. Dieses Phänomen muß aber vermutlich im Zusammenhang mit der in deutschsprachigen Bergsteigerkreisen besonders tief verankerten Ehrfurcht vor „historischen Persönlichkeiten", ihren Leistungen und ihrer Vorbildwirkung gesehen werden. Im weiteren ist auch der Umstand zu berücksichtigen, daß die alpinen Vereine, die das Sportklettern nicht verlieren möchten, sich ganz automatisch jene Vertreter der Sportkletterszene als Gesprächspartner aussuchen, die sich – ungeachtet der unterschiedlich gelagerten Gründe – ebenfalls gegen den Wettkampf aussprechen. Die sich daraus entwickelnde gegenseitige Unterstützung kommt schließlich den Bedürfnissen beider Seiten entgegen und sichert zudem die eigene Stellung im anderen Lager ab. Bemerkenswerterweise äußert sich dies dann auch in einer gewissen Parallelität einzelner Abwehrreaktionen, so z.B. in einer Tendenz zur Selbstbindung, indem sich einzelne Exponenten der Sportkletterszene in Verlautbarungen und Beiträgen von der Entwicklung zum Wettkampf und von einer Teilnahme distanzieren. Damit kommt es hier ein paar Jahre später zu praktisch denselben Reaktionen wie in Frankreich. Diese werden jedoch den weiteren Verlauf und den Schritt zum Wettkampf ebensowenig verhindern können wie dort. Im übrigen ist auf der internationalen Ebene, im Schoße der UIAA, der Druck zur weltweiten Einführung des Kletterwettkampfes ohnehin bereits derart groß geworden, daß sich jedes weitere Fernbleiben für die interessierten Bergsportler wie für deren Organisationen wohl nur noch kontraproduktiv auswirken kann.

Ein Blick in die Zukunft

Soll aufgrund der heutigen Tendenzen im Bergsteigen versucht werden, einen Blick in die Zukunft zu tun, so gilt es, sich mit folgenden zwei Fragenkreisen zu befassen:
- Welchen Verlauf wird die weitere spitzensportlich und wettkampforientierte Entwicklung nehmen, und welches sind die breitensportlichen Entwicklungen, die es dabei zu erwarten gibt?
- Wie sollen sich die alpinen Vereine dazu stellen und welche Konsequenzen werden sich für sie daraus ergeben?

Thesen zur spitzensportlichen Weiterentwicklung

Die sportliche Ausrichtung wird sich besonders im Bereich des Kletterns umfassender und schneller als allgemein erwartet durchsetzen. Dabei wird Klettern auch in Zukunft als Disziplin des Bergsteigens anerkannt bleiben, doch wird es sich immer mehr zu einer eigenständigen Sportart entwickeln, die auf ein starkes Echo auch beim Publikum stößt. Ein wesentlicher Teil der Kletterer wird sich ganz auf die Durchsteigung von kurzen Routen mit Klettergartencharakter beschränken (wozu ebenfalls voralpine Felsen und künstliche Kletteranlagen zu zählen sind). Daneben wird die sportliche Form des Kletterns aber auch in die hochalpinen Regionen hineingetragen werden. Ansätze dazu lassen sich heute u.a. im Montblanc-Gebiet, im Karakorum (Trango-Türme) und in den patagonischen Anden (Cerro Torre) feststellen.

Die Suche nach immer noch schwierigeren Freikletterrouten hingegen wird gegebenenfalls etwas an Attraktivität verlieren, wenn für Erstbegehungen und Wiederholungen Wochen oder sogar Monate einzusetzen sind, bis die notwendigen Bewegungsabläufe einzeln einstudiert und zur gelungenen Durchsteigung zusammengefügt werden können. Da das erzielte Prestige hier in keinem Verhältnis zum Aufwand steht, wird der Erfolg zunehmend in anderen Sparten gesucht werden, und dazu bietet sich in erster Linie der Wettkampf an. Dieser wird sich sowohl an künstlichen Kletterwänden in der Halle als auch in freier Natur[9] weltweit durchsetzen. Daraus wird sich ein normaler Sportbetrieb mit lokalen, regionalen und nationalen Ausscheidungen entwickeln, die ihrerseits dann die Voraussetzungen für internationale Veranstaltungen mit Europa- und Weltmeisterschaften sowie einem Weltcupsystem bilden. Die im Klettersport besonders attraktiven Elemente werden weiter gefördert werden. Das Schwergewicht wird weiterhin auf das Schwierigkeitsklettern gelegt werden, doch können solche Konkurrenzen durch Einlagen von Parallelschnelligkeitsklettern und musikuntermalten ballettartigen Stildemonstrationen aufgelockert werden.

Jene Generation, die heute zu klettern beginnt und sich weiterhin dafür interessiert, wird nicht mehr zu dessen konventionellen Formen zurückkehren, sondern nur noch nach den jetzt allgemein üblich gewordenen sportlichen Gesichtspunkten klettern. Wie bei allen anderen Sportarten bleibt aber die Beteiligung an den Wettkämpfen auf jene Minderheit beschränkt, die bereit ist, sich dafür einzusetzen und entsprechend zu trainieren. Dank der Vorbildwirkung der Elite wird jedoch der Einfluß des Wettkampfgeschehens bedeutend größer werden, was zur Folge haben wird, daß man sich auch im kleinen Kreis vermehrt miteinander mißt. Damit ist die *Zeit der „Aussteiger" vorbei,* und Klettern wird zu einem Sport, bei dem der Erfolg sich nur aufgrund eines langfristig aufgebauten und seriös betriebenen Trainings erreichen läßt. Künstliche Kletterwände und -anlagen werden in zunehmder Zahl errichtet werden, sodaß schließlich ein relativ dichtes Netz von Übungsgelegenheiten entsteht. Weil dadurch der Aufwand für die Ausübung des Klettersportes ebenfalls abnimmt, wird er sich verstärkt zum Breitensport entwickeln.[10] Diese Tendenz wird durch den Bau von Kletterwänden in Turnhallen weiter gefördert, denn dort werden die Schüler schon frühzeitig mit dem Klettersport vertraut gemacht. Zudem kommt dieses neue Sportgerät „Kletterwand" dem sich immer deutlicher abzeichnenden Trend entgegen, sich seine Bewegungsabläufe kreativ selber zu suchen.[11] Als Bremse für eine eigentlich massensportliche Entwicklung wirken hier nur die recht hohen Grundanforderungen bezüglich Kraft, Technik und Risikobereitschaft.

Insgesamt wird die Sparte Klettern stark an Gewicht und Bedeutung gewinnen und schließlich nicht weniger Anhänger aufweisen, als die anderen großen alpinistischen Disziplinen (Hoch- und Skitouren). Dies gilt in wohl noch vermehrtem Maße für den wirtschaftlichen Aspekt. Werbung, Mode und Medien werden im Klettersport ein Hauptbetätigungsfeld finden. *Klettersport und Kletterwettkampf werden zum „Aufhänger" des Bergsteigens werden,* womit sich das bisherige Verhältnis praktisch umkehren wird: Statt daß Klettern wie bisher ein „Ableger" des Bergsteigens ist, wird Bergsteigen – vielleicht etwas überspitzt formuliert – zu einem „Ableger" des Klettersports werden.

Im Klettersport geht es heute und morgen darum, in Riesenschritten den Entwicklungsrückstand zu den übrigen attraktiven Sportarten aufzuholen. *Dieser hochdynamische Prozess ist nicht mehr zu stoppen, denn er hat bereits jetzt Kreise gezogen, die weit über den Einflußbereich der alpinen Vereine hinausgehen.* Die Frage, ob man nun eine derartige „Versportlichung" des Bergsteigens begrüßt oder ablehnt, wird hier letztlich irrelevant, denn so oder so wird man sich damit auseinandersetzen müssen.

Thesen zur Haltung der alpinen Vereine

Bei der hier zu untersuchenden Frage nach der Haltung der alpinen Vereine, wird von der Voraussetzung ausgegangen, daß die spitzensportliche Weiterentwicklung im Bergsteigen/Klettern den im vorangehenden Abschnitt dargelegten Verlauf nimmt. Zusätzlich ist zu berücksichtigen, daß die *ideologische Ausrichtung, soweit sie die Stellung der alpinen Vereine bestimmt, eng mit den bestehenden Strukturen verknüpft ist.* Eine Überwindung der ideologischen Denkweise setzt deshalb eine Überwindung der diese stützenden Strukturen voraus – und umgekehrt. Eine Lösung dieser wechselseitigen Bedingtheit erfordert ein schrittweises Vorgehen. Nur lassen die im Bergsteigen fast explosionsartig sich durchsetzenden sportlichen Entwicklungen den alpinen Vereinen wohl kaum mehr genügend Zeit für einen allmählichen Anpassungsprozeß. Vor allem, wenn man bedenkt, daß zwischen den neuen Anforderungen einerseits, denen sich immer weniger ausweichen läßt, und den zur Bewältigung dieser Entwicklung letztlich untauglichen ideologischen und strukturellen Voraussetzungen andererseits eine rasch zunehmende Spannung besteht. Den leitenden Gremien der Gesamtvereine fällt hier in nächster Zukunft eine höchst schwierige und heikle Führungsaufgabe zu: Sie müssen sich, wenigstens auf höchster Ebene, unverzüglich der ihnen zugewachsenen Sportverbandsfunktionen annehmen. Da dies nicht nur eine Versachlichung mit sich bringen wird, sondern auch die Schaffung entsprechender Strukturen bedingt, zeichnet sich hier ein vertiefter Gegensatz zu den Bestrebungen der traditionalistisch und föderalistisch eingestellten Kräfte ab.

Nun ist festzuhalten, daß die mit Spitzensport und Wettkampf verbundenen Sportverbandsfunktionen vordringlich im nationalen Rahmen zu erfüllen sind. Wenn diese Aufgaben jeweils der Gesamtleitung jedes alpinen Vereins übertragen würden, ließen sie sich zu einem weitgehend eigenständigen Sektor zusammenfassen. Damit wäre nicht nur die notwendige Führung und die effiziente Betreuung gewährleistet, sondern zugleich der Auseinandersetzung um die „richtige" Form des Bergsteigens doch etwas der Boden entzogen. Allerdings setzt dies die Bereitschaft voraus, der Zentralgewalt (dem Gesamtverein) die Kompetenz zu übertragen, die Elitesportabteilung „Klettern" in eigener Regie zu betreiben. Die Großen unter den alpinen Vereinen, die sich auf relativ gut ausgebaute professionelle Strukturen stützen können, verfügen hier bereits über einen gewissen Vorsprung.

In diesem Zusammenhang wird sich die Frage stellen, ob es denn keine Alternative zur Übernahme von Sportverbandsaufgaben gibt. Das scheint tatsächlich zuzutreffen. Denn abgesehen davon, daß die Ablehnung aller Funktionen im Bereich von Spitzensport und Wettkampf allein schon aufgrund der internationalen Entwicklung kaum mehr möglich ist, würde eine derartige Haltung zur Selbstisolierung und zum Rückzug vom aktuellen Geschehen führen. Anspruch (alle Formen des Bergsteigens zu vertreten) und Wirklichkeit decken sich da nicht mehr. *Es besteht deshalb die Gefahr, daß nach und nach alle Tätigkeitsbereiche der alpinen Vereine in einen Erosionsprozeß hineingezogen werden, der zuerst „bloß" zu Terraineinbußen führen, schließlich aber mit dem Einbruch anderer Organisationen in die traditionellsten Bereiche des Bergsteigens enden könnte.* Denn selbst hier wird sich der Wandel zur sportorientierten Ausübung durchsetzen. Alpine Vereine, deren Clubpolitik von einer solchen Rückzugsphilosophie geprägt ist, werden notgedrungen auch den Kontakt zu den aktivsten Nachwuchsgenerationen mehr und mehr verlieren.

Die Aufgabe der attraktivsten Spielarten des Bergsteigens wird im weiteren das Interesse der Medien an den alpinen Vereinen schwinden lassen, was entsprechende Konsequenzen mit Einbußen an Prestige und Gewicht nach sich ziehen sowie auch wirtschaftliche Auswirkungen haben könnte. Eine allmähliche Verlagerung des Tätigkeitsbereiches in Richtung eines Geselligkeitsvereins wäre dann wohl nicht mehr auszuschließen.

Andererseits ist festzuhalten, daß zumindest bei den Sportkletterern im deutschsprachigen Raum Wille und Fähigkeit, sich aufgrund eigener Initiative zusammenzuschließen und sich für Spitzensport und Wettkampforganisation einzusetzen, allgemein noch wenig ausgeprägt zu sein scheinen. Deshalb ist wohl auch die Gründung eines eigenen Interessenverbandes zur Zeit (anfangs 1988) noch nirgends in ein akutes Stadium eingetreten. Überhaupt haben sich hier – ganz im Gegensatz zu Frankreich – die Zielsetzungen der Sportkletterer, ungeachtet ihrer schon großen Zahl, bis jetzt wenig klar herauskristallisiert. Die Gründe dafür sind verschiedener Natur. Zum einen wird die passive Haltung ein Relikt der ehemaligen „Aussteigermentalität" sein, deren oft leicht anarchistische Züge sich jeglichen Organisationsbestrebungen naturgemäß widersetzen. Zum zweiten hat sich hier bereits auch ein Konsumdenken herausgebildet, das durch die Erwartung bestimmt wird, andere sollten die gewünschten Trainingsgelegenheiten anbieten und für die Wettkampfstrukturen besorgt sein. Zum dritten bildet die im Moment noch bestehende Monopolstellung der alpinen Vereine eine entscheidende Hemmschwelle für all jene Kräfte, die in diesem Bereich eigene Initiative entfalten möchten.

Genau aus dieser Monopolstellung erwächst den alpinen Vereinen jedoch auch eine Verpflichtung – jene nämlich, sich allen Formen des Bergsteigens, somit auch den Bereichen von Spitzensport und Wettkampf im Klettern, anzunehmen. Das wirft nun allerdings die Frage auf, was die alpinen Vereine unternehmen müßten, wenn sie diesen neuen Aufgaben genügen wollen. Ohne Anspruch auf Vollständigkeit zu erheben, sollen hier ein paar wichtige Punkte aufgeführt werden:

■ *Konzentration der Kräfte und Mittel auf die eigentlichen bergsportlichen Zielsetzungen.* Das bedeutet Rückbesinnung und Neuorientierung in einem. Dazu gehört ebenfalls eine entsprechende Straffung im Sinne einer einheitlicheren Ausrichtung der statutarisch vorgegebenen Aufgaben. Denn nur so läßt sich der Spielraum für widersprüchliche Interpretationen einschränken.

■ Prinzipielle Aufwertung des Gedankens, daß die *alpinen Vereine Interessenvertreter der Bergsportanhänger sind.* Womit auch den Forderungen anderer Organisationen mit einer klaren Linie begegnet werden kann.

■ Beachtung des Grundsatzes der *Zurückhaltung in weltanschaulichen und politischen Fragen.*

■ *Versuch zum Abbau einer starr-einseitigen Ausrichtung* im bergsteigerischen Sektor bei gleichzeitiger Öffnung gegenüber den neuen bergsportverbandlichen Aktivitäten.

■ *Zentralisierung* im Bereich der modernen Erscheinungsformen Spitzensport und Wettkampf durch *Schaffung einer dem Gesamtverband direkt unterstellten Abteilung für Elitesport.*

■ *Generelle Anpassung der Strukturen an die neuen Bedürfnisse.* Effizienzsteigerung durch Professionalisierung in den Sektoren Spitzensport, Wettkampf und Medien.

■ *Vermehrter Einbezug der für die Medien besonders attraktiven spitzensportlichen Aspekte* in die Öffentlichkeitsarbeit. Ausbau der aktuellen und professionellen Information bei gleichzeitiger

Links: Der spätere Sieger Didier Raboutou in der Halbfinalroute in Marseille.
Unten: „Gefangen in der Zeit" betitelt der Fotograf diese Fotomontage.
Seite 79: Publikum in Arco beim „Rock Master '87".
Fotos: Hanspeter Sigrist; Uwe Schuhmacher; Heinz Mariacher

es nicht Sache dieses Beitrages zu prüfen, inwiefern die hier aufgeführten Vorschläge sich gegebenenfalls realisieren lassen. Und man kann einige sicher sogar als provokativ und dem „Geist" der alpinen Vereine zuwiderlaufend empfinden. Es ist jedoch im Sinne von *Befürwortern und Gegnern* einer solchen Entwicklung, wenigstens offen darüber zu diskutieren.

Eines läßt sich aber mit Sicherheit festhalten: *Die Zeit der „Abseitsstellung" und der „Schonung" der alpinen Vereine durch die Öffentlichkeit ist endgültig vorbei.* Die neuen spitzensportlichen und wettkampforientierten Formen des Bergsteigens haben sich für die alpinen Vereine zu einer Herausforderung und zu einem Prüfstein entwickelt. Entweder gelingt es ihnen jetzt, sich in den modernen Bergsportbereichen von den mehr reaktiven Verhaltensweisen zu lösen und den Schritt zum aktiven Handeln, zur Übernahme von Führungsfunktionen zu tun, oder sie werden die von ihnen selbst beanspruchte Stellung aufgeben müssen. Andere Organisationen werden das im Bergsportbereich steckende Potential erkennen und nutzen. Der Bergsport befindet sich heute im Umbruch, wobei dieser schon viel weiter fortgeschritten ist, als das im allgemeinen realisiert wird.

Den innovativen Kräften innerhalb der alpinen Vereine muß deshalb viel Raum gegeben werden, sonst geht die Entwicklung – nicht nur im Spitzensport und Wettkampf – an ihnen vorbei. Dabei werden zunächst vor allem die *Führungsgremien der Gesamtvereine gefordert werden,* denen hier eine *immense Aufklärungsarbeit* zufällt, die sich zugleich mit der *schwierigen Aufgabe* verbindet, *zwischen der Förderung der modernen und der Pflege der traditionellen Formen des Bergsportes einen befriedigenden Ausgleich zu finden.*

Soweit sich dies nun für einen außenstehenden Beobachter überhaupt beurteilen läßt, ist der DAV heute im Begriff, den Rückstand auf die „westalpine" Entwicklung aufzuholen. Daß dabei die Gesamtleitung auf mancherlei Widerstände stößt, wird niemanden erstaunen, der die nahezu unübersichtliche Vielfalt des alpinen Vereinslebens kennen – und auch schätzen – gelernt hat.

Modernisierung der bereits vorhandenen publizistischen Mittel (Vereinsorgane). Imagepflege als moderner, zukunftsgerichteter Verein mit bergsportlicher Ausrichtung. Abbau der Hemmungen bezüglich der Kontakte zu Wirtschaft und Werbung. Erarbeitung eines Konzeptes, das die Richtlinien und Schwerpunkte im Umgang mit der Öffentlichkeit längerfristig nach einheitlichen Gesichtspunkten regelt. Förderung der Bereitschaft, allen neuen Formen des Bergsportes offen und unvoreingenommen gegenüberzutreten (Absage an Tendenzen zur Selbstbindung).

■ *Schaffung neuer Identifikationsfaktoren im Bereich von Spitzensport und Wettkampf.*

Derartige Maßnahmen (mit den entsprechenden Konsequenzen) werden sich aufdrängen, *wenn* die alpinen Vereine den Kletterwettkampf als Teil ihres Aktivitätsspektrums akzeptieren. Dabei ist

Anmerkungen

[1] Bildung von Mannschaften, Unterstützung durch Staat, Wirtschaft, Medien und Vereine sowie ein Wettkampfkalender, der von der regionalen Ausscheidung bis zur internationalen Veranstaltung alle Bedürfnisse abdeckt.

[2] Wir beschränken uns hier der Einfachheit halber, auch weil in anderen Ländern wie Italien, Spanien usw. die Entwicklung sehr ähnlich verläuft, auf den französischen Bereich.

[3] Die sportliche Sicht des Bergsteigens hat ihren Ursprung primär in den Klettergärten, gegebenenfalls noch in den voralpinen Felsen gehabt. Der hochalpine Bereich war nur zu Beginn und dazu noch in einem bloß sehr kleinenKreis vom Sportgedanken geprägt;das Himalayabergsteigen muß dagegen bereits wieder unter einem ganz anderen Blickwinkel gesehen werden.

[4] Zur sportlichen Entwicklung des Freikletterns in Frankreich während des entscheidenden Jahrzehnts 1976-86 – auf die in unserem Beitrag nicht im einzelnen einzugehen ist – finden sich viele interessante, teilweise allerdings recht subjektiv gefärbte Angaben im Buch von Tribout, Jean-Baptiste und Chambre, David: Le huitième degŕe. Dix ans d'escalade libre en France. Editions Denöel, Paris 1987. Hier wird deutlich, daß selbst in Frankreich unterschiedliche Auffassungen, persönliche Spannungen und „Richtungskämpfe" keine so gradlinige Entwicklung erlaubt haben, wie es auf den ersten Blick noch den Anschein macht.

[5] Dies führte zunächst zur Absage von ein paar geplanten Wettkämpfen. Als sich jedoch die Durchsetzung des Wettkampfes trotzdem abzuzeichnen begann, hat das die interessierten Unterzeichner nicht gehindert, von nun an selber aktiv an den Wettkämpfen teilzunehmen. Die Polemik gegen den Wettkampf ist dann auch entsprechend rasch in sich selbst zusammengefallen.

[6] Dies allerdings erst, nachdem sich der Staat – bzw. das Ministerium für Jugend und Sport – eingeschaltet hatte, indem die FFM, nach deren Ablehnung der vorgeschlagenen Bedingungen, praktisch zum Einlenken gezwungen wurde.

[7] Vgl. Gross, Etienne: Bergsteigen zwischen Sport und Ideologie, Teil II Wiegt das Gemeinsame das Trennende nicht auf? (Kapitel: Rückzug in die Ideologie – Ursachen und Folgen.) In: Neue Zürcher Zeitung Nr. 282 (vom 4.12.1986) S.77

[8] Die Finalrunde an den (inoffiziellen) Hallen-Kletterweltmeisterschaften in Grenoble (29. Nov. 1987) wurde von ca. 5000 Zuschauern besucht und vom französischen Fernsehen live übertragen. Das „Masters" von Paris-Bercy (30. Jan. 1988) wurde von ca. 7000 Zuschauern besucht.

[9] Um das Umwelt- und Zuschauerproblem zu lösen, läßt sich hier eine Art von „halbkünstlichen" Kletterwänden denken. Dies würde bedeuten, daß geeignete Felswände zusätzlich noch mit beliebig auswechselbaren Griff- und Trittelementen ausgerüstet werden. Damit ließen sich selbst in aufgelassenen Steinbrüchen und an sonst wenig attraktiven Felsen Routen einrichten, die nicht nur den geforderten Selektionskriterien entsprechen, sondern auch für das Publikum gut zugänglich und z. B. für Fernsehübertragungen günstig gelegen sind.

[10] In der französischen Alpinzeitschrift Montagnes Magazine no 62 (Mai 1984) erschien ein Beitrag von Denis Boutry der diese Entwicklung bereits vorausgesehen hat. (Zitiert nach: Tribout, Jean-Bapitiste und Chambre, David: Le huitième degŕe, S.115): „Die Zeit des triumphierenden Individualismus, der Helden ohne Glaube und Gesetz, kurz der Abenteurer ist vorbei! Man muß sich damit abfinden: Klettern ist nicht mehr eine Tätigkeit für Außenseiter, die eine extrem antikonformistische Haltung erlaubt, Klettern ist ein Massensport geworden."

[11] Heute verlieren die auf gerätemäßig vorgegebenen oder reglementarisch fixierten Bewegungsabläufen beruhenden Sportarten an Anhängern.

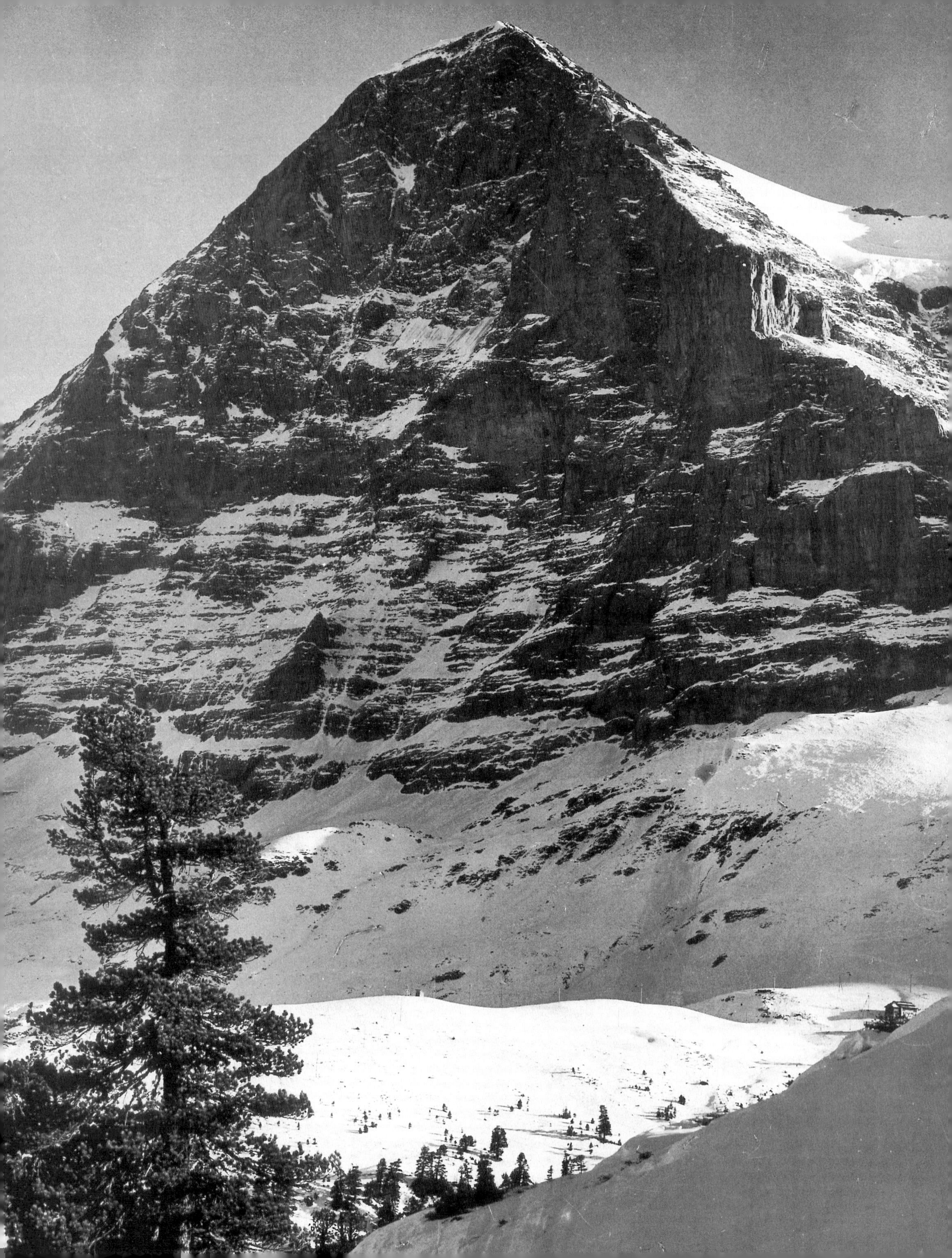

Auch wir haben einmal wenig nach der Meinung der anderen gefragt

Zur Entwicklung des extremen Alpinismus und des Sportkletterns in den Westalpen

Hanspeter Sigrist

Seite 80: Die Eiger-Nordwand, deren erste Durchsteigung sich 1988 zum 50. Mal jährte.
Foto: Alwin Tölle

Wie stark sich gewisse Bereiche des täglichen Lebens im Laufe der Jahre verändern und wie bereits nach kurzer Zeit neue Betrachtungsebenen durchaus wieder grundverschieden von den vorangegangenen sein können, wird jeweils erst dann klar, wenn man über eine gewisse Zeitspanne zurückblickt und den momentanen Ist-Zustand mit dem früheren vergleicht.

Die Jahre vergehen, und oft scheinen sie sich kaum stark voneinander zu unterscheiden, auch wenn zahlreiche intensive Erinnerungen ständig von neuen Erlebnissen abgelöst werden. Aber auch diese behalten wiederum nur für eine gewisse Zeitspanne ihre Besonderheit und verlieren dann an Bedeutung, wenn sie neuen Eindrücken Platz machen müssen. Alles scheint mehr oder weniger unbemerkt seinen Lauf zu gehen. Vieles wird mit der Zeit stark relativiert, alles wird irgendwie gewöhnlich, wenn man sich tagtäglich damit auseinandersetzt. Dies trifft fast für sämtliche Bereiche des täglichen Lebens zu, und mit der Kletterei verhält es sich nicht anders. Wenig stört den sich immer wiederholenden Jahresablauf: Nach einer langen Trainingsperiode ersehnt man im Frühjahr die wärmenden Sonnenstrahlen, die ersten Klettertage und vielleicht die geplanten Auslandsreisen in südliche Gebiete. Die Sommerhitze verlagert das Interesse in die voralpinen und alpinen Regionen, bis die Herbsttage in den Voralpen, hoch über dem dichten Nebelmeer, das sich über dem schweizerischen Mittelland ausdehnt, bereits wieder das bevorstehende Jahresende ankündigen.

Und doch wird bei einer Rückschau deutlich, wie stark sich alles laufend verändert und wie stark wir in die verschiedenen Prozesse einbezogen sind. Ein Blick ins alte Tourenbuch oder in die schon längst archivierten Alpinzeitschriften deckt eine fast unglaubliche Entwicklung auf. Eine Entwicklung, die vorweg wohl nie in ihrem vollen Umfang oder Steigerungsgrad abzusehen war, in ihrem Verlauf aber wenig Brüche aufweist und mehr oder weniger logisch lief. Wohl erregten immer wieder scheinbar gewagt formulierte Zukunftsperspektiven Ärgernis, Unmut oder sogar Widerstand, doch wurde in den meisten Fällen jeweils bald Tatsache, was kurz zuvor noch große Ängste verursacht hatte.

Daran wird sich auch in Zukunft wenig ändern. Was heute in den verschiedensten Lagern Anlaß zu heftigen Diskussionen gibt, wird in wenigen Jahren eine Selbstverständlichkeit darstellen. Manch einer ereifert sich auch heute über Gedanken, die andere bedenkenlos und aus der Folge ihrer Tätigkeiten und Erkenntnisse heraus formulieren. Der allenthalben sehr unterschiedliche Informationsstand ist nur sehr schwer auszugleichen und bildet sich im Zuge der rasanten Entwicklung jeweils sogleich von neuem. Wenn man heute glaubt, in gewissen Punkten an der absoluten Grenze oder am folgenschweren Scheideweg angelangt zu sein, so wird es sicherlich ähnlich schwerwiegende Probleme auch in Zukunft immer wieder geben. Dann vielleicht etwas anders gelagert und unter veränderten Vorzeichen.

Ziel dieses Beitrages soll es sein, Teile der Entwicklung des extremen Alpinismus' und des Sportkletterns in den Westalpen vom Standpukt der Schweiz und aus persönlicher Sicht zu beschreiben, zu analysieren und anschließend daraus einige Zukunftsperspektiven zu wagen.

In einem gemütlichen Chalet in Grindelwald im Berner Oberland, im Hause eines guten Freundes meiner Eltern, versuche ich, im Schatten der gewaltigen Eigernordwand meine Gedanken zu ordnen und mir die Erkenntnisse aus einigen interessanten Gesprächen mit den verschiedensten Leuten wieder in Erinnerung zu rufen.

Grindelwald ist für mich in einer knappen Stunde Autofahrt erreichbar. Trotzdem komme ich nicht allzu oft dorthin. Aus der Ferne, von meinem Wohnort in der Nähe von Bern aus, erscheint mir die einzigartige Kulisse der Berner Alpen meist mehr als wunderbar abgestimmtes, beinahe vollkommenes Panorama, denn als lockendes Ziel. Der Aufbruch zu diesen Bergen und deren gewaltigen, aber doch so schnell und beinahe mühelos erreichbaren Wänden ist für mich – anders als für einige meiner Freunde und Kollegen – immer mit einem größeren Aufwand verbunden. Von weitem ziehen sie mich kaum an – in ihrem Schatten, wie in diesen kalten, schneearmen Wintertagen, vermag ich mich ihres Bannes aber kaum mehr zu entziehen. Und ich bedaure in diesem Moment, daß mein momentaner Trainingsstand keine größeren Unternehmungen zuläßt. Besonders die Eigernordwand, die sich unmittelbar über dem gemütlichen Haus aufzutürmen scheint, und die sich zur Zeit in beinahe optimalen Verhältnissen präsentiert, wirkt besonders stark auf mich. Gleichzeitig anziehend – und dennoch sehr abweisend. Und es wird dabei klar, daß sie ohne diese extrem gegensätzliche Wirkung kaum eine solche Berühmtheit erlangt und derart Geschichte geschrieben hätte. Denn die Geschichte des Eigers und seiner Nordwand, deren Durchsteigung 1988 sich zum 50. Mal jährte,

Seite 83, links: Am Nordpfeiler des Eiger. Rechts: In der „Direkten Zmuttnase" der Matterhorn-Nordwand anläßlich der 1. Winter- und zugleich 2. Begehung.

Fotos: Daniel Anker

spiegelt unmittelbar die Entwicklung des Bergsteigens zum modernen Alpinismus in all seinen extremen Formen. Auch wenn zu gleichen Zeitpunkten anderswo vielleicht ähnliche Leistungen vollbracht worden sind, gelten dennoch viele Ereignisse an diesem Berg als epochemachend und -prägend.

Ebenso sind es auch im Leben des einzelnen Bergsteigers, Extremalpinisten oder Kletterers die Erlebnisse an diesem einzigartigen Berg, die wohl als einige der intensivsten Tage im persönlichen Gedächtnis verhaftet bleiben. „Eigertage" genießen einen eigenen Stellenwert und bleiben in ihrer Art ein Leben lang – besonders aber bei einer Rückkehr in den Bann dieser Wand – unübertroffen.

Überblick

Es ist keine leichte Sache, sich zur Entwicklung des extremen Alpinismus und des Sportkletterns in den Westalpen zu äußern. Zunächst ist man in der Schweiz mit dem Begriff der Westalpen eher weniger vertraut. Aus dem Blickwinkel unseres nördlichen Nachbarlandes scheint aber unser gesamtes Land dazuzuzählen. Ebenso ganz Frankreich. Weiter der nordwestliche Teil Italiens bis an die Grenze zu den Dolomiten. Diese Aufteilung erscheint so sehr grob und etwas willkürlich, doch spielt sie bei der Behandlung der weiteren Fragen auch lediglich eine untergeordnete Rolle und soll deshalb nicht weiter zur Diskussion gestellt werden.

Die einzelnen Richtungen und Tendenzen zu beschreiben ist das eine, sie in der Gesamtentwicklung einzuordnen und vielleicht sogar zu beurteilen das andere. Sämtliche Bereiche des Bergsteigens zeigen je nach Betrachterebene und persönlichen Standpunkten unter Umständen völlig verschiedene Gesichter und genießen einen ganz anderen Stellenwert. Fakten wie die Begehung von drei großen Nordwänden in einem Tag im Sommer und Winter, die bedeutensten Kletterrouten der Welt und einiges mehr sind allgemein bekannt. Wie diese aber im gesamten Betätigungsfeld des Alpinismus und im Speziellen des Sportkletterns zu sehen sind, wovon sie sich herleiten, welche Wirkung sie mit sich bringen und wohin sie führen könnten, ist in vielen Fällen nur sehr schwer abzuschätzen. Meist sind sie lediglich Teil einer umfassenden Entwicklung und deshalb auch nicht unbedingt als Besonderheit oder epochemachender Schritt zu werten.

Eindeutige Schlüsse und Ergebnisse zu einzelnen Problem- und Fragestellungen könnten denn nur präzise und konsequente Untersuchungen liefern. Solche aber sprengten den Rahmen dieses Beitrages und überforderten auch meinen Wissensstand. Ein Großteil der Bewegungen und Tendenzen hat wohl einen zentralen Ursprung, fließt dann aber ungehindert in alle möglichen Richtungen. Das Bergsteigen war in seinen verschiedensten Ausprägungen immer sehr international und daher wenig beeinflußt von den jeweiligen Landes- und Gebirgsgrenzen. Es wäre demnach verfehlt, die Schweiz als Land der bescheidenen und deshalb weitgehend unbekannten, dennoch aber überaus leistungsstarken Extremalpinisten herausheben zu wollen. Manchem „Einzelgänger" wäre damit unrecht getan. Ebenso dürfen die Franzosen nur bedingt als die einzig maßgebenden Exponenten der Freikletterei gesehen werden. Einige Engländer, Belgier oder auch Schweizer wären dann ebenso zum französischen Kreis zu zählen.

Dennoch sind die Haupttendenzen in einigen Bereichen recht deutlich zu erkennen. Diese gilt es darzustellen. Unter bewußter Vermeidung jeglichen Starkults und ohne Hervorhebung bestimmter Persönlichkeiten. Für die weiteren Ausführungen soll zum besseren Verständnis die gesamte Breite des bergsteigerischen Betätigungsfeldes extremer Richtungen in zwei Hauptbereiche aufgeteilt werden.

Erstens in den Bereich des extremen Alpinismus klassischen Ursprungs: Darin sind die Trends zu immer neuen Rekordzeitbegehungen in kombinierten Anstiegen, die Enchaînements (die Aneinanderreihung mehrerer Gipfelbesteigungen oder Wanddurchstiege in möglichst kurzer Zeit), der Winteralpinismus sowie das Eisklettern als verwandte Formen des spielerischen Sportkletterns enthalten. Die verschiedenen Einsatzmöglichkeiten der Ski und deren Abwandlung (wie das Snowboard) sowie die stark aufkommenden Flugmittel wie der Delta (Hängegleiter) und der Gleitschirm, in Kombination mit alpinen Unternehmungen, werden in dieser Betrachtung nur kurz gestreift.

Das zweite, etwas ausführlichere Kapitel umfaßt den Bereich des Sportkletterns: Von diesem erhalten die verschiedenen Spielformen des Extremalpinismus nach wie vor zahlreiche Impulse. Hauptsächlich dort, wo das reine Felsklettern unmittelbar an das hochalpine Betätigungsfeld rührt oder sogar in diesem geschieht. Daneben entwickelt das Sportklettern aber auffällig stark neue Elemente, die klar von den übrigen Entwicklungslinien zu trennen sind und wohl zunehmend einer gewissen Eigenständigkeit zusteuern. Hierbei handelt es sich um die Wandlung zur reinen Sportart, um die Tendenzen zur wettkampfmäßigen Orientierung mit klaren Strukturen und eigenem Regelwerk.

Alpinismus ad extremis

12./13. März 1987 – Dem 25jährigen französischen Extrembergsteiger und Bergführer Christophe Profit gelingt innerhalb von etwas mehr als 40 Stunden die sogenannte „Trilogie" erstmals im Winter: Nacheinander durchsteigt er im Alleingang die drei Nordwände der Grandes Jorasses, des Eigers und des Matterhorns. Für den 1000 Meter hohen Croz-Pfeiler an den Grandes Jorasses braucht er lediglich 6 Stunden und fliegt anschließend mit dem Gleitschirm vom Gipfel direkt nach Courmayeur hinunter. Nach einer kurzen Rast zu Hause in Chamonix wird er mit einem Helikopter zum Eiger geflogen, wo er gegen 16 Uhr die klassische Nordwandroute angeht. Einige Zwischenfälle und schlechte Wandverhältnisse (für eine Passage von 15 Metern braucht er eineinhalb Stunden) lassen ihn die Rampe erst nach 4 Stunden erreichen. Etwas später versagt die Stirnlampe ihren Dienst. Auf einem kleinen Band wartet er das erste Morgenlicht ab und erreicht anderntags gegen 10 Uhr den Gipfel des Eigers. Da hier widrige Winde einen Gleitschirmflug nicht zulassen, nimmt ihn ein Helikopter auf und fliegt ihn zur Hörnlihütte. Noch selbigen Tags begibt er sich zum Einstieg der Matterhorn-Nordwand und durchsteigt diese innerhalb von 6 Stunden. (Gemäß Angaben der Redaktion von „Vertical".)

Alpinistische „Sensationen" und ihre Hintergründe

Kaum ein Monat vergeht, ohne daß die großen alpinen Fachzeitschriften ihre Leser mit neuen Erfolgs- und Sensationsmeldungen aus fast sämtlichen Bereichen des Bergsteigens geradezu „erschlagen". Die zum Teil tatsächlich außergewöhnlichen Leistungen der Spitzenkletterer, Extremalpinisten, Steilwandfahrer sowie neuerdings auch der Gleitschirm- und Deltaflieger liegen heute meist weit außerhalb unseres Beurteilungsvermögens und Verständnisses. Es wäre demnach verfehlt, voreilig über derartige Unternehmen zu urteilen, ohne die personellen Hintergründe und Gedanken sowie die damit zusammenhängenden geistigen und körperlichen Vorbereitungen zu kennen. Auch sollten sie nicht voreilig auf die Bedeutung für die gesamte Weiterentwicklung des Alpinismus hin gewertet werden. Denn wer damit liebäugelt, die „Supersprints" eines Christophe Profit nachzuahmen, wird alsbald an Grenzen stoßen. Nicht nur weil er sich unter Umständen nicht ganz so leicht und schnell in den nach wie vor abweisenden Nordwänden der Alpen zu bewegen vermag, sondern weil ihm höchstwahrscheinlich die nötige Infrastruktur für derartige Exploits fehlen wird. Wer kann schon auf die hilfreiche Unterstützung der Helikopter zählen, die ihn notfalls direkt aus der Wand holen? Die Erlaubnis für diese Flüge ist einzig und allein über die Medien zu beschaffen, doch sind auch schon Bestrebungen im Gang, diese Flüge mit der Zeit entscheidend abzublocken. Die Enchaînements mittels Helikoptertransporten – die Aneinanderreihung von mehreren Routen und Wänden – werden dann bereits wieder der Vergangenheit angehören.

Auf der Suche nach neuen Zielen

Was bleibt einer jungen, ambitionierten und hoffnungsvollen Bergsteigergeneration somit noch „übrig"? Auf fast allen Ebenen scheinen die Impulse gesetzt und die Pionierleistungen vollbracht zu sein. Die bedeutendsten Leistungen der jeweiligen Exponenten sind noch in bester Erinnerung, auch wenn gleiches heute schon von vielen bewältigt wird. Was gestern noch für Aufsehen sorgte, ist heute nichts besonderes mehr. Extreme Felsklettereien, wie der Genferpfeiler in der Eigernordwand werden heute von Bern aus mit einem Frühstück in Grindelwald an einem Tag realisiert. Man nimmt es zur Kenntnis. Für die erste Begehung – die Route erhielt damals den Namen „Tor des Chaos" – die erste Winterbegehung sowie die erste Wiederholung in einem Zug, wurden vor wenigen Jahren noch mehrere Tage benötigt. Und heute greifen junge ambitionierte Extremalpinisten im Alleingang gleich den Durchstiegsrekord in der Matterhorn-Nordwand an, ohne über besondere Erfahrung in kombiniertem Gelände zu verfügen. Die Enttäuschung ist dann jeweils groß, wenn der Rekord nur um wenige Minuten verfehlt wird. (Daß einer dieser Kletterer vor seinem Durchstieg aus der gleichen Wand nach einem Schlechtwettereinbruch und bei widrigen Verhältnissen, ebenfalls im Alleingang, wieder abgestiegen ist, spricht für seine erstaunliche

Seite 85, links: Blick aus dem Genferpfeiler des Eiger in die klassische Nordwandroute; **Rechts:** Tiefblick aus der Route „Spit Verdonesque" (8+) der Eiger-Nordwand.
Fotos: Hanspeter Sigrist

Unbekümmertheit und Nervenstärke. Ob er allerdings über ausreichende technische Fähigkeiten für derartige Abenteuer und Experimente verfügte, ist dennoch etwas in Frage zu stellen.)
Andere realisieren unglaublich schnelle Alleinbegehungen mehrerer großer Wände und helfen anschließend noch am selben Tag auf dem elterlichen Hof beim Heuen. Beispiele dieser Art gäbs viele aufzuzählen. Sie stehen im wohltuenden Gegensatz zu den von den Medien ausgeschlachteten Großtaten. Deren Wert damit aber keineswegs geschmälert werden soll. Denn manch einer wäre wohl selber nie auf die Idee gekommen, die Wände in diesem Stil anzugehen, hätte er nicht davon gehört oder gelesen. Das Wissen um die Möglichkeiten beseitigt Barrieren und eröffnet die Perspektiven für interessante und reizvolle Betätigungsfelder.

Wir leben in einer Zeit, in der es immer schwieriger wird, sich aus der breiten, beachtlich leistungsstarken Masse herauszuheben. Wer sich als junger Freikletterer oder Himalayabergsteiger einen Namen machen will, muß Unternehmungen ins Auge fassen, die den Todessturz bei einer kühnen Solo-Begehung oder den Untergang im Höhensturm nicht ausschließen. Sich den 10. Grad zu erarbeiten, selbst wenn er einmal in längeren Gebirgsrouten auftreten sollte, einen Achttausender zu erkaufen und zu besteigen, einen heiklen Sprung oder wilde Skiabfahrten zu wagen, erregt heute – zumindest in Fachkreisen – kaum mehr Aufmerksamkeit.

Problematische Entwicklung?

Je mehr Engagement und Aufwand gefordert sind, will sich jemand im selbstgewählten Betätigungsfeld durchsetzen, desto mehr wird auch darein investiert. Ob dies dann immer noch durchwegs aus persönlichem Antrieb erfolgt, oder aus dem Zwangsvergleich mit den Leistungen des Kameraden oder des aus Artikeln und farbenprächtigen Bildberichten so vertraut gewordenen Idols, ist wohl nie eindeutig zu beweisen.

Sicher ist aber, daß wir uns dadurch zwangsläufig auf einer heiklen, oft nicht mehr verantwortbaren Gratwanderung bewegen. Dies gilt besonders im Bereich des Extrembergsteigens, wo heute selbst für mehrtägige Winterbegehungen auf den unter Umständen überlebenswichtigen Schutz eines Schlafsackes verzichtet wird. Dies selbstverständlich immer unter dem Aspekt der Schnelligkeit und der daraus resultierenden Sicherheit. Für einen Alpinisten, der sich über Jahre hin mit den Gesetzen der Natur und des Hochgebirges auseinandergesetzt hat, mag diese Entwicklung noch irgendwie zu bewältigen sein. Weniger aber für einen ungestümen, jungen und unerfahrenen Leistungsalpinisten. Der Grenzbereich zwischen der Möglichkeit des totalen Erfolgs oder der totalen Katastrophe – oder auch „nur", sich „unbedeutende"(?!) Erfrierungen zuzuziehen – ist bei solchen Unternehmungen jedenfalls sehr eng gehalten.

Im Normalfall problemlose Details werden unter Streß oft zu wenig beachtet und können dann fatale Auswirkungen zur Folge haben. Die kleinsten Fehler in der Materialhandhabung ziehen mitunter eine Fülle von unvorhergesehenen Schwierigkeiten nach sich, aus denen dann vielleicht das Glück hilft, gerade noch das nackte Leben zu retten. Wenn es dann aber „lediglich" beim Verlust

Oben: In der sehr schwierigen alpinen Mehrseillängenroute „Andorra"/Wendenstöcke, Schweiz (Schwierigkeitsgrad 9).

Foto: Christoph Mauerhofer

einiger Zehenspitzen bleibt, hat der Patient die eigentliche Problematik oft schnell wieder vergessen und steht bereit für neue ehrgeizige Ziele.

Die Bilanz der vergangenen Jahre war häufig nicht nur ein Rückblick auf bemerkenswerte Leistungen in fast allen Bereichen des Bergsteigens. Sie bestand nicht nur aus Erfolgsmeldungen, sondern sie war oft eine sehr traurige und beunruhigende Bilanz. Allzuviele bekannte Bergsteiger verloren auf tragische Weise ihr Leben, und wenig hätte gefehlt, daß manch eine(r) diese bestürzende Auflistung illustrer Namen noch erweitert hätte.

Diese Toten haben uns in einer quälenden Unsicherheit zurückgelassen.

Wenn die Entwicklung in gleichem Ausmaß wie in den letzten Jahren weitergeht und der Drang nach Ruhm und Anerkennung weiterhin zu risikoreichen Unternehmen führt, werden wir von einer noch größeren Häufung von Unglücksfällen nicht verschont bleiben. Es sei denn, es gelänge vermehrt, dem „Wie" zentrale Bedeutung beizumessen. Was hieße, jedem soll vorwiegend die Stärke seines persönlichen Erlebnisses Motivation zu weiteren Zielen und Ansporn zu neuer, eigener Kreativität sein. Wobei nicht stören darf, wenn manch einer seine Abenteuer auf einer geistigen und körperlichen Leistungsebene suchen will (und auch kann), die weit außerhalb unseres eigenen Vorstellungsvermögens liegt.

Sportklettern am Wendepunkt?

Innerhalb von nur 10 Jahren hat sich das Sportklettern von der anfänglich faszinierenden neuen Spielform des Bergsteigens zur reinen Sportart entwickelt. Daß ob dieses rasanten und begeisternden sportlichen Fortschritts eigentliche Grundsatzüberlegungen und anfallende Probleme gern erst einmal bedenkenlos zurückgeschoben oder gar nicht erkannt wurden, ist eigentlich klar und auch durchaus verständlich. Was zählte, war die nächste Leistungssteigerung und die Suche nach immer neuen Grenzbereichen. Damit ist man heute aber schon an zahlreiche Schranken gestoßen.

Die Schwierigkeiten mögen zwar noch um einen oder sogar mehrere Grade gesteigert werden, die Grenzen bestehen und damit der zunehmende Drang nach Neuorientierung. In Ländern und Regionen, wo der ganzen Entwicklung die große Breite noch fehlt, wo kaum eigentliche Zentren entstanden sind, oder wo sich ein Großteil der Auseinandersetzung mit der Materie Fels nach wie vor auch außerhalb der Klettergärten abspielt – zu gewissen Jahreszeiten sogar fast ausschließlich dort, zu anderen gar nicht (nämlich im Winter) – wird dies wohl vorläufig noch weniger deutlich zu spüren sein. Die große Zahl von Kletterern verliert sich dort während der Hauptsaison in zahlreichen großen und kleinen Klettergärten und voralpinen Gebieten. Höchstens im Verlauf von Schlechtwetterperioden oder des Winters trifft man sich – sofern

Unten: Hanspeter Sigrist in der Route „Chaspis Traum" (9/9+) in Meiringen, Schweiz

Seite 87: In der Route „Welle" (10−) in Balsthal, Schweiz

Fotos: Urs Gehbauer

man sich nicht doch schon organisiert hat – zum gemeinsamen Training und Gedankenaustausch.
In Zentren dagegen, wo sich schon wegen des ganzjährig angenehmen Klimas gewisse Konzentrationen ergeben, prallen die verschiedensten Vorstellungen und Interessen zwangsläufig aufeinander. Hier gilt es miteinander auszukommen, auch wenn sich immer deutlicher zwei Lager herauszukristallisieren beginnen.
Im ersten Lager wird der Kletterei die Philosophie der Zwanglosigkeit und Ungebundenheit zugrunde gelegt. Diese Haltung beschränkt sich nicht nur auf das Klettern, sondern ist auch ein wichtiger Teil der Lebenseinstellung. So verstehen sich immer noch viele Kletterer als eine Art „Aussteiger" mit einer festgeprägten Meinung und klaren Prinzipien. Das hat zur Folge, daß sich ihre Einstellung gegenüber Neuerungen – auch im Bereich der Kletterei, wie die nun immer deutlichere Ausprägung zur reinen Sportart – oft als sehr zurückhaltend oder sogar abwehrend erweist. Auf einer etwas anderen Ebene zeigen sie damit dieselben Grundzüge des Festgefahren-Seins und der Intoleranz, die sie bezogen auf andere Problemkreise immer wieder den Alpenvereinen vorgeworfen haben. Die Ansicht, von diesen zu wenig beachtet oder gar im Stich gelassen zu werden, ist ja – nicht unabsichtlich gefördert mitunter – verbreitet unter diesen Kletterern.
Doch entspricht dies auch den Tatsachen? Hat man sich nicht vielmehr von beiden Seiten her ein Bild zurechtgelegt, in dem der Sportkletterer als fremdes, daher ausgestoßenes, oder auch bedauernswert hilfloses Element im konservativen Kreis der Bergsteiger erscheint? Stellt sich nicht die Frage, ob diese Gruppe sich jemals unter besseren (anderen) Voraussetzungen um größeres Verständnis bemüht hätte? Wo heute zahlreiche Bestrebungen zur Information, Förderung oder Hilfeleistung im Gange sind, wird jede Handreiche von seiten der Vereine gleich als plumpe Anbiederung abgetan. Wer übt sich hier in Toleranz? Das Gedankengut eines großen Teils der Sportkletterer, die in diesem Falle eher als Frei-Kletterer zu bezeichnen sind, verbindet sich herzlich wenig mit dem Begriff von Sport. Der Unterschied zu den sogenannten „konservativen" Elementen in den Vereinen ist daher eigentlich gar nicht vorhanden. Die Meinungen sind – übernommen von den Vorbildern oder im Selbstlernverfahren angeeignet – vorgefaßt, und kaum mehr zu beeinflußen oder gar zu korrigieren. Selbst die Angebote zur elementarsten Weiterbildung – gerade im Bereich der eigenen Domäne, was ja eigentlich interessieren müßte – werden praktisch nicht genutzt oder zur Kenntnis genommen. Was vor Jahren gut war und Erfolg brachte, wird auch heute noch ausreichen. Wer ein Leben lang stark klettert, ohne zu ‚trainieren' wird der eigenen Philosophie weitaus am besten gerecht. Diese Gruppe, die in erster Linie Kletterer der ersten Freiklettergeneration umfaßt, wird sich demnach kaum mehr in eine neue Gemeinschaft integrieren lassen.
Im zweiten Lager, dem zweifellos auch ein etwas anderer Klettertyp angehört, wird der sportliche Aspekt vollumfänglich akzeptiert und gefördert. Zur Leistungssteigerung werden optimale Bedingungen geschaffen und eine möglichst große Effizienz in allen Formen des Trainings angestrebt. Gleichzeitig wird das Verständnis für zahlreiche weitere Bereiche des sportlichen aber auch täglichen Lebens geweckt. Die intensive Auseinandersetzung mit der eigenen Person, die Suche nach dem idealen Gleichgewicht zwischen Schonung und Forderung des ganzen Körpers, der besonders für die Kletterei wichtigen Körperteile und der vielfältigen psychischen Bereiche, erfordert viel Erfahrung, Verständnis, Geduld und Disziplin.
Unter all diesen Gesichtspunkten hat aber nicht – wie viel behauptet – die ursprüngliche Form und der Reiz der Felskletterei zu leiden. Die Faszination bleibt dieselbe, auch wenn man versucht, einige Aspekte und Probleme etwas besser in den Griff zu bekommen. Daran ändert selbst die unmittelbar mit dem Sportgedanken zusammenhängende Akzeptierung der letzten logischen Konsequenz, nämlich des organisierten Vergleiches im Wettkampf mit klarer Struktur und sinnvollem Regelwerk nichts. Die gesamte Bewegung erhält damit eher neue kräftige Impulse, die sich zweifellos in mancher Hinsicht weit mehr positiv als negativ auswirken werden.

Grenzbereiche und Sättigung
In einer Sportart, in der besonders das Neue anziehend und nachahmenswert erscheint, vermag in Zukunft ein 11. Grad nicht mehr in gleichem Maße zu begeistern, wie noch vor wenigen Jahren die Einführung des 9. Schwierigkeitsgrades. Vielleicht hauptsächlich deshalb, weil dann diese neuen Grenzbereiche auch für den fachkundigen Beobachter kaum mehr nachzuempfinden und abzuschätzen sind. Was früher noch für viele ohne besonderen Aufwand nachvollziehbar war, wird zunehmend lediglich einer Minderheit vorbehalten sein. Die vermehrt und konsequent nach sportlichen Gesichtspunkten arbeitenden Kletterer lösen sich vom Feld jener, die auf ihrer traditionellen Philosophie der Zwanglosigkeit und Ungebundenheit beharren und somit in einer völlig anderen Welt leben. Letztere aber werden dabei – zumindest was die immer und überall angestrebte Leistungssteigerung betrifft – zwangsläufig ins Hintertreffen geraten. Manch einer wird so bald den Anschluß verpassen, und es wird sich dann

zeigen, wie er mit den Problemen fertig wird, sich fortan mit Schwierigkeitsbereichen weitab der Spitze abzufinden.

Weiter hat die markante Leistungssteigerung der letzten Jahre allerdings bewirkt, daß heute neue Felswände nicht mehr sorgfältig, gleichsam mit dem kletternden Auge erschlossen werden, sondern innerhalb kürzester Zeit mit einem Netz von parallel verlaufenden, wie mit dem Lineal gezogenen Anstiegen belegt werden. Ist damit ein neues Zeitalter der „phantasielosen Direttissimas" angebrochen? Ungeachtet der Besonderheit der Felsstruktur geht damit das Auge für gangbare und logische Linien verloren. Es entstehen unendlich viele Klettermöglichkeiten ohne eigenen Inhalt und ohne charakteristisches Bild. Wo der Fels den Ansprüchen nicht mehr genügt, wo die natürlichen Griffe nicht mehr ausreichen und die Gefahr besteht, die schnurgerade Linie nicht fortsetzen zu können, hilft man der Natur etwas nach und eröffnet so die Möglichkeit zu neuen, doch etwas fragwürdigen Grenzbereichen. Auch diese Entwicklung scheint leider nicht mehr aufzuhalten zu sein, es sei denn, man realisierte bald einmal, daß man sich mit dieser radikalen Praxis zur Konstruktion von Erfolgsrouten die Zukunft verbaut. In einer Zeit, in der künstliche, unendlich modifizierbare Kletterwände an Anziehungskraft gewinnen, scheint es (leider) auch um den Respekt vor den Grenzen der Natur geschehen zu sein. Warum nicht auch künstliche Klettermöglichkeiten schaffen an Felsen mit zur Zeit (noch) nicht begehbaren Wänden? Sicher werden zusätzliche, ideal abgestimmte Trainingsmöglichkeiten einen nächsten Leistungsschub bewirken, auch wenn sich ob dieser Frage zur Zeit vielerorts die Gemüter erhitzen. Aber wenn manch einer auch an diesem Punkt einen neuen Leistungsschub nicht mehr gutheißen will, so ist doch zu bedenken, daß wohl weit über 50 % der momentan schwierigsten Klettereien – nicht nur in den Ländern der Westalpen – über künstliche (sprich geschlagene) Griffe verfügen. Wie so manch Unrühmliches im gesamten Zirkus der alpinistischen Betätigungen, wird auch diese Tatsache allzu gern unter den Tisch gekehrt. Nur wenige Erstbegeher von Routen im 10. Schwierigkeitsgrad können von sich behaupten, diesbezüglich mit reiner Weste dazustehen. Es ist also zu hoffen, daß es den Verfechtern einer „naturgerechten" Kletterethik vermehrt gelingt, Routen zu realisieren, welche die mittels Bohrer, Feile und Leim geschaffenen und in aller Welt bekannt gemachten Konstrukte (freilich ohne Hinweis darauf, wie sie entstanden sind) an Schönheit und Schwierigkeit übertreffen. Vielleicht gelingt es dann, auch in dieser Hinsicht zu mehr Ehrlichkeit – nicht zuletzt gegenüber der einzigartigen und vielfältigen Materie Fels – zu gelangen.

Im Überangebot der echten und künstlichen 10er (nach der UIAA-Skala) und der magischen französischen 8a's vermögen sich viele Kletterer nur noch mit Mühe auf eine Route zu konzentrieren und sich dafür zu motivieren. Im Bestreben oder auch unter dem Druck, unbedingt eine 8a zu klettern, hat die ursprüngliche Ethik und die Faszination der Auseinandersetzung mit der eigenen Schwerkraft sehr viel an Reiz eingebüßt. Vielleicht aber nur deshalb, weil sich heute noch jedermann skrupellos in eine besonders schwere Route hineinhängen kann, selbst wenn er darin hoffnungslos überfordert ist. Die französische 8 gilt als uneingeschränkte Prestigezahl, auch wenn zwischen 8a und 8c Welten liegen – doch wer vermag dies schon zu beurteilen. Schafft man in einer sehr schwierigen Route keinen Zug, ist man niemandem Rechenschaft schuldig, fällt man dagegen aus einer leichteren Route, droht man sich zu blamieren. Das Bild ist verzerrt und wird möglicherweise erst korrigiert, wenn neue Maßstäbe gelten und wenn sich die Spitze mit den ersten 9a's (11. Grad nach UIAA) endgültig von der breiten Masse verabschiedet. Der Rest wird sich dann nach einer neuen Motivationsbasis umzusehen haben.

Unzureichendes Regelwerk

Besonders den Durchschnittskletterer scheint es zu interessieren, wer die schwierigsten Routen klettert oder eröffnet. Daß dabei die Vergleichbarkeit und noch viel mehr die Meßbarkeit immer weniger gewährleistet ist, scheint aber ebenfalls klar zu sein. Wer eine Route unter Einhaltung gewisser Regeln klettert – nämlich in einem Zug und ohne Sturz, hat die Route geschafft. In den meisten Fällen sagt dies aber sehr wenig aus. Denn niemand oder nur einzelne fragen, ob er dazu einen Monat oder lediglich eine viertel Stunde gebraucht hat.

Wenn ein Star innerhalb einer Woche einige der schwierigsten Routen in Buoux klettert, sehen seine Fans nur den Zeitpunkt der Durchstiege als Maß aller Dinge. Wie lange er sich aber bereits dort unten aufgehalten hat, interessiert sie wenig. Vielmehr lassen sie sich von der momentanen Leistung blenden. Daß aber im Vergleich dazu die Begehung einer Chouca (8a+) innerhalb einer

Stunde ungleich höher einzustufen ist, und daß unter diesem Gesichtspunkt jemand, der zwei Wochen lang aus derselben Route immer am gleichen Punkt herunterfällt, dort eigentlich nichts zu suchen hat, steht heute nur selten zur Diskussion.
Nach wie vor tingeln zahlreiche Kletterer monatelang durch die Welt und zu den verschiedensten Klettergebieten. Angeblich auch immer bestens motiviert. Es ist nur nicht zu übersehen, daß sich für viele Leute das Geschehen in dieser Art schon bald totlaufen wird. Nämlich dann, wenn der Aufwand für wenig Ansehen und zweifelhaftes Prestige noch unverhältnismäßiger wird. Manch einer wird dann den Beweis, daß sich seine Motivation einzig und allein aus der Freude am Klettern begründet, schuldig bleiben. Das Problem der zwar vorhandenen, aber eben unzureichenden Meßbarkeit wird dann jedoch ebenfalls gelöst sein. Nämlich dank einer neuen Ethik und dank verbesserter Regeln zur Bewertung einer Begehung.

Neue Motivationsgrundlagen und Wandlung zum Wettkampfsport

Zu Beginn dieser Ausführungen schien es nicht allzu schwierig, die Entwicklung und Tendenzen im Sportklettern zu beschreiben. Und doch ist genau das Gegenteil erreicht: der heutige Ist-Zustand ist in Frage gestellt; so als sei die gesamte Sportkletterwelt an einem entscheidenden Wendepunkt angelangt, als herrschten überall nur Mißstände. Dies trifft selbstverständlich nur für gewisse Bereiche der gesamten Entwicklung zu.
Denn es bleibt nach wie vor jedem einzelnen Kletterer überlassen, seinen eigenen Idealen nachzuleben. Jeder kann sein Privatgebiet hegen und pflegen wie es ihm beliebt. Ungehindert soll er sich in eigener „Pionierarbeit" seiner Lieblingsbeschäftigung widmen. Seit jeher besteht zum Beispiel gerade die Schweiz nicht aus einem einig Volk von Kletterern, sondern viel mehr aus einem Haufen von Eigenbrötlern mit oft ausgeprägtem Kantönligeist. Und an vielen andern Orten ist dies ebenfalls noch der Fall. In Ländern wie Frankreich, Italien und Spanien dagegen spielt sich die Entwicklung geballt in einigen großen Zentren ab. Sei dies aus Platzmangel – was eher für Deutschland zutreffen würde – oder aufgrund einer viel breiteren Spitze. Bei allgemein höherem Leistungsniveau vollzieht sich somit der Schritt zum Leistungssport dort viel schneller als das in Deutschland, Österreich und der Schweiz – zumindest in Alpenvereinskreisen – je erwartet worden wäre.
Betreibt man hierzulande noch elementarste Aufklärungsarbeit was Sportklettern überhaupt beinhaltet und darstellt, so ist man in Gebieten, wo die Kletterei problemlos als Ganzjahressport betrieben werden kann, schon ungleich weiter vorgestoßen. Die oben aufgeführten Probleme sind schon seit längerer Zeit bekannt und Anstrengungen zu deren Lösung auf breiter Ebene in vollem Gang. Die Auseinandersetzungen zwischen den Lagern, die Streitereien um gewisse Ethik- und Interpretationsfragen, die überall und immer wieder diskutiert werden, haben dort schon stattgefunden. Während bei uns Magnesiadiskussionen immer noch interessant zu sein scheinen, sich gewisse Kreise oft noch die Frage stellen, ob Ein-Seillängenrouten (von den schönsten übrigens!) in einen neuen Kletterführer aufzunehmen sind, ist man anderswo bereits auf dem Weg eines jeden Leistungssports: Man betreibt die Integration in einen fähigen Verband, bemüht sich um umfassende Unterstützung, um Förderungsprogramme, Trainingsbetreuung, Trainerausbildung und fordert als faire Vergleichsmöglichkeit den Wettkampf.
Unterliegen wir nicht immer wieder, und dies besonders in Bereichen, wo eine fest verankerte Tradition wegweisend sein sollte, der Versuchung, die Augen zu verschließen und uns von etwas unangenehm anmutenden Tendenzen zu distanzieren? Machen wir dabei nicht den gleichen Fehler, der anderswo bereits gemacht wurde? Sollten wir also nicht lieber die Erfahrung der anderen in Ruhe aus der Ferne betrachten und für die bessere Beurteilung unserer Situation ausnützen? Da der Druck in unseren Breiten nach neuen Wegen und Horizonten deutlich weniger groß ist, werden wir vielleicht ohnehin immer etwas hinter den Entwicklungen, wie sie etwa in Frankreich stattfinden, nachhinken. Dennoch können wir davon profitieren. Und dazu ist es Zeit. Denn der Kletterweltcup ist in Vorbereitung und wird 1989 eingeführt. Welt- und Europameisterschaften werden folgen. Die meisten der momentan leistungsstarken Kletterer werden sich um die Startplätze reißen, auch wenn sich einige etablierte Größen zurückhalten. Die Durchführung der Veranstaltungen bot bisher zwar noch einige Probleme, doch werden diese zu lösen sein. Noch hatten an den ersten „inoffiziellen" Hallenkletterweltmeisterschaften 50 Nichtfranzosen gegen beinahe ebenso viele Franzosen anzutreten. Auch dies wird sich ändern, sobald die Teilnehmerzahl durch eine übergeordnete Instanz, in diesem Fall die UIAA, die fortan das Patronat über sämtliche größeren internationalen Wettkämpfe übernimmt, klar festgelegt ist. Dann werden die Wettkämpfe auch für Nicht-Franzosen/Italiener oder Spanier bedeutend attraktiver und so zur weltweiten Prestigeangelegenheit.
Gewisse Verbände – sprich Alpenvereine – werden dann Mühe haben, sich weiterhin passiv zu verhalten. Denn ihre Aufgabe wird es sein, die Landesvertreter zu nominieren und damit gleichzeitig für deren regelkonforme Lizenzierung zu bürgen. Ein Druckmittel der UIAA oder ein geschickter Schachzug – wie man es sehen will. Auf jeden Fall müssen Entscheide von größerer Tragweite in nächster Zeit in mehreren Ländern gefällt werden. In Deutschland, in Österreich, aber auch in der Schweiz, die in diesem Fall einmal nicht zu den Westalpen zu zählen ist.
Ob dieser Tendenzen, die vielmehr als beschlossene Tatsachen zu betrachten sind, mag man traurig sein oder nicht. Sie sind nicht mehr rückgängig zu machen. Der Stein ist längst ins Rollen gebracht. Die Wettkämpfe werden weite Kreise ziehen und gleichzeitig eine völlig neue Klettergeneration hervorbringen.
Parallel dazu werden aber auch neue Werte und Maßstäbe geschaffen. Sie werden es erlauben, aus dem vorgängig beschriebenen Dilemma herauszufinden und zu einer neuen, beständigen Motivationsgrundlage zu gelangen. Eine umfassende und abgestimmte Vorbereitung für die Wettkämpfe und damit verbunden ein verändertes Bild für die Möglichkeiten der Trainings-, aber auch Lebensgestaltung werden das Geschehen in den Klettergärten nachhaltig beeinflussen. Manch „orientierungsloser" Kletterer wird dadurch zu einem völlig neuen Kletterbewußtsein gelangen;

Spitzentanz auf dem Eis

Links und unten:
Klettern an einem gefrorenen Eisschlauch in Kuenzentännlen, Schweiz

Fotos: Daniel Anker

Fotos links:
Extremes Eisfallklettern

Fotos: Urs Gehbauer (li.);
Lorenz Radlinger

**Hochalpine Granitkletterei in der Schweiz.
„... Mangels eigentlicher Zentren kann man sich hier aber noch mühelos aus dem Weg gehen und nach seiner eigenen Façon selig werden."
Foto: Hanspeter Sigrist**

nicht zuletzt zugunsten seiner bisher oft übermäßig strapazierten und schonungslos belasteten Sehnen und Fingergelenke.

Die „Fronten" werden vielerorts noch längere Zeit bestehen bleiben. Über den Ausgang der Auseinandersetzung gibt es aber wohl keine Zweifel mehr – auch wenn dabei so etwas wie eine Ära zu Ende gehen sollte.

Wertvorstellungen, die auch einer jungen Generation gerecht werden.

Bisher ist der Alpinismus immer ein großes offenes Betätigungsfeld geblieben – auch im Sport- oder Freiklettern. Wohl in kaum einem anderen sportlich orientierten Bereich war es je möglich, sogenannte oder wirklich hervorragende Leistungen auf fast alle möglichen Arten oder Unarten zu vollbringen und auch zu vermarkten. Der Alpinismus war immer ein ergiebiges Betätigungsfeld für Vertreter unterschiedlichster Auffassungen, Zielsetzungen und Vorstellungen. Alle hatten sie ihren Platz und werden ihn bei besonderem Einfallsreichtum auch weiterhin behaupten können.

Im Sportklettern aber scheinen die Möglichkeiten dazu zu schwinden. Wohl lassen sich noch gewaltige Herausforderungen bis hin zu den Trango-Türmen im Karakorum erschließen. Die Frage, wie derartige Leistungen erbracht werden, tritt aber auch hier immer mehr in den Vordergrund. Als Folge der „schamlosen" Routenkonstruktionen werden neue Maßstäbe selbst für alpine Freiklettereien gelten müssen. Vor allem dann, wenn diese – wie so oft hervorgehoben – das letzte ehrliche Betätigungsfeld des ursprünglichen Sportkletterns bleiben sollen. Halbheiten und Tricks sind dann auch dort nicht mehr möglich. Im Zeitalter der ausgeklügelten Erschließungstechniken ist jede noch so abweisende Wand begehbar – auch frei: Von oben herab oder von unten eingerichtet. Mit oder ohne zusätzlich geschlagene Griffe. Neue und Marksteine setzende Erstbegehungen müssen daher unter Einhaltung strengster Regeln erfolgen und dürfen Diskussionen um die Frage, ob derartige Routen ebenso von oben herab erschlossen werden könnten, gar nicht erst aufkommen lassen. Zweifellos eine überaus anspruchsvolle Vorgabe, die, in Reinform beachtet, derartige Unternehmen zu sehr ernsten Angelegenheiten werden lassen könnten.

Worin liegen nun für den Westalpenraum die Besonderheiten der Entwicklung im Bereich des Sportkletterns? Wohl hauptsächlich in deren Dynamik und in der Vielfalt der wirksamen Kräfte. Diese wirken ganz klar aus der weit größeren Breite. So gibt es in der Schweiz zwar bereits über 20 Kletterer, die schon mehr als eine Route im 10. Schwierigkeitsgrad geklettert haben. Mangels eigentlicher Zentren kann man sich hier aber noch mühelos aus dem Weg gehen und nach seiner eigenen Façon selig werden. Mittlerweile gibt es gegen 40 Routen im oben angesprochenen Schwierigkeitsbereich und weitere Neuerschließungen werfen kaum mehr hohe Wellen des Interesses. Auch bleiben ernsthafte Wiederholungsversuche oft recht lange aus – eine Schweizer Mentalität? Ganz anders in Frankreich und nun vermehrt auch in Italien und Spanien, wo die Dichten in vielen Beziehungen ungleich größer sind. Kein Wunder somit, daß dort mit aller Kraft Neuerungen angestrebt werden, die auch einer jungen Generation gerecht werden, dafür aber bestehende Festungen und Werte bedenklich ins Wanken bringen. Stillstand gilt auch hier als Rückschritt und deshalb irgendwann einmal als Werteinbuße. Zumindest für den Großteil der aufstrebenden jungen Kletterer. Diese scheren sich kaum um die Ethik ihrer einstigen – nun wohletablierten – Vorbilder. Sie suchen sich ihren eigenen Weg. Sie kennen das ursprünglich revolutionäre am Rotpunkt-Gedankengut, das heute längst eine Selbstverständlichkeit darstellt, nicht mehr und haben sich mit den aktuellen Problemen auseinanderzusetzen. Diese sind ganz anders gelagert und dürfen deshalb nicht abwertend beurteilt werden.

Auch jede weitere Klettergeneration wird versuchen, sich eine neue Motivationsgrundlage zu schaffen, um in ihrer Betätigung Erfüllung zu finden und neue Maßstäbe zu setzen. Unser Werdegang dient ihr als Basis und im besten Fall noch als Wegweiser, aber immer weniger als nachahmenswertes Beispiel. Wir haben kein Recht, darüber zu urteilen oder traurig zu sein, denn auch wir haben einmal wenig nach der Meinung der anderen gefragt.

Ohne Kreativität gibt es keinen Sport

Zur Suche nach denkbaren Weiterwegen im Sport- und „Frei-"klettern

Wolfgang Güllich

Daß seine Schlußfolgerungen nur „als eine von mehreren möglichen Entwicklungsvarianten zu sehen sind", wollte Etienne Gross im Vorspann zu seinem Beitrag (s. S.63) betont wissen. Ich bekenne, eine Hoffnung darin zu sehen, daß solch alternative Entwicklungsvarianten immerhin möglich erscheinen. Das rührt nicht von einer Aversion gegen den Wettkampfsport her – auch nicht gegen das Wettklettern. Ich kenne die Faszination, die solchen Wettbewerben eigen ist, seit ich 1971 auf der Krim die nationalen Meisterschaften der UdSSR miterlebt habe. Ich habe auch erfahren, daß der direkte Wettbewerb nach anerkannten und kontrollierbaren Regeln entschieden weniger dazu verführt, der Leistung des Konkurrenten das Odium des Zweifelhaften anzuhängen (oder mit tatsächlich zweifelhaften Leistungen zu renommieren), als das im latenten Wettbewerb, den es im Alpinismus seit jeher gegeben hat, leider allzu häufig geschehen ist. Nicht zu vergessen das ungleich geringere Risiko, das ein Teilnehmer an einem wohlorganisierten Kletterwettbewerb eingeht: Lauter Gründe, die auch aus meiner Sicht für einen geregelten Wettkletterbetrieb sprechen. Jedenfalls, solange sich dieser auf künstliche Anlagen beschränkt.
Meine Hoffnung, die – wie jede – freilich eine Sorge zur Zwillingsschwester hat, zielt anderswohin. Wohin aber, das kann schlecht verleugnen, wer wie ich immer wieder – nicht zuletzt in diesen Jahrbüchern – das Bergsteigen, besonders aber das Klettern gerade auch für stark leistungsmotivierte Ausübende als Alternative angepriesen hat. Als Alternative, die es, anders als in orthodoxen Sportarten üblich, zuläßt, daß jemand seine Leistungen und die darauf abgestimmten Trainings- und Aktionspläne in eigener Regie planen und erbringen kann. Unabhängig also von Zwängen der Art, wie sie Heinz Mariacher in seinem Beitrag (s. S.47) sehr klar anspricht – oder gar von sportwidrigen Pressionen, wie sie bei internationalen Großveranstaltungen leider zunehmend gang und gäbe sind: so zum Beispiel während der Olympischen Winterspiele 1988 in Calgary, als zuvorderst nicht sportliche und witterungsbedingte Gesichtspunkte dafür den Ausschlag gaben, ob und wie die Skisprungkonkurrenzen ausgetragen werden konnten, sondern einmal mehr die Interessen einer amerikanischen Fernsehgesellschaft.

Wenn aus solchen Überlegungen eine Aussteigerideologie spricht, dann muß ich mich dazu bekennen. Klarstellen möchte ich dann aber auch, was mit einer solchen Ideologie nach meiner Auffassung nicht gemeint ist. Nicht gemeint ist, daß ein intelligenter Sportler die Erkenntnisse von Sportwissenschaft, Sportmedizin und moderner Trainingslehre ignoriert. Er wird sich in seinen eigenen Plänen vielmehr bestmöglich davon leiten lassen. Zudem wird er seine Intelligenz allerdings auch darauf verwenden, selbst die besten Chancen für eine ihm gemäße sportliche Weiterentwicklung zu erkennen. Oder – als Kletterer – darauf, bisher nicht erkannte Möglichkeiten für neue Anstiegslinien im Fels erst zu entdecken und sie sodann in der Tat als solche zu bestätigen. Oder – als Alpinist – darauf, für seine Unternehmungen die eigenen Fähigkeiten und Mittel gegenüber Wetter- und, oft wetterbedingten, Geländeverhältnissen möglichst zutreffend abzuwägen. Mit einer solchen Ideologie kann nach meiner Auffassung ebensowenig gemeint sein, daß ein Sportler die psychische Spannung gering achtet, der standzuhalten hat, wer als Teilnehmer an direkten Vergleichskämpfen das Risiko eingeht, gegenüber der Konkurrenz mehr oder weniger „gut auszusehen". Dennoch mag's seiner eigenen psychischen Verfassung mehr entsprechen und größere Befriedigung bedeuten, es gewagt zu haben, auf eigene Pläne und Entscheidungen zu vertrauen.
Meine Hoffnung also zielt dahin, daß trotz des gegenwärtig – auch der Publikumswirksamkeit wegen – dominierenden Trends hin zum Wettkampfsport Klettern „alternativsportliche Entwicklungsvarianten" der angedeuteten Art sich behaupten können als Chance für „Freikletterer" und Alpinisten. So wie bei den Kanuten, die ebenfalls einerseits in Betonkanälen sich im Wettbewerb, andererseits in unpräparierten Wildwasserstrecken im sportlichen Abenteuer zu bewähren suchen.
Wolfgang Güllich hat die Entwicklung des Sportkletterns in Europa von Anfang an und bis heute von der Spitze aus mitgeprägt. Im folgenden Beitrag entwirft er seine Perspektiven für mögliche Weiterentwicklungen. Zustatten kommt ihm dabei das sportwissenschaftliche Rüstzeug, über das er von seinem Studium her verfügt.
Elmar Landes

Rechts: Marille und Theresa Walch am Weltenburger Pfeiler überm Donaudurchbruch

Unten: Auch den Kanuten sind für Wettbewerbe zunehmend Betonkanäle recht. Dennoch suchen sie weiterhin das Abenteuer auf dem Wildwasser

Fotos:
Gerd Heidorn (oben rechts);
Rainer Köfferlein (oben)
Klaus Puntschuh

Freiklettern
aktiv sein in eigener Regie
Sport von gestern?

Eine Seilschaft
in der Route „Leben auf dem Spiegel"
(Verdon; Südfrankreich)

Eric Escoffier
in einer Verdonroute

Fotos:
Jochen Hacker

Zentrale Aspekte des Kletterns

Ein Phänomen in einzelne Bestandteile zu zerlegen, ist immer ein problematisches Unterfangen. Zwar werden die herausgearbeiteten Bausteine in der Regel besser verständlich und leichter nachvollziehbar, die Wechselbeziehung zwischen den einzelnen Aspekten aber geraten durch die so analytische Herangehensweise zu leicht aus dem Blickfeld des Betrachters. Deshalb ist es notwendig, immer das Ganze vor Augen zu haben. Wenn im folgenden näher auf die Säulen des Sportkletterns eingegangen wird, dann nur in dem Wissen, daß die einzelnen Aspekte in enger Wechselwirkung zueinander stehen, sich gegenseitig bedingen und sich so Impulse geben.

Die sportive Idee

Jede Sportdisziplin konstituiert sich durch eine Idee, eine bestimmte Grundregel, die die Art und Weise der Ausübung durch die Beteiligten bestimmt. Die Grundidee des Sportkletterns ist bekannt: Die Fortbewegung an natürlichen Felsstrukturen durch eigene Kraft, ohne künstliche Hilfsmittel – außer Magnesia und Kletterschuhen. Diese Grundidee beinhaltet die sportliche Dimension der dynamischen Weiterentwicklung, des Strebens im Sinne schneller, höher und weiter. Im Klettersport ist die sportliche Dynamik charakterisiert durch das Überwinden immer schwierigerer Felspassagen, die Optimierung des Bewegungsvollzugs – das Pushen der Leistungsgrenze.

Die historisch gewachsene und auf sozialer Vereinbarung beruhende Regel bildet die Grundlage, Leistungen vergleichen zu können. Sie ist gleichzeitig, da einfach und leicht durchschaubar, ein probates Mittel, erfolgte Kletterhandlungen einer Ehrlichkeitsprüfung zu unterziehen. Auf die Frage: „Alles aus eigener Kraft?" verhält sich die Antwort eindeutig. Aber nicht nur für unmittelbar sportive Handlungen ist diese Frage als Prüfstein geeignet, auch darüber hinausgehende Aspekte, wie zum Beispiel Doping und das Schlagen künstlicher Griffe, werden schnell ad absurdum geführt.

Die Tendenz zur zwanghaften Fortschrittsgläubigkeit kann mit diesem Mittel schnell überdacht werden, da, aus anderer Perspektive betrachtet, Fortschritt manchmal tatsächlich Rückschritt bedeutet. Diese Gefahr besteht insbesondere im Sport, weil hier der Drang zur ständigen Progression besteht, weil hier die Gefahr lauert, allzuschnell über das Ziel hinauszuschießen und oft nur der Rekord das Maß aller Dinge ist.

Lebendiger Sport beinhaltet hingegen „nur" die Hoffnung auf mögliche Steigerung, auf mögliche Weiterentwicklung – nicht mehr, aber auch nicht weniger. Der Gedanke „unmöglich" bedeutet aus sportlicher Sicht Resignation, bedeutet Sport ohne Phantasie und Faszination.

Die Kreativität

Ohne Kreativität gibt es keinen Sport. Das gilt für alle Disziplinen, für manche mehr, für andere ein bißchen weniger – für das Sportklettern auf jeden Fall mehr. Kreativität ist Katalysator für jede Weiterentwicklung im individuellen Grenzbereich, für den Fortschritt der Kletterbewegung insgesamt, und sie beeinflußt den Menschen, also den Sportler auf allen Ebenen. Fehlt sie, wird der individuelle und der Gesamtprozeß gehemmt, die Progression blockiert.

Im Sportklettern fördert Kreativität zuerst die Entwicklung des Gedankens, danach die Bewegung. Bei der Problembewältigung am Fels bestimmt Kreativität die Koordination der zur Lösung der Aufgabe notwendigen Voraussetzungen: die Qualität der Informationsaufnahme, sowie Selektion, Vergleich, Bewertung und Zuordnung der gegebenen Bedingungen. Kreativität legt die Güte des Handlungsprogramms fest und unterstützt die Suche nach der Lösungsstrategie. Sie ist qualitative Grundlage beim Durchspielen der anvisierten Strategie, beim Abschätzen der Konsequenzen und schließlich beim Erstellen des endgültigen Aktionsplanes. Daraus ergibt sich das Resultat: die Kletterbewegung.

Das „Koordinationsprinzip Kreativität" ist darüber hinaus vielfältig anwendbar; sowohl in einem engen Bezug für die einzelnen Kletterrouten, dem Training, als auch in größeren Zusammenhängen des gesamten Lebens: sensibel und reflektionsfähig sein, sich auf neue Situationen einstellen.

Beim Eindringen in einen neuen Bereich der Kletterschwierigkeit bedeutet diese „Aufgeschlossenheit" eine Änderung der Klettertechnik und damit notwendigerweise einen neuen Trainingsaufbau. Innovation in der Klettertechnik setzt unter Umständen die Ignoranz gängiger Lehrmeinungen voraus, wie es konkret mit der klassischen Drei-Haltepunkt-Regel geschah. Nicht Statik, sondern Dynamik heißt jetzt der Schlüssel zum Erfolg.

Dieser neue Kletterfluß führt, über die analytische Betrachtungsweise, im Training zur Hinwendung zu dynamischen und explosiven Elementen und hat eine Änderung der Belastungsnormativen zur Folge: hohe Intensität, geringer Umfang zur Steigerung der Explosivkraft. Das Prinzip der ständigen Variation der Bewegung gewinnt an Bedeutung; unterschiedliche Griffbreite der Leisten, verschiedene Schwingungsweiten der Aktionen sind dessen Grundlage.

Jetzt wird der Trainingsinhalt nicht mehr bestimmt durch die Isolation von Einzelbewegungen oder gar einzelner Muskelgruppen, wie etwa beim Klimmzug, sondern gestaltet sich nach dem Prinzip des Imitationstrainings, das heißt, ganze Bewegungsabläufe werden, den Anforderungen der Natur entsprechend, als Einheit trainiert und im Trockentraining nachvollzogen. So gelangt man nach jahrelangem Leistenhängen und Klimmzügeziehen zu einem viel effektiveren intermuskulären Koordinationstraining.

Die Atmosphäre

Die Atmosphäre kann auf die Entwicklung eines Sports hemmende oder fördernde Wirkung haben, kann motivieren oder deprimieren. Je nach Aufforderungsgehalt der Umwelt schmort man im eigenen Saft, ohne neue Ideen und Impulse, oder man wird angeregt, erhält das nötige Feedback und kann die Entwicklung kreativ mitgestalten.

Wie fördernd und wie hemmend die Umgebung gerade die junge

Sportart Free-Climbing beeinflußt, kann aus der relativ kurzen Geschichte des Freikletterns ohne Probleme ersehen werden.
Nicht förderlich waren vielerorts die Wurzeln in der alpinistischen Klettertradition, die ignorante Haltung der alpinen Vereine, Klettern sei nur eine kulturelle Angelegenheit und kein Sport. Ein zu enges Sportverständnis blockierte lange Zeit das alpinistische Lager, das Leistungspotential der jungen Sportkletterbewegung überhaupt wahrzunehmen. Mit der erstarrten Vorstellung des „Das-ist-unmöglich", des „So-nicht" und des dogmatischen Festhaltens am sechsten Grad, wurde oft der Hoffnung die Spitze genommen. Glücklicherweise kümmerte sich die Sportkletterbewegung um die Tradition und Ideologie der Alpinisten herzlich wenig und ging ihre eigene Wege.
Prägend und förderlich hingegen war am Anfang der Entwicklung die fast schon legendäre Atmosphäre eines Yosemite Tales. Es war das turbulente Leben dort, die Menschen aller Nationalitäten, mit ihren vielen allgemeinen Interessen und dem speziellen am Klettern, das einen in seinen allumfassenden Bann zog. Diese permanente Aktivität war belebend – motivierend. Viele von uns gingen deshalb dorthin, um aus der Quelle dieses Kraftwerkes die Energie für Extremkletterrouten zu beziehen.
So wie Anfang der siebziger Jahre, als eine Gruppe junger Kletterer sich dort zum Ziel gesetzt hatte, die Grenzbereiche der freien Kletterkunst neu auszuloten und ein Signal in einer neuen Spielart des Bergsteigens zu setzen. Im Yosemite hatte man diesen fruchtbaren Nährboden für das Klettern unter extrem sportlichem Gesichtspunkt gefunden. Die Interessengemeinschaft, die dort wohnte, pflegte den sportlichen Wettkampf, aber auch den offenen Gedankenaustausch. Fairneß war oberstes Prinzip, und im Schweiß der gemeinsamen Arbeit sollten die sportlichen Früchte reifen.
So viele Menschen mit unterschiedlichen Charakteren und Lebensauffassungen kamen hier auf einen Schlag zusammen, daß die Konfrontation mit anderen Ideen und Gedanken unvermeidbar war. Die dadurch provozierte gedankliche Flexibilität war das Gerüst für die Kreativität, die ihrerseits Umgebung, sportliche Idee und Lebensstil beeinflußte.

Lebensstil
Jede menschliche Handlung erfolgt in einem sozialen Beziehungsgeflecht und ist geprägt durch einen spezifischen Sinnzusammenhang. Soziologisch beziehungsweise sozialpsychologisch betrachtet, liegen jeder Handlung spezielle Ziele und Ideale der handelnden Person zugrunde. Eine Handlung „an-und-für-sich" gibt es nicht. Kein Mensch lebt im luftleeren Raum. Diese Tatsache gilt auch für alle sportlichen Handlungen. Jeder Sport, egal in welcher Weise er betrieben wird, unterliegt besonderen Idealen, gesellschaftlichen Normen und bestimmten Ideologien, ob das einem nun bewußt ist oder nicht, spielt dabei keine Rolle.
Sport zu treiben bedeutet, in jedem Fall gesellschaftlich bedingte Ideologien zu leben. Das „Nursporttreiben", bar jeden ideellen und ideologischen Bodens, ist eine konservative Fiktion. Jedes Sportverständnis ist historisch gewachsen und steht immer in einem gesellschaftlichen Gesamtzusammenhang. Nur der Sportbegriff als solcher variiert von einem engen Begriffsinhalt, der nur die Bewegung innerhalb eines Wettkampfes umfaßt, bis zu einem weiten Inhalt (der neueren sportwissenschaftlichen Forschung), der die Lebenswelt der sporttreibenden Menschen mit einschließt. Insofern ist die Gegenüberstellung von sportlich geprägtem Klettern und ideologisch geprägtem Klettern – der positiven Provokation entrissen – ziemlich unsinnig. Auch die heutzutage dominierende Sportform des direkten Wettkampfes hat ihren ideologischen Hintergrund: den der westlichen Industriegesellschaft, mit dem Drang nach berechenbarer Leistung.
Der Freiklettersport ging seit seinem Bestehen – und geht zum Teil noch heute – über das traditionell vorherrschende Sportverständnis hinaus. Mit der engen Sportbegrifflichkeit von Wettkampf, Leistung und ein bißchen Vereinsgeselligkeit, um danach wieder in den Alltag abzutauchen, ist diese Sportart nicht zu fassen, das Besondere nicht zu ergründen. Dieser Sportbegriff erscheint wenig geeignet, das Sportklettern vom Sportbetrieb herkömmlicher Disziplinen unterscheiden zu können. In der Tat ist Sportklettern mehr, als *diese* begrenzte Vorstellung beinhaltet.
Was ist aber nun das Besondere am Sportklettern? Was unterscheidet Freiklettern in der Ausübung von anderen Sportarten?
Eine Antwort kann in diesem begrenzten Rahmen nur verkürzt gegeben werden. Um Unterschiede feststellen zu können, bedarf es eines Blicks auf neuere sportsoziologische Forschungsansätze. Diese Ansätze sprengen die begrenzte Definition von Sport als nur Wettkampf und meßbare Leistung. Neben diesen ohne Zweifel konstitutiven Elementen des Sports rücken weitere Begriffe in den Mittelpunkt des Interesses, die mit der Forschungsrichtung „Sport und Lebensstil" umschrieben sind.
Tatsächlich ist seit den Anfangsjahren das Sportklettern und der Lebensstil der Akteure nicht zu trennen. Sportklettern ist nicht nur Konkurrenz, Wettkampf und Leistung. Der Sport ist auch geprägt durch andere Werte, die gleichwertig neben diesen genannten stehen. Klettern ist verbunden mit Reisen, dem Kennenlernen anderer Menschen und Kulturen. Sportklettern beinhaltet Kreativität und Selbstverwirklichung. Die Szene ist gleichbedeutend mit freien Regeln, Toleranz, anderen Lebensstilen, aber auch Abenteuer. Die alternativen Werte der Zeit nach '68 wurden in den siebziger Jahren bestimmend für den Sport des Freikletterns.
Natürlich war auch schon damals das Leistungsprinzip in der Bewegung vorhanden, und Konkurrenz zwischen den Kletterern spielte eine Rolle. Und natürlich waren die Sportkletterer von Anfang an spitzensportlich orientiert, aber eben nicht – und hierin besteht der qualitative Unterschied – im herkömmlichen Verständnis des Hochleistungssports. Das Leistungsprinzip als solches wurde von keinem Vertreter abgelehnt. Wenn dies geschah, dann nur in Abgrenzung zu den „herrschenden Zwängen der bürgerlichen Leistungsgesellschaft". Das Leistungsverständnis stand in enger Verbindung zu den Idealen der Selbstverwirklichung, der Kreativität und der Selbstbestimmung. „Nichtentfremdete Leistung" ist der Schlüsselbegriff dazu, die Auffassung von Leistung der Sportkletterer zu verstehen. Das bedeutet, gemeinsame Leistungen in einer positiven Konkurrenzatmosphäre zu erbringen und selbst zu bestimmen, wann, wo und welche Leistungen vollbracht werden.

„In" oder/und kreativ sein?

„Das bedeutet, gemeinsame Leistungen in einer positiven Konkurrenzatmosphäre zu erbringen und selbst zu bestimmen, wann, wo und welche Leistungen vollbracht werden ..."

Oben:
Kurt Albert und Wolfgang Güllich in Kurts schon klassischer Sportkletterroute „Exorzist" (Kastlwand bei Prunn)

Foto: Gerd Heidorn

Rechts: „Klettern ist verbunden mit Reisen, dem Kennenlernen anderer Menschen..." Am Monte Corno (Finale Ligure)

Foto: Gerd Heidorn

Links: „Prägend und förderlich hingegen war am Anfang der Entwicklung die fast schon legendäre Atmosphäre eines Yosemitetales..." Rudi Lindner in „Snake-dike" (Half Dome-SW-Wand) darüber: Helga Lindner in der Half Dome-NW-Wand (Biwak auf dem „sandy ledge")

Fotos: Helga und Rudi Lindner

Seite 99: „Man weiß, daß es geht, sogar genau wie, aber ..." Wolfgang Güllich in der Route „Catch 22", Schellneckpfeiler, Altmühltal

Foto: Gerd Heidorn

Dies ist ein Unterschied des Sportkletterns zur Erscheinungsform vieler anderer Sportarten. Im übrigen unterscheidet sich sicherlich auch die Ausübungsform der Golfer von der Sportart des Gewichthebens. Es ist deshalb für den Erkenntnisfortschritt wenig fruchtbar, Sportdisziplinen nur unter dem Aspekt von Leistung und Wettkampf vergleichen zu wollen. Unter diesem Gesichtspunkt ist freilich das Sportklettern von anderen Spitzensportarten schwerlich abzugrenzen. Das Vorgehen erinnert allerdings, man verzeihe das Beispiel, an den Jungen, der den Unterschied zwischen einem Apfel und einer Birne wissen wollte, und der von dem durch die dauernde Fragerei genervten Vater die Antwort erhält, daß zwischen Apfel und Birne überhaupt keine Unterscheidung möglich sei, da beides zum Obst zähle, schließlich seien überall Vitamine enthalten.

Um Unterschiede zwischen Sportarten festlegen zu können, ist es deshalb notwendig, die zentralen Werte wie Leistung und Wettkampf in ihrer Ausformung, ihrem Sinngehalt und ihrer Relation zu anderen Werten der Sportart genauer anzusehen: Wie wird Leistung empfunden, wie Wettbewerb und Konkurrenz gelebt? Existieren andere Werte, die die Sportart prägen? Wie ist das Verhältnis der Werte (Ideale, Ideologien) zueinander? Zuerst Wettkampf und Leistung, *dann* Kommunikation und anderes, oder mehrere Werte auf *einer Ebene?* Erhält der Leistungsgedanke eine stärkere Akzentuierung, wenn Wettkämpfe direkt ausgetragen werden? Wie verändern sich dadurch Kommunikation und das Miteinander der Akteure?

Auf solchen Fragen basiert auch die weitverbreitete Skepsis innerhalb der Sportkletterbewegung über die in jüngerer Zeit durchgeführten direkten Kletterwettkämpfe. Es ist mehr als ein quantitativer Unterschied zwischen indirektem und direktem Leistungsvergleich. Der Unterschied ist qualitativer Natur. Das Leistungsprinzip erhält mehr Gewicht, schiebt sich in den Vordergrund und wird immer stärker zum Maß aller Dinge. Das konkrete Verhalten wird durch die geänderte Atmosphäre geformt. Wenn Leistung und Konkurrenz das einzige Regulativ der Empfindung darstellen, herrscht zwangsläufig eine aggressivere Atmosphäre. Zweitrangig werden Emotionen wie die Zufriedenheit, das selbstgestellte Problem der Route gelöst, die Geschicklichkeitsaufgabe gemeistert und die eigene Perfektion demonstriert zu haben.

In letzter Zeit scheint sich nun der Lebensstil der Sportkletterer ein wenig zu ändern. Die einmal subkulturelle Sportkletterbewegung wird immer mehr zu einem Spiegelbild der Gesellschaft, das alternative Sportverständnis nähert sich der *Ideologie der vorherrschenden und dominanten Sportauffassung.* Karriere, Geld und soziales Prestige rücken in den Mittelpunkt des Interesses. Kommerz, Markt und Medien bestimmen zunehmend das Geschehen.

Diese Enwicklung hat wiederum direkten Einfluß auf die Kreativität und den sportlichen Gedanken. Die Idee „In-sein" hat Konjunktur: Viel Schein, statt Sein. Es gibt Modefarben für das Outfit, Modegebiete zum Hinreisen und Modetouren zum Klettern. Das beste Klettergebiet wird irgendwo beschrieben und schon entsteht der Zug von Kletterlemmingen. Natürlich hat die Entwicklung zum Breitensport damit zu tun, und ebenso verständlich ist, daß nicht jeder nur allein für das Klettern leben kann und will. Aber bei allem Respekt ist doch zu fragen, ob dieser Fortschritt auch wirklich als solcher zu bezeichnen ist? Bedeutet die Entwicklung nicht zuerst einen gravierenden Verlust an Individualität? Was besagt denn der Titel eines Weltmeisters, der Ruhm, die schwierigste Route geklettert zu sein, der Begriff Rekord?

Das Dilemma der objektiven Leistung

Der Gipfel, der Rekord, diese im Sport absolut gebrauchten Begriffe, sind das Maß nur scheinbarer Objektivität. Denn oft ist es schwieriger gegen eine herrschende, traditionell tief verwurzelte Meinung aufzubegehren und die eigene Überzeugung durchzusetzen, als dem geebneten und markierten Weg zu folgen und den Gipfel zu erreichen.

Meistens ist die größte Leistung nicht die fünf Minuten dauernde Perfektion der momentan schwierigsten Route im XI. Grad, sondern die Etappen auf dem Weg dorthin; die Widerstände zu überwinden und die Anstrengungen des Stein-auf-Stein-Bauens beanspruchen die ganze Kraft.

Die 9,83 Sekunden des 100 m-Weltrekordlers Ben Johnson sind zwangsläufiges Resultat beinharter Qualen – no pain, no gain. Aber auf dem Weg dorthin, auf dem Weg zu diesem Fabelweltrekord gab es sicherlich bedeutendere Marksteine (Schlüsselstellen), als den Startschuß und die in alle Einzelheiten vorbereitete Perfektion des Laufes.

Im Sport ist die Entwicklung mit der Notwendigkeit verbunden, ständig das Ruhepotential zu stören und sich selbst immer wieder aufs Neue zu überwinden. Und je härter der Sieg erkauft wird, desto intensiver ist das Erlebnis.

Fünfzehn Jahre Kletterei verschwinden so nicht mit einem Mal im Dunkel der Nacht, nur weil plötzlich (im Prinzip ja gar nicht plötzlich, sondern kalkuliert und mit System) ein neuer Zehner ins Leben tritt. Zwar ist er Markstein einer sportlichen Laufbahn, aber subjektiv nicht intensiver als andere herausragende Erlebnisse auf dem Weg dorthin, die, an der Anstrengung gemessen, auch alles abverlangt haben. Die Emotionen auf den einzelnen Etappen der Kletterei haben ebenso hoch geschlagen, weil die vormaligen Voraussetzungen die Kräfte ebenfalls bis in den Grenzbereich des Möglichen trieben. Das war so in der Pfalz, im Elbsandstein und in den USA.

Die Sportkletterdevise, daß das Ziel der Weg ist und nicht der Gipfel, führt folgerichtig zur Differenzierung des Resultats: Die Etappe gewinnt an Bedeutung. Solche Schlüsselstellen charakterisieren die Entwicklung des Sportkletterns. Der notwendige Aufwand, der Stil rückt in den Vordergrund. Nicht zuletzt resultiert hieraus der Variantenreichtum des Klettersports. Zwischen Ein- und Ausstieg liegt die Entfaltungsmöglichkeit des Sportlers. Nur sie und die sportliche Regel sind die Begrenzung.

Die Zahlen der Schwierigkeitsgrade sind nur vordergründig objektiver Leistungsmaßstab. Kletterleistungen mit einer Zahlenreihe zu quantifizieren ist ein abstraktes Unterfangen und gewinnt nur auf vergleichender Basis an Bedeutung. Solche Vergleiche beziehen sich auf den benötigten Einsatz verschiedener subjektiv gefärbter Faktoren – zum Beispiel konditionelle und psychische.

So kann, je nach Perspektive, eine psychisch anspruchsvolle Route schwieriger erscheinen als eine athletische und umgekehrt. Neben der abstrakten Zahl sind daher noch andere Kriterien zur Beurteilung von Leistungen erforderlich. Solche Kriterien betreffen etwa den Stil, das heißt die Frage nach den verwendeten Hilfsmitteln und -maßnahmen – wie Topropeinspektion, Ausbouldern, Flash und anderes.

Die scheinbare Rekordleistung einer Zehnerroute relativiert sich in ihrer Objektivität, wenn die zur Verfügung stehenden Mittel und das subjektive Empfinden einzelner Etappen in Beziehung zueinander gesetzt werden. So waren auf manchen Etappen die Emotionen besonders intensiv, weil die Anstrengung, sich jede Kenntnis erst einmal selbst zu organisieren, enorme Anforderungen gestellt hatte. Faszinierend ist die Erkenntnis, die Entwicklungleiter selbst emporgestiegen zu sein, ohne die hilfreiche Hand eines Trainers; und Zufriedenheit kann aus der Tatsache geschöpft werden, aus eigener Kraft den individuellen Gipfel selbst zu erklimmen.

Das ist so ähnlich, wie wenn Leute die Routensuche im Gebirge mit Karte und Kompaß dem leicht markierten und sicher schnelleren Weg zum Gipfel vorziehen.

Deshalb liegt die „Schwierigkeit" oftmals nicht im Nachvollziehen vorgegebener Wege, sondern in der „Qualität des nächsten Schrittes" in neuem und unbekanntem Terrain. Hierfür bedarf es außer der konditionellen Voraussetzungen der kreativen Intelligenz.

Die Qualität des nächsten Schrittes

Das Problem ist hier, daß die Tendenz zur Trägheit, die eingefahrene Automatisierung und Ökonomisierung des Verhaltens für eine Weiterentwicklung aufgegeben werden muß. Muskulatur und Geist müssen immer zwingend von neuem überrascht werden. Über die Auseinandersetzung mit neuen Situationen werden Psyche und Physis flexibel gehalten.

Mit Phantasie überraschen, das gewohnte Gleichgewicht stören und auf die veränderte Situation einstellen, ist die Devise. Notwendig ist das Sichlösen aus vertrauter Umgebung. Nur so können Barrieren, entstanden durch monotone, einseitige Betrachtungen und Belastungen, überwunden werden.

Das Überwinden von Barrieren betrifft sowohl den psychisch-konditionellen als auch den psychisch-ideologischen Bereich.

Im Sportklettern ist die ständige Variation ein Entwicklungsprinzip. Keine Kletterstelle gleicht der anderen. Die Automatisation von Bewegungsfolgen in einer bestimmten Route führt zwar zur Perfektion dieser Tour, aber auch zu einem engen Spezialistentum an diesem einen Stück Fels. Vielseitigkeit ist deshalb Trumpf. Etwa beim Bouldern, wo durch Variation die Phantsie geschult wird, indem Felsstrukturen Bewegungsvorstellungen zugeordnet werden.

Auch auf der ideellen Ebene sind Barrieren niederzureißen, überlieferte Phänomene in Frage zu stellen. Kritik an bereits Akzeptiertem wird zur Grundlage phantasievollen Denkens. Zu lange wurde beispielsweise die Leistungsgrenze des Kletterns per Definition akzeptiert, wurde vor dem scheinbar Unmöglichen resigniert. Dabei ging die Sensibilität für das Machbare verloren und selbst später, trotz vieler Gegenbeweise, daß es diese Barriere nicht gibt, wurden die Augen dogmatisch verschlossen. Damals bedurfte es in der Tat einer kleinen Rebellion gegen jahrzehntelang festgefahrene Traditionen, um den Fortschritt des Klettersports einzuleiten. Nicht von ungefähr wurde damals die erste Freiklettergruppe in der Südpfalz zur Outsidergruppe (tatsächlich unter diesem Namen bekannt) gestempelt und aktiv durch Repressalien bekämpft.

Natürlich ist das Überwinden von Barrieren und dieses Experimentieren mit neuen Ideen auch mit Risiken behaftet. Ein Realitätsbezug muß vorhanden sein, ein gesundes Beurteilungsvermögen für das eventuell Machbare ist notwendig – keine absolut wilde Schwärmerei.

Die strukturlos verputzte Wand bleibt nach wie vor „unmöglich", nur mathematisch gesehen kann man sich gegen diesen Limes bewegen. Nicht wenige sind an ihrer beflügelten Phantasie, an maßlos überhöhten Träumen gescheitert. Am Anfang, als alles in Frage gestellt wurde, als grenzenlose Euphorie herrschte und das Wort „unmöglich" zum Tabubegriff erklärt wurde, war für manchen der Sturz in die Ernüchterung vernichtend – Nemesis. Um sich keiner Utopie zu verschreiben, muß Phantasie und Realitätssinn sorgfältig ausbalanciert sein. Sport ist greifbar und meßbar. Im Grenzbereich jedoch bewegt man sich manchmal im Stadium des „Catch 22": Man weiß, daß es geht, sogar genau wie, aber man kann es nicht ausführen. Das ist der Bruch zwischen Denken und Handeln.

In der Route „Chouca" (Buoux; Südfrankreich) gilt es vor allem „sprung-explosiven Belastungen" (Güllich) gewachsen zu sein. Rechts und unten: Wolfgang Güllich Unten rechts: Catherine Destivelle, die „Chouca" als erste Frau geschafft hat.

Fotos: Thomas Ballenberger; René Robert (1)

Balanceakte zwischen Realitätssinn und Phantasie

Fotomontage links:
Uwe Schuhmacher

Die Fotos links und oben zeigen den Autor in „La Rose et le Vampir" (Buoux). Eine Route, die ausgefallene, variantenreiche Bewegungsabläufe und dementsprechende Bewegungsphantasie erfordert.

Fotos:
Thomas Ballenberger

Seite 103: Aus der Felsheimat des Fritz Wiessner; links: im Flachskopf-Nordriß; rechts daneben: Abseilen vom Teufelsturm.

Fotos: Reinhard Karl

Deshalb bestimmt das fundierte Verständnis für funktionelle Zusammenhänge und leistungsrelevante Faktoren die optimale Entwicklung. Man muß sich oft erst, wie am Anfang des Freikletterns, aus dem Umfeld lösen, um Grundlagen zu schaffen. Das klingt vielleicht einfach; die Ursprungsidee für jedes neue Stadium zu entwickeln ist aber meistens das Schwierigste überhaupt – siehe Rotpunktgedanken – dann erst entwickelt der Sport Eigendynamik.

Nach Erarbeitung der Grundlagen werden die Details und Spezialformen ausgebildet. Im Klettern entwickeln sich so, aufgrund der verschiedenen Gewichtung der leistungsbestimmenden Faktoren, die Einzeldisziplinen. Dabei kann die Idealvorstellung des Sports als Einheit von Körper und Geist im Sportklettern zur Geltung kommen.

Foto oben: Fritz Wiessner, der die Idee des sportlich fairen Kletterns aus dem Elbsandstein in die USA und von dort in beharrlicher Überzeugungsarbeit wieder zurück nach Europa getragen hat.
Am 3. Juli 1988 ist Fritz Wiessner verstorben. Von seiner Idee zeugt auch dieser Beitrag.

Foto: Hans Steinbichler

Einzeldisziplinen des Sportkletterns

Schwierigkeitsklettern

Der Kletterer bewegt sich in dieser Disziplin physisch an der individuellen Leistungsgrenze. Der Rekord und der Schwierigkeitsgrad signifizieren den Erfolg. Das Klettern in hohen Schwierigkeiten wird zur perfekten Felsturnkür. Die Passagen und Bewegungsabläufe sind automatisiert und werden im erfolgreichen Versuch aneinandergereiht. Äußerste Konzentration, höchste Athletik und Ausdauer sind notwendig, wenn die Schlüsselstelle erst oben am Ausstieg wartet. Oft muß die Route „durchgebissen" werden, immer in höchster Konzentration, damit die präzise Ausführung der Bewegungen gewährleistet bleibt. Ermüdungserscheinungen führen in längeren Routen zum Aufmerksamkeitsverlust. Die Schwierigkeit liegt stets im richtigen Erfühlen des Druckpunktes, in der exakten Steuerung der Schwungenergie, der dosierten Ausnutzung der Impulse und in der Treffsicherheit bei Fingerlöchern.

Vor allem in den hohen Schwierigkeitsbereichen ist das Reaktionsvermögen eine entscheidende Voraussetzung für die flüssige und dadurch ökonomische Bewegung. Deshalb ist es hilfreich, sich in den Zustand leichter „Aggression", oder besser ausgedrückt, leichter Erregung zu versetzen. Allerdings darf dieser Erregungszustand nicht zu stark werden, da sonst die hervorgerufene Unruhe eine „Bewegungsunschärfe" mit sich bringt. Es ist also immer ein Bestreben, den Zustand der Erregung auf das ideale Maß zu regulieren, um den optimalen Handlungsablauf zu gewährleisten.

On Sight-Klettern

Eine Route zu klettern, ohne sie vorher zu kennen, ist in erster Linie eine intellektuelle Herausforderung. Der Kletterer muß blitzschnell reagieren: Informationsaufnahme der gegebenen Bedingungen, Analyse der aufgenommenen Information und das Erstellen eines effektiven Handlungsprogramms auf der Grundlage des motorischen Gedächtnisses zur Lösung des Kletterproblems müssen unter extremem Zeitdruck erfolgen.

Psychisch anspruchsvolles Klettern

Klettern mit hohen psychischen Anforderungen liegt vor allem in schwierigen Routen ohne vorhandene beziehungsweise mit nur spärlichen Sicherungsmöglichkeiten vor. Diese Variante des Sportkletterns verlangt aufgrund der Sturzgefahr eine hohe Eigenverantwortung und gutes Beurteilungsvermögen hinsichtlich möglicher Sicherungspunkte und machbarer Bewegungskombinationen. Clean-Climbing wird diese Disziplin genannt, weil die gelegten Sicherungsmittel (Klemmkeile, Rocks, etc.) wieder entfernt und somit keine „Spuren" hinterlassen werden.

Der Akteur hat das Problem, in Kletterposition mehr Informationen verarbeiten zu müssen als zum Beispiel in Routen mit Bohrhakensicherung. Das Sicherheitsbedürfnis verlangt die blitzschnelle Auswahl der adäquaten Sicherungsmittel, die treffsichere Anwendung der optimalen Legeposition und die richtige Beurteilung der Belastungsqualität. Diese Art der Kletterei erfordert deshalb in Passagen mit mangelhaften Sicherungsmöglichkeiten ein besonderes Reaktionsvermögen und eine gesteigerte Kontrolle der Bewegungen.

In manchen Gesteinsarten ist die Sicherung mitunter sehr zweifelhaft und hat oft nur moralische Qualität. In solchen Grenzbereichen ist diese Kletterei objektiv gefährlicher als etwa das Solo-Klettern. Die Gefahr besteht, daß man ins Gefühl scheinbarer Sicherheit regelrecht eingelullt wird.
In der Route R.I.P. im Altmühltal riskiert man eventuell bei einem Sturz den „Reißverschluß"; das heißt, eine Sicherung nach der anderen würde aus der Wand gerissen werden und der Kletterer sukzessive zu Boden stürzen. (Als Warnung gilt der Routenname: 1.) to rip = herausreißen, und 2.) R.I.P. – Rest in Peace, eine Wendung auf vielen amerikanischen Friedhöfen.)

Die Idee des Clean-Climbing könnte in Gebieten mit derzeit primär durch Bohrhaken gesicherten Routen ein riesiges Aktionsfeld neu erschließen. Im Frankenjura wurden einige Routen in diesem psychisch anspruchsvolleren Stil „neu" erstbegangen.

Die erhöhten Anforderungen beschränken sich aber nicht nur auf den psychischen Bereich, sondern betreffen auch den konditionellen, da das Legen von Sicherungen oft in ungünstigsten Kletterpositionen erfolgen muß. So war in der bisher nur „Toprope" begangenen Route Moonbeam in Yoshua Tree/USA allein ein Zeitaufwand von 5 Stunden notwendig, um in etlichen Versuchen eine zum Weiterweg unerläßliche Sicherung anbringen zu können. Manche Routen werden so bemerkenswerterweise in Etappen erschlossen und verlangen ein Training für ganz spezifische Sicherungstechniken: Sandwichmethode zweier gegeneinander verdrehter Klemmkeile; Verspannung von Keilen in Löchern bei gleichzeitiger Zugrichtung zur Seite und ähnliches.

Solo

Keine Begehungsart wird so kontrovers diskutiert wie „Free Solo", das Klettern ohne Seil und Sicherung. Von Todesmut und Wahnsinn wird gesprochen. Solche Redensarten sind jedoch verfehlt. Von lebensmüde keine Spur. In keiner anderen Lebenssituation ist man so lebenshungrig, lebt und empfindet so intensiv, kämpft und verteidigt man das Leben so hartnäckig gegen das Risiko, das zwar objektiv besteht, das man aber subjektiv hundertprozentig im Griff hat. Denn wochen- und monatelang setzt man sich mit diesem Stück Weg im Fels auseinander. Am Anfang erscheint es als absolut vermessenes Vorhaben. Dann wird es allmählich ins Machbare heruntergeholt. Der Reiz leigt in der Selbstfindung und Grenzerfahrung, der Mobilisierung extremer Energien, der absoluten Kontrolle der Handlungen. Aber es ist keine Herausforderung des Unbekannten, die Tour ist ja schon bekannt.
Free Solo bedeutet, das Vorhaben durchdenken, alle Bewegungen bis ins Kleinste präzisieren und perfektionieren, den Streß kanalisieren und in neue Energiequellen umwandeln; sich hineinbegeben in die vollkommene Konzentration, das Empfinden des hellwachen und sensibilisierten Zustandes der totalen Aktivierung. Über die Auseinandersetzung mit dem Tod zu einem intensiveren Gefühl für das Leben zu kommen, ist der Gedanke, der dahintersteckt. Allerdings darf Free Solo, dieser aktive und gewollte Kampf gegen das Bewußtsein des Todes, niemals alltäglich oder automatisiert werden. Er muß immer einen Höhepunkt im Leben darstellen.

Kreativer Sport
Dimensionen über die Höchstleistung hinaus

Felsformationen
links und oben: in Korsika
darüber: bei Cimai (Provence)

Fotos:
Andreas Fritzsche;
Jürgen Winkler

„Eigenes weitergeben, Fremdes selbst kennenlernen, Schranken überwinden …"

Die „Kathedrale" im Monument-Valley (USA)

Im Grand Canyon (USA)

Fotos: Brigitte Drees

Summierte Belastung in Mehrseillängenrouten

Kurze und schwierige Sportkletterrouten sind sicherlich eine Herausforderung. Nicht minder fordernd sind anspruchsvolle Mehrseillängentouren. Hier liegt für die Zukunft des Sportkletterns ein enormes Entwicklungspotential. Der Bogen der „Big-Wall-Idee" spannt sich von den alpinen Gebieten mit eher Klettergartencharakter bis zu den gigantischen Wänden des Himalaya. Solche Begehungen verlangen eine zuverlässige „On Sight-Fähigkeit" und extremes Regenerationsvermögen. Mit Sicherheit ergibt sich hier auch die Möglichkeit einer Kombination von Sportklettern und Höhenbergsteigen.

Sportklettern als kreative Pionierleistung

In Neutouren

Irgendwo und irgendwann wird sie entdeckt, steht mitten in der Landschaft, in den USA, in Europa oder China. Herausfordernd, undurchstiegen, kompakt: die Felswand. Ein naturgestellter Geschicklichkeitstest, Aufgabe für Geist und Körper.

Der erste Blick schätzt ab. Durch sensible Informationsaufnahme werden die Strukturen zutage gefördert: Bänder, Risse, Absätze – Sondierung der Möglichkeiten. Mit der optischen Analyse werden die ersten Bewegungsabläufe in die Wand projiziert. Unter der realistischen Einbeziehung eigener Fähigkeiten verbinden sich phantasievolle Bewegungen mit Wandstrukturen.

Mit der intelligentesten Lösung die unbezwungene Wand zu knacken, ist die Aufgabe. Die Linie des geringsten Widerstandes zu finden und die ökonomischste Antwort auf die Herausforderung zu geben, ist das Ziel der Handlung.

Denn der Kletterer behindert sich nicht durch selbstgestellte Probleme selbst, sondern ist darauf bedacht, die zunehmend schwierigere Aufgabe – noch kompakter und abweisender – nach Ökonomieprinzipien zu lösen. Dabei bedingt beim Klettern die Vielfalt der Felsstrukturen die Mannigfaltigkeit der Bewegungsmuster.

Keine Kletterroute ist deshalb absolut identisch mit einer anderen. Jede besitzt ihre eigene Identität, ihre eigene unverwechselbare Struktur. Daher ist die Benennung der Routen begründet. Die spezielle Charakteristik der Route unterstützt die Namensgebung. Zum Beispiel beschreibt der Routenname Amadeus Schwarzenegger, X-, im Frankenjura die notwendige Anwendung zweier Kletterstile. Amadeus (Mozart) steht für Präzision und Feinkoordination am Einstieg und (Arnold) Schwarzenegger für den ungeheuren Kraftaufwand im zweiten Abschnitt der Tour.

Beim Schwierigkeitsklettern

Jede progressive Entfaltung im Leistungsbereich des Spitzensports erfordert die kreative Entwicklung von neuen und effektiveren Technik- und Trainingselementen. Hierzu bedarf es der Phantasie, um eine Verbesserung der leistungsbestimmenden Faktoren und deren effektive Anwendung zu erreichen. Nicht im eigenen Saft schmoren, über die Grenzen der eigenen Disziplin hinausschauen, andere Sportarten beobachten und deren Erfahrungen für das Klettern nutzbar machen, ist die Devise.

Wie es etwa John Gill tat, jener brillante Analytiker und Mathematikprofessor aus Colorado, der als Vater des extremsten Sportkletterns betrachtet werden kann, und der aufgrund eigener Erfahrungen und Beobachtung bereits in den fünfziger Jahren zahlreiche Elemente des Geräteturnens für das Bouldern übernommen hat: Elemente der Dynamik, der Balance und der Präzision. Spezifische Trainingsmethoden wurden von ihm erdacht – zu einer Zeit, in der im Alpinismus noch die 3-Punkt-Regel gelehrt wurde. Seitdem bestehen Begriffe wie Felsturnen und Felsakrobatik zurecht.

Auch aus anderen Sportarten wurden Technikelemente übernommen. Zum Beispiel aus dem Basketball der Moment des „Toten Punktes": Nach dem Abdruck des Körpers in die Höhe, kurz bevor die Schwerkraft wieder beginnt die Bewegung umzudrehen, entsteht ein Moment scheinbarer Ruhe, ein Augenblick des Stillstandes. In diesem Moment subjektiver Schwerelosigkeit erfolgt die Aktion, greifen die Hände zum nächsten Griff, um den Körper zu stabilisieren.

Jeder Einstieg in einen neuen Schwierigkeitsbereich ist von der Fähigkeit abhängig, Schwächen zu erkennen und zu beheben.

Auch hier bewährt sich das Handlungsprinzip, vorhandene und verkrustete Strukturen kritisch in Frage zu stellen.

Beispielsweise müssen für den Einstieg in den elften Grad neue Wege der Leistungssteigerung gefunden werden. Wegen der zu erwartenden völlig anaeroben Belastung in den Schlüsselstellen, ohne regenerative Phasen, gilt es zukünftig die Belastungszeit zu minimieren, da die Zeit begrenzendes Regulativ des Erfolges ist. Notwendig dazu ist eine Steigerung des Reaktionsvermögens und eine Verbesserung des flüssigen und deshalb ökonomischen Kletterstils. Noch ist das Konzentrationsvermögen der Kletterer zu begrenzt, um in längeren Touren eine bessere „Springfähigkeit" erreichen zu können. Ohne Zweifel liegt darin aber der Schritt in die Zukunft. Wird nämlich die Reaktionszeit verbessert, das Bewegungsprogramm schneller durchlaufen, kann vielleicht für fünf komplizierte Bewegungen eine benötigte Zeit von bisher 30 Sekunden auf 20 Sekunden reduziert werden. Der Zeitgewinn der restlichen 10 Sekunden gibt dann Luft für zwei, drei weitere Meter.

In neuen Gebieten

Ein zentraler Aspekt des „Lebensstils Klettern" ist das Entdecken völlig neuer Gebiete für die Sportart Freiklettern. Hier spielen auch weitere Dimensionen eine Rolle: Abenteuer, Kennenlernen fremder Kulturen und Menschen.

Durch die Aktivität des Kletterns besteht die faszinierende Möglichkeit, die passive und konsumierende Rolle normalen Touristendaseins zu verlassen. Die beobachtende Distanz wird aufgehoben, der Kontakt zu Einheimischen, nicht nur zu Kletterern gestaltet sich intensiv: demonstrieren, erklären, vermitteln sind Möglichkeiten, kulturelle Schranken zu überwinden, Eigenes weiterzugeben, Fremdes selbst kennenzulernen.

Aktiver Sport ist so gesehen in erster Linie Kommunikation, ist Interesse am Tun anderer Menschen und anderer Gedanken. Klettern als Sport beinhaltet, in dieser Dimension erfahren, die großartige Chance, mehr zu durchleben als nur den – zugegebenermaßen – faszinierenden Aspekt sportlicher Höchstleistung.

Mit Gleitschirm und Mountain-Bike

Sepp Gschwendtner / Judith Huber-Tillmann

Die bunte Sucht

Sepp Gschwendtner

Sepp Gschwendtner ist kein Ideologe des Sports. Doch welcher sportlichen Disziplin er sich gerade verschrieben hat, der widmet er sich mit kaum zu überbietender Intensität und wachem Intellekt: derzeit dem Schirmgleiten. Dies ist bereits die vierte Karriere des Sportlers Sepp Gschwendtner. Schon während der sechziger Jahre galt dieser als aufstrebendes Talent in der Kletterszene. Doch verließ er diese bald, tauschte das stark zum technokratischen tendierende „Klettern" jener Jahre ein gegen eine nicht im mindesten zwitterhafte technische Sportdisziplin, den Autorennsport. Als er diesem ebenfalls entsagte – wegen zu großer Abhängigkeit von Betreuern, Sponsoren, Funktionären – begann Anfang der siebziger Jahre hierzulande gerade die Idee des „Sportkletterns" aufzublühen. Als Sportkletterer noch 1985 zusammen mit Kurt Albert und Wolfgang Güllich ausgezeichnet mit dem „Silbernen Lorbeerblatt", wechselt Sepp Gschwendtner 1986/87 – also am Vorabend gewissermaßen des Sportkletterns als Wettkampfdisziplin um Weltcuppunkte – die Szene erneut: Zu den Schirmgleitern. Da er dort abermals internationale Wettbewerbe bestreitet, kann's kaum die Abneigung gegen den direkten Leistungsvergleich gewesen sein, die ihn zu diesem Wechsel bewogen hat. Sepp Gschwendtner erklärt sich dazu so: „Mich fasziniert's, von Anfang an dabei zu sein in einer neugeborenen Sportart, wenn man die Entwicklung noch mitgestalten kann, wenn noch nichts verkrustet, noch nichts zum Routinebetrieb geworden ist... wer weiß, vielleicht versuch ich's in einigen Jahren wieder mit dem Bergsteigen." Also eher ein ewiger Einsteiger als Aussteiger! Neugierig macht, welche Art von Bergsteigen diesen einmal wieder faszinieren könnte. Doch wie auch immer: Heute ist Sepp Gschwendtner sicher der Richtige, einen Eindruck zu vermitteln von den Entwicklungsphasen der gerade heftig aus den Kinderschuhen tretenden Sportart des Schirmgleitens.
Dies ergänzend bringt uns Judith Huber-Tillmann auf ihre Weise eine ähnlich junge, wenngleich weit erdgebundenere, doch wie das Schirmgleiten zunehmend auch von Bergsteigern geschätzte Sportart näher: Bergradeln – respektive „Mountainbike-Fahren."
(d.Red.)

Du stehst in einem steilen Schuttkar, die Vorderleinen in der Hand, wartest auf ein bißchen Gegenwind. Stößt dich kraftvoll ab, ziehst den Schirm auf, vergewisserst dich durch einen kurzen Blick nach oben, o.k., beschleunigst, hebst ab. Du gleitest geräuschlos an Felswänden entlang, so langsam, daß du fast die Haken stecken siehst, gleitest über Wälder und blühende Wiesen. Der Wind hebt, senkt dich, wirft dich auch mal aus der Bahn, du merkst, daß Luft nicht nur „Luft" ist, sondern ein mindestens so bewegtes Element wie Wasser. Vögel kreisen in warmen Aufwinden, du fliegst zu ihnen, und sie kreisen mit dir. Du erlebst Augenblicke, von denen du schon als Kind in der Nacht geträumt hast, laufen und dann einfach fliegen zu können. Später dann als „Bergsteiger", wie oft bist du auf einem Gipfel gestanden und hast geträumt, einfach wegzufliegen...
Du erlebst allerdings auch Augenblicke brutaler Angst, bohrend, intensiv, wenn dich der Wind umherwirft, harte Böen den Schirm einklappen lassen. Manchmal bildest du dir ein, ein Adler – mindestens – zu sein, dann wird dir wieder – manchmal schmerzhaft – bewußt, daß du höchstens eine Bleiente bist.
Du bist Gleitschirmflieger.
Als die Gleitschirmwelle über Frankreich, die Schweiz, Österreich endlich – '86 – auch Deutschland erreichte, konnte man meinen, das Ei des Columbus sei gefunden. Die Berichte, Anzeigen und Werbetexte überschlugen sich in Superlativen. Ganze Industriezweige, Tourismusmanager wie auch manche Bergführer hofften schon in kühnen Träumen auf fast so gefüllte Geldspeicher wie die des Dagobert Duck. Kaum eine Zeitschrift, die nicht auf der neuen Welle mitschwamm... „Jeder kann fliegen... die einfachste, die sicherste Art zu fliegen... Flugspaß für jeden...".
Man bekam den Eindruck vermittelt, daß jeder noch einigermaßen bewegungsfähige ganz schnell (in einem „Alpenland" reichte fast ein Tag) in diese neue Flugsportart eingeführt werden, fliegen kann. Als dann im Bekanntenkreis es kaum mehr einen gab, der nicht humpelte, als Bergführerbeine knickten, sogar einigen Journalisten die durchtrainierte Schreibhand brach, wurden umgehend völlig gegensätzliche Berichte ins Tonband diktiert. Plötzlich „fielen die Gleitschirme wie Steine vom Himmel", mit mehreren dutzenden Toten wurde gerechnet; wie oft bei journalistischer Arbeit im voraus... Nachfolgenden möchte ich, soweit mir das gelingt, befangen wie ich bin, möglichst realistisch beschreiben, wie es ums Gleitschirmfliegen im Moment wirklich steht.

Abenteuer zwischen Start und Landung

Alle Fotos: Bernhard Schmid

„Du fühlst dich
wie ein Adler – mindestens –
... oder wie eine Bleiente."

Seite 111:
Vor dem Start.

Foto:
Bernhard
Schmid

Voraussetzungen

Grundsätzlich kann jeder, der in der Lage ist, die nötige Anlaufgeschwindigkeit (je nach Wind 5 bis 25 km/h) zu bringen, mit dem Gleitschirm fliegen. Da auf den Flug – immer! – eine Landung folgt und ein trainierter Körper sicher lockerer fällt als einer, der nur den Weg zur Vereinsgaststätte kennt, ist körperliche Fitness sicherlich ein wichtiger Faktor, der Verletzungen möglichst zu vermeiden hilft. Wer bei der Schulung zehnmal den Übungshang hinaufkeucht, später bei einem Thermikflug stundenlang im Sitz herumgeschaukelt wird, merkt auch, daß Sportlichkeit nicht schadet. In erster Linie ist Fliegen aber ein Sport der Psyche. Da sind schnelle, konsequente Entscheidungen gefragt, gute Reaktion und Instinkt kann viele Gefahren entschärfen. Das ist nichts für die, die sich schon beim Autofahren nicht für eine Spur entscheiden können, es sei denn auf keinen Fall für die rechte. Es ist totaler Unsinn, den Gleitschirm als „Abstiegshilfe", als „Knieschoner" zu sehen, man muß wirklich Fliegen mit allen Konsequenzen lernen wollen, um über längere Zeit Freude und Erlebnis haben zu können.

Ausbildung

Seit dem 1. 5. 1987 ist Gleitschirmfliegen, bzw. Gleitsegeln, wie es amtsdeutsch heißt, offiziell in Deutschland erlaubt. Nicht daß zuvor nicht geflogen worden wäre, ein paar „Schwarzflieger" sollen schon vorher einige hundert Höhenflüge gehabt haben. Wenn bei uns allerdings irgendetwas offiziell erlaubt ist, ist natürlich auch eine Menge verboten.
Verboten ist Gleitschirmfliegen ohne Befähigungsnachweis einer anerkannten Flugschule. Das bedeutet in der Regel mindestens eine Woche praktischer Ausbildung, vom Hüpfer zum Höhenflug, vom Aufziehen zur guten Landeeinteilung. Dazu eine Menge Theorie. Hauptsächlich Meteorologie, Aerodynamik, Luftrecht. Bei unserem besch... Wetter dauert es meist allerdings viel länger als die obligatorische Woche, bis man zur praktischen und theoretischen Prüfung unter einem offiziellen Prüfer kommen kann. Deshalb gehen viele lieber gleich nach Österreich, wo die Ausbildung oft viel schneller erfolgt; auch gibt dort gleich der Lehrer den Prüfungssegen. Doch vom grundsätzlichen Fehler abgesehen, daß nahezu jeder so schnell wie möglich seinen „Schein" haben will, dann allein oben am Berg steht und sich mangels Erfahrung nicht zu fliegen traut, gibt es noch ein anderes Problem. Der österreichische Schein ist in der Bundesrepublik Deutschland nicht anerkannt. Die Österreicher haben sich logischerweise gewehrt und erkennen folglich den deutschen Schein nicht an. Das heißt also, da sich die Berge an diese Einteilung nicht halten, daß man zwei Scheine braucht. Von der vernünftigen Lösung, daß halt wie beim Führerschein ein Deutscher einen deutschen Schein, ein Österreicher einen österreichischen hat, ist man noch weit entfernt. Könnte es gar sein, daß da nicht nur das „Wohl des Piloten" dahintersteckt, sondern handfeste finanzielle Interessen?

Im Land der Regeln ist natürlich klar, daß das Fluggerät einen „Betriebstüchtigkeitsnachweis" braucht. Dieses Gütesiegel (sogar in Österreich anerkannt) ist wirklich etwas wert. Beim Gütesiegel des DHV (Deutscher Hängegleiterverband) wird Festigkeit, das Flugverhalten der Schirme in fast allen möglichen Flugzuständen untersucht.

Starten und Landen ist überall erlaubt: von kleinen Einschränkungen abgesehen. Nicht erlaubt ist es natürlich oder seltsamerweise in der Nähe von Flugplätzen, auch nicht in Wohngebieten. Und man muß die Erlaubnis vom Besitzer des Start- und Landeplatzes haben. Das klingt ganz simpel, ist auch logisch, aber sehr schwierig und wohl das größte Problem für uns Luftmatratzenadler. Trotzdem ist Gleitschirmfliegen wohl die Luftsportart mit den größten Freiheiten.

Rechts: Unmittelbarer noch als die der Bergsteiger hängt die Sicherheit der Gleitschirmpiloten davon ab, daß ihre Ausrüstung in Ordnung ist.

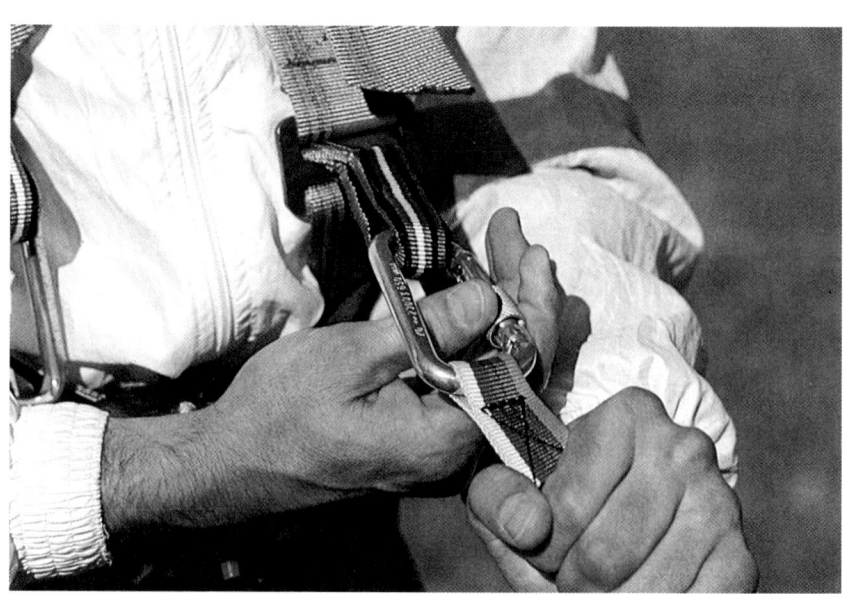

Foto: Bernhard Schmid

Piloten und Geräte

Nach den ersten Jahren haben sich in den Alpenländern im wesentlichen drei Grundtypen von Gleitschirmfliegern herauskristallisiert. Da sind einmal die Bergsteiger, die entdeckt haben, wie erlebnisreich es ist, von den Bergen, denen man sowieso seine Freizeit, sei es gehend, kletternd oder auch laufend widmet, herunterzufliegen. Dann sind es Leute, die einfach fliegen wollen, oft auch andere Luftsportarten betreiben oder betrieben haben, „Flieger" eben, denen manchmal auch eine andere Art zu fliegen zu kompliziert und aufwendig ist. Außer den „Adabeis", die immer dabei sind, wenn etwas „in" ist, fehlt natürlich nicht die Gruppe der Leistungsbewußten, die in einem neuen Sport die Chance sehen, Grenzen zu verschieben, Rekorde aufzustellen, auch Wettbewerbe zu gewinnen. Für alle Pilotengruppen gibt es heute optimale Geräte. Nach einer verblüffenden Entwicklung von sehr kurzer Zeit sind heute Flugleistungen möglich, die die Leistungsfähigkeit der Drachenflieger in ihren Anfangsjahren übertreffen. Auch im Ostalpenraum sind bereits mehrstündige Thermikflüge, Streckenflüge über mehrere Gipfel hinweg an der Tagesordnung. Ein Problem scheint zu sein, daß die Gleitschirme zwar immer leistungsfähiger werden, ihr Flugverhalten aber immer kritischer und schwieriger zu beherrschen. Und es ist wie unter den Autolenkern, von welchen sich laut einer Umfrage 90% zu den guten Fahrern rechnen: Es kaufen sich also fast alle ihren Schirm nur mit Blick auf dessen Leistungsdaten, nicht aber auf ihr wirkliches Flugkönnen. Diese Selbstüberschätzung hat nicht nur manches Selbstbewußtsein, sondern auch manchen Knochen angeknackt.

Risiken

Die Frage, ob Gleitschirmfliegen gefährlich sei, läßt sich mit einem klaren „Jein" beantworten. Gleitsegeln umfaßt einen genauso breiten Bereich wie Bergsteigen. Beim Bergsteigen kann man „ungefährdet" Wandern gehen oder solo die Eigernordwand durchklettern. Beim Gleitsegeln sind Flüge in ruhiger Luft über schönen Wiesenhängen möglich, aber auch brutale Klippenstarts von 1000 m hohen Felsabbrüchen. Es wäre einerseites unsinnig zu behaupten, ein Sport, bei dessen Ausübung man aus ziemlicher Höhe auf den Boden fallen kann, sei ungefährlich. Andernteils ist zu sagen: „Grundsätzlich" sind bei richtiger Ausbildung, könnens- und gewichtsangepaßtem Gerät, bei richtiger Einschätzung des Wetters, des Geländes, vor allem auch des eigenen Könnens sowie bei voller Beherrschung des Geräts Unfälle unmöglich. Da aber trotzdem sehr viel Gips für die Piloten verbraucht wird, scheint irgendetwas an diesem Grundsätzlichen nicht ganz zuzutreffen. Wahrscheinlich stimmt doch der alte Fliegerspruch: „Fliegen ist nicht gefährlich, nur manche Piloten!"
Es hat sich allerdings herausgestellt, daß gerade Bergsteiger, vor allem extreme, besonders gefährdet sind. Willensstärke und Härte sind sicher herausragende Kennzeichen des „echten Alpinisten". Beim Fliegen wäre es aber oft vorteilhaft, nicht nach der Devise „wenn ich den Schirm schon raufgetragen habe, fliege ich auch" zu verfahren. Sonst könnte sich der dumme Bergsteigerspruch „was uns nicht umbringt, macht uns hart" leicht einmal ins Gegenteil verkehren.

Natur und Gleitschirm

Mir war klar, daß es auch in diesem Sport Probleme geben wird. Mit Bauern, denen Gleitschirmflieger die Wiesen zertrampeln. Mit Idioten von Fliegern, die nur um besser starten zu können, Bäume fällen werden. Mit Rücksichtslosen, die meinen, an jeden Startplatz mit dem Auto fahren zu müssen. Als dann freilich die ersten Gerüchte über sechs tote Hirsche auftauchten, die sich aus Angst vor den Gleitschirmen in den Tod gestürzt hätten, entlarvte sich das bald als blödes, nachgeplappertes Biertischgerücht. In Wirklichkeit hatte diese Tiere – beweisbar – eine Lawine mitgerissen. Aber die Naturschützer hatten einen neuen Sündenbock. Ich kann allen, die sich um die Natur sorgen, nur anbieten: Wenn dieses Buch erscheint, ist wahrscheinlich das Doppelsitzer-Fliegen mit Gleitschirmen für Fluglehrer in Deutschland erlaubt. Fliegt mit, und ihr werdet sehen, daß die Vögel nicht fliehen vor euch, sondern mit euch kreisen; ihr werdet sehen, daß die Rehe im Wald sich beim Knabbern an Jungbäumen nicht stören lassen. Aber solltet ihr wirklich – aus Versehen – mitten in einer Kuhherde landen, so werdet ihr auch sehen, daß die Kühe nicht einmal von einem fliegenden Naturschützer Kenntnis nehmen. Fliegt mit, und ihr werdet sehen, was am grünen Tisch alles für Unsinn verzapft wird. Vielleicht allerdings seht ihr aus der Luft wirkliche Probleme: Berge, zersägt durch eine Unmenge von Straßen, Städte unter Smogglocken, Parkplätze voller Blechvehikel, meist solcher ohne Katalysator. Vielleicht darunter auch euer eigenes?

Unten: Startfertig
Darunter: Sepp Gschwendtner im „neuentdeckten" Element

Fotos: Oliver Guenay; Archiv Gschwendtner

Rechts: Startvorbereitung im Hochgebirge.
Oben: Start am Eigergletscher

Fotos: Oliver Guenay

Ich will hier keine Probleme unter den Tisch kehren. Aber ich bin davon überzeugt: Wenn die Spielregeln, die bei jedem Sport nötig sind, der sich in der Natur abspielt, beachtet werden, dann ist das Gleitschirmsegeln eine der umweltschonendsten Sportarten überhaupt. Gleitschirme benötigen keine Energie, sind geräuschlos und belästigen andere nicht. Und wenn schon, dann höchstens deren Ego.

Zukunft

Man braucht kein Wahrsager zu sein, um festzustellen, daß sich dieser Sport durchsetzen wird. Gleitsegeln hat fast die ganze Welt wie ein Fieber befallen. Die Franzosen fliegen vom Montblanc, die Japaner vom Fudschijama, wir von der Zugspitze und die Koreaner vom Insubong. Es wird zwar daraus kein Boom wie Surfen werden, dafür ist der Boden zu hart, aber die Zahl der Drachenflieger werden die Schirmgleiter sicher überflügeln. Man braucht auch kein Wahrsager zu sein, um vorauszusehen, daß die Schirme immer leistungsfähiger werden, die Wettkampfschirme immer „heißer", und daß die Wettkampfpiloten wie beim Skizirkus von Fremdenverkehrsort zu Fremdenverkehrsort ziehen, wird auch kommen. Trotzdem wage ich zu behaupten, daß der Großteil der Piloten in absehbarer Zeit nur noch „gut gehende", aber einfach zu fliegende und sichere Geräte benutzen wird.

Man braucht auch kein Wahrsager zu sein, um sich vorzustellen, daß die Alpenvereine in ein paar Jahren dem fast abgefahrenen Zug des Gleitschirmfliegens nachrennen werden. Wie immer fast zu spät, ähnlich wie beim Sportklettern.

Warnung

Es ist zwar ein Gerücht, daß auf jedem Gleitschirm, ähnlich wie auf einer Zigarettenpackung, stehen muß: „Achtung, Gleitschirmfliegen macht süchtig", aber laßt euch warnen, besonders wenn ihr Bergsteiger seid.

Ihr werdet morgens nicht mehr den Bergsteigerwetterbericht hören, sondern den für Segelflieger. Ihr werdet beim Autofahren jeder Fahne nachschauen, um zu wissen, wo der Wind herkommt, auch wenn ihr zum Fliegen gar keine Zeit habt. Die Hornhaut an euren Fingern wird dünner werden, und wenn ihr klettert, werdet ihr statt auf den Fels nur noch den aufsteigenden Cumuluswolken nachschauen und davon träumen, dort oben zu sein. Laßt euch warnen ihr Skitourenfahrer: Trotz schönsten Pulvers werdet ihr lieber mit dem Schirm vom Berg fliegen. Beim obligatorischen Diavortrag der Freunde werdet ihr nicht mehr die Kletterstellen, Landschaften, Gipfelfotos bewundern, sondern nur überlegen, ob man da auch starten kann. Auch am Clubabend werdet ihr Probleme bekommen. Ihr werdet nicht mehr über Griffe, Stürze und Schierigkeitsgrade diskutieren, sondern nur noch über Profile, Gleitwinkel und Sinkwerte. Laßt euch warnen, besonders wenn ihr Bergsteiger seid, denn es könnte euch so gehen wie jenem Flugschüler, der, obwohl extremer Kletterer, am Abend nach seinem ersten Höhenflug sagte: „Das war der beste Tag in meinem Leben".

Skeptiker haben es vorhergesehen: Kaum ist das Gleitschirmfliegen neu- und das Bergradeln wiederentdeckt als Sportart, ertönt laut der Ruf danach, diesen „Unfug" drastisch einzuschränken oder gar ganz zu verbieten. Auch aus Naturschutzgründen. Das kann je nach Standpunkt zu unterschiedlichen Interpretationen verführen. Zu der, daß Schirmgleiter und Bergradler ihre eigentlich ja die Mitwelt vergleichsweise kaum behelligende Tätigkeit auf unachtsamste Weise, an den unpassendsten Orten, zur unpassendsten Zeit ausüben. Oder zu der, daß jener Kabarettist doch recht haben könnte, der den Deutschen bescheinigt, daß ihre heimlichen Traumberufe vorzugsweise solche seien, die es erlauben, andere zu disziplinieren. Das sollte beiden Seiten zu denken geben. Den Sportlern – nicht nur den Radlern und Schirmgleitern – dahingegen, daß ihr Verhalten solche Verdächtigungen ins Leere zielen läßt. Den Befürwortern und Erlassern von Verboten aber von daher, daß Eifer, auf dessen Herkunft die Diagnose des Kabarettisten tatsächlich zuträfe, auch dem lebenswichtigsten Anliegen nur schadet. Em

Oben: Unterwegs mit dem Bergradl (Gudrun Weikert); wenn die Bergradler Straßen und Wege nicht verlassen, wie der Alpenverein das empfiehlt, schädigen sie die Natur nicht mehr als andere Benutzer der Wege. Und entschieden weniger als Kraftfahrzeuge, die darauf unterwegs sind – häufig sogar zum vorgegebenen Nutzen der Natur!

Foto: Uli Wiesmeier

Mit starken Profilen und sehr starker Übersetzung

Judith Huber-Tillmann

Im Sommer 1984 hörte und las man plötzlich überall von einer neuen Art von Fahrrad.
Stabil und relativ schwer sollte es sein, mit breitem Lenker, dicken, stark profilierten Reifen und einer sehr starken Übersetzung, meist 1:1
Das Mountain-Bike!
Mein Mann und ich waren uns sofort darüber im klaren, daß wir solche Räder irgendwann auch einmal haben müßten. In unserer Phantasie radelten wir bereits zügig die langen Wege zu den Einstiegen verschiedener Kletterrouten empor, die wir bisher in langem Marsch unserer Rucksäcke hinaufgeschleppt hatten. Wir sollten schon noch erfahren, daß auch eine 1:1-Übersetzung kein Garant für mühelosen Aufstieg ist.

Überraschungen

Im Frühjahr nächsten Jahres, zu Beginn der neuen Klettersaison wollten wir uns die Räder anschaffen. Allerdings hatten wir für Oktober unsere Hochzeit angesetzt, und ich inspizierte drei Tage vor dem Termin, einem plötzlichen Einfall folgend, mein Konto. Das, was drauf war, konnte gerade für zwei Mountain-Bikes reichen.
Und zwei mußten es sein – denn wenn ich Tilo eins schenkte, wollte ich selbst auch eins haben. Ich erstand also am nächsten Tag zwei wunderschöne hellblaue Bergradl, die ich voller Begeisterung und Vorfreude nach Hause transportierte.
Dort sperrte ich sie ins Gartenhäuschen und versteckte den Schlüssel in meiner Handtasche, um danach wie ein eingesperrter Tiger durch die Wohnung zu wandern. Vom Fenster zur Tür, vom Spiegel zum Kühlschrank; ich hatte keine Lust, an meiner Zulassungsarbeit weiterzuschreiben.
Eigentlich hätte ich Tilo gern von der Bahn abgeholt, so wie jeden Tag. Aber er hatte heute morgen noch gemeint, ich brauchte ihn heute nicht abholen.
Wieso, das war mir ein Rätsel; jedenfalls war es sehr ungewöhnlich.
Ich beschloß, ihn im Büro anzurufen. Die Sekretärin sagte mir, daß er schon über eine Stunde weg sei – mit Rucksack, so wie immer, wenn er heimfährt. Und sie fügte noch hinzu, daß sie mir das aber eigentlich nicht hätte sagen sollen...
Was lief da eigentlich?
Ich sah auf die Uhr. 17.50 Uhr. Genug Zeit, um noch rechtzeitig zum Bahnhof zu kommen!
Ich schwang mich also hinters Steuer und fuhr zum Bahnhof nach Übersee: als ich ankam, brauste gerade der Zug heran. Tilo sah ich – ganz gegen seine Gewohnheit – im ersten Waggon, direkt vor dem Packwagen stehen. Der Schaffner reichte ihm ein glänzendes, dunkelgrünes Mountain-Bike heraus. Mich traf fast der Schlag! Es sollte eine Überraschung werden, und ich neugieriges Wesen stand am Bahnhof! Ich hätte mich am liebsten verkrochen, aber Tilo hatte mich schon erspäht. Er hatte mit dem Radl heimfahren und es heimlich ins Gartenhäuschen stellen wollen, erzählte er, sichtlich enttäuscht ob der geplatzten Hochzeitsüberraschung. Ich bekam einen Lachanfall. „Was ist los?" „Mit dem Gartenhäuschen hättest du kein Glück gehabt, du hättest den Schlüssel gar nicht gefunden", japste ich. „Warum – ich kapier' gar nicht, was da so lustig ist..." „Ich hab' den Schlüssel versteckt, weil – im Gartenhäuschen – haha – da stehen schon zwei Mountain-Bikes drin!!!" Tilo sah mich groß an: „Zwei?" – „Ja, ich war nicht so uneigennützig wie Du – ich hab' für jeden von uns eins gekauft. Und jetzt haben wir drei!" Laut lachend lagen wir uns in den Armen, gerührt über die gleichen Ideen und nicht im mindesten traurig wegen der geplatzten Überraschung. Wir waren uns sicher, daß wir das überflüssige Mountain-Bike schon an irgendjemanden loswerden würden. Zuhause – es war mittlerweile 19.00 Uhr und dunkel – holten wir das grüne Exemplar aus dem Auto, ein blaues aus dem Gartenhäuschen und setzten unsere Stirnlampen auf. Dann fuhren wir johlend und kichernd wie kleine Kinder ein ums andere Mal den kleinen Hügel vor dem Haus hinauf und hinunter.

Erste Ausflüge

Das zweite Mountain-Bike nahmen die Priener Geschäftsleute, bei denen ich es gekauft hatte, nach Erzählen der Geschichte amüsiert und verständnisvoll grinsend zurück. Nach der Hochzeit gingen wir gespannt unsere ersten Ausflüge mit den neuen Gefährten an.

Wir hatten zunächst vor allem vor, uns die Zu- und Abstiege zu erleichtern, wenn wir zum Klettern gingen. Sehr bald jedoch mußten wir, wie andere frischgebackene Mountain-Bike-Besitzer auch, feststellen, daß man auch mit einem Mountain-Bike nicht bergauf „fliegt", sondern daß es zum Teil und insbesondere mit Rucksäcken eine ganz schöne Schinderei ist. Wenn man zu Fuß geht, kann man das Tempo beliebig variieren; beim Radfahren, besonders bergauf, benötigt man zumindest ein gewisses Grundtempo, um nicht umzufallen. Und dieses Tempo über längere Strecken steilen Geländes durchzuhalten, kostet Kondition – und es bringt mit der Zeit auch welche.

Unsere erste Tour mit den Bergradln sollte zu den Einstiegen der Kletterrouten an der Südseite der Kampenwand führen.

Von Schleching aus folgten wir erst einer Forststraße. An einer Alm deponierten wir die Räder und gingen das letzte Stück zu Fuß. Unter den Wänden angelangt waren wir ziemlich fertig und brauchten erst einmal eine Pause, bevor wir ans Klettern denken mochten.

Der Abstieg gestaltete sich dann aber so, wie wir es uns erträumt hatten. In 15 Minuten rauschten wir eine Strecke hinunter, die, geht man sie zu Fuß, ungefähr eine Stunde lang die Knie beansprucht.

Die nächsten Zustiege liefen schon viel besser und die Abstiege, genauer gesagt, die Abfahrten, begeisterten uns jedesmal aufs Neue.

Für manche Zustiege ist das Mountain-Bike allerdings ziemlich ungeeignet; man kommt ausgepumpt am Einstieg an, und die Abfahrt ist vielleicht auch nicht der wahre Genuß. Andere Strecken wiederum – besonders lange, relativ flache Wege – lassen sich mit Hilfe des Bergrades um einiges kürzer und angenehmer gestalten. Aber auch bei steileren Anstiegen lohnt es sich oft, das Rad mitzunehmen, auch wenn man es teilweise schieben muß. Wie herrlich ist es doch zum Beispiel, nach einer Klettertour an der Untersberg-Südwand und anschließendem Abstieg zum Wandfuß am Beginn des Weges ein Mountain-Bike stehen zu haben.

Der mit Rucksäcken fürchterlich in die Knie gehende Abstiegshatscher entpuppt sich als flotte, rassige Abfahrt.

Trotzdem sind wir mehr und mehr dazu übergegangen, das Mountain-Bike-Fahren nicht wie ursprünglich gedacht, primär als Auf- und Abstiegshilfe, sondern als eigenständige Sportart, als Möglichkeit des Konditionstrainings und Naturerlebens anzusehen.

Reizvolle Alternative

Vor allem wenn man ein kleines Kind hat, und trotzdem gemeinsam etwas unternehmen will, ist das Mountain-Bike-Fahren eine reizvolle Alternative zum Badengehen oder Wandern mit einem ständig hopsenden 12-kg-Gewicht am Buckel.

Nicht allzu holprige, dafür steile Forst- und Bergstraßen bieten genügend Gelegenheit, sich auszutoben. Und das Zusatzgewicht vorne im Kindersitz sorgt zuverlässig dafür, daß zumindest ich relativ rasch aus der Puste komme und für Ablösung dankbar bin. Die Mountain-Bike-Fahrten mit meinem Sohn Toni im Kindersitz gehören jedenfalls zu den schweißtreibendsten Sachen, an die ich mich erinnern kann.

Interessant ist vor allem auch die Reaktion der Leute, die einem unterwegs begegnen:

An einem Oktobernachmittag letzten Jahres, als Tilo mit einem zu Besuch weilenden Freund einige Stunden an den Wänden der "Steinplatte" bei Waidring klettern wollte, hatte ich keine Lust, nur so herumzusitzen. Ich packte Toni also in den Kindersitz des vorsichtshalber mitgenommenen Bergrades und begann in Waidring meine Fahrt.

Ziel sollte der Parkplatz Steinplatte sein. Die Mautstraße zwischen Waidring und dem Parkplatz überwindet auf 4,5 km 600 Höhenmeter mit fast durchgehend 16% Steigung.

Zahlreiche Wanderer waren talwärts unterwegs. Als wir an ihnen vorbeizogen – mein einjähriges Söhnchen unter seinem Sonnenhut allerliebst hervorstrahlend, ich mit puterrotem Gesicht und keuchend weit weniger attraktiv – bekamen wir vom obligaten

Auch mit dem Bergradl „fliegt" man nicht bergauf.

Zeichnungen: Georg Sojer

Zeichnung: Georg Sojer

„hopp, hopp, hopp..." über „Ach schau, das süße Kleine!" bis zum mitfühlenden „Oh Sie Arme, das ist ja furchtbar anstrengend..." alles an wohlgemeinten Zurufen zu hören.

Als ich allerdings einige Zeit später mit meinem süßen Kleinen zu Tal rauschte – wohlgemerkt nach eingehender Prüfung der Bremsen und einem mit Radfahrer-Sturzhelm versehenen Baby – und zum Teil dieselben, zum Teil andere Wanderer als vorher überholte, waren es ganz andere Dinge, die ich hören mußte.

„Unverantwortlich – das ist ja Wahnsinn!"
„Steigen Sie sofort ab – das ist ja verrückt..."
„Mit dem Kind in diesem Tempo!" (Mein Tempo war mehr als gemäßigt!)
„Sie traun' sich aber – das ist ja unverantwortlich!"
Unverantwortlich.
Dieses Wort hörte ich am öftesten.

Wieso ist es unverantwortlich, mit einem intakten Mountain-Bike und in gemäßigtem Tempo mit einem Kleinkind eine Asphaltstraße bergab zu fahren, wenn man sich subjektiv ganz sicher und Herr der Lage fühlt? Ähnlich erging es mir manchmal, als ich in der Schwangerschaft mit schon ausgeprägtem Bauch meine Fahrten machte.

Sport auch für Leistungshungrige

Doch Mountain-Bike-Fahren ist natürlich nicht nur ein Sport für Schwangere und Leute mit Kind. Es kann auch extremer betrieben werden. So wollen's auch wir gelegentlich haben – „wollen es wissen."

Auf Toni passen dann meist die Großeltern unserer Freundin Annette auf, liebe Leute, denen wir auf diese Weise viele wunderbare Stunden zu zweit verdanken.

Lebhaft im Gedächtnis geblieben ist mir so eine Tour mit Tilo und Hans im November 1987.

Schon die erste Etappe gestaltete sich sehr schweißtreibend. Immerhin bewältigt man 550 hm auf 4,5 km.

Bald wird die Straße so steil, daß man nicht mehr geradeaus fahren kann; es wird Zeit, sich in Serpentinen „höherzuschrauben".

Ich erinnere mich noch sehr gut an dieses Teilstück: Mein Atem keucht in dem Rhythmus, in dem die Beine die Pedale bewegen. Der Gleichklang von Atem und Bewegung fasziniert mich. Ich habe den richtigen Rhythmus, kann ihn halten.

Der Blick ist nach unten gerichtet, teergefüllte Ritzen im grauen Beton, Rollsplitt vom letzten Winter, einsame Grasbüschel ziehen vorüber.

Die Umgebung beachte ich nicht, ich bin bestimmt vom Rhythmus der Bewegungen.

So schrecke ich aus tiefster Versunkenheit hoch, als knapp vor mir ein schrilles Kläffen ertönt; oh je, zwei Wanderer mit einem aufgebrachten Pudel! Ich habe sie nicht bemerkt.

Verstört weiche ich aus, verlasse die unsichtbare Spur meiner gleichmäßigen Serpentinen und ziehe geradeaus an ihnen vorbei. Anstrengend! Puh, Keuch!

„Hopp, hopp, hopp..." ertönt es von hinten.
Ich versuche, meinen Rhythmus wieder zu finden, aber ich atme zu ungleichmäßig, verdammt, die Kurve war zu eng, das Hinterrad rutscht im Rollsplitt am Straßenrand weg.

Korrigieren, stärkeres Treten, Kurzatmigkeit – weg ist der Rhythmus.

Blick nach vorn – die lange, steile Gerade! Ich beiße die Zähne zusammen, ziehe das Rad mit den Armen hin und her – „säge", wie es im Radfahrerjargon heißt –, um die Beine zu entlasten.

Aber die Kurven werden immer ungleichmäßiger, die Fahrt immer ruckartiger.

Ich spüre die Oberschenkelmuskeln, sie sind müde. Noch müder aber ist die Psyche beim Anblick der endlos scheinenden Geraden vor mir.

Absteigen. Ein Blick zurück. Ich spüre förmlich das spöttische Grinsen der Fußgänger... „unser'n Hund beinah' z'sammfahr'n und dann eh absteigen müssen..."

Ich schiebe, so schnell ich kann; das geht vielleicht auf die Waden! Kurz vor Ende des Steilstücks höre ich hinter mir doppeltes Keuchen. Tilo und Hans; sie können langsamer fahren als ich, da sie eine bessere Übersetzung haben. Langsam ziehen sie vorbei. Von hinten sieht es schon witzig aus: Zwei durchtrainierte Gestalten, die in schnellem Rhythmus treten und schnaufen, aber ein Fortbewegunstempo haben, das sie gerade vor'm Umfallen bewahrt. An der nächsten Kurve steige ich wieder auf und fahre den beiden nach...

Kurz danach sitzen wir vor einer Hütte in der warmen Herbstsonne und genießen eine Viertelstunde Rast mit Tee und Apfelkuchen. Vor der nächsten Etappe...

Wie die Bergsteiger reden

Linguistik und Thematik der achtziger Jahre

Joëlle Kirch

Lebhaftigkeit, Variantenreichtum sowie Verflechtungsbereitschaft gegenwärtiger Entwicklungen des Bergsteigens und in dessen Nachbarschaft äußern sich offenkundig auch darin, wie und worüber die Bergsteiger heutzutage reden. Dies scheint jedenfalls der folgende Beitrag von Joëlle Kirch zu bestätigen, die verschiedenen derzeit oder einstmals prominenten oder auch weniger prominenten Bergsteigerinnen und Bergsteigern „auf den Mund geschaut" hat. Wirklich „beredt" gibt ihr Beitrag damit zugleich Aufschluß über Vielfalt, „Stellenwert", Intensität und Vitalität der Beziehung derer, die da zu Wort kommen, zu ihrem Sport; und über diesen (als Medium, wenn man so will) zum Gebirge in seiner, häufig leider gefährdeten, Vielfalt und Eigenart. Über diese, seine ganz persönliche Beziehung schreibt im Anschluß an Joëlle Kirchs Beitrag einmal mehr in einem Jahrbuch Ulrich Aufmuth. Wobei er, der sich bisher vorrangig mit den bedenklichen Seiten einer solchen Beziehung auseinandergesetzt hat, diesmal „eine Reihe von wohltuenden Erfahrungen des Bergsteigens beschreiben" möchte, „die dazu beitragen, daß wir uns unterwegs oft so richtig ... im Gleichgewicht fühlen".
Schließlich kümmert sich auch Ulrike Kaletsch um ihre Beziehung zu den Bergen, doch dies mit Blick auf die Beziehung zu ihrem Lebenspartner – und auf die möglichen Wechselwirkungen zwischen beiden Beziehungen nebeneinander, gegeneinander, zueinander ...   (d. Red.)

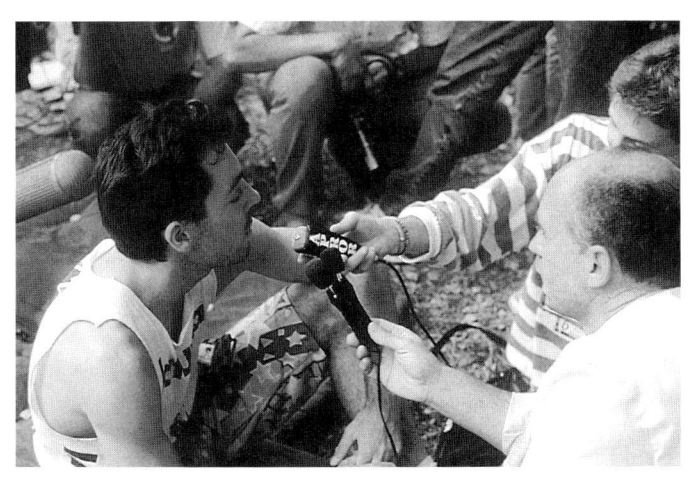

Klettern klassisch oder beim Wettbewerb: Die Vielfalt heutiger Erlebnisformen beim Bergsteigen schlägt sich auch im Wortschatz nieder; etwa 2000 neue Wörter sind von 1966–1986 entstanden.

Fotos: Adi Mokrejs; Jochen Hacker

Unten: Pause beim Kletterwettbewerb in Troubat/Frankreich; in Bildmitte Didier Raboutou (links) und Stefan Glowacz.

Foto: Jochen Hacker

Die Sprache der Bergsteiger: sie wächst mit einer für die meisten von uns ungeahnten Vitalität. Schauen wir zuerst in Richtung auf die Westalpen, hören wir, was manche französische Nachbarn sagen. Eine Bergsteigerin und Sprachenforscherin aus Besancon, Christine Tetet, hat in den letzten Jahren im französischen Sprachraum den alpinen Wortschatz erforscht: sie hat zwischen 1786 – dem Jahr der Mont-Blanc Erstbesteigung – und 1966 etwa 2000 alpine Wörter registriert. So weit, so gut, aber für die kurze Zeitspanne zwischen 1966 und 1986 schätzt sie die neu gebildeten Wörter – neu im sprachlichen Sinn – um die 2000 ein. Diese explosionsartige Entwicklung kennt kein anderer Sport.

Im deutschsprachigen Raum ist noch keine ähnliche sprachwissenschaftliche Arbeit geleistet worden. Man kann jedoch annehmen, daß eine parallele Entwicklung stattgefunden hat.

Andererseits weisen Bergsteiger seit 20 Jahren auf Themen hin, die vorher nicht ausgesprochen wurden. Bis vor 20 Jahren blieb ein Expeditionsbuch ein Expeditionsbuch, ein Bergführer (wie Rother oder Vallot) ein Bergführer; der Bericht einer Tour blieb leistungsbezogen. Jetzt klingt das alles anders. Hermann Warth's Buch „Tiefe überall" ist auch ein Buch über die Täler Nepals, über die Welten des Lebens, die Dritte Welt eingeschlossen. Die amerikanischen Kletterführer von John Harlin führen den Leser auch durch die kurze, aber lebendige Geschichte des amerikanischen Bergsteigens. Tiefschneefahrer wie Sportkletterer sprechen von der dynamischen Bewegung, wittern dabei „Bewußtsein durch Bewegung". Ein Gespräch mit Michel Dacher legt den Akzent nicht nur auf neue sportliche Leistung, sondern auf die unentschlossene Muße, auf die „schöpferischen Pausen", in denen er seine ganz individuellen Grenzen steckt,

Bergsteigerinnen sprechen – in Wörtern und in Filmen, wie Catherine Destivelle – von der sehr weiblichen Synthese von Archaischem und Ultramodernem. Sie erzählen von Erlebnissen des Vertrauens und nicht vom Risiko. Die Welt, in die Bergsteiger und Sportkletterer ziehen, um ihre Achttausender und ihre Boulderstellen zu finden, klingt fast immer mit. Ihre Kultur oder ihre Problematik spricht auch z.B. Wanda Rutkiewicz an. Die Bergsteiger reden nicht nur vom Bergsteigen: ihre Aktivität ist ein Netz geworden, mit dem sie Leben schöpfen. Wortschatz und Thematik weisen seit etwa 20 Jahren auf eine rasche Entwicklung hin.

Wachsender Wortschatz

Zuerst ein kurzer Blick auf den Wortschatz. 1786 bis 1850 war die Zeit der „wissenschaftlichen" Expeditionen. 60 Wörter etwa bezeichnen vor allem das Relief der Berge. „Wand, Turm, Obelisk, Pyramide": man greift zum Wortschatz der Architektur. Der Einfluß der archäologischen Entdeckungen in Ägypten ist spürbar: man wählt damit Wörter, die „modern" wirken, wohingegen nur wenige Verben gebraucht werden, und noch weniger Ausrüstungswörter: mit dreien kommt man zurecht, es sind: „Stock, Seil" und „Leiter". „Führer" und „Führe" jedoch sind zu Schlüsselwörtern geworden. Die sportliche Aktivität selbst erhält noch keinen Namen.

Zwischen 1850 und 1914 erscheinen 600 neue Termini. „Alpinismus" zeigt sich zum ersten Mal 1876 in einem französischen Text. Man zählt viele Reliefbezeichnungen, wie „Bergschrund, Kamin, Platte, Überhang, Dach", viele Wörter bezeichnen die Ausrüstung und Technik: „Eispickel, Steigeisen", „sichern", „pendeln", „abseilen", „Hütte", „Cabane" in der Schweiz. Oder die Art der Touren: „Gratkletterei", „Gletschertour", „Winterbesteigung". Nach der goldenen Zeit des Alpinismus (1850-1865) hat sich die alpine Welt organisiert: Alpenvereine, Bergbücher und -führer erscheinen kurz vor der Jahrhundertwende; zwischen beiden Weltkriegen kommen jedoch nur 300 neue Wörter dazu.

Vom zweiten Weltkrieg bis 1975 entstehen mehr als tausend neue Wörter, die vor allem Ausrüstung und Bewegungsart betreffen. Um diese Zeit wird das Bergsteigen zunehmend populär: die Sprache der breiteren sozialen Schichten kommt zum Tragen und vereinfacht sich. Der Bergsteiger jedoch bleibt eher konservativ veranlagt. Er mag keine neuen Wortklänge, greift lieber, wenn er eine Reliefbezeichnung braucht, zu Wörtern aus dem Alltagsleben: „Nadel, Kerze, Rinne"; zu Körperbezeichnungen: „Finger, Zahn, Schulter, Zunge, Lippen, Nase, Kopf"; sogar aus dem kirchlichen Bereich „Orgelpfeife", „Dom". Viele Verben kommen aus dem Wortschatz des Krieges: der Bergsteiger „biwakiert", „belagert"; er „greift an", „erkämpft", „erzwingt" und „besiegt".

Es ist die Zeit der großen Expeditionen: „Basislager", „Höhenträger", „Sherpa" etc. Der kriegerische Ausdrucksstil begleitet noch oft „die nationale Flagge" am Gipfel. Andererseits gewinnen Ausrüstung und Bewegungsart an Präzision und Bedeutung. Dieser Trend wird in den achtziger Jahren zu einem großen Sachwortschatz. Er bildet den Kern der neuen sprachlichen Entwicklung. Neue Ausrüstungsgegenstände oder ihre neuen Eigenschaften, neue Bewegungen und damit eine viel differenziertere Wahrnehmung des Reliefs kennzeichnen den jetzigen Wortschatz. Die restlichen neuen Wörter der siebziger Jahre kommen aus dem abstrakten oder sinnlichen Wortschatz, der jetzt den konkreten Fels bezeichnet: „brutal", „bestialisch", „athletisch".

Zu reden verlernt?

Von den Bergsteigern selbst wird meistens angenommen, daß ihre Ausdrucksmöglichkeit schrumpft, schmäler und armseliger wird. Warum? Weil die Medien die Szene erobert haben, und man meint, die Sprache muß dann verdorren. Man glaubt, das viel

"... daß der stärkste Muskel bei sportlicher Betätigung unsere Psyche ist." Wolfgang Güllich in der Route „La Rose et le Vampir" in Buoux (Südfrankreich).

Foto: Thomas Ballenberger

stärkere Bild – das Fernsehen – wird die Bergsteigersprache ausrotten. Diese Angst ist verständlich, denn jeder weiß vom Kampf des Bildes mit der Schrift, vom Kampf des statischen Bildes mit der beweglichen, fließenden Sprache, von der Auseinandersetzung der Klischees im eigenen Rucksack mit der ureigenen Spontaneität. Man hört einen jungen Kletterstar wie Catherine Destivelle fast ängstlich stöhnen: „Aber jetzt muß ich meinem Image treu bleiben!", und ihr „Image" ist gerade dasjenige einer ganz natürlichen Spontaneität.

Diese Angst der Erstarrung durch die Bilder der Medien kennen auch die Zuschauer der alpinen Szene. Man hört sie oft sagen, die Bergsteiger hätten sich nichts mehr zu sagen. Denn, so sagen sie, früher habe ein Bergsteiger allein eine Tour gemacht und sei dabei von keinem gesehen worden. Natürlich hat er gerade deswegen seine Tour nachher erzählt, manchmal hat er auch darüber geschrieben. Jetzt aber klettert einer angesichts von Tausenden von Menschen, und das Ganze wird noch per Fernseher übertragen. Das Gleiche gilt für einen Extrembergsteiger, der mehrere Nordwände an einem Tag aneinanderreiht: Er ist im Gebirge, aber nicht allein, denn er kommt auch im Fernsehen. Kein Wunder, daß er oft nur noch die Sprache der Medien beherrscht. Warum würde er sich sonst der unnütz gewordenen Sprache der Wörter bedienen? Kletterer und Bergsteiger brauchen in der Tat nichts zu sagen – dies hört man oft: und als Folge davon denkt man, sie können nicht mehr reden.

Wie war es in früheren Zeiten, als Bergsteiger sprechen mußten, damit andere überhaupt erfahren konnten, was Bergsteigen ist? J.P. Pruvost, ein alter Bergsteiger, Ehrenmitglied des elitären französischen GHM, äußert sich dazu: *Ja, war es denn so anders damals? Freilich hat man erzählt, was man gemacht hat, aber war es denn so lustig? Nein, es war immer das Gleiche: ‚um den Berg', ‚um die Tour', eine Aneinanderreihung von Klischees – es war wirklich zu 99 % nur noch langweilig, heute ist es schon bunter, lustvoller.*

In der Tat – zu statischen Bewegungen paßten oft sehr „statische" Tourenberichte. Aber jetzt, was erzählt man sich in der Szene? Wenn einer überhaupt noch etwas von sich geben will, bringt er Modewörter wie „super", „total geil" – mehr nicht, meint Christine de Colombel, extreme Bergsteigerin und Bergautorin in Frankreich.

So kommt es, daß manche Bergsteiger von anderen Bergsteigern sagen: sie sind jetzt sowieso nur noch „Muskeln". Ein Muskelpaket hat nichts zu sagen, man kann auch nicht verlangen, daß es etwas sagt. Man vermutet eigentlich, es habe einen Muskel im Kopf.

Was alles in Muskeln stecken kann

In Wirklichkeit aber ist die Beziehung zwischen Muskel und Kopf nicht immer verarmt. Ganz im Gegenteil. In der Art, wie die Bergsteiger reden, wird deutlich, was alles in Muskeln stecken kann. Auch hier kann eine Schwäche zur Kraft werden. Ein paar Beispiele dazu:

Bleiben wir zuerst im französischen Sprachraum und fragen wir Bernard Chamoux, Besteiger des K2 in 23 Stunden. Was hat dies für ihn bedeutet, auf diesem heimlichen – und unheimlichen – Höhepunkt des Dachs der Welt zu stehen, mit den geheimnisvollsten Landschaften Asiens ringsum zu seinen Füßen? Er findet eine schnelle Antwort, ganz in seinem Stil: *Schnell sein! damit drücke ich mich aus. Was diese 23 Stunden zwischen 5600 und 8800, physiologisch, psychisch, physisch bedeuten – das wußte man vorher nicht. Es ist mein kleiner Beitrag zur Alpingeschichte. Zuerst dachte ich an eine schwierige Route am K2. Das Wetter ist schlecht geworden: dann habe ich mir halt was anderes vorgenommen: Schnell sein. Seitdem bin ich ein Profi des Tempos.*

Eine Variante zum Thema „Muskelmensch", die zugleich in eine ganz andere Richtung weist: Wolfgang Güllich spricht von den amerikanischen Kletterern in Yosemite, die gewußt haben, *daß der stärkste Muskel bei sportlicher Betätigung unsere Psyche ist.* Noch ein bißchen weiter: im gleichen schöpferischen Buch „High life" spricht der Engländer John Gill vom Bouldern als „dem Erlangen des kinästhetischen Bewußtseins." Seine Erklärung dazu: *Den Geist mit kinästhetischem Bewußtsein zu durchdringen, bedeutet, in eine neue Art von Wirklichkeit einzutreten, in der Grazie und Präzision die Welt bestimmen.*

Neu im Gespräch

Es ist sehr interessant, in einer Zeit, die sich viel mit dem Thema „Bewußtsein durch Bewegung" beschäftigt, von diesen Erlebnissen zu hören und zu lesen, die vor 20 Jahren noch überhaupt nicht im Gespräch waren. Es gibt noch keine Geschichte der Bewegungsart, keine Geschichte des Bewegungsbewußtseins, aber viele reden und schreiben über die Bewegung, vorwiegend über die dynamische, über die „Bewegungsgefühle". Das Zulassen dieser Themen hat auch in den letzten zwanzig Jahren stattgefunden. Ob es auch mit der Nerv der alpinen Sprachentwicklung und Wortbildung gewesen ist? Warum denn nicht, wenn man bedenkt, daß Bewußtsein und Lebendigkeit eigentlich verwoben sind? Wahrscheinlich ist die Erfahrung der Höhe und Tiefe, der Leichtigkeit in der Bewegung und des Gewichtes im eigenen Leib im Gebirge besonders kraftvoll. Vielleicht ist eine starke, eine elementare dreidimensionale Landschaft der ideale Ort für diese Erfahrung. Nicht nur die Kletterer, auch die Tiefschneefahrer beispielsweise sind darin besonders redegewandt. Ich denke an Äußerungen von Skifahrern, die der Skilehrer E. Gattermann und andere gesammelt haben: ‚Jeder malt sich selbst in den Schnee.' ‚Wir stürzen uns in die Tiefe und entziehen uns der Tiefe.' Ein anderer: ‚Ich tauche in den Hang hinein und löse mich wieder heraus.' ‚Ich spüre, wie sich auf meinem Ski und in meinem Körper der Druck auf- und abbaut.' ‚Ich bin eins mit dem Hang, dem Schnee, dem Schwung.' ‚Mein Können, meine Kraft, die Spur und das Tempo – alles war gut aufeinander abgestimmt.' ‚Meine Bewegungen verschmelzen immer mehr ineinander.' ‚Es hat alles einen bestimmten Rhythmus, dem ich mich fügen muß, den ich suche. Aber er trägt mich.' ‚Wenn ich so fahre, bin ich ein anderer Mensch.' ‚Ich tanze über den Hang.' ‚Ich fühle mich frei wie ein Vogel.' Und noch: ‚Lieber Gott, laß den Hang nie enden.'

Das bewußte Empfinden der Bewegungen ist ein Gesprächsthema geworden und gestaltet sich im Lauf einer Entwicklung zum Spiel und nicht zum Kampf, zum Menschen und nicht zum Helden. Läßt eine gewisse Verbissenheit nach? Die Felsenspiele sind vielfältig. Man spielt wie ein Kind: Mathias Rebitsch geht noch ins Gebirge und sagt: *Was das Bergsteigen angeht, bin ich wirklich ein Kind meiner Zeit, meiner romantischen Zeit!* Andere fühlen sich nur in Spielhöhlen gut – Wände statt Höhlen, X.Grad on sight – statt Roulette ein Ritt auf dem Adrenalinstoß, mit der Angst im Nacken und der „Spannung im Rücken". Oder, egal ob man im Tiefschnee wedelt oder wandert oder die extreme Route „erfindet", man wird eins mit dem Berg, erschließt sich in ihm in spielerischem Ernst. Die Bergsteiger heute nehmen nicht nur ihre Leistungen wahr, sie reden auch von den Empfindungen, die sie zulassen.

„Jeder malt sich selbst in den Schnee."

Foto: Wolfgang Roßmann

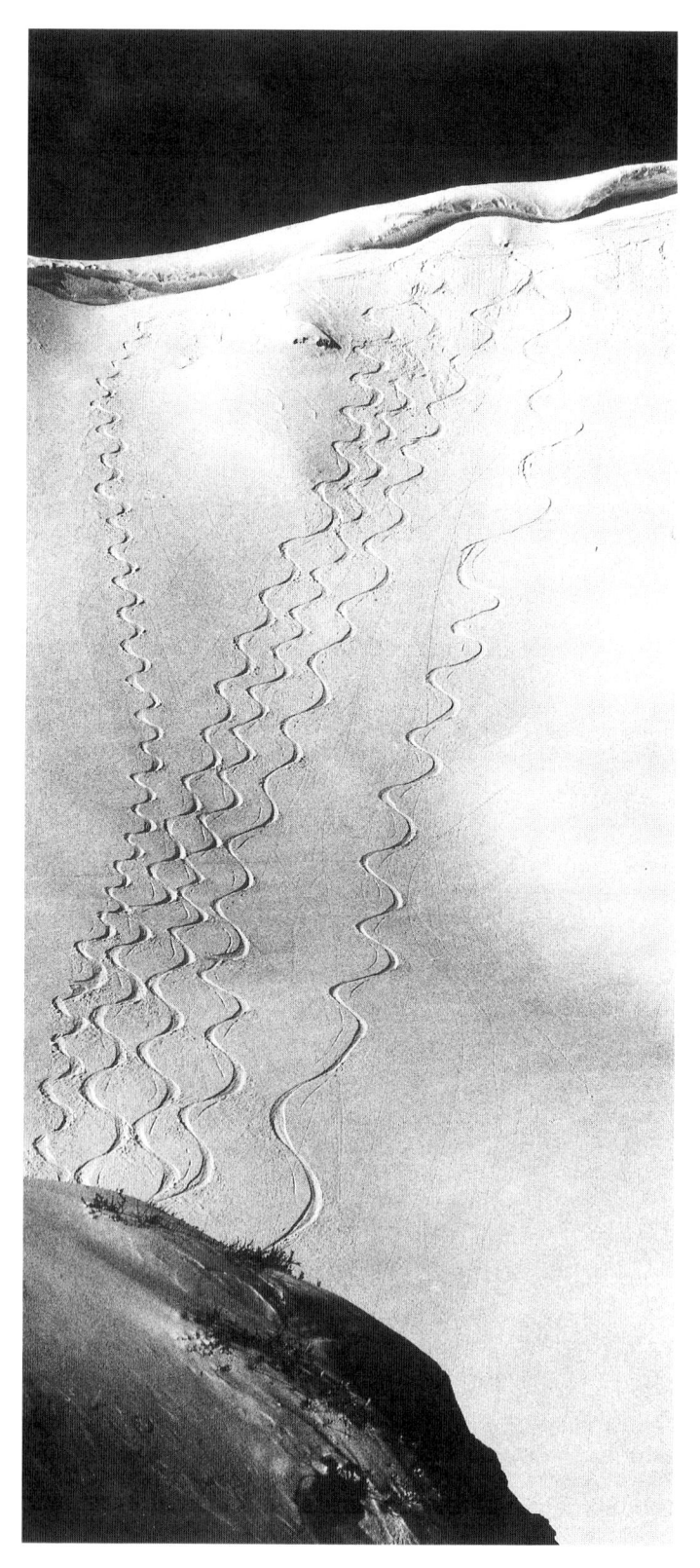

Nach- und Zusammenklänge

Es ist äußerst interessant, ältere Bergsteiger zu hören, die in ihrer Jugend die Sprache der damaligen Zeit benützt haben und jetzt über die gleiche Thematik etwas anderes mitklingen lassen. Der Münchner Kurt Hausmann hat in der Nachkriegszeit extreme Touren im Sinne des aufkommenden Sportkletterns gemacht. In gotischer Schrift hat er im AV-Jahrbuch des Jahres 1954 unter anderem von seiner Besteigung der Cukrowski-Route am Oberen Berggeistturm im Oberreintal berichtet. Wenn er jetzt 1988 von seiner Erfahrung der dynamischen Bewegung auf den glatten Platten der Cukrowski spricht, klingt der spielerische Ernst der modernen Zeiten mit. Die Bilder der Sprache, die er benutzt, schlagen eine Brücke zwischen statischer und dynamischer Bewegung.

Zurück zur Cukrowskiroute: der Einstieg ist sehr naß gewesen. Jede Leistung im Klettern trägt den Stempel der Zeit. Damals hatten wir noch schwere Eisenkarabiner. In der Cukrowski hatten wir schon allerdings ‚heute' altmodische Gummisohlen, in allen Wettersteinwänden vorher Manchonsohlen aus Preßfilz, mit einem Reibungskoeffizient, der mit den heutigen Gummisohlen gar nicht konkurrieren kann... Und das entscheidende an der Route sind eigentlich ihre Platten: eine glatte Platte nach der anderen, fast durchgehend. Heute gilt die Cukrowskiroute als VI plus – oder Rotpunkt VIII. Damals war sie für uns ‚die absolute Grenze', diese glatte Route mit ihren kleinsten Klettergartengriffen!... Luftig und ganz schwer...
Es steht eindeutig fest, daß wir schon damals systematisch trainiert haben. Zwar lange nicht so wie heute ein Profi. Man hat im Klettergarten seine ‚Spezl' getroffen. Natürlich auch andere Kletterer, für mich damals alte Männer, wie Willy von Redwitz und Otto Herzog, genannt ‚Rambo', der Erfinder des Karabiners beim Klettern. ‚Die Feuerwehr hat längst Schnappringe, so was muß ich doch beim Klettern haben können.' Zu Dülfers Zeiten war Rambo in München der Star überhaupt. Zu meiner Zeit kletterte er immer noch sehr schwierige Routen. 1910 hatte diese Clique den Klettergarten im Isartal entdeckt, in den zwanziger Jahren übten sie dort zweifellos schon den siebten Grad.
Das Wetterstein ist meine Bergheimat, weil es nicht nur Sportklettereien zu bieten hat, sondern auch ganz große alpine Wände, die ich natürlich auch gemacht habe. Sie haben mich aber nicht so interessiert wie schwerste Klettereien. So war meine Einstellung, ich kam eben vom Klettergarten. Vor mir hat es lange schon andere gegeben, die sportlich geklettert sind. Aber es war damals seltener als heute. Ich erinnere mich, als wir ‚nur' eine Wand oder eine Kante geklettert sind, oft gehört zu haben, ‚aber es geht ja auf keinen Gipfel?' Es gehörte damals der ganze Berg, der Gipfel, mit der Wand dazu. Sonst, ohne Gipfel, hieß es: ‚Grashügel, Latschenrücken!' So war damals die Einstellung. Eine Kletterarena wie in Arco und am Verdon, das wäre damals unmöglich gewesen! Man hat im Münchener Klettergarten trainiert, ebenso in der Fränkischen und in der Sächsischen Schweiz; sonst gab es nur die großen Wände am Berg selbst, und der Gipfel gehörte unbedingt dazu.

Die Cukrowski führt auch zu einem Gipfel. Nach den eigentlichen Schwierigkeiten kommen noch viele ‚alpine' Seillängen in brüchigem Fels.
Wir sind über die Platten der Cukrowski stellenweise getänzelt. Wenn man schnell klettert, braucht man nicht so viel Kraft. Ich habe mir im Klettergarten einen sehr dynamischen Kletterstil angeeignet. Diesen dynamischen Stil habe ich im Gebirge umgesetzt. Auch das war damals verpönt, es war eigentlich nur der statische Stil erlaubt. Tritt und Griff und wieder Tritt und Griff zu prüfen, ja nicht stürzen! Darum habe ich meine dynamische Technik nur angewandt, wenn sichere Haken darunter waren. Denn ich bin ja nicht verrückt! Ein Hanfseil ist abgerissen wie nichts. Von meinen Klettergefährten und von der Generation davor ist etwa ein Drittel abgestürzt! Es gab keinen Sitzgurt, kein Perlonseil, keine Klemmkeile, keinen Helm, nichts!
Das Extremklettern, wenn man es beherrscht, hat wirklich etwas mit Tanzen zu tun. Wenn man gut und supertrainiert ist, dann kann man verschiedene Routen tänzeln, und gerade die Cukrowski kann man tänzeln. Deshalb habe ich diese Route gewählt. Sie ist elegant, von einer unheimlichen Eleganz. Wenn man gut klettern kann, fordert sie von einem nicht einmal das letzte an Anstrengung, sehr wohl aber das letzte an Können. Für uns war das damals so, mit unseren Sohlen, – mit viel Luft darunter – manchmal an der Grenze des Ausrutschens. Es war ein Klettern kurz vor dem Fluge.
Im Klettergarten sind wir die schwierigen Routen so oft geklettert, daß wir die heutigen Achter-Stellen hoch gelaufen sind, als ob es ein Vierer wäre. So machen es heute auch die Sportkletterer. Tänzeln hat nichts mit Kraft zu tun. Und in der Cukrowski ging es um einen Tanz, ohne viel Kraft, auf Griffen und Tritten, die nur angedeutet waren.

Dieser Bergsteiger hat in einer Klettertour, die er „luftig und doch schwer" nennt, Spaß daran, „Luft unter den Sohlen" zu haben. Ob die Bergsteiger in den letzten Jahrzehnten ihre Wahlverwandtschaft mit der „Luft" entdeckt haben? Ich denke an seine Äußerung: „Es war ein Klettern kurz vor dem Fluge." Das luftige Spiel mit der Schwerkraft mußte ganz natürlich zum Phänomen Gleitschirm führen.

Sinn für Fragmentarisches

In diesem Gespräch wird auch die Entwicklung vom Gipfel zur Wand deutlich, vom Großen Berg zum Fragment. *Ein Berggipfel hat sich in Tausende von wunderlichen Formen zerteilt, überflossen von zartem Grün, harten Goldflecken und dem Rost des Waldes*, sagt andererseits der Sportkletterer Jacky Godoffe. Er spricht von einer Bouldergegend, aber sein Satz könnte für die allgemeine Kletterlandschaft zutreffen. Dieser Sinn für Fragmentarisches im Gebirge erscheint gleichzeitig mit dem Fragment in der Literatur. Die Notizen von Botho Strauß zum „Zauberberg" von Thomas Mann sind das, was Josua Tree oder Buoux zum Everest sind. Und so, wie die Philosophen – nicht diesmal die Bergsteiger – sagen: „Wenn das Fragment zugelassen wird, dann kommt das ganze Unterbewußtsein mit." So kann auch der Gipfel wie ein

Unten: Michel Dacher; 10 Achttausender hat er bisher bestiegen. Aus dem geplanten Gleitschirmflug vom Makalu im Mai dieses Jahres ist leider nichts geworden. Orkanartige Stürme und grimmige Kälte zwangen zum Abbruch der Expedition.

Foto: Archiv

Fragment erlebt werden. Der funkelnde Eisgipfel wird zu einer brillanten Facette des Berges, der auch mit seiner Talseite, mit den dunklen Wurzeln seiner Rhododendronwälder erlebt wird.

Ohne Phrasen

Michel Dacher betrachtet sich als „klassischer Bergsteiger" und spricht von seinem Leben in einer Weise, die zu der jüngeren Bergsteigergeneration paßt. Er redet sehr schnell, doch die Pausen sind bei ihm wichtig. Sein Wortschatz ist in diesem Gespräch zwar einfach, wird aber mit viel Feinsinn eingesetzt, um die eigenen Grenzen abzustecken. Die Lebendigkeit erstickt nicht unter „Phrasen":

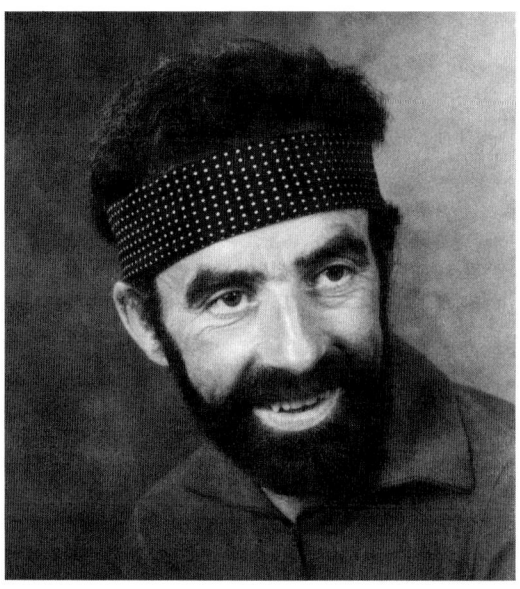

Sehr beeindruckend waren sicherlich für mich die Eigernordwand, Walkerpfeiler, Grandes Jorasses, eine ganz großartige Kletterei …die Alleinbegehung der Comici an der Großen Zinne – da war ich 21. Ich gehe jetzt seit meinem vierzehnten Lebensjahr ins Gebirge und mache seit 38 Jahren ständig extreme Touren. Und immer suche ich noch lieber den schwierigeren als den leichteren Weg, und daher suche ich mir jetzt im Himalaya oder im Karakorum meine Erlebnisse. Ein weiter Weg, vom klassischen Bergsteigen her gesehen! Ich bringe eine gute Verfassung mit, die Psyche ist auch noch recht gesund bei mir, und etwas, was ganz, ganz wichtig ist, ich habe noch ganz viel Spaß, auf Expeditionen zu gehen. Es ist nicht nur das Ziel – der Gipfel: es ist auch das Land, die Leute, der Anmarsch. Wir gehen jetzt zum Makalu, ich freue mich besonders auf diesen Anmarsch. Das ist für mich immer wieder Neuland, ich freue mich auch riesig über die Vormonsunzeit, die in Nepal wunderschön ist. Neue Wege, neue Menschen: es ist immer wieder verschieden, wie es auch bei uns ist, von Tal zu Tal eine total andere Mentalität. Und die Zeit am Berg, die eben dann begleitet ist von Enttäuschungen, weil das Wetter nicht mag, und daneben Freude, wenn das Wetter mitspielt.

Man hat mich oft gefragt, willst du alle 14 Achttausender machen? Ich sagte, von der physischen Seite überhaupt kein Problem, aber ob ich mich in den nächsten Jahren noch immer motivieren kann…ich kann das nicht geradeaus sagen. Weil ich einen riesigen Nachholbedarf auch bei uns in den Alpen habe. Es gibt so schöne Berge, die Alpen sind im Endeffekt für ein Menschenleben unerschöpflich. Man brauchte drei oder vier Menschenleben, um sie alle in den Alpen zu besteigen oder um sie alle zu erleben. Das kann sein, daß ich vielleicht in zwei Jahren sage: oh Gott, ich habe zwar jetzt viele Achttausender bestiegen, es war eine wahnsinnig schöne Zeit, aber ich will nicht – ich will nicht mehr. Ganz sicher so oder so: so ist es in mir. Es ist also nicht der absolute Ehrgeiz: ‚ich will alle vierzehn besteigen'. Das wäre ein schönes Spiel, aber meines ist es nicht.

Ich freue mich schon! – es ist verrückt! auf meine nächste Expedition. Ich werde heuer eben nur einmal weggehen, weil ich festgestellt habe, wenn man zweimal weggeht, das klappt nicht mehr so, man ist nicht mehr voll bei der Sache, das ist zuviel, zumindest für mich. Ich liebe meine Familie, insbesondere meine Frau, die mir sehr viel bedeutet, und dann freue ich mich wieder in den Alpen unterwegs zu sein, zum Klettern. Ich möchte wahnsinnig gerne den Freney-Pfeiler klettern, den schiebe ich schon Jahre vor mir her, dazu fühle ich mich noch fähig: in diesem Schwierigkeitsgrad zu klettern und eben auf meine Art schnell unterwegs zu sein, vielleicht in einem Tag. Das sind so meine Ziele.

Die andere Dimension der Achttausender, das ist auch das ganze Drumherum. Der K2: es war mein schönstes Erlebnis, diesen Berg besteigen zu dürfen. Schön auch, der Nanga Parbat in ganz schneller Zeit. Wenn ich nicht so schnell ginge, wäre ich nicht unter den Lebenden, davon bin ich überzeugt. Immer schnell: ein Grundsatz von mir. Wir wissen es alle: im Bergsteigen ist halt mal nicht alles kalkulierbar. Wer sagt, das ist ‚kalkulierbares Risiko', der lügt sich in die Tasche.

Vom Makalu, einem hohen Achttausender, möchte ich mir den Gag erlauben, mit dem Gleitschirm runter zu fliegen. Ich sehe echte Chancen: von den 10 von mir bestiegenen Achttausendern waren drei mit absoluter Windstille; weitere zwei wären zu Fliegen möglich gewesen. Was mir gut gefällt dran? Ich finde es einfach eine Steigerung, eine absolute Steigerung des Bergsteigens. Ich denke manchmal, ich habe das Glück, vom Alter her, daß ich das noch erlebt habe: jetzt gerade noch paßt es.

Es ist diese wunderschöne Spannung: man geht den Berg hinauf, planmäßig, wie es bei den Vorbereitungen für eine Expedition geschieht, und man ist dann in voller Spannung: Klappt es? Man beobachtet das Wetter viel intensiver als bisher.

Vorher war mir das Wetter einfach egal, ich bin einfach den Berg hochgegangen, weil ich trainieren muß, und jetzt habe ich meinen Gleitschirm am Rücken: Oh Mensch, hoffentlich paßt es, da fängt ein leiser Wind an und schon wieder… und dann kommt man an den Gipfel, und der Wind ist so, daß es paßt, und das ist so toll…man fliegt runter, man kommt aus einem Joch raus, 1500 m Luft unter dem Hintern…man landet unmittelbar in der Nähe vom Parkplatz und schaut auf die Uhr: ‚Eigentlich möglich, ich kann nochmal rauf.' Es ist so faszinierend, ich kann es keinem Menschen sagen. Runter fliegen vom Makalu: Wenn das gelingen würde, hätte ich die höchste Gaudi.

Unten: Catherine Destivelle in der Spitzenroute „Chouca" (10) in Buoux, die sie im April '88 als erste Frau begangen hat (s. dazu auch Seite 100).
Rechts: Wanda Rutkiewicz, die erste Frau am K 2, die dritte Frau und gleichzeitig erste Polin auf dem Everest.

Fotos: René Robert; Jozef Nyka

Spürsinn für eigene Empfindungen

Es sind die Erfahrungen eines „klassischen Bergsteigers", der auch viel Spürsinn für seine Empfindungen hat. Er spricht zwei Themen an, die Bergsteigergespräche und ihre Schriften beleben: das meteorologische Empfinden und das Wahrnehmen des „Drumherum". Mit dem wechselhaften Wetter und dem unberechenbaren Wind zu spielen: es paßt zu den Menschen, die nicht den „Berggipfel mit kodakblauem Himmel" auswählen, sondern den Berg „mit der Transparenz der Luft und mit seinen dunklen Bergwurzeln".

Berg total: Robert Schauer schildert seine Empfindungen bei einem schweren Sturz während eines Alleingangs am Makalu:
Expeditionen im Alleingang, was passiert? Das Unbekannte wird immer übergeordnet: unbekannte Berge, unbekannte Züge seiner selbst. Dies stimuliert: intuitiv wird das Richtige gemacht. Es gibt mehr Konzentration, man nimmt viel mehr wahr und bewegt sich in Traumbildern.

*Nach einem Absturz am Makalu habe ich auf dem Gletscher einen Vogel gefunden, einen Graureiher: er lag da, in seiner Leblosigkeit. Die öde, tote Gletscherlandschaft ringsum verstärkte sein Bild. Ich werde mich immer daran erinnern, wie konserviert der tote Vogel aussah, mit seiner intakten Federpracht. Ich merkte, wie die Leblosigkeit rundherum mich vitalisierte. Es war für mich ein ‚ich will leben', es war wie ein ‚natural doping'.
Eines ist mir klarer geworden: wo der Unterschied liegt. Wichtig ist, ‚wie' man hinaufkommt. ‚Was' existiert nicht, es geht nur um das Wie.*

Synchronie eines wahren Traumbildes und eines Absturzes: Robert Schauer spricht wie im alten chinesischen Denken. Was suchen eigentlich diese Bergsteiger, wenn sie sich so ausdrücken, oder wenn sie, wie Robert Schauers Berggefährte Doug Scott, auf kleinen Expeditionen ihre synergetischen Erfahrungen machen? Das „Drumherum" des Gipfels oder der Wand weitet sich gedanklich – und geographisch. Wie vor 30 Jahren die Achttausender „bezwungen" worden sind, „erfindet" man heute überall auf der Welt Berge und Wände. Die Sportkletterer suchen und finden ihre Routen auf allen Kontinenten. Die Trekker wollen auch da wandern, wo vor wenigen Jahrzehnten geheimnisvolle leere Stellen auf den Karten standen, zum Beispiel in Tibet. Kurz gesagt: Bergsteiger sprechen heutzutage viel von der großen weiten Welt.

Reden und Themen der Bergsteigerinnen

Ein Thema aus dem Leben heraus kennzeichnet manche „gehaltene Reden" von Bergsteigerinnen. Es ist die Polarität „archaisch sein – mehr als modern sein".
Die Sportkletterin Catherine Destivelle hat diese Mischung „archaisch-ultramodern" in ihrem Film „Seo" meisterhaft illustriert. Ihre Bilder zeigen immer wieder in einem gekonnten Kontrast ihre eindrucksvolle Akrobatik am Fels oberhalb der

123

Wanda Rutkiewicz
am 16.10.1978
auf dem Gipfel des
Mount Everest.

Foto: Archiv Hiebeler

archaischen Dörfer der Dogonen in Mali. Die schwarzen Frauen am Brunnen, ihre Kinder tragend, und die rhythmische Struktur der Lehmhäuser und Getreidehütten bilden den Kontrapunkt zu atemberaubenden Kletterszenen. Catherine Destivelle nennt sich „danseuse de roc" („Rock"-Tänzerin) und hat im April '88 als erste Frau den „Choucas" (X) in Buoux begangen.

Von der gleichen Polarität einer archaischen und zugleich sehr modernen Welt redet – mit Wörtern statt mit Bildern wie mit der Gestaltung ihres Lebens – die Theologin Ulrike Kaletsch.
Sie ist kein „Medienstar" und keine extreme Kletterin wie Catherine. Sie lebt als Frau „sorgend in der Welt" und freut sich auf normale Gebirgstouren. Sie engagiert sich in traditionstreuen männlichen Welten – in der Welt der Alpenvereine wie in der Welt der Kirche, und hier wie dort spricht ihr Einsatz für eine ausgesprochene Modernität. Wenn sie von ihren Touren redet, beschreibt sie meistens Empfindungen des Vertrauens. *Es kommt sicher nicht von ungefähr, daß man für die Bergformen so viele Wörter aus dem menschlichen Körper genommen hat: Schulter, Bergflanke, Bergrücken. In der Tat fühle ich den Berg als einen* riesigen, lebendigen Körper. Vielleicht wirkt der Berg dadurch sehr beruhigend: Gefühle der Freiheit, des Vertrauens, der Geborgenheit mischen sich. Dieser große Bergkörper vermittelt Grunderfahrungen. Ich denke an Biwaks ‚auf einem Bergrücken', wie man sagt. Was man im Gebirge spürt, ist verdichtete Existenz.*

Ob das Thema der Bergsteigerinnen die Einheit des Lebens ist? *Die gesamte Grundstimmung des Lebens* ist es, was Dietlinde Warth im Gebirge sucht und findet. Kein Gipfel, sondern die atmosphärische Qualität. Die dritte Dimension? *Für mich ist der Himalaya auch ein Nebelmorgen in der Tiefebene des Terai: man sieht nichts, man hört Hunde, Kinder, Ochsenkarren; allmählich tauchen Menschen und Tiere auf; alles wird klar, die Landschaft wird bis zum Himalaya durchsichtig. Dieses Auftauchen liebe ich sehr. Oder wenn ein Gewitter kommt sich in einen Teashop verkriechen, beisammen sitzen, lauern, bis es nicht mehr regnet. Mit dem anderen unterwegs sein, ohne zu reden, aber fühlen, daß er da ist.*

Da von der weiten Welt die Rede ist: was sagt „in der Welt" die Polin Wanda Rutkiewicz? Sie ist als erste Frau auf dem K2 gestanden. Sie ist auch die dritte Frau und gleichzeitig die erste Polin auf dem Everest gewesen. *Der K2 war mein sportlichster Erfolg. Er hat für die Öffentlichkeit wenig gegolten, war aber für mich der wichtigste Gipfel. Am Everst war es anders: Die Russen haben mich für ‚die erste Frau aus dem sozialistischen Block' erklärt. Ich betrachte mich jedoch als die erste, die nicht aus Asien kommt. Bis zum Everest war ich eine durchschnittliche Person und plötzlich stand ich auf dem Höchstpunkt der Welt: eine Garantie, wie ein Beweis, daß die Träume von jedem sich erfüllen können. Wenn mein Traum wahr wird, warum denn nicht auch die Träume der anderen? ‚Jeder kann seinen Everest haben', habe ich gesagt: gerade in Polen war dieser Satz sehr wichtig. Daher meine Popularität bei den Menschen meines Landes. Als offizielle Everest-Besteigerin habe ich keine Privilegien, keine Gelder, aber viele Sympathien erhalten.*

Zeit der Vitalität

Die Bergsteigersprache durchlebt eine Zeit der Vitalität. Ihr dynamischer Antrieb scheint mir die Aufmerksamkeit zu sein, mit der man jetzt nicht nur eigene Leistungen, sondern auch eigene Empfindungen wahrnimmt. Diese Sprache erfindet neue Themen, neue Wörter, neue Wege. Benennen wir diese Wege mit den Namen, die Sportkletterer ihren Werken – ihren Routen – gegeben haben.
Der poetische Weg: „Midnight lightning", „Sea of Dreams", „Rauscherkante", „Zenith", „Götterdämmerung", „Blaue", „Silbergeier", „Kein Wasser, kein Mond", „La Rose et le Vampir".
Der realistische Weg: „Talseite", „Show", „A statement of Youth", „Punks in the Gym", „Sautanz", „Gefahr", „Paranoia", „Delirium Tremens", „Chimpanzodrome", „Moderne Zeiten", „Zeitgeist", „Take is easy", „Ohne Fleiß kein Reis".
Und der Weg an sich? „Wisdom in the body."

Übergänge – Rhythmen – Glück

Was mir das Bergsteigen wertvoll macht

Ulrich Aufmuth

Das Bergsteigen enthält für mich eine Vielzahl von guten und wohltuenden Erfahrungen. Es baut mich auf, es stabilisiert mich. Die aufbauende Wirkung bezieht sich sowohl auf mein körperliches Befinden wie auch auf meine seelische Verfassung. Im nachfolgenden will ich einige der wohltuenden seelischen Auswirkungen des Bergsteigens beschreiben und kommentieren.

Übergänge

Das kennt jeder von uns leidenschaftlichen Bergsteigern: Nach einer längeren Zeit des Steigens im Gebirge fühlt man sich oftmals ganz anders als zuvor, viel besser.
Unter dem Titel „Übergänge" will ich nun seelische Wandlungsvorgänge darstellen, wie ich sie bergsteigend immer wieder suche und erlebe. Diese Erfahrungen des inneren Umschwunges zu einer besseren Stimmungslage hin sind auch ein wesentlicher Grund dafür, weshalb ich das Bergsteigen brauche und liebe.

Von der Unruhe zur Gelassenheit
Oft bin ich heillos unruhig und nervös. Dann ist es gut für mich, unterwegs zu sein, auf einen Berg zu steigen.
Anfangs gehe ich sehr schnell, viel zu schnell. Der Atem hechelt. Alles in mir hechelt. Ich fange zu schwitzen an. Der Rücken klebt. Ich merke es, wie ich viel zu schnell steige, doch ich merke auch: das brauche ich jetzt so. Die Überspanntheit muß raus.
So steige ich ein, zwei Stunden dahin, hechelnd, eckig, überschnell. Und dann der Wendepunkt. Der Körper schaltet von selber zurück. Er wird weich. Er will nicht mehr so schnell. Ich werde ruhig. Ich spüre Ermattung. Jetzt tut es gut, langsam zu gehen. Genußvoll, Schritt um Schritt. Die Macht der inneren Unruhe ist gebrochen. Ich bin befreit.

Probleme verlieren
Ich habe ein Problem, ein Denk-Problem. Ich komme einfach nicht weiter. Der Schädel brummt vom zu vielen Nachdenken. Die Gedanken verknoten und verwirren sich. Sie gehorchen mir nicht mehr.
Höchste Zeit, daß ich hinauskomme. Ich brauche jetzt einen weiten und wilden Weg, quer durch die Berge hindurch. Die Route muß offen sein, nur ja kein Plan und kein Ziel. Ich lasse meinen Körper laufen, wie und soweit er will. Ich überlasse mich ganz meinen Beinen und meinem Leib. Einfach gehen, zügellos gehen. Nach und nach hört das Harte in meinen Gedanken auf. Sie verlaufen sich. Sie verlieren ihre Wichtigkeit. Eine wohlige Gleichgültigkeit greift Raum. Was soll's.
Manchmal steigt aus dieser wohligen Gleichgültigkeit eine Einsicht herauf, hell und stark, blitzt auf wie ein Goldstück am Weg.
Manchmal auch stellt sich keine Erkenntnis ein. Das ist egal. Ich spüre Geduld. Ich kann warten. Das ist der große Gewinn.
Ich muß jetzt nicht mehr dahinterkommen um jeden Preis. Lässige Zuversicht füllt mich aus: Es wird sich schon geben. Und so ist es dann meistens auch.

Klar werden
In mir ist es grau. Schon lange läuft alles im selben Trott. Staub überall, Staub in mir. Nichts, was mich munter macht, nichts, was mich fesselt, nichts, was mich freut.
Ich nehme meinen Rucksack. Ich trage mein Grau-Sein ins Gebirge hinaus.
Nach ein paar Stunden des Steigens merke ich, daß ich unendlich müde bin. Ich setze mich hin. Ich möchte nicht einmal mehr die halbe Stunde bis zum Gipfel gehen.
Ja, das ist es: Ich bin müde, ganz tief von innen heraus. Menschenmüde, sehnsuchtsmüde, gedankenmüde. Das merke ich jetzt.
Das Wetter meint es gut mit mir: Die Sonne ist durch Wolkenschleier leicht gedämpft und schickt eine milde Wärme herab. Ich lege mich hin und ich lasse mich gehen in meiner Müdigkeit. Ich bin eingehüllt in die sanfte Wärme. Ich spüre sie auf meinem Gesicht, auf meinen Händen, durchs Hemd hindurch. Hier tut mein Grau-Sein mir nicht weh. Hier darf es da sein, und ich lebe im Frieden mit ihm.
Irgendwann kehre ich heim, immer noch grau, doch gelassener und klarer auch.

Zorn und Befriedung
Manchmal, da stampfe ich in den Bergen Zorn und Enttäuschung aus mir heraus. Dann laufe ich mit aller Macht, bis zur völligen Ermattung.
Der Zorn lodert im Steigen erst so richtig auf. Alle Wut bricht los. Häßliche Gedanken schwirren auf. Sie beißen sich fest. Das wütet und brodelt eine ziemliche Zeit.

Bild unten: „Ich bin müde, ganz tief von innen heraus. Menschenmüde, sehnsuchtsmüde, gedankenmüde ..."

Foto: Jan Svab

Währenddessen steige ich mit voller Kraft, pausenlos, je steiler, je lieber. Die Wellen meines Zorns treiben mich die Berge hinauf und hinab. Weit gehe ich mit meinem Zorn. Manchmal der Gedanke: Hört das denn gar nicht mehr auf?
Doch es hört auf, irgendwann, wenn ich nur lange genug in meinem Zorn gegangen bin. Der Zorn erschöpft sich. Er hat sich ausgetobt. Ermattung kehrt ein. Langsam gehe ich zurück. Friedvollere Gedanken ziehen wieder ein.

Glücks-Touren

Auch mein Glück trage ich in die Berge hinauf. Nach Erlebnissen großen Glückes streife ich über die Hänge und Grate dahin, leicht und fröhlich, und ich fülle die Weite mit meinem Glück. Ich suche mir schöne Plätze aus zum Verweilen, solche mit einer weiten Sicht. Ich setze mich hin, und ich raste mit meinem Glücks-Gepäck. In mir klingt es, und ich bin selig, soviel Raum zu haben für mein Glücklichsein.

Die lebendige Untätigkeit

Ich habe zwei arbeitsfreie Tage. Vorausgegangen ist eine lange, allzuanstrengende Zeit. Der plötzliche Übergang ins Frei-Sein erweist sich als Problem. Ich weiß nicht, was ich mit mir anfangen soll. Klar, es gibt Arbeit im Haus und im Garten, viele Kleinigkeiten, die liegengeblieben sind. Doch ich will nicht arbeiten, jetzt nicht. Ich könnte auch lesen. Auf meinem Schreibtisch liegen Bücher, die ich mir schon lange bereitgelegt habe für eine ruhige Zeit. Ich verspüre indes überhaupt keine Lust für Gedrucktes. Und wenn ich einfach gar nichts tu, einfach bloß faulenze und in der Sonne liege? Dazu bin ich viel zu unruhig, das halte ich nicht aus.
Ich mag nichts „Nützliches" tun und bin unfähig zum Faulenzen. Eine vertrackte Sache.
Ich finde eine Lösung für das Dilemma: Ich packe meinen Rucksack und fahre in Richtung Gebirge. Ich habe keinen bestimmten Plan. Beim Fahren wird mir schon eine Idee kommen, wohin. Ich sehe die Berge vor mir, meine vertrauten Berge, und ich fühle, wo ich hin will. Zuerst zur Hütte. Drei Stunden sind es normalerweise bis dorthin. Ich brauche fünf. Ich gehe, ich pflücke Himbeeren, ich mache Brotzeit, ich ruhe mich aus im Schatten einer Föhre und gucke die Wolken an. Ich tue einfach das, was mir im Moment einfällt.
Ich schaue mir die Gipfel ringsum an, und ich wäge in mir ab, welche Tour mir anderntags vielleicht Spaß machen würde. Ich entscheide mich nicht sofort. Ich warte bis zum anderen Tag. Da wird mir schon das richtige einfallen. Ich lebe in den Tag hinein, und ich bin im Frieden mit mir.
Jetzt quält mich meine Unfähigkeit, etwas „Vernünftiges" zu tun, nicht mehr. Auch meine Unruhe, die das Faulenzen unmöglich macht, tut nicht mehr weh. Meine ganze Erschöpfung trage ich hier leicht. Ich fühle mich gut aufgehoben. Mir fällt der Satz ein: Bergsteigen ist lebendige Untätigkeit.

Warum muß es ausgerechnet Bergsteigen sein?

Ich bin viel auf meinen Beinen unterwegs. Mein Vergnügen am Gehen ist indes in einer ganz bestimmten Weise einseitig: Ich steige viel lieber auf Berge hinauf, als daß ich in der Ebene dahinwandere. In der Ebene wird mir das Gehen oft nach einer Stunde schon langweilig. Beim Bergansteigen bin ich hingegen stundenlang ganz bei der Sache. Da bin ich ausgefüllt, da wird mir die Zeit nicht lang.
Warum, so frage ich mich nun, ist das Bergansteigen für mich so viel befriedigender als das ebene Dahingehen?

Das sichere Gleichgewicht

Als erstes fällt mir zur obigen Frage ein: Das Bergaufgehen ist eine gebremste Art des Gehens. Die Steigung eines Berghanges teilt sich mir mit als eine bremsende Kraft. Diese Bremskraft veranlaßt mich, sehr bewußt mit meiner Energie umzugehen. Jedes Zuviel oder Zuschnell wird mir sofort drastisch rückgemeldet als Atemlosigkeit, als Keuchen und als vermehrtes Schwitzen. Das Angehen gegen den Widerstand der Steigung – und das ist nun das Entscheidende – läßt mich sehr bald den Gleichgewichtspunkt meines langfristigen Leistungsoptimums finden. Ich spüre sehr genau jenen Punkt, wo meine Kraftverausgabung im Einklang steht mit meinem langfristigen Leistungsvermögen. Dieser Gleichgewichtspunkt der optimalen Kraftentfaltung wird bei einem eher ruhigen Bewegungstempo erreicht, auch dies ist angenehm und wichtig für mich. So habe ich beim Angehen gegen den Widerstand des Berges das herrliche Erlebnis, in einer ruhigen Weise meine Kräfte optimal zu handhaben. Damit wird mir etwas

**Gegen Widerstand leben:
„… Mit jedem Schritt bewege ich
eine große Masse Schnee …"
Foto: Rainer Köfferlein**

geschenkt, was ich ansonsten oft vermisse: Ich meine die sichere Ausgewogenheit zwischen meinen Energien und ihrer Verausgabung.
Gerade auf emotionalem und intellektuellem Gebiet gerät bei mir das Verhältnis zwischen den vorhandenen Kräften und ihrer Beanspruchung sehr oft ins Ungleichgewicht. Ich verausgabe mich seelisch oft mehr und oft schneller, als für mich gut ist. Ich lebe häufig über meine Verhältnisse und nehme es viel zu spät wahr. Ich lebe zu schnell. Die Diskrepanzen, die so entstehen, erzeugen in mir eine nervöse Unruhe, die ich kaum zu beeinflussen vermag. Das ziemlich empfindliche Räderwerk meiner Seele dreht sich dann zu schnell.
Beim gebremsten Gehen am Berg erfahre ich tief aus meinem Körper heraus, wie Ausgewogenheit sich anfühlt. Das hilft mir dann manchmal, den empfindlichen Kräftehaushalt meiner Seele wieder ins Lot zu bringen. Ich merke dann jedesmal neu, daß eine bedächtige Gangart für mich die angemessene ist, sowohl körperlich wie seelisch gesehen.

Gehen mit Gewicht

Einen Berg hinauf- onder hinabzusteigen, das ist eine sehr gewichtige Form des Gehens. Beim Ansteigen im steilen Hang, da spüre ich mit jedem einzelnen Schritt sehr nachhaltig mein Gewicht. Ich spüre es in der Anstrengung meiner Beine und im nachdrücklichen Auftreten meiner Füße. Beim Abwärtsgehen am steilen Berg zwingt mich die Last meines Körpergewichts bei jedem Tritt ein Stück in die Knie.
Bergsteigen gibt Gewicht, in des Wortes doppeltem Sinn. Für Menschen wie mich, die innerlich so leicht aus dem Geleise zu bringen sind, da ist dieses Gewichtspüren eine großartige Sache. Ich bemerke immer wieder, wie ich nach großen Touren seelisch stabiler und wuchtiger bin. Angstmachenden Situationen trete ich selbstgewisser entgegen; mit Menschen vermag ich selbstbewußter umzugehen. Es ist, als hätten die vielen tausend gewichtigen Schritte am Berg mir mein seelisches Gewicht wieder spürbar gemacht.

Gegen Widerstand leben

Ich habe bereits davon gesprochen, daß das Bergsteigen eine Art von beständigem Angehen gegen Widerstand darstellt. Es gibt Situationen, da ist der Widerstand des Berges ganz besonders groß und fühlbar. So zum Beispiel beim Skibergsteigen im schweren Neuschnee. Mit jedem Schritt bewege ich eine große Masse Schnee. Mühselig hebe ich jedesmal den schneeüberdeckten Ski über die Oberfläche des Schnees hinaus. Ich muß den Ski hoch anheben, um dann doch nur ein kleines Stück weiter voranzukommen. Hinter mir hinterlasse ich eine tiefe Gasse. Ich wühle wie ein Maulwurf.
Ähnlich großen Widerstand erfahre ich beim Klettern: Ich stemme mich einen senkrechten Riß hinauf. Ich verkeile mich mit meinen Beinen und meinen Händen fest im Fels. Zug um Zug schiebe ich mich nach oben. 70 Kilo hundertmal hinaufgeschoben, bis ich oben bin. Im Schnee wie im Fels: gewaltiger Widerstand. Aber immer auch: elastischer Widerstand. Durch den tiefen Schnee

bergan steigen, mein Gewicht beim Klettern hochstemmen, das ist schwer und ist doch ein weiches Dagegen-Arbeiten. Keines auf Biegen und Brechen. Kein Entweder-Oder. Ich kann den Widerstand regulieren. Ich kann langsamer oder schneller steigen. Ich kann meine Skispur flacher oder steiler anlegen. Ich kann nonstop durchgehen oder Pausen machen. Der Widerstand, der mir entgegentritt, bleibt immer handhabbar. Wie stark er wird, liegt in meiner Hand.

Zu den Grundgefühlen meines Daseins gehört das Gefühl der Mühseligkeit. Leitspruchartig steht über meinem Dasein das Befehlswort „du mußt!", und dieses Wort trägt einen harten und unerbittlichen Klang.

In meiner Kindheit entstand in mir die Überzeugung: Was einem leicht fällt, das ist nichts wert. Nur das, was man unter Mühen vollbringt, ist gut. Nicht, daß Entspannung und Vergnügen vollkommen verpönt gewesen wären. Sie waren jedoch streng rationiert und mußten durch lange Anstrengungen erst verdient werden.

Eine weitere Devise, die mir schon früh gelehrt wurde, lautete: „Durch Schwierigkeiten muß man sich hindurchbeißen." Man kam selten auf die Idee, nach leichten Wegen zu suchen. Ein lachendes und leichtes Leben lernte ich geradezu als etwas Unmoralisches zu empfinden.

So wurde mir von früh an eine mühevolle Lebensweise zur Normalität. Anders gesagt: Ich wurde es gewohnt, gegen Widerstand zu leben. Ich wurde untauglich zu einem mühelosen Dasein. Die Anstrengung und die Hindernisse sind mir zu einer Notwendigkeit geworden.

Freilich, ich brauche die Widerstände nicht so hart und nicht so schwer, wie sie mir manchmal auferlegt worden sind. Ich brauche sie auch nicht so bedrohend, wie sie oft vor mir sich aufgetürmt haben. Die ganz unerbittlichen Lasten und Zwänge, die bin ich leid. Ich will Widerstände, die gnädig und handhabbar sind. Dazu sind mir die Berge recht. Dort liegt das Maß des Widerstandes, den ich erlebe, in meiner Hand. Manchmal gehe ich in den Bergen steilste Wände geradewegs hinauf, wenn ich das Bedürfnis dazu verspüre. Ein andermal lasse ich die schwierigen Berge in aller Ruhe links liegen und begnüge mich mit sanften Anstiegen. Und gelegentlich kommt es vor, daß ich lediglich durch die Täler wandere und in leidenschaftsloser Vergnügtheit zu den hohen Gipfeln hinaufschaue.

Ich suche mir meine Berg-Mühsale bedachtsam aus, im Einklang mit meinem momentanen Widerstandsbedürfnis. Ich kultiviere die bewußte Gestaltung des Widerstandes. Wenn mir schon ein lockeres Leben nicht offensteht, so will ich wenigstens mit meiner Widerstandsbedürftigkeit locker umgehen. Diese sensible Handhabung des Widerstandes bringt am Ende auch ein eigenes Erleben von Lust.

Manchmal erlebe ich mich selber als Widerstand. Eine typische Situation ist diese: Ich nehme mir eine anspruchsvolle geistige Tätigkeit vor, beispielsweise die Ausformulierung eines Referates. Ich fange an, und ich merke sogleich, wie mein Kopf sich sperrt. Er gibt nichts her. Kein brauchbarer Satz kommt heraus.

Ich lerne es, mit einem solchen Widerstand, der aus mir selber kommt, elastisch umzugehen, genauso, wie mit dem Widerstand des Berges: Keine Brachialgewalt, aber auch keine Laschheit. Ich gebe nach, wenn ich den inneren Widerstand sehr groß finde, aber ich lasse nicht los. So gelange ich mit mir selber weit – gerade wie am Berg.

Dieser Aufsatz ist solch ein Produkt des elastischen Umgangs mit meinem Binnen-Widerstand. Ich hoffe, man merkt ihm diese Entstehungsweise an.

Um wieder zum Bergsteigen zurückzukehren: Das Gebirge gibt mir die Möglichkeit zu einer flexiblen Widerstandsausübung. Nur ein kleiner Teil der leidenschaftlichen Alpinisten nimmt indessen nach meiner Beobachtung diese Möglichkeit wahr. Die meisten Bergsteiger werden angesichts des Widerstandes, den ihnen der Berg entgegensetzt, verbissen. Je größer der Widerstand des Berges, umso mehr wird die Verbissenheit angestachelt. Das bedeutet aber nichts anderes als dies: Die Widerstandsbegegnung wird starr und brutal. Ich selber werde dann starr und brutal. Ich laufe Gefahr, zu zerbrechen. Die Freiheit der Widerstandsgestaltung ist vollständig dahin.

Verbissenes Verhalten ist durch Starrheit und Gewalttätigkeit gekennzeichnet. Darin spiegeln sich die Kompromißlosigkeit und die Aggressivität, die einstmals den unbeholfenen Regungen der kindlichen Selbstbehauptung entgegengebracht wurden. Dies geschah im Namen von Prinzipien wie: „Den Trotz muß man brechen!" „Ja nichts durchgehen lassen!" „Kinder brauchen eine harte Hand!" Ein kleiner Widerstand vonseiten des Kindes wurde sogleich mit voller, gewalttätiger Wucht beantwortet. Es gab keine Zwischentöne der Widerstandsbehandlung. Ein Kind wird starr unter solcher Härte. Wut steigt auf und wird zugleich unterdrückt. Der Keim zur verbissenen Begegnung mit Widerständen ist gelegt.

Somit können wir folgendes konstatieren:
Das Bergsteigen enthält eine hervorragende Chance zur beweglichen Ausübung von Widerstandsbedürfnissen. Tatsache ist indessen, daß diese Chance meistens ungenützt bleibt, weil alteingefahrene Mechanismen der gewalttätigen Widerstandsbegegnung die Oberhand gewinnen.

Auch bei mir ist es manchmal so, daß mich unversehens die Verbissenheit am Berg übermannt. Dann werde ich freudlos, blind, atemlos. Zum Glück finde ich aus dieser Unerbittlichkeit zumeist wieder heraus. Dann kehre ich aufatmend zurück in den weichen und selbstbewußten Widerstand.

Rhythmen

Rhythmen wirken ordnend auf unser Seelenleben ein. Sie vermitteln uns ein Gefühl von Stimmigkeit und sie erfüllen uns mit beschwingter Energie. Das Bergsteigen schenkt mir auf vielfältige Weise die Erfahrung eines ordnenden und stärkenden Rhythmus. Die Rhythmen in meinem bergsteigenden Tun bilden ein wesentliches Bedingungsmoment der Wandlungsvorgänge, die ich soeben beschrieben habe.

Den Rhythmus des Steigens finden: „Meine Bewegungen antworten geschmeidig dem Boden, auf dem ich gehe ..."
Foto: Hans Steinbichler

Den Rhythmus des Steigens finden

Zu Beginn einer Bergtour bin ich oftmals voller Hektik und Ungeduld. Es muß vorwärts gehen, ganz schnell. In Gedanken bin ich immer schon ein ganzes Stück weiter voraus. Jeder kleine Aufenthalt ärgert mich, etwa, wenn vor mir jemand stehenbleibt. Ich gehe eilig, und ich habe dabei doch immer das Gefühl, nicht schnell genug zu sein. Ich bin in Hetze, ich hetze mich selbst – der gewohnte Zustand meines Alltagslebens.

Das hält eine Zeitlang so an, eine Stunde lang oder zwei Stunden lang. Dann, auf einmal, geht eine Wandlung vor sich. Es ist wie ein Aufatmen. Das Harte vergeht, ich taue auf. Ich werde weich und ruhig. Gelassenheit zieht ein. Egal nun, wie weit der Gipfel noch ist, ich komme schon irgendwann hin. Nun denke ich nicht mehr voraus. Das Schwirren der Gedanken hört auf. Ich bin zufrieden im Augenblick. Ich bin richtig, alles ist richtig. Die Knoten gehen auf, und alles läuft von selbst. Wie sich die Welt doch ordnet und entwirrt, wenn man seinen Rhythmus gefunden hat!

Meine Gangart wird langsamer. Der Körper richtet sich auf. Die Schultern geben nach. Leichtigkeit kommt in meinen Körper und Biegsamkeit. Meine Bewegungen antworten geschmeidig dem Boden, auf dem ich gehe. Ich bin ein beschwingter Teil des Geländes und seiner Formen. Ich lasse sie in mich ein, und ich gestalte sie nach.

Es ist eine Lust, dieses federnde Antwortspiel auf Wiese, Stein und Schnee. Auch nach innen wächst neue Empfänglichkeit. Mein Bewegen paßt sich dem Atem an und dem Puls. Da kehrt ein gutes Zusammenspiel ein. Von selber steige ich immer im Optimum.

Meines Körpers werde ich nunmehr ganz gewahr. Ich spüre, wo es spannt, ich spüre, wo es fließt. Ich fühle den leichten Wind. Ich fühle die Last am Rücken und den zu stark geschnürten Schuh. Alles merke ich nach und nach, und ich richte mich ein. Ich werde wohnlich in mir selbst. Ich fühle mich zuhause in mir. Die Mitte ist da.

Der große Rhythmus der großen Tour

Zweimal im Jahr unternehme ich mit meinem Freund eine längere Tour zu hohen Gipfelzielen. Wir sind dann jeweils mindestens zehn Tage lang in der Höhe unterwegs. Wir übernachten in Biwaks, in Heuhütten oder im Freien; nur wenn es nicht anders möglich ist, suchen wir eine bewirtschaftete Hütte auf. Alles, was wir zum Leben brauchen, tragen wir mit uns. Wir sind völlig autark. Zwei Wochen lang leben wir völlig außerhalb der Welt.

Diese Touren haben ihren ganz eigenen Rhythmus. Es ist ein Rhythmus der langen, großen Wellen. Einige dieser großen Bögen und Wellen will ich nun beschreiben.

Der weite Bogen von der Idee zur Tat:

Die großen Touren, die ich unternommen habe, hatten allesamt eine lange Vorgeschichte. Sie sind langsam herangereift, im Rhythmus eines eigenen Wachstumsverlaufes, der sich auf ähnliche Weise jedesmal wiederholt.

Sehr oft beginnt es damit, daß ich in einem Buch oder in einem Kalender das Bild eines Berges sehe und auf Anhieb fasziniert bin von der neuen Berggestalt. Oder beim Wandern in einem neuen Berggebiet fällt mir ein besonders imponierender Gipfel ins Auge, der sogleich den Wunsch nach einem näheren Kennenlernen in mir erweckt.

Somit steht am Anfang immer ein zündender Funke, ein Begeisterungsblitz, der den unbedingten Willen in mir entfacht: Dort muß ich hinauf!

Ein zweiter, wichtiger Schritt besteht darin, nunmehr auch den Freund auf das neue Traumziel einzustimmen. Auch bei ihm muß es „zünden". Manchmal bedarf es dazu nur weniger Worte, bisweilen aber ist eine gezielte Propagandakampagne notwendig. Das geht dann ungefähr so: „Du Florian, hast du schon einmal das Aletschhorn vom Wallis herüber gesehen? Unglaublich toll! Du, dort gibts auch ein schönes, abgelegenes Biwak ... Ich wüßte auch eine ideale Route ... Es sind auch noch andere interessante Berge in der Nähe ..."

Ist der Freund schließlich ebenfalls so richtig begeistert, dann kann die konkrete Planung beginnen: Welche Route, welche Jahreszeit, welche Stützpunkte? Wir sehen uns auch nach weiteren interessanten Gipfeln um, die sich mit dem Traumberg gut verbinden lassen. Der Traumberg stellt gewissermaßen den Kristallisationskern dar für umfassendere Tourenpläne. Wir beratschlagen so lange, bis eine zusammenhängende Hochtour von zehn oder vierzehn Tagen „komponiert" ist. Ja, dieses Entwerfen einer großen Tour ist wirklich so etwas wie eine subtile Kompositionsarbeit. Da muß vieles stimmen: Alle Gipfel müssen uns „liegen"; die Reihenfolge muß richtig sein (mit anfänglich steter Steigerung und ruhigem Ausklang); die Tour muß eine große und logische Linie haben und die Anforderungen müssen groß, aber doch auch machbar sein.

Bis solch ein Tourenplan endgültig feststeht und von beiden von uns voll und ganz abgesegnet ist, das dauert lang. Manchmal tüfteln wir ein ganzes Jahr an einer Hochtour herum. Es ist eine wunderschöne Beschäftigung, dieses Touren-Komponieren!
Das allmähliche Ausreifen des Tourenplanes stellt den bedeutendsten Teil der Vorbereitung dar. Das Packen und alle technischen Vorbereitungen sind demgegenüber Marginalien – schöne Marginalien indes! Das Packen für eine große Tour bildet für mich jedesmal ein durch und durch wonniges Tun. Das Herrichten der Ausrüstung ist ganz durchtränkt von der Vorfreude auf die Tour. Mit Liebe nehme ich die altvertrauten Ausrüstungsgegenstände zur Hand, prüfe sie, ordne sie. Ein sattes Gefühl ist es dann vollends, wenn der Rucksack am Vorabend der Tour prall und sauber gepackt im Flur steht.

Rhythmen des Körpers auf großer Tour:
Schließlich ist es soweit: Wir steigen zur ersten Hütte oder zum ersten Biwak auf.
Oh dieser erste Anstieg.
Der ist immer wieder eine Qual. Der Rucksack drückt unendlich schwer. Der Körper ist auf dieses Gehen mit der großen Last einfach noch nicht eingestellt. Viele Pausen sind nötig. Es läuft nicht. Viel zu schnell bin ich außer Atem. Ich schwitze wie ein Schwerkranker. Die Arme werden immer wieder taub vom Druck der Rucksackriemen. Alles geht unglaublich zäh. Die Hütte ist schon lange sichtbar und will einfach nicht näherkommen. Total erledigt und ausgepumpt kommen wir schließlich an.
Am Morgen des zweiten Tages: Der Körper ist ein einziges Schmerzbündel. Die Knochen sind zentnerschwer. Jede kleine Bewegung tut weh und kostet Überwindung. Mühselig und schmerzensreich beginnt der Marsch des zweiten Tages. Doch nach ein, zwei Stunden bessert sich die Lage fühlbar. Man läuft sich ein.
Am dritten Tag: Erfreuliches geschieht – ein frohes Kraftgefühl beginnt sich zu regen. Immer noch gibt es zähe Momente, Phasen der Plackerei und der Atemlosigkeit. Doch zwischendrin dehnen sich bereits viele gute Stunden des starken und selbstvergessenen Emporsteigens.
Am vierten Tag dann das herrliche Erlebnis: Jetzt läuft die Sache! Die Plagen sind weg. Der Rucksack stört nicht mehr, ich vergesse ihn. Ein souveränes Gefühl stellt sich ein. Die langen Distanzen und die steilen Anstiege schrecken uns nicht mehr. Unsere Kraft ist der Größe der Berge adäquat. Richtig übermütig werden wir in unserer Kraft. Nichts soll uns aufhalten! Wir kommen überall hinauf! Der Körper arbeitet nun ganz aus dem vollen heraus. Zum Hunger auf große Taten kommt der gewaltige Eß-Appetit. Alles ist mächtig jetzt: das Essen, das Trinken, das Steigen, der Gipfeldrang.
So geht es die nächsten Tage stark und begeistert dahin.
Nicht endlos bewegt sich indessen die Kurve der Leidenschaft und

**Auf großer Tour. Seite 130:
Am Midi-Plan-Grat (Montblancgebiet);
Unten: Aufstieg zum Strahlhorn, im
Hintergrund Breithorn (Wallis).**

Fotos: Reinhard Karl

der Kraft nach oben. Ungefähr nach acht oder zehn Tagen schleicht sich eine eigene Art von Müdigkeit ein. Der Körper ist zwar nach wie vor in guter Form, doch das Ungestüme, das Spritzige ist weg. Man läßt sich in der Frühe mehr Zeit zum Aufstehen. Man überlegt sich genauer und länger, ob man diesen oder jenen Anstieg noch machen soll. Tief im Körper rührt sich ein leises Widerstreben gegen große Anstrengungen. Der Biß läßt nach, unverkennbar. Wir sind allmählich einfach satt. Bergsatt, gipfelsatt. Es ist genug.

Wir machen noch eine letzte, ehrgeizlose Bummeltour auf einen leichten Berg. Danach noch eine geruhsame Nacht in einer Heuhütte oder unter freiem Himmel, und dann fahren wir in Ruhe und mit viel Zeit der Heimat entgegen.

Dieser sanfte Abschluß ist uns außerordentlich wichtig. Erst ein solches allmähliches Abschiednehmen macht das Erlebnis der großen Gipfel für uns vollständig und rund. Die starken Tage müssen in der Seele ausklingen können.

Rhythmen des Geistes:
Am Anfang der großen Tour führe ich mit dem Freund lange und lebhafte Gespräche über alle möglichen Themen, private, politische, berufliche und viele andere. Der Kopf und die Gedanken sind noch ganz erfüllt von den Fragen und Überlegungen, die mich im Alltagsleben beschäftigen. „Es" denkt in mir noch unablässig, und entsprechend viel rede ich. Stundenlang gehen wir denkend und redend dahin und registrieren überhaupt nichts von der Landschaft. Irgendwann bemerken wir erstaunt: Wir sind ja schon tausend Höhenmeter weiter oben!
Eindeutig: Der Kopf ist noch sehr übergewichtig.
Das ändert sich ganz entscheidend im Verlauf der nächsten Tage. Die anfänglich so drängenden intellektuellen Gedanken und Gespräche schlafen nach und nach ein. Ruhe zieht ein im Kopf, wohltuende Gedankenruhe. Da ist gar kein Bedürfnis mehr, viel zu denken und viel zu reden. Stundenlang gehen wir schweigend und zufrieden miteinander dahin. Alles Denken, das mit den intellektuellen Fragen des Tal-Daseins zu tun hat, fällt von uns ab wie morscher Verputz. Vergessen und verebbt sind solche „geistigen" Alltagsbedürfnisse wie Zeitunglesen, Nachrichtenhören, Theaterabonnement und Konzert. Das ist weg. Stattdessen ist da: einfaches und starkes Dahinleben. Dasein pur.

Das einzige geistige Bedürfnis, das bei mir auch am Berg noch weiterlebt – wenn auch sehr gedämpft – das ist, ab und zu ein paar Seiten in einem geliebten Buch zu lesen, an Regentagen. Die Lese-Dosis, die ich mir dabei zuführe, ist ganz gering. Nur wenige Seiten lese ich, diese aber mit vollem Bedacht. Der Berg macht meine Gedanken und Denkbedürfnisse ruhiger und zugleich konzentrierter. Ich möchte sagen: er macht sie wesentlicher. Diejenigen Bücher übrigens, die ich auch droben auf großer Tour noch gerne lese, das sind dann wirklich starke und gute Bücher, Begleiter auf lange hin. Die große Tour bildet eine Art von Feuerprobe für alles Gedankengepäck aus dem Alltagsleben. Was dort oben noch bleibt und für gut befunden wird, das ist wirklich wertvoll und gut.
So macht mich die große Tour gedankenärmer und geistig reicher zugleich.

Tage aus einem Guß
Tage meines Alltagsdaseins:
Oft sind es zerrissene Tage.
Oder Tage voller Überstürzung und voller Hast.
Oder Tage in halber Bewußtlosigkeit, an deren Ende ich kaum mehr weiß, was alles geschehen ist.
Oder es sind Tage, die sich dahinziehen mit quälender Zähigkeit.
Dagegen die Tage am Berg:
Die haben einen durchgängigen Bogen. Da entsteht eines mit Selbstverständlichkeit aus dem anderen heraus. Ohne viel nachzudenken weiß ich, wie es weitergehen wird. Der Verlauf ist klar. Ich lebe in jenem Tempo, das mir angemessen ist, und ich lebe in voller Kraft.
Die Tage am Berg sind Tage aus einem Guß. Dort finde ich meinen großen Atem wieder. Ich werde ruhig und rund.

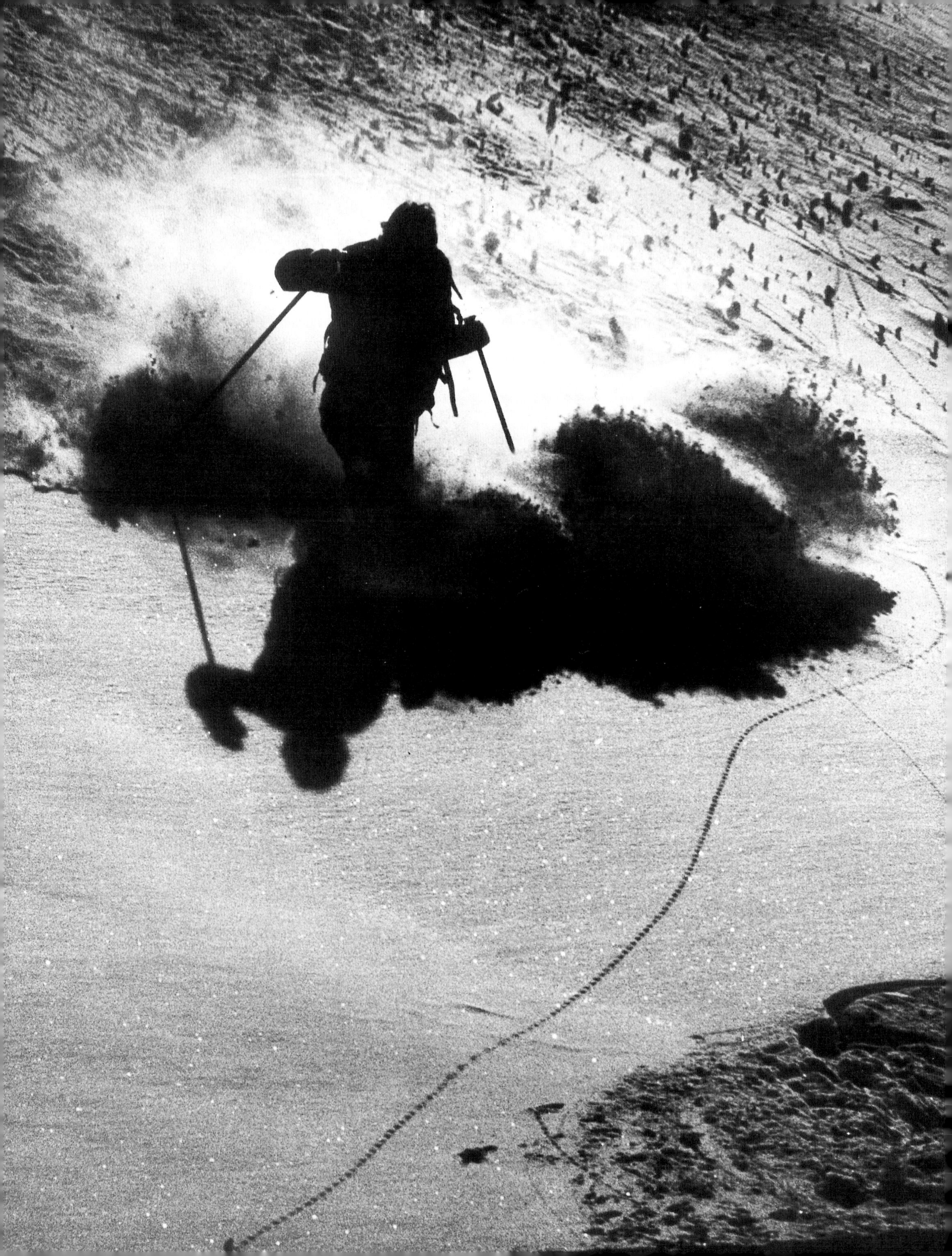

„Ich bin im Takt. Ich bin
eins mit dem Schnee, und ich
bin eins mit mir selbst ...
ich bin im Glück."

**Fotos: Rainer Köfferlein;
Sebastian Aiblinger**

Glückserleben am Berg

Mein Glück auf Ski

Im Hinblick auf die glücklichen Zeiten in unserem Dasein bin ich für gewöhnlich dieser Meinung: Man soll das Glück, das man im Leben bekommen kann, einfach annehmen und genießen und nicht viel fragen nach dem Wie und Warum. Von dieser meiner gewohnten Einstellung will ich hier eine Ausnahme machen. Ich will eines von den großen Glückserlebnissen, die das Bergsteigen mir beschert, einmal genau anschauen und sehen, in welcher Weise ich mich darin widergespiegelt finde.

Dahinter steht die Überzeugung, daß unsere typischen Glückserlebnisse genauso viel über uns aussagen, wie unsere typischen Leiden und Konflikte. Die Grundthemen meines Lebens werden ebenso gut sichtbar in meiner Art des Glücklichseins, wie in meinen Bedrängnissen.

Im folgenden will ich nun sprechen von einem Erlebnis des vollendeten Glücks. Es ist ein Glückserlebnis, das mir manchmal beim Skitourengehen begegnet, beim Abfahren im griffigen Frühjahrsschnee. Mein hohes Glück auf Ski hat ganz bestimmte äußere Bedingungen: Sonnenschein, feste Schneebeschaffenheit, Einsamkeit, freies Gelände, und die Hänge möglichst unverspurt. Mein Glück auf Skiern ist eine Rhythmus-Erfahrung von der reinsten und vollkommensten Form.

So stehe ich also über einem hohen, weißen Hang. Ich fahre nicht sogleich mit voller Schnelligkeit in den Hang hinein. Ich mache zuerst vorsichtige Schwünge. Das ist wie ein sanftes Fragen. Dann mit einem Mal kommt die Antwort: Der Rhythmus setzt ein. Ein herrlicher Moment. Der Hang nimmt mich an. Ich werde straff und leicht. Der große Atem geht durch mich hindurch. Ich bin im Takt. Ich bin eins mit dem Schnee, und ich bin eins mit mir selbst. Federnd wirft mich der Schnee hin und her. Die starke Bewegung geschieht ganz aus sich selbst. Weit rauscht der Schnee hinter meine Ski hinaus. Ich schwelge im Tanz.

Ich bin leicht, ich bin stark, ich schwebe und ich habe einen sicheren Grund. Ich bin im Glück.

Freisein und Getragensein

Ich glaube, es ist vor allem jenes Ineinander von Freisein und von klarem Gehaltensein, das mich im weiten Schneehang so glücklich macht.

Jedes Ausschwingen mit den Ski ist wie ein Schweben. Ich schwebe weit in den Raum hinaus. Dann wieder, beim Abbremsen vor dem nächsten Schwung, habe ich das gute Gefühl von festem Getragensein. Der Schnee gibt mir klaren Halt. Und sogleich gibt er mich wieder frei zum nächsten Schwung. Er unterstützt mich sogar beim Wegschnellen mit seiner Federkraft. Und willig nimmt er mich wieder an beim nächsten Abbremsen. So spielt das fröhlich ineinander, das Schweben und das Getragensein. Beides ist gut. Der Wechsel macht beide Empfindungen besonders schön.

Das ist eine Erfahrung, die ich in meiner frühen Lebenszeit nur wenig habe machen können: Daß man beides zugleich haben kann, die Freiheit *und* den festen Grund. Sich frei bewegen dürfen und sich zugleich getragen fühlen – dieses Gleichzeitige war mir zu selten vergönnt.

Diese Defizite haben Spuren in mir hinterlassen. Eine Folgewirkung erblicke ich darin, daß ich sowohl ein sehr starkes Bedürfnis nach einem spürbaren Gehaltenwerden in mir trage, wie auch ein großes Bedürfnis nach Ungebundenheit. Beides ist in mir sehr stark und beides sollte möglichst zur selben Zeit gewährleistet sein.

Das gibt natürlich Konflikte, vor allem im zwischenmenschlichen Bereich. In einer Bindung muß ich mir der möglichen Freiheit gewiß sein, und in der Freiheit brauche ich das Bewußtsein, jederzeit einen sicheren Zufluchtsort zu besitzen. Auf meinen Ski im guten Schnee, da wird das Unmögliche wahr. Ich spüre zu jeder Zeit einen festen Halt. Und ich bin doch herrlich frei. Ich bin gehalten, ohne gebunden zu sein. Ich lebe eine fröhliche Freiheit auf einem festen Grund.

Fallen mit Lust

Manchmal geht mir der Gedanke durch den Kopf: Das Abfahren in einem steilen Hang ist im Grunde eine Art von Fallen, ein verlangsamtes Fallen. Bei jedem Schwung im steilen Berghang sinke ich sturzartig mehrere Meter tief hinab. Mit einer weichen Bremsbewegung des Seitwärtsrutschens fange ich den schnellen Fall ab, und dann lasse ich mich weiter in die Tiefe sinken. Ich falle in Raten, mit einem Minimum an bremsender Verlangsamung zwischendrin.

Da ich ansonsten eher ängstlich bin, verwundert es mich immer wieder, daß ich beim Hineintauchen in die Tiefe eines steilen Schneehanges oftmals nahezu frei bin von Angst. In objektiv riskante Schneeabgründe gleite ich mit meinen Ski fröhlich hinein. Ganz am Beginn, bei den ersten Schwüngen, da verspüre ich wohl ein Kribbeln im Bauch. Doch das verfliegt, und dann ist pure Freude in mir. Ich sinke mit Wonne in den weißen Abgrund hinab. Eine Ahnung vom Stürzen bleibt in mir noch lebendig, und gleichzeitig fühle ich in mir eine traumhafte Sicherheit. Ich bin Herr über das Fallen! Ich sinke in eine steile Tiefe hinab, und ich stürze nicht. Ich spüre einen wundervollen Triumph: fallen und zugleich sicher sein. Ich spüre Macht, ganz große Macht. Ich bin sturzmächtig mit einem Mal.

Man kann ganz real in Abgründe hinabstürzen, und man kann – in einem übertragenen und doch ebenfalls sehr dramatischen Sinn – auch seelisch abstürzen. Solch ein seelischer Absturz kann sich darstellen als ein abruptes Hineinfallen in Einsamkeit oder in Hilflosigkeit oder in Melancholie. Allemal ist mit diesem seelischen Fallen ein Gefühl von ganz großer Ohnmacht verbunden: Man kann nichts dagegen tun. Ich kenne solche seelischen Abstürze sehr gut aus meiner frühen Lebenszeit, und die Furcht davor steckt unterschwellig immer noch ganz tief in mir.

Darum ist es für mich heute eine unaussprechlich großartige Erfahrung, beim Hineingleiten in einen steilen Schneehang hinabzusinken und dennoch sicher zu sein. *Im* Fallen bin ich stark. Das ist die größte Stärke, die ich mir vorstellen kann. Das Fallen liegt in meiner Hand.

Das wache Glück

Mein Glück beim Skifahren ist ein wunderbar waches Glück. Ich bin hellwach mit allen meinen Sinnen. Ich bin strahlend wach. Geradeso brauche ich es: Glück und Wachheit gehören für mich ganz eng zusammen. Anders gesagt: Ein Erzeugen von Glückszuständen durch eine Dämpfung der Sinne oder eine Manipulation des Bewußtseins ist mir fremd. Ein Drogenglück ist für mich kein richtiges Glück. Ich bin ein überaus anspruchsvoller Glücksmensch. Ich will die vollendete Helligkeit meiner Sinne.

Ich finde es richtig so, daß es mit mir so ist. Doch ich bin mir auch im klaren darüber, daß ich auf diese Art und Weise seltener glücklich bin als andere Menschen, denn nicht sehr häufig sind die Bedingungen zum leuchtend wachen Glück erfüllt.

Die Minuten im Schnee eines hohen Berges, bei Sonne und Einsamkeit, die sind bisweilen eine Verwirklichung meines Wissens vom äußersten, hellen Glück.

Zärtliches Tun

Skifahren im Frühjahrsschnee: ein zärtliches Tun. Sanft gleiten die Ski über den weichen Grund. Ich streichle den Schnee. Bei jedem Bogen rauscht der sonnige Firn, weich und immer gleich. Auch das Abbremsen vor dem nächsten Schwung ist ein zärtliches Geschehen, fest und sanft und rund.

Zärtlich ist auch der Ausklang einer schönen Frühjahrs-Skitour. Ich gehe zu Fuß durch das Tal hinaus, durchs erste zarte Gras. Wärme liegt über dem Boden. Ein leichter Wind fährt mir durchs Hemd und übers Gesicht. In einer Grasmulde, der Sonne zugewandt, lege ich mich hin. Hummeln und Bienen summen an mir vorbei. Die Sonne tut mir wohl. Ich fühle mich in Wärme eingebettet rundherum.

Wenn ich es so überlege, dann hat sogar der Aufstieg bei einer Skitour viel Zärtliches an sich. Ich steige ja nicht stur den Berg hinauf, sondern ich lasse mich leiten vom Gelände. Ich male die Formen des Geländes nach. Ich verhalte mich anschmiegsam. Ich werde ein Teil des Gelände-Leibes und ich fühle mich dabei leicht und frei. Wir sind sanft zueinander, der Schneeberg und ich. Wir tauschen Zärtlichkeiten.

Wie ist das mit mir und der Zärtlichkeit? Zärtlichkeit habe ich als Kind enorm viel gebraucht. Wenn ich mich zurückversetze, dann dünkt mir, es war bodenlos viel, was ich damals tagtäglich herbeisehnte an zärtlichem Gehaltenwerden, an Gestreicheltwerden, an liebevollem Angesprochensein und an frohem Angeschautwerden. Das ist mir zur bleibenden Sehnsucht geworden: Zärtlichkeit haben bis zum Sattwerden, ohne Bedingung und ohne Preis. Seit meiner Kinderzeit schwanke ich nun zwischen der alten Zärtlichkeitshoffnung und der Verhärtung, die entstanden ist aus so manchem Verzicht.

Am Berg, im sonnigen Schnee, da kommt meine Zärtlichkeits-Seite ganz zu ihrem Recht.

Bei „Zärtlichkeit" fällt mir im Zusammenhang mit dem Bergsteigen auch das Klettern ein. Der Laie stellt sich das Klettern meistens in dieser Weise vor, daß wir den Fels anpacken mit eisernem Griff, daß wir uns hart und gewaltsam hinaufarbeiten. Das stimmt nicht. Klettern ist etwas viel Sanfteres. Sobald ich ganz gelöst dahinklettere, streicht meine Hand sehr zärtlich über den Fels. Leicht und feinfühlig gleiten die Finger über die Fels-Haut hin. Wo sich eine Vertiefung findet oder ein Griff, da nehmen die Finger einen festeren Halt, doch immer geschieht das mit Gefühl und ohne Gewalt. Und so streichle ich mich immer weiter hinauf und bin einig mit dem Fels.

Hingabe

Das Hineinschwingen in die Tiefe eines guten Schneehanges ist für den Könner nahezu mühelos. Man muß nur das eine fertigbringen: Sich voll und ganz an den Rhythmus hingeben, der sich von selber einstellt und sich den Formen des Geländes hingebend angleichen.

Das lockere Fahren im steilen Hang hat viel mit Hingabe zu tun. Jeder Schneehang und jede Schneeart bieten mir ihren eigenen Rhythmus an. Lasse ich mich locker und nachgebend in diesen Rhythmus hineinfallen, so erlebe ich ein uneingeschränktes Hingabe-Glück. Dann darf ich loslassen, ohne Wenn und Aber, viele hundert Sekunden lang. Ganz unwahrscheinlich lang.

Das ist ein ganz seltenes und herrliches Glück für mich, der ich doch vor allem das Zusammenreißen und An-mich-halten gelernt und geübt habe.

Schlußbetrachtung

Nunmehr habe ich einige von den großen Glückserlebnissen, die die Berge mir schenken, geschildert und ich habe jeweils auch kurz angedeutet, weshalb diese Glückserlebnisse für mich, speziell für mich, so wertvoll und wichtig sind.

Aus meinen Ausführungen könnte nun der Eindruck entstehen, als wären die Berge die alleinige Quelle oder die hauptsächliche Quelle des Glückes für mich. Diesen Eindruck muß ich korrigieren. Glück und Zufriedenheit werden mir vor allem anderen durch Menschen zuteil, durch jene Menschen insbesondere, von denen ich Liebe erfahre und die beständig zu mir halten. An allererster Stelle steht dabei meine Frau.

Sicher, ich bin oft und gerne für mich allein, gerade auch in den Bergen. Doch die Berge wären kalt und tot für mich, hätte ich nicht die Menschen, die mich verläßlich begleiten durchs Leben hin. Rede ich also von meinem Glück in den Bergen, so bin ich mir im klaren darüber, daß zu diesem Glück als ein notwendiges Fundament die Geborgenheit unter liebenden Menschen gehört.

Verknüpfungen

Ein Versuch, Zusammenhänge zwischen Bergsteigen und Partnerschaft aufzuzeigen

Ulrike Kaletsch

Bergsteigersprache und menschliche Grunderfahrungen

Wenn ich die Sprache betrachte, mit der Bergsteiger und Bergsteigerinnen ihr Erleben im Gebirge schildern, so stelle ich fest, daß sie vielfach eine Sprache verwenden, die aus dem Umfeld „Beziehung" stammt.
„DAV – mein Partner in den Bergen" klebt mancher sich aufs Auto. Die „Liebe zu den Bergen" taucht in soundsovielen Berichten und Nachrufen auf. Von „leidenschaftlichem Bergsteigen" ist ebenfalls häufig die Rede.
Die Terminologie, in der vom Bergsteigen geredet wird, ist nicht selten unumwunden erotischer Art: Domenico Rudatis etwa, ein Vorreiter des extremen Alpinismus, vergleicht Bergsteigen direkt mit der Beziehung zu einer Frau: „Der Bergsteiger, der, schwer beladen mit künstlichen Hilfsmitteln, zum Berg geht, benimmt sich so, wie einer, der, angetan mit einer mittelalterlichen Panzerausrüstung, mit einer schönen Frau ins Bett gehen möchte." (in: Österreichische Alpenzeitung Nr. 1418, 1978, S. 267).
Junge Sportkletterer drücken heute durch Namen wie „Hohe Liebe", „Aufreißer", „Verlobungsweg", „Seitensprung", „Steiler Zahn" oder „Hochzeitsweg" für Klettertouren (hier: im Frankenjura) aus, was in der alpinen Literatur häufig zu finden ist: Ein Zusammenhang zwischen menschlichen Liebesbeziehungen und der Liebe zu bergsteigerischer Tätigkeit, sei es bewußt oder unbewußt.
Ich meine, daß dieser sprachliche Zusammenhang kein rein zufälliger ist. Vielmehr zeigt sich darin, was für viele Menschen gerade die Faszination des Bergsteigens ausmacht: Grunderfahrungen des Lebens können beim Bergsteigen verdichtet gemacht und wahrgenommen werden. Bergsteigen erscheint als besondere Möglichkeit, Leben unmittelbar und intensiv zu erfahren.
In unserer steril und bequem gewordenen Welt endlich wieder einmal schwitzen, den Atem ganz tief fühlen und die Muskeln! Wieder einmal Durst und Hunger spüren, Kälte, Hitze, Regen, den Schutz, den eine Hütte bietet!
Das tut uns hochzivilisierten Menschen gut; da sind wir näher und unmittelbarer an dem, was Leben ausmacht.
Grunderfahrungen des Lebens aber erschöpfen sich nicht in der Wahrnehmung der Natur oder des eigenen Körpers, sondern erstrecken sich ganz besonders auch auf zwischenmenschliches

„Grunderfahrungen des Lebens können beim Bergsteigen verdichtet gemacht und wahrgenommen werden."
Biwakabend am Salbitschijen-Westgrat/Urner Alpen.
**Foto:
Rainer Köfferlein**

Geschehen. Beziehungen zwischen Menschen, Freundschaften, erotische Spannung und Liebe gehören mit zu diesen Grunderfahrungen.
So wie wir im Gebirge besonders intensiv unseren Körper und die Macht der Natur erleben, so können wir dort auch verdichtet Erfahrungen mit Menschen machen.

Wechselwirkungen

Viele meiner „Berg-Freundschaften" haben sich im Laufe der Zeit ausgeweitet zu tiefen menschlichen Beziehungen. Bestimmte Touren und bestimmte Erlebnisse haben mich eng mit manchen Menschen verbunden. Die gemeinsame Erinnerung an eine zufällig entdeckte, traumhafte Pulverschnee-Abfahrt kann dabei ebenso wertvoll sein wie der Gedanke an das gemeinsam durchlittene, eiskalte Biwak, bei dem die Stunden so arg lang wurden. Ob ein Erlebnis nach allgemeinen Kriterien „schön" war oder nicht, spielt keine Rolle dafür, ob Menschen sich dadurch näher kommen und verbunden fühlen. Wichtig ist die Intensität des Erlebten. Manchmal schmieden gerade extrem schwierige Situationen gute Freundschaften.
Bergerlebnisse prägen also Menschen in ihren Beziehungen zueinander.
Dasselbe gilt umgekehrt: Menschen prägen auch die Erlebnisse. Das gemeinsame Spiel am Berg ist immer auch ein Spiel zwischen Menschen. Wie eine Tour geplant und durchgeführt wird, hängt entscheidend ab von meinem Verhältnis zu demjenigen, mit dem ich sie unternehme. Wie ich die Tour erlebe, wie ich mich fühle, stark oder schwach, glücklich oder belastet, hängt beileibe nicht nur an meiner physischen Konstitution oder an äußeren Bedingungen wie dem Wetter, sondern wird stark geprägt von meinem Verhältnis zu meinen Mit-Bergsteigern. Der strahlendste Himmel und die beste Kondition können mir keinen schönen Tag bescheren, wenn meine Beziehung zu dem Menschen, mit dem ich unterwegs bin, belastet und gespannt ist. Umgekehrt kann aber ein Partner, dem ich mich nahe und verbunden fühle, auch eine objektiv weniger „schöne" Tour für mich zu einem großartigen Erlebnis werden lassen.
Halten wir fest: Es besteht eine Wechselwirkung zwischen menschlichen Beziehungen und Bergerlebnissen.
Ob diese Erkenntnis gerade wegen ihrer Banalität oft so wenig in unserem Bewußtsein ist?
Da werden Expeditionen durchgeführt von Menschen, die sich vorher nie kennenlernten. Wen wundert's, wenn in Extremsituationen eine Gruppe dann falsche Entscheidungen trifft?
Oder: Ein Jugendleiter wählt eine Tour allein nach äußeren Bedingungen, z.B. nach dem verlangten Schwierigkeitsgrad aus. Er beachtet die Situation der Gruppe nicht, die zur Zeit bestimmt ist von Protesthaltung und Autoritätskonflikten. Die Gruppe lehnt seinen Tourenvorschlag ab und will – notfalls ohne ihn – auf einen anderen Berg gehen. Er versteht die Welt nicht mehr...
Oder: Ein junger Hochtourenführer wird von seinen Klienten mächtig unter Druck gesetzt. Tagelang haben sie nun schon auf der Hütte verbracht – nun wollen sie endlich auf ihre Kosten kommen. Obwohl der Führer sich über die immer noch nicht ganz „astreine" Lawinensituation im Klaren ist, beugt er sich dem Willen der Gruppe und wagt die Tour.
Wie dramatisch eine solche Begebenheit enden kann, ist nachzulesen in den DAV-Mitteilungen Nr. 2/1985, S. 70 ff. Rüdiger Bartelmus hat Recht, wenn er darum fordert, daß „in der Ausbildung von Führern (aller Bereiche) Elemente der Selbsterfahrung und der Gruppendynamik...eine Rolle spielen" müssen (ebd. S.74).
Mit dem Besingen der berühmten „Bergkameraden" allein ist es in der Tat nicht getan. Eine Reflexion über die psychologische Dimension des Bergsteigens könnte nicht nur für Berg- und Skiführer, sondern für viele bergsteigende Menschen gewinnbringend sein.
Dieser Artikel ist der Versuch, eine solche Reflexion ein Stück weit anzuregen. Ich möchte mich dabei auf den Bereich der Partnerschaft zwischen Mann und Frau beschränken, weil in diesem Bereich nach meiner Erfahrung besonders spannungsvolle, aber auch erfüllende Aspekte liegen.
Wenn wir davon ausgehen, daß Bergsteigen eine Möglichkeit ist, Grunderfahrungen menschlichen Lebens intensiv wahrzunehmen und wenn eine Wechselwirkung besteht zwischen menschlichen Beziehungen und Erlebnissen im Gebirge, so können wir konkret fragen: Inwiefern verändert sich eine Beziehung, wenn beide Partner miteinander bestimmte Erfahrungen beim Bergsteigen machen? Inwiefern prägt die Gestalt einer Beziehung wiederum das gemeinsame Erlebnis in den Bergen?
Freilich bin ich mir bewußt darüber, daß ich mich mit dieser Fragestellung auf ein sehr subjektives Gebiet begebe. Weder die Struktur einer menschlichen Beziehung noch das Erleben am Berg lassen sich in Formeln mathematisch-logisch und allgemeingültig darstellen. Jeder kann nur für sich Antworten finden. Die folgenden Überlegungen entspringen meinen eigenen subjektiven Erfahrungen. Sie wollen Gedankenanstoß sein, nicht mehr, aber auch nicht weniger.

Bergsteigen – Ursache oder Lösung aller Konflikte? Zwei Mißverständnisse

Bergsteigen kann für Beziehungen Flucht sein, Droge oder Rauschmittel. Ich möchte mir das, bevor ich seine positiven Aspekte für eine Partnerschaft beschreibe, deutlich vor Augen führen und mich abgrenzen gegen ein solches Verständnis, um nicht mißverstanden zu werden. Zwei Beispiele sollen darlegen, wie ich die Verknüpfung von Bergsteigen und Partnerschaft **nicht** verstehen möchte:

Helga: *„Bergsteigen? Nie mehr! Das war für mich der Scheidungsgrund!" Bitter klingt die Stimme der 34jährigen Frau. Sie hat Schlimmes hinter sich:*
Beide Ehepartner sind beruflich sehr engagiert und sehen sich die Woche über kaum. Deshalb freuen sich Helga und ihr Mann besonders auf ihre gemeinsamen Wochenenden im Gebirge. Doch dann sind diese Wochenenden plötzlich bestimmt von Spannungen und Streitereien. Vom Rucksackpacken bis zum

Gehtempo scheint alles ein Problem zu sein. An unwichtigen Fragen, etwa dem Namen eines Berges, bricht auf einmal ein heftiger Streit aus. Jeder überlegt für sich, was wohl der Grund für diese gespannte Atmosphäre sein könnte – sie kommen auf keinen grünen Zweig. Nach vielen Versuchen an vielen Wochenenden, von denen nur wenige wirklich spannungsfrei ablaufen, kommen sie zu der Erkenntnis, daß es keinen Sinn mehr hat, gemeinsam in die Berge zu fahren. Nun gehen sie auch in der Freizeit getrennte Wege. Auslöser für die Scheidung ist schließlich, daß Helgas Mann auf einer Hütte eine andere Frau kennenlernt und sich verliebt.
Für Helga sind die Berge seitdem ein für allemal negativ besetzt. Das Bergsteigen erscheint ihr als Ursache für all das Unglück in ihrer Partnerschaft.

Albert: *Er hat hin und wieder Schwierigkeiten mit seiner Frau, aber sie sprechen kaum darüber. Der Alltag ist ein Nebeneinanderher, ebenfalls stark vom Beruf geprägt. Für Albert geht es darum, die Woche möglichst schnell und reibungslos vorüber zu bringen. Richtig wohl fühlt er sich erst am Wochenende, in seiner Bergsteigerclique kann er Energie auftanken – auch im Hinblick auf seine Frau, die häufig mit dabei ist. Er genießt es, ihr Führer zu sein, geht ihr jeden Schritt voraus, hilft ihr, wo es nur möglich ist und hat in der Clique das Image, ein ritterlicher Kavalier zu sein. Die beiden gelten als ideales Paar. Nie fällt öffentlich ein böses Wort zwischen ihnen. „Beim Bergsteigen merke ich, daß ich meine Frau liebe", sagt Albert. „Sie braucht mich. Was sollen wir lang und breit über Alltagsschwierigkeiten sprechen, solange ich noch solche Gefühle zu ihr empfinde?"*
Albert lebt von Wochenende zu Wochenende. Für ihn liegt im Bergsteigen die Lösung für alle Alltagsprobleme.

Über beide Beispiele ließe sich nun viel sagen; ich möchte den einen Aspekt herausgreifen, der mir besonders wichtig ist, weil ich ihn an vielen Beziehungen festzustellen glaube: Helga und Albert ignorieren beide in ihren Partnerschaften den Alltag. Das „eigentliche" Leben findet für sie am Wochenende statt. Freizeitindustrie, Werbung, ja auch alpine Publikationen lassen oft den Eindruck entstehen, als sei das Glück des Lebens ausschließlich im Freizeitbereich angesiedelt. Diese kommerzielle Haltung haben viele Menschen verinnerlicht. Sie ist deshalb gefährlich, weil entscheidende Teile des Lebens und auch der Partnerschaft sich eben nicht in der Freizeit, sondern im vermeintlich „grauen" Alltag abspielen. Dort wäre es manchmal nötig, mehr Zeit, mehr Engagement, mehr Interesse für den anderen aufzubringen – nötiger wohl, als wieder eine tolle Wochenendtour zu unternehmen.

Der von der Freizeitgesellschaft geprägte Mensch hat die Tendenz, Probleme unter den Teppich zu kehren und von sich wegzuschieben. Die verheerenden Folgen dieser Haltung sind nicht nur im privaten Bereich, sondern auch politisch offensichtlich: Wer engagiert sich schon für die Verbesserung seiner Lebensumstände im Alltag (z.B. gegen den Bau einer noch breiteren Schnellstraße in seinem Ort) oder setzt sich gar für andere ein (z.B. für die Rechte seiner ausländischen Betriebskollegen), wenn er lediglich fürs Wochenende lebt?

Beide Beispiele sollten deutlich machen, daß das Erleben der Freizeit eng verknüpft ist mit dem Erleben des Alltags. Über das Thema „Bergsteigen und Partnerschaft" läßt sich strenggenommen also losgelöst von den alltäglichen Erfahrungen in einer Beziehung nichts sagen. Eine positive Wechselwirkung zwischen einer Partnerschaft und ihren Gebirgserfahrungen ist dann gegeben, wenn ihre Relevanz auch im Alltag sichtbar wird. Im folgenden möchte ich nun versuchen, solche positiven Verknüpfungen anhand von erlebten Urlaubsszenen aufzuzeigen.

Träume und Pläne

Wir träumen davon, wieder einmal Platz zu haben. Platz füreinander, Platz in einer Landschaft, auch zeitlich: Platz. Stark, zu stark oftmals, hat uns in letzter Zeit der Beruf in Anspruch genommen. Wir haben darunter gelitten, jeder für sich, aber auch zusammen. Wenig Zeit war füreinander, wenig Ruhe. Und wenn wir uns einmal ein paar Stunden füreinander genommen haben, dann waren die Erwartungen an diese Zeit beiderseits zu groß, als daß wir sie uns hätten erfüllen können.

Da eröffnet der Ausblick auf den vor uns liegenden Urlaub Freiheit. Laß uns gemeinsam die Tür auftun, gemeinsam dorthin blicken, wo Platz ist. Laß uns Ziele ins Auge fassen, Perspektiven setzen. Wie eine herbstliche Morgenlandschaft liegt dieser Platz noch vor uns: Ohne Konturen, nebelig, verschwommen. Jeder von uns verbindet mit dieser Landschaft andere Vorstellungen; jeder füllt sie anders. Du willst die Klettertour machen, von der du schon so lange träumst. Ich freue mich darauf, nichts anderes zu tun, als an einem rauschenden Gebirgsbach die Zeit verstreichen zu lassen. Beide träumen wir davon, ausgestreckt in unseren Schlafsäcken auf dem Rücken zu liegen, über uns der Sternenhimmel, so klar und weit, wie eben nur in den Bergen, und Platz haben, unendlich viel...

Traumtouren machen. Traumhaft faul dem Nichtstun frönen. Gelingt es uns, beide Träume zuzulassen, sie dem anderen nicht abzusprechen, nicht gleich zu bewerten?

Jede Sehnsucht hat ihre Berechtigung. Ein Traum ist noch kein Plan. Aber das Aussprechen der Träume kann ein erster, schöner Teil der Urlaubsplanung werden. Wir lernen uns dabei weiter kennen. Die Phantasie bekommt Gewicht. Das „Grau" des Alltags wird aufgelockert von knallbunten Farbklecksen aus Traumfarbe. Manchmal erleben wir auch, daß Träume ansteckend sein können und ihre Farben sich mischen lassen!

Der Schritt allerdings, bei dem aus Träumen konkrete Pläne werden sollen, ist nicht immer so leicht, jedenfalls für mich. Jeder von uns liebt seine Träume. Jeder will auf seine Kosten kommen. Da schleichen sich in unsere Planung manchmal Kämpfe recht subtiler Art ein. Ich möchte dich überzeugen, daß meine Vorstellungen die besten sind. Ich biete Argumente auf und List. Du tust dasselbe. Manchmal wird dieser Prozeß anstrengend und kostet uns beide Nerven. Aber wir spüren, daß wir lebendig dabei sind, engagiert und beteiligt. Unser Urlaub ist uns wichtig, weil wir uns wichtig sind. Wir – das heißt auch: jeder einzelne. Darum wäre es für mich unvorstellbar, ohne eigene Ideen mich deinen Plänen widerspruchslos anzugleichen. Eine Frau, die sich allem fügt, was

Seite 139: Biwakzelt am Dom (Wallis), im Hintergrund Weißhorn und Bishorn.
Unten: „Du gehst voraus. Ich überlasse dir die Führung gern ... Zu dir habe ich Vertrauen ..."

Fotos: Gerd Heidorn;
Rainer Köfferlein

ihr Mann ihr vorschlägt, dann aber ständig mit sauertöpfischer Miene ihren unausgesprochenen Protest gegen seine Vorstellungen bekunden muß, möchte ich nicht sein. Von solchen Leuten sind die Erholungsgebiete voll genug!

Schweigen, keine Verantwortung übernehmen, aber hinterher jammern – das ist wohl einfacher, sicher aber nicht befriedigender. Ich brauche bei der Planung genügend Platz zur Auseinandersetzung. Erst dann kann ich auch das Ergebnis mitverantworten und dazu stehen.

Natürlich gelingt die Planung eines Urlaubs nicht immer so ideal. Große Erfahrungsunterschiede, verschiedene Vorstellungen und manchmal auch schlichtweg zu wenig Zeit machen Kompromisse nötig. Nicht immer kann jeder von uns vollkommen zufrieden sein. Aber, wenn wir wach registrieren, was zwischen uns passiert, können wir dabei viel lernen, für alle anderen Entscheidungen, die wir beide zu treffen haben.

Vertrauen

Nun sind wir unterwegs. Wir klettern miteinander. Du gehst voraus. Ich überlasse dir die Führung gern. Ich weiß nicht, ob ich diese Stelle als Seilerste schaffen würde. Zu dir habe ich Vertrauen. Du machst es gut. Ich bin stolz auf dich.

Dein Anführen hängt nicht in der Luft. Das Seil verbindet uns. Du bist gesichert. Nicht blindes Vertrauen zählt, sondern verantwortungsvoller Umgang mit dem Seil, unserer Verbindung. Ohne meine Sicherung würdest du diese Tour nicht gehen. Du brauchst mich, ebenso wie ich dich, damit wir auf diesem Gipfel stehen können. Unsere Leben hängen aneinander; das wird mir an einer ausgesetzten Stelle plötzlich klar. Ich habe keine Angst. Warm und stark spüre ich das Vertrauen in unsere Seilschaft. Ich genieße unser Zusammenspiel. Die Abgründe unter uns haben ihre Schrecken verloren.

Diese Tour bringt auf den Punkt, was ich zu dir spüre und wofür ich so dankbar bin: dieses enorme Vertrauen, was zwischen uns gewachsen ist und weiter wächst mit jeder Kletterei. Ich möchte mich daran erinnern, wenn die Alltagsabgründe mich wieder einmal bedrohen!

Wachsen

Wenn wir länger in den Bergen unterwegs sind, wächst meine körperliche Kondition, und auch das Zutrauen zu mir selbst wird größer. Immer leichter fällt es mir, in Angriff zu nehmen, wovor ich bis vor kurzem noch einen Heidenrespekt hatte: eine bestimmte Route, ein bestimmter Gipfel. Vieles rückt näher, Möglichkeiten tun sich auf. Weniger Respekt zolle ich den Schwierigkeitsgrad-Angaben in den Kletterführern. Ich traue mir zu, auch einmal die Führung unserer Seilschaft zu übernehmen, werde selbstbewußter. Ich wachse den Bergen entgegen.

Ähnliches stellen wir zwischen uns fest: Je länger wir miteinander unterwegs sind, je besser wir uns kennenlernen und je vertrauter wir uns werden, desto mehr wächst das Zutrauen, gemeinsam größere Ziele anzugehen. Möglichkeiten eröffnen sich. Wir scheuen uns nicht mehr so leicht vor Dingen, die uns früher Angst gemacht haben. Wir wachsen den Bergen unseres Lebens, ihren Höhen und Tiefen, entgegen.

Dieses Wachsen macht mich glücklich. Aber ich brauche Platz und Licht und Nahrung dafür. Hektik und Leistungsdruck sind Gift. Deshalb tut mir unser Urlaub so gut. Weil wachsende Pflänzchen radikale Klimaveränderungen schlecht vertragen, will ich versuchen auch in unserem Alltag gute Wachstumsbedingungen zu schaffen. Das ist oft schwer, aber die Erinnerungen an unseren Bergurlaub helfen mir dabei.

Anstrengungen

Riesig, endlos riesig scheint diese Eiswand zu sein. Hart und spröde wehrt sie sich gegen unser Aufsteigen. Dazu pfeifen hin und wieder Steine herab: Geschosse, abgefeuert scheinbar von jemandem, der uns nicht mag.

Diese Wand macht mir Angst, und diese Angst macht meinen Körper unsicher und weich. Ich fühle mich alles andere als selbstbewußt. Meine Waden bestehen aus zittrigem Gelée. Mein Gehirn produziert Visionen („Jetzt daheim auf der Terrasse, ein Frühstück in der Sonne, die Beine hochlegen, ein Klavierkonzert im Radio ...") und stellt ständig vorwurfsvoll die Frage an mich selbst: Warum tust du das? Du tust es doch freiwillig! Was soll das?

An diese Tour fühle ich mich manchmal erinnert, wenn es in

unserer Beziehung Schwierigkeiten gibt. Unser Beisammensein wird zur endlos riesigen, spröden, harten Wand, aus der ich am liebsten fliehen möchte, weil sie mir Angst macht.

Die Anstrengung wird zu groß; ich weiß nicht mehr, warum ich sie auf mich nehme. Die Basis scheint verloren im Abgrund. Instabil und zitternd bewege ich mich im Steilen, voller Angst und ohne das ersehnte Selbstvertrauen.

„Warum bin ich eigentlich mit dir zusammen? Wozu dies alles?" frage ich mich, manchmal auch dich. Und mein Gehirn produziert Visionen: andere Männer, zu denen die Freundschaft mich keine Kraft kostet, mit denen es sich leicht und sonnig lebt, und bei denen ich mit hochgelegten Beinen verwöhnt werde, ohne auch nur einen Schritt selbst gehen zu müssen.

Im Gebirge habe ich gelernt und sehr deutlich erfahren, was ich auch in unserer Beziehung erlebe: Die Anstrengung ist freiwillig. Niemand zwingt mich dazu. Ich habe mich selbst dafür entschieden.

Ich habe auch gelernt, daß eine kräftezehrende, mühsame Tour mit einem glücklichen Gipfelgefühl enden kann. Neue Ausblicke wollen manchmal angestrengt erobert sein, aber sie machen auch stolz und reich.

Manches Eiswandgefühl ist allerdings tatsächlich umsonst. Ein riskantes und wenig sinnvolles Unternehmen ist es, spät am Tag in eine steinschlaggefährdete Wand einzusteigen. Man setzt dabei zu viel aufs Spiel und riskiert Verletzungen oder gar das Leben. Wo Konflikte verletzend und zum falschen Zeitpunkt ausgetragen werden, kann es kein glückliches Gipfelerlebnis geben.

Schutzräume

Wir haben unser Zelt gerade noch aufgestellt, ehe die ersten dicken Tropfen an die Plane klatschen. Schnell alles sicher verstaut, Schuhe und Rucksäcke mit hinein, noch einmal die Verankerungen geprüft. Ein ohrenbetäubender Krach erschreckt uns, den die Felsen mehrfach zurückgeben. Blitze leuchten die Dämmerung aus, und das Klatschen einzelner Regentropfen hat sich verwandelt in ein auf- und abschwellendes Rauschen, dem die Böen des Windes seinen Rhythmus geben.

Gewitter haben wir beide eigentlich gern. Die Gewalt eines solchen Schauspiels zieht uns in ihren Bann. Lange sind wir in Sommernächten schon am Fenster gestanden und haben uns hinreißen lassen von der Faszination des Wechselspieles der Blitze. Diesmal allerdings sind wir nicht ferne Beobachter, sondern Beteiligte dieses Schauspiels, und unser kleines Zelt in diesem Talkessel steht mitten auf der Bühne ...

„Hoffentlich hält es dicht!" seufzen wir fast gleichzeitig.

Zu tun gibt es nichts mehr; wir können nur abwarten.

Du öffnest ein Päckchen Nüsse; ich krame die halbleere Weinflasche hervor. Eng aneinandergekuschelt liegen wir da.

Gut, daß wir zusammen sind! Einmal habe ich allein in einem Zelt so ein Gebirgsgewitter erlebt. Wie habe ich damals Angst gehabt! Wenn du bei mir bist, erlebe ich vieles weniger bedrohlich. Nicht die Angst ist es, die an erster Stelle steht, sondern der Schutz und die Geborgenheit, mit dir zusammen in diesem Zelt zu liegen – das spüre ich jetzt so deutlich!

Mir fallen Zeilen aus einem Gedicht von Rose Ausländer ein:
„Ich flüchte
in dein Zauberzelt
Liebe...
weil
es nichts Schöneres gibt."
Ich bin glücklich, hier mit dir, mitten in diesem Toben. Keinen schöneren Augenblick könnte ich mir vorstellen, dir zu sagen, daß ich dich sehr lieb habe.
Und ich weiß plötzlich, daß unser Zauberzelt dichthalten wird, nicht nur das kleine Zelt hier in diesem Talkessel...

Epilog

Sicher ließen sich noch vielerlei Zusammenhänge zwischen Bergsteigen und den Grunderfahrungen einer Partnerschaft beschreiben. Jeder mag für sich seine Erlebnisse im Gebirge dahingehend interpretieren. Mir war es wichtig, zu zeigen, daß beim Bergsteigen verdichtet und besonders intensiv verschiedene Aspekte einer Partnerschaft wahrgenommen werden können. Ich glaube, daß viele Menschen in ihren Beziehungen glücklicher sein könnten, wenn positive Erfahrungen, aber auch negative Verhaltensweisen, bewußter registriert und vor allem auch in Ruhe miteinander besprochen würden. Die Berge bieten uns Bergsteigerinnen und Bergsteigern so viele Gelegenheiten, intensive Erfahrungen miteinander zu machen. An uns liegt es, miteinander darüber ins Gespräch zu kommen!
Sprachlosigkeit ist der Tod für jede Beziehung.
Eine Sprache, die zu den Bergen ihre Liebe ausdrückt, aber keinen Weg zum Partner mehr findet, wirkt unglaubwürdig.
Ich habe Menschen kennengelernt, für die das Bergsteigen Ersatz für Kommunikation geworden ist: Einzelgänger, Paare, die es verlernt haben miteinander zu reden, aber auch Cliquen, in denen ein Gespräch nicht mehr möglich ist, weil die Rollen und Verhaltensmuster so festgefahren sind.
Ich will diese Menschen nicht verurteilen oder abqualifizieren. Auch ich kenne das Bedürfnis, allein zu sein, habe oftmals keine Lust auf tiefschürfende Gespräche und genieße durchaus meine Rolle in meinem Freundeskreis.
Allerdings möchte ich zeigen, daß ein Gespräch über intensiv erlebte Erfahrungen neue Dimensionen in einer Beziehung eröffnen kann – dazu will ich ermutigen!
Von meiner Lebenssituation herkommend bin ich in meinem Beitrag davon ausgegangen, daß beide Partner die Möglichkeit haben, gemeinsam Erfahrungen in den Bergen zu machen. Die Situation in einer Beziehung stellt sich sicher komplizierter dar, wenn einer von beiden Partnern, beispielsweise wegen Kindern oder aus gesundheitlichen Gründen, nur noch eingeschränkt oder gar nicht mehr im Gebirge sein kann. Ich stelle mir vor, daß dort, wo Erfahrungen nicht mehr geteilt werden können, Gespräche noch mehr Gewicht bekommen: Sie können zu Mit-teilungen im Sinne Albert Schweitzers werden, der gesagt hat: „Das Glück kann man nur multiplizieren, wenn man es teilt."

Am Biancograt/Bernina (Schweiz):
„Die Berge bieten uns Bergsteigerinnen und Bergsteigern so viele Gelegenheiten, intensive Erfahrungen miteinander zu machen. An uns liegt es, miteinander darüber ins Gespräch zu kommen!"

Foto:
Herbert Konnerth

Alpinismus und Leistung

Auffassungen und Entwicklung

Fritz März

Die Zeiten seien, allen Anzeichen zufolge, vorbei, da die Alpenvereine nahezu unbegrenzt „Schonfrist" hatten, folgenlos neue Entwicklungen im Bergsteigen (oder in dessen Umfeld) zunächst zu verschlafen (bestenfalls!), schließlich aber – mehr vom Sog solcher Entwicklungen bewegt als aktiv „hinterherhinkend" – diese dann doch ins Vereinsleben und in die Vereinsarbeit zu integrieren. Vermutlich trifft diese, sinngemäß so ähnlich gestellte Diagnose von Etienne Gross (s. S.63) zu.

Allerdings zeigt sich im derzeitigen Trend des Kletterns zum Wettkampfsport nur eine, wenngleich besonders spektakuläre Teilentwicklung, der sich die Vereine ohne Schonfrist zu stellen haben.
Die Gesamtentwicklung ist ebenso von extremer Spezialisierung wie von buntester Vielfalt der Spielformen gekennzeichnet. Hochzeit haben also zugleich Umsteiger und Kombinierer. Kennzeichnend zudem ist der ungebrochene Trend zur Breitenentwicklung innerhalb aller Natursportarten. Das gilt, wie's scheint, für die „unorthodoxen" dieser Sportarten, also (abgesehen vom Wettklettern) auch für alle klassischen oder neueren Sparten des Bergsteigens, sogar in besonderem Maß. Daraus spricht ein zunehmend starkes Bedürfnis vieler Menschen nach derartigen Entfaltungsmöglichkeiten; dies freilich bei vielerorts schwindender Belastbarkeit der Natur als Spielwiese.

Wer heute also Verantwortung trägt in Verbänden wie dem Alpenverein, muß solche Entwicklungen wahrnehmen. Dies zumindest. In den folgenden Beiträgen befassen sich zunächst Dr. Fritz März, derzeit Erster Vorsitzender, und Klaus Umbach, von 1984 – 1988 Bundesjugendleiter des DAV, mit Aspekten dieser Entwicklung.
Peter Grimms daran anschließende Aufzeichnungen, „wie alles angefangen hat" – nämlich 1869 mit der Gründung des DAV –, zeigen freilich, daß zumindest die Gründer dieses Vereins (der ja bald schon – 1873 – mit dem OeAV zum DuOeAV fusionierte) ebenfalls gewillt waren, sich den Entwicklungen und Anforderungen ihrer Zeit zu stellen. (d. Red.)

Rechts: Finalroute im Hallenwettkampf Grenoble '87.

Foto: Etienne Gross

Meßbare Leistung – individuelle Leistung.
Unten: Aufstieg zum Nevado Copa (6180 m), Peru.
Seite 143: Kletterei an den Granitplatten
im Grimselgebiet, Schweiz.

Fotos: Jürgen Winkler

Was ist Leistung?

Physikalisch ist Leistung die von einer Kraft in der Zeiteinheit geleistete Arbeit. Ein Mensch, der einen Berg vom Tal aus ersteigt, erbringt also physikalisch meßbare Leistung. Doch kann der physikalische Leistungsbegriff nicht für die Definition der Leistung eines Bergsteigers genügen. Die Beurteilung dieser Leistung hängt von Deutungen ab. Als Leistung wird auch ein Handeln oder das Ergebnis eines Handelns abhängig von bestimmten kulturellen Werten und sozialen Normen bewertet. Leistung ist nach Lenk ein Deutungsbegriff, wissenschaftstheoretisch ein Interpretationskonstrukt.[1] Leistung kann einmal auf die Sicherung des Überlebens oder der Garantie eines bestimmten Lebensstandards oder auf die Erreichung kultureller Ziele, etwa auf dem Gebiet der Kunst, des Sports, auch des Alpinismus gerichtet sein. Dabei ist sie abhängig vom Stand der wirtschaftlichen und technischen Entwicklung, von den gesellschaftlichen Verhältnissen und vom kulturellen Entwicklungsstand.

Gesondert zu betrachten ist die individuelle Leistung, die sogenannte Eigenleistung, also die persönlich erbrachte, als nützlich oder beachtlich bewertete Handlung, beziehungsweise deren Ergebnis. Ein Handeln, mit dem man sich selbst identifiziert, in dem man seine Persönlichkeit ausdrückt.

Die Erscheinungsweisen von Leistung sind unendlich vielfältig.

Leistung ist ein Thema mit vielen Dimensionen. Unterschiedliche Wissenschaften deuten den Begriff Leistung je nach ihrem Blickwinkel anders. Besonders betroffen sind Psychologie, Soziologie, Anthropologie, aber auch Arbeitswissenschaft, Wirtschaftswissenschaft und, was für unsere Überlegungen besonders wichtig erscheint, die Sportwissenschaft. Darüber hinaus wird der Begriff Leistung jeweils auch von den verschiedenen Zeitströmen, den gesellschaftlichen Richtungen und der politischen Kultur gedeutet.

Wenn wir tiefer in den Problemkreis Alpinismus und Leistung einsteigen wollen, müssen wir untersuchen, welche Art Leistung der Alpinist erbringt. Wenn wir sie als sportliche Leistung beurteilen, ist ein Exkurs zu der Frage „Ist Bergsteigen Sport?" unerläßlich. Diese Frage wird von Bergsteigern seit eh und je mit Heftigkeit diskutiert.[2] Häufig sind dabei emotionelle Begründungen maßgebend sowie eine falsche Definition des Sports. Aber auch von Nichtbergsteigern wird, zwar selten aber doch, bezweifelt, daß Bergsteigen Sport sei, zumindest „echter" Sport.

Dazu erst einmal die lexikale Definition von Sport: „Sport ist eine körperliche Tätigkeit, die um ihrer selbst willen ausgeübt wird, aus Freude an der Überwindung von Schwierigkeiten und meistens unter Anerkennung bestimmter Regeln."[3] Das Lexikon ordnet auch ohne weiteres, und zwar expressis verbis, Bergsteigen unter die Definition Sport ein, womit sicher manche Bergsteiger nicht so ohne weiteres einverstanden sind.

Streit um Regeln

Zunächst stellen Gegner dieser Definition das Kriterium der Anerkennung bestimmter Regeln in Frage. Dabei ist gerade die Geschichte des Alpinismus vom Streit um Regeln geprägt. „By fair means" ist eine alte Regel, die recht verschieden ausgelegt, ja mitunter strikt abgelehnt wurde. Gestritten wurde über die Verwendung von Haken. Mit Haken, überhaupt ohne Haken, Haken nur zur Sicherung, Haken auch zur Fortbewegung in Verbindung mit Steigleitern, dann Bohrhaken. Gerade in jüngster Zeit haben sich mit dem Aufkommen neuer Bewegungen – sie sind zu stark, um nur von Trends zu sprechen – auch neue, scharf abgegrenzte Regeln ausgebildet, die streng eingehalten werden. Hierher gehört z.B. die Rotpunktbewegung, d.h. eine Route (meist jenseits des sechsten Grades) zu begehen, ohne Haken zur Fortbewegung, also ausschließlich zur Sicherung, zu verwenden. Haken berühren „gilt nicht". In jüngster Zeit haben sich, bedingt durch das Wettklettern, sogar ganz exakte Regeln wie für jede andere Sportart herausgebildet, die 1987 auch von der UIAA, der Internationalen Bergsteigervereinigung, die etwa mit der FIS auf dem Gebiet des Skisports verglichen werden kann, offiziell abgesegnet wurden. Daneben gibt es immer schon Regeln, z.B. zum Schutz der anderen Menschen am Berg, wie etwa keine Steine abzulassen, oder zum Schutz der Natur, z.B. in erosionsgefährdetem Gelände Abschneider zu vermeiden. Schon bei Luis Trenker sind seinem Buch „Meine Berge" 10 Bergsteigergebote = Regeln vorangestellt.[4] Gerade die Vorschriften zum Schutz der Natur gelangen jetzt, angesichts der Tatsache, daß unverhältnismäßig viel mehr Menschen als früher ins Gebirge gehen, zu größter Bedeutung, denn auch im Gebirge gibt es den Gegensatz Sport – Natur, der nur durch bewußt schonenden Umgang mit der Natur gelöst werden kann.

Auch die Bewertung der Schwierigkeiten von einzelnen Kletterrouten ist eine Regel, und zwar eine schon sehr alte. Kam man ursprünglich mit wenigen Abstufungen aus, haben sich im Laufe der Zeit fünf und dann sechs Schwierigkeitsgrade herausgebildet. Generationen lang war der sechste Grad die äußerste Schwierigkeit. Erst in jüngerer Zeit wurde der durch das Hinausschieben von Schwierigkeitsgrenzen bis zum zehnten Grad hin, der augenblicklich die äußerste Schwierigkeit darstellt, überboten. Ein Unterschied zu anderen Sportarten mag in der Vergangenheit darin bestanden haben, daß es früher für das Bergsteigen keine internationale Vereinigung gab, die solche Regeln gewissermaßen ex cathedra für verbindlich erklärte. Doch hat die UIAA schon vor etwa 30 Jahren die sogenannte UIAA-Skala erarbeitet und diese unter der Federführung Fritz Wiessners Anfang der 70er Jahre „reformiert". Daneben gibt es in verschiedenen Klettergebieten andere, doch sehr festgeschriebene und vergleichbare Regeln, wie z.B. in Frankreich, USA und Australien. Auf diese ganze Entwicklung ist noch im Hinblick auf die alpinistische Leistung zurückzukommen.

Ein weiterer Einwand ist der, daß es dem Alpinismus an Wettbewerb, Wettkampf mangle, wie er für andere Sportarten üblich sei. Selbst das gilt angesichts der neuesten Entwicklung nicht mehr, denn bei Kletterwettbewerben (schon der Name sagt's!) wird eben gemessen. Auch wenn das freilich nur einen ganz kleinen Teil des breiten Spektrums des Bergsteigens betrifft, so doch gerade im Hinblick auf die Leistung einen sehr wichtigen.

Schon immer Wettbewerb

Doch mußte man nicht auf die jüngste Entwicklung warten. Bergsteigen war immer schon geprägt vom Wettbewerb. Die Ersteigung des Matterhorns 1865 war reiner Wettbewerb zwischen Whymper und Carrel und für die Erstersteigung des Montblanc wurde sogar ein Geldpreis ausgesetzt. Überhaupt ist die Erstersteigung des Montblanc, sozusagen die Geburtsstunde des Bergsteigens vor ziemlich genau 200 Jahren, ein Krimi, mit einer Mischung von Intrigen, Geldgier, übertriebenem Ehrgeiz,

Seite 145: Am Kibo/Afrika. „Dem Normalbergsteiger bietet heute das Trekkingbergsteigen die Möglichkeit, seine persönliche Entdeckerfreude in der weiten Welt zu befriedigen."

Foto: Jürgen Winkler

wissenschaftlicher Leistung und vor allem sportlicher Leistung, mit der sich der junge Dr. Paccard besonders ausgezeichnet hat. [5]
Zahllos sind die Geschichten um den Wettkampf in den Alpen und in den Bergen der Welt, wer zuerst welche Gipfel erreicht, Wände durchklettert, Grate überschreitet. Alle kennen den Wettlauf zu den Achttausendern des Himalaya. Dem legendären Bergsteiger Otto Herzog, genannt Rambo, wurde im Wettbewerb um die Ersteigung der Laliderer der Erfolg vor der Nase weggeschnappt. Und schließlich ist der ganz kleine, sozusagen höchst private Wettbewerb „ich war um 10 Minuten schneller als du" weitum in Gebrauch.
Der Unterschied vom Wettklettern zum Wettlaufen, insbesondere als Berglauf, ist nicht mehr groß. Es zeigen sich deutlich Parallelen zu anderen Sportarten, wenn auch auf einer anderen Ebene. Bergsteigen ist eben doch eine besondere Sportart. [6]
Es wird also immer wieder behauptet, Bergsteigen sei kein Sport, sondern etwas anderes (Was? Höheres? Besseres?). Man kann sagen, daß es zu diesem Thema eine ganze Bergsteigerphilosophie, genauer eigentlich -psychologie gibt. Der Außenstehende, der Nichtbergsteiger also, mag sich fragen, wo denn der Grund für diese Diskussion zu suchen sei, die schließlich den anderen Sportarten in dem Maß nicht bekannt ist, obwohl die meisten jungen Sportler anderer Disziplinen auch in ihrem Sport „mehr als nur Sport" sehen. Vermutlich ist ein Grund, Bergsteigen nicht als Sport zu definieren, in der Erlebnistiefe zu suchen, die die intensive Berührung mit der Natur vermittelt. Das Naturerleben steht bei den meisten Schilderungen der Bergsteiger (und sie sind ein recht erzählfreudiges Volk) stark im Vordergrund, oft noch vor der Darstellung der eigenen Leistung. Von Dante und Petrarca, die beide zu Recht als herausragende Persönlichkeiten ihrer Zeit, doch zu Unrecht als frühe Bergsteiger gelten, sind berühmte Bemerkungen überliefert, die schließen lassen, daß sie ihre Bergbesteigungen zum Zweck des Naturerlebens, des Naturgenusses gemacht haben und keinesfalls aus sportlichen Motiven. Doch schon vor 100 Jahren hat Hoffmann[7] vom Bergsport gesprochen und gemeint: „...es dürfte kaum ein Sport sein, der den äußeren und inneren Menschen so gleichzeitig und so gleichgradig engagiert, als der, eine Alpenspitze zu gewinnen." Und er meint wohl Leistung, wenn er in der schwülstigen Sprache seiner Zeit weiter sagt: „Überall ringt der Geist mit der Materie um die Herrschaft..." und er spricht vom stolzen Recht des einzigartigen Triumphgefühls, das den Hochtouristen ergreife, wenn „beharrlich ringend sich der Gedanke das Element unterworfen, der Geist die Materie bezwungen, das Leben den Tod besiegt hat." Eine gewissermaßen Makart'sche Eloge der Belle Epoque auf die Leistung.

Deutungen "über den Sport hinaus"

Es ist unmöglich, die Deutungen des Bergsteigens „über den Sport hinaus" auch nur einigermaßen vollständig auszuführen. Vom Vorhof der Religion wird da gesprochen [8], oder davon, daß die Ersteigung eines Berges vom Tal bis zum Gipfel eine körperliche und vor allem geistige Leistung sei [9] und deshalb Bergsteigen in erster Linie als geistige Betätigung zu werten sei. Das Naturerlebnis darf bei der Bewertung der bergsteigerischen Leistung keinesfalls vernachlässigt werden. Der bekannte Hochleistungsbergsteiger Cassin sagte dazu: „Ohne große Liebe zur Natur – und das geistige Moment ist wesentlich – wäre es unmöglich, Anstrengungen, die oft bis zur Erschöpfung gehen, entgegenzutreten und zu überwinden, Risiko einzugehen und die Angst zu besiegen: ja, die Angst."
Man darf andererseits bei der Beurteilung der bergsteigerischen Leistung keinesfalls die zur Ausübung anderer Sportarten erforderliche geistige Leistung übersehen. Gerade das scheint mir ein wesentlicher Fehler zu sein, der zu der Beurteilung führt, Bergsteigen sei mehr als Sport. Alle sportlichen Leistungen verlangen, wenn auch in sehr unterschiedlichem Maß, geistige Leistung.
Es kann sein, daß es eine große Anzahl von Bergsteigern in erster Linie überhaupt wegen des Naturerlebens in die Berge zieht. Gewiß wird, wer mit der Seilbahn auf einen Berg fährt, keinesfalls das Naturerlebnis haben, wie der, der zu Fuß auf den gleichen Berg geht. Es gibt kein bergsteigerisches Naturerlebnis ohne bergsteigerische Leistung. Man muß das Bergsteigen daher als Natursport qualifizieren, wie etwa Segeln, Reiten oder das dem Bergsteigen so nahe verwandte Kajakfahren.
Manche meinen, Alpinismus als eine Art Spiel erklären zu können. Gewissermaßen ein Spiel mit dem Berg, mit sich selbst, ja manche versteigen sich sogar zu der „heroischen" Behauptung, Spiel mit dem eigenen Leben. Diese höchst verschwommenen Erklärungen überzeugen mich nicht. Denn Spiel ist etwas völlig anderes. Zudem sagte schon Huizinga[10] „Wettkampf ist Spiel". Doch versuchen wir endlich, die bergsteigerische Leistung zu charakterisieren. Manche Alpinisten pflegen ihren Sport gern mit anderen Sportarten zu vergleichen, um sich moralisch-sittlich emporzuschwingen, gewissermaßen in die reinen Höhen, sich von den „Lumpenhunden da unten im Tal" (frei nach Viktor von Scheffel) zu distanzieren. Genau das möchte ich nicht tun, wenn ich Bergsteigen mit anderen Sportarten vergleiche, um die beim Bergsteigen zu erbringende Leistung darzustellen. Ein Vergleich soll nur die Darstellung erleichtern.

Physische und psychische Eigenschaften

Nehmen wir einmal die Schwerathletik, etwa das Gewichtheben. Die dominierende sportmotorische Grundeigenschaft, die da gefragt ist, scheint mir Kraft zu sein. Sicher sind auch andere Fähigkeiten vonnöten, doch treten sie gegenüber dem Aufwand an Kraft zurück. Beim Bergsteigen sind im allgemeinen alle sportmotorischen Grundeigenschaften, Kraft, Schnelligkeit, Ausdauer, Beweglichkeit, Geschicklichkeit mit jeweiligen Schwerpunkten entsprechend den verschiedenen Spielarten des Bergsteigens erforderlich. Darüber hinaus bedarf es einer ganzen Menge von psychischen Eigenschaften, die nicht so exakt zu definieren sind. Jedenfalls gehören dazu Mut, Neugierde, psychische Ausdauer (von der physischen zu unterscheiden), Entschlußkraft und eine spezifische Intelligenz.

Man mag sich wundern, daß ich Neugierde als psychische Komponente anführe. Vielleicht könnte man auch sagen Entdeckerfreude. Immerhin hat der Alpinismus als recht bedeutende Wurzel naturwissenschaftlichen Forscherdrang, also die Neugierde, unerforschte Teile der Welt, neue Berge zu entdecken. Die wissenschaftliche Leistung stand zu Beginn des Bergsteigens und noch lange Zeit darüber hinaus wesentlich stärker im Vordergrund als heute. Noch nach dem Zweiten Weltkrieg pflegte man Expeditionen gerne einen wissenschaftlichen Troß anzuhängen. Humboldt hätte sich wohl kaum als Bergsteiger bezeichnet, doch hat er hervorragende bergsteigerische Leistungen vollbracht. Männer wie Horace Bénédict de Saussure, Agassiz, Sonklar, Payer und andere haben sich sowohl als Leistungsbergsteiger wie auch als Gelehrte einen Namen gemacht, der heute noch fortlebt. Der Normalbergsteiger von heute hat kaum die Möglichkeit, neue Gebiete, neue Berge zu entdecken. Doch er kommt seiner Neugierde, seinem privaten Forscherdrang, durch das Kennenlernen immer neuer Gebiete und ihrer Tourenmöglichkeiten entgegen. Schließlich bietet ihm gerade das Trekkingbergsteigen die Möglichkeit, seine persönliche Entdeckerfreude in der weiten Welt zu befriedigen.

Eine Eigenschaft, die etwas schwierig in psychische oder physische Kategorien einzuordnen ist, ist die Schwindelfreiheit, die zu einer großen Zahl bergsteigerischer Spielarten Voraussetzung ist. Schwindelfreiheit kann man sich antrainieren, sie ist erlernbar. Weiter kommt zu den Voraussetzungen als Resultat physischer und psychischer Eigenschaften die Erfahrung, ohne die bedeutende alpinistische Erfolge in der Regel nicht gelingen können. Erfahrung ist hier nicht philosophisch-ontologisch, sondern rein empirisch zu verstehen.

Nun ist es nicht so, daß alle diese Eigenschaften zum Bergsteigen schlechthin gleichermaßen erforderlich sind. Auch wenn unter den Bergsteigern der Typ des Allroundbergsteigers vorherrscht, der, nur um die wichtigsten Arten herauszugreifen, Wandern, Klettern, Eisgehen, Skifahren beherrscht, so bietet das heutige Bergsteigen eine unglaubliche Vielfalt von Spielarten, die den unterschiedlichen Einsatz verschiedener Fähigkeiten verlangen. Bei einem Arbeitskreis von Jugendleitern des Alpenvereins wurde kürzlich der Versuch unternommen, alle Spielarten des Bergsteigens aufzulisten. Binnen weniger Minuten standen etwa 27 Arten auf der Tafel. Natürlich sind da so marginale Erscheinungen dabei wie „Swingen", also das Springen von Brücke zu Brücke oder von Brückenpfeiler zu Brückenpfeiler (angeseilt natürlich), das Turmspringen oder Fassadenklettern. Doch jedem ist klar, daß der Wanderer vor allem Ausdauer braucht, von den anderen Fähigkeiten entsprechend weniger (was unter keinen Umständen als Abwertung zu verstehen ist), daß das Klettern andererseits eine ganze Menge der motorischen und psychischen Eigenschaften erfordert, während es wiederum durchaus erstklassige Skibergsteiger gibt, die nicht besonders schwindelfrei sind. Was gemeint ist, wird klar, wenn man den Gewichtheber neben den Höhenbergsteiger stellt, also den Bergsteiger, der sich im Achttausenderbereich bewegt und praktisch eine ganze Reihe von Fähigkeiten psychischer und physischer Art, wenn auch in unterschiedlichem Maß, vereinen muß, um Erfolg zu haben, ja um zu überleben.

Unten: „Wunderkinder auf dem Weg zu Übermenschen?" Seite 147: Grat an der Aiguille du Midi (Montblancgebiet).

Fotos: Jochen Hacker; Jürgen Winkler

Spaß ist ein weiteres Stichwort. Die bergsteigerische Leistung muß Spaß machen. Messner hat die ihm in Calgary verliehene Olympische Goldmedaille abgelehnt mit der Begründung, er sei kein Wettkämpfer, Bergsteigen sei eine kreative Tätigkeit. Was aber ist mit dem Ehrgeiz, der Konkurrenz, dem Wettbewerb? Ich sehe da keinen Gegensatz, wenigstens keinen unüberbrückbaren. Jedenfalls ist der Ehrgeiz wie bei jeder anderen Sportart, ja jeder kulturellen Leistung Grundvoraussetzung auch dafür, bergsteigerische Leistung zu vollbringen. Der Unterschied zur Arbeitsleistung ist der, daß sportliche Leistung, bergsteigerische Leistung freiwillig erbracht wird. Schon Mark Twain sagt sarkastisch, daß der Stumpfsinn des Tütenklebens sich durch Sanktionen erzwingen läßt, die Montblancbesteigung hingegen nicht. Hingegen meint Ortega y Gasset aperçuhaft, Sport sei Bruder der Arbeit.

Leisten können, ohne leisten zu müssen, bildet auch heute noch die Leitidee für den Bergsteiger. Wenn einen Bergsteiger der Ehrgeiz treibt, so ist das zum wenigsten Leistungsdruck von außen, etwa öffentlicher Druck, dirigistische Einflußnahme oder ähnliches. Entscheidend zumindest in unserer Gesellschaftsstruktur ist die persönliche Leistungsmotivation. Dies gilt auch für den Profibergsteiger. Profibergsteiger sind Hochleistungssportler. Auch wenn man vom Beruf des Bergführers absieht, muß man feststellen, daß der Typ des Profibergsteigers keineswegs neu ist. Früher waren es eben Herren aus gut situiertem Haus (etwa Hermann von Barth), später Arbeitslose, spartanisch in ihren Bedürfnissen und von unbändigem Leistungswillen (beispielsweise Anderl Heckmair); und jetzt sind es Typen wie Reinhold Messner oder Sportkletterer wie Güllich, Zak, Glowacz und andere. Reinhold Messner ist das Paradebeispiel dafür, daß man mit bergsteigerischer Leistung Geld verdienen kann, wenn auch nicht so viel wie mit Fußball oder Tennis. Doch er ist ein Beispiel auch dafür, daß die Motivation zu bergsteigerischer Leistung keine materielle ist. Für die Motivation der jungen Sportkletterer aber soll Heinz Zak selbst sprechen: „Zum Freiklettern gehört auch ein spezifischer Lebensstil... ein Aussteiger muß man sein, der für das Klettern die Arbeit aufgibt, täglich stundenlang trainiert und dennoch mit lockerer Einstellung, das heißt ohne Ehrgeiz und Verbissenheit, Erstbegehungen macht – Wunderkinder auf dem Weg zu Übermenschen?"

Reinhold Messner wurde, nachdem er alle 14 Achttausender der Erde erstiegen hatte, von Nichtbergsteigern gefragt, was er nun denn machen wolle, denn seine bergsteigerische Laufbahn sei ja gewissermaßen zu Ende. Diese Frage läßt eine ganz wesentliche Komponente der bergsteigerischen Leistung außer acht, nämlich Phantasie, Kreativität. Diese Eigenschaften sind unabdingbar. Selbst der Benützer eines gedruckten Führers braucht Phantasie dazu, die Beschreibung richtig in die Natur umzusetzen. Doch selbst wenn alle Berge dieser Welt (was noch längst nicht der Fall ist) erstiegen wären, alle Grate und Wände, so kann die bergsteigerische Phantasie doch weiterhin unendlich viele Kombinationsmöglichkeiten erschließen für immer wieder neue Wege und Ziele. Die Phantasie erlaubt dem Bergsteiger, der sie in ausreichendem Maße hat, stets Neues zu entdecken, so daß er sein Leben lang nicht zweimal auf den gleichen Berg gehen müßte, wenn ihm das keinen Spaß macht.

Gegen Leistung

Die Entwicklung der bergsteigerischen Leistung ist auch von der Gegnerschaft zur Leistung nicht verschont gewesen. Gegnerschaft zu sportlicher Leistung hat es immer schon gegeben, schon die stoische Philosophie meint, ein großes Pensum an Leibesübungen oder gar Freude daran widersprächen der Herrschaft des Logos. Und Herbert Marcuse versteht unter Leistungsprinzip den Zwang zur beruflichen Arbeit, zur widerwillig verrichteten Fließbandtätigkeit, zur Arbeit als Existenzsicherungsinstrument. Ideologisch einseitig Geprägte verstehen den Sport, die sportliche Leistung als Unterdrückungsinstrument einer ihnen nicht genehmen Gesellschaftsstruktur. Sogar in der Sportwissenschaft gibt es vereinzelt Thesen, die jede Leistung ablehnen. Doch hat dieser Irrtum, der letzten Endes das Schlußkapitel unserer kulturellen Entwicklung einläuten würde, kaum Einfluß auf die bergsteigerische Leistung gewonnen.

Hingegen zieht sich durch die gesamte Entwicklung des Bergsteigens das Element des Kampfes. Die einschlägige Literatur strotzt manchmal geradezu von Kämpfen, Fehdehandschuhe werden den Bergen hingeworfen, erobert werden Gipfel, besiegt Wände und Grate. Man spricht von der Epoche des Eroberungsbergsteigens, und bergsteigerische Schriftsteller wie Eugen Guido Lammer werden als Vertreter des kämpferischen Alpinismus eingestuft.

Nun, Bergsteigen ist kein Kampfsport. Unter Kampfsportarten versteht man etwas anderes. Das Wort Kampf steht in unserem Fall gewissermaßen synonym für Leistung. Auch andere Sportler „kämpfen", z.B. um Medaillen, um Zentimeter, um das Gleichgewicht usw.

Eine ganz besondere Eigenart des Bergsteigens allerdings ist das Aufsuchen der Gefahr. Nicht alle Spielarten des Bergsteigens sind gleichermaßen gefährlich. Sicher ist das Bergwandern kein besonders ausgeprägter Gefahrensport, doch ungefährlich ist es keineswegs. Den sogenannten objektiven Gefahren, also Wind, Wetter, Steinschlag, Lawine etc. ist jeder Bergsteiger in unterschiedlichem Maß ausgesetzt. Ebenso den subjektiven Gefahren, z.B. der körperlichen Verfassung, der Fehlbeurteilung des Geländes usw. Man muß also zu Recht Bergsteigen insgesamt zu den Gefahrensportarten zählen, es als Risikosportart bezeichnen. Es läßt sich sogar statistisch beweisen, daß Bergsteigen eine mit verhältnismäßig hohem Risiko behaftete Sportart ist.

Sportgeschichtlicher Hintergrund

Bergsteigen muß als Sport auch vor dem Hintergrund der Geschichte des Sports gesehen werden. Die bergsteigerische Leistung nahm und nimmt eine Entwicklung, die insgesamt durchaus der entspricht, die andere sportliche Leistungen auch genommen haben. Zuerst galt es, überhaupt Berge zu ersteigen, möglichst auf dem einfachsten Weg. Dann suchte man die Gipfel über die Grate, später über die Wände zu ersteigen und erreichte so die Phase des Schwierigkeitsalpinismus, in dem die Leistung besonders betont wird. Neuerdings gilt den Sportkletterern nicht mehr der Gipfel als Ziel, sondern die schwierige Route allein. Insofern erfüllt sich hier in beinahe idealer Weise die Maxime von Henry Hoek „Der Weg ist das Ziel". Neuerdings erleben wir gerade jetzt, daß Kletterwettbewerbe häufig in der Halle ausgetragen werden. Überspitzt gesagt ist Bergsteigen also Hallensport geworden.

Auch die Entwicklung der Regeln entspricht diesem Lauf. Zuerst kletterte man ohne Regeln, sozusagen „wild". Dann gab's wenige, einfache Regeln, später wurden sie kompliziert und immer komplizierter. Heute gibt es, wie schon dargestellt, zum Teil sehr exakte Regeln, jedenfalls viele Regeln für viele Gelegenheiten und viele Menschen.

Entsprechend spiegelt sich die Entwicklung im Training wider. Sehr lange Zeit trainierten Bergsteiger (so sie das überhaupt taten) nach gusto gewissermaßen, also ziemlich planlos. Man ging halt möglichst oft in das Gebirge, und wenn das nicht möglich war, spielte man Fußball oder trieb anderen Sport. Die Kletterer

Wolfgang Güllich beim Strickleiter-Training. „Erst allmählich fanden die Erkenntnisse der modernen Trainingslehre Eingang in das Bergsteigen."

Foto:
Gerd Heidorn

trainierten an Türrahmen ihre Fingerkraft und die Himalayamänner im Winter auf dem Balkon das Biwakieren. Erst allmählich fanden die Erkenntnisse der modernen Trainingslehre Eingang in das Bergsteigen. Stefan Glowacz erreichte 1987 durch genau getimtes Training die Spitze seiner Leistung zum Zeitpunkt der ersten internationalen Meisterschaft im Felsklettern, die er prompt gewann. Reinhold Messner unterzog sich vor seinen beiden letzten Achttausendern einem mentalen Training durch eine mehrmonatige Wanderung durch die Einsamkeit des tibetischen Hochlandes.

Wir erkennen in der Entwicklung der bergsteigerischen wie in allen sportlichen Leistungen die Tendenz, die Grenzen des jeweils Menschenmöglichen auszuschöpfen, bisherige Leistungen zu überbieten. Der 50 Jahre lang als höchste Schwierigkeitsstufe geltende sechste Grad hatte die Bezeichnung „äußerst schwierig". Heute gibt es vier Grade mehr! Ein deutliches Zeichen für das Hinausschieben oder, besser gesagt, Hinaufschieben der sportlichen Leistung des Menschen, immer näher hin an die Grenze des Menschenmöglichen. Immer schon wollte der Bergsteiger wissen, wo diese Grenze liegt – er versucht wieder und wieder diesen Grenzbereich auszukundschaften [11]. Ortega y Gasset, um ihn noch einmal zu zitieren, spricht von der „Lust, seine Grenzsteine hinauszurücken".

Wenn auch alle diese Reflexionen über unser so heiß geliebtes Tun als Sport betrachtet, in die sportliche Entwicklung eingeordnet wurden, so dürfen wir doch mit einem Quentchen Stolz sagen, daß es eine ganz besondere Sportart [12] ist, das Bergsteigen. Eine Sportart, die jeder nach seiner Fasson ausüben möge, die für jeden in seinem Leben das bedeuten möge, woran ihm liegt: Sport oder Vorhof der Religion, des Himmels, jedem das Seine. Wenn Ortega y Gasset sogar meint, die ganze Kultur, alles Schöpferische sei „nicht die Tochter der Arbeit, sondern des Sports", so mag das sehr erhebend sein. Für uns jedenfalls ist Bergsteigen, um mit Viktor Frankl zu sprechen, das Salz des Lebens, seine Würze.

Anmerkungen:

1) Lenk, Hans, Eigenleistung, Plädoyer für eine positive Leistungskultur, Edition Interform Zürich, 1983, Seite 14
2) z.B. Ritzhaupt Fred SJ, Wegzeichen, Bergsteigen und christliche Existenz, Seite 47 ff
3) DTV-Lexikon, Band 17, Seite 204
4) Trenker Luis, Meine Berge, Verlag von Th. Knaur Berlin, 1936
5) Grimm Peter, Berg '87, Alpenvereinsjahrbuch, Seite 103 ff
6) Vergl. Reiter von der Becke Wiltrud, Mitteilungen DAV 86, Seite 371 ff
7) Hoffmann Hugo, Was soll der Mensch da oben, Zeitschrift des DuÖAV 1887, Seite 246 ff
8) Stecher bei Ritzhaupt a.a.O.
9) Ritzhaupt a.a.O.
10) Huizinga Johan, Homo Ludens – Vom Ursprung der Kultur im Spiel, Seite 53
11) Frankl Viktor, Berg '88, Alpenvereinsjahrbuch, Seite 62
12) Reiter von der Becke Wiltrud, a.a.O.

Bergsteigen und Jugendarbeit heute

Die Alpenvereinsjugend stirbt aus!

Klaus Umbach

Die Alpenvereinsjugend stirbt aus! Dieses Schreckgespenst verstörte etwa seit Mitte der achtziger Jahre Vorstände noch mehr als Jugendfunktionäre. Galt und gilt es doch zumindest den Bestand zu sichern, wenn an einen Ausbau schon nicht zu denken ist. Und ganz Eifrige hatten auch prompt Patentrezepte und Erklärungen für den Rückgang zur Hand, nach denen die Jugend – und gemeint waren wir, die Funktionäre – selbst schuld sei an ihrer Misere. Auf das Bergsteigen solle man sich beschränken und nicht etwa anderen, der Alpenvereinsjugend fremden Themen und Spielformen so viel Platz in Gruppenstunden, Ausfahrten, Ausbildungskursen und Sitzungen einräumen...

Nicht wenige Zahlen, Fakten und Erklärungen waren nötig, bis auch der Letzte und Skeptischste begriff, daß neben der Bevölkerungsentwicklung noch andere Trends unter Jugendlichen wirksam sind, die seit einiger Zeit für einen Rückgang bei den jugendlichen Mitgliedern sorgen – und das nicht nur in den Alpenvereinen.

Ein zweites Phänomen wurde – parallel zum ersten – beinahe ebenso oberflächlich diskutiert, und zwar die Frage nach der Integration der Sportkletterer in die Jugend. Wohl nur in Deutschland gab es in diesem Punkt härtere, weil ideologisch geführte Diskussionen, die den Blick auf die eigentlichen Fragestellungen verstellten. Im Grunde ging es weniger um ein „ob überhaupt", als vielmehr um das „wie". Und darin scheiden sich die Geister nach wie vor.

Versucht man nun Positionen der Jugendarbeit anzugeben, die das Heute vor dem Hintergrund des Gestern analysieren und Wege für die Zukunft markieren sollen, so kann die Entwicklung des Bergsteigens und der Bergsteigerverbandsjugendarbeit nur in enger Verzahnung mit gesellschaftlichen Entwicklungen gesehen werden. Besonders müssen hierbei Veränderungen in der Jugendszene und deren Erscheinungen beachtet werden, die sich vor allem in letzter Zeit sehr stark auf die innerverbandliche Arbeit auswirkten. Fragen wie die nach Mitgliederentwicklung und Sportkletterintegration dürfen daher nicht vorschnell beantwortet, aber auch nicht leichtfertig abgetan werden. Sie verstellen sonst den Blick und behindern eine Analyse und Ortsbestimmung, die für die Wegsuche immer Vorbedingung ist.

Unbequemer ist das Nachfragen und genauere Hinschauen allemal, denn es kostet Mühe. Das sollte aber Bergsteiger nicht abschrecken, die es ja gewohnt sind, Schwierigkeiten zu begegnen, ja diese oftmals sogar zu suchen. Lösen wir uns aber von den konfliktgeladenen Gegensatzpaaren der siebziger und achtziger Jahre, die in Schwarzweißmanier zuweilen „Bergsteigen versus Pädagogik" oder neuerdings eher „Wettbewerbe kontra Jugendarbeit" heißen.

Der Walkman und seine Kinder

Auch die Vervielfältigung der Erlebnisbereiche, die zum Teil nur im weitesten Sinn etwas mit Bergsteigen im ursprünglichen Sinn zu tun haben, ihm aber heute trotzdem zugerechnet werden, birgt Konflikte mit denjenigen, die den für die Persönlichkeitsbildung entscheidenden pädagogischen Wert des Bergsteigens betonen und mit dem Etikett Jugendbildung bezeichnet haben. Gibt es also ein neues Gegensatzpaar mit den Schlagworten „Erlebnisvielfalt versus Jugendbildung"?

Spätestens aus diesem letzten Beispiel wird deutlich, wie verkopft und zuweilen auch abgehoben manche über Jugendarbeit diskutieren. Schon ein oberflächlicher Blick in die Geschichte reicht aus, um zu bemerken, daß Jugendarbeit schon lange vor ihrer pädagogischen Inpflichtnahme in erster Linie an den Interessen und Bedürfnissen von Jugendlichen orientiert war und auch sein mußte, damit sie ihre Zielgruppe überhaupt erreichen konnte. Die Jugend, die in die Sportvereine ging, hatte also ein Bedürfnis nach Sport – auch ohne Verein. Nur ließ es sich irgendwann ganz vorteilhaft im Verein sporteln, vor allem in den Städten. Die Jugend in den Kirchen hatte den Drang, sich in Interessen-, Glaubens- und Tätigkeitskreisen zusammenzufinden, und so entstanden einzelne Gruppen, Verbände und andere Zusammenschlüsse. Auch die Wandervogelbewegung war Ausdruck dieses Gesellungsbedürfnisses in einer sich sehr stark durch Industrialisierung verändernden Welt. Erst später entstanden aus ihr Verbände bzw. viele Verbände und Jugendgemeinschaften wurden von ihr entscheidend mitgeprägt – nicht nur Wandervereine und Pfadfinder.

Auch im Alpenverein waren von Anfang an Jugendliche, die ihre Liebe zum Bergsteigen und zum Gebirge entdeckt hatten. Sie wurden von den Älteren mitgenommen und dadurch trainiert und gesponsert, wie es neudeutsch wohl heißen würde. Eine organisierte oder „geordnete Jugendarbeit" kam erst später auf, als das Gebirge bereits die ersten massentouristischen Phänomene aufzuweisen hatte. Der gesellschaftliche Trend damals um die Jahrhundertwende hieß Pädagogisierung, und kein Geringerer als

Seite 151: Bergsteigen ist „in".
„Jeder kann die Spielart betreiben, die ihm am ehesten liegt ..."

Foto: Hans Steinbichler

ein Schullehrer mit Namen Ernst Enzensperger erkannte den pädagogischen Wert des Bergsteigens für die Erziehung der Jugend zu den Tugenden der Aufklärung und schuf damit einen ideologischen Überbau. Jugendwandern und Jugendbergsteigen wurden erstmalig als Medium zur Erreichung gesellschaftlich mehr oder weniger anerkannter Bildungsziele betrachtet, wenngleich dies fast ausschließlich für den bürgerlichen, besseren oder akademischen Teil der Jugend galt und sich äußerlich kaum auf das praktische Tun des einzelnen auswirkte. Man ging bergsteigen, weils Spaß machte, auch unter zum Teil großen Schwierigkeiten in Krisenzeiten.

Im Grunde hatte sich daran bis zur Studentenrevolte in den späten sechziger Jahren nichts geändert. Nun begann man jedoch vor dem Hintergrund des Protests gegen überkommene Normen und doppelte Moral unter Begleitung heftiger Theoriedebatten, die vielfach ideologisch geführt wurden, mit der theoretischen Fundierung und pädagogischen Ausarbeitung des Jugendbergsteigens. Schulungskonzepte wurden erarbeitet, die neben der rein bergsteigerischen Ausbildung auch andere Themen und pädagogisch-psychologische Kenntnisse vermitteln sollten.

Daraus resultiert die Forderung nach mehrfach gebildeten Ausbildern, die den Jugendleitern Vorbild sein sollten und damit dem Anspruch einer Jugendarbeit, die Körper, Geist und Seele umfassen sollte, entsprach. Wenngleich aus heutiger Sicht damals manches hätte besser gemacht werden können, stand doch diese ganz enorme Ausweitung der Jugendarbeit in der Tradition der Väter einer Jugendbetreuung im Alpenverein, so wie sie auch heute in den Satzungen verankert ist. Sie trug dem umfassenden Anspruch der Ziele des Vereins facettenreich Rechnung und bedeutete keine Verengung auf einen Interessenbereich, wie zum Beispiel Sport- oder Tourismusförderung. Die Jugendarbeit eines so „verengten Vereins" mit beschnittenem Zielkatalog müßte folgerichtig anders aussehen als die Alpenvereinsjugendarbeit heute.

Viele Konflikte gab es bis heute auf dem Weg dorthin – über Leistung und deren Bewertung, Naturschutz und dessen Stellenwert oder Hütten- und Wegebau und deren Notwendigkeit. Über den für die AV-Jugend bis vor zwanzig Jahren neuen Begriff der politischen und gesellschaftlichen Bildung wurde viel gestritten; auch mit manchen Jugendleitern, die absolut keine Verbindung zum Bersteigen herstellen konnten und für die allein schon die Diskussion darüber suspekt und politisch zu links war. Vielleicht entstand gerade in dieser Zeit bei vielen Out- und Insidern der Eindruck, daß sich die Jugendarbeit vom Bergsteigen entfernte und extrem kritische Standpunkte nährten diese Vermutung, weil sie der positiven Kraft, die es beim Bergsteigen zu schöpfen gilt, vielleicht einen zu geringen Stellenwert einräumten. Um diese „Kraft" und deren Bewertung geht es heute genauso, und auch Enzensperger hatte sie bereits im Blick. Um sie in aktuelle Begriffe und Bedeutungsgehalte übersetzen zu können, dürfen Auseinandersetzungen nicht gescheut werden, und Interpretationen jedes einzelnen müssen erlaubt sein. Gerade diese Freiheit ist die Freiheit beim Bergsteigen!

Auch weil sich das Umfeld – und hier sei in erster Linie das gesellschaftliche gemeint – ständig verändert, unterliegen Stand-

ort und Stellenwert der Jugendarbeit im Alpenverein einer dauernden Neubestimmung und Weiterentwicklung.
Als aktuelle Trends lassen sich nennen:

– Die Anzahl der Jugendlichen geht stark zurück. Die Altersgruppe der 15 bis 25jährigen sinkt von 10 Millionen im Jahre 1980 auf 6 Millionen im Jahre 2000.

– Um die Gunst immer weniger Jugendlicher buhlen mehr Verbände denn je. Werbung und Aktivitäten der Verbände haben eher zugenommen.

– Die Jugendphase wird durch den gegenüber früher 3 bis 5 Jahre späteren Berufseinstieg verlängert. Daraus resultieren ökonomische Unselbständigkeit bei gleichzeitig steigenden Konsummöglichkeiten und -wünschen.

– Das Zeitbudget vieler Jugendlicher verschiebt sich zugunsten von Mediennutzung, Ausbildungs- und Bildungsmaßnahmen sowie Erwerbs- und Nebenerwerbsarbeit.

– Das Interesse der Jugend, sich in Vereinen und festen Gruppen zu organisieren, hat stark abgenommen. Dagegen werden sporadische Angebote, Treffen, Aktionen oder Meetings eher frequentiert, bei denen handlungsorientiert zusammengearbeitet wird (vgl. Umweltaktivitäten).

– Die Angst vieler Jugendlicher vor äußeren Bedrohungen wie z.B Umweltkatastrophen, Seuchen, Krankheiten und vor der Zukunft ganz allgemein führt bei manchen zum Rückzug zu sich selbst und in die Clique, in der man sich aufgehoben fühlt. Bei vielen beobachtet man auch ein überschwengliches Lebensgefühl (ich will alles, und zwar jetzt), das zu exzessivem Konsumverhalten und zu einem Hunger nach Gefühlen führt. Da Konsumenten auch in jugendlichem Alter in unserer Wirtschafts- und Gesellschaftsordnung ernst genommen werden, erfahren Jugendliche auf diesem Weg Wertschätzung und eine Stärkung ihres Selbstwertgefühls.

– Ganz oben in der Rangskala des jugendlichen Wertesystems steht heute: das gute Gefühl! Die körperliche Erfahrung steht im Vordergrund, und sie wird für viele durch sportliche Betätigung ebenso vermittelt wie durch Musik, Essen und Trinken, Tanz oder Drogen.

Bergsteigen ist „in"

Das Bergsteigen in seinen aktuellen Ausprägungen kommt im Grunde den aktuellen gesellschaftlichen Trends entgegen. Die heute übliche breite Angebotspalette bietet für jede Vorliebe, jeden Geschmack und jeden Geldbeutel etwas an. Bergsteigen, Bergsport, Skifahren, Kajakfahren, Gleitschirmfliegen und Höhlenfahrten vermögen derzeit sehr viele junge Menschen in ihren Bann zu ziehen. Selbst das wettkampfmäßig betriebene Klettern interessiert viele und stimuliert Athleten und Kaufleute gleicher-

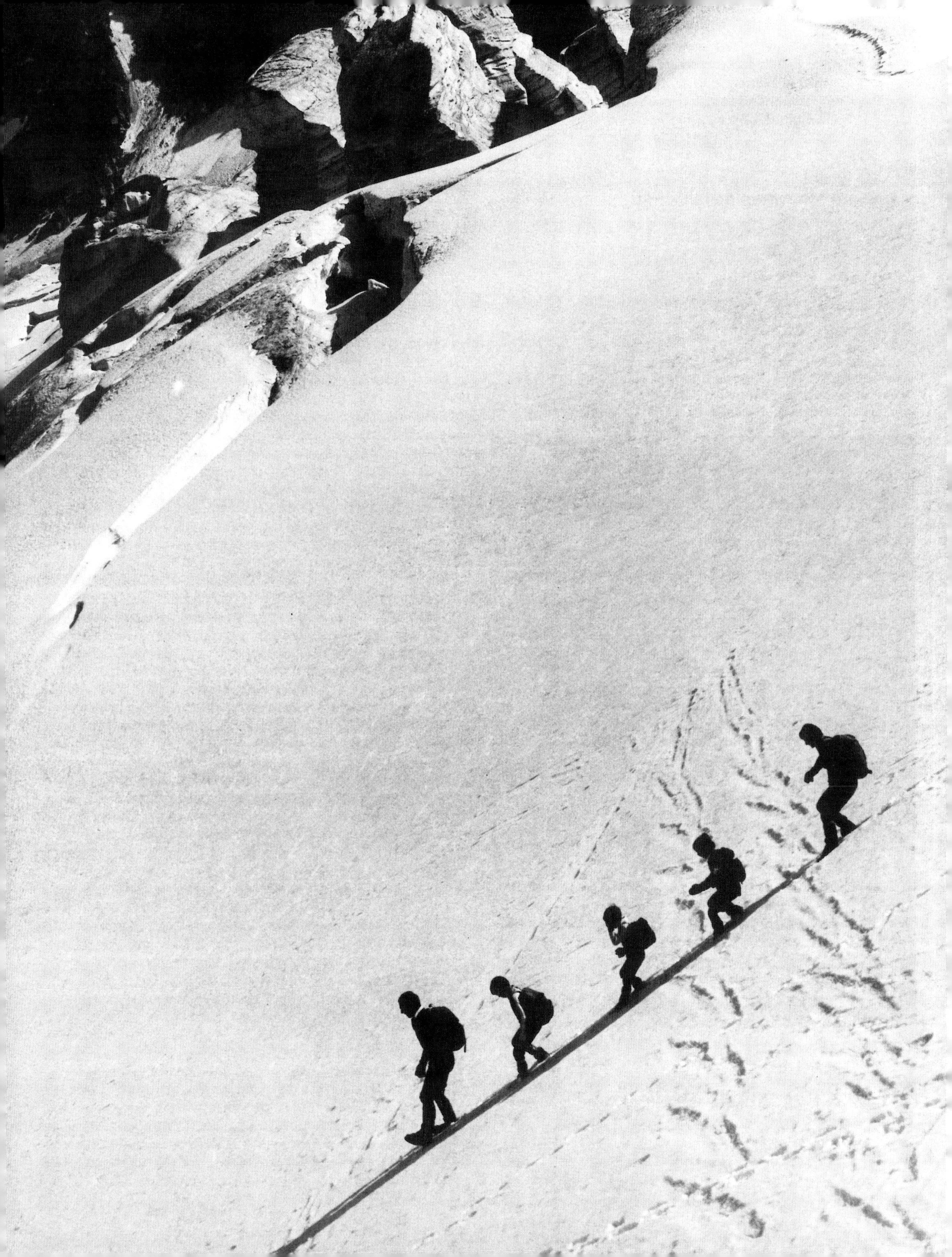

maßen, obwohl es nur von den wenigsten überhaupt betrieben werden kann. Zwar ist es Ausdruck einer allgemeinen Leistungsexplosion beim Bergsteigen, jedoch kein neues Phänomen, wie der Rückblick auf das Expeditionsbergsteigen oder die Rotpunktbewegung zeigt. Dem Wettkampf haftet aber der Glanz des Profisports an mit all seinen reizvollen und verabscheuenswerten Aspekten. Erwerbsmöglichkeiten für die Kletterelite tun sich genauso auf wie neue Werbestrategien und Zielgruppen für die Bergsportartikelindustrie, abgesehen von anderen Vermarktungstendenzen, die sich am Horizont bereits ablesen lassen...

Viel interessanter im Hinblick auf den Reiz des Bergsteigens auf weite Kreise von Jugendlichen scheint mir die enorme Vielfalt der Erlebnismöglichkeiten zu sein. Sie birgt – im Gegensatz zum wettkampfmäßig betriebenen Sport – mehr Selbstbestimmungsmöglichkeiten für den einzelnen. Jeder kann die Spielart betreiben, die ihm am ehesten liegt und je nach Jahreszeit, Lust und Laune gerade das machen, was Spaß macht. Die Körperbezogenheit aller dieser Formen liegt absolut im Trend, wobei entscheidender Vorteil beim Bergsteigen ist, daß jeder die Form und das Maß selbst bestimmen kann. Hinzu kommen aber noch weitere Pluspunkte:

1. Bergsteigen ist schon traditionell eine Natursportart. Durch die Betätigung in der freien Natur und die teilweise extreme Exponiertheit dieser Naturerfahrungen entstand schon immer ein starker Naturbezug. Für viele Jugendliche erscheint Bergsteigen schon deshalb attraktiv, weil sie sich in der Landschaft freier und ungebundener fühlen als bei anderen Sportarten. Aus den intensiven Naturerfahrungen leitet sich bei vielen auch ein großes Engagement zur Erhaltung der Natur und Interesse an ökologischen Fragen ab.

2. Grenzerfahrungen, die viele beim Bergsteigen machen, vermitteln insbesondere jungen Menschen ausgesprochen abenteuerliche Erlebnisse. Allein schon, daß man sich auf Reisen begeben muß, um ins Gebirge zu kommen, führt zu Begegnungen mit zumindest für den größten Teil von uns fremden Menschen. Die Erfahrung eines trotz mancher Einschränkungen immer noch weitgehend unberührten Naturraums wird oft zum entscheidenden Erlebnis. Ängste, Sicherheiten und Gewohnheiten können bewußt und spielerisch reflektiert werden. Sie stellen den einzelnen vor Proben und fordern zur Bewährung auf. Damit erfüllt Bergsteigen auch alle Anforderungen einer modernen Erlebnispädagogik, die derzeit allenthalben wiederentdeckt wird – sicher nicht ohne Grund in einer Welt der Verplantheit und der vorgezeichneten Wege.

3. Bergsteigen ermöglicht Begegnungen, weil nicht gegen jemand gestiegen wird, sondern mit anderen. Dabei können die verschiedenen Cliquen und Grüppchen ruhig wechseln, was vor allem auch durch die Aufsplittung in viele Spielarten häufiger vorkommt. Auch internationale Begegnungen gelingen unter Bergsteigern häufig allein schon durch ähnliche Interessen und das Fehlen von negativen Wettkampferscheinungen.

„Locker geht man mit der Profession Bergsteigen um, auch was Stil und Kleidung angeht, die zum Ausdruck des Lebensgefühls dazugehört." Am Weltenburger Pfeiler (6+), Donaudurchbruch.

Foto: Gerd Heidorn

Radfahren als umweltfreundliche Alternative zum Auto – wo immer es geht; auch eintönige Forststraßen werden dadurch – vor allem bergabwärts – zum Vergnügen.

Foto: Gerhard Hagen

Vielfältiger ist das Bergsteigen geworden und trotzdem auch nüchterner. Die in früher alpiner Literatur oft anzutreffende Mystik ist beinahe gänzlich gewichen. Der „Kampf" taucht kaum noch auf; Spaß hat Konjunktur. Locker geht man mit der Profession Bergsteigen um, auch was Stil und Kleidung angeht, die zum Ausdruck des Lebensgefühls dazugehört.

Nicht zuletzt dient gerade das Erscheinungsbild dazu, sich von den eher traditionsverhafteten Bergsteigern abzugrenzen und damit auch nach außen zu zeigen, daß man sich abkehrt vom Traditionsverein mit seiner schwülstigen Erblast der karierten Hemden und Kniebundhosen. Leider gerät dabei wohl manchem der Blick für aktuelle Erscheinungen verloren, die zur Uniformierung der jungen Bergsteigergeneration durch ganz bestimmte Markenzeichen und Kleidungsstücke beitragen und jeden Träger als Mitglied dieser besonderen Gruppe ausweisen.

Wie weit können wir gehen?

Die Frage nach den Werten ist fällig. Vereine, die sich ums Bergsteigen und um Jugendarbeit kümmern wollen – und angeblich wollen Alpenvereine dies ja – kommen nicht umhin, Positionen zu markieren. Sie müssen dies zum Bergsteigen und seinen gegenwärtigen Entwicklungslinien genauso tun wie zur Jugendarbeit und dem Spannungsfeld, in dem sie stattfindet – und beide Bereiche sind nicht zwangsläufig identisch.

Für die Jugendarbeit gibt es Grenzen, und zwar dort, wo sie für Jugendliche zur Gefährdung wird, so daß diese Gefahr laufen, an ihrer geistigen, körperlichen oder seelischen Gesundheit Schaden zu nehmen. Betrachten wir dies einmal anders herum, dann muß Alpenvereinjugendarbeit ausdrücklich die geistigen, körperlichen und seelischen Entwicklungen Jugendlicher fördern. Im Zielkatalog – z. B. den Erziehungs- und Bildungszielen des DAV – ist dies näher erläutert und begründet. Das heißt zum Beispiel für die Jugendleiter, daß sie Jugendliche nicht bewußt in Gefahr bringen dürfen, oder daß sie in der Gruppe auch dafür verantwortlich sind, daß niemand unterdrückt oder gegen seinen Willen zu etwas gezwungen wird. Eigentlich alles Selbstverständlichkeiten, die dem sogenannten gesunden Menschenverstand entsprechen.

Gilt aber etwas ähnliches auch fürs Bergsteigen? Vielleicht weniger klar, aber die Tendenz ließe sich übertragen.

Bei der Ausübung des Bergsteigens darf die Umwelt, Landschaft, Natur – oder wie immer man den Alpenraum und die Gebirge der Welt nennen mag – nicht zerstört werden. Sonst ginge ja die „Geschäftsgrundlage" für die Alpenvereine, ja vielmehr noch der Lebensraum für die Bewohner des Alpenraumes zugrunde. Folglich darf nicht alles erlaubt sein, was machbar ist im Alpenraum, und das bezieht sich selbstverständlich nicht nur auf die Bergsteiger, sondern besonders auch auf alle anderen Nutzer alpiner Landschaft, die sie in der Regel weit mehr beeinträchtigen als Bergsteiger dies je könnten. Doch soll uns dieser Vergleich mit den „großen Umweltsündern" nicht frei machen von der Verpflichtung, aus unserer Sicht alles nur erdenklich mögliche zu tun, um die Einwirkungen auf den Alpenraum möglichst gering zu halten.

Noch ein weiterer Aspekt muß zumindest angesprochen werden, wenn die Grenzen des Bergsteigens skizziert werden sollen. Den Auswirkungen auf die Bergsteiger ist lange keine Beachtung geschenkt worden. Die neueren Trends zum Leistungs- und Wettkampfklettern lassen jedoch die gar nicht neuen Fragen nach selbstzerstörerischen Momenten erneut laut werden. Bereits vor einiger Zeit sind körperliche Schäden durch zu intensives Training bei Jugendlichen bekannt geworden. Der Verein darf deshalb nicht uneingeschränkt für diese Spielart des Bergseteigens werben. Das Prinzip „Leistung um jeden Preis" eignen sich besonders Jugendliche allzu leicht an, ohne daß sie in der Lage wären, die selbstzerstörerische Komponente zu entdecken. Noch dazu betreiben es viele ohne Betreuung durch den Alpenverein, was sie einem Zugriff oder Informationen weitgehend entzieht.

Doch auch der Alpenverein stößt an Grenzen, die immer dann besonders ins Auge fallen, wenn es finanzielle oder Kapazitätsengpässe sind, die sich bei genauerem Hinsehen als sehr relativ erweisen würden. Das Heilmittel ist schnell bei der Hand. Es heißt „Vermarktung". Und da sich für leistungssportliche Aktivitäten am ehesten Geldgeber, Sponsoren und Förderer finden lassen, springt man auf diesen fahrenden Zug auf, ohne genau sehen zu können, wohin er fährt. Denn daß die stärkere Vermarktung des Vereins auch eine Vermarktung des Bergsteigens mit sich bringt, kann dem Schatzmeister nur recht sein, wenn er dadurch mehr Geld einnimmt; dem Naturschützer muß es ein Dorn im Auge sein, denn er weiß genau, daß diese Entwicklung auf Kosten des alpinen Raumes geht. Außerdem birgt die engere Anbindung an die Wirtschaft auch die Gefahr einer stärkeren Einflußnahme durch sie. Wohin wird das führen?

Hat der Alpenverein seine große Chance bereits verpaßt, wie er zu mehr Anerkennung, mehr Mitgliedern und letzlich auch mehr Einnahmen kommen könnte? „Mehr Handeln" müßte das Motto heißen! Mutiger auftreten z. B. im Konflikt Naturschützer und Naturnützer. Know How wäre genug da, aber wer bringt es an die Bürger? Oder beim Ausgleich verschiedener Interessen an alte und neue Spielarten des Alpinismus. Der Alpenverein könnte eine wichtige Informationszentrale werden, an der niemand mehr vorübergehen kann; ähnlich dem ADAC für den Bereich Straßen-

Unten: „Im Mittelpunkt muß immer stehen, daß Bergsteigen in erster Linie Spaß macht ..."
Seite 155: Den Wert der Jugend-, Kinder- und Familienarbeit stärker betonen.

Fotos: Hermann Rupp; Wilfried Bahnmüller

In der Jugend gibt es keine Zweifel an einem breit angelegten Konzept von Alpenvereinsjugendarbeit. Die Verengung auf nur sportliche Betätigung mit ausschließlicher Orientierung auf körperliche Höchstleistungen und Wettkämpfe kann niemand ernsthaft wollen, der etwas von der Geschichte des Bergsteigens weiß und ebenso die aktuellen Diskussionen in vielen Sportvereinen mitverfolgt, die gerade mit dem Problem der Leistungsfixierung große Probleme haben. Auch eine übertriebene Pädagogisierung erscheint aus heutiger Sicht eher unangemessen, weil sie zuerst nach dem fragt, was sich mit dem Medium Bergsteigen denn wie am besten transportieren läßt. Im Mittelpunkt muß immer stehen, daß Bergsteigen in erster Linie Spaß macht und daß dieser Spaß außerordentlich reizvoll und motivierend auf Jugendliche wirkt. Das Lustbetonte oder der Eros des Bergsteigens ist der Kernpunkt des Interesses. Was durch das Bergsteigen transportiert wird, ist abhängig von den Spielformen und die Art und Weise, wie sie betrieben werden. Es ist abhängig von der Gemeinschaft, in der erlebt wird und vom Maß der Selbst- und Fremdbestimmung, die gesucht wird. Auch viele weitere Einflüsse spielen eine nicht geringe Rolle wie zum Beispiel der Bezug zur Natur und Umwelt; bei alledem kommt aber den Vermittlern, Multiplikatoren, Jugendleitern oder -führern eine große Bedeutung zu. Sie übernehmen große Verantwortung und werden zur Schlüsselfigur im gegenwärtigen Konzept von Jugendarbeit im Alpenverein. Was sie am Berg und wie sie es betreiben, wie sie miteinander umgehen und wie sie ökologische Inhalte in die Arbeit integrieren, sind Fragen, die den ganzen Menschen ansprechen. Ihn brauchen wir, früher, heute und auch morgen. Wir brauchen deshalb nicht nur Trainer oder Übungsleiter. Wir brauchen mehr. Wir brauchen die alpinistische Kompetenz und pädagogische Fähigkeiten und im Idealfall eine harmonische Integration beider Anforderungen.

Das stellt die Ausbildung vor große Probleme, denn sie hat zunächst einmal mit Nachwuchssorgen zu kämpfen. Aufgrund der weiter oben beschriebenen Trends gibt es inzwischen erhebliche Lücken bei den ehrenamtlichen Jugendleitern. Oft erschweren auch lokale Probleme die Arbeit der Gruppen, die nicht selten mit überalterten Vorständen zu kämpfen haben, weil diese zum Teil wenig Verständnis für Jugendprobleme aufbringen. Auch eine flexible Angebotspalette in lebendigen Gruppen oder punktuelle Angebote für Nichtorganisierte können nicht recht gedeihen, wenn der Rückenwind aus der Sektion fehlt.

Jugendleiter-Schulungen sollen dazu beitragen, daß der Blick der jungen Leitungskräfte erweitert und ihnen ihre ganzheitliche Aufgabe bewußt gemacht wird. Fortbildungen sollen Impulse geben und Hilfestellungen in besonderen Fragen der Jugendarbeit. Aber auch hierfür stehen nur begrenzte Mittel zur Verfügung.

Vorrangige Aufgabe ist daher, eine Bewußtseinsänderung in den Gremien der Alpenvereine herbeizuführen, die den Wert der jungen Alpenvereinsmitglieder und der Jugend-, Kinder- und Familienarbeit stärker betont. Mitgliederwerbung allein um mehr Mitglieder willen kann nicht funktionieren, wenn sich der Verein nicht zu dem Wert der Jugend für den Verein bekennt. Wertschät-

verkehr. Ganz abgesehen vom Konflikt zwischen hartem und sanftem Tourismus, der eigentlich ureigenstes Interessensgebiet der Alpenvereine sein müßte, wenn man an die Gründerintentionen zurückdenkt.
Also doch: Weniger Handel aber mehr Handlung!

Jugendarbeit heute und morgen

Erfreulich bleibt die Feststellung, daß Bergsteigen heute für eine Vielzahl von Menschen beinahe noch interessanter geworden ist als früher. So müßte man dem Alpenverein eigentlich eine glückliche Zukunft voraussagen können, wenn er die Herausforderungen annähme und sich den Aufgaben stellen würde, die sich ihm in vielen Bereichen heute anbieten. Leider deuten jedoch viele Anzeichen auf das Gegenteil hin, wenngleich das Nachdenken und Diskutieren über Richtungsentscheidungen erneut zu beginnen scheint.

zung und Annahme der Kinder, Jugendlichen und jungen Familien werden aber nur dann wahrgenommen, wenn sie als konkrete Angebote, Hilfen und Veranstaltungen daherkommen.

Dies gilt für die Kletterer der schärferen Richtung genauso wie für die Betreiber aller anderen Spielarten. Es gilt ein Umdenken einzuleiten, das möglichst schnell auch die Haushaltsstrukturen erfassen muß. Denn die Antwort auf die Frage, was wir fördern, muß offenbaren, auf was wir Wert legen. Maßnahmen, Veranstaltungen, Kurse, Treffen und Aktionen sind gefragt; durch sie lernen uns viele erst kennen, und zwar nicht nur auf dem Papier, sondern so wie wir wirklich sind.

Da alle Aktivitäten heute leicht auch ohne Alpenverein ausgeübt werden können, weil es mehr als ausreichende Infrastrukturen gibt, müssen sich die Alpenvereine und insbesondere die Jugendorganisationen überlegen, worin denn ihr spezifisches Angebot besteht, das ihre Arbeit von der Arbeit anderer abhebt. Die Frage nach den Werten und Gehalten der Arbeit eines Vereins steht im Vordergrund, und sie soll an drei Beispielen verdeutlicht werden:

– Der Verein bietet Organisation an. Er ermöglicht gemeinsames Tun. Der spezifische Wert von Vereinsarbeit ist daher die Schaffung von Grundvoraussetzungen für Gemeinschaft – und danach suchen viele. Auch die oftmals cool wirkenden Typen.

– Der Verein hat Strukturen. Er ermöglicht damit planvolles Handeln und das Kennenlernen demokratischer Willensbildungsprozesse. Auch wenn hier sicher noch großes Nachholbedürfnis für die Alpenvereine besteht, ist ein Verein auch als Angebot zu sehen, sich zu engagieren. Vereine leben vom Engagement ihrer Mitglieder und werden davon geprägt. Man hüte sich also davor, ehrenamtliches Engagement (da wo es sinnvoll ist) immer weiter zurückzudrängen.

– Der Verein bietet Vielfalt an. Viele Neigungen und Interessen werden durch die Zielsetzung angesprochen und ermöglichen es, daß viele den Alpenverein als Dach empfinden, unter dem sie sich wohl fühlen. Die Vielfalt bedeutet aber auch Anspruch. So werden die Sportler auch mit Naturschutzinteressen und kulturellen Ansprüchen konfrontiert, genauso wie es umgekehrt befruchtend für jeden Naturschützer ist, sich Naturerlebnissen beim Bergsteigen hinzugeben.

Vereine und Jugendverbände, die auch morgen noch attraktiv sein wollen und ihre Ziele ernst nehmen, tun gut daran, sich ihrer Werte zu besinnen und sie klarer herauszustellen. Ob sie dazu in der Lage sind, hängt entscheidend davon ab, welche Freiheiten sie sich erhalten und welche Bindungen sie eingehen. Zum wichtigsten Gut der Alpenvereine zählt die Vielfalt von Zielen und Aktivitäten sowie die Individualität der einzelnen Gruppen. Etwas mehr Selbstbewußtsein und daraus geschöpfter Mut, gegenwärtige Fragen anzugehen, täte vielen Entscheidungsträgern sicher nicht schlecht. Auch die Toleranz, ein buntes Nebeneinander aushalten zu können, fehlt bei vielen. Und gerade das wäre von der gegenwärtigen Jugendbergsteigerszene zu lernen.

Fr. Hofmann

Joh. Stidl

Franz Lang

Th. Trautwein

1869: Wie alles angefangen hat

Von der Alt-Münchener Alpinistenriege „Zum Blauen Esel"
zum „Allgemeinen deutschen Alpenverein"

Peter Grimm

**Seite 156: Karl Hofmann,
Johann Stüdl, Franz Senn und
Theodor Trautwein, die Initiatoren
zur Gründung des DAV**

„Herzliche Grüße an die in München versammelten Alpenfreunde!" Der Mann in der schwarzen Soutane hält einen Augenblick inne, rückt den Brief näher an die Augen und liest weiter vor: „Wir kommen mit lebhafter Freude der Absicht entgegen, einen Allgemeinen Deutschen Alpen-Verein zu gründen." Für diesen Fall drücken die Briefschreiber ihren Wunsch nach Generalversammlungen dieses neuen Vereines aus, die von Ort zu Ort wechseln. Sie wünschen des weiteren eine eigene Vereinspublikation, wollen Wege und Gebirgsunterkünfte und, vor allem, mit „voller Kraft die Regelung des so sehr vernachlässigten Führerwesens". Unterzeichnet von 15 Wiener Alpinisten, darunter Paul Grohmann, Gustav Jäger und J. A. Specht.
Kurat Franz Senn aus Vent im Ötztal schließt: „Das also, meine Herren, ist der Brief unserer Freunde aus Wien. Datiert unter dem 13. April 1869."
Er legt den Brief auf den Gaststubentisch, streicht ihn glatt, damit sich ein jeder selbst überzeugen kann. Kein Staunen in der Runde. Aber Freude über den Inhalt. Man weiß, daß weite Kreise des Österreichischen Alpenvereins von 1862 unzufrieden sind. Das starre Festkleben dieses Vereins am Wiener Zentralismus verhindert sein Ausbreiten über die Grenzen der Donaustadt hinaus in die Alpenländer. Und außerdem: Was geschieht denn mit den Beiträgen? Werden daraus die jammervollen touristischen Verhältnisse in den Alpen verbessert? Wege hergerichtet? Unterkünfte gebaut? Nein! Für die praktische Tätigkeit hat man in Wien nur wenig übrig. Stattdessen halten die Herren wissenschaftliche Vorträge und publizieren um die Wette mit der Geographischen Gesellschaft. Die unzufriedenen Hochtouristen aber erwarten, daß endlich auch in den Alpen etwas geschieht.
Einige Gründer des OeAV hatten deshalb vor einigen Jahren versucht, die Satzung nach Muster des Schweizer Alpen-Clubs zu ändern, eine Gliederung in Sektionen einzuführen. Es ist ihnen nicht gelungen. Unter Protest sind sie deshalb ausgetreten.
„Ich habe mich dennoch aus meinem hintersten Winkel im Ötztal nach Wien begeben, um die maßgebenden Persönlichkeiten des OeAV zu einem gemeinsamen Vorgehen zu bewegen", berichtet Senn. Umsonst! „Indes durfte ich aus Wien die Gewißheit mitnehmen: 100 Alpenfreunde sind dort zum Übertritt bereit."
Enthusiastischer Beifall in der einfachen Münchener Wirtsstube. Nur der Prager Kaufmann Johann Stüdl, der eigens mit Senn angereist war, neigt skeptisch den Kopf. Versammlungspräsident Appellgerichtsrat Kleinschrod klopft ans Bierglas: „Ich bitte um Aufmerksamkeit!" Das Wort geht an seinen Neffen Karl Hofmann, und der entwickelt begeistert die Grundsätze des neuen Vereins. Die Stichworte kann man später im ersten Jahresbericht nachlesen: „Statuten nach Vorbild des Schweizer Alpen-Club"; der Schwerpunkt des Vereins wird in die Sektionen verlegt; eine Sektion übernimmt abwechselnd die Vereinsleitung; Publikationen; „Förderung von Communications- und Unterkunftsmitteln". Die Wahl eines provisorischen Ausschusses ist Formsache. Schließlich zirkuliert noch ein Foliobogen Kanzleipapier mit dem Gründungsprotokoll. Alle Anwesenden unterzeichnen, 36 an der Zahl, davon ein Prager und ein Tiroler. Kein einziger Wiener.
So, oder ähnlich mag sich am 9. Mai 1869 in der „Blauen Taube" zu München die Gründung des Deutschen Alpenvereins und seiner ersten Sektion München zugetragen haben. Ein Akt, über den nur wenig erhalten ist. Ein Startschuß in die Zukunft, und zugleich ein Schlußstrich unter Münchens lose organisierten Uralpinismus. Längst vergessen, hatte nämlich auch diese Münchener Gründung ihren Vorläufer. In der Münchener Uralpinistenrunde vom „Blauen Esel".
Was dem OeAV-Vertrauensmann Theodor Trautwein trotz aller Versuche nie gelungen war, hatte jener Karl Hofmann auf Anhieb geschafft. Jung, impulsiv und voll rhetorischem Temperament, sammelte er 1866 eine kleine Gemeinde von Münchener Alpenfreunden: Buchhändler Gutberlet und Waitzenbauer, stud. Dingler und Prof. Eilles, Kaltdorf und natürlich Trautwein. Wöchentlich traf man sich im Wirtshaus „Zum Blauen Esel" am Isartor, hörte Vorträge, schwärmte begeistert über eigene Touren und diskutierte heiß die Taten fremder Alpinisten. 1867 wählte die Runde sogar Vorstand und Cassier und gündete eine eigene Bibliothek. Viel fehlte nicht zu einem Verein.
Vielleicht wäre dieses Idyll gebirgsbegeisterter Seelen noch länger so weitergegangen. Das Schock-Erlebnis des Katastrophenwinters 1868/69 aber stieß das latente Sozial-Engagement in den Vordergrund. Not in den Bayerischen Alpen, Elend in den Tiroler Bergen – und die Öffentlichkeit schaut gleichgültig zu! Reichlich hingegen wird der soeben gegründeten Münchener Geographischen Gesellschaft für eine Nordpolexpedition gespendet. In dieser absurden Situation riß Hofmann und Trautwein der Geduldsfaden. Der Vierer-Bund mit Senn und Stüdl formierte sich, fast alle „Blauen Esel" machten mit, ein paar begeisterte Studen-

Seite 159: Links Geheimrat Gustav von Bezold, der allererste Vereinspräsident (bis 1875); rechts Bankier Theodor von Sendtner, auch er diente dem Verein als Präsident des Centralausschusses von 1877–1879.

ten und Leutnants stießen hinzu, Hofmanns bestechende Eloquenz überzeugt schließlich auch einige „Alte Herren". Vorwiegend Freunde und Mitglieder der Hofmann-Familie. Sie sorgten für juristischen Schliff und fungierten als Aushängeschild. So kam es zu jener ungeduldigen, übereilten Vereinsgründung vom 9. Mai, die alle Wiener Freunde vor den Kopf stieß. Das zündende Moment war der soziale Protest der „Blauen Esel" gegen eine Gesellschaft, die gleichgültig über alle Not im Alpenraum hinwegsah.

36 auf einer Liste

Wer waren sie nun, diese Männer? Ungeduldige Söhne aus „gutem Hause", und Buchhändler – schrieb eine Chronistin. Gewiß: 7 Studenten oder Praktikanten waren darunter, auch 4 Leutnants, 5 junge Beamte und 3 Buchhändler. Doch ebenso je 1 Kupferstecher, Kunstmaler, Arzt, Bankier, 2 Apotheker, 3 Professoren und 6 Juristen. Von vielen läßt sich kaum etwas feststellen. Selbst über „Erzbildner" Ferdinand von Miller gibt die Literatur nichts Alpines her. Für Franz von Schilcher (1836-1931), vielleicht Bayerns erstem Hochalpinisten, fehlt noch eine ergiebige Bibliographie und von Prof. Dr. Hermann Dingler (1825-1935), dem Vater der „Forstleute-Fraktion" im DAV, ist nur seine wissenschaftliche Arbeit bekannt. Die Buchhändler R. Gutberlet und H. Waitzenbauer haben zwar selbst Alpines geschrieben, aber eines Nachrufs hat sie niemand für wert befunden.

Der Lebensweg des Dichter-Gelehrten Prof. Dr. Max Haushofer (1840–1907) ist aufgezeichnet. Er scheint keiner der „Blauen Esel" gewesen zu sein, dafür aber ein „Krokodil", nämlich ein geachtetes Mitglied des gleichnamigen Münchener Literatenzirkels, dem etliche berühmte „Nordlichter" des Dichterhimmels angehörten. Vor allem aber weiß man über die alpinen Jugendstreiche der beiden ›Haushofer-Bub'n‹ mit Stüdl recht gut Bescheid. Der andere der beiden ›Bub'n‹, Prof. Dr. Carl von Haushofer (1840–1895), später Rektor der Münchener Technischen Hochschule, hat ebenfalls seine ersten Bergschuhe mit Stüdl durchgelaufen. Dem DAV half sein hohes persönliches Ansehen im Streit zwischen München und Wien um den Besitz der Vereinspublikationen. Als Kompromiß-Redakteur rettete er dieses Amt für München. Im übrigen schaut das Andenken an ihn von jedem Mitgliedsausweis und jedem Hüttenschild: das Edelweiß. Das nämlich hat er beim Wettbewerb um das Vereinsabzeichen im Laufe einer langen Sitzung aus Brotresten geformt. Spielerisch, ganz nebenbei.

„Mit Feuereifer an der Gründung" muß sich der Bankier Theodor von Sendtner beteiligt haben. Der eifrige Aquarellmaler und Freund der Alpenpflanzen und -tiere ließ als Direktor der Bayerischen Hypotheken- und Wechselbank gar einen Alpengarten am Bankgebäude anlegen. Dem DuOeAV hat er später als Centralpräsident gedient. Alpenmaler ist auch Geheimrat Gustav von Bezold (1810-85) gewesen, der als oberster Beamter des Bayerischen Kultusministeriums viel für Kunstsammlungen und Schule getan hat. Ausgerechnet über diesen allerersten Vereinspräsidenten haben die „Mitteilungen" überliefert: „Er war kein Mann der Kongresse" – er wanderte lieber durch Tirol, still und vergnügt.

Oben: Prof. Dr. Carl von Haushofer, der „Erfinder" des Vereinsemblems, des Edelweiß', das er im Laufe einer langen Sitzung so nebenbei aus Brotresten geformt hatte.

Mit diesen 36 Unterschriften am 9. Mai 1869 wurde die schwierige Geburtsstunde des DAV eingeleitet.

Karl Hofmann, deutsche Zentralfigur auf der Gründerbühne des Alpenvereins

Als Gründer-Senior leitete Oberappelrath Ernst von Kleinschrod die Gründungsversammlung. Auf dringendes Bitten seines Neffen Hofmann – damit der Bub keinen Unsinn macht. Onkel Kleinschrod bestieg viele Wandergipfel in Ost und West, doch viel mehr „war er einer der ersten, die weite Märsche aus alpiner Überzeugung machten." Gemeinsam mit seiner Ehefrau. So wie die Dinge liegen, darf man im Gründungspräsidenten den Urvater der Familien-Weitwanderer sehen.

Karl Hofmann: „Sunyboy" der Münchener Gesellschaft (1847-1870)

Deutsche Zentralfigur auf der Gründerbühne ist zweifellos Karl Hofmann. Er kam aus einem Elternhaus „wissenschaftlich und gesellschaftlich hochstehender Menschen". Die Familie bewunderte die oberbayerischen Heimatmaler, studierte die Berichte erster alpiner Geographen und ergötzte sich an Steubs humorvollspöttischen Gebirgsbüchern. Wie andere „Räuber und Schandi", spielte der Junge in den Ferien auf Oberaudorfer Almen und Vorbergen „Alpenforscher Schlagintweit". Als Lesenarr verschlang Karl sämtliche Uralt-Alpinberichte. Bezugsquelle: Prokurist Theodor Trautwein von der Lindauerschen Buchhandlung.

Mit 17 Jahren startete er allein zu seiner ersten Gewaltfußtour von Oberaudorf zum Patscherkofel. Zwei Jahre später dehnte er seine Fußreise ins Zillertal, in die Tauern und die Berchtesgadener Alpen aus. Watzmann und Hoher Göll werden selbstverständlich mitgenommen. Eingefädelt duch den Augsburger Alpin-Verleger Theodor Lampart erschien sein Göll-Bericht in der „Augsburger Abendzeitung". Einer der ersten alpinen Beiträge in einer bayerischen Zeitung. Nach dem unerwarteten Erfolg publizierte Hofmann regelmäßig Alpines in Tageszeitungen. Daneben turnte er im Kreise der Münchener Turnerschaft. Bald galt er als bester Eiskunstläufer Münchens. Für ihn jedoch sind diese Kunststückeln nur Training gewesen – für seine geplanten Gletscherfahrten. Hofmanns Alpin-Spinnereien waren Münchener Stadtklatsch geworden. Leicht fand der Jura-Student Hofmann überall Freunde. „Karl, von überschäumender Lustigkeit, tat bei allen tollen Streichen mit", schrieb seine Nichte, „ein Anführer, liebenswürdig, begabt mit blendendem Unterhaltungstalent." Mit G.v.Bezold gewann er durch eine Ausstellung von dessen Alpinbildern Kontakt, über Stüdls Aktivitäten erfuhr er direkt vom Prager Zweig der Familie. Nur als Tourenbegleiter für Hofmanns Alpinleistungen wollte sich in ganz München niemand finden. Selbst Trautwein, der OeAV-Mandatar, wußte keinen geeigneten Gefährten. Hofmann inserierte. Umsonst. In Bayern von 1866 gab's niemand, der mithalten wollte.

Mit Wandergenossen zog er nach Kals. Dort traf er auf Stüdls Spuren. Traf auf die Hoffnungen, die man in Kals in den Prager Kaufmann setzte. Traf auf Menschen, die ihre Armut durch einen hochalpinen Touristenverkehr zu überwinden hofften, Armut in den hochgelegenen Alpenwinkeln, das lernte er in Kals kennen. Und vom Glocknergipfel machte der Vollblut-Alpinist Hofmann seine andere Entdeckung: die Gletscherwelt der Glocknergruppe als Erschließer-Neuland.

Eine Sammlung für Senns verunglückten Führer und Freund Granbichler knüpfte die Verbindung zum Venter Kuraten. Nach Prag entspann sich eine Korrespondenz zu Stüdl. Die Idee eines Alpenvereins, eines Vereins für tätige Alpenfreunde, sprang im Dreieck zwischen Vent, München und Prag hin und her. Senn als Treibender, Hofmann begierig aufnehmend und Stüdl bedächtig wägend. Dazu Lampart aus Augsburg aufmunternd, Trautwein zögernd. Nach dem Katastrophenwinter 1869 begann Hofmann zu handeln und trieb Freunde und Familienmitglieder in heiliger Ungeduld zur DAV-Gründung vom 9.Mai 1869.

Im Juni hatte der Vereinssekretär die Nase voll und entwischte zur berühmten Expedition ins Kaisergebirge. Als „Gebirgsheld" auf Münchens Straßen gefeiert, schrieb er die Tourenergebnisse als Monographie nieder. Gleich im Juli stieg er mit Stüdl auf die Mittlere Watzmannspitze. In der Glocknergruppe führte der schneidige Kalser Josef Schnell die zwei Freunde über unbegangene Scharten, Gletscher und auf unbetretene Gipfel. Nach drei Wochen Soldatenspiel zwang Hofmann den müden Stüdl nochmals ins Glocknerrevier. In nur sieben Tagen eroberte er mit Schnell und Thomas Groder neun weitere Gipfel. Stüdl blieb zurück, die Hetze war zu groß. Zum Abschied noch die Erstfahrt auf die Glocknerwand. Und die Glocknerführe, die heute jeder kennt: der Hofmannsweg.

Erfolgreicher Vereinsstreß als DAV-Schriftführer … Vermittlungsbemühen zwischen Wiener OeAV und DAV (das nur an Simony scheiterte) … Akademischer Vorsitz da und dort... Parforce-Arbeit an der großen Glocknermonographie: zur Fortsetzung der Glocknererschließung ist der Liebling der Münchener „aus gutem Hause" nicht mehr gekommen. Nach Note 1 in der juristischen Staatsprüfung ist er 1870 in Frankreich gefallen. Die Glocknermonographie hat Stüdl fertiggestellt, die Glocknererschließung haben andere weitergeführt, ein Pallavicini, ein Welzenbach. Stüdl, der große Alte des DuOeAV aber bekannte: „Karl war die Seele der Unternehmung". Das darf auch über Hofmanns Leistung für den Alpenverein stehen.

Unten: Darstellung des Glocknerkamms aus den 1871 erschienenen „Wanderungen in der Glockner-Gruppe" von Karl Hofmann und Johann Stüdl

Theodor Trautwein, der namenlose Handlanger (1833-1894)

Für die „gute Münchener Gesellschaft" hat's bei diesem Münchener Uralpinisten nie gereicht. Weil der in Stuttgart Geborene nach dem Tod seines Vaters als bescheidener Buchhändler dienen mußte. Ein gesellschaftlicher Absteiger. „Armut ist das schwerste Laster", pflegte er zu sagen – und flüchtete aus „Lindauers" Buchhändlerladen in weite Wanderungen durch Oberbayern und Tirol. Seine liebenswürdige, trocken witzige Art hat er dabei nie verloren. Er führte ein konsequentes Doppelleben: Beruf und Ideal. Neben seiner Alltagsarbeit lebte er in seiner selbstgewählten Aufgabe, verlor nie das Augenmaß und wählte immer die fähigsten Partner. Am Ende hatte der Dienende stets Erfolg.

Von Steubs Reisebüchern angeregt, schrieb er nach seinen Wandererfahrungen und Literaturstudien den ersten Alpenführer für Oberbayern und Nordtirol. Da Lindauer kein Geld in das vermutliche Pleiteunternehmen stecken wollte, sparte Trautwein die notwendigen Moneten mühsam zusammen. Als „Mandatar" vertrat er die Interessen des neugegründeten OeAV für Bayern, verkaufte dessen „Jahrbücher" und warb neue Alpenfreunde.

Alles unter seiner Devise: „Nähert die Menschen den Alpen!" 1865 konnte er endlich seinen Führer auf den Markt bringen. Er wurde ein voller Erfolg. Weitere Alpenschreibereien stellten sich ein, Korrespondenz, und dabei, wie auch im Laden, die Verbindungen mit Hofmann, Stüdl und den anderen. Gewissenhaft pflegte er die Münchener Uralpinistenriege und wurde so in den Strudel der DAV-Gründung hineingezogen. Als Mitwirkender im Orchester, der seinen Part übernimmt und eisern durchzieht.

Ein hochtouristischer Gipfelstürmer war er nicht, er blieb Bergwanderer. Doch seine Arbeit als DAV-Redakteur hat den Vereinspublikationen zum bleibenden Erfolg verholfen. Sein Sammeln, Herbeiholen, Auswählen, Gestalten als „namenloser Handlanger". Dann kam das Tauziehen zwischen München und Wien um die AV-Redaktion. Nach langem bangen Warten ein halber Sieg: Trautwein als Redakteur bezahlt. Aber zu wenig. Da bot die Bayerische Staatsbibliothek den anderen Teil der Chance, als Bibliothekar. Nach seinem Tode hat die „Deutsche Biographie" über den DAV-Journalisten und Privatgelehrten geschrieben: „Das ganze Alpengebiet lag vor seinem geistigen Auge wie ein offenes Buch." Und ihn in dieses Sammelwerk berühmter Deutscher aufgenommen. Als einen der wenigen Alpenvereinsleute.

**Cyprian Granbichler,
Franz Senns „Muster-Führer",
der beim Übergang über
das Hochjoch im November 1868
sein Leben verlor**

Franz Senn: der heillose Idealist (1831-1884)

Kein Münchener aus „gutem Hause", ein waschechter Tiroler war die unermüdliche Triebfeder der Vereinsgründung. 1831 im Ötztal geboren, durfte der Bauernbub Franz als seltene Ausnahme aufs Innsbrucker Jesuiten-Gymnasium. In München hörte der Studiosus dann Philosophie, schloß Freundschaften in einer Verbindung und trat einem literarischen Zirkel bei. Zwischen den Häusermauern der Isarstadt lernte er das Heimweh nach den Gletschern spüren. Da erlebte er auch die städtische Wohlhabenheit mit ihrer Naturferne und ihren Zwängen. Und den krassen Gegensatz zur unvorstellbaren Bergbauern-Armut.

In Brixen absolvierte Senn das Priesterseminar, 1860 zog er freiwillig auf einem halsbrecherischen Fußsteig für 50 Seelen ans Ende der Welt. Ins hinterste Ötztal, nach Vent. In einen eigenen Kirchensprengel, wo der gschtudierte geistliche Herr auch Arzt, Lehrer, Berater sein durfte, Pionier des Geistes und einer neuen, aufgeklärten Zeit. 11 Jahre Vent: ein eigenes Blatt in der Geschichte der ostalpinen Touristik. Eine Vielfalt gleichzeitiger alpiner Erschließungsleistungen für seine Gemeinde. Und für den Alpinismus. Der kompromißlose Idealist besaß das Geschick, „überall zugleich anzupacken, Hirn, Freundschaft und Geld zu investieren, ohne die Dinge wachsen und reifen zu lassen".

Zeitlebens war Senn Alpinist, Gletscherbegeher und Gipfelentdecker. Seinen ersten Unbestiegenen schaffte er 1862, den Vorderen Brochkogel, 1865 erreichte er Hochvernagt- und Finailspitze. Mit der Kreuzspitze entdeckte er „einen brillanten Aussichtspunkt". Nach Mutmal und etlichen „-kogeln" genoß er 1869 die Aussicht von Hintereispitze und Fluchtkogel. Danach kassierte er, unter anderem, Weißseespitze, Firmisanschneide, Glockturm und träumte nach der Vernagelwand nächtelang vom grausigen Gletscherweg. Der hochtouristische Ötztalforscher beriet, publizierte. Nur zur geplanten Ötztal-Monographie kam es nie.

Trotz intimer Gletscherkenntnis blieb der ‚Gletscherpfarrer' stets Führertourist; am eigenen Leib erfuhr er die miserable Führersituation. Verläßliche und fähige Bergführer heranzubilden als Schlüssel zur Hochtouristik, das setzte sich Senn deshalb in den Kopf. Der Erfolg, dank glücklicher Auswahl und zäher Schulung: der damals vielzitierte Muster-Führer Cyprian Granbichler. Nach dessen Opfertod für Freund Senn, fand der Führervater „Ersatz" in Alois Ennemoser und Gabriel Spechtenhauser, zwei Führer, die alpine Geschichte schrieben. Als Krönung nach der DAV-Gründung erstritt der Kurat schließlich mit Stüdl und Trautwein auch noch eine Tiroler Führer-Ordnung. Senn mit „1000 der ärgsten Schimpfwörter" gegen die „dümmsten Teufel" der Bürokratie.

Senns Vision aber griff weit übers Touren-Entdecken und Bergführer-Erziehen hinaus. Sein Ötztal wollte er der Welt nahebringen, die Stadtleut' aus den engen Mauern in seine Berge locken, zugleich die Armut der Pfarrkinder lindern. Dafür opferte er das ganze väterliche Erbe und baute den Pfarrhof zur Touristenherberge aus. Mit 18 Betten. Sensationell! Die Knödel werden berühmt, die Touristen kommen – aber die Schulden auch. Senn geht Sammeln, nimmt teure Kredite auf. Und baut einen „Maulthierpfad" nach Vent, Freunde helfen ein wenig und der Österreichische Alpenverein lobt in seinen „Mitteilungen" sein „thätiges" Mitglied Senn. Aber statt Zuschuß gibt's nur ein Almosen. Denn praktische Alpenerschließung bleibt für den Alt-OeAV Privatangelegenheit.

Im Venter Pfarrhaus gab sich die damalige Hochtouristenwelt ein Stelldichein. Berühmte Briten, einige Wiener, Berliner und besonders die Münchener sangen hier ihre „Senn-Hymne". Man erzählte, diskutierte und räsonierte. Besonders über das Versagen des Wiener OeAV. Unter diesen Venter Alpinisten warb der Kurat für seine Lieblingsidee, für einen Deutschen Alpenverein. Der solle durch Wege und Hütten Senns Lebenswerk auf höherer Ebene vollenden. Der häufige Gast Weilenmann aus St. Gallen steuerte dazu das Webmuster des Schweizer Alpenklubs bei, die nach Sektionen gegliederte Struktur. Senn entwarf nach Schweizer Vorbild die Satzung und korrespondierte mit München. Seine mitreißende Begeisterung steckte Karl Hofmann an, und endlich gelang es auch den zögernden Prager Herzensfreund Stüdl und den Münchner OeAV-Vertreter Trautwein zu gewinnen.

Senn begann im April 1869 seine Reise-Mission, die dann am 9.Mai zur DAV-Gründung geführt hat. Seine Idee war Wirklichkeit geworden, sein Lebenswerk gekrönt. Nur die so sehnlichst erbetene Hilfe gegen seine Schulden hat er auch von diesem kirchenmausarmen Ur-DAV nie bekommen. Völlig gebrochen und hoch verschuldet starb dieser heillose Idealist 1884 zu Neustift im Stubaital. An „Nervenfieber".

Johann Stüdl: Hilfreicher Praktiker mit Augenmaß (1839-1925)

Aus der deutschsprachigen Weltstadt Prag kam die vierte große Gründerpersönlichkeit. Aus der großbürgerlichen Wohlhabenheit einer weltoffenen Kaufmannsfamilie. Die kulturellen Beziehungen Prags waren nach München fast so eng wie nach Wien. So sind seine Jugendgefährten die Münchener Haushoferbuben gewesen, die späteren Professores an der Münchener Technischen Hochschule. Mit ihnen hat er die Bayerischen Alpen, die Salzkammergutberge und die Zillertaler durchstreift. Hier wie auf seinen Touren im Glockner- und Venedigergebiet blieb auch diesem sozial sensiblen Bergsteiger das bestürzende Erlebnis einer drückenden Armut im Alpengebirge nicht erspart.

Sein Chemie-Studium in Dresden mußte er abbrechen und den ungeliebten Kaufmannsberuf ergreifen. Aus dieser Enttäuschung wandte er seine ganze Schaffenskraft der alpinen Sache zu. Neben Senns Venter Beispiel hat Stüdl mit dem Exempel in Kals bewiesen, wie ein einzelner alpinistisch Besessener einer Berggemeinde helfen kann. Wege und Stüdlhütte hat der Prager finanziert, Führer betreut und da und dort geholfen; selbst der Wiener OeAV hat diese Leistung als mustergültig bezeichnet. Doch wie Senn mußte auch Stüdl erfahren, daß dieser Verein statt Geld der tätigen Alpenerschließung nur wohlgesetzte Worte spendete.

Der erhaltene Briefwechsel Senn-Stüdl belegt, wie sehr der Prager im Vorfeld der DAV-Gründung mitwirkte. Immer maßvoll, abwägend und ausgleichend. Bis zum Schluß versuchte er zwischen den OeAV-Konservativen und der DAV-Idee zu vermitteln. Erst als der letzte Hoffnungsschimmer einer Einigung erloschen war, stand er am 9. Mai 1869 seinen Mann. Für diese Gründung ordnete er von Anfang an behutsam aber zäh das Führerwesen, als Gegengewicht zum impulsiv aufschäumenden bis verzweifelnden Senn. Seine innovativen Fähigkeiten und technischen Kenntnisse brachte er unbeirrt in das Hüttenbauwesen ein, das bis in die 80er Jahre hinein seine Handschrift trägt. Stüdls Rat war im DuOeAV gefragt.

Um den Zwiespalt dieser Persönlichkeit zwischen Freundschaftsbedürfnis, slawischer Melancholie und nüchterner kaufmännischer Sachbezogenheit hat sich die Nachwelt hingegen wenig geschert. Wer kümmert sich schon um die Schicksalsprügel, die ein solch erfolgreicher Alpenvereinsmann auf der Schattenseite des Lebens bezieht. Der Tod seines Freundes Hofmann hat ihn zutiefst erschüttert, die Enttäuschung durch seinen Kalser Günstling „Thomele" Groder hart getroffen. Er verlor sein ganzes Vermögen, seine Heimat, seine Frau, seinen Sohn – die Schicksalsschläge sind dem aufrechten Manne nicht erspart geblieben. Ebensowenig ein Lebensabend in Armut und Siechtum. Als einzigen Trost durfte er in den letzten Lebensjahren einen großen Ehrennamen tragen: Man nannte ihn „Patriarch des Alpenvereins".

Haarscharf am Konkurs vorbei

Die Gründung des ersten Deutschen Alpenvereins war erfolgt. Wieviele „Maß" g'süffigen dunklen bayerischen Bieres an diesem Nachmittag des 9.Mai 1869 in der schlichten Wirtsstube der „Blauen Taube" aufs Wohl des neuen Vereins gehoben worden sind, ist nicht überliefert. Er dürften aber nach gut Münchener Tradition nach einem solchen Stück Arbeit wohl einige gewesen sein. Außerhalb der Gaststubenwände scheint die Münchener Gesellschaft das Abenteuer der „blauen Esel" freilich kaum zur Kenntnis genommen zu haben. Ein einziges Blatt, die Morgenausgabe der „Bayrischen Landeszeitung", hat unter dem 11. Mai eine

Johann Stüdl, von Schicksalsschlägen hart getroffen

Die erste Stüdlhütte, 1868 aus Privatmitteln des Prager Kaufmanns erbaut

Foto: Archiv

Paul Grohmann, Gründungsmitglied der Sektion Wien, einer der Haupterschließer der Dolomiten

kurze Notiz über die Gründung eines „allgemeinen deutschen Alpenvereins" gebracht. Sie prophezeite optimistisch: „Ohne Zweifel wird... eine rege Beteiligung zu erwarten sein". Die anderen Gazetten schweigen.

Auf welch schwankendem Boden diese Neugründung tatsächlich gestanden hat, ist in der Vereinsgeschichte nirgends zu lesen. Die Wiener Freunde waren nicht nur der „Blauen Taube" ferngeblieben, sie wollten auch ihren Beitritt nicht vollziehen. Die beschlossene Satzung paßte ihnen nicht, und ihr Sprecher Grohmann verurteilte rundweg die „Voreiligkeit, ehe der Aufruf beraten war". Ein Zeitgenosse notierte aus Wien: „Das Feuer der Begeisterung schien dort nicht mehr so hell zu lodern wie einen Monat zuvor."

Stüdl „flehte" die Wiener Freunde an, München nicht im Stich zu lassen, Hofmann war außer sich, und Senn wurde gar der Irreführung bezichtigt. In dieser Not spannte Hofmann die Presse ein. An 200 Zeitungen verschickte er den „Münchner Aufruf an alle Alpenfreunde". Die Presse half, freilich gegen Entgelt, und DAV-Gründer Hofmann mußte noch lange bekennen: „Schulden haben wir die schwere Menge." Gleichzeitig mit der Zeitungsaktion bot er als Vereinssekretär den Wienern Zugeständnisse an. Er stieß auf taube Ohren. Zu guter Letzt blieb dem Münchener Gründungsausschuß nichts anderes übrig, als alle Bedingungen der Wiener auf Satzungsänderung zu akzeptieren. Angesichts der Gründungseuphorie wirkt ein solcher Kampf um Satzungskorrekturen heute unverständlich. Aber die Wiener konnten ihre bitteren OeAV-Erfahrungen nicht vergessen. Und außerdem waren sie ganz einfach verschnupft.

Endlich, im Juni, lenkten die Wiener Herren um Grohmann ein. Sie signalisierten die Zustimmung zum Beitritt als Sektion Wien. Hinter den etwa gleichzeitigen Sektionsgründungen in Linz, Leipzig, Augsburg und Salzburg wollten die Alpinisten der Donaustadt denn doch nicht zurückstehen. München wurde das erste Vereinspräsidium übertragen, und alle gemeinsam unterzeichneten den großen „Aufruf an alle Alpenfreunde". Mit 54 Unterschriften aus 20 deutschen und 12 österreichischen Orten! Eine Starliste alter Alpingeschichte, ein Namensverzeichnis der Gründerzeit-Alpinisten!

„Seit Jahren bewegt der Wunsch, einen deutschen Alpen-Verein ins Leben zu rufen, die Gemüter vieler Alpenfreunde", beginnt dieses Dokument, das allein schon aus dieser Formulierung das Ringen um die Vereinsgründung erkennen läßt. Der Aufruf fährt fort: „Groß ist die Zahl derer..., welche eine tiefe Begeisterung für den herrlichsten Theil Deutschlands, für die Alpen fühlen." Wie wahr. Denn 10 Monate später registrierte die Vereinschronik 22 Sektionen mit 1070 Mitgliedern. Und von da ab zeigte die Mitgliederstatistik fast nur „bergauf". Die Kernzelle dieser überzeugenden Entwicklung aber lag in der Münchener Uralpinisten-Riege der „Blauen Esel". Was die Vereinsgeschichte bisher vornehm übersehen hat.

„Steub" lesen und „Schlagintweit" spielen

Weitgehend ausgeklammert wurde bislang auch das Umfeld jener Jahre. Man hat die Gründung als autonomen Akt der Alpinisten im freien Raum gesehen. Gab es denn wirklich keine Fäden zur Entwicklung rundum? Zur Gesellschaft? Zum geistigen, kulturellen Leben?

Sicher konnte dieser alpine Gegen-Verein nur in einem städtischen Zentrum innerhalb der Alpen oder am Alpenrande entstehen, in einer Residenzstadt mit bürgerlichem Wohlstand. Die Breite der „guten" Münchener Gesellschaft war zweifellos eine Vorbedingung. Doch wäre ernstlich der Frage nachzugehen, in welchem Maße in diesem Kulturzentrum von mitteleuropäischem Rang neben der Landschaftsmalerei auch die Literatur den Boden für das Interesse an der Alpenlandschaft vorbereitet hat.

Adolf, Hermann und Robert Schlagintweit (v. li.), die leidenschaftlichen Naturforscher und Bergsteiger, die ab 1854 durch ihre abenteuerlichen Expeditionen im Himalaya und Karakorum Aufsehen erregten

Bekanntlich wandten sich um die Jahrhundertmitte parallel zu den Landschaftsmalern der „Münchner Schule", nur zeitlich versetzt, auch die einheimischen Literaten der Entdeckung der Heimat, ihrer Landschaft, Menschen und Volkskultur zu. Nach Josef Friedrich Lentner (1814-1852) hat besonders der mit Lentner eng befreundete „liberale Altbayer" Ludwig Steub (1812-1888) mit seinen zahlreichen Zeitschriftenbeiträgen und Büchern viel zum Interesse an den Alpengebieten Bayerns und Tirols beigetragen. Dieser „thatkräftige Pfadfinder" verkündete unermüdlich die Schönheit und Ursprünglichkeit der Alpennatur. Freilich schon damals nicht ohne kritisch-ironische Reflexionen über die Bedrohung der heilen ländlichen Welt durch die vordringende Zivilisation. Heinrich A. Noe (1835-1896) folgte diesen Spuren. Andere Literaten aus dem Münchener „Dichterkreis" verwendeten in ihren Werken ebenfalls Alpenbilder, die begeistert aufgenommen worden sind. Alpenmalern erkennt man die Rolle als Pioniere der Alpenbegeisterung zu, warum sollten Münchens Alpenliteraten keine Schrittmacher gewesen sein? Das Beispiel Karl Hofmann ist zwar nach gegenwärtigem Kenntnisstand das einzige, das den Einfluß belegt. Vermutlich jedoch haben auch andere „Steub" gelesen und „Schlagintweit" gespielt.

Verständlicherweise eigneten sich die Brüder Schlagintweit ganz besonders als Vorbild; die einzigen Münchener Ur-Alpinisten waren sie indes nicht gewesen. Freilich scheinen die frühen Wissenschafts-Alpinisten, wie Prof. Otto Sendtner (1813-1859), Dr. Carl Wilhelm von Gümbel (1823-1898) oder Kreisphysikus Dr. August M. Einsele (18..-1870) nur einen geringen Einfluß ausgeübt zu haben. Obwohl letzterer ja schon 1846 in Görres „Hausbuch" die erste illustrierte Zugspitzenbesteigungs-Reportage veröffentlicht hatte. Die alpinen Abenteuer der verehrten „Landesmutter" Königin Marie von Bayern (1825-1889), Gattin von Max II., wird der Stadtklatsch ganz sicher in weite Kreise getragen haben. Hingerissen vom Erscheinungsbild der Alpen, war sie nach authentischen Zeugnissen in den 40er und 50er Jahren eine „gewandte und unermüdliche Bergsteigerin". Ihre Alpenbegeisterung dürfte nicht ohne Einfluß auf das Alpenverständnis der Münchener Gesellschaft geblieben sein.

München: der Boden für den Alpenverein

Der Anstoß, den Münchens Landschaftsmaler, Alpenliteraten und Ur-Alpinisten gegeben haben, harrt also noch der eingehenden Bearbeitung. Kaum beachtet hat man bisher auch, wie sehr die aus der Schweiz überkommenen Vereinsideen, Heimatliebe und föderalistische Gliederung, in München auf fruchtbaren Boden fielen. Gesamtdeutsche und föderalistische Gesinnung hatte in Bayern seit Ludwig I. (1825-1848) Tradition. „Wir wollen Teutsche sein und Bayern bleiben." Ludwigs „Teutschheit" zielte eindeutig auf eine selbständige Vielheit in einem lose geordneten Staat, auf eine Konföderation weitgehend autonomer Glieder. Und dabei ist es auch unter seinen Nachfolgern geblieben.

Unter Max II. (1848-1864) kam es zudem nicht nur zur „Bauernbefreiung", zum sozialen Akt der Aufhebung der Grundherrschaft, sondern auch zu der für die DAV-Gründung notwendigen Vereins- und Versammlungsfreiheit. Unter seiner Regentschaft wurde

Ludwig Steub (1812–1888) hat mit seinen Zeitschriftenbeiträgen und Büchern das Interesse für die Alpengebiete Bayerns und Tirols geweckt

„durch eine Fülle von Berufungen... die ‚großdeutsche Kunststadt' München die kleindeutsche Hauptstadt der Wissenschaft und der Bildungsdichtung" (Hubensteiner). Der gehobene Münchener Bürgerstand hatte sich an die „Fremdenkolonie" der „Nordlichter" zu gewöhnen und die Art seiner nichtbayerischen Stammesbrüder in sein Verständnis einzubeziehen. Über diesen Anteil der ständigen Gäste bemerkte der böhmische Komponist Smetana im DAV-Gründungsjahr: „Fremde gibt es hier in erschreckender Zahl".

„Den Sieg des liberalen Geistes und der bürgerlichen Gesellschaft" verwendet Historiker Karl Bosl geradezu als Etikett für die Zeit von Max II. Unter Ludwig II. setzte sich dann endgültig die fortschrittliche und nationaldeutsche Richtung durch. Was waren das für Jahre um die DAV-Gründungszeit! Der Fortschritt überschlug sich förmlich: 1868 bürgerliche Trauung und Freizügigkeit im Aufenthaltsrecht als neue Errungenschaft, dazu Gewerbefreiheit durch eine liberale Gewerbeordnung, allgemeine gleiche Wehrpflicht und Gründung der Technischen Hochschule. Auf der anderen, der technischen Seite fauchten bereits rund 1000 Dampfmaschinen in Bayerns Industrie und Augsburgs Maschinenfabrik lieferte Schnellpressen bis nach Japan.

1869 wurden auch noch die Höhere Städtische Handelsschule und die Kunstgewerbeschule gegründet. Eine Gemeindeordnung brachte diesen Organen das Selbstverwaltungsrecht und verpflichtete sie gleichzeitig zur öffenlichen Armen- und Krankenpflege. Eine neue Zivilprozeßordnung, die dem führenden Ruf Münchener Jurisprudenz entsprach, förderte bürgerliche Rechtssicherheit. Es kam zum einheitlichen metrischen Maß und Gewicht und zur Bau-Entscheidung für 19 neue Bahnlinien, die das von der Hauptstadt ausgehende Netz verdichten sollten. Für die Entwicklung des Alpinismus nicht ohne Belang.

Bewegte Jahre. Der Mut zum Fortschritt produzierte damals zukunftsbedeutsame Ereignisse gleichsam in Serie. In dieser Zeit entstand der Deutsche Alpenverein. Hans Thoma charakterisierte im DAV-Gründungsjahr das Münchener Leben: „Ich habe das Gefühl in eine Stadt eingetreten zu sein, in der deutsches Wesen in einem Stamme voller Eigenheit noch über gute Kräfte verfügt." Und er schloß mit dem Urteil: „München, eine Stadt, in der leben und leben lassen noch viel Geltung hat."

Die „Blauen Esel" waren da mitten drinnen.

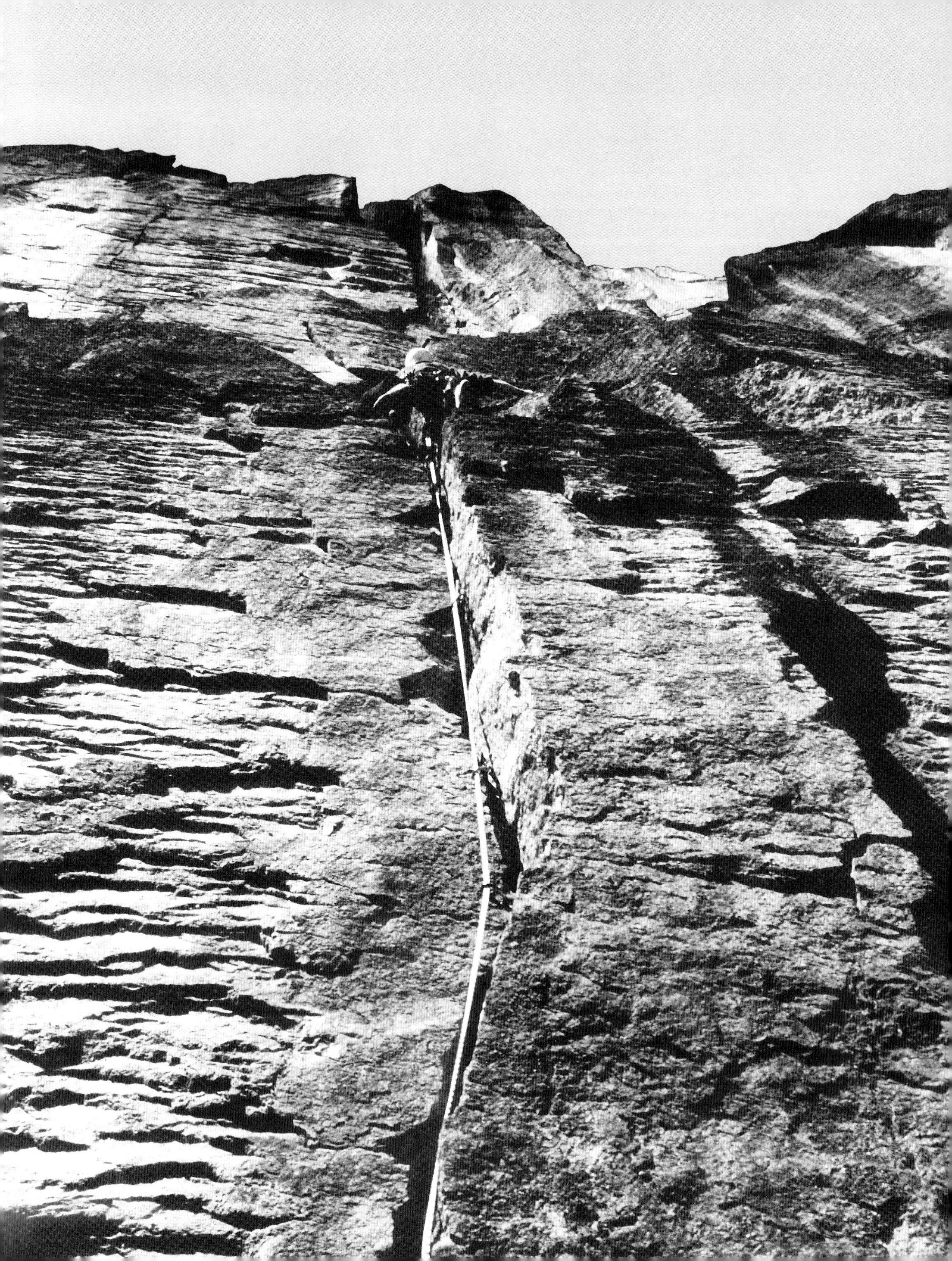

Neuland in der Cordillera Quimsa Cruz

Bayreuther Andenexpedition 1987

Hermann Wolf

**Seite 166:
Riß siebten Grades
in der „Viscacha-Route"
am Co. Calsonani**

Foto: Hermann Wolf

Idee und Vorbereitung

Wenn man von El Alto über La Paz in Bolivien zum Illimani-Massiv schaut, erkennt man bei gutem Wetter rechts neben dem Bergriesen eine unscheinbare Kette teils felsiger, teils vergletscherter Bergspitzen, die fernen Gipfel der Cordillera Quimsa Cruz. Im April 1984, anläßlich der Ausbildung bolivianischer Bergsteiger im Rahmen des Bundesprogrammes „Förderung des Sports in Entwicklungsländern" und im Auftrag des DAV, kam ich an einem Wochenende erstmals an den Fuß dieser Berge. Ich war Gast auf der Hazienda Tenería, deren deutsch-bolivianischer Besitzer bei seinen Freunden den Ruf hat, ein Original zu sein. Mit den Augen eines Kletterers interessiert die nahen Granitnadeln abtasten war eine Sache. Die andere die überraschende Aussage des Gastgebers, daß hier noch nie Bergsteiger gewesen wären und die aufregenden Spitzen im übrigen sicher unersteigbar seien. Dies wäre zu überprüfen, war meine spontane Antwort, und eine Idee war geboren.
Zuhause wurde nach eingehenden Erkundigungen in der DAV-Bibliothek auf der Praterinsel und bei Gebietskennern klar, daß ich tatsächlich auf eine alpinistische Goldader gestoßen war. Als erste hatten zwar bereits 1905 und 1913 Henry Hoek und Theodor Herzog diese Berge erforscht. Sie hatten von „hervorragenden Gipfelgestalten" berichtet, „die keinen Vergleich zu scheuen brauchten", und der Hazienda Tenería eine der „großartigsten Bergaussichten der Erde" bescheinigt. Zwanzig Jahre später war der bekannte Geologe und Bergsteiger Friedrich Ahlfeld noch öfters hier gewesen, und 1969 hatte eine bayerische Naturfreundeexpedition in der Nähe Gipfelerfolge gefeiert. Aber, es war kaum zu glauben, die wilden Nadeln über der Hazienda waren tatsächlich noch Neuland.
Außerdem begann sich herauszustellen, daß es im Osten des Gebirges noch einige Ausläufer scheinbar unbestiegener Gletscherberge gab, die Choquetanga-Gruppe. Hier allerdings irrten wir, wie sich später ergeben sollte.
In den Jahren 1985 und '86 hatte ich Gelegenheit, die Dinge an Ort und Stelle zu überprüfen. Die Schneeberge erwiesen sich als schön und lohnend, die Felsgipfel übertrafen an Zahl und Klettermöglichkeiten meine Vorstellungen bei weitem. Die Zeit zu handeln war reif.

Es traf sich gut, daß unsere DAV-Sektion Bayreuth 1988 hundert Jahre alt wurde. Als Auftakt eine Expedition im Jahre vorher, das war der Aufhänger!
Im Herbst stand ohne großes Aufheben der Kern der Mannschaft. Auf Grund der Ziele und der verfügbaren Zeit konnten wir mehr Leute mitnehmen. Vier oder fünf Allround-Bergsteiger für das halbe Dutzend Gipfel der Choquetanga-Gruppe und sechs bis acht Kletterer für den Granit der nördlichen Araca-Berge, wo mit etwa zwanzig unbestiegenen Gipfeln zu rechnen war. Außerdem stand von Anfang an fest, einige bolivianische Andinisten als Teilnehmer einzuladen und die Kosten dafür zu übernehmen. Wir verstanden dies als selbstverständliche Geste der Kameradschaft, mit dem Zweck, gegenseitiges Verständnis zu wecken und einen Beitrag zur Förderung des Sportkletterns im Gastland zu leisten. Im übrigen kannten wir die Enttäuschung und den Neid, mit denen die einheimischen Bergsteiger im Laufe der Zeit ausländische Expeditionen und ihre Erfolge betrachteten. Wir wollten dem berechtigten Wunsch der Bollvianer entsprechen und sie an der Erstbesteigung ihrer Heimatberge beteiligen.
Mit dem Entschluß, die gemeinschaftliche Expeditionsausrüstung am Ende einem bolivianischen Bergsteigerverein für die Ausbildungsarbeit zu schenken, waren anfangs nicht alle Teilnehmer einverstanden. Sie wurden jedoch in Bolivien bald überzeugt.
Zur Jahreswende informierten wir die Presse. Startschuß und Aufhänger für die nun einsetzende Werbung von Förderern. Ein teils erfreuliches, teils frustrierendes, letzten Endes aber erfolgreiches Geschäft. Ende März erreichten uns aus München die dringend erwartete „Förderungswürdigkeit" und ein Zuschuß des DAV. Schritt für Schritt ging es voran. Auch aus La Paz kamen endlich erfreuliche Nachrichten. Die Vorbereitungen dort waren erledigt, das Bolivianische Rote Kreuz lieh uns kostenlos drei Großzelte, fünf einheimische Teilnehmer waren ausgewählt und erwarteten uns. Und es kam, zwar von langer Hand vorbereitet, aber doch ganz und gar unerwartet, eine Zusage der Daimler Benz AG, die uns in Bolivien völlig kostenlos einen UNIMOG bereitstellte. Damit war eine der schwierigsten und kostspieligsten Fragen, der Transport, zum Teil gelöst. Ende Mai 1987, drei Jahre nach dem Zünden einer Idee, war es dann soweit. Unsere Angehörigen verabschiedeten uns mit je einer Rose zur Fahrt mit der Bahn zum Flughafen.

Seite 169: Die „Cuernos de Diablo" (Teufelshörner) bestiegen zwei Seilschaften der Expedition über Routen der Grade VI- bzw. VI/A 2 von Nordwesten. Die hier zu sehenden Südpfeiler sind noch Neuland.

Foto: Karl-Heinz Hetz

Ziele der Expedition

1) Erstbesteigung und bergsteigerische Erschließung der zahlreichen unberührten markanten Granitgipfel der nördlichen Araca-Gruppe der Cordillera Quimsa Cruz (5000-5300 m).
2) Erstbesteigung und bergsteigerische Erschließung der vergletscherten, formschönen Gipfel der Choquetanga-Gruppe (5300-5500 m).
3) Nachmessen von Gletscherpegelmarken in der Zentralen Cord. Quimsa Cruz für ein Projekt von Herrn Prof. Dr. E. Jordan, Universität Osnabrück.
4) Ermitteln einiger fraglicher Flur- und Gipfelnamen im Arbeitsgebiet für die neue DAV-Karte des Illampu-Ancohuma-Massivs der Cord. Real (Prof. Dr. R. Finsterwalder/Prof. Dr. E. Jordan).
5) Im Falle ausreichender Zeit Begehung einer neuen oder schwierigen Route auf einen Sechstausender.
6) Beteiligung einiger Jungmannschaftsmitglieder als Einführung und zur Vorbereitung auf eigene spätere Unternehmungen.
7) Gleichberechtigte Teilnahme von etwa fünf bolivianischen Bergsteigern.
8) Abschließende Übergabe der gemeinschaftlichen Expeditionsausrüstung an die Bergsteigerschule eines bolivianischen Andinisten-Clubs.
9) Veröffentlichung der Expeditionsergebnisse in einem gemeinschaftlichen Expeditionsbericht.

Bolivianisches Tagebuch

Am Flughafen von La Paz werden wir von den einheimischen Freunden und Teilnehmern sehr herzlich empfangen. Zwölf Deutsche und fünf Bolivianer sind es schließlich, die sich an die letzten Vorbereitungen machen:
Juan Carlos Andia, Rudi Bülter (stellv. Expeditionsleiter), José Camarlinghi, Georg Fichtner, Christian Grießhammer, Peter Hakker, Karl-Heinz Hetz, Widukind Langenmaier, Michael Lentrodt, Michael Magerer, José Miranda, Gerhard Rebitzer, Javier Thellaeche, José Thaellaeche, Georg tom Felde, Christof Wittmann und Hermann Wolf (Expeditionsleiter). Nicht zu vergessen die unschätzbare Hilfe Rainer Müllers, der sich in jeder freien Minute neben seiner Arbeit an der deutschen Schule für uns zerreißt. Abends lädt uns der Alcalde der Stadt zu einem Empfang ins Rathaus.
Daß das Petroleum für unsere Kocher auch ein wichtiger Bestandteil der illegalen Kokainherstellung ist, erfahren wir beim abschließenden ahnungslosen Versuch, das Zeug in größerer Menge legal zu erwerben. Plötzlich interessiert sich die Polizei sehr für uns.
Dann starten wir mit dem Unimog und zwei gemieteten Jeeps zum Transport von Mannschaft und Material nach dem gut 200 Kilometer entfernten Tenería. Zwei Drittel der Strecke sind wetterabhängige landesübliche Schotterstraßen, gekrönt von drei 5000-Meter-Pässen. Pannen, gesundheitliche Probleme und Streitigkeiten mit den Fahrern eines Ersatzfahrzeuges vermitteln unseren Jungs erste einschlägige Erfahrungen. In Tenería trennen sich die Kletterer von der Choquetanga-Gruppe. Diese hat noch einen weiteren Tag zu fahren und vermißt bei dieser Gelegenheit gleich mit die Gletschermarken von Atoroma Chuma und Laram Khota.
Wir erreichen den Platz unseres Basislagers am See Chilliwani Khota in den nördlichen Araca-Bergen schneller. Vom Endpunkt einer Minenstraße ist das gesamte Material mit Hilfe einheimischer Träger in zwei Aufstiegen von je zwei Stunden an Ort und Stelle. Zwölf Tage lang erkunden nun die Kletterer Anstiegsmöglichkeiten und Gipfel. Wir entdecken alte Steige hinauf zu verfallenen Felslöchern, in denen einst Erz abgebaut wurde. Gemeinsam mit den bolivianischen Freunden sind wir täglich in Wänden und Graten unterwegs. Nach und nach erschließt sich uns das Gebirge. Gipfel um Gipfel wird erstiegen, auf keinem finden sich Spuren früherer Besuche. Immer mehr Routen bis zum 7. Grad werden in freier Kletterei eröffnet. Wir lernen, in den unteren Rissen hier und da auftretendes lockeres, trockenes Moos zu entfernen und freuen uns über viele schöne Passagen in den höheren Regionen. Der Materialbedarf wird optimiert, Friends und Keile aller Größen bewähren sich. Wenn überhaupt, brauchen wir Haken lediglich zum Abseilen. Nur der markanteste Felszahn des Gebietes, an die fünfzig Meter hoch und respektlos "Pico Penis" getauft, wehrt sich erfolgreich mit einigen Metern schwierigstem Fels, die nicht abzusichern sind. Bohrhaken haben wir nicht im Sortiment. Sie hätten sicher ermöglicht, die eine oder andere Wand direkter und schwieriger zu durchsteigen, aber auch unser Gipfelprogramm in Zeitnot gebracht.
Als die Verpflegung zur Neige geht – unser Koch ist zwar Spitze, aber nicht im Einteilen – bewähren sich die Funkgeräte des DAV und Hans Hesse in Tenería als Nothelfer. Die Tage vergehen schnell, bei hervorragender Stimmung der Mannschaft und bestem Wetter reiht sich fast beängstigend Erfolg an Erfolg. Gerade noch rechtzeitig für die letzten unbestiegenen Gipfel trifft eine Abordnung der Choquetanga-Gruppe ein. Sie haben einen weiten, sehr mühsamen Weg hinter sich.
Ihre Mannschaft hat am Eingang des Gebietes auf dem alten Sportplatz der geschlossenen Mine Carmen Rosa das Hauptlager errichtet. Nach ersten Erkundungstouren wurden neben einigen anderen Spitzen die Hauptgipfel der Gruppe bestiegen, zum Teil von einem Hochlager aus, das mit Trägerkräften errichtet wurde. Sie erzählen begeistert von landschaftlichen und bergsteigerischen Höhepunkten.
Nach zwei Wochen sind alle gesteckten Ziele erreicht. Auch wir bauen das Lager ab, und die beiden Gruppen treffen sich wieder in Tenería. Herzliche Begrüßung, Freude, Erzählen und Ausschlafen, neue Pläne nach dem Abschluß unserer Aufgaben in der Cordillera Quisma Cruz.

Das Blatt wendet sich

Einige Tage danach befinden wir uns zu fünft auf der Fahrt zum Illampu in der Cordillera Real. Neben dem Gipfel haben wir es noch auf einige strittige Namen für die neue DAV-Karte abgesehen.
Eine zweite Gruppe ist unterwegs auf der Normalroute des Illimani. Sie soll versuchen, Kontakt mit der dritten Mannschaft

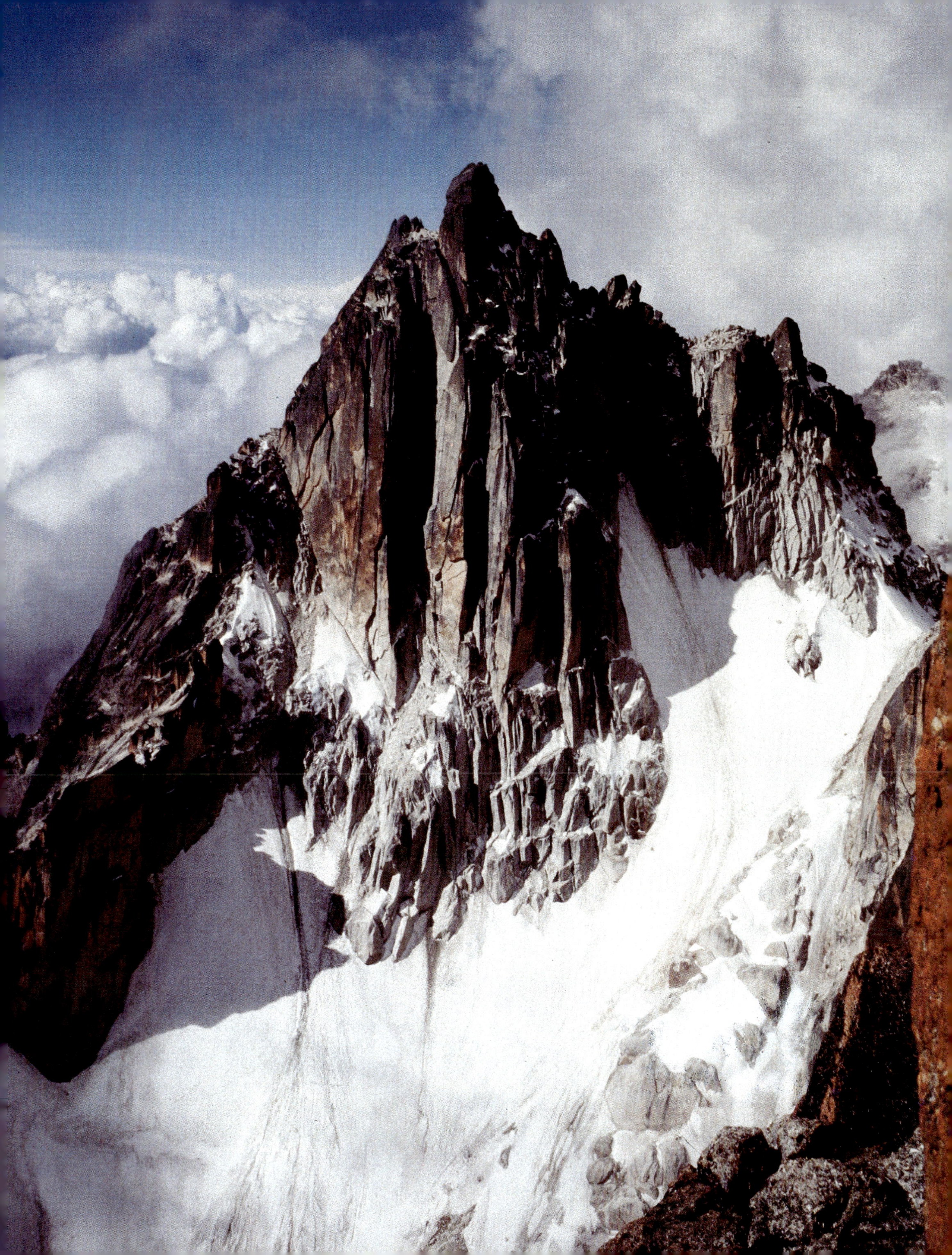

Unten: Der Illimani mit seiner Südwand über dem Taleinschnitt des Rio de La Paz

Fotos: Hermann Wolf

Übersichtsskizze des gesamten Tätigkeitsbereichs der Expedition

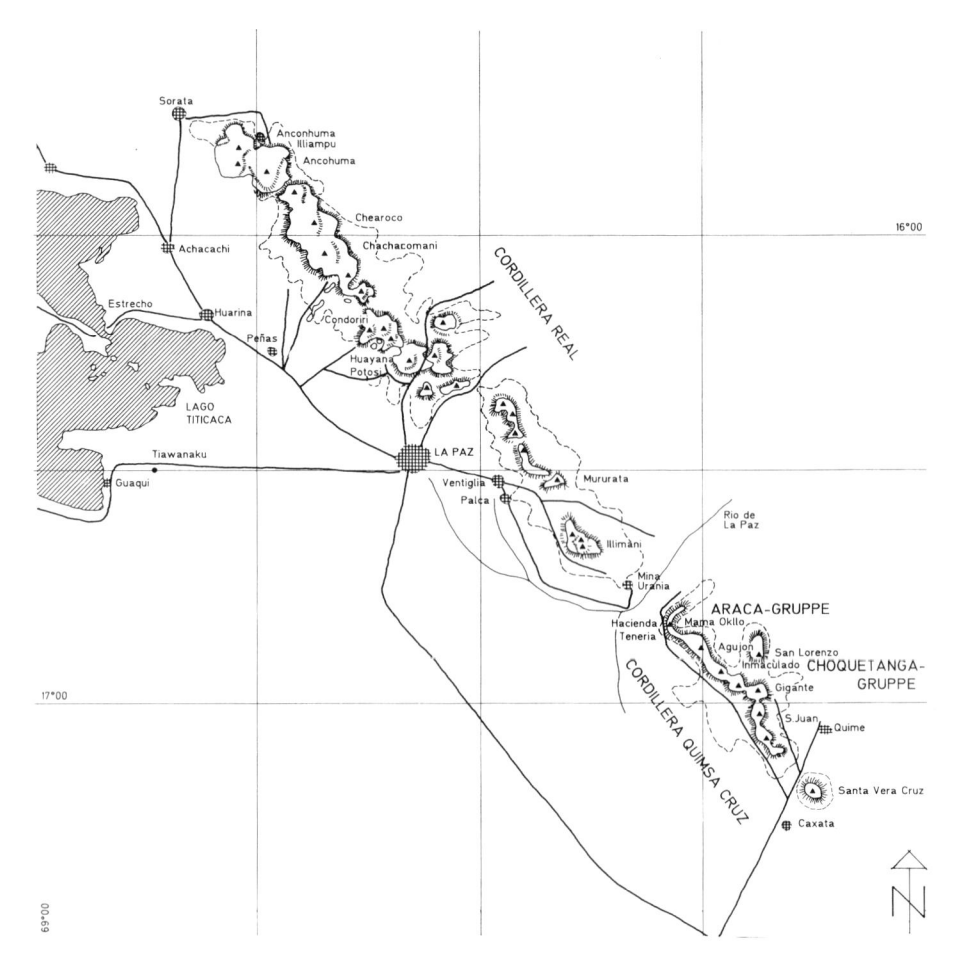

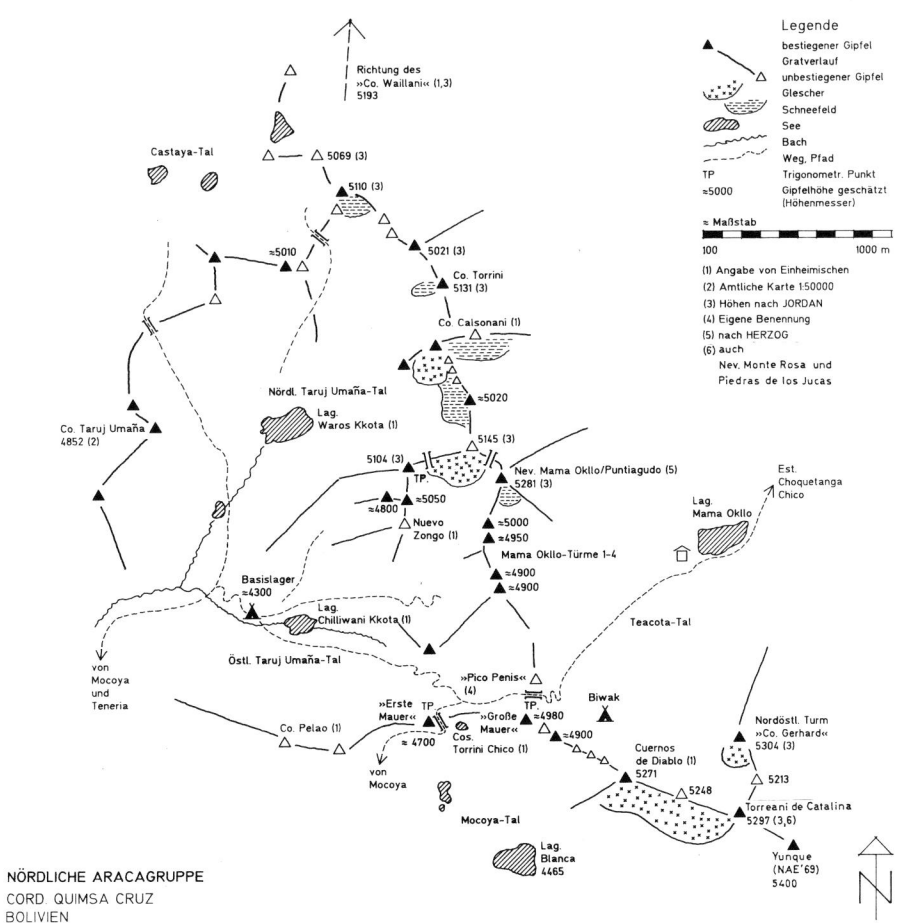

Oben: Punkt 5021 m, Co. Torrini (5131 m) und Co. Calsonani (5124 m; v. l.) in der nördlichen Aracagruppe (siehe Skizze links). Mit ihren Neutouren in diesem Gebiet haben die Bayreuther zumindest ansatzweise Wolfgang Güllichs Vorstellung in die Tat umgesetzt, neue Gebiete für die Idee des sportlichen Kletterns zu entdecken (s. S. 91 ff).

NÖRDLICHE ARACAGRUPPE
CORD. QUIMSA CRUZ
BOLIVIEN

Legende
- ▲ bestiegener Gipfel
- Gratverlauf
- △ unbestiegener Gipfel
- Gletscher
- Schneefeld
- See
- Bach
- Weg, Pfad
- TP Trigonometr. Punkt
- ≈5000 Gipfelhöhe geschätzt (Höhenmesser)

≈ Maßstab
100   1000 m

(1) Angabe von Einheimischen
(2) Amtliche Karte 1:50000
(3) Höhen nach JORDAN
(4) Eigene Benennung
(5) nach HERZOG
(6) auch Nev. Monte Rosa und Piedras de los Jucas

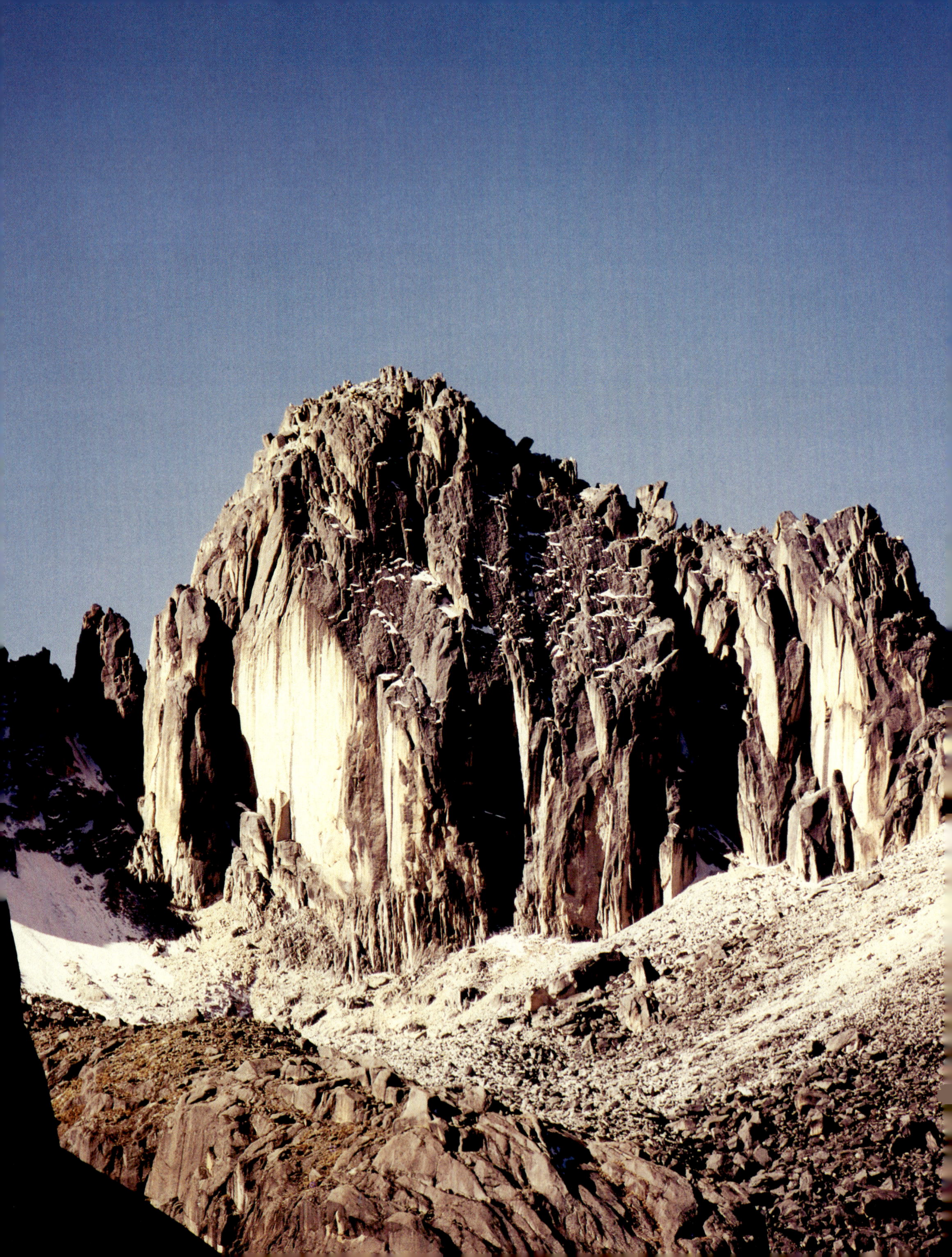

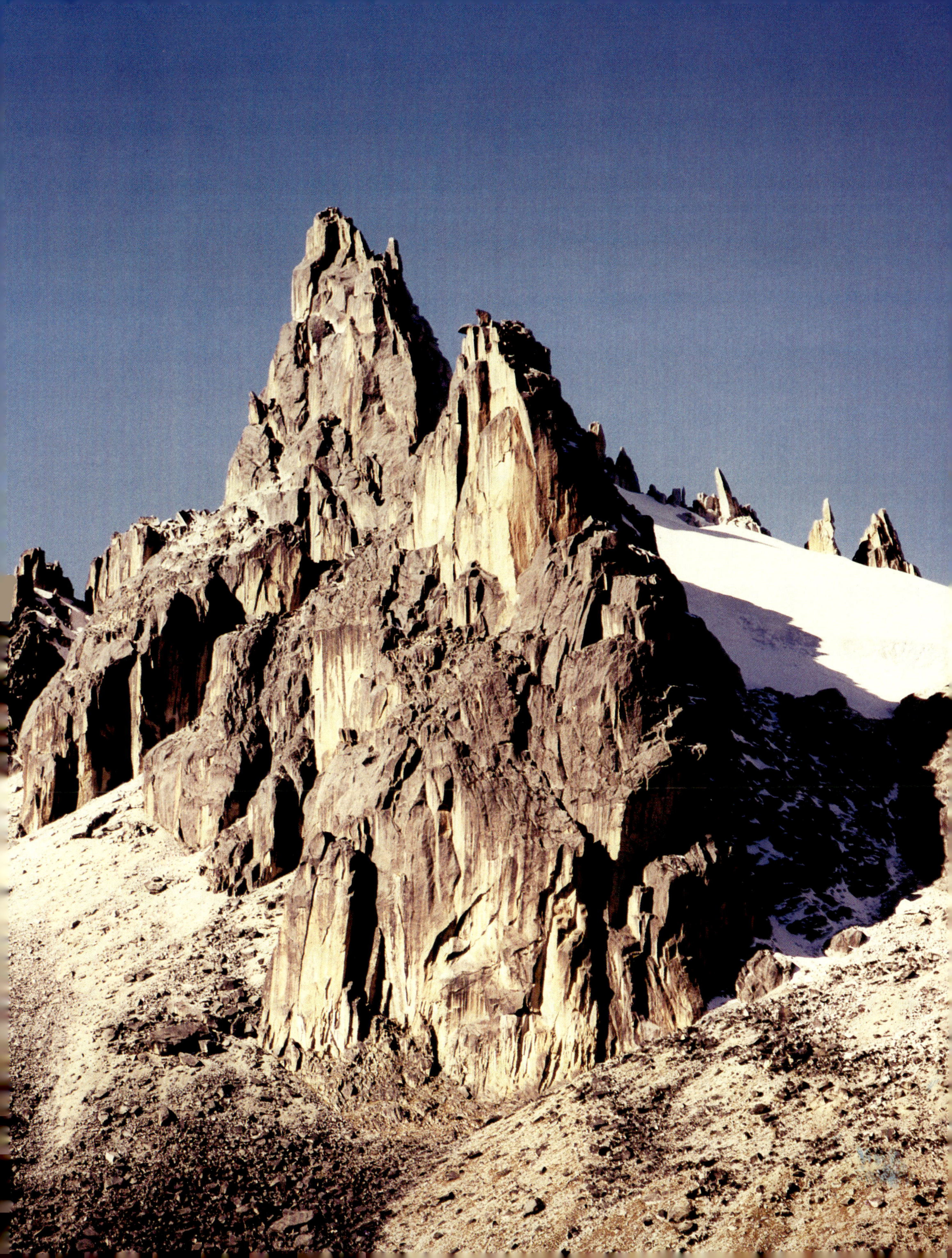

Seite 172/173:
Co. Torrini (5131 m; links) und Co. Calsonani (5124 m): In den besonnten Wänden des letzteren die „Viscacharoute".

Foto: Hermann Wolf

aufzunehmen, die sich zur gleichen Zeit auf einer neuen Route im Anstieg durch die erst zweimal gemachte, gewaltige Südwand des Illimani befindet und eventuell deren Abstieg sichern.

Als wir, zwar mit einigen Flurbezeichnungen, aber ohne Gipfel und knapp von einer enormen Eislawine verschont, wieder in La Paz eintreffen, müssen wir uns entsetzt dem Unfaßlichen stellen.

Die Freunde auf dem Normalweg hatten, ohne ein Zeichen aus der Südwand, bei mäßigem aber nicht kritischem Wetter den Gipfel des Illimani erreicht.

In der Südwand biwakierten fünf Kletterer planmäßig in einer Schneerinne am Ende der Schwierigkeiten unter der Gipfelabdachung. Nachts wurden sie von einem schweren Schneesturm überrascht. Sie konnten mit letztem Einsatz verhindern, von den vorbeirauschenden Lockerschneemassen aus der Wand gespült zu werden. Dabei erstickte einer von ihnen, Gerhard Rebitzer, in einer winzigen Schneehöhle unter den pausenlosen Lawinen, die jede Hilfe unmöglich machten. Beim Rückzug stürzte unser Gast Rainer Müller aus der Wand, als er, psychisch und physisch erschöpft, kurz über dem Wandfuß eine Seilverankerung nicht richtig bediente.

So vergehen die letzten gemeinsamen Tage der Mannschaft in La Paz ganz anders als erwartet. An eine Bergung unserer toten Freunde ist nicht zu denken. Als wir nach dem Erledigen der nötigen Formalitäten und Abschlußarbeiten mit unseren bolivianischen Freunden Abschied halten, fällt es allen schwer, passende Worte zu finden. Noch sind die bitteren Ereignisse zu nahe. Trauer um zwei Freunde beherrscht die Reden und Gespräche dieses Abends und überdeckt, daß deutsche und bolivianische Teilnehmer, den Plänen entsprechend, alle gesteckten Ziele der Expedition in bester Kameradschaft erreicht haben.

Ergebnisse und Zusammenfassung

1) In der Nördlichen Araca-Gruppe der Cord. Quimsa Cruz wurden 18 bedeutende Gipfel zwischen 4900 und 5300 m erstmals bestiegen. Mehrfach wurde dabei der 6. und 7. Grad in freier Kletterei erreicht und somit das erste Felsklettergebiet der Zentralen Anden erschlossen.

2) Die in vorliegenden Berichten verwirrende Nomenklatur konnte aufgehellt werden. Die Verbindung zum Arbeitsgebiet der Expedition der Bayerischen Naturfreunde 1969 wurde mit dem Punkt 5297 m hergestellt („Torreani de Catalania", „Piedras de los Incas", „Nevado Monte Rosa" oder „Pico de Viento"). Ein von Th. Herzog 1911 „Puntiagudo" getaufter markanter Gipfel konnte als Nevado Mama Okllo 5281 m identifiziert werden.

3) In der Choquetanga-Gruppe der Cord. Quimsa Cruz wurden 12 Besteigungen durchgeführt. Dabei ergab ein Bericht im American Alpine Journal 1969 nachträglich, daß die Erstbesteigung der wichtigsten Gipfel bereits 1968 einer japanischen Expedition gelungen war.

4) Auf den Gletschern Atoroma Chuma und Laram Khota der Zentralen Cord. Quimsa Cruz wurden für ein langjähriges Projekt Gletscherstände nachgemessen.

5) Nördlich und östlich des Illampu in der Cord. Real wurden für die neue Gebietskarte des DAV noch fragliche Bezeichnungen geklärt.

6) Die erstmalige Beteiligung von fünf bolivianischen Bergsteigern war ein voller Erfolg. Sie hat nach der Meinung der Einheimischen dem Bergsteigen im Land und besonders dem Klettersport entscheidende Impulse gegeben. Das Ziel der Förderung des gegenseitigen Verständnisses und der Freundschaft wurde voll erreicht.

7) Nach dem Ende der Expedition wurde ein Großteil der gemeinsamen Ausrüstung einem bolivianischen Club für Ausbildungszwecke übergeben.

8) Es wurde eine ausführliche Broschüre veröffentlicht. (Bezug: Hermann Wolf, Waldsteinring 70, D-8580 Bayreuth).

9) Beim Versuch der Erstbegehung einer neuen Route durch die sehr schwierige kombinierte Illimani-Südwand erstickte der Teilnehmer Gerhard Rebitzer in den pausenlosen Lawinen eines nächtlichen Wettersturzes. Der Gast Rainer Müller verunglückte am nächsten Tag beim Rückzug aus der Wand.

Zukünftige Möglichkeiten und Ziele

Eine Reihe unbestiegener Klettergipfel um 5000 m Höhe sind noch im Kamm des Co. Wallani und östlich der Laguna Mama Okllo zu haben. Dabei ist mit Anmarschwegen von etwa zwei Tagen in einer grandiosen unberührten Hochgebirgslandschaft zu rechnen. Im Expeditionsgebiet selbst warten eine Anzahl großartiger Wände und Pfeiler zwischen 200 und 400 m Höhe mit vielen Möglichkeiten in bestem Granit auf ihre Erstbegeher. Besonders empfehlenswert sind dabei die sonnenexponierten NO- bis NW-Lagen. Dem Vernehmen nach soll eine im Bau befindliche direkte Straße La Paz – Tenería bereits 1988/89 fertig werden, so daß die Anfahrt etwa halbiert wird und die hohen Pässe vermieden werden.

Literaturverzeichnis

Hoek H. 1905, Bergfahrten in Bolivien. Zschr. d. Dtsch. u. Österr. Alpenvereins Bd. 36, S. 165–195

Herzog T., 1913, Vom Urwald zu den Gletschern der Kordillere. Stuttg.

Herzog T., 1925, Bergfahrten in Südamerika. Stuttg. Strecker und Schwender, S. 135–159

Ahlfeld F., 1932, Die Cordillera Quimsa Cruz. Zschr. d. Dtsch. u. Österr. Alpenvereins Jahrg. 63, S. 79–94

Knott R., 1969, Anden-Expedition 1969, Bayer. Naturfreunde, S. 1–77

AAJ, 1969, S. 281–284, S. 444

AAJ, 1975, S. 85–93

Thellaeche J., 1983, Viaje de Exploración a la Cordillera Quimsa Cruz. Zschr. Andinismo y Excursión La Paz, Nr. 6, S. 13–18

Messili A., 1984, La Cordillera Real de los Andes, Bolivia La Paz, W. Guttentag ISBN 84-8370-081-6 S.49 (Führer)

Müller R., 1985, Zur Gletschergeschichte in der Cord. Quimsa Cruz, Bolivien. Diss. Zürich

Jordan E.,1985, Die Gletscher der bolivianischen Anden. Hab. Hannover S. 246–263

Wolf H., Bayreuther Andenexpedition 1987, S. 1–49

Carta Nacional de Bolivia 1:50000 Blätter Nr. 6043 I, 6043 IV, 6043 II, 6143 III

„Namaste Nepal"

Eindrücke von der Deutschen Pumori-Expedition 1987

Rainer Bolesch

Plötzliches Scheibenklirren, einige unfeine Rufe und ein dumpfer Schlag reißen uns von den Stühlen. Sepp will genauer wissen, was in der Kneipe nebenan los ist und stürmt um die nächste Hausecke. Der Wilde Westen ist in Kathmandu eingekehrt. Tatsächlich hat da jemand ein Fenster im ersten Stockwerk unfreiwillig mit dem Ausgang verwechselt und ist etwas demoliert auf der Straße liegengeblieben.
Der Zwischenfall bringt uns etwas Abwechslung, müssen wir doch warten, bis die Feiertage und das Wochenende vorüber sind, um endlich die letzten Papiere für die Weiterreise im Ministerium abzeichnen zu lassen. Diese Zeit überbrücken wir auch mit Einkaufen von zusätzlicher Ausrüstung und unnützem Kram, bis eines Morgens der Bus für die Weiterreise nach Jiri bereitsteht...

Jürgen und Sepp sind ganz aus dem Häuschen. Sie können ab Jiri jeden Tag die Abstiege mit dem Gleitschirm absolvieren. Meistens starten sie von Gipfeln, welche in relativ kurzer Zeit vom Anmarschweg zu erreichen sind, und gleiten dann, beobachtet von aufgeregt zusammenströmenden Einheimischen, ins Tal. Einer der Höhepunkte ist sicher der Flug quer über das Dudh Kosi nach Kharikola mit 2 km Luft unterm Hintern. Auch Pit und ich können nicht widerstehen und machen unsere erste Landung nach einem für uns beeindruckenden Fünfminutenflug.
Die Fliegerei und noch vieles mehr wäre uns entgangen, hätten wir das Flugzeug nach Lukla benutzt, dadurch eine Woche weniger Anmarsch gehabt. So sehen wir mehr vom Land, haben mehr Zeit, uns an Essen und Klima anzupassen. Man gewöhnt sich gerne an den Tagesablauf, welcher sich aus Wandern, Essen, Schlafen, Teetrinken, Photographieren...usw. zusammenmischt. Wenn abends die Unterhaltungen nicht nur über Schwierigkeiten und mögliche Taktiken am Berg verebbt sind, zieht sich jeder mit seiner Lieblingslektüre oder -musik zurück.
Sicherlich eines der schönsten Teilstücke des zweiwöchigen Anmarschs ist der Weg von Namche Bazar nach Tengpoche. Wenn man bald nach dem Aufbruch hinter Namche den ersten Bergrücken quert, steht plötzlich die so formschöne Ama Dablam da. Läuft man noch um einen weiteren Rücken, hat man obendrein die ganze Lhotsemauer mit dem Everestgipfel vor sich. Diese Szenerie vor Augen geht es Richtung Tengpoche. Eindrucksvoll sind auch so herrliche Berge wie Tramserku und Kangtega. Wenn sich zum Sonnenuntergang in Tengpoche der Nebel hebt, färben sich Ama Dablam, Lhotsemauer und Everest orange, verglimmen

Oben:
Der Pumori vom Weg zum Basislager

Foto: Rainer Bolesch

Erlebnis Pumori

**Unten:
Flug mit Gleitschirm vor
der Ama Dablam**

Die höchsten Berge sind nicht unbedingt zugleich die bergsteigerisch interessantesten. Ein sehr interessantes Bergsteigerziel unter den Trabanten des Everest ist zum Beispiel der „nur" 7161 m hohe Pumori – dies besonders für kleine Expeditionen

Rechts: Am SW-Grat des Pumori: Das „Tal des Schweigens" zwischen Everest, Lhotse und Nuptse (v. l.) füllt sich mit Schatten

Links: Der Pumori mit dem Anstiegsgrat (SW-Grat, links) im Profil vom Basislager.
Unten: Erstes Leuchten am SW-Grat des Pumori

Links: Tiefblick vom Pumori-SW-Grat auf den Khumbu-Gletscher

Alle Fotos: Rainer (3) und Peter Bolesch

Unten:
Begegnung unterwegs

Seite 179:
Der Gipfelbau des Pumori

Fotos: Peter Bolesch

langsam und werden nacheinander kalt. Zuletzt der Everest, als wollte er beweisen, daß er der Höchste ist...
Bei Pheriche können wir nochmals Gleitschirmfliegen. Es ergeben sich herrliche Aufnahmemöglichkeiten mit der Ama Dablam im Hintergrund. Am nächsten Tag steht der Pumori zum ersten Mal in voller Größe vor uns. Des öfteren stolpernd, weil wir den Blick nicht abwenden können, laufen wir dem Basislager entgegen.

Im Basislager

Die ersten Tage dort sind wir in Gesellschaft einer japanischen Expedition. Die Teilnehmer dokumentieren ihren Gipfelsieg damit, überflüssig gewordenes Gas ausströmen zu lassen. Die Unternehmungen, diesen Genuß abzustellen, enden mit nächtlichem Erbrechen von Jürgen, der vom Versuch, die Gashähne zuzudrehen, als stinkendes Etwas zurückkehrt. Ein wenig verwunderlich kommt uns auch das Erinnerungsvermögen einiger unserer japanischen Freunde vor: Bei Fragen über die Route am SW-Grat (sie waren dort erfolgreich, mit Genehmigung für die S-Wand) schwanken die Angaben zwischen einfach und sehr schwierig, zwischen 800 m und 2300 m installiertem Fixseil, zwischen alles hängengelassen und alles entfernt. Etwas eigenartig fanden wir es, als wir feststellen mußten, daß die Fixseile zwischen 5600 m und 6200 m durchgeschnitten waren...
Trauma „basecamp, Kalar Pattar": Für manche existiert im Himalaya nur das Trekking zum „basecamp" (gemeint ist das Everest-Basislager) und auf den „Kalar Pattar" (Schutthügel oberhalb Gorak Chep, gilt als herrlicher Aussichtsberg). Zu oft bekommt man in kurzen Unterhaltungen über Weg und Ziel nur diese beiden Worte zu hören. „Is this a basecamp?" fragt mich eine bis zur Unkenntlichkeit mit Tüchern vermummte Amerikanerin, und: ob man von hier einen Berg besteigen kann. Soll einer verstehen, wie man sich nur vom „basecamp" angezogen fühlen kann. Vielleicht ist es der Reiz, am Fuß des höchsten Berges zu stehen, oder das Abenteuer spüren zu wollen, welches die

Bergsteiger dort erleben. Vielleicht denken manche gar, den Berg beinahe bestiegen zu haben, wenn sie im „basecamp" waren. Auf jeden Fall gibt es auch noch genügend andere Möglichkeiten, genußvoller zu trekken...
Nach einer kleinen Geburtstagsfeier tragen wir am 18.10. Material auf 6200 m, wo Lager I vorgesehen ist. Leider haben die ersten Ausläufer des schlechten Wetters über Nacht schon Schnee gebracht, wir rutschen auf den losen Blöcken der Moräne umher. Nach der Rückkehr verbringen wir die Zeit mit stundenlangem Schneeschaufeln, stemmen uns vom Innern des Zeltes gegen die Schneemassen, welche sich im Basislager anhäufen. Bevor die Lage für uns bedenklich wird, zeigt der Wettergott Einsicht...

Zum Gipfel

Der Aufstieg zum Gipfel ist durch den Schneesturm nur bis zum Lager I beschwerlicher geworden. Obwohl wir noch eine Spur auf der Moräne gelegt haben, brechen wir immer wieder ein. Weiter oben haben der Wind und die Steilheit dafür gesorgt, daß wenig Schnee an den Graten und Flanken haftengeblieben ist. Für unser Zelt in 6200 m Höhe schaufeln wir ein Loch in den Grat. Zur Verankerung des Zeltes will ich darüber einen Firnhaken in die Wächte schlagen. Nach heftigen Vibrationen der Letzteren ziehe ich mich schnellstens zurück. Beeindruckend ist die Ausgesetztheit, welche der Grat bietet. Drüben am Everest füllt sich das Tal des Schweigens mit Schatten, die Kälte läßt uns in die Schlafsäcke schlüpfen.
Am nächsten Morgen verabschiedet sich Sepp. Er hat die ganze Nacht mit Brummschädel verbracht. Es geht ihm immerhin so gut, daß er alleine absteigen kann. Schade, wollten wir doch alle vier zusammen auf dem Gipfel stehen. Bald gibt es weitere „Probleme": Meine Isomatte bleibt dauernd am Fels hängen. Genervt lege ich erstmal den Rucksack ab und pausiere. Etwas Konzentration erfordert es später, auf dem scharfen Grat dem Mißgeschick des Stolperns zu entgehen. Mit dem Gedanken beschäftigt, noch ewig steigen zu müssen, entdecke ich Jürgen, der eine gute Lagermöglichkeit ausgemacht hat. Die Frage an den Höhenmesser, ob wir hier schon lagern dürfen, wird freundlicherweise bejaht.

Rechts: Schnaufpause

Foto: Rainer Bolesch

Die Distanz zum Gipfel ist wirklich nicht mehr groß. Zu dritt verbringen wir eine angenehme Nacht.

Der Gipfeltag empfängt uns mit eisigem Wind bei wolkenlosem Himmel. So eine Gemeinheit, da versucht man, so schnell wie möglich aus dem Schatten der Flanke auf den Grat zu klettern, hat aber dort nicht die Möglichkeit, auf die zu steile besonnte Seite zu wechseln. Auf dem Grat zu wandeln, läßt dessen Schärfe nicht zu. Deshalb müssen wir uns unterhalb in der schattigen Flanke bewegen, erwärmen kann die Sonne also nur unsere Gesichter.

In den letzten Firnflanken, in die der Grat ausläuft, vergrößert sich der Abstand unter uns. Jürgen steigt voraus. Jetzt klettern wir in der Sonne, spüren die Kälte aber durch den Wind. Wir können nicht aufeinander warten, es ist einfach zu kalt. So erreichen wir den Gipfel nacheinander. Endlich oben, da drüben ist Tibet, Scheißkälte, schnell ein paar Photos, der Cho Oyu, der Gyachung Kang, da der Everest, jetzt noch mit Selbstauslöser, dann runter. Pit kommt mir entgegen, er wird es auch gleich geschafft haben.

In Lager II treffen wir uns wieder, packen zusammen. Rechtzeitig komme ich mit Pit ins Lager I. Wir haben noch genügend Zeit, es abzubauen und ins Basislager abzusteigen. Überaus erfreut empfangen uns Sepp, Sirdar Ang Jula und Koch Maila. Wir können gar nicht soviel Rum trinken, wie sie uns bei der abendlichen Feier auftischen.

Da Sepp keine weitere Nacht am Berg mit Kopfweh ausstehen will, steigt er am 26. Oktober in vierzehn Stunden auf den Gipfel und zurück ins Basislager!

Die Nacht danach kann ich nicht gleich einschlafen, vielleicht ist es eine nachträgliche Aufregung. Ich dreh' mich auf die Seite, schalte die Pink Floyd-Kassette an und träume vom Gipfelgang...

Zusammenfassung:

Am 24.10.87 standen Jürgen Knappe aus Karlsruhe (Leiter) sowie die Bergführer Rainer und Peter Bolesch aus Ravensburg auf dem 7161 m hohen Berg. Zwei Tage später folgte der Südtiroler Bergführer Sepp Holzer.

Die Expedition reiste im September nach Kathmandu und brach am 3.10. mit dem Bus nach Jiri auf. Von dort ging es in dreizehntägigem Marsch ins Basislageer (5340 m) nahe dem Kalar Pattar (16.10.). Zwei Tage später wurde von Jürgen Knappe, Rainer und Peter Bolesch Material auf 6200 m getragen, wo Lager I vorgesehen war (Sepp Holzer war krank). In den folgenden zwei Tagen fegte ein Schneesturm über den Himalaya, im Basislager blieb über 1 m Schnee liegen. Am 22.10. starteten die vier zum Gipfelaufstieg über den SW-Grat, welcher zuerst über eine Schnee- und Eisflanke zu Lager I in 6200 m, am zweiten Tag über steile Eisgrate und kombinierte Fels-/Eispassagen zu Lager II führte. Sepp Holzer war offensichtlich noch nicht völlig genesen und mußte von Lager I absteigen. Der 24.10. brachte eisigen Wind bei wolkenlosem Himmel. Wieder über ausgesetzte Eisgrate und im oberen Teil Firnflanken wurde der Gipfel erreicht. Zwei Tage später stieg Sepp Holzer in vierzehn Stunden auf den Gipfel und wieder ins Basislager ab. Der Aufstieg wurde durch hängengelassene Fixseile anderer Expeditionen begünstigt. Am 27.10. wurde das Basislager verlassen.

**Folgende Doppelseite: „... Der Everest –
als wollte er beweisen, daß er der Höchste ist ..."**

Foto: Rainer Bolesch

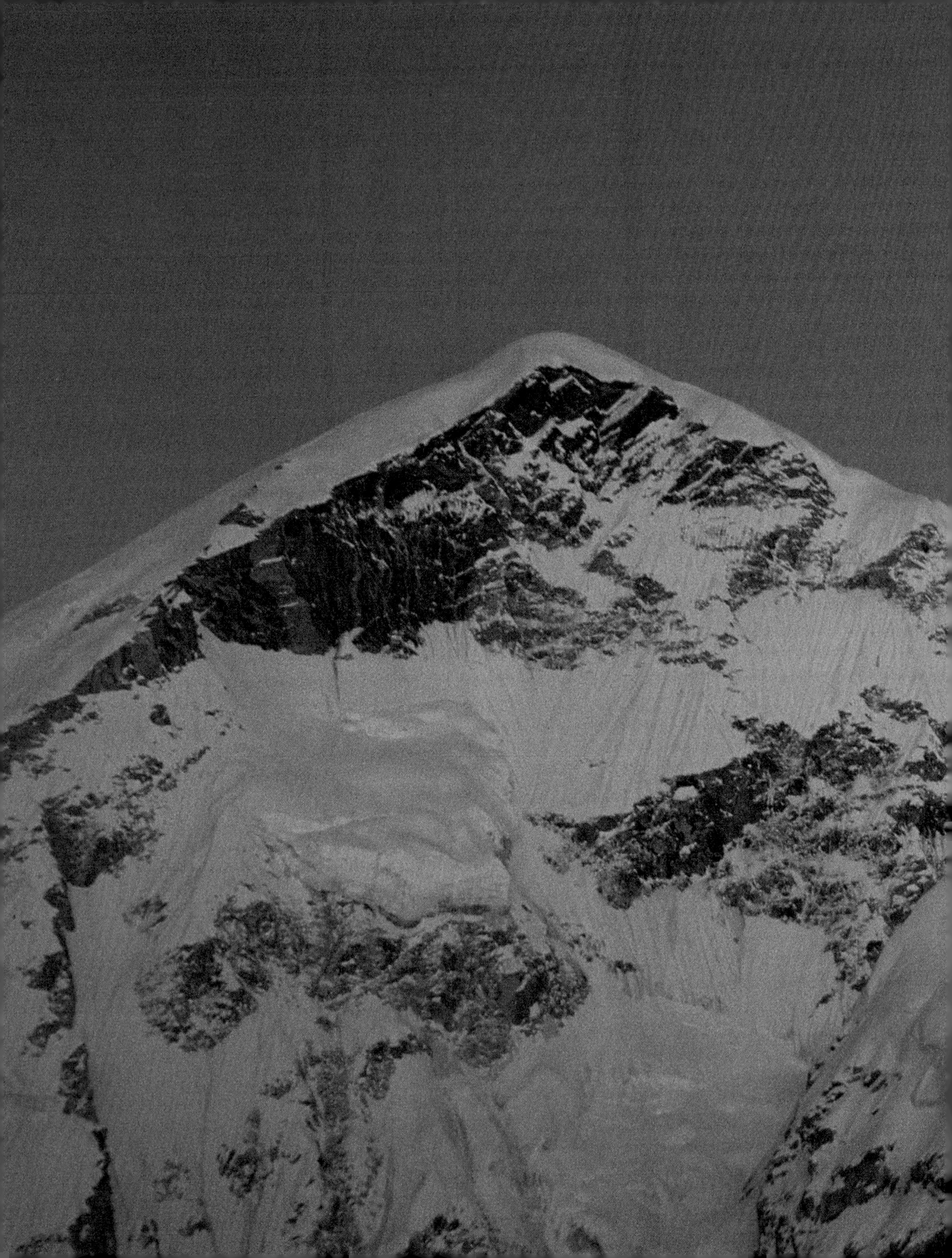

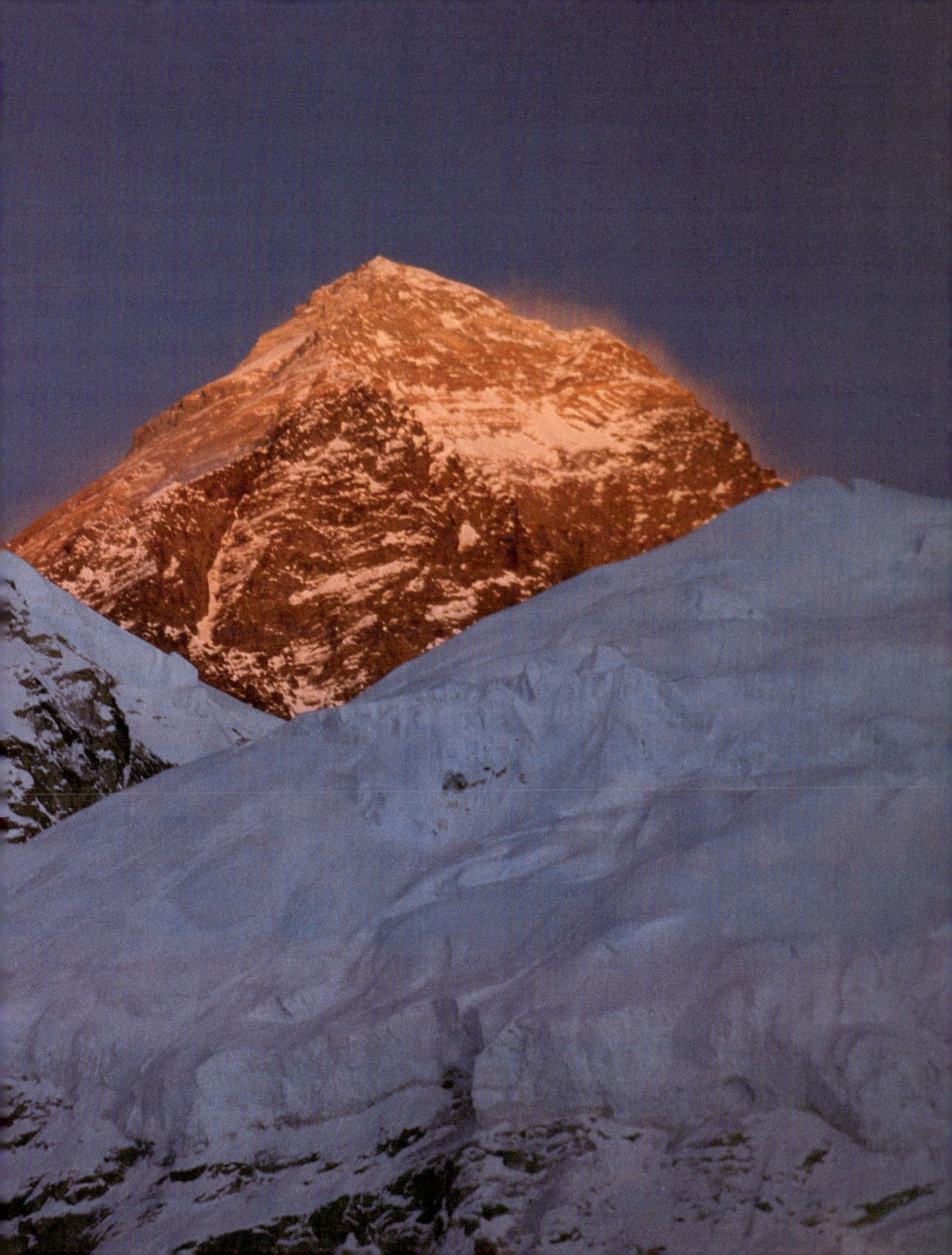

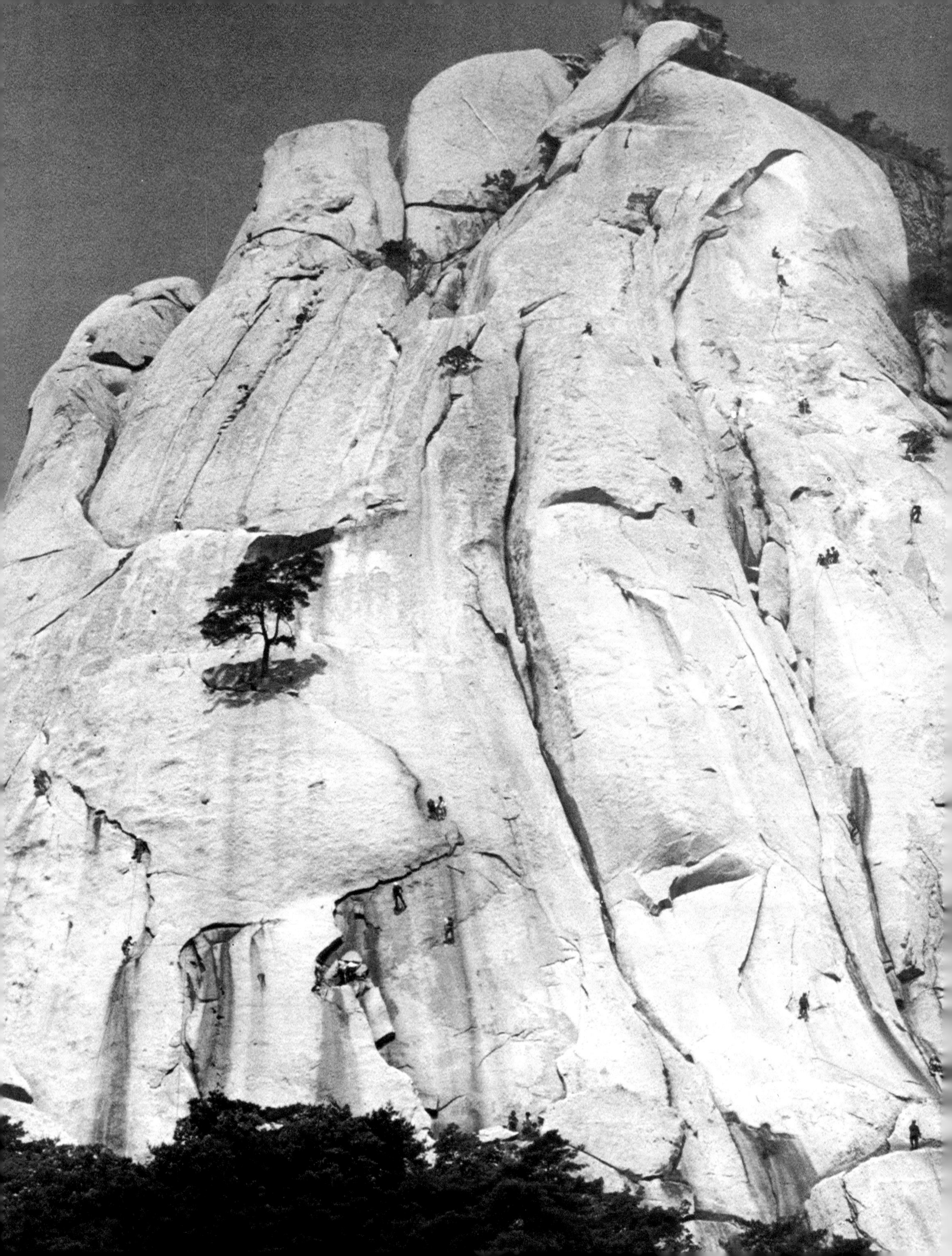

Korea

Bergsteigen im „Land der Morgenstille"

Hermann Huber

**Seite 182:
Hochbetrieb am Sonin Bong (Korea)**

Im Jahr der Olympischen Sommerspiele in Seoul richtet sich mehr als bisher das Interesse der Weltöffentlichkeit auch auf Korea. Die koreanische Halbinsel erscheint ganz grob gesehen wie eine von der Korea-Seestraße unterbrochene Landbrücke im Süden des Riesenreichs der Volksrepublik China zu den japanischen Inseln. Mit etwas Phantasie (so wird es jedenfalls in Korea gedeutet) kann man die Bergketten des Landes auch als südöstliche Fortsetzung des zentralasiatischen Tien Shan betrachten. Etwa 70% der koreanischen Halbinsel sind Bergland – nicht Hochgebirge im strengen Sinn, zum großen Teil bergiges, von dichtem Buschwald bewachsenes Land, ähnlich wie auch in Japan. Der höchste Berg Gesamt-Koreas ist der 2744 m hohe Baekdu-San (Paektu). Der steht in der Nordost-Ecke des koreanischen Hochplateaus im heutigen Nordkorea und wurde 1886 vom britischen Bergsteiger Younghusband erstmals erstiegen. Korea hat mit der Bundesrepublik das Schicksal einer politischen Teilung gemein. Seit dem koreanischen Krieg von 1950–1953 verläuft die Demarkationslinie, die einen noch viel ausgeprägteren „Eisernen Vorhang" darstellt, als dies zwischen BRD und DDR jemals der Fall war, um den 38. Breitengrad und mit etwa 60 km Entfernung von Seoul, der Metropole Südkoreas, relativ nahe.

Der Gebirgskamm, der das Rückgrat der koreanischen Halbinsel und die Wasserscheide bildet, verläuft in Nord-Süd-Richtung nahe der Ostküste. Der höchste Berg Südkoreas, der Halla-San – 1950 m, ist ein Vulkanberg mit kleinem Kratersee und befindet sich auf der der Südspitze Koreas weit vorgelagerten Insel Cheju-Do (in Höhe der japanischen Südinsel Kyushu).

Heute leben ungefähr 40 Millionen Menschen in der Republik Korea (= Südkorea), das dort Taehan-Min'guk heißt. Aus der Distanz des Westens – und zumal Korea bis heute kein eigentliches Fernreiseland ist – mag man vielleicht dazu neigen, eine ethnische und kulturelle Eigenständigkeit Koreas nicht als gegeben zu betrachten. Tatsächlich bestehen viele geschichtliche Bindungen und Verbindungen zum asiatischen Festlandskomplex, und hier insbesondere zu China. Die Vorfahren der Koreaner sind vor ca. 5000 Jahren von dort und aus zentralasiatischen Gebirgsräumen eingewandert. Elemente chinesischer Kultur – Sprache und Schriftzeichen – sind unverkennbar, viele Wechselbeziehungen bestanden über Jahrtausende. Als anschauliches Beispiel aus dem Alpinbereich mag der Begriff für Berg dienen: der in China Shan heißt, in Korea San (Sang) und in Japan ebenfalls San (japanisch Yama und Dake sind detailliertere Begriffe für

Oben: Klettern in Korea; Standplätze als Begegnungs- und Kommunikationszentren.

Fotos: Hermann Huber

Felsszenen in Fernost

Oben: Die großstadtnahen Kletterklötze des Sonin Bong und Insu Bong (rechts)

Rechts: Hermann Huber inmitten seiner koreanischen Freunde

Links: Klettern über der Zehnmillionenmetropole Seoul; am Normalanstieg zum Insu Bong

Unten: „Der Kocher ist etwas ganz Wichtiges in Korea"

„Aktiver Sport ist so gesehen in erster Linie Kommunikation ..."

... so Wolfgang Güllich in seinem Beitrag von Seite 91. Ganz in diesem Sinn offenbar war Hermann Huber in Korea tätig

Fotos: Hermann Huber

Übersichts-
skizze:
Sebastian
Schrank

Berg). Das allen drei Sprachen gemeinsame Schriftzeichen für Berg ist das chinesische 山.

Korea hat eine lange eigenständige Geschichte. Die Epoche der „Drei Königreiche" erstreckte sich vom 1. Jahrhundert v. Chr. bis zum 6. Jahrhundert, als die Halbinsel unter der Dynastie der Silla-Könige vereint wurde, in etwa innerhalb der Grenzen dessen, was heute Süd- und Nordkorea ausmacht. Die nachfolgende Koryo-Dynastie dauerte vom 10. bis zum 14. Jahrhundert. Vor etwa 500 Jahren hat ein mit Weitblick ausgestatteter Herrscher angesichts der komplizierten Vielfalt der chinesischen Schriftzeichen, deren Kenntnis einer dünnen Oberschicht vorbehalten war, die eigenständig gewachsene koreanische Sprache in Schriftform gebracht mit einem relativ einfachen Alphabet von weniger als 30 Buchstaben, das durch Metalldruckformen vervielfältigbar wurde; und dies an die 50 Jahre bevor Gutenberg in Deutschland den Buchdruck erfand!

Konfuzianische und buddhistische Einflüsse haben das historische Korea geprägt, aber auch das Christentum ist heute stark verbreitet. Bis zum großen koreanischen Krieg 1950/53 war Korea ein ausgesprochenes Agrarland und ist es in weiten Teilen heute noch.

Korea war eines der letzten asiatischen Länder, das sich erst gegen Ende des 19. Jahrhunderts nach außen öffnete. Eine besondere Rolle spielten stets die Beziehungen zu Japan, wenn auch vorwiegend unter dramatischen Akzenten: Im Laufe der Geschichte gab es mehrere japanische Überfälle auf das koreanische Festland. Von 1910 bis 1945 war Korea eine japanische Kolonie.

Die großen, ja ungeheuren Anstrengungen der Koreaner, die Leistungen des „großen Bruders" (oder auch Erbfeindes) Japan zu erreichen oder zu übertreffen, sind auf allen Lebensgebieten augenfällig. Wenn man bedenkt, daß Korea 1953 als total verwüstetes Agrarland bei einer Stunde Null anfing und dazu vergleicht, was bis heute daraus geworden ist – mit Blick zum Beispiel auf die Olympischen Spiele von 1988 und ihr Umfeld – so ist mit gutem Grund von einem koreanischen Wirtschaftswunder zu sprechen, das das Leben der Menschen rasant verändert hat. Die Metropole ist auf fast 10 Millionen Menschen angewachsen. Freizeit und Urlaub sowie Geld für das nicht „Lebenswichtige" sind noch immer rar, doch stark im Zunehmen. Die Begeisterung für Natur und Gebirge ist groß. Man schätzt, daß es derzeit um die zwei bis zweieinhalb Millionen Menschen gibt, die gelegentlich oder häufiger ins Gebirge gehen.

Das Bergsteigen ist nicht viel älter als der Beginn der Industrialisierung. In den dreißiger Jahren entstand ein erster Bergsteigerclub und wurden die ersten Schritte der klettersportlichen Erschließung getan, zunächst hauptsächlich von Japanern – der Normalweg zum Beispiel auf den massiven Granitklotz des Insu Bong, direkt nördlich vor der Hauptstadt, stammt aus dieser Zeit.

Da sowohl direkte Beziehungen zwischen koreanischen und deutschen Bergsteigern als auch solche über die alpine Literatur kaum bestanden, ist anzunehmen, daß die alpine Fachterminologie über den Umweg Japan deutsch beeinflußt wurde: Wie dort, bezeichnet man auch in Korea Ausrüstungsstücke und anderes aus der Bergsteigerei englisch oder deutsch, zum Beispiel Seil, Eisen, Pickel, Haken, Hütte – und nicht zu vergessen: Kocher. Der Kocher ist nämlich etwas besonders wichtiges in Korea. Ob man als Kletterer oder Wanderer und Sonntags-Picknick-Mensch unterwegs ist, gekocht wird immer im Freien. Die herzhafte, naturnahe koreanische Küche mit Bul-Kogi = „Feuerfleisch", Gemüse, Grünzeug und Kimchi = scharfer Paprika-Krautsalat wird überall zubereitet. Allerdings haben auch die zahlreichen, bei trockener Witterung vorkommenden Bergwaldbrände hier ihre Ursache. An einem Aprilsonntag 1986 gab es 30 davon. Auch das Zelten im Gebirge ist äußerst beliebt. Man hat nicht den Eindruck, daß es hier bisher Beschränkungen gibt, obwohl eines der sieben Komitees der Korean Alpine Federation (K.A.F.), die UIAA-Mitglied ist, eine Umweltschutzorganisation darstellt.

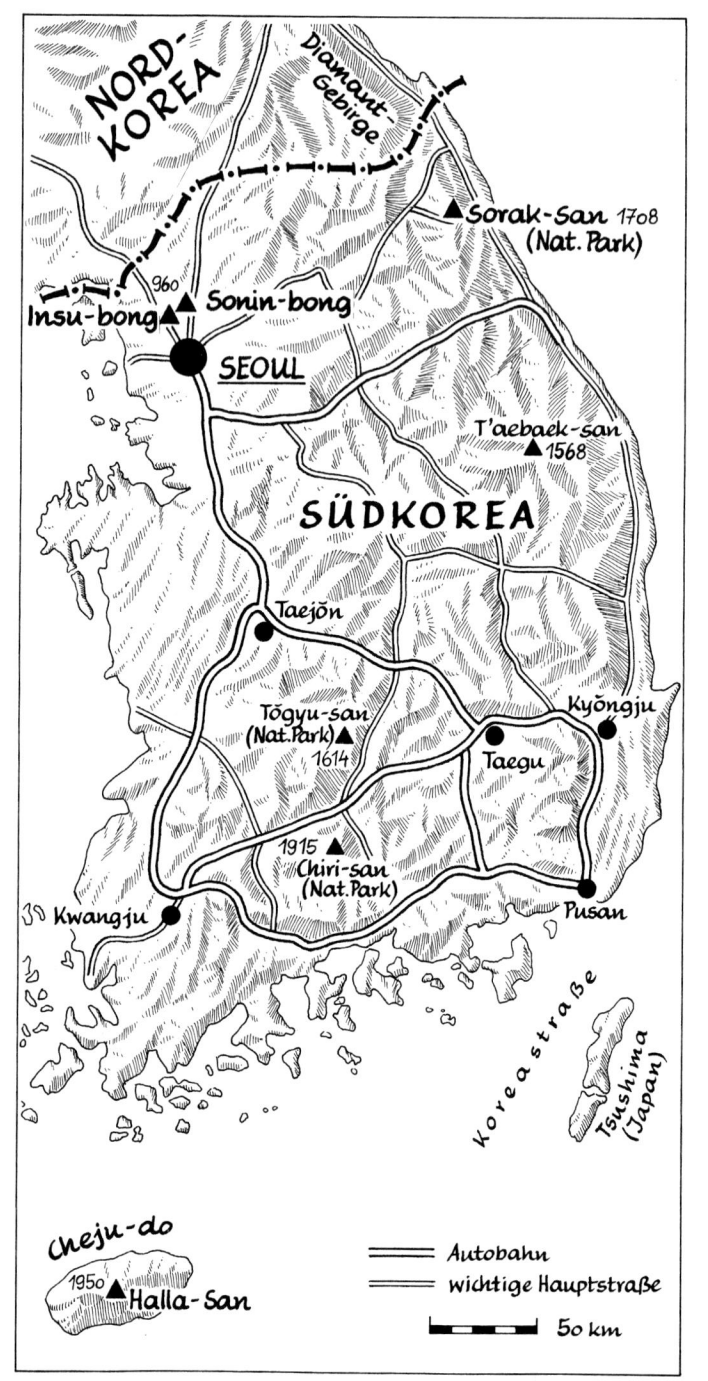

1945 wurde der erste eigenständige Bergsteigerclub gegründet und mit dem Beginn der bergsteigerischen „Neuzeit" um 1960 die K.A.F. Sportlich orientiertes Bergsteigen gibt es seit den sechziger Jahren. Einen besonderen Akzent und Entwicklungsimpuls setzte der bekannte kalifornische Kletterer Yvon Chouinard, der während und nach seiner koreanischen Militärdienstzeit am Yosemite-ähnlichen Fels des Insu Bong zwei heute als Klassiker geltende Kletterwege im amerikanischen Schwierigkeitsgrad 5.9 (= UIAA VI) eröffnete.

Inzwischen hat sich das Felsklettern sehr eigenständig und stark in die Breite entwickelt. Man rechnet, daß heute etwa 30000 Südkoreaner aktiv klettern. Entsprechend verlief die Entwicklung der Kletterclubs. Der K.A.F. hat insgesamt 11 örtliche Hauptsektionen in den wichtigsten Städten (1984), ca. 150000 Mitglieder, dazu fast 1000 Bergsteiger- und Kletterclubs – darunter 100 bis 150 University- und High School Clubs – in Seoul; das sind meist kleine Privatclubs sowie einige Elite-Kletterclubs mit nur männlichen Mitgliedern, aus denen Expeditionsteilnehmer und Spitzenkletterer hervorgehen, in der Regel aus den Universitätsgruppen. Auch ein erster koreanischer Kletterführer wurde vom Korea-AKWOO-Alpine Club herausgegeben. Die Schwierigkeitsbezeichnung orientierte sich bisher, obwohl unterschiedlich angewandt, im wesentlichen an der UIAA-Skala von I–VI, bei zusätzlicher Differenzierung zwischen freien Kletterstellen F 1–6, einer A-Bewertung künstlicher Kletterei, und einer separaten Bewertung der Gesamtschwierigkeit einer Route (overall difficulty) ebenfalls I–VI. Dabei fiel uns am Anfang als reichlich sonderbar auf, daß eine koreanische I–II wie die übliche Südroute auf den Insu Bong durchaus etwa einer alpinen IV+ vergleichbar erschien. Aus der stetigen Entwicklung hin zu höheren Schwierigkeitsbereichen entstand auch die Notwendigkeit zu exakterer Bewertung, wozu man sich heute zunehmend der amerikanischen Skala bedient (z.B. 5.5 bis 5.12). 1987 war in etwa der Grad 5.12 (= UIAA 9) erreicht.

Doch wieder der Reihe nach! Seit 10 Jahren haben wir eigene Korea-Erfahrung. Unsere erste Felsberührung 1980 vermittelte den Eindruck: Das ist ja unglaublich, welch prächtiger Fels hier vor der Haustüre der Hauptstadt steht. Von einer Tätigkeit anderer deutscher Bergsteiger bisher war nichts zu erfahren. Einzelne Amerikaner, hauptsächlich von der Army, waren schon im Fels aktiv gewesen und natürlich nach wie vor einige Japaner. Im Laufe der Zeit lernte ich die Verhältnisse auch aus japanischer Sicht kennen, wo man, Anfang der achtziger Jahre noch relativ stark in der „Eisenzeit" befindlich, den doch recht kühnen Stil der koreanischen Freikletterei im wesentlichen distanziert betrachtete. Die Kletterausrüstung und vor allem das allgemeine Wissen um ihre optimale, auf Sicherheit gerichtete Anwendung war damals in Korea bei weitem nicht auf gleicher Höhe wie die Kletterkunst. Teilweise gilt das noch immer. Aber das war in den dreißiger- und vierziger Jahren in den Alpen im Grunde nicht anders.

Yvon Chouinard (bei dem seit Jahren ein koreanischer Kletterer arbeitet) erzählte um 1970: „Modernes, auf Technik basierendes Klettern ist in Korea noch unbekannt, aber das Naturtalent ist gewaltig: wenn die erst richtig anfangen…". Inzwischen haben sie längst angefangen – und wie, das wollten wir genauer wissen.

**Links:
Bergsteiger-
Familien-
camp am
Sonin Bong**

**Foto:
Hermann
Huber**

westöstliche Seilschaft

Oben:
Hermann Huber und Otto Wiedemann (2. u. 3. v. l.) mit koreanischen Freunden am Do Bong.
Oben rechts: „... diese arschglatten Platten"

Rechts: Auftrieb am Insu Bong

Oben: Plattenkletterei am Sonin Bong

Gering an Höhe, doch von großem landschaftlichem Reiz sind die Seoul-nahen Berggebiete von Sonin Bong und Insu Bong

Yoo Han Gyu mit Partner in der Route „Jodler-buttress" am Sonin Bong

Fotos: Hermann Huber

Aus dem Erlebnis-Tagebuch

1982 ergab sich's, daß wir ein erstes deutsch-koreanisches Bergsteigertreffen veranstalten konnten. Es geriet schließlich zu einem Ereignis, das über private Begegnungen hinausging, weil auch das K.B.S.-Fernsehen dabei sein wollte. Das fing schon damit an, daß man, als wir nach einer Marathonanreise an einem Tag von Shanghai über Hongkong, mit Arbeitsaufenthalt in Taipei, abends müde in Seoul ankamen, uns sofort vom Airport zu einer Livesendung ins Studio schleppte, worauf wir überhaupt nicht eingestellt waren. Doch koreanische Intensität, gepaart mit freundschaftlicher Herzlichkeit, wird uns in der Folge stets umgeben.

„... zunächst ist es schon ganz gut, vom Gastrecht Gebrauch zu machen."

Foto: Hermann Huber

Otto Wiedemann war, weil es sich im Terminablauf so ergab, schon zwei Tage früher hier angekommen und hatte auf einprägsame Art erste Bekanntschaft mit koreanischem Granit gemacht, der – was uns Kalkkletterern besonders unangenehm auffiel – in den zahlreichen Reibungspassagen „überhaupt keine Griffe" aufweist. Mitgenommen noch von Arbeitsstreß und schlafkarger Nacht ziehen wir an einem sonnigen aber windigen Maitag (die gut funktionierende Alpinpresse ist dabei) gemeinsam zum Sonin-Bong, einem mächtigen, rund 20 km nördlich von Seoul-Zentrum in der Do-Bong Sang-Gruppe (Do="Rechter Weg" im ethischen Sinn, Bong=Felsgipfel) stehenden Granitklotz mit einem Dutzend Routen von je 5–9 Seillängen. Ein bißchen wie Yosemite mutet der Fels an während des Anmarsches durch üppig grünen Buschwald. Das bestätigt sich auch bald: herrlicher, kompakter, rotbrauner und rauhkörniger Granit. Doch Risse scheinen rar zu sein – und Sicherungspunkte manchmal auch. In Rissen kann man ja normal „was legen". Aber auf arschglatten Platten? Irgendwann steckt zwar schon mal ein Bohrhaken, aber wie tief diese sehr verdächtigen, kurzen und verrosteten Gewindestummel sitzen, weiß man nicht. Bei vorwiegender Reibungskletterei kommt uns der Fels ab einer gewissen Neigung gleich gar nicht mehr so rauh vor. Doch wir sind ja zu Gast. Und zunächst ist es schon ganz gut, vom Gastrecht Gebrauch zu machen, sprich: nur nachzusteigen.

Die Spider-Route am Sonin Bong wird uns auf „nüchternen Magen" als erstes vorgesetzt. Sie rangiert im IV. (koreanischen) Schwierigkeitsgrad, eine Seillänge V (amerikanisch 5.8 bis 5.9 oder UIAA VI könnte man auch sagen). Nahezu unglaublich, wie die koreanischen „Felskatzen" über die Platten hinaufhuschen, schnell, sicher und sehr weite Strecken frei gehend. In Rissen sehen wir eher wieder mal „Land", weil da nach Sachsen-Brauch „immer was klemmt". Gute Sohlen-Adhäsion, Gleichgewichtsgefühl – und vor allem Vertrauen – ist an den zwar nicht dolomitsteilen, aber oft „spiegelglatten", im Gegenlicht durch die Quarzkörnung silbern schimmernden Platten vonnöten. In dieser Tour wird Otto Wiedemann mit einem urplötzlichen 8-Meter-Faktor-2-Sturz seines Gefährten überrascht, den er dynamisch mit Abseilachter an einem Busch-Standplatz sichernd hält: mit ziemlich altem 9 mm-Einfachseil, versteht sich, weil die meisten hier das so machen; aus Kostengründen und überhaupt. Überdies wird nach einem derartigen Vorfall der bewährte Strick getrost weiter verwendet, denn er ist ja gut. Ob alle so dynamisch sichern wie Otto, ist nicht bekannt. Man kennt die HMS-Sicherung (französich-koreanisch: Kabeston), aber die „Karabiner-Knicksicherung" ist einfacher, folglich recht beliebt. Immer fliegt man schließlich nicht weg, wenn recht eindrucksvolle Sturzhöhen zu erwarten sind (zur Ehrenrettung des Gestürzten: Yoon Dae Pyo ist ein Spitzenkletterer. Er hatte in einem grasigen Riß unbemerkt feuchte Erde an die Schuhsohle bekommen).

Wir hören, daß die Extremkletterei um 1970 begann. Der weiche Schuh, eigentlich völlig unerläßlich in solchem Gelände, kam erst 1976. Viele Haken aus früheren technischen Routen oder Stellen sind heute heraus- oder abgeschlagen. Beim sehr flotten Stil der Spitzenleute nimmt man allerdings Haken oder die häufig darin eingeknoteten, meist uralten, „wurmstichigen" Schlingen rasch

Links: Zweckdienliche
„A-Null"- Spezialtechnik entwickelt
Unten: Treffen im Zeichen praktischen
Erfahrungsaustauschs

Fotos: Hermann Huber

als Griff oder Tritt. Dafür wurde eine zweckdienliche „A-Null"-Spezialtechnik entwickelt, dem oft nicht ganz senkrechten Fels angepaßt: Karabiner-Griff, hochsteigen – durchdrücken (Haken nach außen belasten), Schuh drauf – und dann frei weiter. Anfängern sind scheinbar Trittleitern vergönnt. Es gibt Klemmkeile aller Sorten, auch Friends (wichtig). Aber meistens spart man sich solche Arbeit und geht einfach weiter, denn irgendwo steckt schon wieder ein Haken, oft ein gebohrter.

Natürlich hätten wir nach der ersten „IVer-Tour" gerne gewußt, was dann VI ist, das obere Ende der damaligen Skala, die entfernt auch dem britischen Gradingsystem vergleichbar erscheint. Otto hat's auch ausprobiert, obwohl zu echtem Hineinfinden in die Szene zu wenig Zeit war: ein Toperope-Rißdach, das er „on sight" meisterte, vermutlich UIAA-Grad VII oder VII+. Es hätte auch interessiert, wo die besten Koreaner in Relation zu amerikanisch-europäischem Spitzenstandard stehen. Nach dem zu schließen, was wir von Yoo Han Gyu an einer grifflosen Boulderkante sahen, dürfte der VIII. Grad (UIAA) 1982 nicht mehr unbekannt gewesen sein. Noch allerdings hatten sie nicht die Einstellung unserer besten Sportkletterer, nicht das Training; und Bouldern war nicht stark entwickelt (in Korea hat man weniger Freizeit)! Den Standard exakter auszuloten, kann aber nur Spezialisten gelingen.

Am folgenden Wochenende fand am beliebtesten Kletterberg vor Seoul, am Insu Bong (Insu = Ohr, da liegt in Gipfelnähe ein Riesenblock in „Ohrwaschel-Form"), unser eigentliches koreanisch-deutsches Bergsteigertreffen statt. Der Insu ist nur 960 m

über dem Meer, wirkt aber doch als echter Berg mit vielen Routen von 3 bis 9 Seillängen. Das Treffen stand im Zeichen praktischen Erfahrungsaustauschs, wobei Otto sein umfassendes Wissen als Ausbildungsspezialist und Experte in alpiner Sicherheit und Rettungstechnik optimal einsetzen konnte. Besonderes Interesse fanden seine Selbsthilfedemonstration und die Vorführung der Ein-Mann-Bergemethode, wie sie mit den in jeder Seilschaft vorhandenen Mitteln durchführbar ist. Das Gesehene wurde von koreanischen Spitzenleuten, wie Yoo Han Gyu, der die erste koreanische Bergsteigerschule betreibt, sofort praktisch nachvollzogen. Bei einem sehr praxisnah „geplanten Sturz" mit anschließender Ein-Mann-Bergung an irgendeiner dazu nicht präparierten Stelle war es mir, obwohl ich nur zuschauen mußte, ziemlich mulmig zumute. An einem alten, seicht verankerten Bohrhäkchen, das ich von einer Begehung dieser Route kurz zuvor gut kannte, waren Retter und der zu Bergende exklusiv aufgehängt – dazu noch seitlicher Diagonalzug, weil die Rettung durch Schrägabseilen geschehen mußte!

Das Klettern in Korea schien 1982 auch in der Spitze noch vorwiegend auf „overall performance" ausgerichtet zu sein (weniger auf Spezialisierung). Man nahm häufig auf reine Trainingsklettereien den Rucksack und alles mögliche mit, was man nicht braucht, sei es, weil man gern viel Brotzeit dabei hat, aber auch mit Blickrichtung auf Training fürs Gebirge oder für Expeditionen. Hängematten-Biwaks im Zug von zwei- bis dreitägigen Trainings-

Links: Der Ul-San-Am-Bawi im Sorak San-Nationalpark. Unten: Yoo Han Gyu am „Bavarian-Beer-Power-Roof"

Rechts: Der Wackelstein bei der Mönchsklause unterm Ul-San-Am-Bawi

Fotos: Hermann Huber

Oben: Der Kletterer ohne Hände

klettereien, auch in Wettkampf-Form mit Team-Wertung bei täglich 8 bis 10 Routen am Insu Bong, sind für die Topleute nichts Außergewöhnliches. – Wer „spinnt" bei uns heute in solcher Richtung?
Jedenfalls gibt es in Korea nicht nur einzelne sehr starke und mutige Kletterer. Diese Burschen können im Grunde „alles" machen. Sie sind auch in den Alpen, neuerdings im Yosemite und in den Bergen der Welt schon dabei. Zwar sind die Finanzen noch knapp, doch Ausnahmen gibt's immer! So ist der Chef einer erfolgreichen Musikkassettenfirma gleichzeitig im Vorstand der Korean Alpine Federation (zu deren Ehrenmitgliedern man uns gemacht hat) und stellt aufwendige Himalaya-Expeditionen auf die Beine.
Bei der alpinistischen Grundeinstellung weiter Kreise liegt es nahe, daß Winterbergsteigen und in neuer Zeit, seit es entsprechende Ausrüstung dafür gibt, auch sportliches Eisklettern im Kommen ist. Die Kühnheit des Felskletterns wird dabei auch auf das noch bedeutend delikatere Element Eis übertragen. Wir kommen darauf noch zu sprechen.
Unfälle können eigentlich bei der vorherrschenden Einstellung nicht selten sein. Allein am Insu Bong stürzten im Verlauf des Monats vor unserem Besuch zwei ganze Seilschaften ab. Dies wohl hauptsächlich deshalb, weil das Wissen um Möglichkeit und Erfordernisse der Standplatzsicherung unter den technisch tatsächlich verfügbaren Mitteln liegt. Beeindruckend ist die Geduld und Beharrlichkeit, mit der Scharen von Anfängern die einzelnen Praktiken des Kletterns, der Seiltechnik, des Abseilens und was alles dazugehört üben. Bewundernswert ist das geduldige Warten an den Standplätzen. Wem unsere Berge und Kletterrouten überlaufen vorkommen, dem sei zur Relativierung seiner Begriffe ein schöner Sonntag am Insu empfohlen. Eine Besonderheit der Seouler Kletterszene ist nämlich auch, daß die aus 10 Millionen Einwohnern sich rekrutierenden Felsenthusiasten alle in einem relativ knappen Gebiet direkt vor der Hauptstadt ihr Betätigungsfeld suchen. Manchmal kommt es dabei zu einem Riesen-Seilverhau. So ist es vor einigen Jahren geschehen, daß an der Normalroute des Insu Bong bei einem unerwarteten Schneesturm im Mai sieben Kletterer den Erfrierungstod fanden – wegen des unauflöslichen Seildurcheinanders, das mehrere Seilschaften buchstäblich gefangen hielt! All das klingt vielleicht etwas nach „Kamikaze". Wie dem auch sei, wir hatten den Eindruck, daß die koreanischen Kletterer gewiß ebenso gerne leben wie wir, daß es aber nicht wenige gibt unter ihnen, die Gefahr zumindest aus gelassenerer Distanz zur Kenntnis nehmen als der Durchschnitt bei uns. Die wenigen japanischen Kletterer, hauptsächlich aus Osaka oder Tokyo, die ins Klettergebiet von Seoul kommen, sprechen mit hohem Respekt von den Anforderungen der Kletterei in diesem Gebiet.
1984 trafen wir – mit Kletterschuhen im Gepäck – erneut unsere guten Freunde von früher. Sepp Gschwendtner war diesmal dabei. Er sollte mitteleuropäisches Freiklettererverständnis in Korea bekannt machen. Wieder war Im Deok Young, mein „koreanischer Reserve-Sohn", auch mein Seilpartner (wir haben uns inzwischen auch mehrmals in Europa getroffen; er studierte in Mailand Design und wir arbeiten in Deutschland zusammen).

Die internationale Seilschaft lebt also und funktioniert. Im Deok Young und einige andere unserer Gefährten haben auch Alpenerfahrung. Die berühmtesten Ziele, sowohl für Koreaner als auch Japaner, sind nach wie vor die drei klassischen Alpennordwände von Matterhorn, Eiger und Grandes Jorasses-Walkerpfeiler. Dafür ist man bereit, sich notfalls einen ganzen Sommer hinzusetzen, wenn man es schon als einer der wenigen geschafft hat, die teure Reise zu finanzieren und aus dem straff reglementierten Arbeitsleben auszubrechen.

Sepp war also 1984 mit von der Partie, um das Saatgut der Rotpunktidee auszulegen: Es fiel auf fruchtbaren Boden, er fand gelehrige Schüler. Die ersten freien Begehungen einiger der gängigsten Routen am Insu Bong – zum Beispiel die klassische Chouinard B-Route, die bis dahin nur mit Hakenhilfe möglich war, bekam ihre „zweite Erstbegehung", ebenso die Plattenroute an der Insu-Südwand und einige mehr. Auch beim Bouldern an den herrlichen Granitblöcken im Buschwald unter dem Dobong Sang setzte Sepp einen neuen Maßstab. Sepp am nächsten kam, zwar noch mit markantem Abstand, Yoo Han Gyu, den wir schon die Jahre zuvor als eindeutig besten koreanischen Kletterer kennengelernt hatten. Hier fehlte wohl hauptsächlich Spezialtraining.
Als Markstein hinterließ Sepp an einem Rißdach gegenüber dem Insu-Massiv damals seine Erstbegehung „Bavarian Beer Power Roof" (eine halbe Seillänge, Grad 5.11 c/VIII). Trotz verbissener Versuche konnte die nicht sofort von einem der staunenden Anwesenden wiederholt werden. Die vielen Zuschauer bei Sepps Erstbegehung, Kletterer und Wanderer, fanden sich hernach mit anderen Leuten auf der Insu-Hütte ein, wo wir mit dem lustigen Hüttenwirt trotz sprachlicher Schranken eine „Fetz'n-Gaudi" hatten. Und da gab's noch eine eindrucksvolle Begegnung: Der Kletterer ohne Hände, mit seinem Seilpartner. Wie er in gutem Englisch erzählte, hat ihm im Krieg eine Explosion beide Unterarme abgerissen. Seine Metallgreifzangen hat er selbst erdacht und konstruiert: Dies schon eine fast unglaubliche Art der Lebensbewältigung – doch er geht zudem Klettern und will sich demnächst im Eisklettern versuchen.
Zahl und Können der koreanischen Klettermädchen nimmt stark zu. Zwar kann sich eine lange Tradition, die, wie auch in Korea, den Frauen eine devote, sich unterordnende Rolle vorschreibt, nicht über Nacht in amerika-ähnliche Emanzipation umkehren. Doch hat es schon erfolgreiche, reine Frauenexpeditionen gegeben.
1986, 87 und 88 kamen wir abermals nach Korea. Eine neue Generation talentierter und hart trainierender Sportkletterer war herangewachsen. Bei einem Besuch von Sepps Rißdach konnten wir ganz deutlich die Weiterentwicklung feststellen. Der Name „Bavarian Beer Power Roof" war für unsere koreanischen Freunde wohl zu kompliziert. Inzwischen war es das "Tiger Roof" und hatte ca. 30 Begehungen. Eine solche führte uns ein junger Felsathlet vor, der „Power Lee" (jeder dritte oder fünfte Koreaner heißt Lee). Mit Lee und unter Reiseführung unseres langjährigen Freundes I. S. Hong hatten wir '86 Gelegenheit, den Sorak-San-Nationalpark nahe der Ostküste Koreas zu besuchen: Eine Art Mini-El Capitan steht dort – der Ul-San-Am (Bawi = Fels). Ein

breiter Kamm von etwa 200 m Felshöhe. Hier an dem nicht rotbraunen, sondern grauen Supergranit kletterten wir zu fünft – auch Heinz Claus aus Salzburg war mit von der Partie – an diesem stürmischen Aprilsonntag. Landschaft, Fels und Kletterei empfanden wir wirklich als großartig, aber was unser „Power Lee" an der Südpfeilerroute, der South Buttress, an Sicherungstechniken und Seilarbeit in einer ihm nicht vertrauten, etwas komplizierteren Seilschaftsanordnung aufführte, lehrte uns ein bißchen das Gruseln und stand im krassen Mißverhältnis zu seiner hochentwickelten Kletterkunst. Man erzählte uns, daß er seiner kühnen Solokletterei wegen eigentlich schon tot sein müßte. Doch hatte er unglaublich Glück gehabt, als er letztes Jahr bei einer schwierigen Alleinbegehung stürzte, weil eine der uralten, sonngebleichten Bandschlingen, wie sie in vielen Haken hängen, gerissen war. Damals flog er so „geschickt" in die Seile einer anderen, unterhalb kletternden Seilschaft, daß er aufgefangen wurde.

Korea hat wegen des herrschenden Kontinental-Klimas meist sehr kalte Winter. Daher gibt es viele gefrorene Wasserfälle. Die größten davon befinden sich im Sorak-Sang. Mit ungefähr 300 Höhenmetern insgesamt ist der zweistufige Towang-Sang Koreas bedeutendste Steileiskletterei. Anfang April '86 war die riesige Eiskaskade noch da, allerdings wohl kurz vor dem Abbrechen: Ein eindrucksvoller Anblick. Dieses Hochziel der Eisfallkletterer hat schon in den ersten Jahren seiner Begehung (ab ca. 1981) zahlreiche Opfer gefordert.

Auf einer Berghütte im Sorak lernten wir Yoo Chang Seo kennen, den legendären, um die 50 Jahre alten Pionier der Fels- und Eiskletterei und erprobten Bergrettungsmann. Zur Lösung seiner eigenen Problemstellungen entwickelte er wo nötig selbst die passende Ausrüstung, so in den sechziger Jahren bestimmte Holzkeile, um gewissen, bis dahin nicht kletterbaren Rissen beikommen zu können. Vor allem aber ertüftelte Yoo Eissicherungsmittel, Haken, zur Bezwingung des Towang-Sang. Der vertikale obere Teil des Eisfalls war damit zwar noch nicht zu machen, doch gelang es ihm erstmals, die untere Steilstufe zu überklettern. Der Besuch bei Yoo bescherte uns überdies einen erinnerungswerten koreanisch-deutsch-österreichischen Hüttenabend mit Gesang und Gitarre, wie dies bei uns zu Hause eher rar wird.

Der Sorak Sang-Nationalpark liegt ganz nahe der nordkoreanischen Grenze. Der höchste Sorak-Gipfel erreicht 1700 m. Gleich jenseits der Grenze steht noch ein dem Ul-San-Am ähnlicher Felskamm, das „Diamant-Gebirge". In dem für westliche Urlaubsreisende bis vor kurzem geschlossenen Nordkorea ist der Klettersport so gut wie unbekannt, aber Bernd Arnold aus dem Elbsandstein war vor ein paar Jahren dort und hat einige tolle Klettereien im VIII. Grad eröffnet. Er ist ebenso begeistert über das, was er fand – noch dazu in praktisch jungfräulichem Gebirge –, wie wir davon, was wir etwas weiter südlich im Land, auf der anderen Seite des „Eisernen Vorhangs" kennenlernen durften.

Der Sorak ist ein weitläufiges, buschwald-bedecktes und von vielen kleineren Wasserläufen durchzogenes Berggebiet mit idealer Eignung zum Wandern. Besonders schön muß der Herbstwald sein. Es gibt eine Skistation, stark nach Tiroler Vorbild aufgezogen, allerdings für alpine Begriffe mit sehr kurzer Lifttrasse. Tourenskilauf ist bis jetzt nicht entwickelt und hat auch in

Rechts: Yoo Chang Seo, Pionier der Fels- und Eiskletterer in Korea. Rechts daneben: Der Towang-Sang Ice-Fall nach Abbruch der untersten Stufe.

**Links:
Meditations-
klause unterhalb der
Ul-San-Wände**

dem Dickicht wenig Chancen. Einzelne Pioniere fanden steile, lawinengefährliche Rinnen und seilten sich auch schon von Bäumen zur nächsten Schneezone ab. Winterbergsteigerei „zu Fuß" dagegen ist populär und wird von etwa einem Viertel der Sommerbergsteiger betrieben. Obwohl es überall in Korea Berge gibt, liegen die Zentren dieser Aktivitäten im nördlichen Teil Südkoreas.

In manchen der Bergtäler, doch auch höher oben gelegen, gibt es alte buddhistische Klöster und Schreine. Die lassen in ihren Stilelementen trotz aller Eigenständigkeit auch Gemeinsames erkennen mit Tempeln in China oder Japan. Taoistische Vorstellungen finden bei einem Teil der jungen Bergfreunde, die ihr Bergwandererlebnis mit Rückbesinnung auf alte Kulturinhalte verbinden, eine Renaissance – auch innerhalb mancher Klubs. Beim Aufstieg zu unserer Ul-San-Kletterei kamen uns Hunderte von Menschen aller Altersgruppen von oben entgegen: Sie hatten schon den Sonnenaufgang am Gipfelkamm mit Blick nach Osten auf das nahe Meer erlebt. Besonders eindrucksvoll empfanden wir die Stimmung in und vor der uralten Meditationsklause buddhistischer Mönche in einer Granithöhle, ein Stück unterhalb der Ul-San-Wände. Gleich neben dieser Klause liegt seit undenklichen Zeiten eine viele Tonnen schwere Felskugel. Zwei bis drei Leute können den „Wackelstein" zum Schwanken bringen. Schon bald auch nach diesem einprägsamen Ausflug tauchten wir wieder im Gewühl der 10-Millionen-Metropole Seoul unter.

Korea – ein Land im rasanten Sog industrieller Entwicklung – ist gefordert, die Brücke zwischen gewachsener Kultur und den Einflüssen der Neuzeit zu finden und sie zu festigen. Einer der lange gewachsenen Begriffe des Sozialverhaltens ist für Koreaner Yejol. Er bedeutet eine Art umfassenden Anstand, der innere Zuwendung über die Erreichung momentaner Vorteile stellt. Yejol ist in Gefahr (wie überall in der Welt), durch die wirtschaftlich-technische Entwicklung zusätzlich Schaden zu leiden.

Die zuverlässige „Kernigkeit", die unter manchmal etwas rauher Schale zu verbergen man Koreanern nachsagt, wir haben sie bei unseren Gefährten und Gastgebern erlebt in Verbindung mit fröhlicher Herzlichkeit. Wir kommen gerne wieder, wann immer es sich einrichten läßt. Zwar gibt es in Korea keine bayerischen Biergärten, doch koreanisches Bier ist recht genießbar, besonders nach einer schönen Tour. Gômbé(i) – Prost Freunde!

**Oben: Koreanisch-
deutsch-österreichischer
Hüttenabend bei
Yoo Chang Seo:
Gômbé – Prost
Freunde!**

**Fotos:
Hermann Huber**

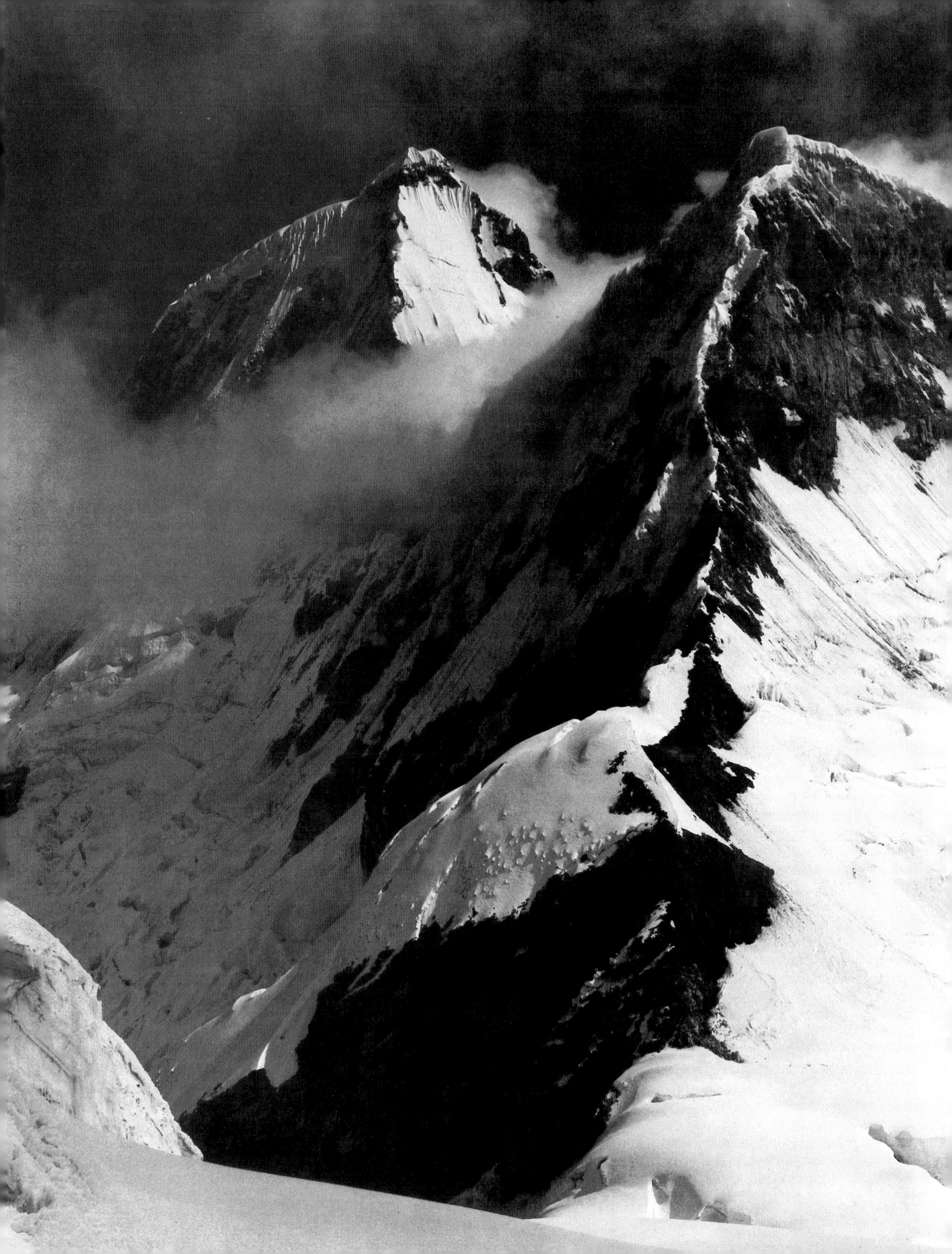

Alpinismus International

Bedeutende Unternehmungen 1987

Chronik von Dieter Elsner

Die Reihenfolge der Chronik entspricht der alphabetischen Reihenfolge der Kontinente, deren Gerbirgsgruppen wiederum geographisch unterteilt sind. Der Berichtszeitraum erfaßt das Kalenderjahr 1987, die Winterexpeditionen 1987/88 in Nepal und einige Besteigungen in Patagonien von Anfang 1988 wurden ebenfalls mit aufgenommen. Die Chronik erhebt keinen Anspruch auf Vollständigkeit; alljährlich erreichen uns nach Redaktionsschluß noch Expeditionsberichte.

Aus Platzgründen sind nur erforgreiche Unternehmungen berücksichtigt (wobei dabei subjektiv erfolgreiche Fahrten – durchaus auch ohne Gipfelerfolg – nicht aufgeführt werden können).

Für das Zustandekommen der vorliegenden Chronik danken wir allen Expeditionsbergsteigern, die ihre Berichte zur Verfügung stellten. Ganz besonderer Dank gilt Adams Carter, Redakteur des American Alpine Journal; Jozef Nyka, „Taternik"- Redakteur, Warschau und Elizabeth Hawley, Kathmandu.

Ganz besonders möchte ich an Mike J. Cheney erinnern, der jahrelang die Berichte der Expeditionen in Nepal zur Verfügung stellte. Mike Cheney starb im vergangenen Februar in Kathmandu.

Abkürzungen:
AAJ   American Alpine Journal
Bgst.   Der Bergsteiger
CL   Climbing
DAV Mt.   DAV Mitteilungen
M   Mountain

Seite 196:
Der Huandoy in der Cordillera Blanca (Peru)

Foto:
Franz Bauer

AMERIKA (Nord)
Alaska

Broken Tooth

Mugs Stumps und Steve Quinlam erschlossen Mitte Mai eine neue technische Route über die Südwand.
Tom Bauman und Jack Lewis gelang die erste Besteigung des Westgrats.
AAJ, 1988, S. 109

Mount Kimball, P 10.310 und P 11.288

Eine neue Route auf den Mount Kimball gelang J. Bouchard und J. Rueter. Im Februar wurde erstmals der P 10.310 von D. Buchanan und M. Wumkers erschlossen.
Bouchard und Dan McCoy bestiegen den P 11.288   AAJ, 1988, S. 118

Ruth Gorge Peaks

Die Österreicher A. Orgler und S. Jöchler kletterten Anfang Juli einige lohnende Routen oberhalb Ruth Gorge, z.B. den ca. 1600 m hohen Ostpfeiler des Bradleys.
AAJ, 1988, S. 113

West Trpyramid, 3572 m

S. Gik, R. Waitman und C. Beaver beendeten am 22.8. die Erstbesteigung über den Nordwestgrat (40-50° im Eis).   AAJ. 1988, S. 117

AMERIKA (Süd)
Peru

Cordillera Blanca

Huandoy Norte, 6395 m

Die Jugoslawen D. Tic, M. Freser und M. Romih durchstiegen in der Nordwand eine neue Route. Vom 29. Juni bis zum 2. Juli kletterten die drei durch die Wand, Schwierigkeiten: bis VII- im Fels, bis zu 70° im Eis.
AAJ, 1988, S. 158

Huandoy Este, 6070 m
Chopicalqui, 6345 m

Romih und Tic kletterten im Mai eine neue Route in der Ostwand des Huandoy Este und eine neue Route in der Westwand des Chopicalqui.
M 119, 1988, S. 11

Palcaraju Sur, 6110 m

Die Jugoslawen P. Poljanec und Z. Trusnovec kletterten eine neue Route in der Südwand.
M 119, 1988, S. 11

Santa Cruz, 6259 m

Am 7. und 8. Juni gelang vier Jugoslawen erstmals die 1200 m hohe Südwand, Schwierigkeiten im Fels bis VI, Steilheit im Eis bis 90°.
AAJ, 1988, S. 160; M 119, 1988, S. 11

Torre de Parón

Vier junge Spanier kletterten über den 900 m hohen Ostpfeiler in neun Tagen auf den Gipfel, den sie am 20. August erreichten. Schwierigkeiten: VI+, A3.
J. Nyka

Cordillera Huayhuash

Jirishanca, 6126 m

Am 8. und 9. August kletterten die Österreicher T. Ponholzer und M. Burger durch die Westwand.
AAJ 1988, S. 163

Cordillera Vilcabamba

Mellizos, 5410 m

C. Buhler und P. Harris kletterten erstmals durch die Nordostwand (24. August) und stiegen über den Nordgrat ab.
M 119, 1988, S. 11

Pumasillo, 6070 m

C. Buhler und P. Harris durchstiegen erstmals vom 26. bis zum 28. August die Ostwand.
M 119, 1988, S. 11

Cordillera Volcanica

Nevado Ampato, 6350 m

Ein polnisches Team kletterte am 1. Juli eine direkte Route durch die Südostwand auf den Nordostgipfel. Kurz zuvor wurden alle drei Ampato-Gipfel überschritten.
M 119, 1988, S. 11

Bolivien

Cordillera Real

Mururata, 5868 m
Pico Schulze, 5830 m

Drei neue Routen eröffneten jugoslawische Bergsteiger in der Cordillera Real. Am 18. Mai erfolgte der neue Anstieg in der Südwand des Mururata mit sehr steilen Eispassagen (60 – 90°). Am 26. Mai wurden die Südost- und Südwestwand des Pico Schulze durchstiegen.
AAJ, 1988, S. 164

Chile

Zentral-Anden

Cerro Rincon, 5300 m

D. Rodriguez und D. Alessio eröffneten im Mai eine neue, 1100 m hohe Route in der Ostwand.
M 119, 1988, S. 11

Argentinien

Zentral-Anden

Aconcagua, 6959 m

Im Januar konnte eine 14-köpfige Mannschaft aus Polen schöne Erfolge am höchsten Berg Südamerikas verbuchen. U. a. konnten die Südwand auf der Franzosen-Führe durchstiegen werden, es glückte die erste Damenbegehung der Argentinier-Route und die dritte Begehung der schwierigsten Südwand-Route, des Jugoslawen-Pfeilers.
J. Nyka

Aconcagua, 6959 m

Die Jugoslawen Romih und Tic wiederholten die direkte Franzosen-Route in der Südwand zwischen dem 18. und dem 23. Februar.
Am Tupungato, 6550 m, eröffneten sie in der Südwand eine neue Route.
M 119, 1988, S. 11

Cerro Mercedario, 6770 m

Der vierthöchste Berg Südamerikas wurde von einem italienischen Team auf einer neuen Route bestiegen. Die Route erschließt den linken Teil der fast 2000 m hohen Südflanke; zwei Hochlager – in 5270 m und 6200 m – wurden errichtet. Am 31. Januar standen drei Bergsteiger auf dem Gipfel.
J. Nyka

Patagonien

Cerro Torre

Bis zum 19. Februar '88 waren 36 Bergsteiger auf dem Gipfel, alle über die Maestri-Route. Die Italienerin Rosanna Manfrini war die erste Frau auf dem Gipfel (zusammen mit M. Giordani).
AAJ, 1988, S. 178

Fitz Roy

Silvia FitzPatrick und E. Brenner kletterten über die Argentinier-Route auf den Gipfel. Damit wurde der Fitz Roy zum zweiten Mal von einer Frau bestiegen. Das erste Mal war es Romy Druschke 1978, die mit ihrem Mann die Amerikaner-Route machte.
AAJ, 1988, S. 175

San Lorenzo

Vier Italiener bestiegen den Berg zum sechsten Mal. Im Januar wiederholten sie den Ostgrat, den ein Jahr zuvor ein Team aus Südafrika erstmals begangen hatte.
AAJ, 1988, S. 174

In der nördlichen Araca-Gruppe der Cordillera Quimsa Cruz wurden von der Bayreuther Andenexpedition 18 bedeutende Gipfel zwischen 4900 und 5300 m erstmals bestiegen (s. S. 167–174 in diesem Buch). Im Bild Punkt 5021 im linken Taruj Umaña Tal.
Foto: Hermann Wolf

ASIEN

Sikkim Himalaya

Kangchenjunga Himal

Jannu, 7710 m

Eine niederländische Expedition unter der Leitung von Gerard C. van Sprang war an der Nordwand auf Neulandsuche. Am 9. Oktober starteten E. Öfner und der Leiter von Lager II auf 6100 m Richtung Gipfel. Nach zwei Biwaks erreichte Öfner allein am 11. Oktober den höchsten Punkt. Vom letzten Biwak stiegen beide wieder gemeinsam ab. Zwei Mitglieder stürzten nach dem Gipfelerfolg tödlich ab. AAJ, 1988, S. 191

Jannu, 7710 m

Eine kleine französische Expedition unter P. Beghin durchstieg die Nordwand auf der Neuseeländer-Route. Beghin und E. Decamp erreichten den Gipfel von Lager I (5400 m) im Alpinstil am 25. Oktober.
AAJ, 1988, S. 192

Jannu, 7710 m

Eine weitere französische Mannschaft unter H. Sigayret war am Jannu tätig. Mit drei Hochlagern wurde der Südgrat erklettert, M. Vincent und F. Valet erreichten den Gipfel am 6. November. AAJ, 1988, S. 192–193

Kangchenjunga, 8586 m

Zwei Australier, M. Groom und J. Coulton, bestiegen den Gipfel über die Südwand. Von einem Hochlager auf 7900 m kletterten sie am 10. Oktober auf den höchsten Punkt. M 120, 1988, S. 11

Nepal Himalaya

Barun Himal

Ama Dablam, 6856 m

Eine griechische und eine amerikanische Expedition waren im April am Südgrat erfolgreich. M. Cheney/E. Hawley

Ama Dablam, 6856 m

Eine Winterexpedition aus Amerika bestieg den Berg am 23. und 26. November, also ein paar Tage vor dem Beginn der amtlich festgesetzten Wintersaison. Alle fünf Bergsteiger dürfen in den nächsten Jahren keinen Berg in Nepal besteigen. J. Nyka

Makalu, 8481 m

Eine neunköpfige amerikanische Expedition aus Colorado unter der Leitung von G. Porzak war eine der wenigen, die im Frühjahr 1987 an den Achttausendern erfolgreich war.
Zwei Gruppen bestiegen den Berg über den Nordwestgrat (Normalweg). Am 12. Mai erreichten der Leiter, Ch. Pizzo und der Sherpa L. Nuru den Gipfel, am 16. Mai folgten G. Neptune, der Sherpa D. Nuru und M. Lal.
J. Nyka

Paine Gruppe

Erste Winterbesteigungen glückten zwei Italienern, L. Leonardi und M. Manica erreichten am 28. Juni den Torre Norte über die Monzino-Route, danach gingen sie zum Torre Sur, den sie über die Aste-Route bestiegen (Gipfel am 11. Juli). J. Nyka

ANTARKTIS

Mount Minto 4163 m

Ziel einer elfköpfigen Mannschaft war der unbestiegene Mount Minto in der Admiralty Kette des nördlichen Victoria Landes. Am 21. Februar 1988 wurde der Gipfel erreicht. J. Nyka

ARKTIS

Grönland

Eine vierköpfige österreichische Mannschaft aus Lienz konnte in Südgrönland die Österreicher-Route von 1974 in der Südwand des Ketil Fjeld wiederholen. Eine neue Route eröffnete sie an der Ostwand des Kirkespiret. AAJ, 1988, S. 154

Khumbu Himal

Cho Oyu, 8201 m

In der Vormonsun-Saison wurde der Gipfel von zwei Bergsteigern aus Chile und dem Sherpa Ang Rita über die Südwestroute bestiegen, der höchste Punkt wurde am 29. April erreicht. Ang Rita stand zuvor bereits dreimal auf dem Everest.
J. Nyka

Cho Oyu, 8201 m

Eine internationale Bergsteigergruppe (13 Teilnehmer) unter der Leitung von M. Schmuck war über die Nordwestflanke erfolgreich. Die Anreise erfolgte von Kathmandu nach Tingri in Tibet. Zwischen dem 29. April und dem 12. Mai erreichten alle Teilnehmer bei teilweise widrigen Wetterverhältnissen den Gipfel.
Bgst. 8, 1987, S. 64

Lhotse Shar, 8400 m

Y. Tedeschi konnte als Teilnehmer einer französischen Expedition (mit indischer und nepalesischer Beteiligung) als einziger den Gipfel erreichen. Der Aufstieg erfolgte über den klassischen Südostgrat (Gipfel am 20. Mai). Der ursprüngliche Plan, die Überschreitung zum Lhotse zu machen, wurde aufgegeben.
M. Cheney/E. Hawley

Ngozumba Kang II, 7743 m

Eine jugoslawische Mannschaft war auf einer neuen Route in der Südwand erfolgreich. Vier Lager wurden errichtet, am 11. November standen Kovačević und Puzak, zwei Tage später Butcović und Alikalfić auf dem Gipfel.
J. Nyka

Pumori, 7145 m

Eine große japanische Expedition war am Südwestgrat erfolgreich. Acht Japaner und ein Nepali erreichten am 12. Oktober den Gipfel.
AAJ, 1988, S. 207

Pumori, 7145 m

Eine kleine Expedition aus Deutschland mit Südtiroler Beteiligung war ebenfalls am Südwestgrat erfolgreich. Am 24. Oktober erreichten R. u. P. Bolesch mit J. Knappe, zwei Tage später S. Holzer den Gipfel. (Siehe dazu den Beitrag auf Seite 175)
DAV MT. 2, 1988, S. 96

Pumori, 7145 m

Der Franzose M. Batard und die Sherpas Sundare, Ang Dorje und Nima bestiegen den Berg über die Ostwand.
AAJ, 1988, S. 207

Jugal Himal

Lönpo Gang, 6979 m (Big White Peak)

Die dritte Besteigung des Berges glückte einem koreanischen Team auf einer neuen Route vom Langshisa Tal aus über die Westwand. Drei Lager wurden errichtet. Am 27. September gelangten zwei Koreaner und ein Sherpa auf den Gipfel.
J. Nyka

Seite 200: Die Annapurna I war Ziel von zwei spanischen Expeditionen. Rechts der Hauptgipfel (8091 m), in Bildmitte der Nordostgipfel (8023 m), dazwischen die Annapurna Central (8064 m).

Foto: Franz Bauer

Langtang Himal

Langtang Ri, 7239 m

Eine japanische Expedition war am Südwestgrat erfolgreich. Der Gipfel wurde am 17. und 18. April von mehreren Teilnehmern erreicht. Der Südwestgrat ist bisher die einzige Route am Berg. M. Cheney/E. Hawley

Ganesh Himal

Ganesh V, 6986 m

Die dritte Besteigung des Berges und die erste über den Südgrat glückte einer japanischen Mannschaft. Vier Lager wurden errichtet, am 4. Oktober der Gipfel von zwei Japanern und zwei Sherpas erreicht.
AAJ, 1988, S. 213

Gurkha Himal

Manaslu, 8156 m

Eine zehnköpfige Mannschaft aus Österreich unter A. Haid war auf der Normalroute erfolgreich. Am 7. Oktober erreichten J. Etschmayer, W. Hauser und der Sherpa S. Lhakpa den höchsten Punkt.
M. Cheney/E. Hawley

Annapurna Himal

Chulu West, 6419 m

C. Stratta aus Italien und der Sherpa D. Lama durchkletterten am 14. Oktober die Südwestwand. AAJ, 1988, S. 215

Annapurna I, 8091 m

Die ersten Spanier auf dem Gipfel waren der Leiter der Expedition, J. M. Maixe und R. Lopez. Mit fünf Lagern wurde eine Route östlich der Holländer-Rippe versehen, um dann über die Route der Erstbegeher den Gipfel zu erreichen (8. Oktober).
Die gleiche Route wählte auch die zweite spanische Expedition; am 11. Oktober gelangten J. C. Gomez, F. J. Perez und Sherpa Kaji auf den Gipfel. AAJ, 1988, S. 219

Annapurna IV, 7525 m

Eine amerikanische Expedition unter der Leitung von St. Brimmer war auf der Nordseite tätig. Eine Rippe in der Nordflanke wurde als Aufstiegslinie ausgewählt; am 10. Oktober erreichten T. Schinhofen und Pemba Norbu den Gipfel. M. Cheney/E. Hawley

Dhaulagiri Himal

Dhaulagiri I, 8167 m

Die amerikanische Expedition unter der Leitung von Kitty Calhoun war am Normalweg erfolgreich. Das ursprüngliche Ziel, die Ostwand, wies extrem schlechte Verhältnisse auf. Am 16. Oktober standen die Leiterin, J. Culberson und C. Grissom auf dem Gipfel. AAJ, 1988, S. 223

Tukuche, 6920 m

Der Nordwestgrat wurde von einer spanischen Mannschaft begangen; Gipfel am 4. Oktober. AAJ, 1988, S. 222

Winterexpeditionen Nepal 1987/88

Kangchenjunga, 8586 m

Von Lager 4 in 8000 m Höhe startete der Koreaner Lee Yeong Chel über die Normalroute zum Gipfelerfolg am 2. Januar '88. Er benützte künstlichen Sauerstoff. E. Hawley

Ama Dablam, 6856 m

Am 23. November erreichten die Amerikaner S. Stewart und E. Reynolds über den Normalweg den Gipfel, am 26. folgten A. Whithouse, C. Waldman und T. Bibler. E. Hawley

Annapurna I, 8091 m

Die erste Winterbesteigung der Südwand (Bonington-Route) gelang einer japanischen Expedition unter Leitung von Kuniaki Yagihara. Am 20. Dezember erreichten N. Yamada, T. Seagusa, T. Kobayashi und Y. Saito den Gipfel. Die beiden letztgenannten starben beim Abstieg, vermutlich an Erschöpfung. E. Hawley

Cho Oyu, 8201 m

Dem Spanier F. Garrido gelang in der Wintersaison ein Alleingang auf den Gipfel, den er am 6. Februar '88 über den Normalweg erreichte. Von seinem Hochlager in 7000 m benötigte er 12 Stunden zum Gipfel.
E. Hawley

Dhaulagiri I, 8167 m

Am 2. Dezember erreichten der Franzose M. Batard und Sungdare Sherpa über die Normalroute den Gipfel. E. Hawley

Dhaulagiri I, 8167 m

Nach einer neuen Routenkombination im alpinen Stil (Ostwand bis 6000 m, dann Nordostgrat) gelangten die Jugoslawen J. Tomazin und M. Kregar nach vier Tagen Kletterei am 4. Dezember auf den Gipfel.
E. Hawley

Mt. Everest, 8848 m

Der Koreaner Heo Young Ho und der Sherpa Ang Rita erreichten am 22.12. vom Südcol aus den Gipfel. E. Hawley

Langtang Lirung, 7245 m

Die erste Winterbesteigung gelang einer polnischen Expedition unter Leitung von W. Maslowski. Am 3. Januar '88 erreichten M. Czyzewski, K. Kiszka und Potoczek über den Südostgrat den Gipfel. E. Hawley

Ngojumba Kang, 7916 m

Zwei jungen südkoreanischen Bergsteigern, Yu Kwang Yeul (16) und Chol Mi Ho (18) gelang über die Südwand die Gipfelbesteigung am 11. Februar. Der Ngojumba Kang ist eine Erhebung im langen Ostgrat des Cho Oyu.
E. Hawley

Seite 203: Shivling von Norden. Die 1750 m hohe Nordwand wurde von drei tschechoslowakischen Alpinisten erstbegangen

Foto: Jürgen Winkler

Garhwal Himalaya

Nanda-Devi Gruppe

Chaukhamba, 7138 m

Am 31. Mai wurde dieser Gipfel von sechs Mitgliedern einer indischen Grenzpolizei-Expedition erreicht. Fünf von ihnen fuhren mit Ski vom Gipfel ab. AAJ, 1988, S. 227

Trisul, 7128 m

Eine sechsköpfige jugoslawische Mannschaft konnte die Westwand erstmals durchsteigen. Im Alpinstil kletterten fünf Männer und eine Frau vom 28. bis zum 30. Mai durch die 2000 m hohe Wand. Die Schwierigkeiten liegen bei IV/60°. L. Vidmar (Leiter), S. Frantar, J. Kastelic und V. Matijevec führten im Abstieg eine Überschreitung des Trisul II (6600 m) und des Trisul III (6400 m) durch.
Die Teilnehmerin Vlasta Kunaver und S. Marincic flogen mit dem Gleitschirm ins 4000 m hochgelegene Basislager.

M 117, 1987, S. 7/J. Nyka

Kamet Gruppe

Kamet, 7756 m, Abi Gamin, 7355 m

Eine indische Militärexpedition bestieg beide Siebentausender im Juni. AAJ, 1988, S. 227

Kharche Kund, 6612 m

Eine englische Kleinexpedition konnte den Nordgrat im Alpinstil erstmals begehen. Der Abstieg erfolgte über den Westgrat. Der Gipfel wurde am 18. September erreicht. AAJ, 1988, S. 230

Satopanth, 7075 m

Eine österreichische Mannschaft erreichte den Gipfel über den Nordgrat am 9. Oktober. AAJ, 1988, S. 234

Satopanth, 7075 m

Deutsche, Italiener, Österreicher und Schweizer waren am Normalweg erfolgreich. AAJ, 1988, S. 228

Gangotri Gruppe

Bhagirathi II, 6512 m

Der Berg wurde von zwei indischen Expeditionen im August und Anfang September über die Normalroute bestiegen. AAJ, 1988, S. 229

Bhagirathi II, 6512 m

Eine japanische Mannschaft durchstieg die Ostwand; am 16. Oktober wurde der Gipfel erreicht. J. Nyka

Bharte Khunta, 6578 m

Am 27. September konnte der Gipfel von einer spanischen Expedition bestiegen werden. AAJ, 1988, S. 230

Bhrigupanth, 6772 m

Zwei Polen, R. Kolakowski und Z. Kroskiewicz, kletterten erstmals über den 1800 m hohen Westgrat auf den Gipfel. Die beiden waren vom 17. bis zum 20. September am Berg, die Schwierigkeiten lagen im Fels bei VI-, A1, im Eis bis 45°.
Von derselben Expedition konnten T. Kopyś und Z. Skierski die jungfräuliche Ostwand des Thalay Sagar, 6940 m, bis kurz unter den Gipfel durchsteigen. J. Nyka

Jogin I, 6465 m

Eine amerikanische Gruppe erreichte mit zwei Hochlagern den Sattel zwischen Jogin I und Jogin III. Am 6. Juni erreichten sie den Gipfel des Jogin I. AAJ, 1988, S. 235

Kedernath, 6940 m, Kedernath Dome, 6831 m

Australier und Italiener waren am Kedernath, Polen, Inder und Italiener am Kedernath Dome erfolgreich. AAJ, 1988, S. 228

Shivling, 6543 m

Drei tschechoslowakische Alpinisten, J. Švejda, P. Rajf und B. Adamec, durchstiegen die 1750 m hohe, unbegangene Nordwand. Zwischen dem 12. und dem 16. September kletterten sie im Alpinstil durch die Wand; Schwierigkeiten im Fels bis IV+, Steilheit im Eis bis 85°.
Zuvor erreichten 13 Mitglieder dieser Expedition mit deutscher Beteiligung über den Westgrat den Gipfel. Während des Abstiegs stürzte ein deutscher Teilnehmer tödlich ab. AAJ, 1988, S. 231/J. Nyka

Shivling, 6543 m

Drei Jugoslawen, F. Pepevnik, D. Vidmar und D. Tič durchstiegen zum zweitenmal die Nordostwand, wobei sie auf dem großen Schneefeld der Italiener-Route von 1986 folgten. Der Gipfel wurde am 22. September nach sechs Tagen Kletterei erreicht. J. Nyka

Sri Kailas, 6932 m

Eine indisch-französische Expedition war Anfang August erfolgreich. Zwei Bergsteiger gelangten auf den Gipfel. AAJ, 1988, S. 228

Thalay Sagar, 6940 m

Eine spanische Mannschaft konnte die fünfte Besteigung ausführen, und zwar durch das Nordwestcouloir und über den Nordwestgrat. Der Gipfel wurde am 25. August, nach einem Biwak, erreicht. AAJ, 1988, S. 234

Panjab Himalaya

Nun-Kun Gruppe

Nun, 7135 m, Kun, 7077 m

Beide Gipfel wurden von mehreren Expeditionen aus verschiedenen Ländern bestiegen. AAJ, 1988, S. 239

Spiti-Lahul-Kuli Gruppe

Shigri Parbat, 6645 m

Die zweite Besteigung glückte einer indischen Armeeexpedition. Der Gipfel wurde am 2. Juni nach drei Biwaks erreicht. AAJ, 1988, S. 238

Kashmir Himalaya

Nanga Parbat Gruppe

Nanga Parbat, 8125 m

Eine italienische Mannschaft, die in fünf Jahren alle Achttausender besteigen will, war im Juli auf der Kinshofer-Route an der Diamir-Flanke erfolgreich.
Der Franzose B. Chamoux folgte in den Spuren der Italiener in einem 23-stündigen Aufstieg.
Im August gelang vier Spaniern ebenfalls die Kinshofer-Route, ebenso einer japanischen Mannschaft. AAJ, 1988, S. 263 – 264

Karakorum

Im Sommer wurden von 47 Expeditionen aus 16 Ländern 49 Gipfel versucht; 15 Gipfel wurden erreicht. Die meisten Expeditionen kamen aus Japan (8), gefolgt von den Franzosen (7) und Spaniern (6); insgesamt waren 320 Expeditionsbergsteiger (ohne die Militärexpeditionen aus Pakistan) unterwegs. Ca. 60% der versuchten Gipfel waren die fünf Achttausender: Broad Peak (8), K 2 (6), Gasherbrum II (6), Nanga Parbat (6) und Gasherbrum I (3).
Erfreulicherweise sank die Zahl der Unfälle gegenüber dem letzten Jahr beträchtlich.
Insgesamt war das Wetter in diesem Sommer sehr schlecht, so war am K2 keine einzige Besteigung zu verzeichnen.

Saser Mustagh

Saser Kangri I, 7672 m; Saser Kangri IV, 7415 m

Im Juni glückte einer großen indisch-britischen Militärexpedition die Besteigung beider Gipfel. Am 6. Juni erreichten fünf Bergsteiger den jungfräulichen Gipfel des Sasar Kangri IV, einen Tag später folgten weitere drei Mann.
Am 25. Juni durchstiegen zehn indische Expeditionsmitglieder die jungfräuliche Westseite des Saser Kangri I und standen am selben Tag auf dem Gipfel. J. Nyka

Baltoro Mustagh

Broad Peak, 8047 m

Ein Schweizer Team konnte eine sehr frühe Besteigung verbuchen. N. Joos erreichte den Gipfel bereits am 29. Mai allein; damit wurde in Pakistan erstmals ein Achttausender im Mai bestiegen. Es war der fünfte Achttausender von Joos.
Am 7. Juni folgten B. Honneger (Leiter) und E. Müller. Zwei Spanier erreichten am 29. August ebenfalls den Gipfel. AAJ, 1988, S. 248 – 249

Gasherbrum II, 8035 m

Der Gipfel wurde von mehreren Gruppen erreicht, darunter auch Gabi und Sigi Hupfauer, Michel Dacher und Ulrich Schmidt. Dies war der zehnte Achttausender von M. Dacher.

Nameless Tower, 6257 m

Eine sechsköpfige jugoslawische Mannschaft durchstieg im Juni erstmals die 1200 m hohe Südostwand. Dreiviertel des Pfeilers wurden mit Fixsei-

Links: Der Pik Lenin, 7134 m, von Norden. Winterbesteigung durch eine sowjetische Mannschaft.
Unten: Der Istor-o-Nal, 7373 m, im Hindukusch, von einer kleinen deutschen Mannschaft auf der Lapuch-Route (1967) bestiegen.

Fotos: Werner Böhm; Alfred Fendt

Masherbrum Mustagh

Chogolisa, 7665 m

Eine französische Expedition war an der Nordwestflanke erfolgreich. Am 13. August standen P. Poizat und J.-E. Hénault auf dem Gipfel.
AAJ, 1988, S. 250

Rakaposhi-Kette

Spantik, 7027 m

Ein britisches Team kletterte über den Nordwestpfeiler im Alpinstil in neun Tagen auf den Gipfel. M. Fowler und V. Saunders beschreiben die über 2000 m hohe Route als riesigen „Walkerpfeiler". Am 11. August erreichen die beiden den Gipfel.
M 118, 1987, S. 20–27

Pakistan

Hindukusch

Istor-o-Nal North I, 7373 m

Eine kleine deutsche Mannschaft bestieg den Gipfel auf der Route der Erstbegeher von 1967 mit drei Lagern. Am 25. August erreichten H.-J. Stierle und A. Fendt, am 28. August K.-J. Cramer und N. Kraus den Gipfel.
A. Fendt

Sowjetunion

Pamir

Das internationale Bergsteigerlager im Pamir erfreut sich nach wie vor großer Beliebtheit. 1987 waren 450 Bergsteiger aus 18 Ländern an den Bergen des Pamir tätig.
Der Pik Lenin, 7134 m, wurde von einer sowjetischen Mannschaft im Winter bestiegen. Die Nordflanke wurde mit Fixseilen und drei Hochlagern (Schneehöhlen) ausgestattet. Im tobenden Orkan und bei 45° Kälte gelangten sechs Mann am 31. Januar 1988 auf den Gipfel.
J. Nyka

len versehen, wofür sechs Tage nötig waren. Am Nachmittag des 15. Juni standen Franč Knez Slavko Cankar und Bojan Šrot auf dem Gipfel. Es handelt sich dabei um die zweite Besteigung des Berges, der 1976 erstmals erreicht wurde.
Bgst. 12, 1987, S. 64

Im Juni gelang einem starken Team (M. Piola, Patrick Delale, Michel Fauquet und Stéphane Schaffter) aus der Schweiz und Frankreich die erste Begehung des 1100 m hohen Westpfeilers. Die vier Alpinisten errichteten am Fuß des eigentlichen Felspfeilers Lager I, in das sie anfangs immer wieder zurückkehren. In ca. halber Wandhöhe können sie auf einem schmalen Schneeband ein kleines Biwakzelt aufstellen. Die Schwierigkeiten bewegten sich ständig zwischen VI- und VII+ in freier und bis A4 in künstlicher Kletterei. M. Fauquet glückte der Flug mit dem Gleitschirm vom Gipfel in zehn Minuten hinunter ins Basislager. Es war die dritte Besteigung des Gipfels
Bgst. 2, 1988, S. 72–79

Panmah Mustagh

Trango Tower, P. 5753

Eine japanische Mannschaft kletterte eine neue 63 Seillängen lange Route über die Ostwand und den Südostpfeiler auf einen Vorgipfel des Trangoturms. Die Schwierigkeiten liegen bei VI+, A2, nach 15 Tagen wurde am 8. September der Gipfel erreicht.
AAJ, 1988, S. 251

Hispar Mustagh

Yazghil Sar, 5933 m

Beide Gipfel, der Nord- und der Südgipfel, wurden von einer Kleinexpedition aus England erstmals bestiegen. Am 7. September wurde der Nordgipfel über die Nordwestwand und den Nordgrat, einen Tag später der Südgipfel erreicht.
AAJ, 1988, S. 260

Unten: Die Shisha Pangma, 8027 m, von Norden. Sie war 1987 das Ziel mehrerer Expeditionen. Der Westgrat wurde erstmals begangen; in der Nordwand eine neue Route, das Zentral-Couloir, eröffnet.

Foto: Günter Sturm

China

Changtse, 7580 m

Eine australische Mannschaft unter der Leitung von L.A. Whitton war im September erfolgreich. Ein zentrales Couloir links des Eisfalls in der Nordwand wurde mit vier Biwaks durchstiegen. G. Nash und R. Turner erreichten am 29. September den Gipfel. AAJ, 1988, S. 272

Cho Oyu, 8201 m

Eine von M. Schmuck geführte internationale Gruppe war von der tibetischen Seite aus erfolgreich. Zwischen dem 29. April und dem 9. Mai kamen 14 Teilnehmer auf den Gipfel. M. Schmuck

Cho Oyu, 8201 m

Eine japanische Mannschaft war ebenfalls an der Nordwestseite erfolgreich. Bemerkenswert ist der Gleitschirmflug von K. Takahashi am 21. September vom Gipfel in zehn Minuten ins Basislager.
AAJ, 1988, S. 274–275

Lobuche Kang, 7367 m

Die Erstbesteigung dieses Siebentausenders zwischen Cho Oyu und Shisha Pangma glückte im Herbst einer japanisch-chinesischen Mannschaft. Am 17. September wurde am Nordostfuß des Berges das Basislager errichtet. Nach Einrichtung von drei Lagern wurde am 26. und 27. Oktober der leichte Gipfel von 15 Bergsteigern erreicht. J. Nyka

Mustagh Ata, 7546 m

Eine internationale Gruppe war im August erfolgreich. Am 8. und 11. wurde der Gipfel von mehreren Bergsteigern erreicht.
Ebenfalls im August gelangten sieben Alpinisten einer französisch-italienischen Expedition auf den Gipfel. AAJ, 1988, S. 287

Mustagh Ata North, 7427 m

Eine kleine österreichische Gruppe konnte den Berg im September besteigen. AAJ, 1988, S. 287

Pungpa Ri, 7486 m

Einer englischen Expedition glückte die zweite Besteigung des Berges; drei Lager wurden errichtet. Am 25. Oktober erreichten L. Hughes und der Leiter St. Venables den Gipfel. AAJ, 1988, S. 282

Shisha Pangma, 8027 m

Jerzy Kukuczka und Artur Hajzer erreichten den Gipfel am 18. September über den noch unbegangenen Westgrat im Alpinstil in drei Tagen. Damit ist Kukuczka nach R. Messner der zweite Mensch, der alle Achttausender bestiegen hat. Er benötigte dazu 9 Jahre. Kukuczka hat – den Lhotse ausgenommen – die Achttausender entweder im Winter oder auf neuen Routen bestiegen.

Der Engländer A. Hinkes und der Amerikaner St. Untch begingen in der Nordwand eine neue Route, das Zentral-Couloir.

Auf der Normalroute waren Bergsteiger aus mehreren Ländern erfolgreich. Wanda Rutkiewicz erreichte ihren vierten Achttausender; von einer neunköpfigen Gruppe aus Ungarn kamen am 1. Oktober zwei Mitglieder, eine Woche später weitere vier Bergsteiger auf den Gipfel. J. Nyka

Tamchok Kambab Kangri, 6285 m

G. Rowell führte am 20. Juni eine Solo-Erstbegehung dieses Gipfels aus. Der Berg liegt sieben Meilen von der tibetisch-nepalesischen Grenze entfernt, genau nördlich von Dolpo. AAJ, 1988, S. 284

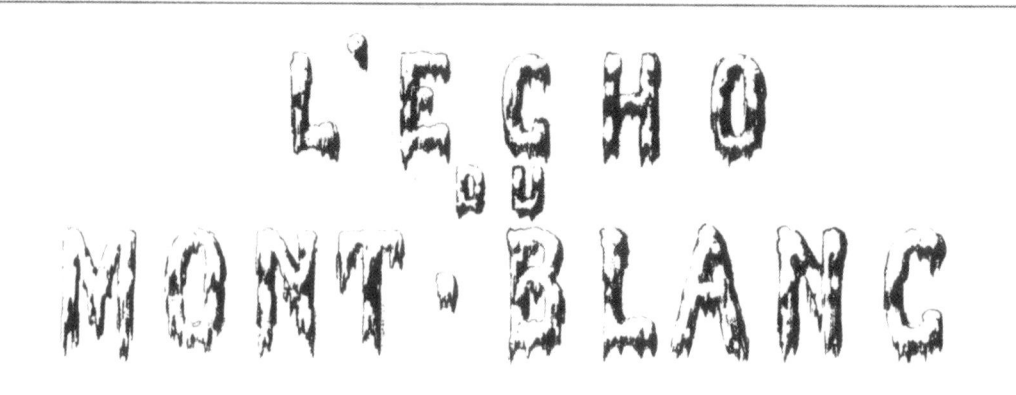

L'ECHO du MONT-BLANC

POLKA
DEDICATED TO HIS FRIEND
ALBERT SMITH.
BY
JULLIEN.

LONDON CRAMER BEALE & Cº 201 REGENT ST

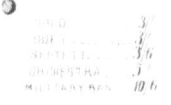

Kein schöner Land – keine Alpensinfonie

Wie musikalisch ist der Ruf der Berge?

Dietmar Polaczek

**Seite 206: Titelblatt
zur Polka „L'Echo du Mont-Blanc",
komponiert von Louis Jullien (1812–1860),
genannt „Alpen-Paganini", anläßlich
einer der Montblancbesteigungen
des Albert Smith (1851)**

„Los, aufstehn! Der Berg ruft!"
(Kletterer A macht den Versuch, den verschlafenen Kletterer B zu wecken. Er versucht es mit dem Appell an den alpinistischen Ehrgeiz und einem ironischen Hinweis auf Luis Trenkers Matterhornfilm von 1937. Der Versuch ist wenig hoffnungsvoll. Kletterer B rechnet sich zur faulen Gattung der Nachmittagsbergsteiger. Er ist der Ansicht, das zu Recht so genannte Morgengrauen könnte genausogut Morgengrausen heißen.)
„Auffaufff! Der Berg ruft!" (Tief aus dem Deckenberg im Matratzenlager kommt die mißgelaunte, brummige Antwort:)
„Aber nicht mich. Laß ihn halt rufen, wenn er mag!" (Kletterer B verweigert sich. Das Problem, ob der Ruf des Berges vielleicht der Musik oder gar der lockenden, verführerischen Musik – Unterabteilung Sirenengesang – zuzurechnen ist, hat er für sich bereits negativ entschieden. Er nimmt sich die Musikwissenschaftler und Volkskundler des 19. Jahrhunderts zum Vorbild. Sie haben die Frage, ob der Almschroa, der heute ziemlich ausgestorben ist, zur Musik gehört oder nicht, gleichfalls mit Nein beantwortet. Die Musikhistoriker auf der soliden Basis von Unkenntnis und dem damaligen Begriff „Vom Musikalisch-Schönen" (dies der Titel von Eduard Hanslicks einst vieldiskutiertem Buch, 1854). Die Volkskundler aus Fachehrgeiz: Nun konnten *sie* sich der Sache annehmen. Dies alles, obwohl der Almschrei – anders als der Ruf des Berges – kein Naturereignis ist, sondern wie der Jodler immerhin von Menschen, wenn auch von alpinen Menschen, ausgestoßen wurde. Aber heutzutage beherrscht den Almschroa nicht einmal mehr der steinigste Stoansteirer, geschweige denn der Bergsteirer mit seinen Unterarten, dem Gebirgssteirer und dem ganz EXTREMEN Alpensteirer, die alle in Reinhard P. Grubers „Aus dem Leben Hödlmosers", Salzburg 1973, ausführlich beschrieben worden sind.)
Die uralte Konfliktsituation zwischen Morgenmensch und Abendmensch, zwischen dem klettervergnügenträchtigen Hochdruck von den Azorenund dem kletterfeindlichen niedrigen Blutdruck ist ein bißchen anachronistisch geworden. Heute weckt uns nicht der Ruf der Berge, nicht das Rattern der Zeltschnur im Sturm, nicht das Zähneklappern im Biwak, sondern eine andere Musik. Oder „Musik"? Der Ö-3-Wecker oder die Servicewelle des Bayerischen Rundfunks berieseln uns automatisch mit einer Sauce, dank Mikrochip und Transistor. Das Thema des Transistors im Gebirge führt uns zuerst auf einen scheinbaren Umweg: zum Futurismus. „Futurismus", die Kunst der Zukunft, hieß der Schlachtruf gegen

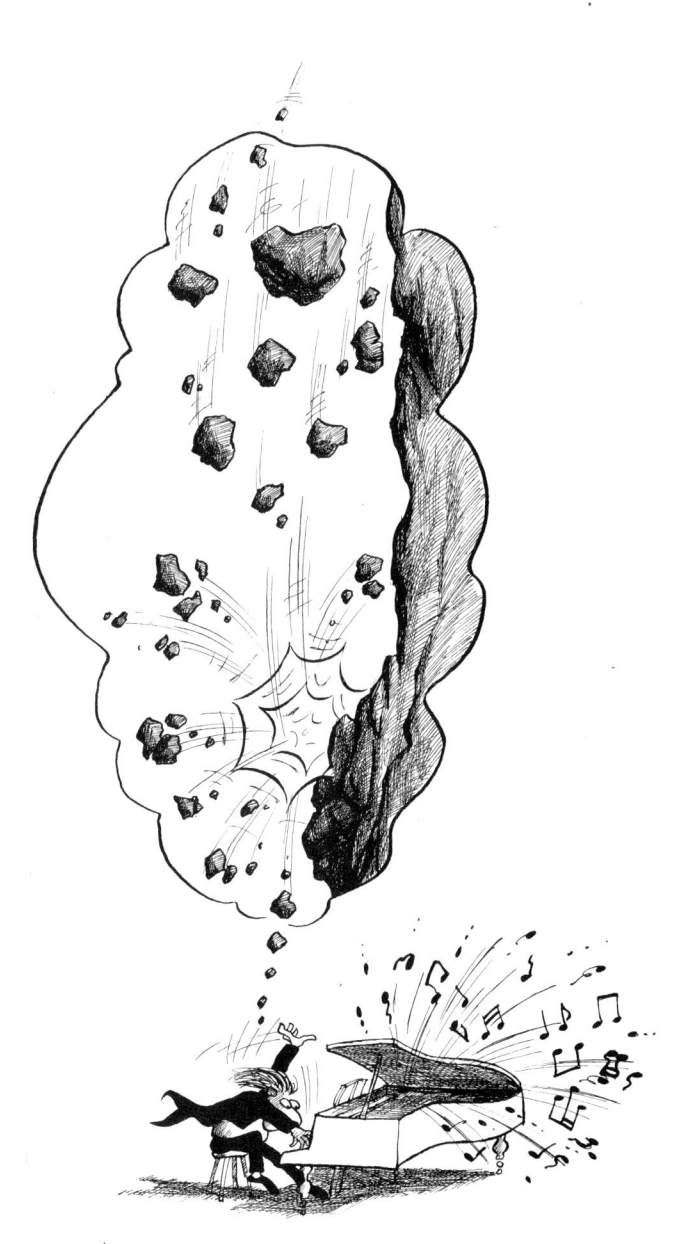

„Wir wollen die Liebe zur Gefahr besingen"
Zeichnung: Sebastian Schrank

die „Passatisten", die Verteidiger der muffigen Vergangenheit, zu der die Gegenwart (vor dem 1. Weltkrieg) einfachheitshalber gleich mitgerechnet wurde.

In gewisser Weise grundlegend für unser Thema ist, was die italienischen Futuristen als Musik erträumten, an der Spitze Enrico Filippo Tommaso Marinetti (1876 im ägyptischen Alexandria geboren, 1944 gestorben). Ihre Utopie ist rasch zur Wirklichkeit und heute in gewisser Hinsicht alltäglich geworden. Das Verhältnis der Futuristen zur Musik spiegelt sich in mehreren markanten Zitaten. Besonders zwei sind für unser Thema von Bedeutung. Das erste ist gleich der erste Satz im ersten Futuristischen Manifest (1909):

„1. Wir wollen die Liebe zur Gefahr besingen, die Gewöhnung an Energie und Verwegenheit."

Die Gewöhnung an Energie und Verwegenheit stand schon ein gutes Dutzend Jahre später im Dienst des Faschismus, wie auch die meisten Besinger der Liebe zur Gefahr selber zwanglos Faschisten wurden – soweit sie nicht gefahrliebend und Haßgesänge ausstoßend schon im ersten Weltkrieg gefallen waren. In einer bestimmten Kategorie alpiner Lieder spielt dieses Besingen der Liebe zur Gefahr eine verwandte, eher fatale Rolle. Davon später mehr.

Futuristische Komponisten wie Francesco Balilla Pratella oder Luigi Russolo, der Erfinder verschiedener kurbelgetriebener „Intonarumori" (Lärmerzeuger, darunter: Schnarcher, Rassler, Grunzer, Quietscher, Dröhner, Donnerer und dergleichen) predigen eine Geräuschmusik, die sie aber mit ihren dilettantischen musikalischen Kräften selber nicht zustandebrachten. Genaueres darüber ist nur aus ihren musikalischen Manifesten und Absichtserklärungen, kaum aus ihren reichlich zahmen Stücken zu erfahren. Das Verhältnis von Bergen zu Musik spielt darin insoweit eine Rolle, als das Verhältnis von Natur zu Musik einerseits und natürlichen Klängen und Geräuschen zu musikalischen andererseits berührt ist. Mit der Frage nach den verschiedenen Arten der Gefahr und ihrer Besingung nähern wir uns dem Problem der Spezialisierung. Mit der Frage nach alpiner Musik oder musikalischen Gebirgen sind ebenso fundamentale ästhetische Definitionsprobleme berührt.

Eine Rose ist eine Rose ist eine Rose. Ein Stein ist ein Stein. Gertrude ist *eine* Stein.(Von Gertrude Stein stammt der berühmte Satz über die Rose.) Ein Berg ist ein Berg. Auch Alban, Bengt, Carl Natanael, Claus und andere heißen Berg. Ein schöner Berg ist ein Schönberg ist ein Arnold. In den Kärntner Bergen haust der Lampersberg. Auch ein Komponist. Ein Film ist ein Film. Ein Buch ist ein Buch. Musik ist Musik. Doch was ist ein Bergfilm? Filmmusik? Ein Bergbuch? Bergfilmmusik? Und gibt es Bergmusik? Nun ja, es gibt Musik von Alban Berg und Carl Natanael Berg. Beide waren Komponisten. Aber Bergmusik? Oder Gebirgsmusik? Wenn ja: Ist das
– Musik am Berg,
– Musik für die Berge,
– Musik über Berge?

Das Wort Bergmusik ist ungebräuchlich. Zwar bietet das allgemeine Lexikon von der Alpendohle über das Alpenglühen und den Alpenstock bis zum Alpzins, von der Bergakademie über den Bergführer, Berggeist, Berghauptmann und Bergkrieg bis zur Bergzikade viel, was das Bergsteigerherz erfreut. Aber Bergmusik? In der Kunstmusik sprechen manche Indizien eher *gegen* das Vorhandensein von Bergmusik. Kunstmusik? Ist das Musik über Kunst? Wenigstens hier sehen wir klar. Es gibt Kunstmaler, Kunsthonig und Kunstmusik. So heißt, im Gegensatz zur Volksmusik und zur Trivialmusik, was ein unzutreffendes Wort oft „klassische" Musik nennt, auch wenn sie mit der Wiener Klassik so wenig zu tun hat wie Strawinsky. Im Rundfunkjargon wiederum unterscheidet man zuständigkeits- und bequemlichkeitshalber ebenso falsch nach U- („Unterhaltungs-") und E- („ernster") Musik, als ob Mozarts „Musikalischer Spaß" oder Saint-Saëns' „Karneval der Tiere" ernst und jeder Song von Michael Jackson oder Bruce Springsteen zum Totlachen wäre.

Also nichts mit der Bergmusik? Obwohl, da hat ja Richard Strauss (1864-1949) sein am 8. Februar 1915 vollendetes Opus 64 für großes Orchester „Eine Alpensinfonie" genannt. Nach dem bescheiden unbestimmten Artikel sollte man annehmen, es gäbe noch einen ganzen Haufen anderer Alpensinfonien, Alpensonaten, Alpenstreichquartette oder Alpenkantaten. Ganz falsch ist das nicht, auch wenn sich die Menge in Grenzen hält. Für die Gattung, zu der die „Alpensinfonie" gehört, hat Franz Liszt(1811-1886) den Begriff „Programmusik" eingeführt. Er hat auch den Namen „Sinfonische Dichtung" für jene Art von Orchesterwerken erfunden, die außermusikalische Inhalte transportieren will. Solche Sondertransporte werden schon früh, im 16. und 17. Jahrhundert, von Charakterstücken bewältigt, wenn Vogelstimmen nachgeahmt werden oder andere wiedererkennbare Klänge.

Programmusik? Schon wieder ein Begriff, bei dem die Grenzen fließen. So kann manch einer ganz normalen Komposition der „absoluten" Musik hinterher (nicht einmal immer vom Komponisten) ein Titel übergestülpt werden, oft nur, damit sie sich besser verkauft. Sonate in cis-Moll Opus 27 Nr. 2 klingt lang nicht so gut wie „Mondschein-Sonate". Ludwig van Beethoven kann ebenso wenig für den kitschigen Namen wie die Vajolet-Türme fürs Farbdruckpostkartenalpenglühen. Ein vages Tongemälde kann, zweitens, auch wirklich eine Naturstimmung wiedergeben und wird dann entsprechend benannt. Der Titel soll den Hörer auf die richtige Fährte bringen (Beispiel: in Joseph Haydns „Schöpfung"; Debussys „Prélude à l'après-midi d'un faune"). Es kann eine Landschaftsschilderung sein („Alpensinfonie"). Wir kennen tönende Situationsdarstellungen (barocke Schlachtenmusiken, Leopold Mozarts „Schlittenfahrt", Beethovens 6.Sinfonie, die Pastorale). Und mitunter entwickelt die Musik den Ehrgeiz, ohne Worte eine regelrechte Geschichte zu erzählen (sinfonische Dichtungen wie „Till Eulenspiegel" oder „Ein Heldenleben" von Strauss). Die Anmerkung Beethovens zur Pastorale, die Musik sei „mehr Empfindung als Malerey", trifft allerdings auch auf das meiste von vorausgegangener oder späterer Progammusik zu.

Etwas fällt rasch auf. In der Musik, die in irgendeiner Weise mit Landschafts(klang)malerei zu tun hat, überwiegt gegenüber den Bergen stark das Wasser, in allen Erscheinungsformen, und samt deren Begleiterscheinungen: Meer, Fluß, Bach, Wasserfall, Regen, Gewitter. Das selbst bei Komponisten, von denen man weiß, daß sie in den Bergen lebten oder gar selber aktive Bergsteiger waren, umso mehr natürlich bei Hippietypen, Bierbäuchen oder Schnapsnasen. Von Modest Mussorgski (1839-1881) gibt es zum Beispiel einen „Sturm auf dem Schwarzen Meer", ein anderes Klavierstück „Am Südufer der Krim", ein Lied „Am Dnjepr" und noch anderes Wässerige, hingegen nur eine einzige gebirgige sinfonische Dichtung, „Eine Nacht auf dem Kahlen Berge" (die aber mehr an der musikalischen Darstellung des Hexensabbats interessiert ist als an Gebirgen). Die Russen lieben die Berge offenbar besonders zur Nachtzeit. Nikolai Rimsky-Korsakow (1844-1908) hat aus dem dritten Akt seines Bühnenwerks „Mlada" die Tondichtung „Eine Nacht auf dem Berg Triglav" gemacht. Bedřich Smetana (1824-1884) ließ in seinem sinfonischen Zyklus „Ma vlast" die „Vltava" (Moldau) plätschern und hat eine „Wikingerfahrt" als Fragment abgebrochen. Der hervorstechendste italienische Programmusiker, Ottorino Respighi (1879-1936), hat in den orchestralen „Fontane di Roma" an Wasserspiele gedacht, ganz wie Franz Liszt in den „Jeux d'eau à la Villa d'Este" oder Ravel (1875-1937) in seinen "Jeux d'eau", ebenfalls für Klavier, oder Karol Szymanowski(1882-1937) im geigerischen Virtuosenstück „La fontaine d'Aréthuse".

Überhaupt gibt es nicht nur Wassermusik, sondern als Produkt des regen musikbegleiteten Verkehrs auf dem Wasser sowohl den Musikdampfer als auch eine ganze einschlägige Musikgattung (die Barcarole, also Barkenmusik). Eine Unzahl Stücke hat es mit Barken, Booten, Gondeln: Liszts „La lugubre gondola" (Trauergondel), Ravels „Une barque sur l'océan" (Ein Boot auf dem Ozean) und andere. Schiffe in Opern segeln in ganzen Flotten daher: in Wagners „Der fliegende Holländer" und „Tristan und Isolde" (1.Akt), im einleitenden Sturm von Verdis „Otello", in George Antheils „Transatlantic", um nur ein paar beliebige herauszugreifen. Die Übermacht des Wassers gilt noch für das Geisterreich: Nur selten werden Berggeister oder Trolle musikalisch dargestellt, wie etwa von Edvard Grieg (1843-1907) in der Musik zu „Peer Gynt" („In der Halle des Bergkönigs"), aber häufig Nixen, Undinen und Wassermänner – Ravels „Ondine" in „Gaspard de la nuit" ist nur eine Kostprobe, gemessen an den vielen Opern „Undine" (von Karl Friedrich Girschner, E.T.A. Hoffmann, Albert Lortzing, dem Russen Lwow und anderen, auch Dvořáks „Rusalka").

Daß nicht nur die Programme dieser Stücke überwiegend wäßrig sind, sondern auch ihre gedankliche Dichte, hat Eric Satie unnachahmlich kurz geäußert. Der erste Satz von Debussys „La mer" (Das Meer) heißt „De l'aube à midi sur la mer" (Vom Morgen bis zum Mittag auf dem Meer). Satie merkte dazu trocken an, ganz besonders gut habe ihm die Stelle gefallen, wo es grade 11.15 Uhr ist. Zum Glück haben sich manche Komponisten nicht nur dem Meer zugewandt, das offenbar die Eingebungen besonders befördert, sondern auch den Bergen. Zunächst der Benenner der Programmusik selber, Franz Liszt: mit seiner sinfonischen Dichtung „Ce qu'on entend sur la montagne" („Bergsinfonie", 1849) nach einem Gedicht von Victor Hugo.

Der Stammvater der Neudeutschen Schule, wie sie genannt wird, blieb nicht der einzige. Bis in die angelsächsischen Länder ging sein Einfluß. Frederick Delius (1862-1934) hat 1903 in „Appalachia" dem nordamerikanischen Gebirge ein musikalisches Denkmal gesetzt und 1911 ganz wie spätere Filmkomponisten einen Aaaah-Chor in „A Song of the High Hills" verwendet. Der norwegische Komponist Gerhard Rosenkrone Schjelderup (1859-1933), der zwar zunächst in Paris bei Massenet studierte, dann aber in den Bannkreis der deutschen Wagnerianer geriet, darf als besonders alpiner Tondichter gelten. Er machte sich 1880 an das gewaltige Chor-Orchester-Werk „Høifjeldsliv" (Bergleben) und übertrumpfte an Seehöhe alle Gebirgskomponisten mit „En soloppgang på Himalaya" (Sonnenaufgang über dem Himalaya). Wer als Bergsteiger den Namen von Reznicek kennt, nämlich Felicitas, die mit gewaltiger Energie zur Emanzipation der Bergsteigerinnen beitrug, setzt zuviel Hoffnung in die Familienbeziehungen, wenn er vom berühmten komponierenden Papa, Nikolaus von Rezníček (1860-1945), Alpinmusikalisches erwartet. Stärker enttäuschen zwei andere Komponisten, die beide als Bergsteiger selber eine enge Beziehung zur alpinen Landschaft hatten. Der eine, Anton von Webern (1883-1945), ließ weder seine alpinistischen noch seine nationalsozialistischen Neigungen auch nur mit einem Ton in seiner Musik anklingen. (Strauss hat sich da nicht nur als Präsident der Reichsmusikkammer, auch mit einschlägigen Werken weniger zurückgehalten, wie der Autor in einem Essay dargetan hat – „Intellektuelle im Bann des Nationalsozialismus", hrsg. von Karl Corino, Hamburg 1980).

Nicht ganz so schlimm steht es mit dem andern, dem Münchner Otto Jägermeier (1870-1933), einer hochinteressanten, vorläufig noch sehr verkannten Komponistenpersönlichkeit, Schüler von Thuille in München, einer unruhigen Gegenfigur zum bequemen, behäbig-selbstsicheren Strauss. Er unternahm eine Unzahl Bergwanderungen in Bayern und Reisen in Österreich, Italien und auf dem Balkan, die ihn als Vorläufer der Weitwanderbewegung zeigen, bis er 1907 Europa ganz verließ und in Madagaskar lebte. Auch dort führte er Bergfahrten durch – sogar Erstbesteigungen, in den Gebirgsgruppen des Tsaratanana (2886 m), Ankaratra (2643 m), Andringitra (2656 m). Von einigen Jugendwerken abgesehen, schrieb er nur sinfonische Dichtungen. Noch in München und Leipzig entstanden „Psychosen", „Titanenschlacht" und „Meerestiefe", in Tananarive dann „Im Urwald", 1920. Eine Internationale Jägermeier-Gesellschaft ist um Durchsetzung seines Werks bemüht, hat aber ihren alpenfernen Sitz unglückseligerweise in Berlin. In ähnlichem Sinn wie Jägermeier, stilistisch aber Richard Strauss näher, wirkte der Grazer Siegmund von Hausegger (1872-1948), der unter anderem eine „Natur-Sinfonie" mit Schlußchor hinterlassen hat. Er darf nicht mit Norbert (Bertl) Hausegger verwechselt werden, einem anderen Grazer, der eine Reihe vielbeachteter Erstbegehungen in der Hochschwabgruppe machte.

Max Steinitzer, der (in „Jägermeieriana") das Verhältnis Jägermeiers zu Strauss untersucht hat, verfaßte 1915 eine thematische Einführung zur „Alpensinfonie". Wir wollen sie , stellvertretend für die Beschreibung ähnlicher Werke, etwas eingedampft nacherzählen. Die Sinfonie (Dauer etwa 45 Minuten) beginnt wie jede anständige lange Tour mitten in der Nacht. Bald – noch in der Nachtruhe – steigt das feierlich gehaltene Berg-Motiv auf. Den

Seite 211: Vinko Globokar (rechts) mit dem japanischen Pianisten und Komponisten Takashi Kako beim Festival „Tokyo Music Joy '87".

Foto: Ichiro Shimizu

eigentlichen Gipfel (sein Motiv erscheint erst später) läßt das Nebelwallen der Holzbläser- und Streichfiguren noch nicht so recht erkennen, zunächst kommt es nur zu einem strahlend lauten Sonnenaufgang mit Hilfe sämtlicher Trompeten. Nun wird es ernst: „frisch, rhythmisch energisch" beginnt der Anstieg. „Jagdhörner von ferne" tönen dazwischen. Es muß also eine Treibjagd sein, vermutlich auf Rotwild. Später wird man auch „blumige Wiesen" betreten, befindet sich mit lustigem „Duliöh!" noch später „auf der Alm" mit Glockengebimmel – das Vieh ist also noch nicht abgetrieben. Schließlich bricht, zum Glück erst nach Erreichen des Gipfels, auch ein sommerliches „Gewitter" los. Aus Wetterbedingungen, Almbestoßung und alpinen Schonzeiten läßt sich auf eine recht frühe Jagd in der zweiten Augusthälfte oder Anfang September schließen.

Der sinfonische Alpinist kommt sogar, „durch Dickicht und Gestrüpp auf Irrwegen", um einen Verhauer über der Almzone nicht herum. Ganz offenbar ist es ein sogenannter Latschensechser. Wenn der Bergsteiger ins Freie findet, steht er auch schon „auf dem Gletscher", was begreiflich ist, wenn man bedenkt, wie weit 1911 die Gletscherzungen noch talab reichten. Eine noch genauere Analyse von der Art, wie hier angedeutet, eventuell unter Zuhilfenahme einer Stoppuhr (Proportion der Wegzeiten!) und klettertechnischer, musikgeologischer sowie botanischer Untersuchungen, könnte vielleicht sogar präzis den Ort der unter Musik gesetzten Bergtour identifizieren.

Aus dem bisher Gesagten wird klar: Bei Kunstmusik handelt es sich immer um die letzte der drei Gattungen, nach denen wir gefragt haben: Musik *über*, nicht *für* die Berge, und nicht *aus* den Bergen. Für die Live-Produktion von Kunstmusik fehlt dort seit jeher die Infrastruktur. In Obergurgl gibt es kein Opernhaus, in der Leutasch keine Musikhochschule, in Trafoi kein Studio für elektronische Musik, in Andermatt keine Vertretung für Konzertflügel, und in Toblach, obwohl dort Gustav-Mahler-Tage stattfinden, kein Sinfonieorchester. Soweit solche Musik überhaupt den Blick zu den Bergen erhob und sich um diese kümmerte, war es immer der Blick des Städters. In Ernst Křeneks Erfolgsoper von 1927 „Johnny spielt auf", damals so populär, daß die Österreichische Tabakregie eine Zigarette nach ihr benannte, kommt ein singender Gletscher vor, der nichts anderes darstellt als die Sehnsucht des Zivilisationskrüppels nach der „unverdorbenen" Natur, der Unschuld des Natürlichen. Das ist noch nicht allzu weit vom Musiktourismus Richard Strauss' entfernt. Aber schnell werden sich intelligente Komponisten wie Ernst Křenek ihrer Touristensituation bewußt. Der Liederzyklus „Reisebuch aus den österreichischen Alpen", nur zwei Jahre jünger, wie „Johnny" ebenfalls vom Komponisten getextet, ist ein Meisterstück der ironischen Brechung.

Notfalls wurde von den Komponisten das (noch) vorhandene alpine Musikgeröll benutzt und verfremdet. Gustav Mahler tat es, und Alban Berg (der 1935 im Violinkonzert ein Kärntnerlied zitiert), und der Protesttiroler Werner Pirchner, der auf seiner Schallplatte „Ein halbes Doppelalbum" (1973) den Konservativen, Gewalttätigen, Abergläubischen und Nationalistischen unter seinen Landsleuten die musikalischen Leviten liest und sich damit kräftig unbeliebt macht, und auch der Autor dieser Zeilen (der 1970 in seinem „Applaus I" für Chor, Sprecher und zwei Schlagzeuger ebenfalls einen etwas verbogenen Jodler in gebrauchtem Zustand einbaut und mit der Sprache der Werbeeinblendungen kombiniert).

„Alpines Musikgeröll"? Ja, die Musikbrocken *aus* den Bergen, von den Bergbewohnern gemacht, die gibt es. Oder nein, die hat es einmal gegeben. Die musikenzyklopädischen Standardwerke, zum Beispiel „Musik in Geschichte und Gegenwart", wo es das Stichwort „Alpenmusik" gibt, helfen weiter, wenn man erfahren

Szenenbild aus der Oper „Johnny spielt auf" von Ernst Křenek in einer Neuinszenierung am Staatstheater in Graz

Foto: Fischer/Graz

will, was alles ausgestorben ist. Eine weitere wichtige Quelle für das, was es einmal gab, ist das „Jahrbuch des Schweitzer Alpenklubs 1867/68" mit H. Szadrowskys Aufsatz „Die Musik und die tonerzeugenden Instrumente der Alpenbewohner". Die schon erwähnten Almrufe als echtes Verständigungsmittel sind überflüssig geworden, jetzt haben die Senner das Walkie-Talkie oder ein Richtfunktelefon ins Tal. Die altertümlichen Juchezer kann man nicht mehr hören. Ebensowenig, wie man auf der kleinen Kanareninsel Gomera, die in den letzten zehn Jahren vom Tourismus entdeckt wurde und jetzt dank einiger Straßen „erschlossen" ist, das „Silbo", die frühere Pfeifsprache der Hirten über die tiefen Täler und Schluchten hinweg, zu Ohren bekommt. Betrufe und Alpsegen sind vergessen. Jodler werden in der Amateurliga fast nur noch von Volksmusikgruppen des Alpenvereins gesungen. Im professionellen Bereich werden sie – wie der Südtiroler Herbert Rosendorfer verdienstvollerweise andeutet – nur noch von Spezialisten benutzt, um zahlungsunwillige Gefangene aus den nordeuropäischen Tiefebenen akustisch zu Tode zu foltern. Auch das Alphorn hat einen ähnlichen Gebrauchswandel durchgemacht, sich zugleich aber einen ehrenvollen Platz in der Avantgarde-Musik erobert, zum Beispiel in Stücken von Vinko Globokar("Cri des Alpes") oder Mauricio Kagel.

Zur Spezialisierung ist hier eine Anmerkung über das Verhältnis der verschiedenen Kunstgattungen untereinander und der Kunst überhaupt zum Bergsteigen nötig. Es ist bekannt, daß hochintelligente Schriftsteller – ich will hier keine Namen nennen – den musikalischen Geschmack eines Hilfsschülers haben und über das Niveau von Disco-Musik nicht hinauskommen. Umgekehrt gibt es hervorragende Musiker, auch moderne, deren Kunstgeschmack beim Schutzenglein über dem Ehebett, beim röhrenden Hirsch in Öl (auf Raten) oder bei den Nymphen am Waldteich verharrt. Geniale Maler oder Bildhauer wiederum machen es sich mit Groschenheften gemütlich, wenn sie überhaupt lesen. Man sieht, auch in der Kunst geht die Spezialisierung – der Spezialist weiß immer vollständiger auf einem immer kleineren Sachgebiet Bescheid – auf ihren Grenzwert zu, wo der vollkommene Fachmann am Ende alles von gar nichts weiß. Die Diversifizierung bei den alpinen Disziplinen steuert in eine ähnliche Richtung. Das Training für Boulderer, Eiskletterer oder Himalayabesteiger wird inzwischen schon ganz verschieden aufgebaut. Jugendgruppenleiter sorgen sich, daß Freeclimber, die locker einen Siebener gehen, im leichten kombinierten Gelände anstehen. Daß die Besteigungsspezialisten aller Richtungen mit oder ohne Magnesia von Alpenmusik, Alpensinfonien, oder von Musik überhaupt nur in Ausnahmefällen was verstehen, liegt auf der Hand.

Gerade diese Spezialisierung ist das Hauptproblem bei einem Sonderfall von Programmusik: nämlich Filmmusik in Bergfilmen. Die letzten beiden Bergfilm-Festivals in Trient, 1987 und 1988, haben den Trend deutlich illustriert. Die meisten (mittelmäßigen) Bergfilmer gehen mit Musik um wie mit Leitungswasser. Sie drehen den Hahn auf, bis der Kanal voll ist. Sollte ausnahmsweise historische Musik verwendet sein, wird der wirkliche Komponist nicht einmal im Vorspann genannt, höchstens der sie am Mischpult zusammengemixt hat. Selbst der Komponist der außergewöhnlich guten elektronischen Musik zu Marcel Ichacs „Sterne am Mittag", der 1959 einen Goldenen Enzian gewann, ist in Filmunterlagen nicht mehr genannt. Das zeigt, wie wichtig Bergfilmemacher die Musik nehmen.

Dabei ist der Zusammenhang zwischen Musikerleben und Bergerleben ganz augenscheinlich. Langer Nachhall suggeriert große, weite Räume, auch wenn der Zuhörer nichts sieht. Steigende Frequenzen in der Musik und steigende Pulsfrequenzen gehen in der Regel parallel. Beschleunigung und steigende Lautstärke hängen mit Atembeschleunigung und steigender Adrenalinausschüttung zusammen. Unsere ganzheitliche Wahrnehmung assoziiert tiefe Töne spontan mit größeren Gegenständen. In der Tat ist die Frequenz der Eigenresonanz desto höher, je kleiner der Resonanzkörper ist. Gröbere Brocken, das weiß jeder, der mit Steinschlag Erfahrung hat, kommen als tiefe Brummer daher, kleinere Geschosse pfeifen mit höheren Tönen. „Größer" wird außerdem mit „älter" gleichgesetzt, eine intuitive Erfahrung, die wir an allem Lebendigen machen. Die klassischen Opernkomponisten haben schon gewußt, warum sie dem alten König einen Baß geben, und dem jugendlichen Helden einen Tenor. Wer heutzutage noch Haken schlägt, erkennt am Klang, wie sie sitzen. Genug der Beispiele. Für das Erlebnis der Synästhesie, das Zusammenwirken verschiedener Sinneseindrücke, sind die Mechanismen der Konstanzleistung in der Gestaltwahrnehmung wichtig, wie sie Konrad Lorenz beschreibt (in „Gestaltwahrnehmung als Quelle wissenschaftlicher Erkenntnis", 1959).

Die psychologischen und synästethischen Zusammenhänge haben dann tragende Bedeutung, wenn die Musik funktionalen Charakter bekommt. Der Walkman im Ohr kann die Kletterleistung durchaus steigern, das weiß jeder Boulderfreak. Joe Bachar und sein Saxophon sind geradezu ein Symbol für lockeres Klettern und eine relaxed-Atmosphäre geworden. Für den Freeclimber kann bestimmte Musik Doping- oder Drogencharakter bekommen. Sie kann, richtig gewählt, je nach Bedarf beruhigen oder aufputschen. Und das ohne schädliche Nebenwirkungen – wenn man von den Gehörschäden absieht, die ständiges Hören von Heavy Metal und ähnlicher Musik mit größter Lautstärke hervorruft. Peter Michael Hamel, der meditative Musik schreibt, wie La Monte Young und andere Amerikaner der Minimal Music, hat nicht ganz unrecht, wenn er seinen Zuhörern predigt: Freunde, nehmt keine Drogen, nehmt meine Musik, das ist besser. (Womit nicht gesagt ist, daß die Musik schon deswegen nach ästhetischen Kriterien was taugt). Wenn Musik den Kreislauf ankurbeln kann, dann auch das Gehirn? Ja. Herbert Tichy beschrieb, wie in großer Höhe bei Sauerstoffmangel nur noch ein Gedanke in seinem Kopf Platz hatte: „Du-mußt-hinauf-du-Hund", rhythmisch wiederholt und auf acht Atemzüge abgestimmt. Der eigentliche „Gedanke" daran ist nicht der sprachliche Inhalt – der ist nur Krücke –, sondern es ist der Rhythmus selber. Wer kennt nicht die Erscheinung, daß sich bei eintönigen Dauerleistungen, auf einem endlosen Moränenhatscher oder in einer Eisflanke, ein musikalisches Motiv im Kopf festsetzt wie eine lästige Fliege, die man nicht mehr verscheuchen kann. Die Melodie, im Rhythmus der Schritte und Atemzüge, verläßt einen oft den ganzen Tag nicht mehr. Bisweilen mehrere Tage: Sie kann bei unsicherem Wetter, in Biwaks, im Nebel ein kleines Zuhause für die bangen Gefühle sein, ein sentimentaler Strohhalm. An den klammert sich das Unterbewußtsein, wenn man nicht weiß, wie eine Unternehmung ausgehen wird. Jeder Machthaber, der das Tschinderassa der Marschmusik einsetzt,

„Kleinere Geschosse pfeifen mit höheren Tönen..."

„Du-mußt-hinauf-du-Hund"

Zeichnungen: Sebastian Schrank

weiß intuitiv von solchen psychomotorischen Zusammenhängen: Er will ja nicht, daß die Massen nachdenken, womöglich gar über ihn. Sondern sie sollen mitmarschieren. Es soll ihnen in den Beinen zucken. Nicht Kraft durch Freude, gerade, sondern (möglichst besinnungslose) Freude durch Bewegung. Aus dieser Sicht wird die Qualität und Attraktivität (auch die Gefährlichkeit) von Beat, Beatrock und ähnlicher Kommerzmusik begreiflich. Die eigentlichen musikalischen Qualitäten, die gefühlsmäßigen und die intellektuellen, sind da nämlich gleicherweise unwichtig. Nicht das Trommelfell zählt, das die Reize zum Hörzentrum leitet, sondern das Zwerchfell, dessen Reaktionen auf Vagus und Sympathicus wirken, sozusagen am Bewußtsein vorbei. Ein Song von „Kraftwerk" geht (entsprechend laut) nach dem Rhythmus Laaang-kurz-kurz kurz-kurz-laaang schlicht so: „Wir sind die Roboter. Bum bum bum bum. Wir sind die Roboter. Bum bum bum bum. Wir sind die Roboter." Undsoweiter. Sie sind offenbar wirklich Roboter. Auch die Zuhörer sollen es sein. Besonders zum Höhenbergsteigen gehört, wie die Sportpsychologie in diesem Jahrbuch schon erläutert hat, eine gehörige Bereitschaft, sich selbst zu quälen: Da kann der unbarmherzig stampfende Rhythmus den bleiernen Muskeln schon noch ein bißchen mehr abquetschen, als der freie Wille des Großhirns hergeben möchte.

Es liegt nur ein Schritt zwischen solch funktionaler Körpermusik und eigentlicher Agitationsmusik, der Musik *für* die Berge, mit einem bestimmten (Text-)Inhalt. Es ist manchmal der Schritt von der Musik, die ein einzelner auf sich bezieht, zu jener, die zum Gruppenerlebnis beiträgt. Solange dieses im Vordergrund steht, ist allerdings der Text meist gleichgültig. Den Yosemite-Kletterer mit der Klampfe im Sunny Side Camp schert es wenig, ob er bei „Summertime" mit Gershwin, bei „Yesterday" mit den Beatles einverstanden ist. Wer „Zehne der Brüder sind wir gewesen" singt und es komisch findet, denkt schwerlich daran, daß es ursprünglich ein ziemlich pessimistisches jiddisches Lied war. Inhalte über einem bestimmten musikalischen Muster entstehen, wenn man an sie glaubt. Ein bestimmter Akkord ist zunächst weder progressiv noch reaktionär, weder katholisch noch protestantisch, eine bestimmte Melodie gehört weder den Freeclimbern noch den Viaferrata-Begehern. Die Bedeutungen sind austauschbar, werden und wurden oft genug ausgetauscht. Dieselbe Melodie konnte ein frommes Sterbelied sein („O Welt, ich muß dich lassen"), ein Heimatlied („Innsbruck, ich muß dich lassen"), und ursprünglich wars ein Liebeslied („Mein Lieb, ich muß dich lassen"). Weniger altmodische Beispiele gefällig? Bergsteiger- oder Wanderlieder mit recht blutrünstigen Texten, die vor 1945 von den Pimpfen, in den fünfziger und sechziger Jahren dann mit kleinen oder manchmal ganz ohne Retuschen unterschiedslos von AV-Jugend, katholischer Jugend, sozialistischer Jugend oder Pfadfindergruppen gesungen wurden, ohne daß jemand etwas dabei fand. Oder, noch deutlicher: Die rührselige Moritat vom sagenhaften Wildschütz Jennerwein, überall bekannt, wurde genau deswegen als Vehikel benutzt, um mit dem Horst-Wessel-Lied einen neuen Text („Die Fahne hoch...") an den braunen Mann zu bringen. Hanns Eisler wieder hat dieses Lied, von Brecht umtextiert, leicht verändert zum parodistischen „Kälbermarsch"

gemacht. Damit sind wir auf Umwegen wieder bei Futurismus und Faschismus gelandet.
Eines der futuristischen Manifeste liefert das andere Zitat, das zur modernen Form des Morgengrausens zurückführt. Das „Futuristische Manifest für eine musikalische Stadt" erhob Forderungen, die damals noch utopisch waren. Sie wurden ebenfalls, wie das Besingen der Gefahrenliebe, zuerst von den Faschisten nur unvollkommen, nämlich mit Lautsprecherwagen, inzwischen viel perfekter von der heutigen Beschallungsindustrie (Musac), von Rockkonzerten und sogar von modernen Musikfestivals wie dem Bruckner-Fest in Linz verwirklicht. Jenes Manifest verlangt die totale Radiophonie, mit Lautsprechern an allen Kreuzungen, und beschreibt, wie man den menschlichen Ameisenhaufen unter akustischen Druck setzen soll: von 6 bis 10 Uhr mit „anfeuernder Musik zur Eroberung des Tages", von 12 bis 16 Uhr mit „optimistisch stimulierender Musik zur Überwindung der letzten, besonders entnervenden Arbeitsstunden", von 19 bis 24 Uhr mit „heiterentspannender Musik zur Eroberung der Nacht, für die nächtlichen Freuden und die Nachtruhe". George Orwell könnte, als er seinen Roman „1984" schrieb, dieses Manifest durchaus gekannt haben. Menschlich daran sind immerhin noch die Ruhepausen, die die Stimme des Großen Bruders wenigstens zu den Mahlzeiten kennt. Die moderne Funktionsmusik hat die Tendenz zur Totalität, und damit im Extrem oft zum Totalitären weiterentwickelt. 24 Stunden am Tag werden die Musikkassetten nicht müde. Auf Flughäfen und Sportplätzen, in Supermärkten und Hotelfluren, in Gaststätten und Einkaufspassagen, in Aufzügen und Wartezimmern moderner Ärzte, in Toiletten und Strandbädern, Flugzeugen und Reiseautobussen dudeln sie.
Was das mit den Bergen zu tun hat? Zunächst: Auch Schutzhütten, die zum Beispiel über eine umweltfreundliche Solaranlage und damit permanent über Strom verfügen, können sich – je nach Intelligenz des Hüttenwirtes – vermehrt an elektroakustischer Umweltverschmutzung beteiligen. Auch in Seilbahnen, von Liftmasten und auf Skipisten dudelt es schon, auf Park- und Campingplätzen sowie auf Almwiesen und Wanderwegen, besonders in romanischen Ländern. Mit „Umweltverschmutzung" ist ein gefühlsbeladenes Wort gefallen.
Ende Oktober 1987 diskutierte in Biella die Elite europäischer und amerikanischer Bergsteiger über den Schutz der alpinen Umwelt. Die piemontesische Voralpenstadt zu Füßen des Monte Rosa ist die Heimat der Familie Sella. Der Politiker Quintino Sella war 1863 an der Gründung des Club Alpino Italiano (CAI) beteiligt. Sein Neffe Vittoria Sella (1859-1943) ist einer der bedeutendsten Bergfotografen um die Jahrhundertwende. Die Sella-Stiftung und der CAAI (der „akademische" CAI, Klub der italienischen Extrembergsteiger) veranstalteten den internationalen Kongreß „Mountain Wilderness – Alpinisten aller Länder schützen das Hochgebirge". Wie zuerst die historische Tat kommt und dann der Geschichtsschreiber, so eilen die alpinistischen Taten den Gedanken ihrer Helden über die möglichen Folgen weit voraus. Die „bergsteigerische Erschließung", von der die Einleitungskapitel älterer Führerwerke noch reden, hat zur viel brutaleren Erschließung einer Landschaft durch Fremdenverkehrsmanager, Seilbahngesellschaften, Straßenplaner und Baulöwen beigetra-

gen oder sie nach sich gezogen. Doch die eine Erschließung ist von der andern nur graduell verschieden. Erst heute beginnt man das zu begreifen.

Sie ist längst in die Vernichtung jener Landschaft umgeschlagen, deren ursprüngliche Schönheit den Anstoß gegeben hatte, sie besser zugänglich zu machen. Die Überfüllung ist vielfach an ihre kritischen Grenzen gelangt. Waldsterben und Bodenerosion, Grundwasserverschmutzung und Artenverarmung sind Menetekel, die nicht mehr zu übersehen sind. Das Gebirge ist als Biotop und Landschaft so labil und leicht zerstörbar wie die Wüste. Einem ökologisch sensiblen Menschen fiel bei den Diskussionen in Biella auf, daß dieser Lernprozeß in Sachen Umweltbewußtsein alles mögliche einschloß: Gefahren, die Bächen und Gletschern durch Sommerskilauf, Kraftwerke, Gifte und Abwässer drohen, Gefahren für die Luft durch Verkehr und andere Abgase, für die Vegetation mit Hilfe der Technik (vom Akkubohrer, der die Zwischensicherung für „sauberes" Klettern garantiert, bis zum Plastiksprengstoff, der uns beschert, was beschönigend Geländekorrektur heißt).

Eines jedoch hatte das Umweltbewußtsein nicht – noch nicht? – erreicht: die akkustische Verunreinigung. Sie ist ebenso wenig eine ästhetische oder eine Toleranzfrage wie die Plastiktüten, die dem Rindvieh tödliche Darmkoliken bescheren können. Wie der Zigarettenrauch auf der Hütte, über dessen Schädlichkeit man vielleicht vor einem Vierteljahrhundert abwiegelnder Meinung sein konnte, aber heute wirklich nicht mehr, ohne seine Ignoranz zu zeigen. Wie die massenhafte Verrichtung von Notdurft auf Gipfeln, an Einstiegen oder Stellen, wo das Grundwasser verunreinigt werden kann. Wie bei anderen Umweltproblemen spielt auch hier der Interessenkonflikt zwischen Saturierten und Habenichtsen eine unheilvolle Rolle. Das gilt auf psychischer Ebene wie auf materieller. Für sozial Benachteiligte hat beispielsweise die Zigarette genau so wie das Transistorradio die Bedeutung des Aufsteiger-, Erfolgs- und Emanzipationssymbols. In patriarchalischen Gesellschaften nimmt mit dem Fortschritt die Zahl der rauchenden Frauen stark zu, die Raucher in der herrschenden Schicht werden weniger. Nomaden, die bis gestern noch auf dem Esel saßen und eine heiser wispernde Kemantscheh als Streichinstrument benutzten, sind überglücklich, am Steuer ihres Kombiwagens das Autoradio bis zum Anschlag aufdrehen zu können. Für den Hochträger ist der krachende Lautsprecher des Transistorradios ein Statusabzeichen. Damit ist er im Rang den märchenhaft reichen Sahibs nähergerückt. Er kann es gar nicht begreifen, daß einer freiwillig auf den Lärm verzichtet, der ihm vorher unerreichbar war.

In seiner „Vorlesung über Unbestimmtheit" erzählt der Komponist John Cage vom schalltoten Versuchsraum in einer Universität. Er hört, bewegungslos darin eingeschlossen, zwei regelmäßige Geräusche. Das eine, tiefe, erklärt ihm der Akustiker, ist sein Herzschlag und das Rauschen seines Bluts, das andere, hohe ist das Funktionieren seines Nervensystems. Cage hat eine sehr alte Erkenntnis wiederentdeckt. Stille ist Musik: Auf manchen Bergen, immer seltener, kann man sie hören.

„Gelangweilt verhüllen die großen alten Berge ihre Häupter,
wenn der Pöbel ihnen auf die Füße tritt."

So Křenek im „Reisebuch aus den österreichischen Alpen". Was aber auch der hellhörige Musiker damals noch nicht so recht wußte: die Berge sind zwar groß und alt. Doch ewig sind sie nicht. Weit gefehlt. Der moderne Mensch kann sie schon kleinkriegen. Sie gehen langsam kaputt. Und mit Musik.

„**Die Berge
sind zwar groß
und alt.
Doch ewig
sind sie nicht ...
... Sie gehen
langsam kaputt.
Und mit Musik.**"

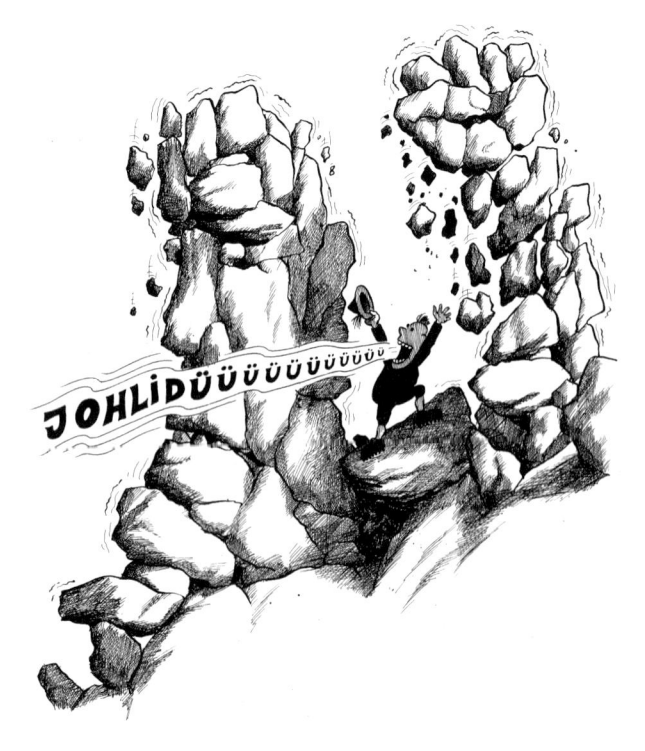

**Zeichnung:
Sebastian
Schrank**

Die Geschichte des Herrn K.

Von einem, der auszog, um im Theater den Alpinismus zu entdecken

Stefan König

Herr K. ist Junggeselle. Anfang vierzig. Büroangestellter. Er hat nie geheiratet – trotz mehrerer Gelegenheiten – weil ihm die eine zu unsportlich, die andere zu wenig häuslich, die dritte zu verschwenderisch, die vierte zu ungebildet war. So hat sich Herr K. aufs Alleinsein eingerichtet, er ist ein Single, wie die zeitgemäße Bezeichnung lautet, und es macht ihm weiter gar nichts aus. Herr K. hat nämlich Hobbies.
Die Wochenenden und die Urlaube gehören den Bergen. Das Bergsteigen nämlich ist Hobby Nummer eins. An frühen Morgen verläßt er die Stadt südwärts, bergwärts, und dann fährt er bevorzugt zu den nahen Voralpen oder auch mal weiter ins Karwendel, ins Wetterstein oder sogar bis ins Allgäu. Herrn K.'s liebste Wanderung ist die landschaftlich so reizvolle Überschreitung vom Brauneck oberhalb Lenggries hinüber zur Benediktenwand. Seine Lieblingshütte ist die Tegernseer zwischen Roß- und Buchstein und sein Lieblingsbuch ist, wie könnte es anders sein, Pauses „Münchner Hausberge". Herr K. ist ein eher gemütlicher Zeitgenosse.

Doch ist das nur die eine Seite dieses Herrn in mittleren Jahren. Sein Leben verliefe spannungslos, wenn seine einzige Freude das Hatschen bergauf und das Hatschen bergab wäre. Aber da sind ja noch die Werktage, die Feierabende, die Herr K. nicht wie so manch anderer seiner Zeit- und Altersgenossen mit unlauteren Absichten in lauten Lokalen verbringt. Nein, Herr K. ist mit derselben Leidenschaft, die er den Bergen zuteil werden läßt, mit derselben Hingabe und Begeisterung Theaterbesucher. Er hat ein Abonnement am Münchener Residenztheater, – fünfte Reihe, Parkett –, er hat eins für die vielgerühmten Kammerspiele, er geht vierteljährlich einmal in die Oper und gelegentlich begibt er sich auch hinab in eines der letzten Kellertheater, die sich, zum Glück für München, für seine Stadt, noch von einem Jahr ins nächste retten können. Herr K. ist Theater-Enthusiast. Was nun, werden Sie fragen, und zwar zu Recht, was nun hat der Alpinismus mit dem Theater zu tun? Und genau dieselbe Frage stellt sich eines Tages unserem Herrn K. Denn er gehört zu der großen Zahl jener Bergfreunde, die felsenfester Überzeugung sind, daß das Bergsteigen mehr ist als nur Sport. Und leise lächeln sie über die Monotonie des Marathonlaufes und unverhohlen belustigen sie sich an der Einfältigkeit des Fußballs. Eishockey ist ihnen schlichtweg zu brutal, das Rennfahren zu gefährlich, der Boxsport zu animalisch. Aber das Bergsteigen, das ist Sport und kulturelle Handlung zugleich, es erfordert ein offenes Auge für die Natur, es festigt den Charakter, es bildet die Seele und schult die Sinne, kurz: es ist der König unter all den Freizeitbetätigungen, die man sich nur denken kann, das Schach für Fußlastige sozusagen.
Es geschieht an einem Samstag Vormittag, Herr K. wandert auf die Herzogstandhäuser zu. Die Steigung des breiten Weges ist gering; so kann er gut seinen Gedanken nachhängen. Herr K. denkt ans Theater. Für den Abend hat er eine Karte für „Troilus und Cressida". Herr K. geht gedanklich seinen Tagesplan durch. Nach der kleinen Bergtour, die ihn zum Herzogstand führen wird, wird er, zurück am Kesselberg, den Heimweg antreten. In Benediktbeuern beim Postwirt, wo bekanntlich 1786 schon der gute alte Goethe eingekehrt ist, wird er noch einen Schweinsbraten verzehren und eine Radlerhalbe dazu, wird sich dann, verabschiedet vom Wirt mit „wieda zuawikemma!", endgültig auf den Heimweg machen, wird sich duschen und nach einem Tässchen Aufgußkaffee richten für den Abend, für „Troilus und Cressida", für Shakespeare, fürs Theater.

So denkt Herr K. Die Herzogstandhäuser sind jetzt nicht mehr fern. Einige Wegminuten noch. Und eben während dieser paar Minuten überkommt es ihn: Warum eigentlich sollte es kein alpines Theater geben? Warum eigentlich nicht? Gibt es doch auch Bergsteigerlieder, Bergmalerei, Alpinliteratur, ja, sogar Briefmarken mit alpinen und alpinistischen Motiven. Was spricht gegen ein alpines Theater? Selbstgefällig ob dieser interessanten Fragestellung lächelt Herr K. vor sich hin. Er beschließt, der Sache nachzugehen.
Shakespeares „Troilus und Cressida" war großes Theater gewesen. Ein ausgezeichnetes Ensemble unter der Regie von Dieter Dorn. Und ein überragender, einfach hinreißender Peter Lühr in der Rolle des Pandarus. Großartig, einfach großartig. Nun, am Tag danach, am geheiligten Sonntag, läßt Herr K. den gestrigen Abend noch einmal Revue passieren, noch einmal riecht er die Bühnenluft, noch einmal erinnert er sich ans Foyer mit den festlichen Garderoben, an die Eis mit heißen Himbeeren und die mit perlendem Sekt gefüllten Gläser, die wie zur Zierde vor blütenweiße Herrenhemden und tiefe Ausschnitte der Damen gehalten und so allmählich, bis spätestens zum zweiten Ertönen der Pausenglocke, geleert werden. Theater.
Und dann macht sich Herr K., nun so recht in Laune, daran, den Alpinismus im Theater zu suchen. Zunächst noch erscheint ihm die Aufgabe leicht, aber es vergeht der Vormittag und er hat nicht

Seite 214: Bühnenbild zu Tell/Rütliszene von Angelo I. Quaglio 1806.

Foto: Deutsches Theatermuseum, München

eine Idee gehabt, wo die Suche zu beginnen wäre. Nach allen Seiten spinnen sich seine Gedankenfäden, aber sie hängen in der Luft, wollen so recht nirgends Halt finden.
Er versucht einen Einstieg über das volkstümliche Theater. Über die Kommödienstadel und andere Bauernbrettl. Ja, da gäbe es manches Stück, so erinnert sich Herr K. an schlecht genützte Fernsehabende, das in gewisser Hinsicht mit dem Gebirge zu tun hat. Spielte nicht das eine oder andere auf dieser und jener Alm, war da nicht die frische Sennerin und der g'sunde Bua, war da nicht Bergnatur pur? Schürte da nicht das Alpenglühen die Glut so mancher Leidenschaft. Gab's da nicht Liab und Leid, Treue und Sünd', gut und bös, und mitten in die Berg.
Aber Herr K. bemerkt gleich, daß er eigentlich nicht nach hoho und holdrijo gesucht hatte, sondern nach richtigem alpinen Theater, das die Wildheiten und Schönheiten der gebirgigen Landschaft sich zu eigen macht oder das Bestehen der Menschen, die sich darein begeben, egal ob als Bergsteiger oder Bergbauern. Das sucht er.
Mit dem sogenannten Volkstümlichen ist es also nichts. Herr K. probiert es mit den Klassikern. Da wird er fündig. Nach langem Blättern im Großen Schauspielführer, nach manchen Umwegen und einigen Verrennern in Sackgassen, nach manchem Hindernis also ist Herr K. an einem ersten Ziel. Mittlerweile ist es Nachmittag geworden. Kaffeezeit. Herr K. setzt sich heißes Wasser für den Nescafé auf, schneidet sich drei Stücke schokoladengußüberzogenen Zitronenkuchens ab, und er holt sich ein altes, gelbes, abgegriffenes Reclam-Büchlein aus dem Bücherregal. Es muß wohl nicht näher beschrieben werden. Reclam kennt jeder, jeder weiß um die Handlichkeit und den niedrigen Preis. Jeder kennt auch die Ausgabe, die sich Herr K. mit an den Kaffeetisch nimmt: Wilhelm Tell ist der Titel, Schiller heißt der Verfasser, Friedrich.

War Schiller ein alpiner Dramatiker?

Ja, jetzt erinnern wir uns schwach an unsere Schulzeit, da wir genötigt waren diesen Tell zu lesen, zu analysieren, den Inhalt kurzfassend wiederzugeben, Kernsätze herauszuarbeiten. Wenn wir jetzt vom Kanapee aufstehen und uns an unsere Bücherborde begeben, werden auch wir noch dieses kleine Reclam-Büchlein finden; abgegriffen, eselsohrig und versehen mit Randnotizen in unseren krakeligen Schülerschriften. Und es ergeht uns wie dem Herrn K., der gar nicht lange blättern muß, um aufs Alpine bei Schiller zu stoßen. So schreibt Schiller schon für den ersten Aufzug eine Bühnengestaltung vor, die stark vom Gebirge geprägt ist: „Hohes Felsenufer des Vierwaldstättensees, Schwyz gegenüber. Der See macht eine Bucht ins Land, eine Hütte ist unweit dem Ufer, Fischerknabe fährt sich in einem Kahn. Über den See hinweg sieht man die grünen Matten, Dörfer und Höfe von Schwyz im hellen Sonnenschein liegen. Zur Linken des Zuschauers zeigen sich die Spitzen des Haken, mit Wolken umgeben; zur Rechten im fernen Hintergrund sieht man die Eisgebirge. Noch ehe der Vorhang aufgeht, hört man den Kuhreihen und das harmonische Geläut der Herdenglocken, welches sich auch bei eröffneter Szene noch eine Zeitlang fortsetzt."
Ein aufwendiges Bühnenbild. Das Bergland als Rahmen für Schillers dramatische Dichtung. Was Herr K. nicht weiß: Schiller, der die Schweiz nicht bereist hatte, verdankt diese Ortsbeschreibung den gewohnt exakten Schilderungen seines Zeitgenossen J. W. v. Goethe... Nicht von Goethe stammt das Weitere. Gleich in der ersten Szene läßt Schiller den Alpenjäger auftreten: „Es donnern die Höhen, es zittert der Steg, / Nicht grauet dem Schützen auf schwindligtem Weg, / Er schreitet verwegen / Auf

Auf das Dramatische Gedicht „Manfred" des Lord Byron (1817) konnte Herr K. kaum stoßen, denn es wird so gut wie nie aufgeführt. Trotzdem wär's vielleicht eine Entdeckung für Alpinpsychologen: Denn den Titelheld treibt seine innere Zerissenheit ins Gebirge. Als er sich aber von einem Felsen stürzen will, rettet ihn ein Gemsenjäger (Szene rechts).

Stahlstich W. Taylor nach H. W. Bartlett, 1832

Feldern von Eis, / Da pranget kein Frühling, / Da grünet kein Reis; / Und unter den Füßen ein nebligtes Meer, / Erkennt er die Städte der Menschen nicht mehr, / Durch den Riß nur der Wolken / Erblickt er die Welt, / Tief unter den Wassern / Das grünende Feld."

Und Herr K. liest dies und wiederholt es laut, weil er ahnt, daß nur was laut gelesen richtig gelesen ist, er hebt und senkt die Stimme, betont hier, betont da und versucht, erfolglos freilich, Schiller so zu sprechen, wie es sein viel zu früh verstorbener Lieblingsschauspieler Oskar Werner getan hat.

Herr K. ist ob seiner Entdeckung Schillers als alpinem Dramatiker freudig erregt. Längst ist der Nescafé kalt geworden, denn K. hat alles um sich herum vergessen, ist nur noch vertieft in seinen Tell. Er liest ihn noch einmal, andächtiger nun als in Jugendjahren und verständiger und voll Freude über die große Kraft Schiller'scher Sprache. „Er schreitet verwegen / Auf Feldern von Eis, / Da pranget kein Frühling, / Da blühet kein Reis." Und beim Klang seiner Worte erinnert er sich an Bergsteigergedichte, die ihm mal lieb und teuer gewesen sind, und er murmelt vor sich hin, was er auswendig gelernt hat vor vielen Jahren, und was ihm nun, neben Schiller, als bloße Entsetzlichkeit erscheint: „Und aus dem fernen Tale, / wo nächtlich schon die Schatten weben, / hört man empor ins letzte Leuchten / der Abendglocken Zungen beten"…Oder: „Wir wären ohne Berge heimatlos. / Wir wären ohne Tiefen, ohne Höhen. / So aber wissen wir: dieses Am-Berg-bestehen / ist unsres Daseins Grundakkord, ist unser Los"…

Instinktiv ist Herr K. froh, daß er bei „wirklichen, richtigen" Theaterautoren nach dem Alpinen sucht und nicht bei Alpinliteraten nach dem Theater. Er verdrängt seine Erinnerungen an die Bergsteigergedichte, die in den frühen Jahren seine Schritte sozusagen beflügelt hatten, er verdrängt das alles und liest sich hinein in den Wilhelm Tell, liest sich die Wangen rot, die Stirne heiß und läßt sich begeistern von Dramatik und Sprache und ist, auf der letzten Seite angelangt, dennoch ein wenig enttäuscht. Schließlich sucht er das Alpine und das Alpinistische. Er fand immerhin etwas, und dieses Etwas in ganz großem Stil, aber das Gelbe vom Ei ist es noch nicht. Für uns Freunde der Bergsteigerei, ja, der Berge schlechthin, wäre es ja auch zu schön um wahr zu sein, wenn wir einen Klassiker der Weltliteratur gewissermaßen für uns vereinnahmen könnten. Ach, wie ständen wir dann da. Es gäbe keinen Zweifel mehr, daß das Bergsteigen mehr ist als nur Sport, Lebensgefühl nämlich, Weltanschauung, etwas Erhebendes in jedem Fall.

Flug über die Anden

Wer nun etwa glaubt, Herr K. würde sich durch den mäßigen Erfolg mit Wilhelm Tell von seinem Entschluß, im Theater den Alpinismus zu suchen, abbringen lassen, ist im Irrtum. Schließlich ist ihm eine nicht geringe Beharrlichkeit eigen, und so kann mit Fug und Recht gesagt werden, daß er einmal Beschlossenes mit aller Konsequenz auch einhält, nach besten Möglichkeiten zu verwirklichen trachtet, zu seinem Wort steht, auch wenn er selbst es ist, dem er es gegeben hat. Herr K. sucht weiter. Eine Woche nach Tell macht er sich wieder an die Arbeit.

Rechts: Szenenbild an der Außenwand des Kasseler Staatstheaters zu Bert Brechts: „Der Jasager" und „Der Neinsager"

Foto: Dieter Schwerdtle

Waren da nicht Theaterstücke, die er gesehen hat und die zu seinem Thema passen? War da nicht Henrik Ibsens „Peer Gynt", dieses eigenartige, der nordischen Mythologie entstammende Stück, das im 19. Jahrhundert angesiedelt ist und unter anderem im norwegischen Gudbrandstal und im Hochgebirge ringsherum spielt. Ja, es war. Aber auch Henrik Ibsen, geboren 1828 in Skien, gestorben 1906 in Oslo, ist nicht der gesuchte Dramatiker, der für das alpine Theater einstehen könnte. Vielleicht Ferdinand Raimund? „Der Alpenkönig und der Menschenfeind"? Ein romatisch-komisches Original-Zauberspiel in zwei Aufzügen. Es wurde am 17. Oktober 1828 im Theater in der Leopoldstadt uraufgeführt und feierte Triumphe. Es wurde ins Englische übersetzt und 1931 drei Monate lang täglich im Londoner Adelphi-Theater gespielt.

Und doch, so erinnert sich Herr K. gut, und doch ist's allein der Titel, der Querverbindungen zum Alpinismus glauben macht. Alpenkönig und Menschenfeind. Wieder nichts. Aber halt: Da gab es doch vor gar nicht allzulanger Zeit im Münchener Residenztheater die Aufführung, die Herrn K. fast ein Treffer ins Schwarze sein muß. „Flug über die Anden" hieß das Stück, soviel weiß er noch genau, aber der Name des Autors ist ihm beim besten Willen nicht erinnerlich. Darüberhinaus läßt sich ihm auch vergegenwärtigen, daß es ein mäßiger Theaterabend gewesen ist; nur ist er freilich wiederum nicht Theaterexperte genug um unterscheiden zu können, ob es sich um ein schlechtes Stück handelte oder ob ganz einfach eine mißglückte Inszenierung das Stück verkorkst hatte. Aber vom Residenz ist das Herr K. nunmehr seit Anfang der achtziger Jahre gewöhnt, da erwartet er nicht allzuviel, weil nach der Ära Kurt Meisel seiner Meinung nach orientierungslose Intendanten das Sagen haben, und diese zudem die fähigsten Schauspieler vergraulten. Ein Hans Brenner spielt heute weit unter Wert am Volkstheater, Walter Schmidinger ist im Groll geschieden, der Paryla bricht jetzt seine Zelte in München ab, räsoniert Herr K. vor sich hin. Aber zurück zum „Flug über die Anden". Schlechtes Stück hin oder her – der Inhalt ist's, der Herrn K. nachhaltig zu faszinieren vermochte und der sich ihm nun, bei seinen Überlegungen zu Theater und Alpinismus, geradezu aufdrängt. Die Handlung ist die, daß eine Chartermaschine mit mehreren Passagieren im ewigen Eis der Anden bruchlandet. Die Passagiere überleben, mehr oder weniger verletzt. Doch das Schicksal läßt ihnen nur eine einzige Möglichkeit: tatenlos auszuharren, auf Rettung zu hoffen und zu warten.

Dem Stück soll eine wahre Begebenheit zugrunde liegen. Für die Passagiere beginnt das qualvolle Warten in lebensfeindlicher Umgebung. Ein Warten voll menschlicher Konflikte, voll schockierender menschlicher Schwächen, voll Egoismus, Selbstmitleid und Nächstenhaß. Und dann beginnt das Sterben. Das langsame Sterben derer, die beim Absturz am schwersten verletzt oder deren Nerven am schwächsten belastbar waren. Und die Lebenden warten weiter, voll Angst, Zweifel, Hunger und Durst. Gegen den Durst hilft der Schnee, den man schmelzen kann, gegen den Hunger hilft allein noch das Fleisch der soeben Verstorbenen. Die Lebenden beginnen die Toten zu essen. Im ewigen Eis der Anden.

Welch ein Thema. Könnte sich dies oder ähnliches nicht auch bei einer tragischen Expedition zu den Achttausendern des Himalaya abgespielt haben? Könnte nicht auch da in einem Hochlager ein sterbender Bergsteiger seinen schon verstorbenen Partner verzehrt haben? Ist dieser Flug über die Anden nicht ohne weiteres abwandelbar auf alpinistische Augenblicke? Gewiß, Herr K., der ja bekanntlich ein eher gemäßigter Bergsteiger ist, hat es nicht leicht, sich in extreme Situationen im Gebirge hineinzuversetzen; ihm sind Biwaknächte so fremd wie senkrechte Wände, den Himalaya kennt er nur vom Fernsehen, Lawinen aus den Sensationsmeldungen der Tageszeitungen, Steinschlag vom Hören und Sagen. Aber er hatte in früheren Jahren die Berichte der großen Bergsteiger gelesen, die Erlebnisse von Rébuffat, Bonatti, Terray und Buhl. Und er besitzt zumindest Phantasie genug, um sich derartige Situationen ausmalen zu können.

Warum, fragt er sich, greifen nicht die einschlägig bekannten Alpinliteraten solche Theaterthemen auf? Kann es keiner? Traut sich keiner? Oder was ist los? Wäre nicht ein intelligenter und

Zu Seite 218: Auch Brechts „Der Jasager" und „Der Neinsager" sind keine alpinen, sondern Lehrstücke, die den geforderten Opfertod eines Jungen zum Inhalt haben. Regisseur George Tabori hat aber in seiner Inszenierung am Kasseler Staatstheater spektakuläre Kletterszenen mit ins Geschehen „eingebaut" und dafür Mitglieder der Bergsteigergruppe der Sektion Kassel des DAV als Berater und Mitwirkende gewonnen.

vielseitig gebildeter Mensch wie Reinhold Messner geradezu prädestinierter Theatermacher? Aber gleich zügelt Herr K. sein durchgehendes Temperament. Messner wäre vielleicht ein guter Initiator, auch ein guter Regisseur, aber das Stückeschreiben, das Verfassen von Dialogen für die Bühne, das will er diesem Egozentriker dann doch nicht so recht zutrauen. Es würde wohl allenfalls ein langer Monolog dabei herauskommen. Wer käme noch in Frage, um alpines Theater zu schreiben? Toni Hiebeler ist 1984 gestorben, Hans Steinbichler baut viel zu wenig auf die Kraft seiner Sprache, der Wiener Peter Baumgartner hat „kaa Zeit". Wer, wer fragt sich Herr K., besäße in der alpinen Szene hinreichend Schreibvermögen und ausreichend Lebenserfahrung, um Theater schreiben zu können. „Da gibt's keinen", sagt sich Herr K. und sucht weiter bei den etablierten Theaterautoren. Denn er spürt, was er bis jetzt gefunden hat ist noch nicht alles.

Der bergsteigende Dramatiker

Ödön von Horváth. Warum ist ihm der nicht gleich zu Beginn eingefallen. Horváth, der Verfasser des hervorragenden Romans „Jugend ohne Gott", der Autor der bitteren „Geschichten aus dem Wienerwald", der Dichter der 27 hinreißenden Sportmärchen, von denen sechs Bergsteigermärchen sind, eben dieser Ödön von Horváth hat auch das Stück „Revolte auf Côte 3018" geschrieben. Herr K. weiß das, weil er vor Jahren Traugott Krischkes Horváth-Biographie gelesen hat, weil sie ihm gefiel und weil er jetzt nur ans Regal gehen muß, um das dunkelbraune Taschenbuch herausnehmen zu können. Herr K. liest nach. Zuerst einige Passagen, die Horváths Leben beschreiben, die ihn zeigen als einen Dichter, der dem Makabren nahestand, als einen vorweggenommenen literarischen Federico Fellini, als lebensfrohen Menschen, den doch unablässig Ängste und Ahnungen plagten. „Es kommt von oben", pflegte er bisweilen zu sagen, Unheil spürend, ein Damoklesschwert, das über ihm hing. Und Herr K. liest noch einmal, geradezu bestürzt, daß es für Horváth tatsächlich „von oben kam". Am 1. Juni 1938, gegen halb acht Uhr abends, kommt er in den Champs-Elysées durch einen herabstürzenden Ast ums Leben ... Herr K. liest aber auch über Horváth, den Schriftsteller, der mehr und mehr als moderner Klassiker erkannt und anerkannt wird, er liest also auch, was wenige wissen, daß er nämlich lange Zeit seines kurzen Lebens im oberbayerischen Murnau gewohnt und ernstzunehmende Bergfahrten unternommen hat. Dieser Autor, Ödön von Horváth, erscheint ihm als der Richtige für seine Betrachtungen. Ein bergsteigender Dramatiker.

Bei nächster Gelegenheit eilt unser Herr K., und ich möchte mir erlauben, ihn ganz vertraulich als unseren Herrn K. zu bezeichnen, da wir ihm nun immerhin schon eine gewisse Zeit bei seiner hobbymäßigen Forschungsarbeit über die Schulter geschaut, ihn wohl auch kennen und vielleicht sogar schätzen gelernt haben, bei nächster Gelgenheit also eilt unser Herr K. in die Buchhandlung, um sich den Text des Stücks „Revolte auf Côte 3018" zu besorgen. Rasch wird er fündig. Das Buch heißt „Zur schönen Aussicht", und ist der Band eins der gesammelten Werke. Es ist das Suhrkamp Taschenbuch Nummer eintausendundeinundfünfzig.

Das erste, was er beim Lesen erfährt, ist, daß Horváth die „Revolte" später noch einmal überarbeitet und ihr den Titel „Die Bergbahn" gegeben hat. Am 4. Januar 1929 kam diese Neufassung an der Berliner Volksbühne im Theater am Bülowplatz zur Uraufführung. Darüber steht in Herrn K.'s Taschenbuch folgendes zu lesen: „... bezeichnete Horváth als sein erstes Stück; es hatte den Kampf zwischen Kapital und Arbeitskraft zum Inhalt unter besonderer Berücksichtigung der sogenannten Intelligenz im Produktionsprozeß." Und Dr. Günther Stark, der damalige stellvertretende Direktor der Berliner Volksbühne ist ebenda zitiert: „Der äußere Anlaß zur Entstehung der Bergbahn bildete ein Zusammenstoß zwischen Arbeitern und Betriebsleitung beim Bau der Zugspitzbahn, der nur mit Hilfe von Gendarmerie geschlichtet werden konnte. Drei Tote erforderte der Bau, aber es wurde nur der Ingenieur und der siegreiche Unternehmer gefeiert. Von den Toten sprach niemand." Und Herr K. liest das Stück „Die Bergbahn". Und wieder liest er laut, weil wenn einer allein lebt und nur sich selbst hat in seinen vier Wänden, dann muß er sich bisweilen zufrieden geben mit dem Hören der eigenen Stimme. Und er versucht, die jeweiligen Parts durch verschiedene Akzentuierung zu sprechen.

INGENIEUR *Was ist denn geschehen?*
OBERLE *Still Herr! Hier liegt a Toter.*
INGENIEUR *Wieso? Wo? Wer?*

Beim Bau der Tiroler Zugspitzbahn 1925.

Foto: Tiroler Zugspitzbahn

OBERLE Dort. Den Ihr gestern eingestellt habt, der Schulz.
INGENIEUR Scheußlich!
OBERLE Er ist bloß gestolpert – über die Wand da. So vierzig Meter.
INGENIEUR Verdammt! Tja, da kann keiner dafür. – Wollen wir ihn ehren, indem wir geloben, ihm, der in Erfüllung seiner Pflicht fiel, nachzueifern, weiter zu arbeiten. – Ich muß unbedingt darauf bestehen, daß die Arbeit sofort wieder aufgenommen wird. Den Leichnam lassen wir bis zum Abend hier liegen und nun –
MOSER Na, der werd zuerst nuntergtragn und aufbahrt. Nachher werd weitergschafft. Eher net!
INGENIEUR Hoppla! Hier hat nur einer zu befehlen, und das bin ich! Pflicht kommt vor Gefühlsduselei.
REITER Pflicht is, a Leich net liegn zu lassn, wie an verrecktn Hund.
INGENIEUR Ich verbitte es mir, über Pflicht belehrt zu werden! Merken Sie sich das, Sie! Ich habe mir mein Ziel erkämpft und pflege meinem Willen Geltung zu verschaffen. Und seis mit schärfsten Mitteln!
SIMON Bravo! Bravo!
INGENIEUR Was soll das?
Es wird weitergearbeitet. Mit Hochdruck und sofort. Los!
Keiner reagiert. Schweigen
INGENIEUR Hört: sollte das Wetter umschlagen und wir hätten die Vorarbeiten noch nicht beendet, – das Werk, der Bau, die Bahn ist gefährdet!
MOSER Sonst nix? Werd scho schad sein um die Scheißbahn! Sehr schad! Wer werd denn damit amüsiert? Die Aufputztn, Hergrichtn, Hurn und Wucherer! Wer geht dran zu Grund?! Wir!

Doch lassen wir Herrn K. für einen Augenblick allein, lassen wir ihn lesen, unbelauscht, und nehmen wir ein paar Randnotizen zur „Bergbahn" zur Kenntnis. Die Geschehnisse, die Horváth in der „Revolte auf Côte 3018" und in „Die Bergbahn" verarbeitet hat, haben sich ähnlich 1925 beim Bau der Zugspitzbahn zugetragen. Die Berliner Aufführung der „Bergbahn" stieß auf sehr geteilte Kritiken. So schrieb Kurt Pinthus: „Kein Meisterstück; aber ein begabtes, klares, reinliches Stück." Der berühmt-berüchtigte Theaterkritiker Alfred Kerr urteilte: „Es ist (relativ) ein ausgezeichneter Griff; für die Volksbühne. Just noch das Maß, das ihre Kleinbürger willig schlucken." Ganz anders Erich Kästner: „Man erfährt, daß es im Gebirge kalt ist und in den Arbeiterbaracken droben mehr Männer als Frauen gibt, und man vermutet, zwei Akte lang, es handle sich um einen Lehr- und Propagandafilm irgendeiner Oberlandbahn-A.-G...."

Wie dem auch sei, so oder so, das Stück ist mehr und mehr in Vergessenheit geraten und heute kaum mehr bekannt. Umso mehr freut sich Herr K., daß es ihm gelungen ist, die „Bergbahn" aufzustöbern. Schließlich handelt es sich hierbei neben manch anderer Komponente auch um alpines Theater. Es erzählt von Menschen, die im Gebirge leben beziehungsweise arbeiten müssen. Vom Bergsteigen nicht, doch was macht's. Sollte sich denn der Freizeit- und Urlaubsgebirgler wichtiger nehmen als die sogenannten Gebirgsbewohner?

Entscheidung am K 2

Herr K. ist zufrieden. Weil aber Zufriedenheit der Tod des Fleißes ist, weil sie jeden Ansporn untergräbt, wird Herr K. in dieser Angelegenheit müde. Ganz langsam, ganz allmählich wird er der Suche nach dem Alpinismus im Theater überdrüssig. Unser Verständnis hat er. Ging diese Suche nicht recht zäh vonstatten?! War nicht der Lohn der Mühen mehr als dürftig? Nein, unser Verständnis hat er.

Herrn K.'s Interesse schwindet. Er geht wieder in die Berge, ohne ans Theater, und ins Theater, ohne an die Berge denken zu müssen. Alles geht wieder seinen gewohnten Gang. Und so können seine späteren Erlebnisse, die hier sozusagen als Anhang notiert werden sollen, sie können nicht mehr sein als eine Abrundung, ein Abschluß des bisher Berichteten. Doch gerade diese späten Ereignisse, denen Herr K., soviel sei vorweggesagt, bedauerlicherweise allzu leidenschaftslos begegnen wird, gerade diese Ereignisse sind es, die eine Begriffsverbindung zwischen Theater und Alpinismus zulassen.

Die Sache ist nämlich die, daß irgendein Zufall, den zu beschreiben hier nicht der richtige Platz wäre, Herrn K. nach Sommerhausen in Veit Relins Torturm-Theater führt. Dort wird das Stück „K 2" von Patrick Meyers gespielt. Ein Stück, das vom Bergsteigen am zweithöchsten Berg der Welt erzählt. Die Geschichte ist einfach und schockierend zugleich: Zwei Bergsteiger befinden sich in hoffnungsloser Lage in einem Biwak auf einer Eiskanzel in etwa 8100 Metern Höhe. Einer von ihnen ist verletzt. Und es beginnt der Kampf ums Überleben, das Aufgeben, das Resignieren, das letzte Kräfte freimachen, das Sterben und auch das Leben.

Taylor: WACH AUF!
(Harold kommt wieder zu sich).
Du bleibst jetzt wach, du Arschgeige! Wir werden doch aus dieser gottverdammten Scheiße rauskommen! AUSRÜSTUNGSINVENTUR, LAGEEINSCHÄTZUNG!
Harold: Genau.
Taylor: Wir haben jetzt ein Seil, 35 Meter lang, ist das richtig?
Harold: Stimmt.
Taylor: (er fängt an, im Schnee herumzusuchen)... wir hatten doch den Hammer. Ich bin sicher, wir hatten den Hammer. Ich weiß, er ist da... Ich habe ihn rechts hinter mich gelegt, als ich mich hinsetzte...na also! (Taylor holt den Hammer aus dem Schnee). Also ... zwei Packen, zwei Ponchos, eine Feldflasche und, ach ... dein Eispickel, Harold? Dein Eispickel liegt rechts neben dir ... stimmt's?
Harold: Hmmm?
Taylor: (immer heftiger, zum Ende beinahe wie wahnsinnig) Dein Eispickel, Harold! Ich frag' dich nach deinem gottverdammten Scheißeispickel. Der liegt doch genau neben dir im Schnee, oder? Oder nicht, Harold? Jetzt sag' doch ja. Würdest du bitte ja sagen, Harold. Sag' ja! Sag' ja, du idiotischer Ficksack. Sag doch ja, Harold! Sag' es, bevor ich dich von diesem Vorsprung runterwerfe, du ausgerenkter blöder Clownarsch!
(Harold starrt verwirrt auf Taylor... Plötzlich packt ihn Taylor am Kapuzenkragen und schüttelt ihn brutal).
SAG ES! SAG ES! SAG ES! SAG ES! SAG ES! SAG ES!

In panikartigen Stimmungen kotzen sich die beiden, Harold und Taylor, so richtig über ihr Leben aus. Sie lieben und sie hassen sich. In ständigem Wechsel. Einer macht den anderen für das gemeinsame Schicksal verantwortlich. Doch einer kommt durch: Taylor. Harold, der verletzt ist, muß zurückbleiben, hoffnungslos. Seine letzten Worte sind ...aushalten...aushalten...aushalten... aushalten.

„K 2" ist eine alpinistische Tragödie und dadurch alpines Theater. Schrill zwar und immer wieder schockierend, doch um vieles lebensnäher als die meisten Erlebnisberichte, die übers Bergsteigen geschrieben worden sind. Herr K. spürt das. Und er spürt auch, daß die beiden Rollen so gar nichts heldenhaftes an sich haben, daß die Helden beide Verlierer sind. Der eine stirbt am K 2, auf einem kleinen Eisplateau in 8100 Metern Höhe. Der andere kehrt zurück. Es wird keinen Tag mehr in seinem weiteren Leben geben, da er nicht den Partner sterben sieht. Droben, am K 2.

Der André Heller der Berge

Vor ein paar Monaten noch hätte Herrn K. dieses Stück vom „K 2" über die Maßen erregt. Er hätte „hurra" geschrien, weil er sein alpines Theater in der reinsten Form gefunden gehabt hätte. Aber inzwischen hat sich sein Zustand normalisiert. Ohne sich selbst darüber Rechenschaft abzulegen, hat er sein Bewußtsein sich wandeln lassen. Er ahnt, daß es keine Gebirgsmalerei gibt, sondern nur gute und schlechte Malerei. Oder würde man beispielsweise Emil Nolde als Meermaler bezeichnen, nur weil er die See oft und oft auf Papier oder Leinwand gebracht hat? Und genausowenig, wie es eine legitime Alpinmalerei gibt, genausowenig besteht ein alpines Theater. Und dieses Fühlen ist es, was unseren Herrn K. ernüchtert hat. Alpinismus und Theater, diese sonderbare Kombination ist ihm wieder, wie man in Bayern sagt, wurscht.

Ein Ziel allerdings hat er noch für dieses Jahr. Genauer: Für den September 1988. Er wird in die Rosengartengruppe fahren, in König Laurins Reich, wo Reinhold Messner die Laurinssage inszenieren will. Laut einem Bericht in der Südtiroler Illustrierten FF „sollen 5000 Leute auf das Gartl hinauf, Laserstrahlen die Nacht in Tag verwandeln und das Bergmassiv zum Glühen bringen. TV-Kameras großer Gesellschaften sollen das Schauspiel unter den mächtigen Türmen aufzeichnen, Hubschrauber den Personentransport übernehmen. Ein Märchen, mediengerecht verpackt, als Höhepunkt der Feiern zum 200. Namenstag der Dolomiten".

Dorthin wird Herr K. fahren. Er wird ein paar Tage freinehmen, wird seine neue Fotoausrüstung in den Rucksack packen und wird durch den Rosengarten wandern. Und als Höhepunkt und gleichsam Abschluß seiner Tour wird er dem Messner'schen Spektakel beiwohnen. Er wird sich ein wenig erinnert fühlen an André Hellers „Theater des Feuers", und er wird Film um Film verknipsen, ob der poetischen Möglichkeiten, die bislang ungeahnt in der Geschichte der Berge und der Bergsteigerei geschlummert haben. Und wenn diese Inszenierung so beeindruckend wird, wie es vorweg klingt und wenn seine Fotos nur halb so gut werden, wie Herr K. sich erhofft, dann wird er dem Jahrbuchredakteur für die nächste Ausgabe eine Fotoreportage anbieten. Und bei dieser Gelegenheit könnte er ja das eine oder andere, was er sich über Theater und Alpinismus erarbeitet hat, bei dieser Gelegenheit also könnte er ein paar Erfahrungen und Erkenntnisse einfließen lassen. Am Rande bemerken. Mehr nicht.

Man wird sehen.

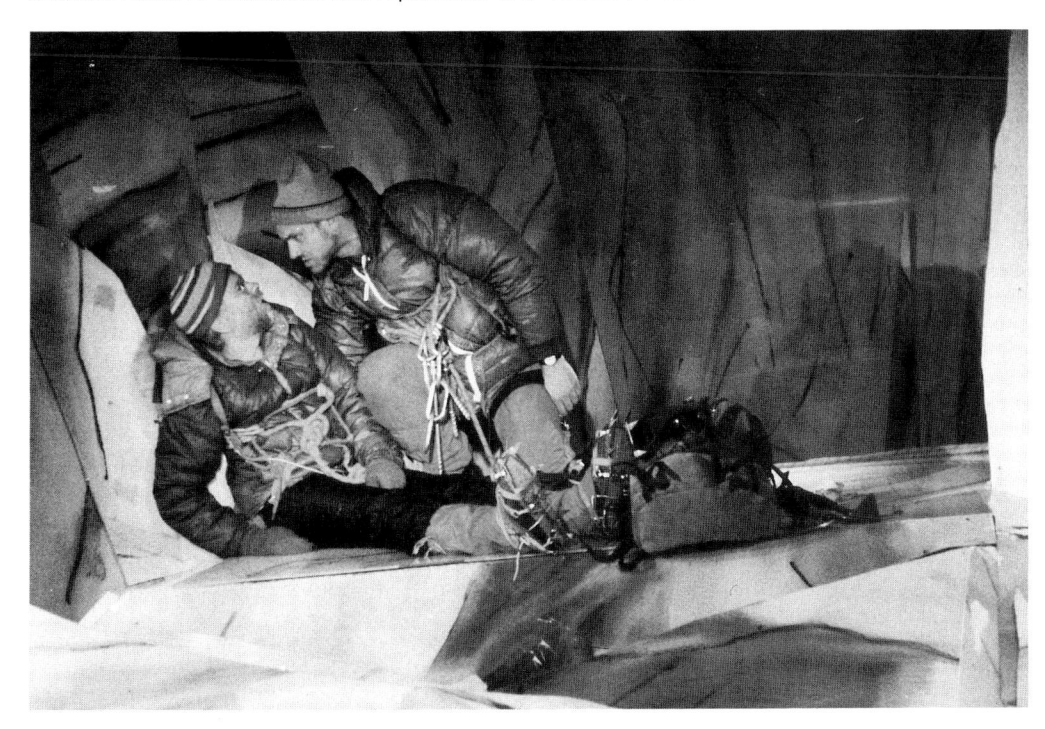

Szene aus der Aufführung des Stücks „K 2" im Torturm-Theater zu Sommerhausen

Foto: Archiv Veit Relin

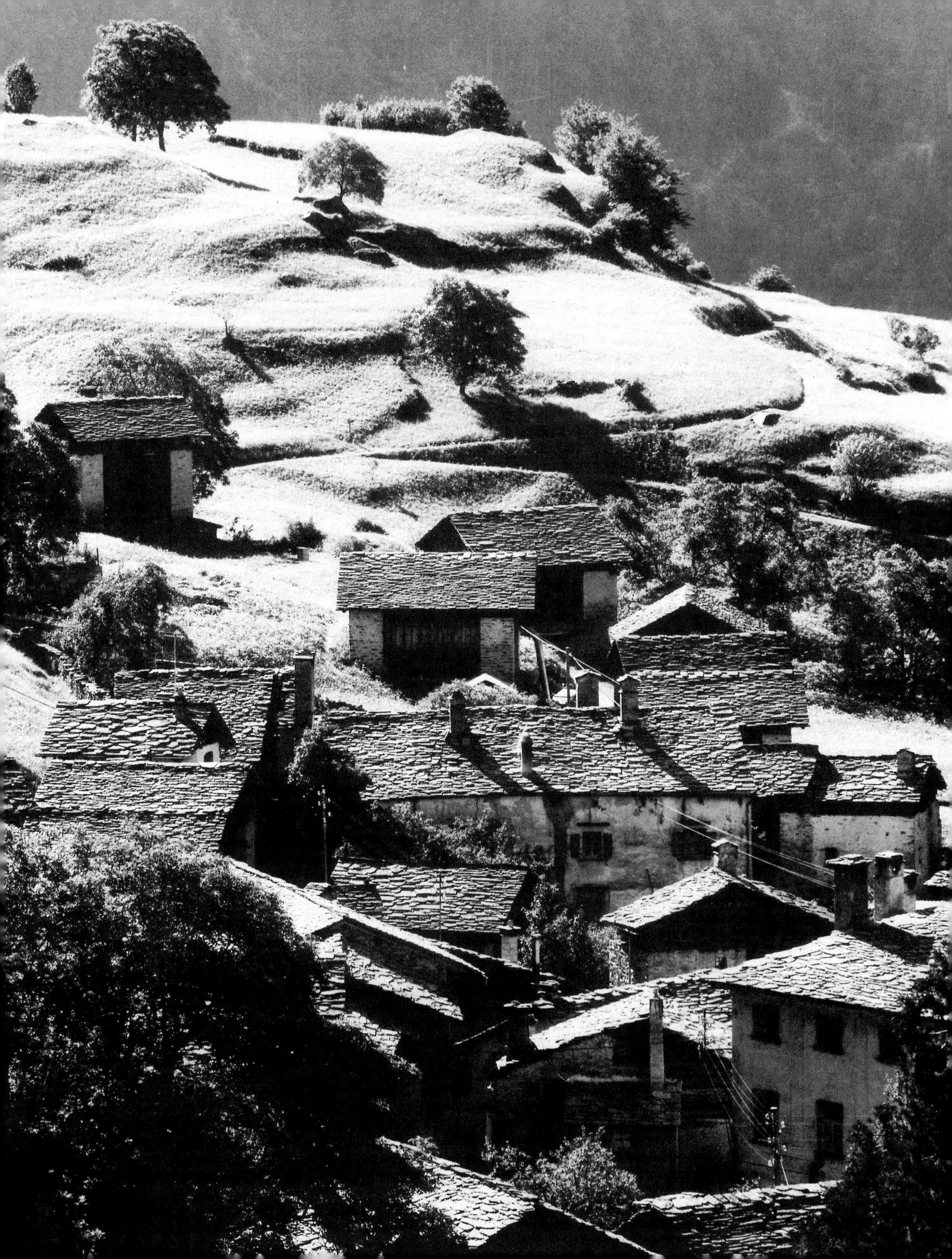

Erhaltung der Berglandwirtschaft

Herausforderung für eine gemeinsame Umwelt- und Agrarpolitik im Alpenraum

Alois Glück*

Seite 222: „Aber die Sprache versagt häufig, wenn wir unseren Umgang mit der Natur beschreiben sollen ..."
Foto: Jürgen Winkler

Entscheidungen von historischer Tragweite

Die Berglandwirtschaft ist noch mehr als die gesamte Landwirtschaft von einer existentiellen Krise betroffen. In den nächsten Jahren sind, zumindest für den Raum der EG, Entscheidungen von historischer Tragweite notwendig, die das künftige Leitbild der Landwirtschaft bestimmen werden.

Einerseits ist festzustellen, daß sich Umwelt- und Agrarpolitik wieder aufeinander zubewegen. Hier kann es neue tragfähige Lösungen geben. Andererseits ist die alpine Kulturlandschaft – und vielleicht der Kulturraum insgesamt – durch vielfältige Entwicklungen, insbesondere durch erhebliche Veränderungen, in ihrer Identität bedroht. Der Weg in die Freizeitlandschaft – man denke nur an die Diskussionen um die 35-Stunden-Woche in Deutschland – spielt dabei eine wesentliche Rolle.

Wir tun gut daran, die Ursachen der Katastrophen und der Probleme des Sommers 1987 sehr sorgfältig zu analysieren. Gewiß hat es Naturkatastrophen im Alpenraum wie auch in anderen Landschaftsräumen immer gegeben, nur ist die Dimension und die Wirkung heute verstärkt. Der Mensch hat sich in unmittelbare Nähe der Gefahren begeben, beispielsweise durch die Art des Siedelns in früheren Hochwassergebieten oder der Freizeiteinrichtungen in seit jeher bedrohten Räumen. Die derzeitigen Entwicklungstendenzen im Alpenraum signalisieren Aufgaben und gleichzeitig auch Krisen einer neuen Dimension. Dabei ist festzustellen, daß die Menschheit noch nie ein so umfangreiches Wissen über die Zusammenhänge von Ökonomie und Ökologie und über die Gesetze von Natur und Lebensräumen hatte wie gegenwärtig. Andererseits ist festzuhalten, daß trotz höchsten Wohlstands – im Alpenraum wurde zu keiner Zeit mehr verdient als heute – es nicht gelungen ist, die Berglandwirtschaft, die von existentieller Bedeutung für den Alpenraum ist, entsprechend zu stützen.

Man muß sich immer wieder fragen, warum wir es nicht schaffen, Einsichten, die fast alle haben, in wirksames Handeln umzusetzen. Sicher ist es nicht nur Egoismus oder Kurzsichtigkeit. Schließlich wollen ja alle mehr Umweltschutz, kaum einer ist dagegen. Trotzdem scheint erst wenigen bewußt zu sein, welchen Rang wirksamer Umweltschutz für unsere Zukunft tatsächlich einnimmt. Dies gilt sowohl für den Alpenraum wie für unser gesamtes Leben.

Neue Maßstäbe für den Umgang mit der Natur

Es ist ungleich schwerer, Probleme des Naturschutzes verständlich zu machen, als Probleme des technischen Umweltschutzes. Vermutlich liegt es daran, daß wir im Bereich des technischen Umweltschutzes, also beispielsweise in der Frage der Rückhaltung von Schadstoffen, mit uns vertrauten Denkkategorien und mit der uns vertrauten Sprache operieren können, z.B. in den Bereichen des Rechnens, Messens, Zählens und Wiegens. Aber die Sprache versagt häufig, wenn wir unseren Umgang mit der Natur beschreiben sollen. Kein Experte, keine Institution kann beispielsweise vorweg ermitteln, wie belastbar ein Ökosystem oder ein ganzer Lebensraum ist. Die Belastbarkeit des Naturhaushalts läßt sich eben nicht so berechnen wie die Belastbarkeit eines technischen Bauwerks.

Wenn wir jedoch in unserem Umgang mit der Natur erst dann eine Beschränkung akzeptieren, wenn ein Schaden sichtbar und belegbar geworden ist, dann werden wir künftig noch mehr Schäden an unseren Wäldern sehen und Überraschungen wie die Naturkatastrophen des Sommers 1987 erleben.

Deshalb ist es notwendig, klare Maßstäbe für den Umgang mit der Natur zu entwickeln. Nur sie können Grundlage für richtiges Verhalten, etwa als Tourist oder als Landwirt sein.

Drei dieser Maßstäbe sollen hier näher erläutert werden:
- Von der Natur lernen
- Kulturlandschaft als Kulturgut respektieren
- Umweltethik als Grundlage der Naturschutzpolitik.

Von der Natur lernen

Der erste Maßstab ist, daß wir von den Lebensgesetzen der Natur möglichst viel in Erfahrung bringen müssen. Die Ökologie, die Erkenntnisse über Wechselwirkungen, Zusammenhänge und

---

* Der Beitrag ist eine überarbeitete Fassung des Grundsatzreferats, das der Autor, Staatssekretär im Bayerischen Staatsministerium für Landesentwicklung und Umweltfragen, anläßlich der CIPRA-Jahresfachtagung 1987 „Bodenschutz und Berglandwirtschaft – Herausforderung für eine gemeinsame Umwelt- und Agrarpolitik zur Erhaltung der alpinen Kulturlandschaft" am 9.10.87 in Brixen, Südtirol, gehalten hat.

Seite 225: Das Bergdorf Wamberg im Werdenfelser Land. „… Lebensraum und Heimat …"

Foto: Klaus Puntschuh

Abläufe im Naturhaushalt, müssen eine wichtige Grundlage unseres Handelns sein.

Weil in der Natur alles in Lebensgemeinschaften eingebunden ist, bedeutet jeder Eingriff in die Natur einen Eingriff in ein komplexes System. Wir sind gewohnt, in der Dimension von Einbahnstraßen, von monokausalen Zusammenhängen zu denken. Das spezialisierte Denken, das die Entwicklung über Jahrhunderte geprägt hat, macht es uns ganz besonders schwer, die Folgen von Eingriffen in komplexe Systeme im voraus abzuschätzen.

Kulturlandschaft als Kulturgut respektieren

Der Begriff „Kulturlandschaft" enthält das Wort „Kultur". Letztlich geht es darum, daß wir in unserem Handeln konsequent unsere Landschaft genauso als ein Kulturgut betrachten und respektieren wie andere anerkannte Kulturgüter. Wir müssen wieder lernen, der Natur mit Einfühlungsvermögen und Respekt zu begegnen.

Das bedeutet nicht, einem rein konservierenden Naturschutz das Wort zu reden. Natürlich wird sich Landschaft immer wieder verändern, so wie auch historische Denkmäler in der Vergangenheit immer wieder verändert wurden und heute nicht immer in jeder Situation und um jeden Preis erhalten werden können. Aber es ist ein fundamentaler Unterschied, ob man glaubt, man könne sich Landschaft beliebig verfügbar machen, oder ob man Landschaft über reines Nützlichkeitsdenken hinaus als eine kulturelle Aufgabe begreift.

In diesem Zusammenhang scheint es besonders wichtig, daß wir uns den unauflösbaren Zusammenhang zwischen der Situation der Landschaft und der Situation der Heimat bewußt machen. Wer Raubbau an der Landschaft betreibt, in welcher Form auch immer, der betreibt eben auch Raubbau an der Heimat. Umgekehrt müssen wir aber auch die Aufgabe des Umweltschutzes einbetten in die Gesamtaufgabe, den Lebensraum zu gestalten. Jede Einseitigkeit im Umgang mit der Heimat ist fatal. Ebenso falsch wäre es, den Umweltschutz zum absoluten Maßstab zu erheben und nur noch konservierend zu denken. Lebensraum und Heimat sind für den einzelnen letztlich nur gesichert, wenn er dort sein Auskommen findet. Aber er und vor allem seine Nachkommen finden ihr Auskommen nur in einem gesunden Lebensraum, in dem nicht nur ökonomisch gedacht wird.

Gerade den Bürgern, die sich für den Heimatgedanken engagieren, müssen wir diesen Zusammenhang bewußt machen und ihnen damit auch den Zugang zu der großen Aufgabe des Umweltschutzes eröffnen. Denn zumindest für Bayern ist festzustellen, daß die Bürger und die Organisationen, die sich primär dem Heimatgedanken widmen, eine relativ große Distanz zur Aufgabe Umweltschutz haben. Vielleicht liegt es daran, daß die eher intellektuellen Umweltschützer eine andere Sprache sprechen, oder daß manche die Umweltdiskussion noch immer für gefährlich gesellschaftsverändernd halten.

Aber es ist sehr wichtig, daß wir diejenigen als Verbündete gewinnen, die sich für ihre Heimat engagieren, wenn der Umweltschutz eine Breitenwirkung bekommen soll.

Umweltethik als Grundlage der Naturschutzpolitik

Der dritte Maßstab fundierter Naturschutzpolitik ist eine entsprechende Umweltethik. Sicherlich ist es dem Menschen gestattet, sich die Natur und das Lebendige verfügbar zu machen, allerdings nicht bedingungslos. Auch hier gibt es extreme Entwicklungen, etwa bei der Diskussion um die Tierversuche. Es gibt viele Mitbürger, die sagen, auch um der Gesundheit des Menschen willen sei es nicht erlaubt, der Mitkreatur Schmerz zuzufügen. Hier sollte nicht übertrieben werden. Allerdings werden wir fundierte Naturschutzpolitik nur erreichen, wenn wir die Ehrfurcht vor dem Lebendigen auch wieder in unser Bewußtsein rücken. Hier können die Kirchen einen wichtigen Beitrag leisten, indem sie das Problem auf der Grundlage der Schöpfungstheologie bewußt machen.

Situation der Berglandwirtschaft

In diesen Gesamtrahmen ist auch die Situation und die Entwicklung der Landwirtschaft im allgemeinen und der Berglandwirtschaft im besonderen zu stellen. Die schwierige Situation unserer Landwirtschaft ist kein Betriebsunfall, sondern das logische Ergebnis eines Systems, das darauf ausgerichtet ist, Mehrproduktion zu honorieren und damit Anreize für technisch-wissenschaftlichen Fortschritt und für betriebswirtschaftliche Gestaltung zu bieten.

Die Argumentation, der einzelne wirtschafte nur deshalb so intensiv, weil die Preise so schlecht seien, ist Selbstbetrug. Jeder Landwirt würde auch so intensiv wirtschaften, wenn die Preise besser wären, so lange es lohnend ist, so zu wirtschaften. Über lange Zeit war dies in der Vergangenheit auch richtig. Doch die Rahmenbedingungen haben sich inzwischen durch Leistungs- und Produktivitätssteigerungen riesigen Ausmaßes radikal verändert.

Revolutionäre Veränderungen in der Landwirtschaft

Wir müssen uns darüber im klaren sein, daß wir an der Schwelle einer dritten Revolution in der Landwirtschaft stehen. Die erste Revolution war die Einführung des Handelsdüngers, ein wichtiger Schritt, um den Hunger zumindest in unseren Breiten zu überwinden. Ein zweiter Schritt, der dramatische Veränderungen gebracht hat, war die Mechanisierung. Der dritte Schritt, der bevorsteht, wenn die Entwicklung so weitergeht, ist die Gentechnologie. Was heute bereits in den Labors, etwa im Bereich der Pflanzenzüchtung, aber auch bis hin zur Tierzucht, in der Entwicklung ist oder auch schon praktiziert wird, bringt revolutionäre Veränderungen. Gleichzeitig ist der Nutzen solcher Leistungsexplosionen um 30 oder 50 Prozent nicht erkennbar. Wir werden damit weder den Hunger in der Welt beseitigen, noch die Probleme im eigenen Land in den Griff bekommen, weil wir zwar einerseits viel produzieren, aber dabei die ökonomischen Probleme nicht lösen und zusätzlich ökologische Probleme bekommen.

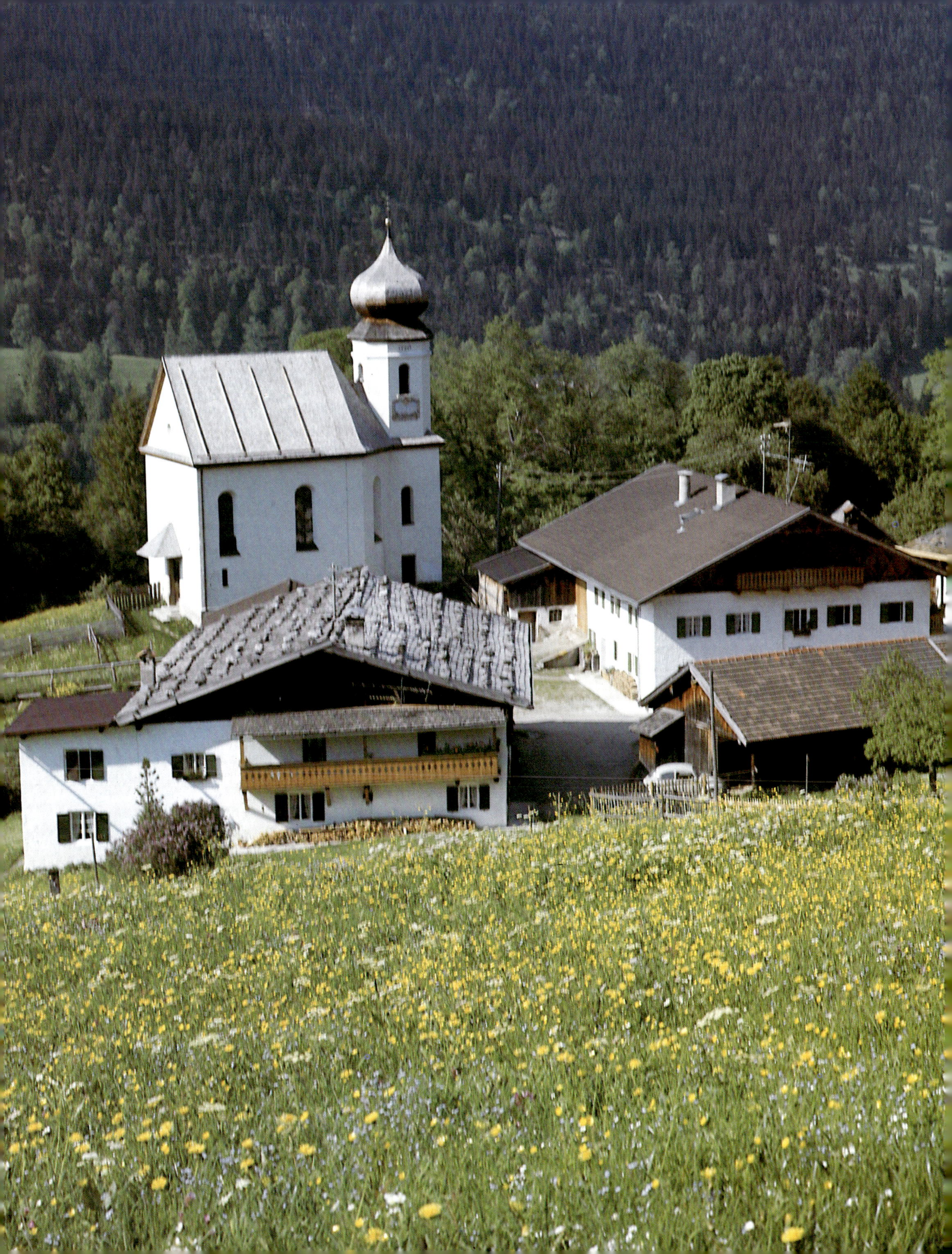

Seite 227: Intakte bäuerliche Kulturlandschaft. „Es ist nicht einzusehen, warum die landeskulturellen Leistungen erst dann anständige Leistungen sein sollen, wenn sie durch kommunale Bauhöfe nach dem Tarifrecht des öffentlichen Dienstes erbracht werden."

Foto: Jürgen Winkler

Wenn heute in Amerika 180-ha-Betriebe in Konkurs gehen, wenn 3 Prozent der Farmer in Tier- und Agrarfabriken bereits 33 Prozent der Produktion erbringen und dabei große ökologische Probleme verursachen, dann zeigt dies, daß es weder ökonomisch noch ökologisch eine Lösung ist, nur auf Wachstum zu setzen. Entgegen allen Beteuerungen ist dies aber in groben Zügen die Praxis unserer Agrarpolitik. Wir haben es noch nicht geschafft, einem anderen Leitbild der Landwirtschaft zum Durchbruch zu verhelfen. Dies ist die Schlüsselfrage für die Zukunft unserer Landwirtschaft: Setzt sich auf Dauer das traditionelle agrarpolitische und bäuerliche Leitbild durch – Nahrungsmittelproduktion, ergänzt um etwas Umweltschutz –, oder setzt sich ein neues Leitbild in der Agrarpolitik durch, das zwei gleichberechtigte Leistungsbereiche bäuerlicher, bodengebundener Landwirtschaft anerkennt, nämlich den traditionellen Leistungsbereich und den der landeskulturellen Leistungen. Diese Entscheidung hat eine erhebliche Bedeutung auch für den ländlichen Raum, für die Besiedelungsdichte, die Infrastruktur, für das Bild unserer Kulturlandschaft und für den Umgang mit den natürlichen Lebensgrundlagen.

Agrarfabrik oder bodengebundene Landwirtschaft?

Wenn es die Landwirtschaft nicht schafft, das traditionelle Leitbild der Agrarpolitik und das traditionelle Berufsbild des Bauern zu überwinden, wenn man bei dem Leitbild Nahrungsmittelproduktion stehen bleibt, dann entzieht sich die Landwirtschaft selbst den Boden für die Begründung einer bäuerlichen Landwirtschaft. Es ist keine Frage, daß die notwendige Menge an Nahrungsmitteln in einwandfreier Qualität auch mit sehr viel weniger als den heute noch bestehenden Bauernhöfen produziert werden kann. Sollte die Agrarpolitik einen Weg gehen, der letztlich die Nahrungsmittelproduktion als die Aufgabe der Landwirtschaft sieht, dann steuern wir auf eine räumliche Arbeitsteilung zu: Intensive Agrarproduktion auf guten Standorten, auf der übrigen Fläche würde die heutige Landwirtschaft aus der Produktion hinausgedrängt. Bezogen auf Bayern würde dies bedeuten – wenn man davon ausgeht, daß ca. 60% der Landwirtschaftsfläche Bayerns als benachteiligte Gebiete gelten –, daß künftig auf ungefähr 40% der jetzigen Agrarfläche intensiv produziert wird und 60% der Fläche brachliegen. Wollte man das Bild der Kulturlandschaft erhalten, müßte man landschaftspflegerische Maßnahmen einführen. Es käme also zur Trennung der beiden Leistungsbereiche. Dort, wo Nahrungsmittel produziert werden, also auf den guten Standorten, müßten wir wahrscheinlich massiv mit reglementierenden Maßnahmen des Umweltschutzes eingreifen, weil eine solche Intensivlandwirtschaft zu Verhältnissen führt, wie sie in Holland schon Realität sind. Dort bezieht man mittlerweile das Trinkwasser lieber aus dem Rhein als aus dem Grundwasser, das durch den Einfluß von Massentierhaltungen für den Menschen unbrauchbar wurde. Es kann keine Frage sein, welcher Weg im Interesse des Gemeinwohls liegt: Nur eine bäuerlich-bodengebundene Landwirtschaft, die beide Leistungsbereiche abdeckt. Wir wollen keine industrialisierte Landwirtschaft.

Landeskultur als Leistungsbereich der Landwirtschaft

Das Berufsbild des Bauern muß auf den zweiten Leistungsbereich hin erweitert werden. Wer mit der bäuerlichen Bevölkerung diskutiert, der weiß, daß Landschaftspflege, landeskulturelle Leistungen immer noch als mindere Kategorie gelten und daß man vom traditionellen Berufsbild des Bauern nicht weg möchte, weil man alles andere als diskriminierend empfindet. Daran ist zunächst sicher auch schuld, daß wir häufig die falsche Sprache wählen. Denn wenn davon gesprochen wird, man müsse diese Leistung der Landwirtschaft mit Einkommensübertragungen honorieren, dann erweckt man natürlich den Eindruck, daß hier nicht Leistung und Gegenleistung gegeneinander aufgewogen werden, sondern daß man aus mehr sozialpolitischen Gründen jemandem Geld gibt, damit er überlebt – im Prinzip nichts anderes als Sozialhilfe. Dies verletzt die Berufsehre der Bauern. Aber es ist auch sachlich falsch. In Wirklichkeit wollen wir Leistung honorieren.

Es ist nicht einzusehen, warum die landeskulturellen Leistungen erst dann anständige Leistungen sein sollen, wenn sie durch kommunale Bauhöfe nach dem Tarifrecht des öffentlichen Dienstes erbracht werden. Es ist deshalb eindringlich an die Landwirtschaft selbst zu appellieren, sich der Tragweite der Entscheidung für einen der beiden agrarpolitischen Wege bewußt zu werden. Wenn die Landwirtschaft selbst es nicht schafft oder nicht willens ist, das eigene Berufsbild so weiterzuentwickeln, entzieht sie sich den Boden für die Begründung bäuerlicher Landwirtschaft.

Zwei Leistungsbereiche brauchen auch zwei unterschiedliche Entgelte: Die Nahrungsmittelproduktion muß über den Produktpreis honoriert werden. Hinzukommen muß die zweite Einkommensschiene, nämlich Einkommen durch ein Bewirtschaftungsentgelt als Entgelt für landeskulturelle Leistung. Dieser Weg ist nicht völlig neu: Wir haben solche Instrumente in der Agrarpolitik bereits, etwa mit den Bergbauernprogrammen oder mit dem Programm für die benachteiligten Gebiete in der EG. Bisher hatten diese Instrumente jedoch mehr ergänzenden Charakter.

Vor allem die Landwirtschaft mit schwierigeren Produktionsbedingungen wird nur dann gehalten werden können, wenn der zweite Bereich des Entgelts mindestens gleichgewichtig wird. Langfristig muß er wahrscheinlich sogar mehr zum Einkommen beitragen als der Produktpreis. Das ist der erste wichtige Schritt.

Veredelungswirtschaft an den Boden binden

In einem zweiten wichtigen Schritt muß es gelingen, die Veredelungswirtschaft an den Boden zu binden. In vielen Teilen Europas kann der fatale Trend beobachtet werden, daß Betriebe mit frachtgünstigen Standorten durch Zukauf von Importfuttermitteln eine Veredelungswirtschaft aufziehen unter Kostenbedingungen, mit denen die Berufskollegen, die flächengebunden wirtschaften, nicht mithalten können. Dieser Trend nimmt stark zu. Bayern hat eine Initiative beim Bundesgesetzgeber vorbereitet, mit der die Veredelungswirtschaft an die Fläche gebunden werden soll.

Damit soll nur noch eine bestimmte Viehdichte, d.h. eine bestimmte Viehzahl je Hektar, zulässig sein. Die heute geforderten globalen Bestandsobergrenzen je Betrieb führen nicht weiter. Es kommt nicht von ungefähr, daß der deutsche Bauernverband mit Blick auf die Betriebsgrößen in Norddeutschland ganz andere Bestandsgrößen vorschlägt als der bayerische Bauernverband. Dies ist vom Gemeinwohl her nicht begründbar. Aber vom Gemeinwohl her sehr wohl begründbar ist, daß letztlich nur eine bestimmte Viehdichte umweltverträglich ist, weil nicht eine beliebige Menge an Dung in den Kreislauf der Natur zurückkehren kann. Es steht allerdings auch fest, daß eben immer, wenn es konkret wird, die unterschiedlichen Interessenlagen in der Landwirtschaft aufbrechen. Die überwältigende Mehrheit unserer Betriebe würde von einer solchen Regelung profitieren.

Der Präsident des Bayerischen Bauernverbandes hat im Zusammenhang mit den hier dargestellten Agrarproblemen einmal treffenderweise davon gesprochen, daß die Bauern eine Sinnkrise belastet. Keiner erkenne mehr, wofür es gut sei, so viel zu produzieren. Es demoralisiere auf Dauer, wenn man erkennt, daß das eigene Produkt eigentlich nicht gebraucht wird, überflüssig ist.

Durch Veränderung der Anreizsysteme zur Veränderung des Fortschritts

Ein Ausweg ist, die Anreizsysteme zu verändern. Es muß sich lohnen, anders zu wirtschaften. Es ist nicht damit getan, an die traditionelle Agrarpolitik einige Umweltprogramme einfach anzuhängen, sondern es geht entscheidend darum, ob die Dynamik der Entwicklung durch andere Anreizsysteme verändert werden kann. Das ist letztlich das Kernproblem für die Zukunft der bäuerlichen Landwirtschaft.

Ein Beispiel soll diese Überlegungen verdeutlichen: So lange es wirtschaftlich lohnend ist, ist der Weg zur 10000- und auch 15000-Liter-Kuh unaufhaltsam. Was ist zu tun, damit dieser Weg nicht mehr lohnend ist? So wäre es durchaus denkbar, das Milchpreissystem zu ändern: Wir bezahlen für eine pauschaliert anzusetzende Menge Milch, nämlich für die Milchleistung je Kuh und Jahr, die ungefähr aus dem Grundfutter erwirtschaftet werden kann, einen sehr hohen, vom Staat garantierten Milchpreis. Für die Verhältnisse in der Bundrepublik würde ich z.B. ca. 4000 Liter pro Kuh und Jahr ansetzen. Für die höhere Milchmenge zahlen wir nur noch den allgemeinen Marktpreis. Die Folge wäre, daß es betriebswirtschaftlich uninteressant ist, die Kuh über das Kraftfutter von 4000 auf 6000, 8000 oder gar auf 10000 Liter zu treiben. Bei dem neuen System ist kein Verbot und kein Futtermittel-Kontrolleur erforderlich, es muß lediglich das Anreizsystem geändert werden. Damit würde automatisch der Fortschritt in der Landwirtschaft umgelenkt in eine andere Richtung, auch in andere Züchtungsziele. Dann hätten wir nicht mehr die heutige Hochleistungskuh, die Kreislaufschäden bekommt, wenn man ihr nicht genügend Kraftfutter gibt.

Gleiches läßt sich etwa auf die Pflanzenproduktion übertragen. Es ist durchaus denkbar, nur eine bestimmte Menge je Hektar wieder pauschaliert und nach dem Ansatz begrenzter Intensität mit einem Garantiepreis zu versehen und jede Menge, die darüber hinaus-

Katastrophensommer '87 – eine neue Dimension?

Rechts: Hochwasserschäden im Stubachtal/Tauern

Obere Bildreihe: Eine halbe Stunde Sturzregen über Aflenz/Steiermark genügte, um derartige Verwüstungen anzurichten

Fotos: Rudi Lindner

Links: Spuren der Flut in Saalbach-Hinterglemm

Fotos (unten): Andreas Riedmiller

geht, einfach nur noch zu allgemeinen Marktpreisen abzunehmen. Es ist dann uninteressant, die letzten Möglichkeiten der Chemie auszuschöpfen. Es gibt noch eine Reihe anderer Vorschläge, die auch schon diskutiert werden, wie Stickstoffsteuer oder Verbot der Wachstumshemmer in der Getreideproduktion.

Warum kommen wir trotzdem nicht weiter? Wir kommen nicht weiter, weil wir die Werthierarchie einer Berufsgruppe auf den Kopf stellen müßten, und das ist außerordentlich schwer.

Die Werthierarchie muß verändert werden

Wir müssen uns bewußt machen, daß es in der langen Menschheitsgeschichte seit der Seßhaftmachung eine positive Leistung war, Land urbar zu machen und intensiver zu nutzen. Das hat Ansehen gebracht, war ein Ausweis von Tüchtigkeit. Und vor ungefähr 15 Jahren kommen dann die Leute vom Naturschutz und sagen, so positiv sei das alles nicht, das genaue Gegenteil sei heute erwünscht. Damit wird eine Werthierarchie auf den Kopf gestellt.

Schließlich gehen wir noch einen Schritt weiter und sagen: Nicht die 8000- und 10000-Liter-Kuh, mit der der Bauer auf die Landwirtschaftsausstellung und anschließend in die Lokalzeitung kommt, sei das Maß aller Dinge, sondern weniger erwirtschaften sei heute das positive Leitbild. Das kann man in der Theorie natürlich leicht formulieren. Aber es ist außerordentlich schwer, ein über lange Zeit gewachsenes Berufsbild, das ja letztlich eine Hierarchie der Werte verkörpert, zu verändern. Wenn wir hier ansetzen, wenn wir sehen, daß dies die eigentlichen Barrieren sind, die wir einfühlsam und in vernünftigem Gespräch überwinden müssen, nur dann haben wir eine Chance, den Umweltschutz auch in der Landwirtschaft aus der Rolle als reiner Reparaturbetrieb herauszubringen und zu einem gleichgewichtigen Bestandteil der Produktion zu machen.

Bündnis zwischen Landwirtschaft und Umweltschutz

Deshalb sagen wir: Die Zukunftschance bäuerlicher Landwirtschaft liegt im Bündnis mit dem Umweltschutz. Es ist eine Tragödie, daß das Verhältnis von Naturschutz und Landwirtschaft wegen verschiedener Einzelprobleme so stark von Spannungen geprägt ist. Diese Einzelprobleme stehen in keinem Verhältnis zu den Gemeinsamkeiten. So sind wir etwa vom Naturschutz her brennend daran interessiert, daß es eine flächendeckend wirtschaftende, natürlich auch umweltverträgliche Landwirtschaft gibt. Wir wenden uns in unserem politischen Engagement mit allen Kräften gegen eine Funktionsteilung in intensive Flächenbewirtschaftung auf den guten Flächen und Aufgabe der Landwirtschaft auf den anderen Flächen. Wenn bäuerliche Landwirtschaft auf Dauer eine Mehrheitsunterstützung seitens der Gesellschaft haben will, dann ist dies nicht durch überfüllte Lager und problematische Produktionsmethoden zu erreichen, sondern nur im Bündnis mit dem Umweltschutz.

Das heißt allerdings auch, daß die Landwirtschaft die Bedingungen und die Maßstäbe des Umweltschutzes ernst nehmen muß. Zwar ist in der agrarpolitischen Diskussion heute viel von Umweltschutz die Rede, man hat jedoch häufig den Eindruck, er diene letztlich nur als Hilfsargument, um – überspitzt formuliert – weitere Finanzierungsmöglichkeiten zu erschließen. Bei den in der bäuerlichen Landwirtschaft tätigen Menschen wächst jedoch die Einsicht. Viele sagen, daß sie eigentlich keinen Sinn mehr darin sehen, die Leistung nach oben zu treiben.

Jetzt ist es wichtig, dies auch in politisches Handeln umzusetzen, und es ist wichtig, den Bauern dabei das Gefühl zu geben, daß dieser neue, von der Umwelt her motivierte Leistungsbereich kein Almosen ist. Sie müssen erkennen, daß dies die Leistung ist, die wir in Zukunft in besonderer Weise brauchen.

In diesen Gesamtrahmen der Landwirtschaft ist die Berglandwirtschaft eingebettet, die noch zusätzliche Hilfen braucht. Aber diese zusätzlichen Hilfen werden letztlich auf Dauer nur erreichbar sein, wenn die Gesamtagrarpolitik sich ändert.

In den nächsten zwei, drei Jahren werden in der Agrarpolitik schon aus ökonomischen Gründen Entscheidungen von historischer Tragweite zu fällen sein – zumindest in der EG. Aus der Sicht des Umwelt- und Naturschutzes und der Landschaftspflege ist die entscheidende Frage, welches Leitbild sich durchsetzt. Wir alle, die wir am Umweltschutz interessiert sind, haben ein ganz besonderes Interesse, daß sich das bäuerliche Leitbild auch dauerhaft durchsetzt. Dabei sollten wir allerdings nie den Eindruck erwecken, daß es möglich ist, die heutige Agrarstruktur zu konservieren und die heutige Zahl an Bauern zu erhalten. Ein gewisser Wandel und Wechsel in den Strukturen wird unaufhaltsam sein, aber es geht um die Dimension.

Die „drängende Rolle" der CIPRA

Internationale Zusammenarbeit ist zur Lösung dieser Probleme notwendig, und dies natürlich nicht nur für die Agrarpolitik, sondern auch für den ganzen Alpenraum. Die Natur hält sich nicht an Grenzen, die der Staat setzt. Es ist eine besondere Aufgabe und ein besonderes Verdienst von Vereinigungen wie der CIPRA, durch gemeinsames Engagement, das nicht von vornherein eingeengt ist durch die Modalitäten staatlichen Handelns und der Politik, hier eine gemeinsame Plattform zu bieten, um Konzepte zu entwickeln und auch um Druck auszuüben. Wir brauchen diesen Druck, und wir brauchen Engagement, wir brauchen Vorschläge. Wir haben in der Arge Alp sicher ein gutes Instrument der Zusammenarbeit auf der staatlichen Ebene, aber sie ist eben von staatlichen und politischen Strukturen geprägt.

Deshalb ist es sehr zu begrüßen, wenn die CIPRA weiter eine solche drängende Rolle übernimmt, drängend einmal im Aufzeigen der Gefahren und der Aufgaben, aber auch eine drängende Rolle im Aufzeigen von Lösungsmöglichkeiten. Phantasie ist gefragt, unternehmerisches Handeln ist gefragt. Unsere Diskussionen gerade im Umweltbereich sind sehr häufig geprägt von Ängstlichkeiten, von Pessimismus. Nicht Ängstlichkeit ist gefragt, sondern Wachsamkeit gegenüber den Risiken, aber auch Wachsamkeit gegenüber den Chancen, die durchaus in diesen Entwicklungen stecken.

Die letzten dort oben?

Bergbauern und Alpenverein

Louis Oberwalder

„Ich habe in den letzten Jahren keine Gelegenheit versäumt, in den Gremien und in der Vereinsöffentlichkeit zum Kreuzzug für die Bergbauern aufzurufen. Meine vielleicht zu dramatischen Szenarien hoben niemand vom Sessel. Doch auch Ablehnung wurde nicht formuliert. Man schont den naiv frommen Eifer des Bauernverehrers und akzeptiert die Bergbauernlegende als andenkenswürdiges Blatt im historischen Vereinsalbum...". Mit diesen Sätzen leitet Professor Louis Oberwalder den Schluß seines folgenden Beitrags ein. Sie müssen betroffen machen. Auch uns von der diesjährigen Jahrbuchredaktion. Zwar erwarteten wir, als wir Prof. Oberwalder um diesen Beitrag baten, natürlich etwas möglichst „authentisches" über die Situation der Bergbauern an Extremstandorten in den Alpen zu erhalten. Dies immerhin; allerdings müssen wir auch zugeben, daß die Erinnerung an den Genuß der Lektüre von Prof. Oberwalders Aufsatz „Daheim in den Tauern" in „Berg '86" entschieden mit den Ausschlag gegeben hat für unsere Bitte.
Einen so vorzüglich und wahrhaft sympathisch geschriebenen Beitrag wünschten wir uns eben auch für dieses Jahrbuch. So ganz frei vom Verdacht können wir uns darum selbst nicht sehen, daß auch unsere Absichten mehr von daher geleitet waren, dieses Jahrbuch mit dem „denkwürdigen Blatt" der „Bergbauernlegende" zu schmücken. Doch Prof. Oberwalder, dem Ersten Vorsitzenden des ÖAV bis 1987, geht es um keine Legende, sondern um ein Anliegen. Und zwar um eines, zu dem er als Bergbauernsohn viel zu sagen hat: unter anderem, daß das Los der Bergbauern nicht allein diese angeht.
Wir, Wanderer, Bergsteiger, Skiläufer, Vereinsmitglieder – der Alpenverein – sollten Prof. Oberwalder in seinem Anliegen nicht im Stich lassen –, gerade weil er dafür beredt, mit differenzierenden Argumenten zu werben versucht und nicht lediglich mit laut gellenden Forderungen Aufmerksamkeit erheischt. (d.Red.)

**Bergbauern
und Alpenverein –
ein aktuelles Thema
seit 1869
(Siehe auch Seite 157 ff)**

**Foto:
Wilfried Bahnmüller**

Überleben am Berg

Oben links: Sensen dengeln, rechts daneben: Kornharpfe als Klettergerüst. Ganz rechts: Mühsam müssen die Wiesen vom Lawinenschutt geräumt werden (Virgen). Links daneben: Der „Heutrager" (Prägraten)

Unten: Der Obermaierhof (Virgental)

Heutransport von der
Hochalm ins Tal
(Prägraten)

Dankgebet vor Ernte
der letzten Garbe

Fotos:
Sepp Hatzer

Es geschah noch einmal, wie sie es auf Budam immer taten. Diesmal für *ihn.* Vier Nachbarn trugen den Sarg aus der Stube, durch den Flur auf das „Platzle" unter dem Futterhaus und legten ihn auf den Wagen mit Blick zur Haustür. Ganz nahe die Altbäuerin, seine Frau, und die neun Kinder. Aus verweinten Augen sahen sie in die offene Haustür, wo er so gerne gestanden hatte, wenn sie von irgendwo her heimkamen, den Hund abwehrte und sein „Grüß Di…" sagte, mit soviel Freude im Gesicht, das von Mal zu Mal schmaler und asketischer wurde.
In gekonnter Manier binden die Männer den Sarg auf das Fahrzeug, der Haflinger zieht an, der Altbauer auf Budam tritt seinen letzten, langen Kirchweg an.
Während ein junger Nachbar mit kräftiger Stimme den Schmerzhaften Rosenkranz vorbetet, ein kalter Luftzug und ein bedeckter Himmel über dem dürftig verschneiten Tal uns alle frösteln macht, kommen und gehen mir Bilder durch den Sinn wie die Flocken aus der Kälte, die sich auf die Chrisanthemen setzen, das einzig Fremde in dem Begängnis vom Berghof ins Tal, mit wechselndem Blick auf das ganze Virgen.
Das Leben hat soviel mit Wegen zu tun. Mir ist, als gingen sie unter der Erde alle mit: die kleinen Geschwister, die der Vater im Sarg auf dem Arm trug, die Mutter, die wir am zweiten Frauentag unter einem Himmel begruben, dessen Helle in den Augen schmerzte. Wir Kinder waren doppelt verstört, so ausgesetzt im Mitleid der Gemeinde zu stehen. Es folgten eine Tante, die selten übers Kirchdorf hinaus ging, aber nie heimkehrte, ohne uns Kindern etwas mitzubringen, und der Onkel Josl, in dessen Gesicht hundert goldene Geschichten wohnten. Dann der Vater selbst. Mein Bruder und ich hatten ihn aus der Stube getragen, beide im besten Alter. Und nun ging auch er, der Bruder, auf eine eigene Art wehrlos, wie er ihm.
Er hatte schon länger mit dem Herz zu tun. Passiert ist es dann in der Nacht. Er wollte zur Kälberkuh schaun und brach bei der Haustür zusammen. „Greißig gfalln", meinte er nur. Seine Frau sah es auf den ersten Blick: vom Schlag getroffen. Die Ärzte taten das medizinisch Mögliche. „Abgerackert, keine Reserven mehr", meinte der Professor von der Neurochirurgie. Der Bruder, hätt er's noch gehört, hätt' dazu gelacht: „Anders derlebt man's auf dem Berg nicht!"

Im Sommer erst saß ich an einem frühen Feierabend mit ihm auf dem Söller. Wir sahen über's Tal hin und in unser Leben zurück. Beide meinten wir, vor die Wahl gestellt, würden wir wieder ins selbe Geschirr steigen. Dabei hat er, so schätze ich, seinen Acker besser bestellt. An seinem Tagewerk wurde mir das Bibelwort einsichtig: „Es ist viel Speise in den Furchen der Armen". Der Psalmist meint damit weniger die karge Ernte als den Natur- und Lebensbezug, das über Generationen weitergegebene Lebenswissen, die Liebe zu Mensch, Tier und Pflanze im Respekt vor Gottes Schöpfungsauftrag. Je älter ich werde, umso mehr kehre ich wieder zur stillen Weisheit und zu den Werthaltungen der Menschen zurück, die am Rande der Ökumene, – man könnte auch sagen unserer Profitgesellschaft, – tun, was nötig ist. Das hatte der Bruder damals auch gesagt, er habe getan „was nötwendig isch".

Die Antwort auf die Frage, was ist notwendig, daß es heute für morgen getan und gelebt wird, ist so schwierig wie die Pilatusfrage: „Was ist Wahrheit?" Der Altbauer auf Budam wußte sie für seine Generation noch beispielhaft zu geben. Ein anspruchsloses, der überkommenen Sitte zugewandtes Aufwachsen mit innovativer Freude an Selbstversorgung in allen wichtigen Lebensbereichen. Praktisches Denken und geschickte Hände kombinierten sich im „Foachtl", im Vonderhandgehen jeder Arbeit. Damit verbunden war bei ihm ein Augenmaß für Funktion und Form mit der Liebe zum einfachen Schönen.
Vom Krieg heil heimgekehrt, hatte er das Mädchen seines Herzens gefreit, eine gesegnete Wiege in der Kammer, neun Kinder, gesund, begabt, und strebsam. Ihre Zukunftssicherung blieb die Hauptsorge der Eltern. Der Älteste, Agraringenieur, drei Töchter Lehrerinnen, alle haben eine solide Berufsausbildung, von daheim gefördert, sich selbst erarbeitet. Sieben sind verheiratet, weit verstreut. Sie kamen immer wieder heim zu ihrem „Tatn", der mit seinem Lachen und Erzählen, seiner Sorge und Hilfsbereitschaft ihr aller zu Hause inkarnierte.
Des Altbauern heimlicher Stolz war es auch gewesen, von seinem Hoamatl auf 1500 Meter zu leben. Ohne tiefgreifende Bruchlinie vermochte er den Prozeß von der archaischen Lebensform bergbäuerlicher Selbstversorgung zum marktangepaßten Viehzucht-Bergbauern zu vollziehen, in einer Treue zum Hof, die mehr im Gesetz des Herzens als im wirtschaftlichen Denken begründet sein muß. Von dort kommt auch das Eingebundensein in die Gemeinde in einer funktionierenden Nachbarschaftshilfe. Emotional noch an die Welt seiner Altvordern gebunden, nannte er sich nicht ungern „den Letzten da oben".
Inzwischen gelangt der kleine Begräbniszug zu den ersten Häusern von Obermauern. Am Weg vor ihren Türen stehen die Dorfleute und schließen sich betend den Angehörigen an. Der Kirche gegenüber, am Dorfplatz, hält der Wagen. Sarg und Leute nehmen zum letztenmal den Blick zum Budam hinauf, während der Vorbeter mit gleichbleibender Frische das Ablaßgebet beginnt. Ich seh vor dem toten Vater den jungen Budamer stehn, hochgewachsen, bis in die Seele traurig, sehe durch die kalten Nebel die Konturen des schon fernen Hofes und ich weiß, der Tote war nicht der Letzte dort oben…
Ich weiß auch, wie diskret man mit dem „Lebendigen" umgehen soll, wo immer es hinter dem Marktgeschrei und den Bilanzierungen unserer Informations- und Kommerzgesellschaft sichtbar wird. Mythologisierung und Heroisierung – mit ihnen ist genügend Unfug getrieben worden – sind keine Alternative zur wirtschaftlichen und gesellschaftspolitischen Realität. Die Berglandwirtschaft ist im Produktionsprozeß der Agrarindustrie eine marginale Größe und im Kampf um Marktanteile und Machtpositionen der Agrarlobbys kommt dem „Bergler" kaum mehr die Bedeutung eines Bauern auf dem Schachbrett der Tagespolitik zu. Trotz steigendem Problembewußtsein verhindern tradierte Identifikation mit der bäuerlichen Standesvertretung und den Genossenschaften und das immer noch als Treue gepriesene statische Verhalten den „Aufstand der Hintersassen" in Selbsthilfebewegungen. So kommt der Alarmruf, „der Bergbauer darf nicht sterben!" vernehmbarer von der urbanen Gesellschaft mit ihrer

Alternativbewegung und der restaurativen Dorferneuerung. Wie lang und erfolgreich der Weg der Berglandwirtschaft zu neuen Ufern in der selbst zum Wirtschaftsproblem Nummer 1 gewordenen Agrarwirtschaft sein wird, hängt wesentlich von den Bundesgenossen ab, die der Bergbauer gewinnt oder die von sich aus für ihn auf die Barrikaden steigen.

Ich wurde zu meinem Kummer öfter von Freunden gefragt, was das Bergbauernschicksal den Alpenverein angehe. Und meine Argumentation versuchten auch ernstzunehmende Gesprächspartner als unreflektiertes Wunschdenken gegenüber gesellschaftlichen Entwicklungsprozessen zu entlarven. Ich bleib dabei: der Alpenverein ist seit Gründertagen in die Entwicklung der alpinen Gesellschaft involviert und in der Hälfte seiner Bestandszeit in einem engen Partnerschaftsverhältnis zu den Bergbewohnern gestanden. Er war dabei der Pionier des alpinen Tourismus, in Unkenntnis der Spätfolgen in einer Massengesellschaft. Seinen heutigen Kampf um die Resteerhaltung des alpinen Urlandes kann er nur Arm in Arm mit der Berglandwirtschaft gewinnen.

Die alte alpine Gesellschaft und der junge, dynamische Alpenverein – eine historische Begegnung

Die Gründergeneration des Alpenvereins suchte notgedrungen den Kontakt mit den Bewohnern der Bergtäler, durch die ihre Anmarschwege zu den großen Gipfelzielen führten. Es kommt zu einer schicksalhaften Begegnung zwischen der noch archaisch bergbäuerlichen Welt und dem Alpinismus, einer vom Forschungsdrang der Aufklärung und den Sehnsüchten der Romantik getragenen Bewegung. Anders als die Konquistadoren der horizontalen Welteroberung zielen die Pioniere der vertikalen Entzauberung unserer Erde nicht auf Goldsuche und Landraub, ihre Motive sind wissenschaftliche Erkenntnisse und extremes Naturerlebnis. Ihr Ziel ist die Anökumene (Ökumene im Sinn von bewohnter Erde; d. Red.). Unterwegs benötigen sie Dienstleistungen von Seiten der Einheimischen, wie Informationen, Unterkunft und Verpflegung, Träger und Führerdienste. Sie zahlen mit barem Geld, das in den Bergdörfern ungeheuer rar ist, und vermitteln durch ihre Kontakte, oft unbewußt, auch einen Zuwachs an Bildung. Die jungen Bergsteiger aus elitären urbanen Schichten beobachten und erleben bei der Anreise und im Aufstieg zu ihren Höhenzielen Flur- und Siedlungsformen der Berglandwirtschaft, die dörfliche Sozialstruktur, bäuerliche Lebensmuster und Vergesellschaftung durch Normen und Brauchtum. Sie erfahren den Übergang von gastlichen Talstationen zur Primitivversorgung auf bewirtschafteten Almen, ins steiglose, allen Wettern ausgesetzte, alpine Urland. Sie gewinnen Respekt vor dem sein Umfeld kennenden, naturorientierten, physisch kräftigen und psychisch stabilen Bergbauern. Sie vertrauen sich seiner ortskundigen, wettererfahrenen, Fels und Eis kennenden Führung an. Sie gewinnen Respekt vor seinen Leistungen und Achtung gegenüber seiner Lebensart, Grundlagen für jede Partnerschaft. Ihnen entgehen auch nicht die Bilder drückender Armut, mangelnder Hygiene und fallweiser Menschen- und Tierschinderei aus Habgier und Gewalt. Die Touristen des frühen und klassischen Alpinismus erleben so unvergleichlich eindrucksvoller, oft auch dramatisch tragisch, den Berg als ein *Ganzes*, als Natur- und Kulturlandschaft. Franz Fliri beschreibt diese Ganzheit: „Die Schönheit der alpinen Landschaft ist nicht nur durch ihre bunte, natürliche Ausstattung, Eis und Schnee, Fels und Boden, die Oberflächenformen, Bäche und Seen, die Stimmung am Himmel, die reiche Pflanzen- und Tierwelt bedingt, sondern auch durch den vielfältigen Ausdruck von bäuerlichem Fleiß, die liebevolle Pflege selbst kleinster Flächen, die sichtbare Achtung vor Schöpfer und Schöpfung. Einzelleistung, Gemeinsinn, sozialer Ausgleich, Arbeiten und Feiern, Natur und Kultur, Vergangenheit und Gegenwart, alles drückt die Landschaft aus." (Franz Senn und „die er rief, die Geister" Alpenvereinsjahrbuch 1984)

Aus der Wertschätzung der alpinen Kulturlandschaft im Prozeß des gegenseitigen Gebens und Nehmens entwickelt sich eine langwährende Kooperation, die im Führer- und Hüttenwesen institutionelle Form annimmt. Persönliche Freundschaften und die Noblesse finanzkräftiger Sponsoren verdecken nicht selten die kaufmännischen Interessen, die jener Zusammenarbeit zweifellos auch Pate standen. Der emotionale Hintergrund gewaltiger materieller und ideeller Investitionen war die Identifikation der Alpenvereinssektionen mit den gewählten Arbeitsgebieten als Zweitheimat im Gebirge. Dabei lief die Entwicklung der Partner Alpenverein und Berglandwirtschaft bis in die dreißiger Jahre konträr. Dem dynamischen Alpinismus, Ausdruck der rasch sich verändernden städtischen Gesellschaft, stand eine geschlossene alpine Gesellschaft gegenüber. Ihre Wesenszüge waren:

■ die Urbarmachung des Bodens bis an die Grenzen des alpinen Urlandes und seine Einbeziehung in die Produktion unter dem Druck ständiger Übervölkerung;
■ die weitgehende Eigenversorgung mit dem Lebensnotwendigen im Wohnen, Essen, Sich gewanden, bei Krankheit und im Alter; dies auch bei Festen und Feiern;
■ dies bedingte eine Genügsamkeit gegenüber materiellen Bedürfnissen bis zur echten Armut, begleitet von ständiger Katastrophenangst vor verkeimter Ernte, Lawinen und Murbrüchen, Epidemien und vor dem Tod der Söhne auf fremden Schlachtfeldern in immer wiederkehrenden Kriegen.
■ Nur der Hofbesitzer, der dörfliche Gewerbetreibende und die wenigen Bildungsbürger, wie Lehrer, Postmeister u. a durften heiraten. Den nachgeborenen Nichtsbesitzern blieb die Wahl zwischen lediger Arbeitskraft bei Kost und Quartier auf dem Hof oder die Abwanderung in die urbanen Zentren, nicht selten auch nach Amerika.
■ Die Einhaltung der zum Überleben entwickelten Normen verlangte eine harte Sozialkontrolle. Wer sie mißachtete, nicht tat, „was sich gehört", wurde Außenseiter und verlor die dörfliche Geborgenheit.

So düster uns die Zwänge einer solch geschlossenen Gesellschaft erscheinen mögen, sie hatte auch ihre Goldfäden im groben Tuch des Bauernlebens. Tradiertes Lebenswissen, Naturinstinkt, eigene Beobachtung und Erfahrung firmieren für eine lebenso-

Goldfäden im groben Tuch

Oben:
Am Backtag
Rechts:
Mit der
„Grammel"
schneidet
der Bauer
das Brot
auf.

Oben: Der „Blattlstock",
eine beliebte Heuzieherspeise
Darüber: Die „Brotloater"
Ganz oben: Im „Kaaskeller"
der Almhütte

Links: Die alte Bäuerin
strickt Schafwollsocken
Unten: Am Festtag

Am Spinnrad   Heimweg vom Festtag
(Sonntagstracht des
Virgentals)

Fotos:
Sepp Hatzer

rientierte Bildung, nach der wir heute wieder Ausschau halten. Ein Lebensmuster nach allgemein akzeptierten Wertvorstellungen mit Verantwortung gegenüber Siedlung und Flur, Haus und Hausrat, Pflanze und Tier, Dienstboten und Alten, besonders aber der kommenden Generation verliehen Sicherheit und Selbstwertgefühl. Geburt und Tod, Taufe und Hochzeit, Sonnenwende und Erntedank, Faschingslust und Osterfreude waren durch Brauchtumsschmuck und Nachbarschaftshilfe in jener religiös-bäuerlichen Kultur Freude und Leid aller. Solche Sozietät kennt keine Sinnkrise.

Im Rückblick neigt man dazu, Pionieren visionäre Zielsetzungen zu unterstellen. Sie selbst sahen sich selten als Propheten, sie taten mit einem Gespür für Entwicklungen das in ihrer Situation Notwendige. Dies gilt auch für die beiden Baumeister des Deutschen und Österreichischen Alpenvereins Franz Senn und Johann Stüdl. Durch ihre unterschiedliche Herkunft vertreten sie die aufeinander zugehenden Partner, Bergbewohner und bergsteigende Städter. In der gemeinsamen Zielsuche für ihren Alpenverein praktizieren sie ihre Vorstellungen in zwei überschaubaren Arbeitsgebieten und übertragen das bewährte örtliche Muster auf den ostalpenweit wirkenden Verein.

Franz Senns Konzept kam nicht zuletzt aus seinem Pastoralverständnis und fußte auf ökonomischen Prämissen. Er wollte

- als Pfarrer mit seinen Bauern leben. Seelsorge war für ihn Menschensorge;
- neue Möglichkeiten für die Existenzsicherung der Bergbevölkerung finden, damit seine Dörfler in mehr Wohlstand und Sicherheit auch christlicher leben könnten;
- dazu alle Ressourcen nützen, die das Hochgebirge an Erholungs- und Erlebniswerten dem die Natur entbehrenden Städter bietet;
- mit Wegen und Herbergen die erforderliche Infrastruktur für den städtischen Touristen schaffen;
- aus weiteren Dienstleistungen, insbesondere durch Führer- und Trägerdienste, Zusatzeinkommen für die Einheimischen, vor allem für die weichenden Bauernsöhne sichern.

Der Alpenverein bot ihm dazu ein hervorragendes Instrument, wenn es gelänge, ihn regional zu strukturieren, städtische Sektionen mit der Übernahme von Arbeitsgebieten an Hochgebirgstäler zu binden und dort selbst in Talsektionen dem Verein Heimrechte und Einfluß zu geben. Senn selbst gründete allein in Tirol 7 örtliche AV Sektionen. Die Errichtung von Wegen und Hütten sollte ein wesentliches Vereinsziel werden und das beginnende Bergführen durch Einheimische im Verein organisiert und administriert werden. In Senns Erstentwurf für die Statuten des zu gründenden Deutschen Alpenvereins, die nach dem Zusammenschluß mit der Wiener Gründung 1873 in Bludenz im wesentlichen übernommen wurden, steht unter Punkt 8. „Zweck, Aufgabe des Vereins ist: die Bergfreunde Deutschlands zu vereinter Thätigkeit zu verbinden. Diese Thätigkeit hat alles dasjenige zu umfassen, was auf Förderung des Touristenwesens unmittelbar wohlthätigen Einfluß übt. Dergleichen ist: Hebung und Regelung des Führerwesens, Verbesserung der Unterkunft und der Wege an geeigneten Punkten, ferner Bekanntmachung aller in den Alpen empfehlenswerten Parthien."

Wie ernst und echt in Senns Konzept die Partnerschaft zwischen städtischen Touristen und Bergbevölkerung gemeint war, erhärtet der lapidare Satz in einer seiner Denkschriften „Die Schönheit der deutschen Alpen ist nicht Eigentum Einzelner, sondern aller, die sie genießen wollen". Die Zusammenführung von Stadt und Bergregion im Bergsteigen, bei dem der einheimische Gastwirt, Fuhrmann, Bergführer und Bergbauer gleichwertig neben dem Industriellen, Arzt oder Professor aus der Stadt steht, demonstriert Senn, bis zur Erschöpfung engagiert, im Innerötztal als Wegebauer, Beherberger im Widum, Ausbilder und Organisator des Führerwesens, durch Routenbeschreibungen und Erstellung einer Panoramakarte.

Johann Stüdl, der begüterte Schöngeist aus Prag, kommt als junger Tourist nach Kals und verwirklicht dort sein Partnerschaftsmodell aus der Sicht der städtischen alpinen Jugend. „Nie werde ich jenen Sonntagnachmittag vergessen, an welchem ich im Jahre 1867 in Begleitung meines Bruders Franz Kals zum erstenmale berührte. Mich zog damals die Glocknerbesteigung gewaltig dahin. Als ich ankam, stand eine Menge schöner, hoher Männergestalten in ihrem Sonntagsschmucke vor dem Unteren Wirtshause, jeder grüßte uns freundlich; nicht minder herzlich war der Empfang von Seite des Wirthes und seiner Brüder, gleich als wäre ich ein langjähriger Stammgast in diesem Hause gewesen." (Zeitschrift d. D. AV, 1870/71) So berichtet der bald als „Glocknerherr" von den Kalsern verehrte Stüdl über seine erste Begegnung. Mit der Errichtung des klassischen Glockner-Anstiegweges über die Vanetscharte und dem Bau der Hütte, die 1868 eingeweiht wurde, durchwegs aus seinem Privatvermögen finanziert, setzte Stüdl ein Signal. Gleich Senn widmete er sich aber zumeist dem Aufbau des Führerwesens mit formulierten Ausbildungszielen, einer Führerordnung, einer Führerkasse als Art Versicherung und der über den Alpenverein laufenden Öffentlichkeitsarbeit. Senn und Stüdl brachten als Motoren und Mitbegründer des Deutschen Alpenvereins das Know how und erste praktische Erfahrungen für die Tätigkeitsbereiche Hütten- und Führerwesen als auch für die Touristenbetreuung in den Talstationen ein, die nur in enger Zusammenarbeit mit den örtlichen Bewohnern gelingen konnten. Innerötztal und Kals sind nur frühe, von Vereinsgründern selbst geleistete Beispiele der ostalpenweit erfolgten touristischen Strukturentwicklung. Sie ist für uns heute aus der alpinen Literatur leicht nachvollziehbar. Eine Befassung mit der Berglandwirtschaft unter dem Aspekt der Förderung durch den Alpenverein steht noch aus. In den Untersuchungen über den Einfluß des Massentourismus auf die alpine Gesellschaft wird dem Alpenverein zu undifferenziert eine Vaterschaft für den alpinen Massentourismus zugedacht. Soweit damit sein heutiger Kampf gegen die weiter anhaltende Zerstörung der Hochgebirgsnatur ins Zwielicht gebracht werden soll, ist bewußte Manipulation am Werk.

Partnerschaft mit beschränkter Haftung

Beim Zusammenschluß der Wiener Gründung des Alpenvereins mit seiner zentralistisch-wissenschaftlichen Orientierung mit dem von Senn und Stüdl in München mitbegründeten Deutschen

Alpenverein 1873 in Bludenz setzte sich die föderalistische Struktur durch und der Tätigkeitsschwerpunkt Bergsteigen und seine Förderung durch die Errichtung von Wegen und Hütten, „um die Bereisung zu erleichtern", erhielt in den Sektionen Vorrang. Der Zentralverein regelte das Tätigwerden durch Ordnungen. In einer Art Wettlauf haben die aufblühenden Sektionen die Ostalpen in Arbeitsgebiete aufgeteilt und sie durch ein Netz von Wegen mit Schutzhäusern „bereisbar" gemacht. So erfuhr jedes Hochgebirgstal über die seine Berge betreuende Sektion seine Begegnung mit dem Alpenverein, personifiziert zumeist in Vorsitzenden, Hütten- und Wegewarten als wiederkehrende ortsvertraute Stammgäste.

Es ist schwer zu sagen – Untersuchungen stehen noch aus – welche Tätigkeiten und Einflußnahmen die Entwicklung der Berglandwirtschaft am nachhaltigsten beeinflußt haben. Gespräche mit Einheimischen nennen spontan die Hütten und Wege, durch die sich der Alpenverein in einem Jahrhundertwerk eine Dauerinvestition geleistet hat. Gut 600 Schutzhütten (die Hütten in Südtirol inbegriffen) wurden vom Alpenverein errichtet. Mit rund 32 000 Schlafplätzen ist er heute noch der größte Beherberger in den Alpen.

Die ständige Bautätigkeit des Alpenvereins durch die Entwicklung der einfachen Selbstversorgerhütten zu komfortablen Berghospizen, mit laufenden Reparaturen, Zu- und Umbauten, bringt insgesamt Milliardenbeträge in die Bergtäler, die auch im Einzelfall bedeutsam zu Buche schlagen. In der wirtschaftlichen Rezession der zwanziger und dreißiger Jahre waren Hüttenbauten in vielen Bergdörfern die einzigen bedeutsamen Bauvorhaben. Die zweimal neuerrichtete Essener Hütte mit der Ausstattung eines soliden Berggasthofes war in der Zeit im Virgental ein Ereignis. Das gesamte Baumaterial, außer Steinen und Schotter, mußte fünf Gehstunden vom Tal zum Bauplatz auf 2690 m getragen werden. „Es war eine Schinderei, aber ich hab' soviel verdient, daß ich das Hamatl derhalten hab", gestand mir ein Prägrater Bauer.

Die Bewirtschaftung der Hütten mit der Vermarktung eigener Produkte, den Nächtigungseinnahmen, der Trägerdienste und Wegerhaltung sicherte laufende Einnahmen. Die Hüttenpächter, häufig in Generationenfolge, hatten ein besonderes Nahverhältnis zur Sektion. Investitionen am Bauernhof, noch häufiger ein eigener Gasthof im Tal, waren der auch für die Mitbürger sichtbare Lohn der Arbeit. Beispiele sind in Galtür, Vent, Neustift und in vielen attraktiven Tälern nachzuzählen.

Der Bergführer, als eigenständiger Beruf oder als geschätzter Nebenverdienst, war für die Berggemeinden in attraktiven Berggruppen über Jahrzehnte des Alpenvereins wirksamster Beitrag zur Existenzsicherung kleiner Bergbauernhöfe und für die Familiengründung von Nichthoferben. Durch eine geregelte Ausbildung und eine einheitliche Organisation nach Schweizer Vorbild gelang dem Alpenverein nach vielen Eingaben und Interventionen 1892 die Führerordnung für ganz Österreich gesetzlich zu verankern, nachdem bereits seit den sechziger Jahren Regelungen in den Kronländern erfolgt waren. Seit dem Vorort* Frankfurt, 1874 bis 76, bis zum Ausbruch des 1. Weltkrieges war das Führerwesen eine Hauptsorge, man kann auch sagen das gehätschelte Kind des Zentralvereins. Die Entwicklung und Beistellung der Ausrüstung, verpflichtende Ausbildungskurse, – allein 1895 bis 1913 wurden in 187 Kursen 1475 Bergführer ausgebildet – laufende Information und Einzelhilfen, wo dies notwendig war, sicherten dem Bergführer einen Standard, der im stolz getragenen AV Führerabzeichen legitimiert erschien. Die Invaliden- und Altersfürsorge für seine Bergführer regelte der Alpenverein bereits 1874 mit der Einrichtung einer Führerunterstützungskasse, die ausschließlich zu Lasten des Vereins ging. Jährlich durchgeführte regionale Führertagungen durch die das Gebiet beaufsichtigende Sektion institutionalisierten den von den Führern geschätzten Kontakt mit den Sektionsführungen. Dabei wurde auch die technische Entwicklung im Bersteigen besprochen und die Führer mit der einheitlichen, dem Standard entsprechenden Ausrüstung versorgt, für die der Alpenverein erhebliche Mittel aufwandte.

Die jungen Bauernsöhne lohnten die ihnen gebotene Chance durch Leistung und Treue zu ihren Förderern. Legendäre Führergestalten übten durch ihr Können und ihren Einsatz eine hohe Vorbildwirkung aus. Nur drei Führer seien namentlich erwähnt: Zyper Granbichler aus Sölden, der in jener grauenvollen Novembernacht im wilden Schneesturm am Hochjochferner für seinen Meister Franz Senn bis zum Erschöpfungstod den Weg bahnte; der Kalser Josef Schnell, von dem der selbst sehr kühne Hofmann schrieb: „Dann entwickelte Schnell eine wahrhaft schreckenerregende Gewandheit im Bergsteigen, indem er an der steilen, gegen die Pasterze zu abstürzende Wand hinabkletterte..." (Ztschr. d. D. AV, 1870/71) und, in der Obersteiermark unvergessen, die Dachsteinspezialisten Johann Steiner und seine Buam Franz und Georg.

Nicht meßbar als Förderungsleistung und weithin unbekannt ist die Befassung mit der Bergregion im Alpenvereinsschrifttum. Neben den wissenschaftlichen Untersuchungen, häufig Erstarbeiten, die auch die Erscheinungen der Kulturlandschaft und anthropogeographische Fragestellungen einschlossen, leisteten die AV Medien eine breite Öffentlichkeitsarbeit durch bebilderte Routenbeschreibungen, örtliche Monographien und Erlebnisberichte. Neben der offiziellen Vereinszeitschrift, den Jahrbüchern, den Wissenschaftlichen Heften und den Mitteilungen gab es ein umfangreiches buntes Sektionsschrifttum mit einer bekannt hohen Werbewirksamkeit. Bilder, Ansichtskarten, Panoramas luden zum Besuch ein und waren neben den Alpenvereinskarten und den Führerwerken wichtige Orientierungshilfen in der Vorbereitung und Durchführung von Hochgebirgsaufenthalten. Die positive Präsenz des Bergbauern in den Vereinsmedien leistete wie der persönliche Kontakt mit bergsteigenden städtischen Meinungsbildnern einen bedeutenden Beitrag zur Wertschätzung und damit zum Prestige des Bergbauern. Seine Leistung und seine menschliche Qualifikation, von Augenzeugen oft euphorisch geschildert, korrigierte, zumindest in intellektuellen Kreisen, die gängige Schablone vom todelhaften Hintersassen.

---

* Bis zur Auflösung des Deutschen und Österreichischen Alpenvereins wechselte mit dem Vorsitzenden jeweils auch der Sitz des Vereins – genannt Vorort – an den Wohnort des Vorsitzenden.

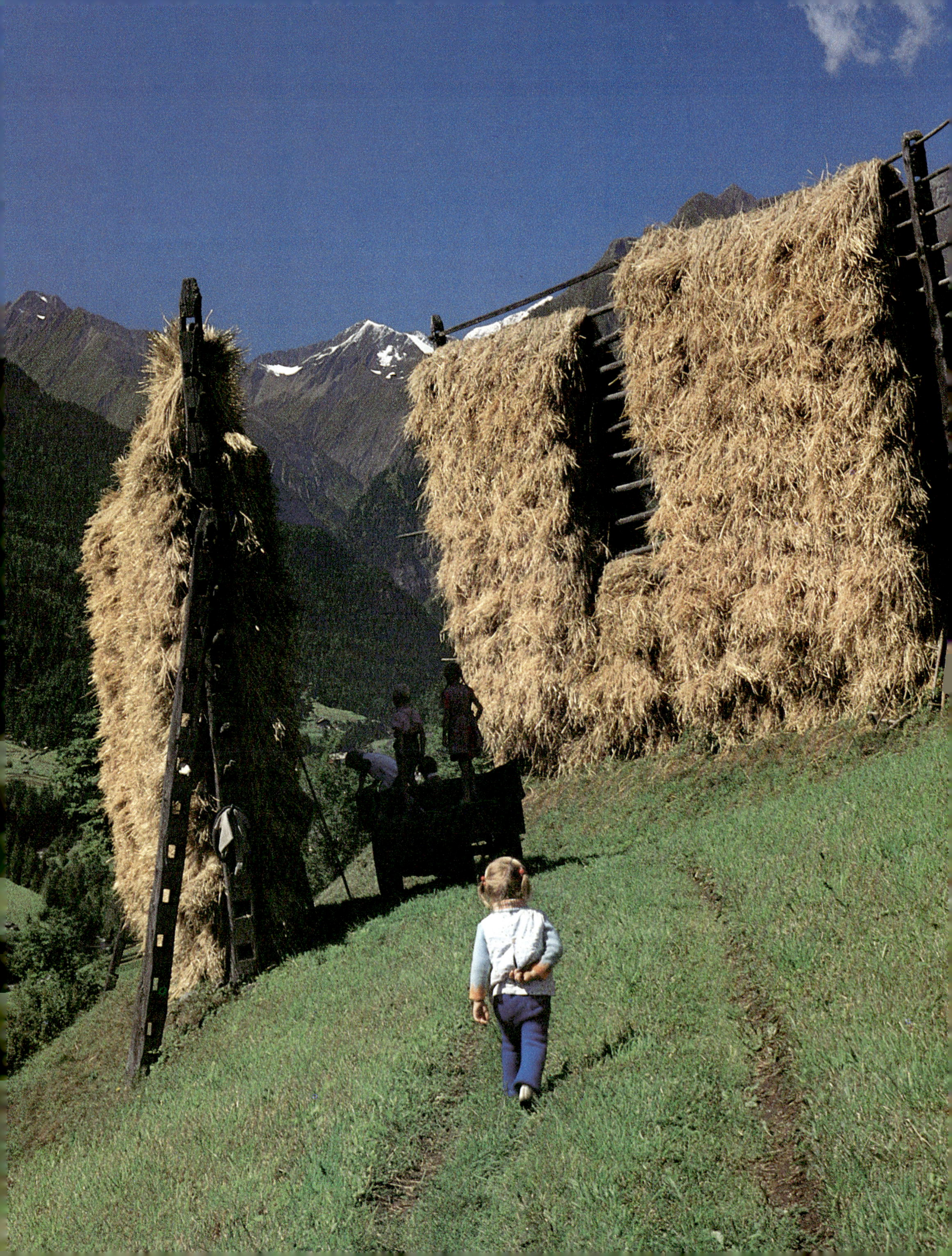

Seite 240: Osttiroler Kornharpfen. – Wohin führt der Weg die Kinder?

Foto: Sepp Hatzer

Hinter dieser strukturell gewachsenen Zusammenarbeit – sie wäre ein materialreiches Thema für eine Dissertation –, stehen die nicht erfaßbaren gegenseitigen Hilfestellungen, die sich aus dem zwischenmenschlichen Kontakt ergaben. Die in den Bergdörfern zum Überleben notwendige Nachbarschaftshilfe erfuhr dadurch eine willkommene, oft sogar existenzrettende Verstärkung von außen. Über Generationen geübt, sind heute noch in vielen Bergdörfern Erinnerungen wach, die die Säkularisierung des Alpenvereins durch den Massentourismus überlebt haben.

Die ÖAV Sektion Alpine Gesellschaft Voisthaler jubiliert festlich auf der Sonnschienhütte in der Hochschwabgruppe. In seiner Predigt erinnerte der greise Bischof Schoiswohl an die Bergliebe seiner Nobelsektion, die die Bergbewohner miteinschloß. Bei Tisch bitte ich ihn dann konkreter zu werden. Und die alten Herren erzählen, wie umfänglich ihre Freundesgaben in die Bergdörfer des Hochschwab flossen: Besorgung von Saatgut auf der Wiener Messe, Einrichtung von Klassenzimmern beim Ausbau des Schulwesens, Vermittlung von Studienplätzen für Bauernbuben, Besorgung von Krankenhausbehandlung, Weihnachtsbescherung fast institutionalisiert... Die Herren, so scheint es mir, sprechen nur mir zuliebe darüber. Ansonsten braucht die Rechte nicht zu wissen, was die Linke für die Bauern tat.

Und nochmals Kals. Inzwischen sind sie „hinter den Glockner gegangen" die Alten, die ihren Glocknerherrn noch kannten. „Er und seine Prager haben aus uns was gemacht; geholfen und auf die Leut gschaut", so umfassend formulierte es der Anderler. „Auch die größte Glocke hat der Stüdl gespendet, der ist lateinisch auf die Brust geschrieben ‚Stüdl benefactor maximus', der Pfarrer hats so ausgedacht." Das erste Bergführerbüro ließ der schon 1870 zum Ehrenbürger Erhobene in Kals einrichten, eine Bücherei beim unteren Wirt. Daneben auch einen modernen Backherd, eine Sehenswürdigkeit für damals. Weihnachtsbescherung für Bauernkinder organisierte die Sektion Prag.

Der gute Ruf der Sektion Austria in der Ramsau am Fuße des Dachsteins und bei den Bauern im Kärntner und Tiroler Gailtal gründet ebenfalls in großzügiger Kameradschaftshilfe für die Berggemeinden. Über den bekannten Vorsitzenden Hofrat Pichl bemerkte der alte Bodner aus Kartitsch: „Lutherisch isch er wohl gewesen, aber er hat soviel zum Gütn getun!" Übersetzt: der Austrianer war antiklerikal, aber er hat viel Gutes für die Leute getan.

Die Hilfsbereitschaft der Sektionen ging auch über ihre Arbeitsgebiete hinaus. So hat die Sektion Memmingen unter ihrem legendären Gründungsvorsitzenden Anton Spiehler, dem großen Freund des Lechtales, 1882 neunhundert Mark für die Opfer der Überschwemmungen in Kärnten gespendet.

Die wenigen Beispiele ließen sich endlos fortsetzen. Sie zeigen, daß der Alpenverein immer in seinen Sektionen lebendig war, auch was die unmittelbare persönliche Hilfe vor Ort in den Bergtälern betraf. Der Zentralverein folgte diesem Beispiel durch die Errichtung des Franz-Senn-Stockes für in Not geratene Bergbauern. Der Senn-Stock fristet heute noch im Budget des ÖAV ein bescheidenes Dasein, eine Erinnerungspost.

Es wäre unredlich, diese Frühphase des Tourismus als uneingeschränkte Beglückung der alpinen Gesellschaft zu sehen. In ihr stecken bereits die Keime der in den nachfolgenden Generationen voll aufbrechenden Verfremdung. Der Prozeß einer schrittweisen Übernahme städtischer Zivilisation und Verhaltensmuster hat zwei Motive. Der Städter in seiner Sehnsucht nach verlorenen Paradiesen sucht nicht nur die Natur von Gottes schönstem Schöpfungstag, er begeistert sich auch an der Ursprünglichkeit der bäuerlichen Menschen mit ihren Ausdrucksformen in der Alltags- und Feiertagskultur. Der so sich geschätzt sehende bäuerliche Mensch reagiert mit dem Bemühen, die Erwartungen des Städters zu erfüllen. Der Schritt bis zur kommerziellen Feilbietung und damit zur Prostitution der Volkskultur geht jeweils Hand in Hand mit dem zweiten Motiv. Die städtische Zivilisation, durch den Gast in einem Anschauungsunterricht vermittelt, übt eine starke Faszination auf die jungen Leute aus. Gegenüber dieser materiellen und intellektuellen Überlegenheit städtischer Lebensmuster mußte bergbäuerliche Selbstbescheidung den Kürzeren ziehen. Die volle Fremdbestimmung durch den kommenden Massentourismus war vorprogrammiert.

Die Unterwerfung der Alpen durch die Großstadt

Was in den Bergtälern als persönliche Begegnung zwischen Bergbauern und Bergsteigern begann, ist im Ablauf von nur zwei Generationen zur organisierten Befriedigung der Freizeitbedürfnisse städtischer Massen geworden. In den wirtschaftlich und politisch trostlosen Zwischenkriegsjahren war Bergwandern und Bergsteigen bereits Freizeittun breiter Bevölkerungsschichten geworden. Durch den Zustrom von Mitgliedern aus niederen Einkommensschichten wuchs sich der Alpenverein zu einem Volksverein aus, belastet mit einer Fülle ideeller und materieller Probleme. 1924 zählte man 250 000 Mitglieder. Eine neue Schicht von Touristen, kleine Beamte, Arbeiter, Studenten und Arbeitslose, bevölkerte die Talstationen und die Hütten. Sie kamen oft mit Fahrrad, fast bargeldlos, und boten nicht selten den Bauern ihre Arbeitskraft für Unterkunft und Tourenverpflegung an. „Die Zeiten sind anders geworden", sagte mein Vater, wenn sich sommerüber fast täglich hagere junge Männer, mit allem zufrieden, bei uns einquartierten, auf dem Hof und auf der Alm, ohne Zeitdruck unterwegs zu den weißen Bergen. Ich sah zu, wie sie sorglich mit ihren Habseligkeiten umgingen, heimlich Verpflegsreserven anlegten, Seil, Pickel und Zwölfzacker wie einen Goldschatz umhüteten und war Zeuge, wie ein Invalide, er hatte nur einen Arm, einen Kristall ins Haus brachte, vom Hohen Eicham glaube ich, stolz in der Runde beschauen ließ und um weiches Papier zum Verpacken bat. Er erhielt ein altes Wollohrentuch von meiner Tante. Erst als der Beglückte sich mit vielem Danksagen verabschiedet hatte, meinte mein Vater: „So an Stoan hät er bei uns auch noch haben können. Am Dachboden liegen viel schönere." Wenn ich solche Kindheitserlebnisse meinen Söhnen erzähle, hören sie mir ähnlich ungläubig zu wie im beginnenden Schulalter bei Geschichten von Tausend und einer Nacht.

Der eigentliche Massentourismus entwickelte sich erst mit dem Wirtschaftsaufschwung nach dem Zweiten Weltkrieg. Wesentlich war dabei die zunehmende Attraktivität des Winters durch die

Ausweitung des alpinen Skisports zum Massensport. Der von Jahr zu Jahr anschwellende Gästestrom machte den Fremdenverkehr zum führenden Wirtschaftsfaktor in den Berggebieten und bald auch zum berühmten zweiten Standbein für die Berglandwirtschaft. In der Macher-Ideologie und Wachstumseuphorie der sechziger und siebziger Jahre konnte der Druck auf die Alpen nur erwünscht sein. Die Besucher- und Nächtigungssteigerung schlug sich ja in barem Geld für Talbewohner und in Devisen für den Staatshaushalt nieder. Ein Narr oder ein Feind des Fortschritts mußte sein, wer nicht auf Teufel komm raus mitmischte, um mitzuverdienen.

Am Beispiel des österreichischen Tirols aufgezeigt: auf einem Gebiet von 12 000 km^2 Fläche, von der nur 14% landwirtschaftlich nutzbar sind, hat sich die Bevölkerung, nicht zuletzt durch Zuwanderung, von 427 000 im Jahre 1951 auf heute 610 000 vermehrt. Als Gastgeber stellt dieses Land nochmals 450 000 Fremdenbetten zur Verfügung, bei derzeit 41 Mill. Nächtigungen. 47% des Bruttoeinkommens fließen aus dem Fremdenverkehr. Nur mehr 6% der Bevölkerung lebt in diesem Bauernland überwiegend von der Landwirtschaft.

Die Bilanz nach drei Jahrzehnten Tourismuswachstum in den Alpen wird sehr unterschiedlich beurteilt. Zunehmendes Unbehagen breitet sich auch in den überlaufenen Tälern und hier im besonderen bei der bäuerlichen Bevölkerung aus.

Auf der Haben-Seite stehen sicher:

- In die alpenländischen Armenhäuser – die waren überwiegend die Bergbauernregionen – ist Wohlstand eingezogen. Der Bergbauer, soweit er seine Landwirtschaft noch betreibt, findet Zusatzverdienst. Dies ermöglicht Investitionen in Haus und Hof und berufliche Ausbildung für die Kinder;
- Die weichenden Kinder können vielfach in der Gemeinde siedeln, arbeiten im Fremdenverkehr oder pendeln in Talorte mit Industrien aus;
- Vermehrte Schulbildung, Kontakt mit Gästen und die allgegenwärtigen Medien haben die regionalen Bildungsdefizite wesentlich gemildert. Schichtenspezifische Unterschiede sind geblieben;
- Das Stadt-Landgefälle in der vermeintlichen Lebensqualität hat zu Gunsten der Dörfer umgeschlagen. Ihr Rest von heiler Welt wird zunehmend begehrter und erzielt Marktwert. Eklatant zeigt sich dies in den Baulandpreisen;
- Der bäuerliche Mensch ist urbaner, im Auftreten sicherer, im Umgang mit Städtern selbstbewußter geworden.

Über den Verlustvortrag der Vereinnahmung der alpinen Gesellschaft durch die Großstadt sind Betroffene und Beobachter unterschiedlicher Meinung. Ins Auge springen:

- die fortschreitende Zerstörung unvermehrbaren Bodens als Produktionsfläche durch Erschließungen aller Art, kommunale Einrichtungen, Hotels und Apartmenthäuser und eine metastasenhafte Ausbreitung der Einfamilienhäuser, nicht zuletzt durch städtische Zweitsiedler;
- die Zerstörung der Dorfkerne und Dorfplätze durch pseudorustikale Hotelklötze, drapiert von Geschäften jeder Art, Straßen und Parkplätze, zwischen denen die wenigen bäuerlichen Anwesen wie aus dem Verkehr gezogen wirken;

- der Kontrast im Lebensrhythmus zwischen überquellendem Gästetrubel ohne Einheimische in der Saison und einem halben Geisterdorf während der Nichtsaison. Als Beispiel: das einstige Bergbauerndorf Sölden im Ötztal zählt 1500 Einwohner und bietet 8000 Gästebetten an. Dabei wird trotz Einschränkungsparolen weiter expandiert.
- der Verlust der bäuerlichen „Winterstille", des Feierabends und der Feiertage als körperliche und emotionale Erholungsphasen. Die Kinder revoltieren gegen die alles in Besitz nehmenden Fremden, gestreßte Väter und ausgepowerte Mütter kränken sich über solchen Undank.

Der Tiroler Volksbildner und Sozialkritiker Dr. Ignaz Zangerle spricht von den sieben Todsünden des alpenländischen Fremdenverkehrs und leuchtet dabei viel stärker in den soziokulturellen Säkularisierungsprozeß durch die erdrückende Fremdbestimmung hinein: „Die Fremden haben in Wirklichkeit das in Jahrhunderten gewachsene, soziokulturelle Gefüge des Dorfes in einem Jahrzehnt überfremdet, haben die Dorfbewohner ihrer Tradition entfremdet und, wenn schon nicht zu Städtern, so doch zu halbschlächtigen Mischwesen umgemodelt" (Föhn, Heft 5, 1981). Hinter dieser harten Sprache verbirgt sich das Eingeständnis der Ohnmacht jener kritischen Intellektuellen, die die Eroberung der Alpen durch die Großstadt sehen, sie weder abwehren noch durch ein Gegenmodell humanisieren können. Die Dorferneuerungsbewegung, die zu solchem Tun angetreten ist, bleibt im Restaurativen hängen. Sie betreibt damit wissentlich oder mit Fehlvorstellungen die Geschäfte derer, deren Ziel es nach wie vor ist, das Landweh des Städters mit neu aufgelegter bäuerlicher Dorfkultur zu nutzen.

Von sieben Todsünden spricht auch Georg Abermann, wenn er mit der modernen Landwirtschaft ins Gericht geht, (Perspektiven, 1/87). Sie ist Verbündeter des Massentourismus und damit der zweite Mühlstein, gegen den sich die Berglandwirtschaft im Zerreibungsprozeß zur Wehr setzen muß. Die Abhängigkeit von den Agrarmultis im System der Agrarindustrie zwingt die Bergbauern die erkannten Sünden wider die Natur teilweise mitzumachen. In Überschriften sind dies: zu viel Flurbereinigung, – zu wenig Fruchtfolgen, – zuviel Dünger, – zu viel Pestizide, – falsche Bodenbearbeitung, – Massentierhaltung, – zu wenig Futterflächen im Verhältnis dazu. Die Parameter für eine ökologische Landwirtschaft sind hinreichend bekannt. Wie in anderen Höllenschmieden unserer Planetenplünderung geht es auch hier um Macht und um manipulierte Konsumenteneinstellung. Sichtbare Risse im Systemgefüge und Innovationen in alternativen Agrarmodellen lassen hoffen, daß nicht ein schwarzer Karfreitag die Wende erzwingt. Die Berglandwirtschaft übernimmt in Ansätzen eine Vorreiterrolle für die erhoffte Wende.

Berglandwirtschaft als Gegenmodell

„Was wollt ihr eigentlich, ihr Alpenvereinler? Sollen wir wieder zurück ins Armenhaus und unsere Kinder sommerüber nach Schwaben schicken, damit ihr euer Bauernmuseum am Berg wieder habt? Oder genügen euch Landschaftspfleger, damit nicht der Berg eine Gstettn wird?" Die Formulierung war wohl nur halber Eigenbau, aber mit der Frage war dem Jungfunktionär vom Kaunerberg ernst. Ich schau in mein halb geleertes Weinglas, auf den Wust von Kastanienschalen in weißen Tellern, dann den Jungbauern ins Gesicht. Soviel Freundlichkeit habe ich nach stundenlangem Moderieren von Statementfolge und Diskussionen im Rahmen einer Dorftagung im Bildungshaus Grillhof nicht verdient. Die Nachbarn sehen mich frontal an. „Keine Killerphrase", denke ich mir, „zustimmen, soweit's geht, und zurückfragen". „Ja, solche Alpenvereinler wird's auch geben, wichtiger ist, was wollt eigentlich ihr?" Die Antwort kommt von meinem Gegenüber wie aus der Pistole geschossen: „Als Bauern leben können!" Aus vielen Gesprächen mit Hofübernehmern weiß ich, welcher Sollwunsch hinter dieser knappen Aussage steckt.

■ Sie wollen zur Hauptsache von der Berglandwirtschaft leben. In der Nahrungs- und Holzproduktion, also als Produzent, findet auch der Bergbauer sein Selbstverständnis. Es gilt Marktformen zu finden, um die Qualitätsprodukte an qualitätsorientierte Konsumenten zu bringen. Dies vorerst noch gegen den Widerstand der Agrarmultis im bergbauernfeindlichen Agrarsystem. Ansätze wie die Vermarktung von auserlesenem Schaffleisch in der Erzeugergemeinschaft „Tauernlamm", in institutionalisierten Bauernmärkten, im Ab-Hof-Verkauf lassen Hoffnung aufkommen. Vor der Frage, in wieviel Wochen unsere übervölkerten Alpen-Haupttäler bei einer echten Versorgungskrise verhungern müßten, verschließen vorerst alle Verantwortlichen Augen und Ohren.

■ Sie wollen in der großen Mehrzahl ihren Boden gegenüber einer freßgierigen, zum Teil anonymen Meute erhalten. In seiner Funktion als Treuhänder des Bodens, der der nächsten Generation „heil und heimatfähig" übergeben werden sollte, ist der Bauer heute zumeist gefordert. Die weichenden Kinder und die kommunalen Projektbetreiber appellieren an Familien- und Gemeinsinn des Hofbewirtschafters, städtische Zweitsiedler und Fremdenverkehrsmanager winken mit Verkaufserlösen, die einen Kurzausflug in den Konsumluxus und die Anschaffung begehrter Maschinen erlauben würden.

■ Sie wollen Flur, Wald und Weide vor der Zerstörung durch Murbrüche, Lawinen, Erosion und Versteppung schützen, nicht als Natur-, vielmehr als Landschaftsschützer. Die Nichtbewirtschaftung von Bergbauernland ist keine Rückführung in ursprüngliche Natur, sondern ein Freisetzen für vorhersehbare Katastrophen. In Österreich stehen 14 000 km² Alm- und Grünland außer Bewirtschaftung. Die Schäden mehren sich. Die Aufforstung von Grenzertragsböden ist begrenzt sinnvoll. Notwendig für die Besitzfestigung der Bergbauern aber wäre die Überlassung von Waldflächen aus dem Besitz der Öffentlichen Hand. Dabei wird der Waldschutz selbst eine brennende Aufgabe. Neben der notwendigen Trennung von Wald und Weide ist der Wald vor dem Wild zu schützen. „In der Frage", so Franz Fliri, „handelt es sich keineswegs um ein wildbiologisches, sondern um ein gesellschaftliches Problem. ‚Ehe der letzte Hirsch geht, geht der letzte Bergbauer', dieses böse Wort wurde einmal ausgesprochen. Wenn der rinderhaltende Bauer wirklich geht, vermag ihn der wildhegende Jäger keinesfalls zu ersetzen. Im Gegenteil: er verschärft die Störung des Landschaftshaushaltes." (Inaugurationsrede, 29.10.1970).

■ Sie wollen eine Bäuerin für ihren Hof und eine Partnerin für ihren Lebensweg finden, Kinder zeugen, sie gesund in dörflicher Nachbarschaft aufwachsen sehen und ihre Existenz mitsichern helfen. Dazu braucht es zuerst ein funktionierendes Dorf mit den notwendigen zentralen Diensten wie Schule, Arzt, Kreisler. Die Abwanderung der jungen Leute betrifft verstärkt die Mädchen, so daß nach jüngsten Erhebungen auf hundert Männer nur mehr 94 Frauen kommen. In einer Phase des bisher höchsten Wohlstandes breiter Bevölkerungsschichten hat die Bundesrepublik – und Österreich folgt dem Trend – die alarmierende Nettoreproduktionsziffer von 0,5. Die Geburtenentwicklung geht auch in den Berggebieten spürbar zurück, die Blutzufuhr für die städtische Gesellschaft erfolgt heute von den Bergen Montenegros und Anatoliens.

„Ein Staat ist immer lebensfähig, wenn ein tüchtiges und begabtes Volk es will. Den Lebenswillen des Volkes selbst, in rein biologischem Sinne zu stärken, ist daher die vordringliche Aufgabe im heutigen Österreich. Denn nur ein Kinderland wird ein Vaterland bleiben." Mit diesen auch für die Bundesrepublik geltenden Worten schloß der damalige Vorsitzende des ÖAV, Dr. Hans Kinzl, seine Inaugurationsrede als Rektor der Universität Innsbruck. Mit der biologischen Funktion des Bergbauern ist ein weiterer Wunsch eng verbunden:

■ Sie wollen in der emotionalen Geborgenheit einer eigenständigen Art zu kommunizieren, Feste zu feiern und die Lebensabschnitte wie Geburt, Hochzeit und Begräbnis zu ritualisieren, sich wiederfinden. Bischof Reinhold Stecher spricht von der „bergenden Weise" bäuerlicher Kultur, die allemal in einem Nahverhältnis zum bergenden Gott stand. Der sprachschöpferische Dialekt mit reicher Mundartdichtung, das Liedgut, die Volksmusik, Laienspiele und Kunsthandwerk sind ein wesentlicher Beitrag zum kulturellen Reichtum eines Volkes.

■ Diesen klassischen Funktionen der Berglandwirtschaft in unserer Gesellschaft kann man noch den unverzichtbaren Beitrag zur Erhaltung der Infrastruktur für den Fremdenverkehr anfügen.

Hier teilt die Berglandwirtschaft ihre alpinen Dienstleistungen mit dem Alpenverein.

Im vernetzten Denken, das dem bäuerlichen Menschen viel mehr zu eigen ist als uns Städtern, sehen meine Gesprächspartner die dargestellten Funktionen als Einheit. Zusammen machen sie den Hofbewirtschafter zum Bauern. Einer formuliert es auch: „Ich will kein alpiner Raumpfleger und kein subventionierter Kegelaufsteller sein!" Und zum sinnvollen Ganzen der Berglandwirtschaft habe auch der Alpenverein seinen Beitrag zu leisten. Derzeit sieht meine Tischrunde kaum Initiativen, die über den grünen Vereinsegoismus hinaus gehen. Die Formulierung war noch brutaler und traf mich an verwundbarer Stelle.

Bergsteigen, alpine Raumordnung, Natur- und Umweltschutz im Bündnis mit der Berglandwirtschaft

Die Forderung des Alpenvereins nach einer alpinen Raumordnung trifft sich mit den Bemühungen der Länder und Gemeinden, zu Raumordnungskonzepten und im Rahmen derselben zu Flächenwidmungsplänen zu kommen. Damit wird das Verlangen als Grundsatzziel akzeptiert. Die Probleme stellen sich, ähnlich wie im Tal, bei der Konkretisierung, wenn massive Erschließungswünsche und Energiepläne aus wesentlichen Teilen des alpinen Urlandes ausgesperrt werden sollen. Der Kampf um den Nationalpark Hohe Tauern ist ein beredtes Beispiel dafür. In der Auseinandersetzung zwischen den Vermarktern und den Schützern ist die Berglandwirtschaft keineswegs der lachende, vielmehr der blutende Dritte. Wenn Entscheidungen nicht über ihren Kopf hinweg geschehen, so stehen ihnen Verluste abgeltende Silberlinge oder an Bauernmoral apellierende Wertverständnisse zur Wahl.

Der Alpenverein hat mit seiner Grundlagenarbeit für schützenswerte Alpinlandschaften, der Gletscherkataster ist ein Teil davon, eine Pionierleistung erbracht. Seine Argumentation in der Öffentlichkeit verrät Kompetenz, die Bündnisse mit anderen alpinen und Naturschutzorganisationen sind zielführende Strategie. Das Zusammengehen mit der Berglandwirtschaft, den zumeist örtlichen Besitzern, blieb punktuell. Einem echten Bündnis steht Mißtrauen auf beiden Seiten gegenüber. Mißtrauen stellt sich immer bei Begegnungen ein, bei denen die Begegner sich zu wenig kennen, um die ins Spiel gebrachten Motive zu durchschauen. Unsere Generation im Alpenverein und in der Berglandwirtschaft kennt die gemeinsame Geschichte nicht mehr. Sie haben sich auseinandergelebt und kennen auch die Wertverständnisse und die Existenzprobleme nicht aus der Tuchfühlung. Unterbrochene Kommunikation bringt Verständigungsschwierigkeiten.

„Was ist in solcher Not zu tun?" habe ich nach den „Stüdl-Gesprächen" den Bürgermeister von Kals gefragt. Wir lehnten am Zaun vor dem Jesacherhof. Die Teilnehmer hatten sich nach beredtem Abschied verlaufen. Wir sahen über die grüne Flur, die zur Heumahd lud, zum Kirchdorf hinüber mit der verwaisten Gastwirtschaft zum Untern Wirt, Stüdl's Zweiheimat. „An die Arbeit gehen", war die lapidare Antwort des Bauern Bergerweis.

„Ja", hab ich mit einem Lacher geantwortet „und der Teufel soll's holen, wenn wir's nicht noch einmal schaffen!" Sprüche klopfen ist das Eine, Parolen braucht jede Gefolgschaft. Der Einstieg in eine Route mit allen Ansprüchen an Muskeln, Herz und Hirn ist das Andere, das allein zum Ziel führt.

Was zum Einstieg geschehen müßte „ist eine gründliche und ehrliche Analyse der Situation unserer heutigen alpinen Gesellschaft, der unverzichtbaren Funktionen der Berglandwirtschaft und der existenzbedrohten Bergbauern. Zu untersuchen ist die Verflechtung von Alpinismus und Berglandwirtschaft in ihrer historischen Entwicklung bis heute. Zukunftsorientiert gilt es auch die erkennbaren Trends in beiden alpinen Feldern auszumachen und mögliche Szenarios zu erstellen. Bei der Istbeschreibung des Verhältnisses Alpenverein – Berglandwirtschaft wird man mit Bedacht Zielkongruenz und Zielkonflikte, Interessensübereinstimmung und Kollisionen und die Kommunikationsdefizite unter die Lupe nehmen müssen. In der Methode ist ein Direktgespräch, informell und in Veranstaltungen organisiert, jeder Erhebung durch ein Meinungsforschungsinstitut vorzuziehen. Die gemeinsame Gewissenserforschung leitet bereits ein ernsthaftes Aufeinander-Zugehen ein.

Nach solcher Grundlagenarbeit kann sich ein zweiter Schritt mit der Frage befassen, wie kann der Bergbauer in all seinen Funktionen existieren, und welchen Beitrag zur Existenzsicherung kann der Alpenverein leisten. Zu beiden Fragestellungen ist die Einbindung der Betroffenen, der Standesvertretung, alternativer Selbsthilfeorganisationen und der Wissenschaft unerläßlich. Partner von Seiten des Alpenvereins sollten sowohl die Sektionen als auch der Hauptverein sein. Unter Alpenverein verstehe ich die Brüdergemeinschaft DAV, ÖAV und AVS.

Als Veranstaltungsform wäre nach gründlicher Vorbereitung ein Symposion nicht zuletzt deshalb ideal, weil die erfolgreichen Vorbilder „Symposion Bergsteigen", „Symposion Arbeitsgebiete, Hütten und Wege" eine didaktische Richtschnur böten und als Ergebnis „Richtlinien für die Zusammenarbeit zwischen Alpenverein und Berglandwirtschaft" geradezu aufdrängen.

Begleitet und nachbereitet müßte diese konzepterstellende Großveranstaltung mit einer gezielten Öffentlichkeitsarbeit nach Innen und nach Außen werden.

■ Dabei gilt es die Mitarbeiter in den Sektionen und die Mitglieder mit der Nachbarschaft Berglandwirtschaft-Alpenverein in Vergangenheit und Gegenwart vertraut und ihnen die Bedeutung und die Gefährdung der Berglandwirtschaft einsichtig zu machen;

■ Funktionäre und Mitglieder zu motivieren, wieder in die Fußstapfen unserer Vereins-Altvordern zu treten und tätiger Anwalt der Bergbauern zu werden, ideell und materiell;

■ In den Sektionsarchiven sollten die Vereine ihre Leistungen von einst ausgraben und modifiziert als neue Hilfe einer in Not geratenen Berglandwirtschaft zuwenden. Dies könnten sein: wirtschaftlich zurückgebliebene Regionen und Täler als sanfte Touristen zum Ferienziel machen, Urlaube auf den Bauernhöfen buchen, die Qualitätsprodukte der Bergbauern ab Hof und auf Bauernmärkten kaufen, unaufdringlich Kontakte suchen, Rat geben, wo dies gewünscht wird, Kontakte zu Experten, interessanten Produzenten, vor allem aber möglichen Marktpartnern vermitteln, Kontakt zu den Medien herstellen, für sinnvolle Projekte votieren, Eingriffe in die Landschaft abwehren helfen und fallweise auch mit einer Spende augenscheinliche Not lindern helfen. Mehrere halb und ganz geglückte Modelle von Nachbarschaftshilfe hat der Alpenverein für Nationalparkgemeinden an der Tauern Nord- und Südseite versucht und ist dabei zum wirksamsten Verbündeten der Kalser Bauern gegen ein überholtes Monsterkraftwerk geworden.

Hier wurde auch offenbar, welche bedeutsame Öffentlichkeitsarbeit der Alpenverein mit seinem Prestige nach außen leisten kann. Diese Mitwirkung zu einer positiven Einstellung breiter Bevölkerungskreise für den Bergbauern ist zumeist gefragt. Der Alpenverein sollte sich wieder als Kenner und Liebhaber der Berglandwirtschaft und der bäuerlichen Kultur ausweisen, kommerziell unverdächtig, für die Lebensinteressen „der Letzten dort oben" eintreten und strategisch klug Möglichkeiten schaffen, daß der Bergbauer selbst vor „Fürstenthronen" zu Wort kommt und in den Medien präsent ist. Der Bergbauer muß wieder ins Gerede kommen, nur dadurch wird er auch zu einem öffentlichen Anliegen.

Ich habe in den letzten Jahren keine Gelegenheit versäumt, in den Gremien und in der Vereinsöffentlichkeit zum Kreuzzug für die Bergbauern aufzurufen. Meine vielleicht zu dramatischen Szenarien hoben niemanden vom Sessel. Doch auch Ablehnung wurde nicht formuliert. Man schont den naiv frommen Eifer des Bauernverehrers und akzeptiert die Bergbauernlegende als andenkenswürdiges Blatt im historischen Vereinsalbum. Gründe für die Zurückhaltung mag es viele geben: eine damit fällige Zieldiskussion im Alpenverein, die Ressourcenerfordernisse an Mitarbeitern und Mitteln für eine neue, genau genommen, eine wieder aufgenommene Schwerpunktsetzung, die schon bestehende, schwer zu bewältigende Problemfülle in den vielen Tätigkeitsbereichen, ein neuer Ritt ins Ungewisse.

Der Alpenverein ist keine Heilsarmee. Als Realist weiß man, daß auch Idealisten nichts ohne Lohnabsicht tun. In einem Engagement für die Berglandwirtschaft geht es letztlich um die Lebensinteressen des Alpenvereins. Nur eine intakte Kulturlandschaft ermöglicht dem Alpenverein die Wahrnehmung seiner Vereinsziele, die den Berg als Ganzheit, nicht als Sportgerät, in die Mitte seiner Tätigkeiten stellten. Eine alpine Raumordnung, alpiner Natur- und Umweltschutz kann nur Arm in Arm mit dem Bergbauern gelingen.

Bei einer Debatte über das Dorfertalkraftwerk in Innsbruck wollte der TIWAG Direktor die Argumentation der angereisten Kraftwerksgegner aus den Iselgründen mit der Aufforderung stoppen: „Lassen Sie ihre Emotionen daheim, wir sollten jetzt endlich sachlich miteinander reden!" Da widerstand ihm die junge Kerschbaumer-Bäuerin von Matrei ins Angesicht: „Wenn wir keine Emotionen mehr hätten und nur mehr fragen, was tragt's, dann blieb keiner von uns Jungen mehr da oben. Aber sie wissen ja nicht, daß Hoamatl von Heimat kommt und ein Bauer mit dem Herzen rechnet!" Der Alpenverein ist gefordert. Wird er das Herz haben, im Bedenken seiner geschichtlichen Verpflichtung auf den Bergbauern zuzugehen und in einem neuen Bündnis die gemeinsame Bergheimat zu schützen und zu erhalten?

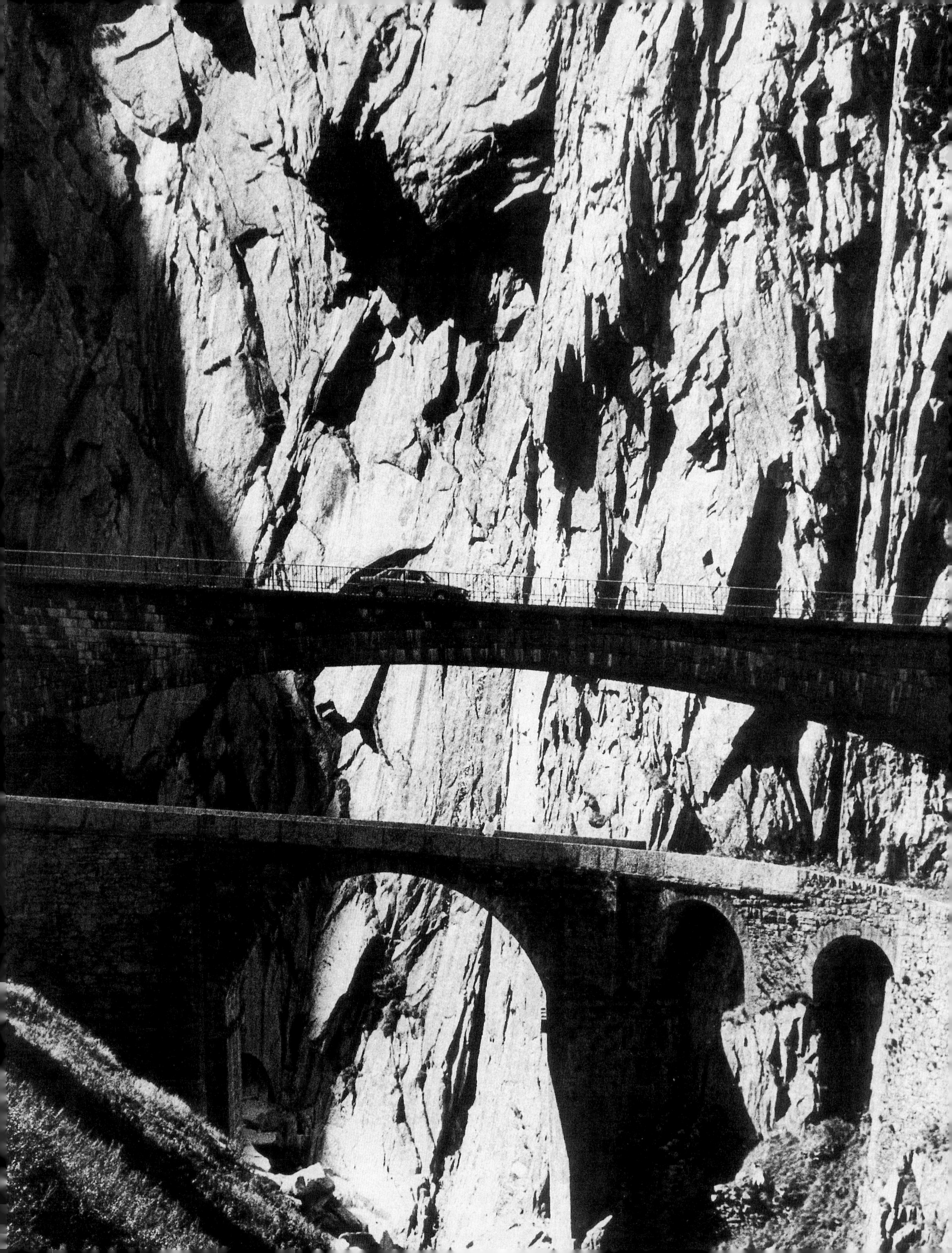

Alpenkonvention: Eckpfeiler einer Zukunftsstrategie für den Alpenraum

Walter Danz

Die Initiative der Internationalen Alpenschutzkommission CIPRA für einen völkerrechtlich verbindlichen Vertrag zwischen den Alpenländern zum Schutz von Natur und Heimat im Alpenraum (Alpenkonvention) verspricht ein voller Erfolg zu werden. Während in einigen Verwaltungsapparaten noch letzte Rückzugsgefechte stattfinden, haben vorausschauende Politiker, Verbandsvertreter und Experten längst die großen Chancen einer Konvention zur Verbesserung der Umweltsituation im Alpenraum erkannt. Daß im Mai 1988 die EG-Kommission in Brüssel durch einen einstimmigen Beschluß des Europäischen Parlaments aufgefordert wurde, den Entwurf einer Alpenkonvention vorzulegen und dabei „... die auf den Alpenraum spezialisierte Internationale Alpenschutzkommission CIPRA zu beteiligen", ist in erster Linie das Verdienst zweier Männer: Dr. Mario F. Broggi, Präsident der CIPRA-International in Vaduz, Fürstentum Liechtenstein, hatte bereits im Februar 1987 auf Antrag des deutschen Komitees einen Präsidiumsbeschluß herbeigeführt, wonach die CIPRA Vorleistungen für eine Alpenkonvention erbringen soll. Mit der Federführung für diese Vorleistungen wurde die CIPRA-Deutschland beauftragt. Ihr Vorsitzender, Dr. Fritz März, gleichzeitig 1. Vorsitzender des Deutschen Alpenvereins, hat die organisatorischen und finanziellen Rahmenbedingungen dafür geschaffen, daß dem Auftrag des CIPRA-Präsidiums auf der Münchner Praterinsel in effizienter Weise nachgekommen werden konnte. Gut möglich, daß Fritz März einmal als „Vater der Alpenkonvention" in die Geschichte der grenzüberschreitenden Zusammenarbeit zwischen den Alpenländern eingeht.

Die Bedeutung eines völkerrechtlich verbindlichen Abkommens zum Schutz der Alpen wird vielen erst bewußt werden, wenn die erforderlichen Regelungen zu greifen beginnen. Dies dürfte noch einige Jahre dauern, wie die Erfahrungen etwa mit der Zusammenarbeit der Anrainerstaaten zum Schutz der Nordsee zeigen. Doch die Zeit drängt. Wenn wir Glück haben, können wir für den Alpenraum als des nach dem Umkippen der Nordsee nunmehr letzten noch teilweise intakten Großökosystems im Herzen Europas gerade noch rechtzeitig verbindliche Regelungen erreichen, die diesem Raum und den dort lebenden Menschen eine Zukunft sichern helfen. Hierzu bedarf es einer Strategie, die sich in der Verfolgung ihrer Ziele nicht durch tagesaktuelle Ereignisse ablenken läßt.

Eckpfeiler dieser Zukunftsstrategie für den Alpenraum ist die Alpenkonvention. Die CIPRA-Deutschland wird auch weiterhin alle Möglichkeiten ausschöpfen, um dieser Strategie zum Erfolg zu verhelfen. Hierzu sind die Verbände auf die Mitwirkung der Parlamente und Regierungen der Alpenländer angewiesen, mit deren Unterschriften letztlich die Konvention erst in Kraft treten kann. Vor dem Hintergrund dieses Ziels erteilt die CIPRA deshalb allen Bestrebungen nach stärkerer Konfrontation zur Durchsetzung von Umweltzielen im Alpenraum eine klare Absage. Kooperation ist angesagt, auch wenn im Anfangsstadium der Konventionserarbeitung vielleicht einzelne Wünsche der Verbände offenbleiben sollten. Auch die Regierungen werden Konzessionen machen müssen, vor allem dort, wo es besonders weh tut: beim konkreten Vollzug der Umweltrichtlinien.

Wieviel beim Vollzug vorhandener Ziele und Maßnahmen im argen liegt, konnte im Rahmen einer Bilanzumfrage zur Umweltpolitik im Alpenraum ermittelt werden. Die Umfrageergebnisse in den einzelnen Fachbereichen weisen darauf hin, wo verbindliche Regelungen zur Erhaltung von Natur und Heimat im Detail ansetzen müssen. Damit hat die CIPRA den Entwurfsverfassern einer Alpenkonvention wichtige Hinweise für konkrete Konventionsinhalte an die Hand gegeben.

Links: Die alte und die neue
Teufelsbrücke in der Schöllenen-Schlucht,
St.-Gotthard-Paß, Schweiz.
Einen Brückenschlag will auch die CIPRA versuchen
mit ihrer Initiative zur Verwirklichung
einer Alpenkonvention.
Foto: Wolfgang Sauer

Neue Bündnisse eingehen

Zur Umsetzung einer wirkungsvollen Zukunftsstrategie in die Praxis müssen neue Bündnisse eingegangen werden. Dies hat Bayerns engagierter Umweltpolitiker Alois Glück, Vorsitzender der CSU-Fraktion im Bayerischen Landtag, für den Alpenraum gefordert. Neue Bündnisse seien zum Beispiel erforderlich zwischen Bergbauern und Naturschützern, aber auch zwischen staatlichen und nichtstaatlichen Organisationen. Die großen Probleme des Alpenraums müßten von allen Beteiligten offen dargestellt werden, wobei die alpinen Vereine und Umweltverbände einen Brückenschlag zwischen Politik und Verwaltung einerseits und der Bevölkerung andererseits ermöglichen könnten. Wichtig sei jedoch, daß dieser Brückenschlag ohne Konfrontation und in Vertrauen schaffender Kooperation erfolge.

Die CIPRA ist zu dieser Kooperation bereit. Sie hat dies nicht zuletzt durch ihre erheblichen Vorleistungen für eine Alpenkonvention unter Beweis gestellt. Die Mitgliedsverbände der CIPRA haben damit freiwillig eine wichtige öffentliche Aufgabe übernommen.

Die Alpenländer müssen sich entscheiden

Adressaten der Forderungen der Verbände nach einer verbindlichen Konvention zur Erhaltung und zum Schutz des Alpenraums sind gleichermaßen die regionalen und nationalen Regierungen derjenigen Länder, die Anteile am Alpenraum haben sowie die Europäischen Gemeinschaften und der Europarat. Die Verbände-Initiative einer Alpenkonvention wurde auf den verschiedenen politischen Ebenen bisher recht unterschiedlich aufgenommen.

Auf der Ebene der Alpenländer (Bundesländer, Kantone, Provinzen und Regionen usw.) ist zunächst eine gewisse Zurückhaltung verständlich, weil diese Länder am unmittelbarsten von den Bindungswirkungen eines grenzüberschreitenden Umweltabkommens berührt werden. Vor allem die Arbeitsgemeinschaft Alpenländer steht einer Alpenkonvention bisher relativ zurückhaltend gegenüber. Im Gegensatz dazu hat der Vorsitzende der Kommission der leitenden Beamten der Arbeitsgemeinschaft Alpen-Adria der CIPRA mitgeteilt, „… daß die Realisierung einer Alpenkonvention dem Grunde nach auch aus der Sicht der ARGE Alpen-Adria erstrebenswert erscheint. Ich könnte mir vorstellen, daß unsere Arbeitsgemeinschaft im Zusammenhang mit den Bemühungen, die Konventionsentwürfe von der fachlichen Ebene der Verbände auf die Entscheidungsebene der Regierungen der Alpenländer zu bringen, gute Dienste leisten könnte."

Die Deutsche Bundesregierung hat sich gegenüber der CIPRA dahingehend geäußert, daß der Gedanke einer multilateralen Konvention aufgegriffen werden könnte, wenn erforderliche Maßnahmen nicht auf andere Weise realisierbar sein sollten. Einer solchen Realisierbarkeit steht jedoch bisher die Unverbindlichkeit der grenzüberschreitenden umweltpolitischen Ziele im Alpenraum entgegen.

Das Plenum des Europäischen Parlaments hat am 17.5.1988 einstimmig einen Entschließungsantrag der Abgeordneten Schleicher, Mertens, Alber, Dalsass und Lentz-Cornette sowie der Fraktion der Europäischen Volkspartei (EVP) betreffend einer Konvention zum Schutz des Alpenraums verabschiedet. Damit hat das Europäische Parlament die EG-Kommission aufgefordert, einen Entwurf einer Konvention zum Schutz des Alpenraums vorzulegen und entsprechende Verhandlungen mit den betroffenen EFTA-Staaten sowie Liechtenstein zu führen. Gleichzeitig wurde die Kommission aufgefordert, bei der Erarbeitung dieser Konvention alle betroffenen Mitgliedsstaaten und alle privaten Natur- und Umweltschutzorganisationen sowie die CIPRA zu beteiligen.

Die Parlamentarische Versammlung des Europarats – Europakonferenz der Gemeinden und Regionen – hat bereits 1978 in ihrer Schlußerklärung zur Konferenz der Alpenregionen in Lugano „eine neue Politik für den Alpenraum" in Umrissen skizziert und „ein Aktionsprogramm für die Alpen" aufgestellt. Diese wiederum unverbindlichen Ziele und Maßnahmen wurden jeweils in dem Maße umgesetzt, in dem es auch den Zielen und Maßnahmen der jeweiligen nationalen bzw. regionalen Politik entsprach. Die Europäische Konferenz der Bergregionen ging im Mai 1988 einen Schritt weiter und fordert den Europarat auf, sich in enger Zusammenarbeit mit den Europäischen Gemeinschaften mit der Ausarbeitung der Grundlagen einer gemeinsamen europäischen Bergpolitik zu befassen „… in der Form einer europäischen Charta der Bergregionen mit Konventionscharakter und mit einer Definition der Zonen, in denen sie Anwendung findet".

Als Fazit der derzeitigen politischen Reaktionen auf die Verbände-Initiative einer Alpenkonvention bleibt festzuhalten, daß

– auf europäischer Ebene der Auftrag zur Ausarbeitung eines Konventionsentwurfs erteilt ist;
– auf der Ebene der Nationalstaaten eine grundsätzlich positive Einstellung gegenüber einer Alpenkonvention vorherrscht;
– auf der Ebene der Regionalregierungen der Alpenländer das Spektrum von voller Zustimmung über neutrales Verhalten bis hin zu stärkerer Zurückhaltung reicht.

Einige Alpenländer werden sich rasch entscheiden müssen, ob sie durch Passivität in Sachen Alpenkonvention in die Isolierung geraten, oder ob sie durch konkrete Mitarbeit zur Erhaltung und Sicherung ihrer Heimat aktiv beitragen wollen.

Umweltbilanz belegt Dringlichkeit für Konvention

Im Rahmen der Vorarbeiten für die Alpenkonvention hat die CIPRA unter finanzieller Mitwirkung des Deutschen Naturschutzrings eine Bilanz zur Umweltpolitik im Alpenraum erstellt, deren Ergebnisse auf einer internationalen Konferenz im Juni 1988 in Lindau (Bodensee) der Öffentlichkeit präsentiert wurden.

Die CIPRA schlägt den Regierungen der Alpenländer einen konstruktiven Dialog über die Bilanz-Ergebnisse[1] und die daraus zu ziehenden Folgerungen vor. Sie klagt nicht an, sondern fordert

---

1) Vgl. dazu den ausführlichen Bilanz-Bericht und die Konferenz-Ergebnisse von Lindau in: Walter Danz: Umweltpolitik im Alpenraum – eine Bilanz. CIPRA-Schriften Nr. 5, Vaduz und München 1988, ca. 500 Seiten, DM 48,– (Bezug über DAV und CIPRA-Geschäftsstellen).

zu gemeinsamen neuen Anstrengungen auf. Der Alpenraum braucht eine von allen gesellschaftlichen Kräften getragene neue umweltpolitische Initiative für gemeinsame verbindliche Umweltqualitätsstandards. Der vorliegende Bericht belegt die Dringlichkeit dieser Initiative für den Alpenraum, dessen Natur und Kultur zu erhalten Verpflichtung aller Länder Europas ist.

Untersuchte Fachbereiche

Es wäre relativ einfach, eine umweltpolitische Bilanz nur für den unmittelbaren Bereich des Natur- und Umweltschutzes aufzustellen. Der CIPRA geht es jedoch bei ihren umweltpolitischen Initiativen nicht nur um einzelne Details bei natur- und umweltschutzfachlichen Zielen, sondern um natur- und umweltschutzpolitische Initiativen als querschnittsorientiertes „Politik-Prinzip". Demzufolge müssen alle für den Alpenraum wesentlichen Politikbereiche auf mögliche Umweltkomponenten hin geprüft und in die Bilanz mit einbezogen werden. Dieser Ansatz hat zur umweltpolitischen Beurteilung von Zielen aus folgenden Fachbereichen geführt:
- Raumordnung
- Naturschutz
- Landwirtschaft und Bodenschutz
- Bergwald
- Siedlung und Infrastruktur
- Tourismus
- Verkehr
- Energieversorgung
- Wasserwirtschaft
- Technischer Umweltschutz
- Forschung und Information
- Grenzüberschreitende Zusammenarbeit.

Zu jedem dieser Fachbereiche wurden aus den international bzw. interregional beschlossenen und seit ca. 10 Jahren wirksamen Zielsystemen des Europarats, der Arbeitsgemeinschaft Alpenländer und bilateraler Abkommen zwischen drei und fünf umweltrelevante Ziele ausgewählt und der Bilanz unterworfen.

Umfrage bei Regierungen, Verbänden und Experten

Die so ausgewählten insgesamt 50 umweltpolitisch relevanten Ziele wurden im Rahmen einer schriftlichen Umfrage in allen Alpenländern den folgenden drei Gruppen zur Beurteilung vorgelegt:
- Bundes- und Landesregierungen
- umweltpolitisch bedeutsamen und kompetenten Verbänden
- wissenschaftlichen Experten.

Im Dezember 1987 erhielten 337 sachkundige Stellen einen zwölfseitigen Fragebogen mit den 50 ausgewählten Zielen zur Beurteilung, wovon bis Ende Februar 1988 149 auswertbare Fragebogen zurückgesandt wurden. Dies entspricht einer Rücklaufquote von 44%.

Ein Blick auf die an der Umfrage beteiligten Fachrichtungen zeigt, daß keineswegs nur dem Umweltschutz nahestehende Institutionen und Personen ihr Votum abgegeben haben. Ganz im Gegenteil dominieren Tourismus, Energie, Verkehr, Bauwesen, Landwirtschaft und sonstige der Wirtschaft nahestehende Fachrichtungen bei weitem gegenüber den Fachrichtungen Ökologie, Biologie und Naturschutz. Dem möglichen Einwand, die Ergebnisse seien zugunsten des Ökologiebereichs wegen seiner Überrepräsentanz zu einseitig ausgefallen, ist damit der Boden entzogen. Nicht zuletzt deshalb erscheinen die Bilanzergebnisse besonders eindrucksvoll.

Bilanz-Ergebnisse im Überblick

Die Ergebnisse sind unbequem. Hierzu zwei Feststellungen:
1. Die Ergebnisse geben die Auffassung der Befragten wieder, nicht diejenige der Verfasser und Herausgeber des Bilanz-Berichts.
2. Aus der Tatsache, daß grenzüberschreitend wirksame Umweltziele für den Alpenraum nahezu ausschließlich von der Arbeitsgemeinschaft Alpenländer vorliegen und damit der Bilanz unterzogen wurden, darf nicht der falsche Schluß gezogen werden, die ARGE ALP hätte eine erfolglose Umweltpolitik betrieben. Vielmehr zeigt das Fehlen konkreter umweltpolitischer Zielsysteme bei den anderen alpenländischen Arbeitsgemeinschaften sowie beim Europarat und den Europäischen Gemeinschaften, daß diese interregionalen und internationalen Gremien erst einen geringen umweltpolitischen Reifegrad erreicht haben. Vergleichsweise dazu hat die ARGE ALP umweltpolitisch durchaus Schrittmacherdienste geleistet. Die Bilanz-Ergebnisse sollen nicht entmutigen und schon gar nicht als Angriff empfunden werden, sondern Impulse für eine konstruktive Weiterentwicklung der alpenländischen Umweltpolitik geben. Dabei versteht sich die CIPRA als kritischer Partner, nicht als Gegner.

Die Grafik gibt einen Überblick über die wesentlichen Bilanz-Ergebnisse. Dort sind die Beurteilungen der ausgewählten 50 umweltpolitisch bedeutsamen Ziele durch die „Gruppe der 149" (19 Bundes- und Landesregierungsstellen, 36 Verbände und 94 Experten aus allen Alpenländern) zusammengefaßt dargestellt. Es ergibt sich – ohne hier auf Details einzugehen – folgendes Bild:
- Alle umweltpolitischen Ziele sämtlicher Fachbereiche werden auch heute noch für „sehr wichtig" bzw. „wichtig" gehalten.
- Diese Ziele wurden in der Vergangenheit „überwiegend nicht erreicht".
- Die Ziele werden unter status-quo-Bedingungen voraussichtlich auch in den kommenden zehn Jahren „überwiegend nicht erreicht" werden. Deshalb wird zur besseren Erfüllung der Ziele ein „hoher" bis „sehr hoher" *zusätzlicher* Handlungsbedarf festgestellt.

Erläuterungen und zusätzliche Vorschläge aus den Fragebögen ergaben, daß dieser *zusätzliche* Handlungsbedarf vor allem durch folgende Maßnahmen gedeckt werden muß:
- Verbesserung vorhandener bzw. Schaffung neuer Rechtsgrundlagen für *konkrete* Maßnahme zur Zielerreichung;
- Beseitigung der teilweise recht hohen Vollzugsdefizite beim vorhandenen Rechtsinstrumentarium;
- Eine Aufstockung der verfügbaren Finanzmittel bzw. die Schaffung neuer Haushaltstitel wird nur in wenigen Einzelfällen für erforderlich gehalten.

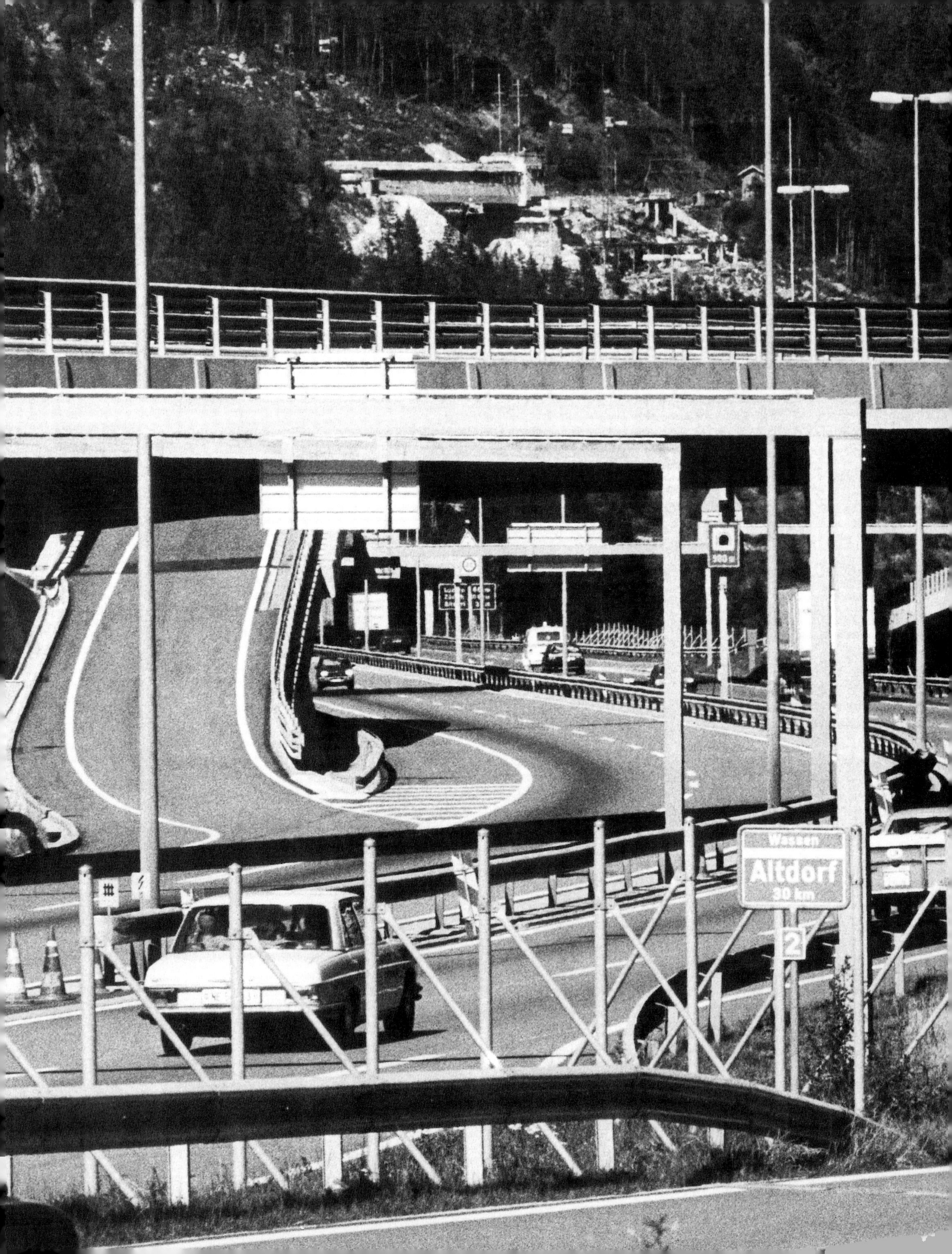
Wassen
Altdorf
30 km
2

Luzern
Zürich
wassen
Sustenpass

Göschenen
Andermatt
Polizei

Luzern
Zürich
wassen
Sustenpass

Göschenen
Andermatt
Polizei

BILANZ ZUR UMWELTPOLITIK IM ALPENRAUM
Umfrage 1988 bei Regierungen, Verbänden und Experten

Ergebnisse: *alle Länder, alle Gruppen*

Ziele	Wichtigkeit (A): Zielerfüllung (B,C): zusätzl. Handlungsbedarf (D): Bewertungsstufe im Fragebogen:	unwichtig keine keiner (1)	weniger wichtig überwieg. nicht gering (2)	wichtig überwiegend hoch (3)	sehr wichtig voll sehr hoch (4)	
1.1 Große erschließungsfreie Gebiete sichern						Raumordnung
1.2 Schutzgebietsplanungen abstimmen						
1.3 EG-Richtlinie zur UVP in nationales Recht umsetzen						
2.1 Biogenetisches Reservatenetz errichten						Naturschutz
2.2 Luft, Boden, Wasser, Tier- u. Pflanzenarten schützen						
2.3 Seltene Arten vorrangig schützen						
2.4 Keine irreparablen Eingriffe in Natur und Wasser						
2.5 Ökologie-Vorrang bei unlösb. Konflikten mit Wirtschaft						
3.1 Neue Agrarpolitik für die Alpen festlegen						Landwirtschaft u.Bodenschutz
3.2 Leistungsbezogene Direktzahlungen an Bergbauern nötig						
3.3 Bodenpflege durch geeignete Landwirtschaft						
3.4 Mit Boden für Bauzwecke sparsam umgehen						
4.1 Schutzfunktion des Waldes verbessern						Bergwald
4.2 Wald/Weide trennen, Wildbestand anpassen						
4.3 Hochlagenaufforstung zur Gefahrenvorbeugung						
4.4 Verbot aller Eingriffe in Hochlagenwälder						
5.1 Siedlungsentwicklg. nur ohne zusätzl. Schutzmaßnahmen						Siedlung u. Infrastruktur
5.2 Gefahrenzonenplng. als Grundlage der Siedlungsplanung						
5.3 Grenzüberschreitende Auswirkungen berücksichtigen						
5.4 Zweitwohnungen und Dauercamping einschränken						
5.5 Ortskerne erhalten und sanieren						
6.1 Erschließungsfreie Gebiete baurechtlich festlegen						Tourismus
6.2 Keine Erschließung in hydrolog. anfälligen Gebieten						
6.3 Tourismusinfrastruktur umweltverträglich anlegen						
6.4 Keine Erschließung in bedrohten Bereichen						
7.1 Transitverkehr: Vorrang für die Schiene						Verkehr
7.2 Europ. Finanzierungsmodelle für Alpentransit						
7.3 Fahrverbot im freien Gelände						
7.4 Gefahrentransporte beschränken						
8.1 Ökologie bei Kraftwerksbauten berücksichtigen						Energieversorgung
8.2 Energie rationell einsetzen, Abwärme nutzen						
8.3 Wasserkraftnutzung einem Gesamtkonzept unterordnen						
9.1 Oberirdische Gewässer möglichst naturnah erhalten						Wasserwirtschaft
9.2 Abwasser im Hochgebirge wirksam reinigen						
9.3 Wasserreserven für Zukunft offenhalten						
9.4 Wildbach- und Lawinenkataster anlegen						
10.1 Lufthygienische Überwachung ausbauen						Umweltschutz
10.2 Altanlagen sanieren						
10.3 Abfälle ohne Gewässerbelastung beseitigen						
10.4 Ungeordnete Deponien sanieren						
10.5 Schutz- und Erholungsgebiete von Lärm freihalten						
11.1 Ökologische Grundlagenforschung verstärken						Forschung u. Information
11.2 Prognosen und Szenarien fördern						
11.3 Private Vereine zur Umwelterziehung beiziehen						
11.4 Umweltschutzkampagne für Berggebiete starten						
11.5 Einrichtungen für wiss. Zusammenarbeit schaffen						
12.1 Bauleitplanung an den Staatsgrenzen abstimmen						Zusammenarbeit
12.2 Regionalplanung bilateral u. europäisch harmonisieren						
12.3 Grenzwerte, Abgaben, Schutzkategorien abstimmen						
12.4 Grenzrelevante Projekte frühzeitig abstimmen						

Legende:
- ---- Zielerfüllung Vergangenheit
- ······ Zielerfüllung Zukunft
- ——— Wichtigkeit
- —·— zusätzlicher Handlungsbedarf

CIPRA – Commission Internationale pour la Protection des Régions Alpines – Internationale Alpenschutzkommission

Als politische Handlungsebene kommt für die Mehrzahl der Ziele eindeutig die internationale Ebene in Betracht, bei manchen Zielen auch die interregionale Ebene. Aus diesem Votum wird zweierlei deutlich:

(1) Die *Ursachen* der umweltpolitisch bedeutsamen Probleme des Alpenraums werden als *gesamteuropäisches Problem* erkannt. Sie sind zum weitaus überwiegenden Teil Ergebnis des modernen Lebens in den europäischen Verdichtungsräumen weit außerhalb der Alpen und nur zum geringen Teil von den Alpenbewohnern „hausgemacht".

(2) Die *Lösungen* der dem Alpenraum überwiegend von außerhalb aufgezwungenen Umweltprobleme müssen deshalb ebenfalls *gesamteuropäisch* angegangen werden. Dies erfordert ein neues Denken und Handeln im europäischen Maßstab bei allen für die Umwelt im Alpenraum verantwortlichen Entscheidungsträgern. Neben den regionalen Regierungen der Alpenländer sind das vor allem die Nationalregierungen in Belgrad, Bern, Bonn, Paris, Rom, Vaduz und Wien sowie die EG-Kommission in Brüssel. Unverbindliche Erklärungen, Chartas und Leitbilder müssen ergänzt werden durch verbindliche, im Notfall einklagbare Umweltqualitätsstandards in allen Alpenländern.
Dies ist die Botschaft der „Gruppe der 149".

Bilanz-Ergebnisse nach Fachbereichen

Ein kurzgefaßter Überlick der Bilanz-Ergebnisse nach Fachbereichen ergibt folgendes Fazit:

Raumordnung
Die überwiegend als „sehr wichtig" eingestuften umweltpolitisch bedeutsamen Ziele zur Raumordnung wurden in der Vergangenheit nicht erreicht. Sie werden voraussichtlich auch in den folgenden zehn Jahren – mit Ausnahme des Ziels zur Einführung der Umweltverträglichkeitsprüfung – überwiegend nicht erreicht werden. Entsprechend hoch wird der *zusätzliche* Handlungsbedarf eingeschätzt, der vor allem auf der internationalen und der interregionalen Ebene zu verbindlichen Regelungen und zum Abbau der vorhandenen Vollzugsdefizite führen sollte.

Naturschutz
Den Naturschutzzielen wird höchste umweltpolitische Priorität zugemessen, die Zielerfüllung in der Vergangenheit war völlig unzureichend, und auch für die Zukunft gehören die Naturschutzziele nach Auffassung der befragten Regierungen, Verbände und Experten zu den mit der geringsten Erfüllung behafteten Zielen. Der extrem hohe zusätzliche Handlungsbedarf muß auf internationaler Ebene zu neuen verbindlichen Regelungen führen.

Landwirtschaft und Bodenschutz
Die Probleme der Berglandwirtschaft und der damit zusammenhängenden landschaftspflegebezogenen Direktzahlungen müssen durch verbindliche internationale Vereinbarungen geregelt werden. Die Probleme des Bodenschutzes können dagegen eher nationalen bzw. regionalen Lösungen vorbehalten bleiben.

Bergwald
Die Verbesserung der Schutzfunktion des Bergwaldes als zweitwichtigstes aller untersuchten Ziele ist vorrangig über verbindliche internationale Vereinbarungen sicherzustellen, während die übrigen Ziele zur Bewirtschaftung der Bergwälder den nationalen bzw. regionalen politischen Handlungsebenen überlassen werden können.

Siedlung und Infrastruktur
Die ausgewählten Beschlüsse zur Siedlungs- und Infrastrukturentwicklung haben bezüglich ihrer umweltpolitischen Wichtigkeit einen mittleren Stellenwert. Die beschlossenen Ziele wurden – mit Ausnahme der Verpflichtung, grenzüberschreitende Auswirkungen von Infrastrukturprojekten zu berücksichtigen (Ziel 5.3) – in der Vergangenheit relativ gut erfüllt und dürften nach Einschätzung der Befragten in der Zukunft überwiegend erfüllt werden. Deshalb ist der zusätzliche Handlungsbedarf – mit Ausnahme des erwähnten grenzüberschreitenden Ziels – von relativ geringer Dringlichkeit, wobei als politische Handlungsebene die für das Baurecht im jeweiligen Alpenstaat zuständige regionale bzw. nationale Ebene in Betracht kommt. Hoher Handlungsbedarf besteht bei Ziel 5.3 auf der internationalen Ebene.

Tourismus
Die umweltpolitisch bedeutsamen Ziele zum Tourismus liegen bezüglich ihrer aktuellen Wichtigkeit auf vorderen Rangplätzen unter den 50 ausgewählten Zielen. Die Erreichung der beschlossenen Ziele wird in der Vergangenheit mit der Bewertung „überwiegend nicht erfüllt" versehen und bewegt sich allenfalls für die voraussichtliche Entwicklung in der Zukunft in Richtung auf die Bewertung „überwiegend erfüllt". Dem zusätzlichen Handlungsbedarf wird bezüglich seiner Dringlichkeit nur eine mittlere Position zugewiesen. Dieses zunächst etwas überraschende Ergebnis wird durch die Tatsache untermauert, daß als tourismuspolitische Handlungsebene bisher vorrangig die regionale bzw. nationale Ebene in Betracht kam, so daß grenzüberschreitende umweltpolitische Initiativen überwiegend auf der Ebene der alpenländischen Arbeitsgemeinschaften bzw. in bilateral-nationalen Vereinbarungen ergriffen wurden.

Verkehr
Die umweltpolitische Bedeutung des Vorrangs der Schiene vor der Straße beim Transitverkehr wird in ihrer Wichtigkeit erkannt, in der Vergangenheit wurde dieses Ziel mit weitem Abstand verfehlt, und es wird auch für die nächsten zehn Jahre von den Antwortenden als „überwiegend nicht erfüllt" eingestuft. Ähnliches gilt für das Ziel 7.4 (Gefahrentransporte beschränken). Entsprechend hoch wird für diese beiden Ziele der Handlungsbedarf eingeschätzt, wobei hierfür ausschließlich die internationale Ebene in Betracht kommt.

Energieversorgung

Energiepolitische Ziele stehen auch im Alpenraum häufig im Widerspruch zu umweltpolitischen Zielen. Da die Ziele zur Energieversorgung hinsichtlich ihrer aktuellen Wichtigkeit geringer eingestuft werden als etwa die Naturschutz- und Raumordnungsziele, kann das Umfrageergebnis als Unterordnung der energiepolitischen unter die umweltpolitischen Ziele interpretiert werden. Internationale Abmachungen werden für den Einsatz schadstoffarmer Energieträger und für die Begrenzung des Ausbaus konventioneller Wärmekraftwerke im engeren Alpenraum empfohlen.

Wasserwirtschaft

Die insgesamt als wichtig erachteten wasserwirtschaftlichen Beschlüssen wurden – mit Ausnahme der naturnahen Erhaltung der oberirdischen Gewässer – in der Vergangenheit relativ gut erfüllt, die künftige Zielerreichung wird relativ hoch eingeschätzt, der Handlungsbedarf ist – mit Ausnahme des Ziels 9.1 – nicht sehr hoch, wobei für künftige Maßnahmen alle Handlungsebenen je nach Sachlage im Einzelfall in Betracht kommen.

Technischer Umweltschutz

Die überwiegend als wichtig eingestuften Ziele zum technischen Umweltschutz wurden in der Vergangenheit überwiegend nicht erreicht, es wird ihnen jedoch in den nächsten zehn Jahren eine überwiegende Zielerreichung prognostiziert (Ausnahme: Lärmschutz). Damit diese Prognose eintreten kann, ist ein sehr hoher zusätzlicher Handlungsbedarf gegeben, der bei der Luftreinhaltung auf internationaler Ebene zu verbindlichen Regelungen führen sollte.

Forschung und Information

Grenzüberschreitende Forschung und Information zu umweltbedeutsamen Problemen des Alpenraums werden überwiegend als sehr wichtig bzw. als wichtig angesehen, in der Vergangenheit wurden entsprechende Maßnahmen jedoch überwiegend nicht unternommen, und für die Zukunft wird unter status-quo-Bedingungen auch keine wesentliche Änderung dieses unbefriedigenden Zustandes prognostiziert. Der als sehr hoch bis hoch eingestufte Handlungsbedarf muß nach Auffassung der Antwortenden eindeutig auf der internationalen Ebene durch verbindliche Vereinbarungen unter den Alpenländern gedeckt werden.

Grenzüberschreitende Zusammenarbeit

Die in ihrer Konkretheit für eine Bilanz besonders gut geeigneten umweltpolitisch bedeutsamen Ziele zur grenzüberschreitenden Zusammenarbeit haben an aktueller Wichtigkeit nicht verloren, die Zielerreichung in der Vergangenheit ist überwiegend nicht erfolgt und wird auch in den kommenden zehn Jahren voraussichtlich nicht erfolgen. Demzufolge wird der Handlungsbedarf als „hoch" bis „sehr hoch" eingestuft, wobei nach dem Votum der Befragten für verbindliche Regelungen ganz eindeutig die internationale Ebene in Betracht kommt.

Handlungsbedarf und politische Handlungsebenen

In diesem Kapitel geht es darum, diejenigen Problembereiche herauszuarbeiten, die nach der Einschätzung von 19 Regierungsstellen, 36 Verbänden und 94 Experten
■ in ihrer aktuellen umweltpolitischen Bedeutung als „sehr wichtig" und
■ bezüglich des Handlungsbedarfs und der erforderlichen Maßnahmen als „sehr dringlich" eingestuft werden sowie
■ in Bezug auf die politische Handlungsebene eindeutig internationale/interregionale verbindliche Regelungen erfordern.

In *Tabelle 1* sind diejenigen 15 unter den insgesamt 50 Zielen dargestellt, die nach der Einschätzung der Antwortenden derzeit an der Spitze der aktuellen umweltpolitischen Bedeutung im Alpenraum stehen. Zusätzlich enthält die Tabelle Angaben über die Bewertungsstufe des Handlungsbedarfs in Bezug auf seine Dringlichkeit sowie die überwiegend empfohlene politische Handlungsebene.

Die Rangfolge der nach ihrer *aktuellen Wichtigkeit* geordneten Ziele wird von zwei Naturschutzzielen, einem Bergwaldziel und einem Raumordnungsziel angeführt. Bei allen vier Zielen wird ein sehr hoher Handlungsbedarf festgestellt, der – mit Ausnahme des Bergwaldziels – auf internationaler/interregionaler Ebene zu decken ist. Sollten internationale/interregionale umweltpolitische Vereinbarungen die Wichtigkeit der zu regelnden Materie mit berücksichtigen, dann müßten auf alle Fälle die folgenden drei Bereiche einer verbindlichen Regelung zugeführt werden:
■ aus dem Bereich Naturschutz/technischer Umweltschutz: Luft, Boden, Wasser und Tier- und Pflanzenarten schützen (Ziel 2.2);
■ aus dem Bereich Raumordnung: freie Gebiete vor technischen Erschließungen sichern (Ziel 1.1);
■ aus dem Bereich Naturschutz: keine irreparablen Eingriffe in Natur und Wasser (Ziel 2.4).

In *Tabelle 2* ist ein ähnliches Vorgehen bezüglich der *Dringlichkeit des Handlungsbedarfs* dokumentiert. Die entsprechende Rangordnung der Ziele wird von den Bereichen Naturschutz/technischer Umweltschutz und Verkehr angeführt, wobei die Ziele aus diesen Bereichen alle als „sehr wichtig" eingestuft werden. Als umweltpolitische Handlungsebene wird – mit Ausnahme des Ziels 2.5 – die internationale/interregionale politische Ebene empfohlen. Die Rangordnung wird angeführt von:
■ Bereich Naturschutz/technischer Umweltschutz: Luft, Boden, Wasser, Tier- und Pflanzenarten schützen (Ziel 2.2);
■ Bereich Verkehr: Vorrang der Schiene vor der Straße beim Transitverkehr (Ziel 7.1);
■ Bereich Naturschutz: keine irreparablen Eingriffe in Natur und Wasser (Ziel 2.4).

Tabelle 3 enthält eine Rangordnung der Ziele nach der Eindeutigkeit der empfohlenen *internationalen/interregionalen Handlungsebene*. Ausschlaggebend für die Erstellung dieser Tabelle

Tabelle 1: **Rangordnung der Ziele nach ihrer Wichtigkeit**

Rang	Ziel	(Kurztitel)	Handlungsbedarf	Handlungsebene
1	2.2	Luft, Boden, Wasser, Arten schützen	sehr hoch	international/-regional
2	4.1	Schutzfunktion des Waldes verbessern	sehr hoch	national/regional
3	1.1	Große erschließungsfreie Gebiete sichern	sehr hoch	international/-regional
4	2.4	Keine irreparablen Eingriffe in Natur/Wasser	sehr hoch	international/-regional
5	9.1	Oberirdische Gewässer möglichst naturnah erhalten	sehr hoch	national/regional
6	2.5	Ökologie-Vorrang bei unlösbaren Konflikten	sehr hoch	national/regional
7	9.2	Abwasser im Hochgebirge wirksam reinigen	hoch	national/regional
8	1.3	EG-Richtlinie zur OVP nationalisieren	sehr hoch	international/-regional
9	10.3	Abfälle ohne Gewässerbelastung beseitigen	sehr hoch	international/-regional
10	6.2	Keine Erschließung von hydrologischen Bereichen	hoch	international/-regional
11	9.3	Wasserreserven für Zukunft offenhalten	hoch	national/regional
12	6.3	Tourismus-Infrastruktur umweltverträglich anlegen	hoch	national/regional
13	7.1	Transit-Verkehr: Vorrang Schiene vor Straße	sehr hoch	international/-regional
14	6.1	Erschließungsfreie Gebiete überörtlich festlegen	hoch	national/regional
15	10.2	Altanlagen sanieren	sehr hoch	international/-regional

Tabelle 2: **Rangordnung der Ziele nach der Dringlichkeit des Handlungsbedarfs**

Rang	Ziel	(Kurztitel)	Wichtigkeit	Handlungsebene
1	2.2	Luft, Boden, Wasser, Arten schützen	sehr wichtig	international/-regional
2	7.1	Transit-Verkehr: Vorrang Schiene vor Straße	sehr wichtig	international/-regional
3	2.5	Ökologie-Vorrang bei unlösbaren Konflikten	sehr wichtig	national/regional
4	2.4	Keine irreparablen Eingriffe in Natur/Wasser	sehr wichtig	international/-regional
5	10.2	Altanlagen sanieren	sehr wichtig	national/regional
6	7.4	Gefahrentransporte beschränken	wichtig	international/-regional
7	9.1	Oberirdische Gewässer möglichst naturnah erhalten	sehr wichtig	national/regional
8	11.4	Umweltschutzkampagne für Berggebiete starten	wichtig	international/-regional
9	10.3	Abfälle ohne Gewässerbelastung beseitigen	sehr wichtig	international/-regional
10	4.1	Schutzfunktion des Waldes verbessern	sehr wichtig	national/regional
11	1.1	Große erschließungsfreie Gebiete sichern	sehr wichtig	international/-regional
12	1.3	EG-Richtlinie zur UVP nationalisieren	sehr wichtig	national/regional
13	11.5	Einrichtung für wissenschaftliche Zusammenarbeit schaffen	wichtig	international/-regional
14	3.4	Mit Boden für Bauzwecke sparsam umgehen	sehr wichtig	national/regional
15	11.1	Ökologische Grundlagenforschung verstärken	wichtig	international/-regional

Tabelle 3: **Rangordnung der Ziele nach der Eindeutigkeit der empfohlenen internationalen/interregionalen Handlungsebene**

Rang	Ziel	(Kurztitel)	Wichtigkeit	Handlungsbedarf
1	12.4	Grenzrelevante Projekte frühzeitig abstimmen	wichtig	hoch
2	12.2	Regionalplanung bilateral und europäisch harmonisieren	wichtig	hoch
3	7.1	Transit-Verkehr: Vorrang Schiene vor Straße	sehr wichtig	sehr hoch
4	12.3	Grenzwerte, Abgaben, Schutzkategorien abstimmen	wichtig	hoch
5	1.2	Schutzgebietsplanungen abstimmen	wichtig	hoch
6	7.4	Gefahrentransporte beschränken	wichtig	sehr hoch
7	12.1	Bauleitplanung an Staatsgrenze abstimmen	wichtig	hoch
8	5.3	Grenzüberschreitende Auswirkungen berücksichtigen	wichtig	hoch
9	7.2	Europäische Finanzmodelle für Alpen-Transit	wichtig	hoch
10	11.2	Prognosen und Szenarien fördern	wichtig	hoch
11	11.5	Einrichtung für wissenschaftliche Zusammenarbeit schaffen	wichtig	hoch
12	11.1	Ökologische Grundlagenforschung verstärken	wichtig	sehr hoch
13	2.2	Luft, Boden, Wasser, Arten schützen	sehr wichtig	sehr hoch
14	1.1	Große erschließungsfreie Gebiete sichern	sehr wichtig	sehr hoch
15	10.1	Lufthygienische Überwachung ausbauen	wichtig	hoch

Seite 257: „Bei allen Nutzungen der Landschaft muß die nachhaltige und langfristige Funktionsfähigkeit des Naturhaushaltes gesichert bleiben." (Zementwerk Vils/Tirol)

Foto:
Wolfgang Mayr

war die Frage, welche der 50 untersuchten Ziele besonders eindeutig in den Kompetenzbereich internationaler/interregionaler politischer Gremien gehören und damit der erforderliche Handlungsbedarf durch verbindliche Regelungen dieser Gremien gedeckt werden muß. Die Rangfolge der so geordneten Ziele wird vom Bereich der grenzüberschreitenden Zusammenarbeit angeführt (Ziele 12.4, 12.2 und 12.3), gefolgt vom Bereich Verkehr (Ziel 7.1). Versucht man unter den der internationalen/interregionalen Handlungsebene eindeutig zuordenbaren 15 Ziele diejenigen herauszufiltern, die sowohl von der überwiegenden Zahl der Antwortenden als „sehr wichtig" angesehen als auch noch mit dem Handlungsbedarf „sehr hoch" eingeschätzt werden, so kommt man zu folgender Reihung:
■ Bereich Verkehr: Vorrang der Schiene vor der Straße beim Transitverkehr (Ziel 7.1);
■ Bereich Naturschutz/technischer Umweltschutz: Luft, Boden, Wasser, Tier- und Pflanzenarten schützen (Ziel 2.2.);
■ Bereich Raumordnung: Große erschließungsfreie Gebiete sichern (Ziel 1.1).

Fazit

Die Bilanz der 50 umweltpolitisch bedeutsamen Ziele mit grenzüberschreitendem Bezug im Alpenraum kommt zu dem Ergebnis, daß bezüglich der aktuellen umweltpolitischen Bedeutung, bezüglich der Dringlichkeit des Handlungsbedarfs und in Bezug auf die internationale/interregionale Handlungsebene die folgenden Ziele vorrangig einer verbindlichen Instrumentierung mit anschließender Vollzugskontrolle bedürfen:

Ziel 2.2.:
„Zur Erhaltung eines funktionsfähigen Naturhaushaltes müssen Luft, Boden, Wasser, Tier- und Pflanzenwelt vor übermäßiger Belastung und zerstörenden Eingriffen geschützt und in ihrer Funktion, ihrem Bestand und ihrem Zusammenwirken bewahrt bleiben." (Beschluß der Regierungschefs der Arbeitsgemeinschaft Alpenländer am 19.6.1981).

Ziel 7.1.:
„Die europäische Verkehrspolitik ist mit dem Ziel zu harmonisieren, daß generell mehr Schwerlastverkehr über die Schiene abgewickelt wird. Insbesondere im transalpinen Verkehr sollte die Schiene Vorrang vor der Straße haben. Der Ausbau leistungsfähiger Schienenverbindungen hat daher Priorität." (Beschluß der Europarat-Konferenz der Alpenregionen am 20.09.1978)

Ziel 1.1:
„Bei allen Nutzungen der Landschaft muß die nachhaltige und langfristige Funktionsfähigkeit des Naturhaushaltes gesichert bleiben. Möglichst großräumige Gebiete sollen von technischen Erschließungen freigehalten werden." (Beschluß der Regierungschefs der Arbeitsgemeinschaft Alpenländer am 19.06.1981)

Bei künftigen Verhandlungen zwischen den Alpenstaaten und Alpenländern über die Inhalte einer Alpenkonvention sind somit die Bereiche Naturschutz/technischer Umweltschutz, Verkehr und Raumordnung am dringlichsten und gleichzeitig am besten geeignet für verbindliche Regelungen zur Verbesserung der Umweltpolitik im Alpenraum.

„Die europäische Verkehrspolitik ist mit dem Ziel zu harmonisieren, daß generell mehr Schwerlastverkehr über die Schiene abgewickelt wird ..." (Autobahnausfahrt Kufstein-Süd, aufgenommen vom Pendling)

Foto:
Wilfried Bahnmüller

Die politischen Rahmenbedingungen einer Alpenkonvention sind vorab zu klären

Die CIPRA hat bewußt bisher Grundlagenarbeit geleistet und politische Gespräche geführt und nicht mit der Formulierung von Konventionsinhalten begonnen. Dieses Vorgehen unterscheidet sich wesentlich von jenem der Arbeitsgemeinschaft Demokratischer Sozialisten der Alpenländer, die vor kurzem einen Forderungskatalog vorgelegt hat, den sie „Eine Konvention zum Schutz der Alpen" nennt. Die CIPRA ist demgegenüber der Auffassung, daß zunächst die politischen Rahmenbedingungen für die Bereitschaft zu einer Alpenkonvention bei den betroffenen Regierungen abgeklärt werden müssen, bevor an die Ausarbeitung von völkerrechtlich verbindlichen Vertragsentwürfen gedacht werden kann (dies ist etwas gänzlich anderes als ein unverbindlicher Forderungskatalog). Bei dem frühzeitigen Entwurf von Vertragstexten ohne Beteiligung der betroffenen Regierungen ist das Scheitern der an sich begrüßenswerten Initiative relativ wahrscheinlich. Die CIPRA hat deshalb einen anderen Weg eingeschlagen und wird über weitere Kontakte mit Vertretern der Alpenländer, der Europäischen Gemeinschaften und des Europarates eine gemeinsame Vorgehensweise absprechen. Noch ist es nicht zu spät. Noch können die Regierungen der Alpenländer gegenüber Brüssel die Initiative ergreifen. Noch können sie ihre Chance wahren, als betroffene Minderheiten in einem immer stärker zusammenwachsenden Europa ihre Ziele, Instrumente und Maßnahmen selbst zu formulieren und dies als eigenständigen Beitrag in den Brüsseler Konventionsentwurf einbringen. Den Grundstock dazu hat die Arbeitsgemeinschaft Alpenländer mit ihrem „Gemeinsamen Leitbild für die Entwicklung und Sicherung des Alpengebietes" ohnehin bereits gelegt.

Die Ausarbeitung und Abstimmung der Konventionsinhalte erfordern einen Zeitraum von 2–3 Jahren

Die CIPRA ruft die regionalen und nationalen Parlamente und Regierungen der Alpenländer sowie alle an einer Verbesserung der Umwelt im gesamten Alpenraum interessierten Verbände auf, gemeinsam gegenüber Brüssel die Eckwerte für eine effiziente alpenweite Umweltpolitik zu fixieren. Die CIPRA hat hierzu bereits konkrete Vorstellungen und einen „Fahrplan" entwickelt, der auf einen Zeitraum von 2–3 Jahren abgestellt ist. In diesem Zeitraum sind unserer Auffassung nach die folgenden sechs Arbeitsschritte zu leisten:

1. Abklären der politischen Bereitschaft über die Mitwirkung der an einer Alpenkonvention zu beteiligenden Länder und Definition der in einer Konvention anzusprechenden Fachbereiche. Dieser Arbeitsschritt wird im Rahmen eines workshops (Klausurtagung) auf Einladung des Fürstentums Liechtenstein von der CIPRA in Zusammenarbeit mit der IUCN Ende September 1988 in Vaduz geleistet.

2. Als nächster Schritt müssen die gedanklichen Ansätze einer alpenländischen Umweltpolitik bei den alpenländischen Arbeitsgemeinschaften, beim Europarat und bei den Europäischen Gemeinschaften zusammengetragen und ausgewertet werden.

3. Das Ergebnis dieser Auswertung sollte auf einer Konferenz der für die Umwelt zuständigen Ressortchefs der Alpenländer gemeinsam mit Vertretern der Europäischen Gemeinschaften erörtert und ein formeller Auftrag zur Ausarbeitung eines Konventionsentwurfs durch die Ressortchefs gegeben werden.

4. Erst jetzt ist nach unserer Auffassung die Zeit reif, mit der Formulierung von Vertragstexten zu beginnen und auf der Grundlage des Auftrags der zuständigen Ressortchefs den Vorentwurf einer Alpenkonvention zu fertigen. Bei der Fertigung dieses Vorentwurfs hat die Rechtsabteilung der IUCN ihre maßgebliche Mitarbeit angeboten, womit die reichen Erfahrungen dieser Organisation bei internationalen Verträgen im Umweltbereich eingebracht werden können. Die IUCN hat z. B. das Washingtoner Artenschutzabkommen entworfen.

5. Dieser Vorentwurf sollte in einem weiteren workshop (Klausurtagung ohne Pressevertreter) mit Vertretern der beteiligten Parlamente, Regierungen und Organisationen diskutiert und entsprechende Änderungs- bzw. Ergänzungsaufträge erteilt werden.

6. Auf der Grundlage dieser Aufträge ist dann ein endgültiger Entwurf eines multilateralen Vertrages zu fertigen, der unter Einberufung einer internationalen Konferenz den zuständigen Ressortchefs zur Beschlußfassung zu unterbreiten wäre.

Unter der Voraussetzung, daß die Alpenländer ihre bisherige passive Rolle aufgeben und sich zu einer aktiven Mitwirkung an dieser Zukunftsstrategie für den Alpenraum entschließen, könnten die sechs dargestellten Arbeitsschritte in einem Zeitraum von 2–3 Jahren bewältigt werden. Die Alpenländer sollten sich nicht daran stören, daß die hier dargestellten Initiativen nicht aus ihrer Mitte heraus, sondern von einer nichtstaatlichen Organisation entwickelt wurden. Auf einer internationalen Konferenz hat kürzlich ein Vertreter der Welternährungsorganisation FAO erklärt, daß alle wesentlichen Fortschritte in der Umweltpolitik durch nichtstaatliche Organisationen veranlaßt worden seien. Wer die umweltpolitischen Kräfteverhältnisse kennt, wird dieser These kaum widersprechen können. Diese These umreißt gleichzeitig die wichtige gesellschaftspolitische Funktion der nichtstaatlichen Organisationen im Umweltbereich.

Die Alpenkonvention muß vor dem europäischen Binnenmarkt verwirklicht werden

Der in Aussicht genommene Zeitplan für die Verwirklichung einer Alpenkonvention trifft zusammen mit den Vorbereitungen des gemeinsamen europäischen Binnenmarktes bis zum Jahre 1992. Dieser gemeinsame Binnenmarkt darf jedoch nicht auf die Liberalisierung von Waren- und Kapitalströmen beschränkt bleiben. Parallel dazu sind verbindliche Umweltqualitätsstandards für die ökologisch besonders empfindlichen Gebiete Europas zu fixieren. Sonst besteht die Gefahr, daß das prognostizierte weitere Wirtschaftswachstum und die damit verbundene erneute Ausweitung des Verkehrs und der Freizeitwirtschaft die alpinen Ökosysteme noch mehr als bisher überfordert mit allen daraus resultierenden Folgen für die Sicherheit von Menschenleben und investierten Kapitalien im Alpenraum.

Ein gemeinsamer Markt umweltpolitischer Ideen für die Zukunft des Alpenraums zeichnet sich bereits ab. Wir müssen jedoch rasch zu einem gemeinsamen Markt der umweltpolitischen Ziele, Instrumente und Maßnahmen mit völkerrechtlicher Verbindlichkeit kommen, wenn die Alpenländer nicht in noch weit größerem Maße als bisher von der wirtschaftlichen Entwicklung nördlich und südlich der Alpen überrollt werden sollen.

Dieses Überrollen kann von einer verbindlichen Alpenkonvention verhindert oder zumindest stark abgebremst werden. Doch die Zeit eilt. Bis 1992 muß die Alpenkonvention in Kraft treten. Dieses Datum haben die Wirtschaftspolitiker gesetzt, nun müssen sich auch die Umweltpolitiker darauf einstellen. Für die mit umweltpolitischen Fragen im Alpenraum befaßten Regierungsstellen, Verbände und Experten sind unruhige Zeiten angebrochen. Es gibt viel zu tun, packen wir's an – **gemeinsam!**

Anhang/Sicherheit am Berg

Traue keinem herkömmlichen Haken

Pit Schubert

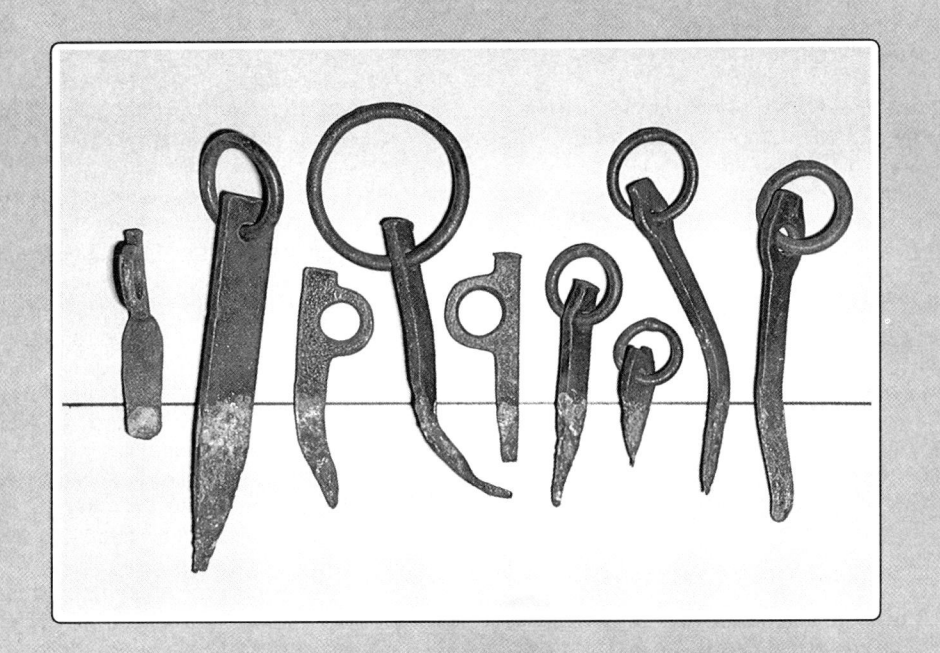

Haken wie aus dem technischen Mittelalter

Es war in den Dolomiten. Eine Seilschaft befand sich in der Ostwand der Sattelspitze. Der Seilerste kam nicht recht weiter. Man sah deutlich, daß er sich an der Sturzgrenze bewegte. Der einzige Zwischenhaken saß schlecht, die beiden Standhaken nicht viel besser. Man konnte eine Katastrophe ahnen. Es kam aber nicht dazu. Der Seilerste stürzte zwar, doch der windige Zwischenhaken hielt.
Nicht so bei einer anderen Seilschaft. Sie wollte die zweite Begehung der Nordwestwand am Delagoturm für sich verbuchen. Die Zwischenhaken hielten der Sturzbelastung nicht stand. Die Standhaken ebensowenig. Es kam zur Katastrophe. Beide Kletterer fand man Tage später tot am Wandfuß.
Zwei Beispiele aus den 60er Jahren. Bis heute ist die Beurteilung der Haltekraft von vorgefundenen Normalhaken im Fels nicht leichter geworden.
Vom Sicherheitskreis wurden in den letzten zwei Jahren verschiedene Routen in Klettergebieten Süddeutschlands saniert. Die Normalhaken wurden durch Klebebohrhaken ersetzt. Gut eineinhalb Zentner Schrott wurde aus dem Fels entfernt. Ein riesiger Berg alter Normalhaken. An die sechshundert Stück. Etwa 95% eher mehr als weniger stark *angerostet,* davon ein Teil zur Hälfte und mehr *durch*gerostet.
In den Rissen, die nicht selten mit Erde angefüllt sind, hält sich die Feuchtigkeit. Der Fels kann äußerlich längst trocken sein, aufgrund der Kapillarwirkung hält sich die Feuchtigkeit im Innern des Risses noch tagelang. Im Riß existiert ein Mikroklima. Die Feuchtigkeit führt zwangsläufig zu verstärkter Korrosion, die von außen *nicht* zu erkennen ist. Auch die Öse eines Hakens rostet, doch längst nicht in dem Maß wie der Schaft im Riß. Nach dem Regen tropft das Wasser von der Öse ab, und schon nach kurzer Zeit ist die Öse wieder trocken. Vom Rostzustand der Öse auf den Rostzustand des Schaftes zu schließen, wird deshalb immer ein Trugschluß bleiben. Mehrere der angerosteten Hakenösen, die noch durchaus vertrauenerweckend aussahen, konnten *von Hand* vom Schaft abgebrochen werden. Die Öse gab schon beim Einhängen des Karabiners nach.
Bereits nach dem ersten Dutzend alter Haken, die die Sicherheitskreisler entfernt hatten, mußten sie erkennen, daß sie den Großteil der Haken falsch beurteilt hatten – sei es, daß sie einem Haken nur äußerst geringe Haltekraft zutrauten, und der Stift trotz arger Malträtierung mittels gewichtigem Hammer nicht herauswollte – sei es, daß sie, was viel häufiger vorkam, einem Haken die Haltekraft für jegliche Sturzbelastung zugetraut hätten, der Haken aber schon nach wenigen Hammerschlägen aus dem Riß fiel. Fortan schlossen sie bei jedem Haken Wetten ab: wie gut oder wie schlecht der Haken sitzt – und sie mußten feststellen, daß sie sich bei über 80% aller herausgeschlagenen Haken irrten. Wie sollte es auch anders sein. Sitzt ein Normalhaken bis zur Öse im Fels, läßt sich die Schaftlänge und die Schaftstärke und damit die Haltekraft im Fels auch nicht im geringsten abschätzen. Der Kletterer kann nur raten.

Drei Beispiele, die die falsche Beurteilung verdeutlichen:
■ Der längste der entfernten, alten Haken war 25 (!) cm lang. Der Haken hätte sicher jeden Sturz gehalten. Seine angerostete Normalöse hätte dies nie vermuten lassen.
■ Der kürzeste war 2,5 (!) cm lang. Zwei leichte Hammerschläge, und schon fiel der Haken aus dem Riß. Auch seine Öse hatte Normalgröße. Sie hätte diesen kurzen Schaft und die geringe Haltekraft ebensowenig vermuten lassen. Der Autor benutzte diesen Haken einer IVer Route zwei Jahrzehnte lang als Zwischensicherung.
■ In einer Route des unteren V. Grades steckten zwei neue Normalhaken bis zur Öse im Riß. Es handelte sich um Qualitätshaken eines namhaften Herstellers. Sie waren noch nicht einmal angerostet. Äußerlich beurteilt, gab es keinen Grund, die beiden Haken auszuwechseln. – Ein Jahr später wurden die Haken nur einmal etwas fester „angeklopft", um sich zu vergewissern, daß sie auch wirklich sicher sind – und schon fielen sie aus dem Riß heraus.
Wie festgestellt werden konnte, stammte ein Großteil der herausgeschlagenen Haken noch von den Erstbegehern, also auch aus den 30er und 50er Jahren. Anhand des seinerzeit von einem bekannten Münchener Sporthaus verwendeten Firmenzeichens konnte das Alter annähernd genau bestimmt werden.
Nicht wenige der Haken waren aus zu weichem Billigstahl gefertigt, mit zu schwacher Öse oder zu schwachem Übergang zwischen Öse und Schaft. Oder die Haken waren zu hart und brachen schon beim zweiten Schlag ab. Normalhaken sollen aus einem sehr zähharten Schmiedestahl gefertigt sein. Der Stahl darf nicht zu weich sein, sonst wird der Haken bei Sturzbelastung wie ein krummer Nagel aus der Wand herausgerissen, der Stahl darf aber auch nicht zu hart sein, sonst bricht er bei Sturzbelastung ähnlich einem Gußeisenteil ab.
Rein äußerlich konnte man erkennen, daß es sich beim allergrößten Teil der entfernten Haken um selbstgeschmiedete oder sonstwie selbst hergestellte Haken handelte. Das absolute Topmodell war ein Zeltheringe mit Öse aus Draht.
An etlichen Stellen fanden sich auch zwei oder drei Haken nahe beieinander, verbunden mit einer fest eingeknüpften Reepschnur oder Bandschlinge. Dabei machten die Schlingen, meist waren es mehrere, keinen so schlechten Eindruck. Neben älteren war meist auch eine neuere eingeknüpft. Die Schlingen hätten wohl in der Mehrzahl der Fälle auch einem größeren Sturz standgehalten, doch kaum die Haken. Sie kann man eben im Gegensatz zu den Schlingen weder halbwegs zuverlässig beurteilen noch schnell auswechseln.
Auch etliche Holzkeile wurden durch Bohrhaken ersetzt. Aufgrund der bis dahin herausgeschlagenen Haken waren die Sicherheitskreisler hinsichtlich zu erwartender Haltekraft schon etwas ernüchtert. Doch bei den Holzkeilen sträubten sich ihnen die Haare. Durchweg morsches Holz mit Reepschnurschlinge aus den 50er und 60er Jahren, identifizierbar an der damals üblichen Konstruktion. Nicht selten auch nur mit einem etwas stärkeren Schnürsenkel als Schlinge. Das absolute Topmodell war ein morsches Miniexemplar mit Schlinge aus verrostetem Blumen-

draht. Leider konnte dieses Exemplar nicht fotografisch festgehalten werden, da es sich schon bei den ersten Hammerschlägen in Holzspäne auflöste. Dieses Prachtexemplar befand sich in einer VIer-Route, die jährlich von mindestens hundert Seilschaften durchstiegen wird.
Genügend Unfälle sind bekannt, bei welchen die Zwischenhaken durch Sturzbelastung ähnlich dem Öffnen eines Reißverschlusses herausgerissen wurden. Genügend Unfälle sind bekannt, bei welchen auch die Stand- oder Abseilhaken versagten, und es zur Katastrophe kam, so zum Beispiel:

- an der Fleischbank-Ostwand im Wilden Kaiser
- an der Südwand des Torre Trieste in den Dolomiten
- an der Untersberg-Südwand, wo eine herabstürzende Zweierseilschaft eine nachfolgende Dreierseilschaft mit in den Tod riß
- am Colodri bei Arco.

Die Liste ließe sich lange fortsetzen.

Ein aktuelles Beispiel: Velebit, Pfingsten 88, Bramroute, Schwierigkeitsgrad IV mit einer längeren Passage V/A0. Der Seilerste einer Zweierseilschaft wurde von seiner Seilpartnerin am Standplatz gesichert. Eine nachfolgende Dreierseilschaft schloß auf und sicherte sich am gleichen Standhaken.
Der Führende der Zweierseilschaft stürzte ohne Zwischensicherung, der Standhaken hielt der Belastung nicht stand, und alle fünf Kletterer stürzten.

Der Sturz wurde von anderen Seilschaften in benachbarten Routen beobachtet. Weniger hartgesottene Kletterer schlossen - wie sie später berichteten - vor Schreck die Augen. Als sie wieder hinsahen, stürzten die Fünf immer noch. Nach menschlichem Ermessen bestand für keinen eine Überlebenschance.

Glücklicherweise befand sich in Fallinie ein mächtiger Strauch, in dem sich drei der Abstürzenden wie Klemmkeile in einen Riß verkeilten. Die beiden anderen stürzten die restliche Seillänge aus. Glücklicherweise rissen die Seile nicht. Vier der Abgestürzten konnten, wenn auch nur schwer verletzt, überleben. Für einen kam jede Hilfe zu spät.

Wie schrieben die Eltern der am Colodri abgestürzten jungen Sportkletterer? "Ein einziger sicherer Bohrhaken hätte dies verhindert."

Welche Belastung tritt bei einem Sturz auf?

Es läßt sich nicht so ohne weiteres von der Fallhöhe bzw. Fallenergie auf die Belastung der Zwischensicherung schließen. Modellrechnungen, abgeleitet von der Seilbelastung bei der Fallprüfung von Seilen, führen zu unrealistischen Ergebnissen, da die Praxis andere Voraussetzungen aufweist:

Der Standhaken aus der Bramroute im Velebit (ein Toter, vier Schwerverletzte)

- Erstens wirkt in der Praxis die verwendete Sicherungsmethode ab einer gewissen Seilbelastung dynamisch im Gegensatz zur Seilfixierung auf der Fallprüfanlage, wo das Seil starr befestigt ist.
- Zweitens fällt in der Praxis ein Mensch, auf der Fallprüfanlage dagegen ein starres Eisengewicht. Der Mensch nimmt bei plötzlicher Verzögerung (Sturzabfangen) Fallenergie auf, um die das Seil und die übrigen Glieder der Sicherungskette weniger belastet werden. Das starre Eisengewicht kann keine Fallenergie aufnehmen.

Es gibt derzeit noch keine verläßlichen Modellrechnungen für alle in der Praxis möglichen Sturzhöhen, da die Grundlagen immer noch fehlen. Größere Stürze mit lebenden Personen sind zu riskant, und die Umstände und Kosten von Leichenversuchen hat man bisher gescheut.

Im Rahmen seiner Dissertationsarbeit hat Helmut Mägdefrau Fallversuche mit lebenden Personen bis zu einer Fallhöhe von etwas mehr als sechs Metern unternommen und die bei praxisgerechter Sicherung (HMS und Antz) in der Zwischensicherung auftretenden Fangstoßkräfte gemessen. Dabei kam Erstaunliches zutage:

- Für Ministürze dieser Größenordnung ist die tatsächliche Sturzhöhe im Durchschnitt rund 70% höher als die theoretische. Etwa 20–30% hatte man bisher vermutet. Der Seildurchhang, der Seildurchlauf und die Seildehnung führen zu dieser unerwartet großen Sturzstreckenverlängerung. Fällt ein Kletterer 1,5 m über der letzten Zwischensicherung, stürzt er nicht 3 m, sondern 4–5 m.
- Für Ministürze dieser Größenordnung ist die Belastung der Zwischensicherung ungleich höher als vermutet. Dabei hängt die Belastung geringfügig vom Körpergewicht des Stürzenden ab: *(siehe Tabelle auf Seite 266)*

Anhang/Sicherheit am Berg

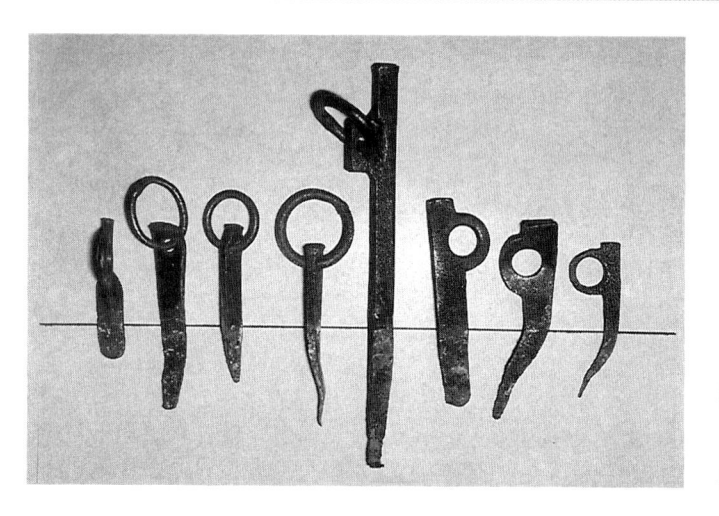

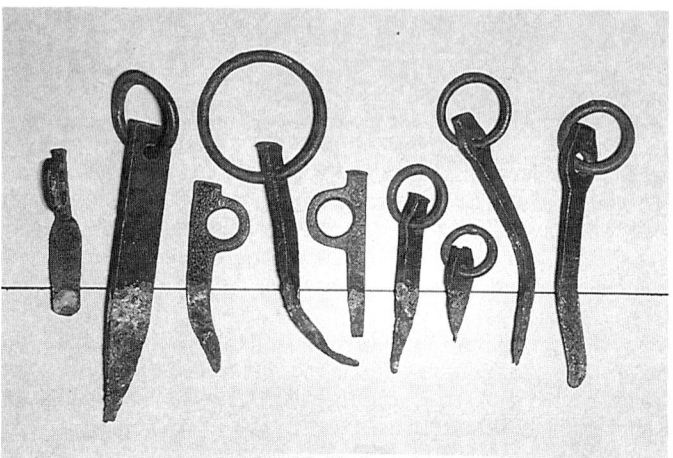

Die Linie auf beiden Bildern zeigt die Tiefe, bis zu der die Haken im Fels steckten. An manchen hätte man guten Gewissens nicht einmal rasten sollen.

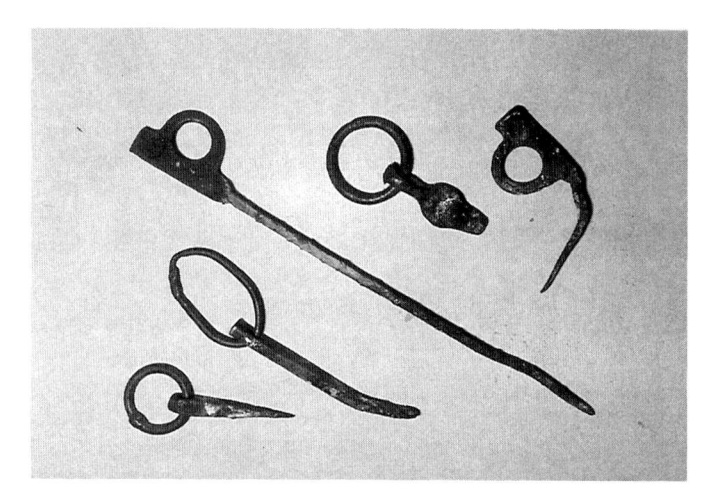

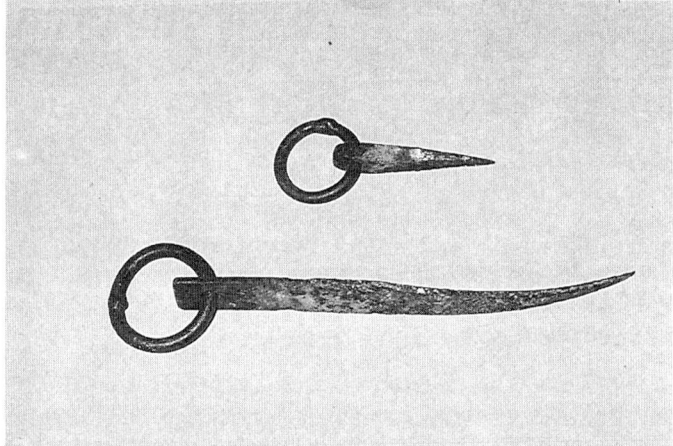

Unterschiedlich lange Haken. Der Öse oder dem Ring kann man, wenn die Haken im Fels stecken, nicht ansehen, wie lang der Schaft ist. Der ovale Ring des einen Hakens war schon fast durchgescheuert. Einen Sturz hätte er nicht mehr gehalten. Dieser Haken steckte in einer sehr häufig begangenen Route im Donautal.

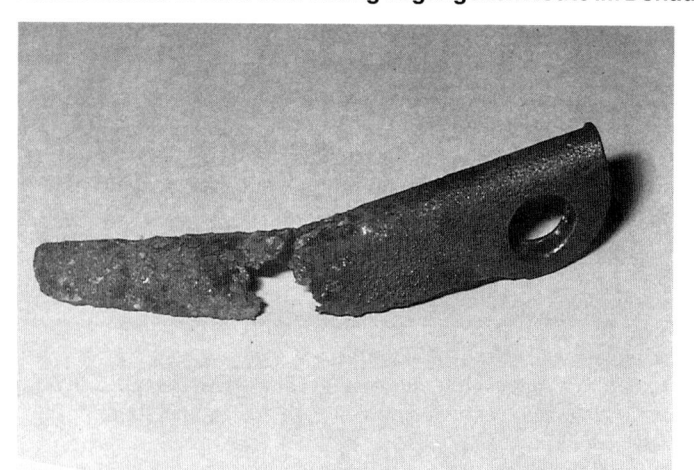

Ein nahezu durchgerosteter Profilhaken. Die Hakenöse dagegen war nur angerostet und machte einen noch durchaus vertrauenerweckenden Eindruck. Die dünne Metallinie im rechten Bild zeigt die Bruchstelle. Der Haken hätte nicht einmal mehr einem kleinen Sturz standgehalten.

Anhang/Sicherheit am Berg

Ein weiterer nahezu durchgerosteter Profilhaken, dessen Rostzustand im Riß nicht zu erkennen war. Auch diese Öse machte einen durchaus vertrauenerweckenden Eindruck.

Ein aus einem Stück Wasserrohr selbstgebastelter Ringhaken, dessen unteres Schaftende einen Längsriß aufwies. Dieser Längsriß reduziert die Klemmwirkung, da der Haken im Rißbereich keine Radialkraft mehr aufnehmen kann.

Ein Querhaken, dessen Schaft fast durchgerostet war.

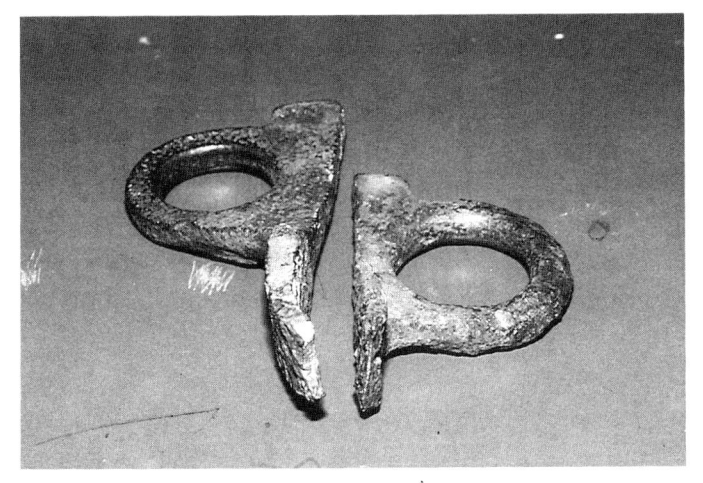

Zwei Haken aus dem Kaiserweg im Donautal. Am linken Haken kann man eine kleine blanke Stelle, und am rechten einen schmalen blanken Strich erkennen. Beides sind die Bruchstellen, die Haken waren also zum größten Teil schon durchgerostet.

Anhang/Sicherheit am Berg

Selbstgebastelte Ringhaken. Die Schweißnaht des einen war gerissen, der Ring notdürftig zusammengebogen. Auch ein Haken aus einer häufig begangenen Klettergartenroute.

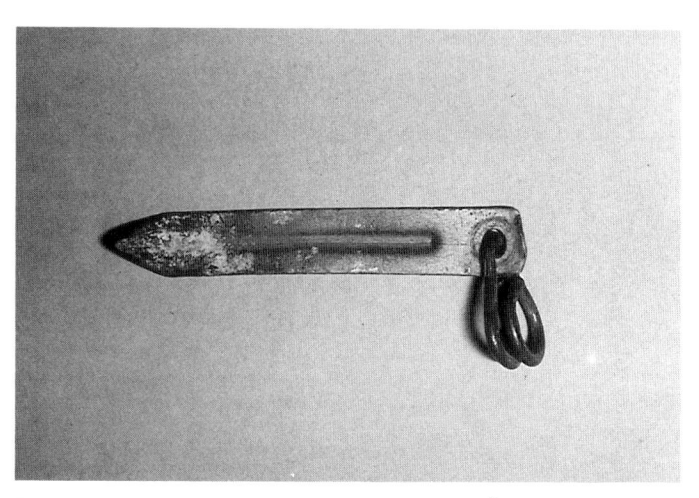

Das absolute Topmodell: ein Zeltheringit Öse aus Draht.

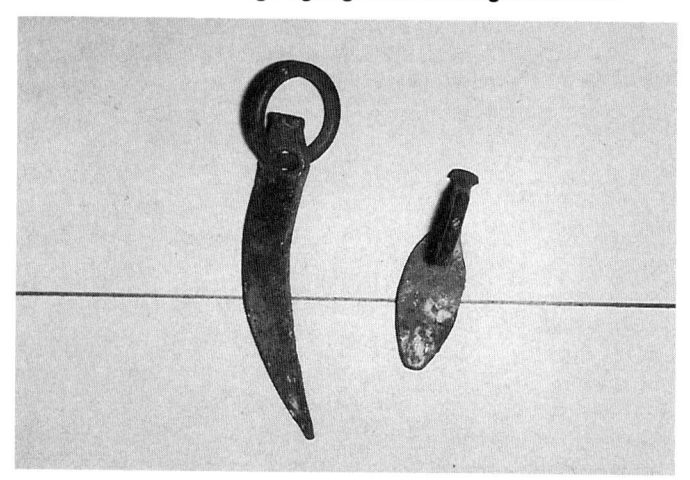

Zwei Standhaken aus einer alpinen Route. Der rechte machte einen durchaus vertrauenerweckenden Eindruck. Die kurze Schaftlänge konnte man nicht ahnen.

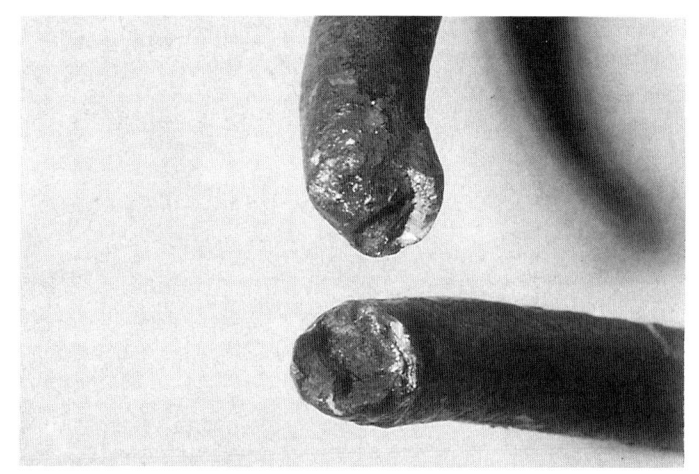

Der Ring eines Standhakens, zu 90% durchgerostet.

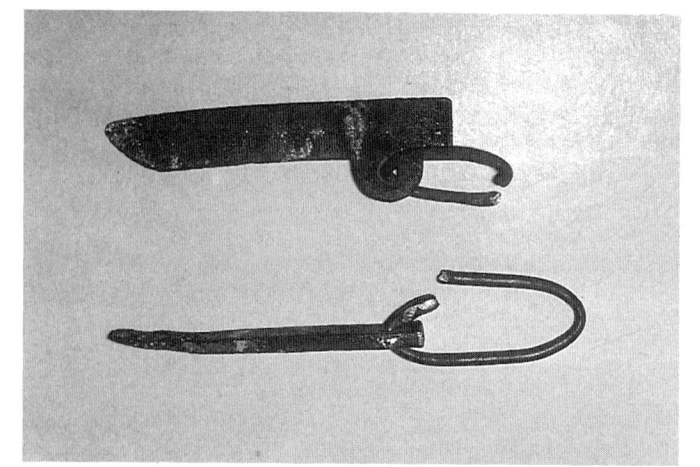

Angerostete Ringhaken, auf der Zerreißmaschine ermittelte Bruchkraft 6,8 und 7,1 kN (ca. 680 und 710 kp). Ein Sturz 3 m über dem Haken, und sie wären gerissen.

Eineinhalb Zentner Schrott

Anhang/Sicherheit am Berg

Ein ehemaliger Ringhaken, dessen Ring (durchgerostet oder gebrochen) durch Reepschnur ersetzt wurde. Die scharfen Kanten der Hakenbohrung ließen sie bald ausfransen.

Oft wurden kurze Reepschnurschlingen in den Haken vorgefunden. Diese z. B. stammt – an der Konstruktion zu erkennen – aus der Zeit vor Mitte der 60er (!) Jahre.

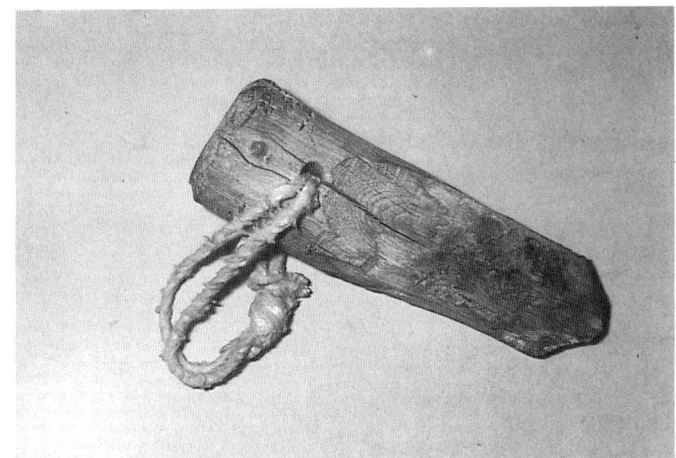

Zwei typische Holzkeile. Das Holz war immerhin noch so fest, daß es beim Herausschlagen nicht zu Bruch ging. Die Schlinge hätte sicher keinen Sturz mehr gehalten.

Holzkeile in der Via Barbara am Colodri. Sie steckten in der ersten Verschneidungsseillänge (V+) und dienten als Zwischensicherung. An schönen Wochenenden wird diese Route sicher von 10 bis 15 Seilschaften durchstiegen.

265

Anhang/Sicherheit am Berg

Körpergewicht in kg	theoretische Fallhöhe in Metern	gesamte Fallhöhe in Metern	Sturzstreckenverlängerung in % gegenüber der theor. Fallhöhe	Belastung der Zwischensicherung in kN (in ca. kp)
80	1,0	2,28	128	4,5 (450)
	2,0	3,80	90	4,8 (480)
	2,2	3,90	77	5,1 (510)
	3,0	4,79	60	5,4 (540)
	4,0	5,88	47	5,7 (570)
60	1	1,75	75	3,2 (320)
	2	3,41	70	4,3 (430)
	3	4,16	39	4,8 (480)
	4,12	5,58	35	5,2 (520)

Anmerkung: Die angegebenen Werte sind Mittelwerte aus mehreren Messungen mit Einfach- und mit Zwillingsseilen. Die Spitzenwerte der Belastung der Zwischensicherung liegen bis zu 10 % über den Mittelwerten.
Die prozentuale Sturzstreckenverlängerung gegenüber der theoretischen Sturzhöhe ist verständlicherweise bei kleinsten Stürzen am größten, sie nimmt mit zunehmender Sturzhöhe ab.

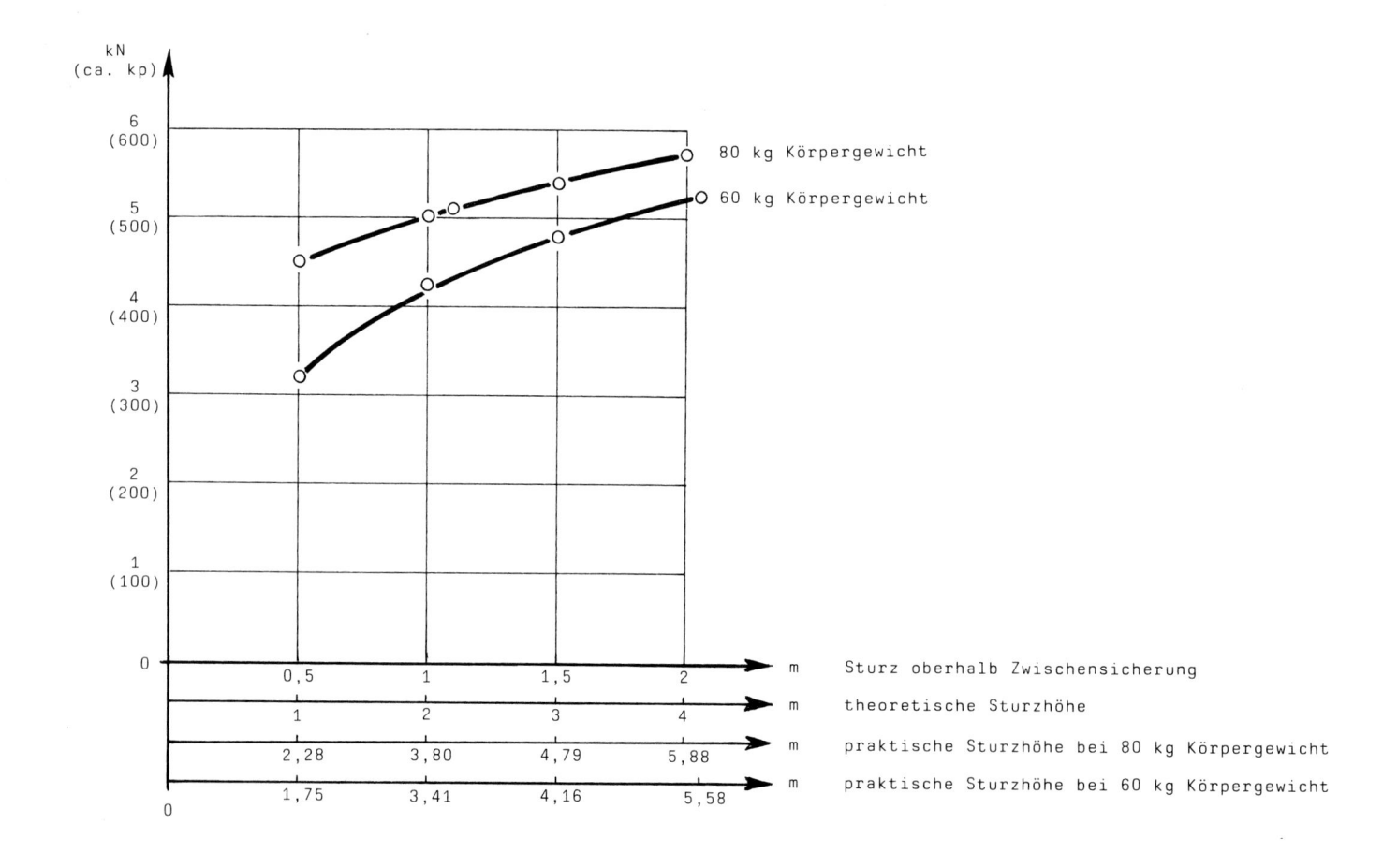

Anhang/Sicherheit am Berg

Haken in Fußhöhe – ein absoluter Ministurz.
Trotzdem betrug die Sturzhöhe runde vier Meter. Sie ist immer erheblich größer als anhand der Seillänge über der letzten Zwischensicherung vermutet wird.

Unter Kletterern gilt ein Sturz mit Zwischensicherung in Höhe der Füße als absoluter Ministurz. Die dabei auftretende Sturzhöhe und die Belastung der Zwischensicherung sind bisher weit unterschätzt worden. Statt einer theoretischen Sturzhöhe von etwa 2 m (= 2 x Abstand Anseilpunkt – Zwischensicherung) ergibt sich im Durchschnitt eine tatsächliche Sturzhöhe von 3,70 m mit einer Belastung der Zwischensicherung im Durchschnitt von 4,7 kN (ca. 470 kp).

Durch Extrapolieren kann man Belastungswerte für Sturzhöhen von etwas über 6 m abschätzen, z. B. für einen 10m-Sturz, das ist ein Sturz etwa 3,2 m über der letzten Zwischensicherung. Belastung derselben etwa 6 kN (ca. 600 kp).

Die genannten Werte gelten für Sturzfaktor 0,3 bis 0,5 und idealen Seilverlauf, also ohne zusätzliche Seilreibung. Bei weiteren Zwischensicherungen (mehr Seilreibung) und bei Seilreibung an Felskanten nimmt der Sturzfaktor und damit die Belastung der Zwischensicherung zu. Auch mit zunehmendem Sturzfaktor nimmt die Belastung der Zwischensicherung noch etwas zu. Sie kann, grob überschlagen, Werte bis zur Größenordnung von 15 kN (ca. 1500kp) erreichen.

Welche Sturzhöhe auch immer, ein Großteil der ausgewechselten Haken und Holzkeile hätte nicht einmal einem Ministurz standgehalten.

Betrachten wir unser heutiges Sicherungssystem insgesamt, dann müssen wir eine arge Diskrepanz feststellen:

- Wir haben Seile, so gut wie nie zuvor (bis jetzt ist noch kein Seilriß mit Zwillingsseil bekannt geworden);
- wir haben Karabiner, so leicht und so fest wie nie zuvor;
- wir haben Anseilgurte, insbesondere den Hüftgurt als Sitzgurt, der in Verbindung mit einem Brustgurt so gut ist wie kein Sitzgurt je zuvor;
- wir haben Sicherungsgeräte und -methoden, so sicher wie nie zuvor.

Und wir sichern an morschen Holzkeilen und an verrosteten, bis zu 50 Jahre alten Normalhaken, deren Haltekraft im Fels in der Regel nicht abzuschätzen ist. Von einem kalkulierbaren Risiko keine

Anhang/Sicherheit am Berg

Mit Bohrhaken die gleichen Probleme

Spur. Einerseits verwenden wir Topausrüstung, andererseits Sicherungspunkte, deren Festigkeit und Haltekraft im Fels dem technischen Mittelalter entsprechen. Hier klafft eine Schere, die sich immer weiter öffnet, je länger diese alten Zwischensicherungen verwendet werden.

Abgesehen von gelegentlichen Unfällen muß man sich fragen, warum dieser Schrott und diese morschen Holzkeile in den Routen eigentlich niemanden weiter aufregen. Warum sichert die nächste Seilschaft daran genauso unbekümmert wie die vorhergehende? Auch der Autor hat viele dieser Pseudo-Zwischensicherungen in den Klettergärten Süddeutschlands jahrzehntelang benutzt. Deshalb vielleicht fällt ihm die Antwort auch recht leicht: Der Kletterer geht, solange er sich den Schwierigkeiten gewachsen fühlt, davon aus, daß „er schon nicht fliegen wird". Und „bisher hat's ja gehalten, dann wird jetzt schon auch nichts passieren". Dabei wird leicht übersehen, daß heute im Zeichen des Rotpunktkletterns die Haken gar nicht mehr belastet werden, solange nicht „geflogen" wird. Das war früher anders. Manch alter Stift kam schon heraus, wenn man sich dran festhielt. Dies zeigte eigentlich viel deutlicher, wie wenig sie halten.

Auch die Meinung „nach mir die Sintflut" spielt sicher eine Rolle. Freilich wird dies nicht laut gedacht, im Unterbewußtsein aber wohl so empfunden.

Es könnte auch die Frage auftauchen, warum passieren trotz der miserablen Zwischensicherungen so wenige Unfälle? – In Wirklichkeit sind es gar nicht so wenige. Wer weiß beispielsweise schon von den Unfällen in Konstein, im Donautal und in Arco? Ein gebrochenes Bein ist bald wieder genagelt und zusammengewachsen. Ein Querschnittsgelähmter zieht sich in seinen Familienkreis oder in ein Behindertenzentrum zurück. Man wird ihm im Klettergarten nicht mehr begegnen. Und Toten schon gar nicht. Aus den Augen, aus dem Sinn! So lassen sich die Unfälle recht leicht verdrängen. Man wird ja nicht mehr daran erinnert. Darüber hinaus sind Kletterer Optimisten, sonst würden sie nicht klettern gehen. Und Optimisten fällt die Verdrängung unangenehmer Sachen, so lange sie nicht selbst betroffen sind, besonders leicht.

Bohrhaken – es tickt eine Zeitbombe

Der Ausweg aus dem Dilemma mit morschen Holzkeilen und uralten Normalhaken ist der Bohrhaken. Deshalb werden neue Routen von Sportkletterern überwiegend mit Bohrhaken ausgestattet. Doch längst nicht jeder Bohrhaken ist auch wirklich sicher. Mit dem heute üblichen Bohrankersystem, bestehend aus Bohrkrone, Spreizkeil, Schraube und Hänger, werden wir über kurz oder lang die gleichen Probleme haben wie mit den Normalhaken. Die Bohrhaken rosten noch weit stärker als jeder Normalhaken. Sie haben Kerben in Form von Gewinde und Oberflächennuten. Sie haben Risse, die durch den Spreizkeil und bei Verwendung der Sollbruchstelle entstehen können. In den Kerben und Rissen hält sich die Feuchtigkeit aufgrund der Kapillarwirkung besonders lange, was zu Korrosion führt, so wie bei Normalhaken. Nur noch stärker.

Selbstgebastelte Lasche mit zu kurzer Schraube (von außen nicht zu erkennen). Bei Sturzbelastung wurde die Schraube aus dem Bohranker gerissen.

Einige Hersteller bieten Hänger und Schraube aus nichtrostendem Stahl an. Sie beschleunigen damit die Rosteinwirkung, denn die gehärtete Bohrkorne kann nicht aus rostfreiem Stahl gefertigt werden. Auf diese Weise kommen unterschiedliche Stahlsorten zusammen, die bei Feuchtigkeitseinfluß zu einem Element werden (Batterieeffekt) und so noch stärker korrodieren.

Vielfach werden auch „home-made" Systeme verwendet, oft mit zu kleiner und damit zu schwacher Bohrkrone (M8), dies kombiniert mit einer nicht ausreichend festen Schraube und einem selbstgebastelten Hänger. Solche Systeme sind nicht geprüft. Niemand weiß, wie wenig sie halten, da die unzureichende Festigkeit nicht erkennbar ist. Schraube und Hänger lassen sich entwenden, und alle rosten.

Da die meisten Bohrhaken nicht richtig, in der Mehrzahl gar nicht abgedichtet sind, muß es in allernächster Zeit zu Unfällen kommen. Ist ein Sportkletterer Normalhaken gegenüber meist noch einigermaßen vorsichtig, so erwartet er von einem Bohrhaken in der Regel absolute Festigkeit und wird sich nicht scheuen, zu springen. Wir müssen deshalb mit tödlichen Unfällen rechnen, wie sie sich in USA bereits ereignet haben, wo Bohrhaken dieser Art schon länger verwendet werden. Es tickt eine Zeitbombe. Einige Unfälle mit Arm- und/oder Beinbruch haben sich auch hierzulande schon zugetragen.

Die Bohrhaken stammen aus der Höhlenforscherei, wo das Problem der Korrosion inzwischen sehr deutlich geworden ist. In Höhlen unter Tage herrscht stärkere Feuchtigkeit als über Tage. So mußten die Höhlenforscher inzwischen bereits die dritte und stellenweise auch schon die vierte Bohrhakengeneration setzen, da den vorangegangenen größere Belastung nicht mehr zugetraut werden kann. Ein Teil der Bohrhaken über Tage steckt seit etwa zehn Jahren im Fels. Auch sie sind inzwischen so weit angerostet, daß sie als nicht mehr sicher gelten. Deshalb findet man im Frankenjura neben so gealterten Bohrhaken jetzt schon die nächste Bohrhakengeneration. Die Zeit ist abzusehen, wann auch im Fels über Tage die dritte Bohrhakengeneration nötig wird.

Unter Tage ist es dunkel. Deshalb mögen manchen Speläologen die verrosteten, um einen neuen Bohrhaken garnierten alten Haken nicht weiter stören. Im Fels über Tage ist dieses ästhetische Problem viel störender.

Anhang/Sicherheit am Berg

Ein herausgerissener Bohrhaken, dessen Klemmwirkung im Bohrloch unzureichend war (Loch zu tief, von außen nicht zu erkennen).

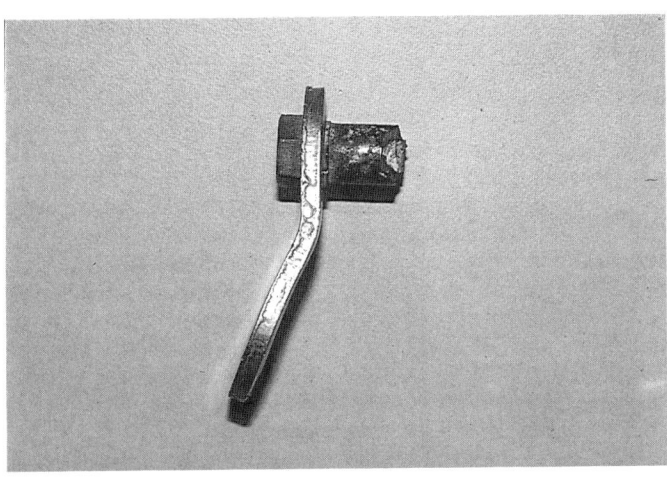

Ein abgerissener Bohrhaken M8, (Festigkeit zu gering, von außen nicht zu erkennen); der Bruch erfolgte an der Schwachstelle, dort wo die Schraube endet.

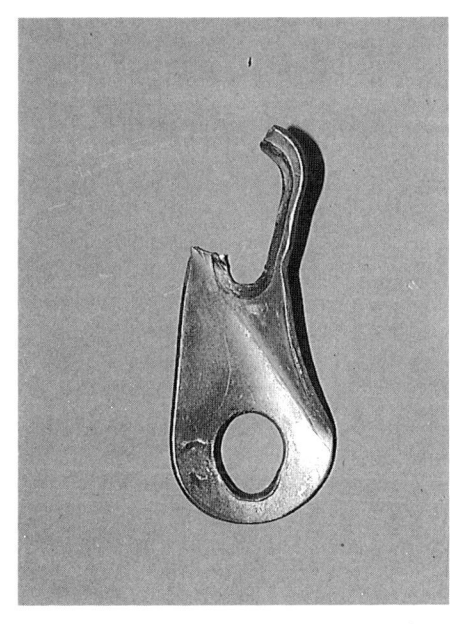

Eine durch Sturz belastete, selbstgebastelte Lasche (ein halbes Jahr Krankenstand).

Bohrhaken im Frankenjura, dessen Schraube stark angerostet ist.

Ein Bohrhaken mit angerosteter Schraube M8 (schon im Neuzustand festigkeitsmäßig unzureichend). Daneben die zweite Bohrhakengeneration (Mammuthaken, schlecht gesetzt).

Was tun?

Zuerst einmal: Traue keinem herkömmlichen Haken! Ob Normalhaken oder Bohrhaken bleibt gleich.

Will man bessere Haken verwenden, gibt es derzeit nur drei Möglichkeiten: entweder einen neuen Bohrhakentyp zum Eröffnen von Neutouren im klassischen Stil, also von unten, oder den Bühlerhaken oder den AV-Klebehaken für das Sanieren von Routen.

Der neue Bohrhakentyp

Er ist komplett aus korrosionsbeständigem, also nichtrostendem Material gefertigt und damit alterungsbeständig. Bohrlochdurchmesser 12 mm. Darüber hinaus spielt die Bohrlochtiefe im Gegensatz zum bisher verwendeten Bohrankersystem keine Rolle mehr. Die Spreizwirkung erfolgt durch einen Kegelstift, der von außen eingetrieben wird. Mit dem bisher verwendeten Bohrankersystem kam es schon zu mehreren Unfällen durch nicht sicher klemmende Bohrkronen, da das Loch – meist mit Bohrmaschine – versehentlich zu tief gebohrt wurde, was von außen nicht zu erkennen ist. Der neue Bohrhakentyp hat auch einen festen Hänger, so daß er nicht entwendet werden kann. Derzeit bieten zwei Hersteller den neuen Bohrhakentyp an:

■ Firma Petzl unter der Bezeichnung „Long-Life" mit einer eingestanzten Festigkeitsangabe von 22 kN (ca. 2200 kp). Vom Sicherheitskreis überprüft: Festigkeit höher, über 25 kN (ca. 2500 kp),

Anhang/Sicherheit am Berg

Schnitt durch einen im Fels gesetzten AV-Klebehaken. Deutlich ist die Klebeschicht rund um den Hakenschaft zu erkennen, die ihn vor jedem Feuchtigkeitseinfluß schützt.

- Firma Salewa unter der Bezeichnung „Sicherheitsbohrhaken" (Fabrikat RIBE) mit einer Festigkeitsangabe des Herstellers von 25 kN (ca. 2500 kp, Prüfung nach DIN E 33945).
Beide Bohrhaken können empfohlen werden.

Der Bühlerhaken

von Oskar Bühler, dem langjährigen Ersten Vorsitzenden der Sektion Nürnberg entwickelter Haken aus Silberstahl, mit fester Öse, der in ein ca. 13 cm tiefes Loch einzementiert wird. Festigkeit bei praxisgerechter Prüfbelastung im Fels über 35 kN (über 3500 kp).
Im Frankenjura und in anderen Klettergebieten Deutschlands sind inzwischen weit über 5000 Bühlerhaken, im Frankenjura überwiegend von Oskar Bühler selbst, gesetzt worden.

Der AV-Klebehaken

Von der Industrie, wo Verankerungen in Beton und Fels heute nur noch eingeklebt werden, abgeschauter und vom DAV-Sicherheitskreis modifizierter Haken aus nichtrostendem Stahl, der in ein 5,5 cm tiefes Bohrloch eingeklebt wird. Er ist in vier Versionen zu haben:
- Standhaken mit großem Ring (zum Einhängen mehrerer Karabiner)
- Zwischenhaken mit kleinem Ring (für klassische Routen, wo eine moderne Öse als störend empfunden werden könnte)
- Zwischenhaken mit fester Öse
- Abseilhaken mit zwei Ringen (zum besseren Seilabziehen).

Festigkeit für alle vier Versionen bei praxisgerechter Belastung im Fels über 35 kN (über 3500 kp).
Inzwischen sind knapp 1000 Klebehaken gesetzt worden.
Feuchtigkeit kann weder den Bühlerhaken noch den AV-Klebehaken etwas antun. Sie sind aus rostfreiem Stahl. Die Festigkeit liegt über 75% höher als die Normfestigkeit von Karabinern. Die Normentwürfe für Bohrhaken bei DIN und UIAA sehen eine Mindestbruchfestigkeit von 25 kN vor, was für Stand- und Zwischensicherungen absolut ausreichend ist. Der Bühlerhaken und die AV-Klebehaken halten also über 10 kN (ca. 1000 kp) mehr.

Warum neben dem Bühlerhaken noch einen Klebehaken? Das Loch für den Bühlerhaken muß einen Durchmesser von 20 mm aufweisen und kann derzeit nur von Hand gebohrt werden, nicht mit den akkugetriebenen Bohrmaschinen von Hilti und Bosch (andere Fabrikate gibt es derzeit nicht). Der AV-Klebehaken mit einem Loch von 14 mm Durchmesser dagegen läßt sich mit den genannten Bohrmaschinen in Minutenschnelle setzen, aber auch mit den bisher üblichen Bohrkronen M10, das Bohrloch muß dann nur etwas tiefer sein.

Wie weiter?

Unter Kletterern und auch unter aktiven Sektionsoberen zeichnet sich eine Tendenz zum Sanieren von Routen in Klettergärten ab. Besonders dringlich ist dies für solche Routen, die mit M8-Bohrhaken ausgestattet sind, vor allem dann, wenn sich die Haken schon mehr als fünf, sechs Jahre im Fels befinden.
Zum Sanieren bieten sich nur der Bühlerhaken und die AV-Klebehaken an.
Das Sanieren klassischer Routen erfolgt zweckmäßig so, daß sie teilweise auch noch technisch, also A0/A1, geklettert werden können. Natürlich empfiehlt sich's nicht, mehrere Bohrhaken in unmittelbarer Reichweite hintereinander zu setzen, wie im „klassischen Eisenzeitalter" üblich.
Der Sicherheitskreis machte mit folgendem Rezept bisher recht gute Erfahrung:
In IIIer- und IVer Routen in etwa die gleiche Anzahl an Zwischensicherungen wie bisher.
In Ver- und VIer-Routen je nach Schwierigkeit der einzelnen

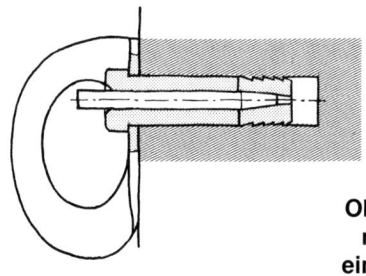

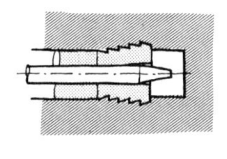

Oben: Der neue Bohrhakentyp mit Spreizkeil, der von außen eingetrieben wird (kein Einfluß der Bohrlochtiefe auf die Klemmwirkung).

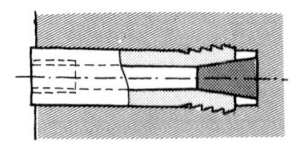

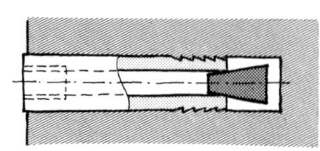

Links: Das bisher überwiegend verwendete Bohrankersystem mit dem Nachteil, daß die Klemmwirkung von der Bohrlochtiefe abhängt.

Anhang/Sicherheit am Berg

Der neue Bohrhakentyp im Fels.

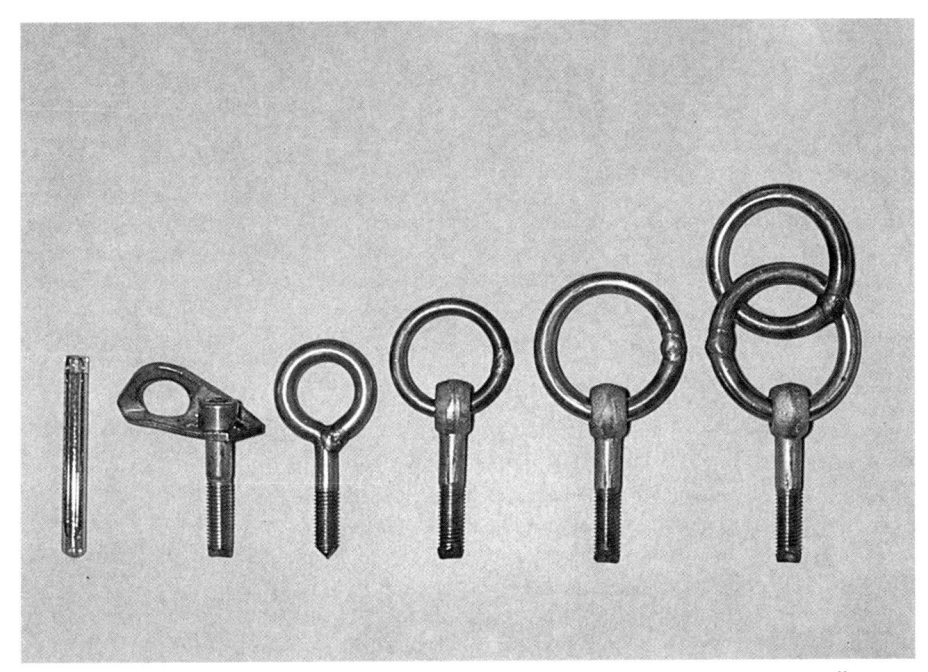

Das AV-Klebehakensortiment (von links): Klebepatrone, Haken mit Hänger, Ösenhaken, kleiner Ringhaken als Zwischenhaken, großer Ringhaken als Standhaken (für mehrere Karabiner), Abseilhaken.

Alle Fotos Archiv Sicherheitskreis
Zeichnungen Lassmann (2), Sicherheitskreis (1)

Passagen etwa 60 – 80% der bisher vorhandenen Haken. Wenn an einem leichten Überhang bisher drei schlechte Normalhaken steckten, weil keiner sonderlich sicher war, dann reicht heute meist ein solider Bohrhaken zur Sicherung oder zur technischen Bewältigung der Stelle. Solange sich auch Klemmkeile anbringen lassen, eher mal einen Haken weniger setzen. Der Reiz, eine längere Passsage ohne Zwischensicherung zu klettern – wenn man will – und der Reiz zur eigenhändigen Absicherung durch Klemmkeile oder Klemmgeräte soll nicht verloren gehen.

Wenn heute in klassischen Routen weniger Haken vorhanden sind als früher, so wohl auch deshalb, weil mancher Haken durch Sturzbelastung herausgerissen und heute im Zeichen der Freiklet-terei nicht mehr ersetzt wurde. Denn wer schon führt heute noch Hammer und Haken mit? Diese Tendenz ist in allen klassischen Routen – nicht nur im Klettergarten – deutlich festzustellen. Ein Grund mehr, zuverlässige Bohrhaken anzubringen, denn die Sturzhöhe nimmt mit abnehmender Hakenzahl beträchtlich zu.

Wenn heute nach dem Sanieren weniger Haken in klassischen Routen vorhanden sind als früher, dann soll dies nicht etwa ein Seitenhieb in Richtung der Erstbegeher sein. Keineswegs! Die Erstbegeher kannten noch keine Klemmkeile, keine Klemmgeräte und keinen zuverlässigen Bohrhaken, sondern nur Normalhaken, deren Festigkeit im Fels nie sicher abzuschätzen war und – siehe vorn – es auch heute noch nicht ist.

271

Autorinnen und Autoren in diesem Buch

Ulrich Aufmuth, Dr. rer. oec., geb. 1947, Studium Sozialwissenschaft und Psychologie, Dozent (FH) und Psychotherapeut. Buch- und Zeitschriftenveröffentlichungen. Literaturpreis des DAV 1986.

Rainer Bolesch, geb. 1961, Ravensburg. Geographiestudent, staatl. geprüfter Berg- und Skiführer. Bevorzugt alpines Klettern.

Wolftraud de Concini, geboren 1940 in Böhmen. Journalistin und Übersetzerin. Autorin zahlreicher Bergbücher und Reiseführer mit Schwerpunkt Norditalien, wo sie seit über 20 Jahren lebt.

Walter Danz, Dr., Dipl.-Geogr., geb. 1940. Gründer und Leiter des Alpeninstituts München. Seit 1983 im Bayer. Staatsministerium für Landesentwicklung und Umweltfragen; Vizepräsident der CIPRA. Verfasser des DAV-Grundsatzprogramms.

Dieter Elsner, geboren 1954. Studium Geographie und Sport. Lehramt. Sportlehrer an der TU München. Bergführer. Mitglied im DAV- und Bergführer-Lehrteam. Buchveröffentlichung, Zeitschriftenbeiträge.

Alois Glück, MdL, geboren 1940; Mitglied des Bayerischen Landtags seit 1970; 1974 bis 1986 Vorsitzender des Ausschusses für Landesentwicklung und Umweltfragen; vom 30.10.1986 bis 14.6.1988 Staatssekretär im Bayerischen Staatsministerium für Landesentwicklung und Umweltfragen; seit 14.6.1988 Vorsitzender der CSU-Landtagsfraktion.

Richard Goedeke, Dr., geb. 1939, Braunschweig, Gymnasiallehrer (Geschichte, Englisch); Allroundbergsteiger mit Vorliebe für Fels, über 70 Erstbegehungen in Hoch-, über 500 in Mittelgebirgen; Autor von Bergbüchern, Kletter- und Wanderführern.

Peter Grimm, Diplom-Bibliothekar, geboren 1929. Öffentlichkeitsreferent des DAV. Buchveröffentlichungen, Zeitschriftenbeiträge, Mitarbeiter an Presse und Hörfunk, insbesondere für Alpingeschichte.

Etienne Gross, geboren 1942. Studium Geschichte und Geographie. Lehrer am Gymnasium. Seit 1981 Schriftleiter der Zeitschrift des Schweizer Alpen-Clubs (DIE ALPEN). Zahlreiche Erstbegehungen. Aktiver Kletterer und Publizist mit vielseitigen Beziehungen zur Welt des Sports.

Sepp Gschwendtner, geboren 1944. Bergsteiger, Autorennfahrer, Sportkletterer, Gleitschirmflieger, Lehrbuchautor, Gleitschirmlehrer, technischer Berater.

Wolfgang Güllich, geboren 1960. Studiert gegenwärtig Sport und Biologie. Klettert seit 1975. Co-Autor und Mitherausgeber von Sach- und Lehrbüchern.

Horst Höfler, geboren 1948. Beim Deutschen Alpenverein für den Bereich Öffentlichkeitsarbeit tätig, sowie freier Fachjournalist und Fotograf. Mehrere Buch- und Führerveröffentlichungen, Mitarbeiter verschiedener alpiner Zeitschriften.

Hermann Huber, geboren 1930. Befaßt mit Entwicklung alpiner Ausrüstung. Expeditionen und Erstbegehungen bei weltweitem Bergsteigen, 40 Jahre im VI. Grad tätig. Buch- und Zeitschriftenveröffentlichungen.

Judith Huber-Tillmann, geboren 1962, Studium von Sport und Germanistik in München, ehrenamtliche Führungskraft des DAV, seit 1982 zahlreiche extreme Bergtouren, Mitarbeit an der Gestaltung des Alpinmuseums Kempten.

Ulrike Kaletsch, geboren 1960. Studium der ev. Theologie und derzeit Vikariat in einer mittelfränkischen Dorfgemeinde; leidenschaftliche „Normalbergsteigerin"; mehrere kleinere Veröffentlichungen zu verschiedenen alpinen Themen.

Joëlle Kirch, geboren 1944. Romanistikstudium. Lehrtätigkeit (Französisch). Trekkingführungen im Himalaya. Verschiedende Veröffentlichungen. Seit 1986 Ausbildung in Atemtherapie.

Stefan König, geboren 1959. Publizistische Tätigkeiten für Presse und Fernsehen. Mehrere Jahre Mitarbeiter der Zeitschrift BERGWELT. Lebt als Schriftsteller in Bichl.

Elmar Landes, geboren 1936, Redaktion der DAV-Mitteilungen, Redaktion und Gestaltung (Layout) des AV-Jahrbuchs.

Fritz März, Dr. jur., geb. 1927, Rechtsanwalt, Fachanwalt für Steuerrecht, in der Wirtschaft tätig. Erster Vorsitzender des DAV seit 1980.

Heinz Mariacher, geboren 1955, Vermessungstechniker. Wiederholungen, Solo- und Erstbegehungen extremer Alpinkletterreien, Hinwendung vom alpinen zum Sportklettern, Übertragung der Rotpunktidee aufs alpine Klettern, Führerautor.

Louis Oberwalder, Professor, Mag. phil., geb. 1922. Volksbildungsreferent für Tirol i. R., Erster Vorsitzender des ÖAV 1978–87, Buch- und Zeitschriftenveröffentlichungen.

Dietmar Polaczek, geboren 1942. Studium: Architektur, Musikwissenschaft, Kunstgeschichte, Musik (v.a. Komposition). Seit 1981 Kulturkorrespondent in Mailand. Publikationen über Musik, Kunst, ein Italien-Buch.

Pit Schubert, Dipl.-Ing., geb. 1935, Leiter des DAV-Sicherheitskreises, Untersuchung von Bergausrüstung und Unfällen. Zuvor Projektingenieur in einem Luft- und Raumfahrtkonzern. Extremer Kletterer seit 1959, verschiedene Expeditionen, Erstbegehungen und Erstbesteigungen. Zahlreiche Veröffentlichungen, Bücher.

Hanspeter Sigrist, Bergführer und Sportkletterer, geboren 1959. Studium Archäologie. Mitarbeiter in verschiedenen Alpinzeitschriften (Die Alpen, Vertikal) und Führerautor. Seit mehreren Jahren führender Schweizer Sportkletterer mit vielen schwierigen Erstbegehungen.

Klaus Umbach, geboren 1958. Diplom-Sozialpädagoge und Medienpädagoge. Arbeitet als Geschäftsführer der Aktion Jugendschutz, Landesarbeitsstelle Bayern e.V. Von 1984 bis 1988 ehrenamtlicher Bundesjugendleiter der Jugend des DAV.

Hermann Wolf, geboren 1934. Berg- und Skiführer, Handelsfachwirt. Expeditionen und Trekkings, Vorträge, Veröffentlichungen.

Helmuth Zebhauser, Dr. phil. (Kommunikationswissenschaft, Philosophie und Mathematik), geb. 1927. Beruf: Ausstellungsgestalter. Passion: Alpin- und Kunstgeschichte. Kulturreferent des DAV.